中共龙里县委
龙里县人民政府 主办

龙里年鉴 2017

LONGLINIANJIAN

龙里县地方志编纂委员会办公室
《龙里年鉴》编辑部 编

方志出版社
Publishing House of Local Records

图书在版编目（CIP）数据

龙里年鉴．2017／龙里县地方志编纂委员会办公室，《龙里年鉴》编辑部编．-- 北京：方志出版社，2018.7
ISBN 978-7-5144-3150-6

Ⅰ．①龙…　Ⅱ．①龙…　②龙…　Ⅲ．①龙里县—2017—年鉴　Ⅳ．①K527.34

中国版本图书馆 CIP 数据核字（2018）第 173154 号

龙里年鉴（2017）

编　　者：龙里县地方志编纂委员会办公室　《龙里年鉴》编辑部
责任编辑：冯　松

出 版 人：冀祥德
出 版 者：方志出版社
地址　北京市朝阳区潘家园东里 9 号（国家方志馆 4 层）
邮编　100021
网址　http://www.fzph.org
发　　行：方志出版社图书经销中心
电话　（010）67110500
经　　销：各地新华书店
印　　刷：昆明鹰达印刷有限公司

开　　本：889 × 1194　　1/16
印　　张：29.75
字　　数：840 千
版　　次：2018 年 7 月第 1 版　　2018 年 7 月第 1 次印刷
印　　数：001 ~ 400 册

ISBN　978-7-5144-3150-6　　定价：236.00 元

《龙里年鉴（2017）》编委会

《龙里年鉴（2017）》编委会

杨　洋（县水务局局长）
向科艺（县林业局局长）
尹光祥（县国土资源局局长）
龙　虎（县住建局局长）
林　勇（县城管局局长）
韩宏宇（县房管局局长）
胡 琼（县环保局局长）
秦秋云（县交通运输局局长）
韩　波（县市场监管局局长）
谢启林（县扶贫局局长）
陆娅莉（县政府金融办主任）
田文松（冠山街道办事处主任）
刘乃云（龙山镇镇长）
刘　峰（谷脚镇镇长）
蒋光燕（洗马镇镇长）
严晓飞（醒狮镇镇长）
邱　毅（湾滩河镇镇长）

《龙里年鉴（2017）》编辑部

主　　编：陈有富

副 主 编：韦泽秀　黄　惠　罗华礼

编（务）辑：陆永辉　吴永辉　黄尚发　罗祥莲　田建平

校　　对：黄尚发

编辑说明

一、《龙里年鉴（2017）》是全面完整、系统翔实地反映龙里县2016度自然、政治、经济、社会等方面发展变化情况的综合资料性文献。目的是为党政领导决策和制定计划提供可靠依据，为科研、企事业单位研究事业发展提供翔实史料，为各界人士了解龙里、研究龙里、宣传龙里和建设龙里服务，也为今后续修地方志积累资料。

二、《龙里年鉴（2017）》坚持以马克思列宁主义、毛泽东思想、邓小平理论、“三个代表”重要思想、科学发展观和习近平新时代中国特色社会主义思想为指导，坚持辩证唯物主义和历史唯物主义的立场、观点和方法，坚持“守底线、走新路、奔小康”的总纲领，紧扣省委“两加一推”主基调和州委“一圈两翼”战略，按照县委“三为”工作导向，全力脱贫攻坚，全面建成小康社会的目标。在县地方志和年鉴编纂委员会的指导下，由年鉴编辑部编纂出版。

三、《龙里年鉴（2017）》主要记录2016年龙里县各行业、县直各部门（单位）、镇（街道）的基本情况和经济社会发展变化状况。个别内容的时限根据需要作适当上溯或下延。

四、《龙里年鉴（2017）》采用分类法进行分类编辑，按类目、分目、条目3个层次进行编排。

五、《龙里年鉴（2017）》由县直各部门（单位）、镇（街道）及热心人士提供资料（图片），县年鉴编辑部编纂。有关国民经济和社会发展等的数据以县统计部门核定的为准，统计部门没有的数据，以各部门（单位）、镇（街道）提供的数据为准。

资料提供单位

县委办、县人大办、县政府办、县政协办公室、县委组织部、县纪委（监察局）、县委宣传部、县委政法委、县人武部、县委统战部、县编办、县直属机关工委、县离退休干部局、县委党校、县总工会、县工商联、县信访局、团县委、县妇联、县红十字会、县文联、县科协、县委机要局、县国家保密局、县督查督办局、县法院、县检察院、县公安局、县司法局、县卫计局、县民宗局、县残联、县水务局、县移民局、县环保局、县扶贫局、县公共资源交易中心、县住建局、县城乡规划局、县城管局、县房管局、县统计局、县教育局、龙里中学、龙里中职校、龙里民族中学、龙里第三中学、县老年大学、县“两烟”办、县人社局、县财政局、县国税局、县地税局、县发改局、县工信局、县民政局、县审计局、县文旅局、县机关事务局、县科技局、县投促局、县安监局、县政府政务服务中心、县供销社、县商贸物流业发展局、县政府法制办、县国土局、县交通局、县农工局、县市场监管局、县林业局、县政府金融办、省龙里林场、武警龙里中队、县公安消防大队、县烟草局（公司）、龙里银监办、人民银行龙里县支行、工商银行龙里县支行、建设银行龙里支行、农业银行龙里县支行、龙里农村商业银行、贵州银行龙里支行、农发行龙里县支行、龙里国丰村镇银行、县档案史志局、龙山镇、谷脚镇、醒狮镇、洗马镇、冠山街道、湾滩河镇、龙里经济开发区管委会、龙里移动公司、龙里联通公司、财保公司龙里支公司、人保公司龙里支公司、太平洋保险公司龙里支公司、龙里石油公司、龙里电信公司、龙里邮政公司、邮政储蓄银行龙里支行、贵阳银行龙里支行、县广播电视台〔新闻中心〕、县人民医院、县疾控中心、县中医院、县气象局、县铁建办、龙里住房公积金管理部、龙里供电局、贵州快递物流集聚区管委会、贵州腾龙实业集团、县供排水总公司、贵州贵龙实业集团、县物资公司、省广电网络公司龙里分公司、龙里盐务局、龙里水文站、龙里北站、太平洋保险龙里分公司、龙里金诚担保公司。

（注：以上排名不分先后）

图片来源：县新闻中心及部分个人

龙里县交通图

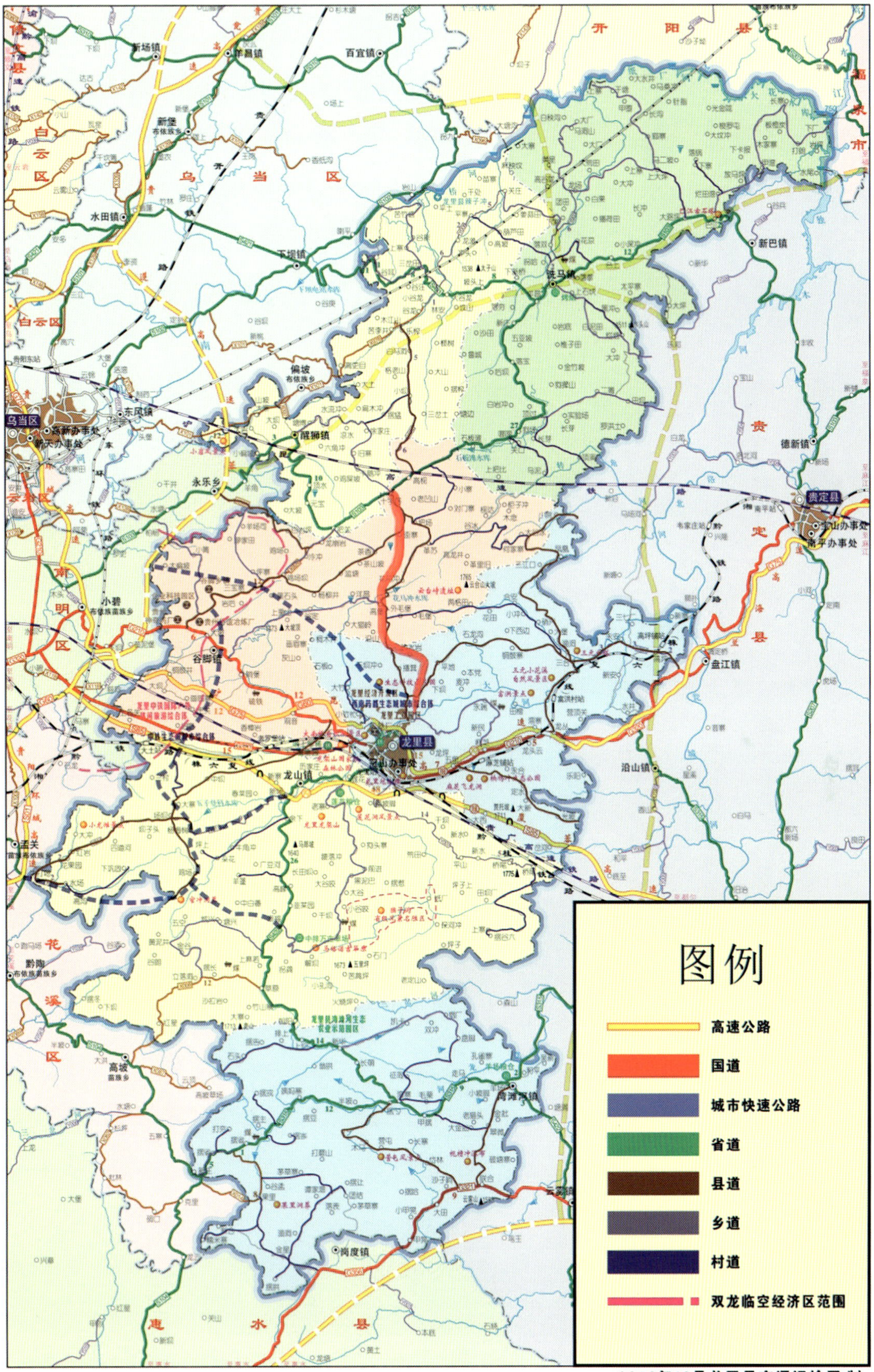

2016年12月龙里县交通运输局 制

领导关怀

2016年8月26日，省委书记陈敏尔（中）调研醒狮镇扶贫攻坚工作

2016年5月19日，财政部副部长余蔚平（右二）一行到冠山街道调研

2016年6月17日，中组部办公厅巡视员、副主任纪红（前）一行到冠山街道调研信息化党建工作

2016年6月28日，中央统战部副部长、国家民委党组书记、主任巴特尔（右三）一行到龙里调研民贸民品企业发展，图为在贵州瑞和制药有限公司了解产品情况

领导关怀

2016年11月17日，副省长黄家培（中）考察莲花湿地公园建设情况　（供图：潘延）

2016年11月2日，州委书记龙长春（中）到龙里高新区调研工业发展情况

重要活动

2016年3月30日，龙里县与贵州双龙航空港经济区签订托管协议，正式将谷脚镇部分行政区域委托贵州双龙航空港经济区管理

2016年6月9日，由省商务厅、黔南州人民政府主办的中国（贵州）好网货征集大赛、“千县千品”项目启动暨“黔货出山”与电商扶贫高峰论坛在龙里举行

重要活动

2016年6月12日，在龙山镇莲花村举行龙溪大道暨贵龙纵线二期项目建设开工仪式

2016年8月25日，龙里县2016年招商引资项目集中签约仪式举行，签约项目38个，计划总投资428.87亿元

2016年6月30日，龙里县“龙山佛国”文化旅游养老综合体项目奠基仪式在谷脚镇观音村举行，规划占地935亩，计划总投资约8亿元

重要会议

2016年10月26日，召开中国共产党龙里县第十二次代表大会

2016年1月 13日至16日 ，召开龙里县第十六届人民代表大会第五次会议

重要会议

2016年1月13日至16日，龙里县召开中国人民政治协商会议第八届龙里县委员会第五次会议

2016年5月4日，国家民政部政权司基层政权处处长郝海波（左四）一行到冠山街道开展乡镇服务型政府建设调研座谈会

2016年5月23日，州委副书记、州长向红琼（左五）率黔南州2016年第一次项目建设现场观摩会第二观摩组走进龙里东方宏基商贸物流城观摩

2016年6月16日，龙里县召开刺梨产业发展座谈会　（高贵龙　摄）

基础设施

建设中的龙溪大道（下）与厦蓉高速形成立体交通网络

贵新高速公路（下）与中铁大道构成立体交通网

基础设施

贵龙大道

改扩建后的贵都联络线

基础设施

厦蓉高速龙里县龙山镇莲花入口

龙山镇至湾滩河镇乡村公路

2016年1月16日，窄冲水库下闸蓄水

2016年11月，下把比水库开工建设

城镇建设

龙里城区一角　（潘希来　摄）

龙里县城环卫机械

龙里县全民健身活动中心

乡镇环卫设备集中采购发放

城镇建设

龙里县第四小学　（潘希来　摄）

龙里县医院　（潘希来　摄）

龙里县第五小学

2016年，正在建设中的龙里新高中

工业强县

高新区在建中的贵州卡布国际婴童用品项目

谷脚工业园区一角

贵州快递物流园（龙毅　摄）

快递物流分拣线

龙里高新技术产业园区内的华润雪花啤酒（黔南）有限公司雪花啤酒生产线　（龙毅　摄）

现代农业

湾滩河现代高效生态农业示范园区

谷脚镇新坪村的千亩富硒红米种植基地 （潘希来 王华乔 摄）

2016年2月22日晚，龙里县在兴龙广场举行焰火晚会庆元宵　（潘希来　摄）

2016年中国山地自行车公开赛贵州龙里站开幕

社会事业

2016中国山地自行车公开赛贵州龙里站赛事场景

2016年6月1日，龙里县城5所小学与3所幼儿园的师生在县体育馆庆祝“六一”国际儿童节

2016年6月3日，龙里县举办首届中小学生（幼儿园）文艺会演

2016年8月29日，龙里县召开创建国家卫生县城推进会暨万人签名誓师大会

2016年11月18日，龙里县承办“精准扶贫·不忘初心——《同一首歌》情满龙里”主题演唱会

社会事业

2016年12月1日，龙里县举办第八届运动会暨全民健身系列活动

2016年10月17日，龙里县举行精准扶贫募捐仪式

2016年龙里县举行“德行龙里·十大年度人物”颁奖晚会

2016年新建成的八一公园

2016年建成的龙里地标性景观——云从飞瀑　（石绍久　摄）

旅游资源

莲花湿地公园人工湖

龙里湾滩河畔孔雀寨　（马成钢　摄）

目　录

特　载

大事记·要闻

大事记

要　闻

县情概况

基本情况

国民经济和社会发展概况

龙里县领导干部名录

中国共产党龙里县委员会

综 述

督查督办

组 织

宣 传

精神文明建设

统 战

政 法

机构编制

保密工作

机关（事业）党建

党 校

政务服务

群众（信访）工作

档案史志

中国人民政治协商会议龙里县委员会

民主党派

民进黔南州委龙里支部

社会团体

龙里县总工会

共青团龙里县委

法　治

经济管理与监督

宏观经济管理

贵州贵龙实业（集团）有限公司

贵州腾龙实业集团有限公司

统　计

市场监督管理

国土资源管理

财政　税务

商贸服务

科学普及

知识产权管理

卫生和计划生育

妇幼保健

疾病预防控制

龙里县人民医院

龙里县中医院

民营医疗机构选介

文化·体育·广播电视·旅游

文　化

特　　载

凝心聚力　勇于拼搏　开创未来　为建成龙里更高水平小康社会而努力奋斗

——在中国共产党龙里县第十二次代表大会上的报告

（2016 年 10 月 27 日）

龙里县委书记　刘华龙

中国共产党龙里县第十二次代表大会，是各项改革步入“深水区”，实施精准扶贫，实现全面小康社会创建进入攻坚拔寨关键时期召开的一次十分重要的大会，大会的主要任务是：全面总结中国共产党龙里县第十一次代表大会以来的工作，进一步提振信心，统一思想，集思广益，凝心聚力，科学谋划“十三五”时期龙里发展的有效路径，使“四个全面”战略布局和“创新、协调、绿色、开放、共享”五大发展理念在龙里得到一以贯之的落实和实践，推动全县经济社会实现新的伟大跨越。

过去五年的工作回顾

中国共产党龙里县第十一次代表大会以来，县委高举中国特色社会主义伟大旗帜，以邓小平理论、“三个代表”重要思想和科学发展观为指导，认真贯彻党的十八大、十八届三中、四中、五中全会和习近平总书记系列重要讲话精神，紧扣省委“两加一推”主基调和州委工业强州、城镇化带动、“一圈两翼”三大主战略，坚持“项目为纲、民生为本、实干为先”工作导向，弘扬“团结拼搏、勇于创新、自我加压、奋力赶超”新时期龙里精神，团结带领全县广大党员干部和各族群众，抢抓机遇、善谋敢为、攻坚克难，圆满完成既定目标任务，为“十三五”奠定坚实基础。回顾五年发展历程，谱写的恢宏篇章振奋人心。

——*党的建设全面加强*。党的群众路线教育实践活动、“三严三实”专题教育、“两学一做”学习教育深入开展，各级领导班子、广大党员干部受到更深刻更生动的党性洗礼，思想更加坚定、认识更加统一、作风更加务实、信心更加充足。党建工作责任制进一步落实，各领域党的建设活力迸发，党的工作覆盖面不断扩大。“小康驻村”“第一书记”工程扎实推进，创新“党建一点通”“快递干部”“企业特派员”“民情一点通”等管理服务模式，基层党组织推动发展、服务群众、凝聚人心、促进和谐的作用和党员的先锋模范作用进一步发挥。“四评一考三落实”考核评价体系不断完善，干部考核迈向动态化、制度化、规范化。人才工作水平不断提升，实现总量、素质和效能“三提高”。牢牢把握意识形态工作领导权、管理权、话语权，社会主义意识形态的主导性和感召力显著增强。作风效能建设三年行动成效突出，全县党员干部作风持续好转，工作效能显著提升。党风廉政建设和反腐败工作深入推进，“两个责任”进一步夯实，惩治和预防腐败体系不断健全，反腐倡廉取得重大成效，全县政治生态风清气正，发展环境优质和谐。

——民主法治不断完善。坚持和完善人民代表大会制度，人大及其常委会职能作用充分发挥，人大监督依法推进，代表建议办理质量和基层人大工作水平普遍提高。坚持和完善中国共产党领导的多党合作和政治协商制度，政治协商更加有方、民主监督更加有力、参政议政更加有为。统战工作不断加强，民主党派、工商联、党外知识分子参与发展、服务发展成效显著。加强和改进工会、共青团、妇联等群团工作，工人阶级主力军作用、青年生力军作用、妇女“半边天”作用和人才支撑作用得到充分发挥。民族宗教工作成效突出，民族团结和睦指数一直以100%的实现率位居全省前列。国防后备力量建设稳步推进，“双拥”创建深入开展，军政、军民关系融洽，获评省级“双拥模范县”。依法治县步伐加快，行政监察、审计监督、司法监督依法推进，法律服务机制不断完善，“六五”普法成效显著，法治精神深入人心，依法行政基础进一步夯实，依法行政水平不断提高。

——改革开放深入推进。企业“特派员”制度、“快递干部”代办模式等服务机制创新获得省、州充分肯定。“一村一警”基层警务服务模式在全省推广。行政审批“瘦身”，政务服务“健身”取得新进展，行政审批服务真正实现“一站式”运行，群众办事由过去“跑多门”变为“进一厅”。成功申报全国知识产权质押融资试点县，建成全省首家县级院士创新工作站。行政权力制约监督机制改革稳步实施，以醒狮镇为试点的政府部门权力、责任两单合一“9+X”模式逐步推开。水务管理体制进一步理顺，基本实现城乡管理一体化。深化国企改革，完成资产重组，“腾龙”“贵龙”两大投融资平台成功向实体经济华丽转身。贵龙实业集团在深圳“前海”股权交易中心挂牌上市，融资支撑乏力问题有效破解，政府基础设施建设、城市发展基本摆脱资金困难束缚。开放合作不断深化，招商引资取得重大成果，到位引资额突破520亿元。与贵阳融合发展迈出坚实一步，谷脚镇临空经济带与双龙航空港经济区实现跨界托管，融筑发展开创“你中有我、我中有你”“双龙联体、互利共赢”的发展新局面。

——产业结构趋于合理。产业结构由2010年的10.8:69.2:20调整为2015年的12.04:62.77:25.19。农业现代化进程加快，完成“一区五园”产业布局，蔬菜、刺梨、花卉苗木、休闲观光等优势产业发展迅速，创建省级农业园区3个，以“黔南州首个、全省六个之一”领先姿态，贴上“国家现代农业示范区”荣誉标签。工业经济初具规模，完成“一区三园”工业布局，引进企业396家，形成新医药、新材料、高端装备制造、特色食品加工四大支柱产业板块。2000万元以上规模企业123家，规模企业数连续稳居全州第一。现代物流业蓬勃发展，落户谷脚的贵州快递物流集聚区成为全省唯一家“省级现代服务业集聚区”。建成贵州快递物流园，引进双龙商贸物流城、深国际综合物流港、万豪商贸总部城等8个大型商贸物流综合体项目，万科、申通、圆通等16家知名快递物流公司投运。电子商务异军突起，引进中铁1%摩都、东方宏基等一批电商企业入驻，电商产业呈现集群发展态势。“农村淘宝”在城区、乡村安家落户，“网货进山”“黔货出山”由愿想变为现实。旅游经济持续增长，龙架山国家森林公园、龙里大草原、双龙小镇、茶香十里刺梨沟等景区、景点假日休闲游成为新热点。“十二五”末，旅游总收入实现11.06亿元，年均增长27.99%，是2010年的3.43倍。

——经济增长快速健康。五年累计实施重大工程和重点项目419个，完成投资371亿元，其中，亿元以上项目125个，完成投资225亿元。地区生产总值年均增长17.17%，累计完成273.71亿元，是“十一五”的2.37倍；规模以上工业增加值年均增长21.96%，累计完成119.67亿元，是“十一五”的2.51倍；固定资产投资年均增长62.81%，累计完成419.06亿元，是“十一五”的11.93倍；财政总收入年均增长35.91%，累计完成52.38亿元，是“十一五”的4.15倍，其中，一般公共财政预算收入年均增长32.49%，累计完成27.33亿元，是“十一五”的4.4倍；社会消费品零售总额年均增长15.39%，累计完成42.03亿元，是“十一五”的2.56倍。以高位运行的指标体系跻身全省经济强县第一方阵，2014年、2015年，经济社会发展综合测评在全省31个经济强县中分别名列第13名、第6名。成功创建“贵州省同步小康社会达标县”，经济社会发展群众满意度在全省88个县（市、区）中位居第1。

——城乡面貌极大改善。大力实施贵龙城市经济带建设，建成贵龙纵线一期、贵龙大道等城市干道，打通连接贵阳的交通“大动脉”。牵动休闲旅游、养生养老、快递物流、商贸服务等项目向“贵”“龙”城郊集聚，中铁生态城片区宜居、宜业、宜养、宜游的新型特色城镇群初具雏形，“再造一座新城”正在变为现实。坚持规划引领，城市“东优西扩”战略稳步推进，以城市道路建设、景观改造为主的一批基础设施项目相继实施，城市管理日趋完善，城市面貌向“靓而新”转变，县城建成区面积由2010年的6.7平方公里扩大到31.61平方公里。完成乡镇行政区划调整和村（社区）撤并，大镇大村新格局进一步优化了生产力布局，加速了城镇化进程。城乡基础设施建设、新农村建设、“四在农家·美丽乡村”建设、小康寨建设梯次成片推进，城乡面貌焕然一新，乡村魅力不断提升，农村人居环境进一步改善。城镇化率由“十一五”末的34%上升到50.97%。

——人民福祉持续增进。交通建设取得重大突破，五年累计建设国省道17公里、县乡公路137公里、通村油（水泥）路533公里，通车里程达1072公里，行政村通畅率达100%，基本实现村村通客运目标。建成贵广高铁龙里北站，龙里在全省率先迈入高铁时代。水利“三大会战”取得重大战果，新建窄冲、石龙沟两座水库，笋子塘、龙滩、石板滩等供水工程建成运行，城乡生产生活“水瓶颈”逐渐打破。通讯基础设施不断完善，行政村通讯覆盖率达100%，4G网络、宽带网络实现乡镇全覆盖，电视、广播综合覆盖率分别达88%和99%。教育事业迈上新台阶，学前三年毛入园率、义务教育阶段巩固率、高中阶段毛入学率分别比省“普十五”85%的指标高出4.66、5.33、2.56个百分点。启动龙里中学迁建项目，新建和改扩建三中、四小、五小、二幼、三幼和各镇一批中小学、幼儿园，教育教学条件明显改善，教育承载能力显著增强。医疗卫生事业快速发展，社会医疗保障体系不断健全，城乡公共卫生和基本医疗服务能力不断增强。新农合补偿资金达2.89亿元，惠及201.9万人次，群众看病难、看病远、看病贵问题逐步改善。人口计生工作稳步推进，获得“国家级计划生育优质服务县”“省级流动人口服务管理优质服务合格县”称号。扶贫开发成效显著，6个贫困乡“减贫摘帽”，20个贫困村出列，2.67万贫困人口脱贫。社会保障面不断扩大，落实保障性住房8047套，基本社会保险覆盖率达83%。着力解决现实和潜在的环境问题，重点生态功能区、生态环境敏感区和脆弱区等区域的保护与管理取得新成效，环保宣传、环境治理取得新战果，全县生态环境明显改善，森林覆盖率由2010年的51.94%提升到58.37%，环境空气质量在全省88个县（市、区）中始终处于优级状态。殡葬改革稳步推进，划定区域基本实现集中治丧、遗体火化、生态安葬“三位一体”的总体目标。社会治理水平显著提升，立体化社会治安防控体系日趋完善，各类违法犯罪得到有效遏制，群众安全感、满意度稳步提升，荣获全省“无毒害”创建工作示范县、平安建设示范县和全国“无邪教”示范县等荣誉称号。防汛减灾、地质灾害防治、安全生产工作不断加强，群众生命财产安全得到有效保障。

——精神文明显著提升。以“诚、爱、礼、孝、仁”为核心内容的“德行龙里”系列主题实践活动生动开展，“多彩贵州文明行动”扎实推进，全社会道德风尚进一步改善，公民文明素质和社会文明程度显著提升，成功创建省级文明城市，醒狮镇荣获“全国文明镇”称号，入围2016年度“国家卫生县城”公示名单。精心打造“龙跃黔中”广场文化品牌，民族文化多姿多彩、绚歌不断。平坡农民画、苗族布依族舞蹈诗、果乐文化、印苗刺绣、小康民歌等一批具有龙里地域特色的文化文艺作品相继问世，展现出“好花更红，朵朵向阳”的和谐龙里新风貌。城乡公共文化服务设施进一步完善，图书馆、文化馆分别升级为国家二级、三级馆，新建体育场、体育馆，进一步满足广大市民文体活动需求。建成167个农家书屋，村级农家书屋覆盖率达100%。文化信息资源县、镇、村（社区）三级共享工程有序实施，资源服务实现镇（街道）全覆盖。

五年时间如白驹过隙，五年的成就值得我们

骄傲和自豪。“中国刺梨之乡”“国家现代农业示范区”“中国物流实验基地”“国家级养生养老示范基地”“中国最美健康养生旅游名县”等十余张国字号名片，已然让龙里这座城市熠熠生辉！增比进位综合测评全省排名持续上升并位居前列，充分展现龙里奋进中赶超的魄力！同步小康社会创建达标和群众对经济社会发展满意度的首肯，更是彰显了龙里奋进之志、发展之势。

回顾过去五年，我们倍感不易，也倍受鼓舞。五年奋斗体现一种执着，那就是“科学发展不动摇”；五年奋斗彰显一种精神，那就是“改革攻坚不停步”；五年奋斗诠释一种责任，那就是“改善民生不懈怠”。五年取得的丰硕成果，得益于省委、州委坚强领导，得益于四家班子同心协力，得益于全县上下苦干实干，得益于龙里人民勤劳睿智，得益于各方朋友鼎力相助。

成绩弥足珍贵，经验启示未来，五年的实践昭示我们：

后发是劣势也是优势，越是处在后发状态，越要谋求领先发展。“后发”蕴含着高点起步、高位切入的可能，抓住了、用好了，就能实现弯道取直、后发先至。这几年龙里的发展，从进程上看是后发，而实质上是认准形势、把握规律，高起点规划、大手笔建设的领先发展。

困难是挑战也是机遇，越是处于困难局面，越要强调加压奋进。发展没有一帆风顺，但敢于挑战、勇于尝试，就能抓住机遇、乘势而上。这几年龙里的发展，之所以能够顶住各方压力，冲破层层障碍，顺应新形势，开创新局面，靠的就是自我加压、奋力赶超的挑战精神。

惠民是责任也是方略，越是又好又快发展，越要强化民生意识。让人民群众共享发展红利，不断保障和改善民生，才能广泛凝聚智慧和力量，为发展提供澎湃动力。这几年龙里的发展，之所以能够持续稳定推进，获得群众认可，得益于我们把发展成果更多地转化为惠民成效，处理好“促发展”与“惠民生”的关系。

干部是主体也是关键，越是面对激烈竞争，越要抓好队伍建设。作风决定作为，面对激烈的竞争态势，哪里的干部执行力、落实力强，哪里发展就快、竞争力就强。这几年龙里的发展，之所以能在同样的机遇和政策环境下动得快、抓得好，得益于我们锻造了一支能打大仗、善打硬仗的干部队伍。

改革是压力也是动力，越是加快赶超跨越，越要勇于改革创新。改革如破茧，不破不立。要想在贫困落后的席位上赶超跨越，就要敢于突破利益固化的藩篱，冲破思想观念的障碍。这几年龙里的发展，之所以能够快步迈上新台阶，正是因为我们敢于吃螃蟹、敢于涉险滩、敢于担责任。

法治是要求也是保障，越是建成全面小康，越要强化法治建设。法治是全面建成小康社会的内在要求和制度保障。唯有法治才能长治久安，唯有法治才能健康发展。这几年龙里能够持续健康稳定发展，实现同步小康创建达标，是我们善于运用法治思维谋划工作，运用法治方式处理问题的结果。

未来五年的目标任务

过去皆为序章。站在决胜“十三五”，建成龙里更高水平小康社会新的起跑点上，机遇与挑战并存，困难与希望同在。能否在新形势下把握新常态、抢抓新机遇、推动新跨越，我们面临重大考验、肩负重大责任。

——*正视现实，我们步入了攻坚破难的严峻挑战期*。一是经济总量不大。虽然我县产业结构趋于合理，但三次产业的发展整体效益不佳。农业方面：三个省级示范园区生命力不强，多数农村专业合作组织名不符实。现代化程度不高，产销体系不健全，精深加工不够等问题依然突出。工业方面：数量大，质量差。大企业不多，产业链不长，附加值不高，竞争力不强，一些企业还处于半停产或停产状态。第三产业方面：现代物流业的流通现代化程度不高、功能不全。旅游业醒得晚、起步晚，基础设施不完善，文化基因活力不足，历史文脉挖掘不够。二是城镇化水平不高。城镇发展的产业支撑力不够，除冠山、谷脚、龙山具有一定的产业支撑，其余镇均存在有定位、有规划、无实体的状况。城乡户籍、劳动就业、社会保障、教育医疗、住房等制度壁垒未根本打破，农民市民化程度不高。城镇基础设施建设欠账多，旧城改造点多面广，城乡交通路网不发达。三是要素保障不足。一些体制机制障碍尚未突破，改革创新尚需加强。资源环境和土地等要素约束更加明显。部分党组织执政能力与新形势新要求尚未完全适应，干部队伍中不敢担当、不善担当的问题依然存在，个别党员干部纪律意识淡薄，一些领域违纪违法问题时有发生。

——展望未来，我们迎来了大有可为的黄金发展期。一是面临前所未有的战略机遇。国家新一轮西部大开发和“一带一路”战略纵深推进，我们步入又一个加快发展的历史机遇期。省“十三五”规划中，我县扮演着贵阳大都市物流核心圈支撑点的重要角色，成为全省“一核驱动、两轴拓展、四区集聚、多点支撑”重要节点。州委“一圈两翼”战略布局和“十三五”战略规划中，我县与惠水、长顺、贵定列为州域中心城市带动空间的贵阳组织区，与贵定组团定位为“环贵阳东部新型产业基地”和“卫星城市”。这些并存机遇，是我们拓展发展新空间，培育发展新动能，开创发展新格局的有力支撑。二是具备后发崛起的比较优势。“十二五”时期我县外线交通已形成铁路公路八线纵贯的路网体系，紧邻贵阳的区位优势已经转化为融入贵阳通江达海的交通优势。随着“十三五”时期龙溪城市干道的开通，州委提出“争取贵阳市‘十三五’轨道交通延伸覆盖北翼四县”目标的实现，我县将成为贵阳城市扩张的重要接点和开放发展的重要走廊。作为环贵阳东部名副其实的绿色屏障、“天然氧吧”，58.37%的森林覆盖率这一生态优势，必将促进我县与贵阳由毗邻而居结为生态伙伴，开创生态融合、共创共赢的发展新局面。三是拥有后发赶超的良好基础。“十二五”时期我县主打的新医药、新材料、高端装备制造、特色食品加工四大支柱产业，契合全省“十三五”产业培育战略走向，为下步融贵阳联贵安，加快产业升级，培育壮大新型工业体系奠定良好基础。现代物流集群效应正在发挥，“大物流”格局初步形成。“十里刺梨沟”正加速向“百里刺梨带”推进，“中国刺梨之乡”地标名片蕴含巨大发展潜力。以康养、休闲、度假等为主的旅游业正在兴起。“十三五”时期，我县有望成为省内外养生养老一族青睐的康养品牌基地，贵阳及周边地区周末近郊游、假日休闲游的热点区域。这些基础条件，为我们加快转型，推动新跨越注入了新活力，增添了新动力。

——基于上述分析，今后五年的指导思想是：以邓小平理论、“三个代表”重要思想和科学发展观为指导，深入贯彻落实党的十八大、十八届三中、四中、五中全会和习近平总书记系列重要讲话精神，牢固树立“创新、协调、绿色、开放、共享”五大发展理念，坚持“守底线、走新路、奔小康”工作总纲，紧扣省委、州委主基调主战略，围绕核心做优布局，拓展功能做强产业，以“贵阳副中心城市”为定位，加快与贵阳、贵安新区、双龙航空港经济区多要素融合，着力推进供给侧结构性改革，合力打好脱贫攻坚战，聚力主攻新型工业、山地高效农业、现代服务业、山地特色旅游业，推动城乡协调、一二三产业融合发展，努力打造“一城五区一高地”，把龙里建成黔中新型科技工业重镇、贵州山地现代农业基地、黔中山地生态宜居新城、西南现代商贸物流新区和全国特色生态康旅名县。

——基于发展形势，今后五年的奋斗目标是：到2020年，地区生产总值年均增长14%以上，突破150亿元；固定资产投资年均增长28%以上，突破467亿元；工业总产值年均增长15%以上，突破340亿元；财政总收入年均增长13%以上，突破30亿元，其中，公共财政预算收入年均增长13%以上，突破14.5亿元；社会消费品零售总额年均增长10%以上，突破23.89亿元；旅游总收入年均增长25%以上，突破33.5亿元；农民人均纯收入年均增长12%以上，突破15017元；城镇居民人均可支配收入年均增长9%以上，突破38355元。经济平稳持续增长，综合实力显著提升，社会文明程度明显提高，生态环境进一步改善，社会更加和谐稳定，人民群众幸福指数不断攀升。

实现龙里新跨越的既定目标，召唤我们的是责任与担当，我们要坚持经济建设“三个一”调度机制，发扬敢闯敢为、精准精细、创新创效、领跑领先的创业精神，同心、同策、同力推进各项事业迈上新台阶。

一、坚持党要管党，从严治党，全面提高党的建设新水平

加强思想政治建设。坚持把党章、党的重大

理论成果，特别是习近平总书记系列重要讲话精神，作为领导班子、领导干部理论武装的重中之重，建立健全学习制度，强化学习硬性规定，创新学习方式方法，坚持不懈地开展教育实践活动，进一步增强看齐意识，在思想上政治上行动上同党中央保持高度一致。加强干部队伍建设。不断创新各级领导班子、领导干部考核评价机制，促进干部考核更具科学性、更有公信力。坚持选用干部与考验干部相结合，着重把更多年轻干部充实到项目建设主战场，汇聚到招商引资最前沿，选派到民生改善第一线去历练成长，把更多在基层和艰苦岗位苦干实干、干有其能、干有所成的干部，选拔到领导岗位和重要位置上来。结合新形势新任务新要求，加强干部教育培训，切实增强各级干部担当意识，提高服务能力和工作水平。着力加强后备干部队伍建设，在思想上插旗子，在工作上压担子，切实提升后备干部综合素质，确保干部队伍后继有人、正常交替。坚持党管人才原则，围绕发展需要，抓好人才培养、引进、使用、服务四个环节，形成人才辈出，人尽其才、才尽其用的生动局面。加强基层组织建设。全面推进农村基层党组织规范化建设，确保每个村（社区）党员活动有场所、“两委”办公有设备、日常工作有制度。严格落实党建工作责任制，用硬指标、严要求推动党建创新，切实增强基层党组织创造力、凝聚力、战斗力，努力打造一支“发展有方、治村有力、群众拥护”的农村党员干部队伍。不断总结完善村干部职业化管理机制，有序提升村干部职业待遇，强化村干部动态管理，切实让村干部“为官想为”“为官有为”。继续加大先进典型表彰宣传力度，在全县基层党组织中形成岗位创先、行业争优良好氛围。加强党风廉政建设。坚持以落实“两个责任”为抓手，不断健全组织领导、责任分解、压力传导、检查考核等工作机制，形成“有权必有责、有责要担当、失责必追究”的鲜明导向。坚持把从严教育、从严管理、从严监督与关心爱护干部相结合，持续深化反腐倡廉教育和廉政文化建设，进一步营造全社会守廉、倡廉、崇廉浓厚氛围。着力加强制度建设，强化权力监督，切实让权力在阳光下运行。探索建立县委巡察机制，推进全面从严治党向基层延伸。锲而不舍落实中央八项规定精神，推动党风民风持续向好向上。坚持把纪律和规矩挺在前面，保持惩治腐败高压态势，坚决查处违纪违法行为，着力解决发生在群众身边的腐败问题。

二、坚持创新驱动，开放带动，着力构筑创新开放新高地

着力深化供给侧结构性改革。坚持问题导向，找准切入点，抓住发力点，着力在去库存上下功夫，合理确定房地产开发用地供应量和供应时序，加大闲置土地清理回收和棚改安置力度，积极做好贵阳城郊居民的安置转移承接，促进房地产市场健康发展。遵循市场规律，发挥政策引导，奖补结合，退转结合，鼓励潜力企业转型升级，加快“僵尸企业”清理淘汰，提升工业整体效益。着力在降成本上做文章，用足用好财税优惠政策，降低实体经济税费成本。强化知识产权质押融资试点工作，切实让知识产权“一纸证书”融到“真金白银”，缓解中小企业融资难问题。出台奖励政策，鼓励和引进“天使投资”，降低企业融资成本。持续推进简政放权，加快推进“互联网+政务服务”新型智慧政务建设，进一步提高政府效能，降低制度性交易成本。着力在补短板上见成效，聚焦基础设施、民生保障、脱贫攻坚、现代农业等重点领域，着力增加公共产品和服务供给，不断增强发展协调性。加快推进各领域改革创新。加快政府投资管理体制改革，用好用活政府和社会资本合作（PPP）模式，尽快形成成熟完备的市场主导投资内生增长机制。实施财税体制改革，创新财政支出方式，优化财政收支结构，理顺县、镇（街道）财政分配关系，构建公平、公正、透明公共财政体制。推进“大数据+”管理服务创新，在社会管理、公共服务领域用好用活“大数据”智能助手，推动龙里乘“云”而上，借“云”腾飞，快步迈向云管理、云服务新时代。做好教育体制改革，积极探索完善“公建民营”“民建民营”办学体制，着力破解受教人口与教育资源不匹配的困局。积极推进区域开放合作。紧扣环贵阳城市经济带、双龙航空港经济区和以贵阳、贵安新区为中心的黔中城市群三大区域规划，按照牵手联合航空港，融入大贵阳的战略思路，高起点、高品质、大视野构筑产业经济、城乡建设、社会事业发展框架，加快与贵阳、贵安新区、双龙航空港经济区多要素融合发展。发挥“南下两广”区位交通优势，加强与广东、广西“两高”沿线城市及西南重点城市在“园区共建、产业转移承接、农产品直供和通关口岸”等方面的合作。大力改善投资环境，创新利用外资方式，优化利用外资结构，扩大利用外资规模，提高外资利用水平。

三、坚持规划领先，品质至上，全力打造区域发展新名片

——围绕“提质、升级、增效”目标，突出“新型工业强县”战略引领，着力打造“黔中新型科技工业重镇”新名片。一是壮大规模，提升总量。积极融入“十三五”贵州培育壮大企业主体释放的更大发展空间，做优工业布局，做大园区盘子，做好产业链接。着力提升高新区、谷脚园区和龙山园区的承载能力。推进与双龙航空港经济区的产业配套，打造集医药、高端制造、电子信息等为主的醒狮元宝新兴产业园区。加速规模企业培育，支持“卡布国际”“雪花啤酒”“生命科技城”“康之味”等企业做大做强，形成新的经济增长极。二是优化结构，做大增量。紧盯国家重点发展的新兴战略产业导向，在载体建设、技术升级、高端人才引进、生产要素集聚等方面采取积极措施，鼓励新医药、高端装备制造、特色轻工、电子信息技术、新型建材类企业创新发展，培育壮大一批在国际国内处于领先水平的标杆企业。努力培育以“互联网+”为支撑的新一代信息技术产业，扩大支柱产业面。紧盯世界500强、央企、行业龙头企业招大引强，力争引进一批具有高科技和高附加值的大项目，提高规模企业、高科技企业在全县工业企业中的占比。三是盘活资源，做优存量。发挥龙里医药大健康产业基础好的优势，鼓励医药企业整合资源、抱团发展。着力盘活注册药品品种，做优贵州中药、民族药区域品牌。重点扶持瑞和、神奇、良济、柏强等骨干企业迈进精品国药企业行列，重点培育一批5亿元级医药大品种。大力发展特色食品精深加工，重点在“刺梨果”上掘金，培育2至5家5亿元级刺梨精深加工优强企业。

——围绕“生态、特色、高效”目标，夯实做强农业现代化程度，着力打造“贵州山地现代农业基地”新名片。坚持农业基础地位，突出现代农业富民效益，走现代山地特色高效农业产业化发展新路。一是结合资源条件，因地制宜布局。围绕蔬菜、烤烟、中药材等种植业和生猪、肉羊等养殖业，打造洗马高效农业产业带；围绕蔬菜、水果生态种植和农产品加工，打造醒狮现代观光农业和农产品加工产业带；围绕花卉苗木和刺梨种植，打造环县城农业观光产业带；围绕优质蔬菜、大米、茶叶种植和畜禽生态养殖、农俗园体验观光，打造湾滩河生态观光农业产业带。加快形成北部、中部、南部各具产业特色、各有优势品牌的农业产业化发展新格局。二是按照农业“接二连三”发展思路，坚持用工业化的思维和生产模式谋划农业发展。加快构建以现代科技为支撑、现代经营为基础、现代农民为主体、三产联动为特征、绿色无公害为优势、龙头企业为载体的农业产业发展模式。着力加大对湾滩河生态农业示范园区、龙架山现代高效农业及观光示范园区、谷脚茶香刺梨产业园区的要素保障，推进农产品种植、加工、销售一体化。重点加快刺梨产业规模化发展，按照每年新增不低于两万亩的标准，到“十三五”末，形成20万亩以上刺梨种植规模，为精深加工企业解决原料之需，做实“中国刺梨之乡”品牌。三是全面实施农产品品牌战略行动，重点围绕“米”“菜”“肉”“果”做优质量，做强品牌，加快培育一批“三品一标”产品，提升农产品市场竞争力，把龙里打造成全省绿色、无公害农产品品牌基地。到2020年，全县农业产业基地无公害产品率达100%，产品商品率达87.7%以上，外销达80%以上，力争农业总产值突破20亿元。

——围绕“低碳、活力、精致”目标，做优做靓特色城镇形象，着力打造“黔中山地生态宜居新城”新名片。一是优化区域布局。坚持“融筑联匀、东优西扩、南北齐飞”的战略规划，以高速公路、高速铁路、城市干道、国省道为主轴，统筹人口、资源、产业等要素聚集，加快形成核心突出、特色鲜明、功能互补、布局合理的“一城三镇多节点”新型城镇体系。力争到“十三五”末，城镇化率达到60%。二是完善交通体系。坚持“内优外畅”，立足大扶贫、大旅游、大物流战略需求，加快构建城乡一体，高效互通；“贵”“龙”一体，互联畅通的快捷交通体系。建成龙溪大道、贵龙纵线二期路网，力促贵新高速公路北移项目建成通车，启动贵阳东环高速公路建设，有序推进一批以省道、县乡道为主的干线公路提等改造，形成“贵龙、龙溪、贵新三干线带动南北两片、畅通贵阳三区”“多支线速达五镇、连接村村寨寨”的交通大路网。三是做大做靓县城。坚持“东优西扩、核心集聚、轴线带动、建优新城、扮靓旧城、做大体量”，以县城中心城区为圆心，有序拓展城区半径，高起点规划建设新城区，高标准实施棚户区和城市风貌改造，加快人口聚集，实现“小城”变“大城”。进一步完善中铁生态城片区城镇功能，统筹人口、资源、产业等要素聚集，加快龙溪经济带产业培育，努力形成以贵龙城市干道、龙溪城市干道和二期贵龙纵线为纽带，县城、中铁生态城、龙溪产业城三城互联的“金三角”大城市体态。四是做优做美乡村。坚持原生态与新功能相融合，结合各镇产业、文化、自然资源、区位功能等要素，区别规划，统筹实施。着力打造商贸集散型醒狮、绿色产业型洗马、旅游景观型湾滩河三个特色小城镇，做优草原、三元、哪嗙、谷龙、湾寨等特色集镇。坚持产村一体、连片成带、综合配套，突出经营理念，整合生产、生活、生态“三生”资源，做强产业支撑，加大基础设施投入和环境综合治理力度，逐步改善农村人居环境，因地制宜打造不同业态美丽村寨，提高美丽乡村“颜质”和“气质”。力争到2020年，建成50个以上“四在农家·美丽乡村”示范村寨，每镇打造2至3个镇村联动示范点。

——*围绕“专业、集成、智能”目标，做全做活商贸物流业，着力打造“西南现代商贸物流新区”新名片。*着力推进物流体系标准化建设，发展大宗商品和特种物流。重点以双龙现代服务业集聚区和县城为中心，辐射带动全县加快商贸服务业转型升级，打造百亿商圈。加快双龙现代服务业集聚区专业市场建设，努力打造集多类产品、多型商品于一体的大型专业市场。力争到2020年，培育100亿元市场2个，50亿元市场3个，10亿元市场5个，培育功能齐备、特色鲜明、集散能力强的国家级标准化专业市场2至3个，形成集会议会展服务、工厂产品直销、品牌商品经营、生活消费娱乐于一体的现代商贸聚集区。积极推进“互联网+”应用示范，加快快递物流园、龙铁国际物流园、万豪总部城、深国际综合物流港、中铁1%摩都、贵龙港等综合体项目建设，建成集商贸物流、货物存储、电子商务、金融和信息服务为一体的智慧物流园区。着力构建城乡物流体系，突出发挥双龙快递物流园、龙铁国际物流园的带动作用，建成多个城镇物流服务站，形成“两园支撑，多点联动”的城乡物流发展格局。坚持以“国家电子商务进农村综合示范县”建设为抓手，加快电子商务支撑保障体系建设，培育和壮大电子商务经营主体，不断提升电子商务应用水平。到2020年，电子商务占社会消费品零售总额比例达30%以上，努力打造全省电商产业示范基地。

——*围绕“康养、休闲、体验”目标，做响做亮旅游产业，着力打造“全国特色生态康旅名县”新名片。*一是坚持规划先行。按照“农旅结合”发展思路，坚持“周末近郊游、假日休闲游”发展定位，围绕“康体养生度假游、生态田园休闲游、自然原乡回归游”三大主线，优化区域旅游布局，构建以莲花湿地公园为核心，龙架山、大草原两翼相衬，双龙镇巫山峡谷、茶香刺梨沟、龙山佛国三区添彩，各镇（街道）美丽乡村点缀的“一心两翼三区多点”旅游发展布局。二是坚持融合发展。构建“旅游+”融合发展模式，推进“旅游+康养”“旅游+农业”“旅游+工业”“旅游+文化”“旅游+体育”“旅游+城镇”多元化发展战略，着力打造“中铁生态城区域康养休闲度假游”“莲花—龙架山生态休闲游”“龙里大草原民族风情游”“龙山佛国文化体验游”“茶香刺梨沟山地观光运动游”和各镇“乡村田园休闲游”等主题品牌。三是坚持做优品质。加快引进和培育一批康养产业，把康体养生养老做成龙里旅游的生命力产业，做响“养生龙里·健康之旅”区域品牌。坚持挖掘民族文化，打造具有本土特色和文化内涵的旅游产品。实施“多园并区”大景区战略，完成莲花湿地公园、龙里大草原、龙架山国家森林公园、“八一”公园“四位一体”的4A级景区“量身定制”，形成吃、住、游、玩相衬相依的休闲“大乐园”、度假“大家园”、旅游“大观园”。着力做好中铁国际生态城片区“三谷一城一带”精品包装，创建双龙镇巫山峡谷4A级景区，整体形成有规模、有品位、有特色的多元化旅游产业新区。推进“十里刺梨沟”变“百里刺梨带”，丰富刺梨花果观光旅游活动载体，积极承办全国性、国际性山地运动赛事，把“中国刺梨之乡”做成独具特色的观光旅游品牌、独具魅力的山地户外运动品牌。统筹加快“四在农家·美丽乡村”、小康寨建设与乡村旅游挂钩工程，分批次打造各具特色的乡村旅游点。到2020年，拥有两个4A级景区和多个功能完善、特色鲜明的国际性康养品牌基地，旅游接待数突破490万人次。

四、坚持小康为标，共享发展，坚决打赢脱贫攻坚新战役

紧跟中央、省委和州委的步调，围绕精准识别、精准帮扶、精准退出三项重点工作，坚持“扶持谁”“谁来扶”“怎么扶”三个问题导向，进一步统一思想、健全机制、完善措施、压实责任，按时序要求坚决打赢脱贫攻坚战。确保到2018年底，2.42万贫困人口全部脱贫，54个贫困村全部出列，全县各族人民共同迈入小康社会，到“十三五”末，实现建成更高水平小康龙里宏伟目标。坚持聚焦脱贫整合项目资金用于精准扶贫，统筹实施“六个一批”攻坚工程。着力推动种养殖产业类项目、旅游类项目落户贫困村，滋养贫困户，真正实现“靠山吃山、靠水吃水”。着重引导贫困户用好用活“特惠贷”资金，在发展产业上实现“借鸡生蛋，蛋又生鸡，鸡又生蛋”的良性循环。高标准、高水平推进易地扶贫搬迁工程。牢牢把握“2018年实施完成”“搬迁安置1409户5573人”两个硬指标，着力围绕“怎么搬”“搬出来后怎么办”两个大问题，把易地扶贫搬迁与城镇建设、园区发展、旅游发展等有机结合，布好安置点、建好安置区。建立完善搬迁后续扶持机制，落实后续扶持举措，重点统筹迁出地与迁入地资源，盘活好“三地”、解决好“三就”、衔接好“三保”、建设好“三所”，切实让搬迁户“搬掉贫困命运，搬出好运财运”，使搬迁工作“搬出城镇人气，搬出生态新天地”。以户为单位，对具备基本劳动能力的贫困对象，重点实施就业扶贫计划，着力在健全扶贫机制，搭建好园区就业、公益性岗位就业、技能培训就业等平台上下功夫，帮助更多贫困群众走上就业岗位、实现就业创收。强化扶贫根本保障，落实全方位医疗、教育、社会保障兜底扶贫政策。

五、坚持民生为本，共建共享，合力绘就幸福民生新画卷

加大教育投入建设，强化政策保障，优化教育环境，推动学前教育快速发展、义务教育均衡发展、高中教育突破发展、中职教育跨越发展。深入推进覆盖城乡的医疗卫生服务体系、医疗保障体系和药品供应保障体系建设，进一步满足城乡群众医疗卫生服务需求。提升疫病防控和卫生应急能力，统筹加快县医院、中医院、妇幼保健院提级提等创建。稳妥落实全面二孩政策，处理好人口资源和经济社会发展的关系，进一步提升人口发展质量，促进人口长期均衡发展。加快完善城乡公共就业服务体系，扩大就业内需渠道，让更多群众有业就、有事干、有收入。建立健全创业创新服务激励机制，鼓励大众创业、万众创新，让“双创”之火烧得更广更旺，烧出更多民生财富。建立更加完善的社会保障体系，基本社会保险覆盖率、城乡基本养老保险参保率达95%以上，城乡低保标准年均增长10%以上。扎实推进城乡交通提质工程，着力打通断头路，加快升级省道、县乡道，有序改善村组路，形成内外互连、四通八达的交通路网。到2020年，力争公路通车里程达到2025公里。加强水利基础设施建设，力争再造6座小型水库、3座中型水库。巩固提升农村安全饮水保障能力，加大山洪灾害防治力度，推进水利综合治理，完善防洪减灾保障体系，不断增强饮水保障，提升治水能力。加快城乡网络优化、农村宽带延伸等信息基础设施建设，到2020年，全县光纤网络和4G网络实现全域覆盖。大力实施大数据战略行动，加快数据资源综合开发应用，建设大数据电子政务和智慧城区、园区、社区、乡村、景区、交通。推进电力基础设施建设，建立更加安全、稳定的供电网络。规划建设“五镇一街道”天然气输气支线，切实做好中心镇天然气保障供应。积极发展以风能为主的清洁能源，大力推广太阳能技术，提升能源利用效率。

六、坚持绿色引领，生态立县，奋笔抒写生态文明新篇章

坚持把坚守生态底线、夯实生态根基摆在执

政兴县突出位置，以创建“国家循环经济示范县”“国家级生态文明建设示范县”“国家水生态文明城市试点县”为契机，努力提升生态涵养能力，把龙里建设成为生态持续滋养的国家级生态文明县。着力实施“绿色龙里”三年行动计划，推进“净空、净水、净土”生态系统工程。重点抓好1.3万公顷集中连片森林覆盖区、河湖溪涧、集中式饮水水源点等重要生态功能区保护与管理。加快制定重点生态功能区生态补偿机制，继续实施生态修复工程。到2020年，森林覆盖率达60%以上。大力推进水生态文明建设，把湾滩河农业园区和茶香刺梨园区建成贵州山区现代水利示范区。进一步落实责任、创新机制、严格执法，强化环境保护与污染治理。突出以减少污染物排放、改善环境质量、降低环境风险为重点，扎实抓好城乡环保基础设施建设、节能减排、污水处理、固体废弃物污染防治等工作，着力解决影响人民群众健康和影响可持续发展的突出环境问题，切实让龙里天更蓝、水更清、山更绿。

七、坚持弘扬正气，引领新风，奋力提升精神文明新高度

坚持以弘扬社会主义核心价值观为主线，突出“丰润道德、滋养文明、滋润发展”根本理念，以温暖、明亮、美好的方式传递正能量，凝聚正思想，为“十三五”经济社会发展提供强大的精神动力和智力支持。一是强化工作保障，明确“时间表”和“路线图”，健全区域化创建协同机制，推进共创共建，保证精神文明建设在机关、在企业、在农村、在广大人民群众中“好歌常放”“好花常开”。二是突出道德引领，创新活动载体，丰富活动主题，广泛开展群众性精神文明创建和道德实践活动，让创建工作真正成为惠民生、聚民智、修民德的“民心工程”。三是坚持以精神文明建设为牵引，激发社会爱心，提振社会信心，形成全社会热心公益、参与发展的生动局面。四是深化多彩贵州文明行动，树立社会文明风尚，提升人民群众综合素质，把龙里创建成为全国文明城市。五是深入发掘具有龙里特色的地域文化，实施文化精品工程，持续打造“龙跃黔中”广场文化品牌。六是推进文化服务惠民工程，普遍建成服务功能完备、运行机制健全、群众满意度较高的基层综合性公共文化设施和场所，建立一支扎根基层、专兼职结合、综合素质高的基层文化队伍，打通公共文化服务“最后一公里”。

八、坚持发扬民主，践行法治，努力开创民主法治新局面

充分发挥人大代表作用，支持人大及其常委会依法履职。坚持和完善政治协商制度，促进政治协商、民主监督、参政议政更加规范。完善党的代表大会制度，实行党代表责任制，推动党内民主新实践。充分发挥工会、共青团、妇联等人民团体桥梁纽带作用。全面贯彻党的统战政策，把统战工作放到全县经济社会发展的大局中去把握和推进，凝聚更广泛的共识，形成最大公约数，画出最大同心圆，推动民主党派、无党派人士、民族、宗教、非公有制经济人士、党外知识分子、港澳台海外等各方面工作高水平发展。扎实开展“四型”社区建设和“社区协商工作”，争创“全国社区协商民主管理示范县”。高度重视党管武装工作，加强国防后备力量建设，着力提高“双拥”工作水平，争创“全国双拥模范县”。深化司法体制改革，加强公共法律服务，加快法治政府建设。支持人民法院、检察院依法独立公正行使审判权、检察权，维护司法公正和社会公平正义。全面加强政法机关和政法队伍建设，打造一支“忠诚、为民、公正、廉洁”的政法队伍。运用法治思维，深化模式创新、技术创新，推进社会治理人性化、现代化、法治化。特别注重走近群众、团结群众，用法治思维化解群众矛盾；特别注重引领主流思想、把握舆论主导，用道德声音、法治力量，抵制不良思想，消除不正之风，打击不法之徒，营造利民、利政、利发展的良好环境。

过去留给我们的是骄傲与自豪，未来召唤我们的是责任与担当。让我们在党中央、国务院，省委、省政府和州委、州政府的坚强领导下，以强烈的政治责任感和历史使命感，团结带领全县各族干部群众，鼓劲加压求突破，砥砺奋进勇争先，不忘初心、继续前行，为开创龙里科学发展新局面，建成更高水平小康社会，谱写龙里人民美好生活新篇章而努力奋斗！

名词解释

“四个全面”：即全面建成小康社会、全面深化改革、全面依法治国、全面从严治党。

“两加一推”：即加速发展、加快转型、推动跨越。

“一圈两翼”：“一圈”即“泛都匀”经济圈，包括都匀市、福泉市、瓮安县、都匀经济开发区、独山县城以北地区和贵定县昌明镇，是黔南州的中部区域，规划面积约6469平方公里。“两翼”即“北翼”和“南翼”。“北翼”包括贵定县（不包括昌明镇）、龙里县、惠水县和长顺县等4个县，是黔南州环贵阳的北部区域，规划面积约7020平方公里。“南翼”包括三都县、荔波县、平塘县、罗甸县等4个县和独山县城以南的地区，规划面积约12706平方公里。

“三严三实”：即严以修身、严以用权、严以律己，谋事要实、创业要实、做人要实。

“两学一做”：即学习中国共产党党章党规，学习贯彻习近平总书记系列重要讲话精神，做合格党员。

“四评一考三落实”：“四评”即个人自我评价、领导班子评价、县级领导评价和社会民主评价。“一考”即工作实绩考核。“三落实”即将考核结果落实到干部使用管理、落实到干部绩效待遇、落实到干部教育培养。

“两个责任”：即党风廉政建设党委的主体责任、纪委的监督责任。

“双拥”：即拥军优属、拥政爱民。

“9+X”模式：即行政许可、行政处罚、行政征收、行政强制、行政检查、行政确认、行政给付、行政奖励、行政裁决9大类+其他类。

“一区五园”产业布局：“一区”即国家现代农业示范区。“五园”即湾滩河生态农业示范园区、龙架山花卉苗木及生态旅游观光示范园区、茶香刺梨产业示范园区、洗马镇高效农业综合开发示范园区、醒狮镇现代观光农业和农产品加工产业园区。

“一区三园”工业布局：“一区”即龙里经济开发区。“三园”即龙里高新技术产业园、谷脚工业园、龙山工业园。

水利“三大会战”：即实施骨干水源工程、引提灌工程和地下水（机井）开发利用工程建设。

“一带一路”：是“丝绸之路经济带”和“21世纪海上丝绸之路”的简称。最早源于习近平主席于2013年9月、10月访问哈萨克斯坦时，公开提出复兴丝绸之路，建设丝绸之路经济带的提法，逐渐完善为“建设丝绸之路经济带、建设21世纪海上丝绸之路”的“一带一路”国家战略。主要是依靠中国与有关国家既有的双多边机制，借助既有的、行之有效的区域合作平台，沿古代“丝绸之路”的足迹，主动发展与沿线国家的经济合作伙伴关系，共同打造政治互信、经济融合、文化包容的利益共同体、命运共同体和责任共同体。

“一城五区一高地”：“一城”即贵阳副中心城市。“五区”即全国循环经济示范创新区、西南现代服务业集聚区、贵州山地生态特色经济示范区、贵州航空港基地示范区、贵州城乡统筹发展示范区。“一高地”即黔南创新开放合作新高地。

经济建设“三个一”调度机制：即重大项目每月一调度、招商引资每月一调度、经济运行每月一调度。

供给侧结构性改革：即从提高供给质量出发，用改革的办法推进结构调整，矫正要素配置扭曲，扩大有效供给，提高供给结构对需求变化的适应性和灵活性，提高全要素生产率，更好满足广大人民群众的需要，促进经济社会持续健康发展。

“僵尸企业”：即已停产、半停产、连年亏损、资不抵债，主要靠政府补贴和银行续贷维持经营的企业。

“天使投资”：是权益资本投资的一种形式，即具有一定净财富的个人或者机构，对具有巨大发展潜力的初创企业进行早期的直接投资，属于一种自发而又分散的民间投资方式。

农业“接二连三”：即现代农业要依托工业，发展第三产业，农业与工业、第三产业融合发展。

“三品一标”：政府主导的安全优质农产品公共品牌，即无公害农产品、绿色食品、有机农产品和农产品地理标志。

“一城三镇多节点”：“一城”即龙里中心城区，涵盖冠山街道、龙山镇、谷脚镇的县城规划区。“三镇”即醒狮镇、洗马镇、湾滩河镇等区域中心城镇。“多节点”即草原、巴江、湾寨、三元、哪嗙、谷龙等特色集镇。

“三谷一城一带：“三谷”即白晶谷、太阳谷、云栖谷。“一城”即悦龙国际城。“一带”即巫山峡谷带。

“六个一批”：即我县的精准扶贫路径，一是产业扶持一批，二是生态补偿一批，三是教育和就业扶持一批，四是社会保障兜底一批，五是医疗救助一批，六是异地搬迁一批。

“三地”：即山林地、承包地、宅基地。

“三就”：即就学、就业、就医。

“三保”：即低保、医保、养老保险。

“三所”：即经营性场所、农耕场所、公共服务场所。

龙里县人民代表大会常务委员会工作报告

（2016 年 1 月 15 日在龙里县十六届人大五次会议第二次全体会议上）

龙里县人大常委会主任　上官昌健

2015 年主要工作完成情况

一年来，县人大常委会在县委的坚强领导下，坚持以邓小平理论、“三个代表”重要思想、科学发展观为指导，深入学习贯彻习近平总书记系列重要讲话精神，全面贯彻党的十八大和十八届三中、四中、五中全会及省委、州委、县委各次全会精神，按照协调推进“四个全面”战略布局要求，紧扣省委“两加一推”主基调和州委创新驱动、开放带动、“一圈两翼”战略，按照“守底线、走新路、奔小康”的工作总要求，坚持“项目为纲、民生为本、实干为先”三为工作导向，以小康创建、增比进位、项目观摩会、全州旅发大会四项工作为着力点，坚持党的领导、人民当家作主和依法治县有机统一，认真履行宪法和法律赋予的各项职权，扎实开展“三严三实”专题教育，与时俱进推动全县人大工作开展，顺利完成了县十六届人大四次会议确定的各项工作任务。全年共召开 11 次县人大常委会会议、14 次县人大常委会主任会议，听取审议“一府两院”26 项工作报告，作出 13 项决定、决议，开展 1 次专题询问、7 项专题调研、2 次执法检查，任免 58 名国家机关工作人员，为推动全县经济社会持续健康发展，开启基本现代化事业新征程作出了积极贡献。

一、依法监督求实效，深入贯彻县委决策部署

一年来，常委会围绕推动县委重大决策部署贯彻落实，抓住事关改革发展稳定全局的重大问题、人大代表和人民群众普遍关注的热点难点问题，不断改进和完善监督方式，促进“一府两院”依法行政、公正司法。

（一）坚守发展底线，适应经济发展新常态

常委会紧紧把握经济发展新常态要求，推动政府牢固树立并贯彻落实创新、协调、绿色、开放、共享发展理念，聚力推进新常态下龙里经济持续健康发展。听取和审议全县小康社会建设完成情况、国民经济和社会发展“十二五”规划预计完成情况、2015 年 1 至 9 月国民经济和社会发展计划执行情况、工业经济运行情况、民贸民品优惠政策落实情况等专项报告。通过审议充分肯定了县政府准确把握发展机遇，妥善应对风险挑战，取得了“十二五”发展提速增效、同步小康提前达标的好成绩。同时强调要积极认识新常态、适应新常态、引领新常态，科学谋划“十三五”发展，科学统筹稳增长、调结构、扩内需、促改革、惠民生、防风险，更加注重提高发展质量和效益，更加注重供给侧结构性改革，更加注重加减乘除并举调整产业结构，更加注重对特定人群特殊困难的精准帮扶，坚持稳中求进、深化改革创新、坚守发展底线、破解发展难题、厚植发展优势、补齐发展短板、奋力跨越赶超、走出发展新路，开创新常态下龙里发展新征程。

常委会坚持“项目为纲”导向，推动政府加快项目建设，引领“四化”同步发展。听取和审议全州第八届旅发大会筹备及旅游基础设施建设情况、全县重大工程和重点项目及民生工程建设情况、城镇建设工作情况、商贸物流发展情况、农村交通基础设施建设情况、农村饮水安全工程建设情况等专项报告，组织代表开展全县房地产市场发展、县看守所建设、重大项目和民生工程建设等专题视察调研。督促县政府全面开放招大引强、创新项目投资合作、提高要素供给效率、优化项目建设管理、完善网格基础设施、改善区域发展环境、加速产业转型升级、改造提升传统产业、培育壮大新兴产业、促进特色产业集聚、统筹城乡一体发展、推进产城深度融合、增进区域优势互补、扩大区域务实合作，为推动龙里加快发展、跨越赶超奠定坚实基础。

（二）突出民生改善，共享改革发展新成果

常委会筑牢以民为本理念，着力督促解决民生问题，致力使全县人民在共建共享发展中有更多获得感。聚焦现代农业发展。首次开展“国家现代农业示范区”建设专题询问，询问直面矛盾，问出了民心，问出了措施，答出了承诺，答出了动力，力促政府优化管理体制、配套扶持政策、改善基础条件、完善服务体系、提升农业品牌，以农业产业园区为引领，推进农业结构调整，实现农业“接二连三”，推动现代山地特色高效农业发展。聚焦生态文明建设。开展新《环保法》实施情况执法检查，听取和审议全县生态文明建设情况、水库和生态移民工作情况等专项报告，要求县政府要深化生态文明改革、优化环境网格监管、筑牢生态安全屏障、抓实扶贫生态移民、推进美丽乡村建设、推动低碳绿色发展。聚焦卫生养老服务。调研全县农村卫生基础设施建设，听取和审议妇幼卫生工作情况报告，督促政府健全卫生服务体系、改善卫生基础条件、推进卫计资源整合、增加公共服务供给，提高农村卫生公共服务水平。视察县养老基础设施建设及养老院运行情况，提出完善养老服务设施、构建多元服务体系、实施政府购买服务等建议，促进以大健康为目标的健康养生产业加快发展。聚焦学前教育公平。听取和审议第二轮学前教育“三年行动计划”工作情况报告，要求政府加大幼教投入、改善办学条件、建强幼师队伍、扶持民办幼教，推进城乡学前教育公共服务均等化。聚焦社会管理创新。听取和审议社会管理创新及开展“一村一警”工作情况报告，提出深化社会管理改革、规范“一村一警”管理、优化村警评价机制等建议，进一步推进社会治理创新。聚焦改革决策落实。听取和审议政府机构改革运行情况、农村土地承包经营权确权登记颁证工作情况等专项报告。督促政府要加快转变职能、理顺部门职责、严控机构编制、严格绩效管理，建立权责统一、权威高效的依法行政体系；抓好改革举措落地工作，稳定和完善农村土地承包关系，扶持发展规模化、专业化、现代化经营，加快构建新型农业经营体系。

（三）保证公正司法，适应法治建设新形势

常委会围绕法治建设进程，尽职司法工作监督，努力促进依法治县，营造良好法治环境。听取和审议县法院加强行政审判、推进依法行政专项工作报告，提出深化司法体制改革、探索行政审判创新、建强法治专业队伍、提升审判执行能力等建议，推动县法院依法独立行使审判权，不断提升司法公信力，让群众更多地感受到社会公平正义。听取和审议县检察院惩治和预防职务犯罪专项工作报告，对严肃反腐高压态势、加大案件查办力度、增强预防工作实效等方面提出建议，督促县检察院要健全预防职务犯罪工作机制，切实增强公职人员依法履职、廉洁自律的自觉性。常委会把处理好群众来信来访作为联系群众、了解社情民意的重要渠道，共受理群众来信、来访、来电48件、120余人次，切实反映和推动解决群众合法诉求，有效化解社会矛盾，促进社会和谐。完善规范性文件备案审查的接收、登记、分送、审查和流程管理，严格审查县政府报备的规范性文件5件。常委会还积极配合省、州人大对我县劳动合同法、消防法、文物保护法等方面的执法检查，推进法律法规的贯彻实施。

二、依法决策求常态，坚决维护宪法法律权威

一年来，常委会坚持抓大事、议大事，依法讨论和决定重大事项，为优化发展环境提供有效保障。密切关注财政运行情况，听取和审议2014年财政决算、2014年财政预算执行和其他财政收支审计、2015年1至9月财政预算执行和调整预算等专项工作报告，作出关于批准2014年县级财政决算的决议、关于批准调整2015年财政预算收支的决议。督促县政府要进一步深化财税体制改革、优化财政资源配置、防范财政金融风险，推进全口径预算体系建设，建立公开、透明、规范的预决算制度。高度重视并审慎行使重大事项决定权，对县政府提请的关于贵龙城市经济带基础设施项目贷款、县城西区旧城棚户区改造项目一期工程贷款、大竹芒水库工程建设项目委托代建政府购买服务协议款、县异地扶贫搬迁建设一期项目委托代建政府购买服务协议款、县人民医院内科大楼建设融资、“四在农家·美丽乡村”基础设施建设项目贷款、朵花河生态治理工程项目委托代建政府购买服务协议款分年度纳入财政预算等议案作出决议，要求县政府要加强项目资金管理，强化资金审计监督，提高资金使用效率。

坚持依法行使人事任免权，按照党管干部原则，严把人大任免关，坚持任前法律考试、规范供职报告程序、严格宪法宣誓制度，切实增强了任职人员的法治意识、责任意识和公仆意识。全年，共依法任免国家机关工作人员58名。其中，任命县人大常委会工作人员28名，免职1名；决定任命县政府工作人员10名，免职3名；任命县法院工作人员5名，免职3名；任命县检察院工作人员6名，免职2名。补选州人大代表2名。

三、固本强基求活力，充分发挥代表主体作用

一年来，常委会充分尊重代表主体地位，密切联系服务代表，支持保障代表依法履职，使代表主体作用得到充分发挥。

（一）密切联系代表，搭建代表履职平台

常委会组成人员不定期走访看望基层代表，通报有关工作情况，倾听代表意见建议，密切代表联系沟通，畅通代表参政渠道。规范建设代表联络站6个、代表联络室13个，组织省、州、县、镇代表编组进站，为代表联系群众、认真履职搭建平台。深化代表回选区、访选民双向互动，常委会组成人员定期或不定期与基层代表和人民群众面对面、心交心，虚心听取基层代表和群众意见，对基层代表和群众提出的意见建议进行梳理和交办，促进代表更好知民情、访民意、集民智、解民忧，积极回应代表和群众关切。

（二）完善服务保障，保障代表依法履职

邀请专家就学习贯彻党的十八届四中全会精神、人民代表大会制度和人大代表履职等专题，开展代表集中培训一期80余人次，不断增强代表的法治意识和履职意识。全年共邀请21名人大代表列席县人大常委会会议，组织省、州、县人大代表开展集中视察、执法检查和专题调研11次，形成专题调研报告7篇。积极推动“一府两院”不定期邀请代表参加座谈、听政、视察、调研，就重大决策和工作征求代表意见，保障代表知情知政。总结提升州人大代表向原选举单位述职评议、县镇人大代表向选民述职评议、代表听千案庭审、代表走消防看执法等主题实践活动，进一步拓宽代表履职渠道。推进代表履职信息、活动管理服务平台信息化建设，提升服务代表水平。各级代表深入选区走访选民，走进联络站接待群众，积极投身经济发展参与项目建设，积极投身公益事业承担社会责任，努力展现代表良好形象。

（三）加强跟踪督办，提高建议办理实效

坚持把建议办理作为人大工作求实效的重要抓手，注重前期抓及时交办、梳理确定督办重点，中期抓限期办结、广泛征询代表意见，后期抓督办难点、深入排查“回头看”，进一步完善领导牵头督办、工委现场查办、代表回访督查、全程跟踪落实机制，努力提高代表建议办理实效。去年年底，县十六届人大四次会议期间提交的63件代表建议已全部办理完毕，其中：代表建议所提问题已经解决或采纳的18件，占28.57%；所提问题已列入计划拟解决或采纳的42件，占66.67%；所提问题留作参考的3件，占4.76%。建议办复率100%，代表满意率98.27%。如保障谷脚镇及谷脚工业园区饮用水安全、整治出租车乱停乱放、规范遴选工作人员制度等民心工程建议落到实处，有效提高了群众的满意度。

四、依法履职求提升，不断强化人大自身建设

一年来，常委会始终坚持高标准、严要求，扎实开展“三严三实”专题教育，促进常委会自身建设不断加强，推动人大工作与时俱进。

（一）坚定制度自信，加强思想政治建设

常委会始终把思想政治建设摆在首位，坚持党组中心组集中学习和周一人大机关学习制度不放松，采取集中培训、专题讲座、个人自学等方式，深入学习贯彻习近平总书记系列重要讲话精神，认真学习贯彻党的十八大和十八届三中、四中、五中全会及省委、州委、县委全会精神，牢固树立党的宗旨观念和法治理念，自觉坚定理想信念和政治立场，坚定道路自信、理论自信、制度自信和岗位自信，牢固树立政治意识、大局意识、责任意识和担当意识，自觉把思想和行动统一到县委的决策部署上来，充分发挥人大在全面建成小康社会、全面深化改革、全面依法治县中的积极作用，使人大工作与改革发展同步、与人民群众同心、与依法治县同行。

（二）践行“三严三实”，加强工作作风建设

按照作风建设永远在路上要求，严格执行中央八项规定、省委十项规定、州委九项规定和县委七项规定，巩固和拓展党的群众路线教育实践活动成果，严守党的政治纪律和政治规矩，践行“三严三实”，坚决整治“四风”，树立人大机关为民务实清廉良好形象。树立大局观念，投身中心工作，在重点项目建设、招商引资开发、旧城改造拆迁、小尖高速征拆、临空新区开发、精准脱贫攻坚工作中发挥积极作用。领导班子成员深入基层调研扶贫，挂包镇（街道）人大工作，联系重点项目企业14家，走访慰问贫困群众32户，协调资金110余万元，帮扶联系村改善基础条件、壮大集体经济，有力促进了机关工作作风转变。密切与镇（街道）人大联系，加大指导协调力度，定期召开人大工作座谈会深入研讨、交流经验，进一步支持加强镇（街道）人大工作人员力量、优化工作环境，聚力推进县、镇（街道）人大工作同步发展。

（三）突出精细管理，加强人大制度建设

健全常委会讨论决定重大事项制度，完善重大事项决策程序，规范“一府两院”报告重大事项办法，提高常委会议事决策水平。以推动常委会工作机制创新为目标，对改进监督方式、增强监督实效、实施专题询问、镇街人大工作、代表联络服务、代表述职评议等方面提出实施意见，进一步推进了常委会工作的规范化、制度化、常态化。加强人大机关精细化管理和规范化建设，健全完善各项规章制度，积极创新开展工作，使制度的执行力切实得到不断提高。

（四）营造舆论氛围，加强人大宣传工作

在国家宪法日开展“弘扬宪法精神、建设法治龙里”主题宣传活动，大力弘扬宪法精神，加强和推动宪法实施。组织人大工作研讨征文，开展人大制度理论座谈，举办人大代表书画汇展，促使人民代表大会制度深入人心。充分发挥人大讲坛、人大专刊、人大网站主渠道、主阵地作用，积极宣传报道县、镇（街道）人大工作的好经验和新典型，展示民主法治建设新成就，展现人大代表履职新风采，反映地方人大建设新进展。改版龙里人大网站，以信息化促平台创新，致力建设数字人大，提升人大宣传工作影响力。

各位代表！

县人大常委会过去一年所取得的成绩，是在县委坚强领导下，全体人大代表、常委会组成人员以及全县人大干部共同努力的结果，是县政府、县政协、县法院、县检察院支持配合的结果，是全县社会各界大力支持的结果。在此，我谨代表县人大常委会，向大家表示衷心的感谢！

在肯定工作的同时，我们也清醒地认识到，县人大常委会的各项工作与县委的要求、依法治县的任务和广大群众的期盼还有差距，工作中还存在一些问题和不足：如监督工作的针对性、时效性还需进一步增强，讨论决定重大事项机制还需进一步完善，与代表、群众的联系还需进一步密切，常委会自身建设还需进一步加强，等等。对于这些问题，我们将在今后的工作中努力加以改进。

2016年的主要工作任务

2016年是“十三五”规划实施的开局之年。做好今年的各项工作，实现开好头、起好步意义重大，县人大常委会工作的总体要求是：在县委的坚强领导下，以邓小平理论、“三个代表”重要思想、科学发展观为指导，全面贯彻党的十八大和十八届三中、四中、五中全会，省委十一届六次全会、州委十届七次全会和县委十一届八次全会精神，深入学习贯彻习近平总书记系列重要讲话精神，牢固树立“创新、协调、绿色、开放、共享”的发展理念，按照“四个全面”战略布局要求，遵照“守底线、走新路、奔小康”的工作总纲，紧扣省委主基调、主战略和州委创新驱动、开放带动、“一圈两翼”战略，围绕“大脱贫、大数据、大健康、大旅游、大物流、大文化”六大战略行动，坚持“项目为纲、民生为本、实干为先”三为工作导向，以“小康提质、

四化同步”为目标，全面实施“工业强县、四轮驱动、区域协调、城乡统筹”战略，着力打造“一城五区一高地”，坚持党的领导、人民当家作主和依法治县有机统一，认真履行宪法和法律赋予的职权，全力推动县委重大决策部署贯彻落实，为推动全县经济社会持续健康发展，开启基本现代化事业新征程，把龙里建成更高水平的小康社会宏伟目标作出新的贡献。

一、依法履行职责，在强化监督上力求新成效

认真贯彻县委重大决策部署，正确把握法治的导向性，不断增强监督的实效性，促进“一府两院”依法行政、公正司法。一是适应经济发展新常态。加大经济工作监督力度，听取审议“增比进位”工作、国民经济和社会发展计划执行、重大工程和重点项目实施、商贸物流发展、县城总体规划、建设用地使用管理等专项报告，开展县循环经济示范县创建工作专题询问，推动新常态下全县经济持续健康发展。加大全口径预决算审查监督力度，听取审议财政决算、审计、预算执行和财源建设等专项报告，将公共财政预算、政府性基金预算、国有资本经营预算以及政府性债务计划纳入监督，督促政府增强公共财政资金使用绩效。二是适应共享发展新理念。加大民生领域监督力度，听取审议精准扶贫工作、“民生实事”完成、社会救助工作、就业保障工作、义务教育初步均衡发展、人才工作、食品药品安全监管、安全生产、棚户区改造、农村个人建房管理、农村危房改造、农村土地承包经营权确权登记颁证、代表建议办理等专项报告，开展县客运综合枢纽站建设、易地扶贫搬迁、殡葬改革推进、“留守儿童之家”建设、县公立医院改革及镇村医疗机构运行、县城区物业管理、水生态文明建设、绿色龙里建设三年行动计划实施、国家现代农业示范区建设等专题视察调研，对电子商务进农村推进情况进行专题询问，推动政府更好保障和改善民生，使改革发展成果更多更公平地惠及全县人民。三是适应依法治县新形势。加大依法行政监督力度，听取审议行政审批“三集中三到位”工作落实专项报告，监督和支持政府积极转变职能，建设法治政府和服务型政府。加大公正司法监督力度，听取审议民商事审判工作、刑事审判工作、生态环境保护等专项报告，开展深化司法改革、提高案件质效专题视察调研，监督和支持“两院”推进工作创新，促进依法独立公正行使审判权和检察权，提高司法公信力。

二、坚持继承创新，在依法决策上力求新进步

围绕人大工作面临的新机遇、新挑战，坚持在继承中完善、在创新中发展，依法行使重大事项决定权，完善讨论决定重大事项决策程序，规范“一府两院”报告重大事项办法，围绕全县改革发展大局，坚持党的领导和人大依法决定相统一，抓住全面建成小康社会、全面深化改革、全面依法治县中的重大问题和群众普遍关心的民生问题作为工作的着力点，及时将县委重大决策部署和人大各项改革任务转化为决议决定，确保作出的决议决定实现党性和民意的同频共振。加强对人大常委会决议决定执行情况的持续跟踪监督，以一抓到底的决心，确保取得实效。继续加强规范性文件备案审查，切实维护法制统一。坚持党管干部原则，依法行使人事任免权，完善拟任职人员任前法律考试、供职报告和宪法宣誓制度，切实增强被任职人员的法治意识、公仆意识和责任意识。

三、密切联系群众，在代表工作上力求新拓展

切实维护代表主体地位，进一步健全联系机制、优化履职环境、完善平台载体，为代表依法履职提供服务保障。一是健全联系机制。完善常委会组成人员联系代表、代表联系群众工作制度，丰富联系内容方式，广泛听取群众意见，积极回应社会关切，自觉接受群众监督。推进常委会向代表通报情况和征求意见常态化，邀请代表列席常委会会议和参加视察调研、执法检查、工作评议等活动，扩大代表政治参与，保障代表知情知政。完善代表服务保障，做好在县省、州人大代表的联络服务工作。二是优化履职环境。加强代表履职培训，引导代表以小组为单位开展专题学习，提高代表依法履职能力。健全代表履职档案，开展代表履职交流，支持代表参与改革创新，引导释放代表投身改革创造活力。加强代表建议办理工作，完善重点督办、跟踪查办、代表评价、结果公开机制，推动群众关注问题解决。

注重从代表和群众来信来访中了解民情、研判民意，加大重要信访事项督查督办力度，畅通民意诉求渠道，维护群众合法权益。三是完善平台载体。推进代表联络站（室）规范化建设，建立代表工作网络信息平台，完善代表服务平台功能，推进运行模式规范化。深化代表听案庭审、代表检察日、代表接待日等主题实践活动，推进县、镇人大代表向选民述职评议工作，推动省、州人大代表到原选举单位视察和述职，提升代表小组活动质量，探索建立代表约见国家机关负责人制度，提高闭会期间代表活动实效。

四、树立法治意识，在自身建设上力求新提升

切实加强常委会自身建设，不断增强依法履职责任感，持续在贯彻落实县委重大决策部署上凝神聚焦发力。一是聚力学习提升。注重运用法治思维和法治方式武装头脑、指导实践、推动工作。深入学习贯彻习近平总书记系列重要讲话精神，全面贯彻党的十八届五中全会、省委十一届六次全会、州委十届七次全会、县委十一届八次全会精神，把思想和行动统一到中央和省委、州委、县委的重大决策部署上来，坚定道路自信、理论自信、制度自信，增强法治理念、政治素养和履职能力。二是聚力改进作风。持之以恒抓好作风建设，健全改进作风常态机制，做到谋划发展“扣扣子”、责任履行“担担子”、工作落实“钉钉子”，巩固和发展“三严三实”专题教育成果。深入开展调查研究，尽心尽力察民情、听民声、聚民意、护民权。严守党的政治纪律和政治规矩，认真落实党风廉政建设责任制。认真落实省委、州委和县委关于进一步加强县乡人大工作的意见，支持镇（街道）人大加强建设，促进全县人大工作共同提高，合力服务全县科学发展。三是聚力健全机制。严格执行议事规则，完善科学审议决策机制，广泛听取社会各界意见，努力提高决策效率和水平。注重各项制度建设，完善职责严明、规范高效的运行管理机制，切实提高制度执行力。注重人大机关和干部队伍建设，建设学习型、服务型、创新性机关，加大人大机关干部培养交流力度，努力造就高素质人大干部队伍。四是聚力宣传法治。加强民主法治宣传教育，推进全民普法守法，弘扬法治精神，增强法治观念，营造良好法治氛围和舆论环境。加强人大宣传工作，通过各类媒体大力宣传人大制度优势、人大工作实践和人大代表风采。积极开展对外交流，学习借鉴外地经验，推动人大工作再上新台阶。力度，努力造就高素质人大干部队伍。四是聚力宣传法治。加强民主法治宣传教育，推进全民普法守法，弘扬法治精神，增强法治观念，营造良好法治氛围和舆论环境。加强人大宣传工作，通过各类媒体大力宣传人大制度优势、人大工作实践和人大代表风采。积极开展对外交流，学习借鉴外地经验，推动人大工作再上新台阶。

凝聚改革发展正能量，开启法治龙里新征程，需要全体人大代表和全县人民的不懈努力。让我们紧密团结在以习近平同志为总书记的党中央周围，在县委的坚强领导下，厉行法治、锐意改革、真抓实干、开拓奋进，努力开创人大工作新局面，为推动全县经济社会持续健康发展，开启基本现代化事业新征程，把龙里建成更高水平的小康社会宏伟目标作出新的更大贡献！

龙里县人民政府工作报告

（2016年1月14日在龙里县第十六届人大五次会议第一次全体会议上）

县委副书记、县人民政府县长　陈　曦

一、"十二五"时期的工作回顾

"十二五"时期，在县委的正确领导下，在县人大、县政协的监督、支持和帮助下，在全县各族干部群众的共同努力下，我们全面贯彻党的十八大和十八届三中、四中、五中全会精神及习近平总书记系列重要讲话精神，按照协调推进"四个全面"战略布局要求，坚持"守底线、走新路、奔小康"的工作总纲，紧扣省委"两加一推"主基调和州委"一圈两翼"战略，坚持"三为"工作导向，狠抓小康创建、增比进位等重点工作，较好完成了"十二五"规划的主要目标任务。五年来，我们干成了一些具有里程碑意义的大事和取得了一些标志性的成绩，增比进位跃居全省前列令人瞩目，同步小康创建率先领跑，成功承办省州项目观摩会誉满黔中，贵龙大道建成投运打通发展"黄金线"，现代服务业发展焕发勃勃生机，全县人民对建设龙里更高水平的小康社会更有底气、更有志气、更有朝气。

"十二五"期间，坚持抢抓机遇，良好发展形象日益展现。抢抓发展机遇，争取中央预算内投资13.25亿元、中央转移支付资金47.72亿元；新增金融服务机构5家，政府融资到位资金100多亿元；获批建设用地指标2.19万亩。获得一批含金量高、影响力大的"国字号"名片，成功申报创建"国家循环经济示范县"，获得"国家现代农业示范区""中国刺梨之乡""中国物流实验基地""国家级养生养老示范基地""中国最美健康养生旅游名县""国家级电子商务进农村综合示范县""国家科技进步县""国家科技富民强县"等称号，龙里的知名度、美誉度和认可度不断提升，激发更多活力，彰显更大魅力。

"十二五"期间，坚持提速增效，综合经济实力大幅提升。坚持以项目为纲，着力提高经济发展质量和效益，推动经济持续健康协调发展。累计实施重大工程和重点项目419个，完成投资371亿元，其中，亿元以上项目125个，完成投资225亿元。地区生产总值年均增长17.17%，累计完成273.71亿元，是"十一五"的2.37倍；规模以上工业增加值年均增长21.96%，累计完成119.67亿元，是"十一五"的2.51倍；固定资产投资年均增长62.81%，累计完成419.06亿元，是"十一五"的11.93倍；财政总收入年均增长35.91%，累计完成52.38亿元，是"十一五"的4.15倍，其中，一般公共财政预算收入年均增长32.49%，累计完成27.33亿元，是"十一五"的4.4倍；社会消费品零售总额年均增长15.39%，累计完成42.03亿元，是"十一五"的2.56倍。

"十二五"期间，坚持重点突破，结构调整步伐不断加快。始终立足资源、发挥优势，着力提升第三产业比重，三次产业结构由2010年的10.8:69.2:20调整为2015年的12.04:62.77:25.19。工业发展形成"一区三园"格局，着力打造食品加工、生物制药、机械制造、建材装饰等主导产业，工业企业达396家，2000万元以上规模工业企业达105家。大力培育市场主体，发展小微企业574户，市场主体发展到11606户。实施商贸流通类重大工程和重点项目10个，累计完成投资30亿元。双龙现代服务业集聚区成为全省重点现代服务业集聚区，贵州快递物流园迅速发展，快件吞吐量占全省的70%。加快农业"一区五园"发展，大力推动大数据在农业生产中的应用，着力发展“智慧农业”园区，形成蔬菜、刺梨、花卉苗木三大特色主导产业，粮经比稳定在30:70。

“十二五”期间，坚持夯实基础，生产生活条件明显改善。始终以交通、水利为重点，突破基础设施瓶颈制约。大力实施城市“东优西扩”战略，城市建成区达31.61平方公里，城镇化率达50.97%。中铁生态城和西南药都城市综合体累计完成投资117亿元。建成防空地下室5.19万平方米。贵龙城市经济带初具雏形，建成贵龙纵线一期、贵龙大道等城市主干道，打通了连接贵阳的交通“大动脉”。建成贵广高铁龙里北站，龙里迈入高铁时代。完成210国道（千家卡—县城）提等改造和县乡公路、村村通油路（水泥路）建设578.3公里。建成窄冲、石龙沟等水库，解决农村9.38万人饮水安全问题。新建110千伏变电站3座，新增变电容量150兆伏安。县城区、工业园区、农业园区、现代服务业集聚区完成基础设施投资200多亿元。深入推进“四在农家·美丽乡村”基础设施建设六项行动计划，完成投资10.32亿元。

“十二五”期间，坚持改革开放，发展动力活力有效增强。始终把改革开放作为解决发展问题的关键。落实改革成效明显。完成新一轮政府机构改革和乡镇、村（居）行政区划调整，实行“镇园合一”与大部门制。事业单位法人治理结构试点工作取得较大突破。殡葬改革有序推进。整合组建腾龙集团、贵龙集团等实体投融资平台。深化改革国库集中支付，全县预算单位实有资金纳入财政归集户管理。推进“先照后证”改革，工商企业登记注册资本实行认缴登记。大力推进“三证合一、一照一码”，着力激发市场活力。有序推进农村土地承包经营权、集体土地使用权和宅基地确权颁证工作。深入推进集体林权改革，发放林权证24872本。开放合作成绩斐然。突出科技人才培养和科技创新，加强与广州黄埔、山东淄博、双龙航空港经济区以及周边区域的友好合作，建成贵州大学校地合作示范基地和贵州高校创新联盟龙里基地。加大人才引进力度，机关事业单位新进人才1200人。围绕主导产业和新兴产业招商引资，到位资金突破520亿元。科技创新成果丰硕。培育国家级高新技术企业11家，新增注册商标149件，专利申请突破1000件。成功申报国家农业科技园区、全国知识产权融资试点县，建成全省首家县级院士创新工作站。2015年，全县综合科技进步水平指数达86.1%。

“十二五”期间，坚持以人为本，发展成果共享公平均等。始终统筹加快扶贫、教育、文化、体育、卫生等各项社会事业全面发展。扶贫开发精准实施。深入实施“六个到村到户”精准扶贫，减少农村贫困人口2.67万人，原麻芝、水场、湾寨、摆省、草原、哪嗙等六个贫困乡实现“减贫摘帽”，20个贫困村出列。大力实施村级集体经济“空壳村”清零行动计划，64个村成功“脱壳”。教育文化蓬勃发展。通过“加快高中阶段教育发展”及“两项督导评估”考核验收。圆满完成中职“百校大战”建设任务，中职校被评为省级示范性中等职业学校。优化调整学校布局，实现镇（街道）公办学前教育全覆盖。县公共体育场投入使用，建成县综合档案馆、90个农村运动场和167个农家书屋。电视、广播综合覆盖率分别达88%和99%。社会保障扎实推进。着力抓好就业创业工作，城镇新增就业2.14万人、农村劳动力转移4.49万人。完成保障性住房7316套，新建敬老院6所。卫计事业不断进步。新建县人民医院，完成镇（街道）卫生院标准化建设，实现村卫生室全覆盖。加快推进基本医疗卫生制度建设，新农合参合率稳定在96%以上。全县人口与计生工作实现协调可持续发展。生态环境持续改善。全力建设“绿色龙里”，推动绿色发展，全县城镇污水处理率达98.1%，城乡生活垃圾无害化处理率达64.4%，森林覆盖率达55.29%。平安建设卓有成效。加强社会管理创新、维护社会和谐稳定、促进社会公平正义，群众安全感和满意度有效提升。推进犯罪实时控制机制建设，打造立体化社会治安防控体系。创新“一村一警”警务服务模式，完成“天网工程”一期建设。严格落实安全生产责任，安全生产形势持续平稳。同时，供销、气象、消防、通讯等各项工作取得新进步，统计、档案、史志、双拥、民宗、新闻宣传等各项事业取得新进展，工会、共青团、妇联、残联、文联、科协等群团工作取得新成绩，人民防空、民兵预备役、国防建设作出了新贡献。

“十二五”期间，坚持服务发展，政府行政能力切实加强。转变作风动真来实。严格贯彻落实中央、省委、州委和县委相关规定，深入开展党的群众路线教育实践活动和“三严三实”专题教育活动，坚决整治“四风”问题。全面加强政务督办，有效推动工作落实。完善绩效目标管理考核制度，实行全年动态考核。研判决策科学民主。自觉接受人大的法律监督和政协的民主监督，定期向人大报告和向政协通报工作，累计办理人大代表建议306件、政协委员提案499件。完善依法科学民主决策机制，修订《龙里县人民政府工作规则》，引入法律、规划和融资专家顾问制度，推进科学决策、依法行政。简政放权积极稳妥。大力推进简政放权，推行权力清单和责任清单制度，现有行政权力3381项。以醒狮镇为试点，稳步推进行政审批、行政执法等方面195项行政权力下放，增强基层自主发展能力和公共服务能力。着力开展政府规范性文件清理，营造良好的政策制度环境。政务服务阳光快捷。加快政务服务中心建设，推动“三集中、三到位”改革，打造电子政务，构建高效、廉洁、公开、便民的行政审批新机制。公共资源交易中心运行逐步走向专业化、规范化、制度化。严格政府投资项目和财政资金管理，累计完成建设工程项目预决算审计544个，审减资金7.6亿元。着力打造群众工作服务综合管理平台，成立县、镇、村三级群众工作中心（站、室）。

刚刚过去的2015年，既是龙里发展进程中承前启后、值得铭记的一年，更是开拓创新、成果丰硕的一年。在全省31个经济强县增比进位综合考评中位列第6位，连续四年居全州第一，经济发展群众满意度居全省第1位，龙里人民在追赶、领先、跨越中自信满满。预计，完成地区生产总值71.49亿元，同比增长15%；规模以上工业增加值41亿元，同比增长14.5%；固定资产投资136.05亿元，同比增长25.3%；财政总收入16.93亿元，同比增长20.65%，其中，一般公共财政预算收入8.25亿元，同比增长23.07%；农村常住居民人均可支配收入8392元，同比增长11.7%；城镇常住居民人均可支配收入24177元，同比增长10.6%；社会消费品零售总额14.49亿元，同比增长12.2%；金融机构各项存款余额87.23亿元，同比增长51.5%；金融机构各项贷款余额57.17亿元，同比增长29.2%；省外3000万元以上项目到位资金95.72亿元，同比增长25%。

过去五年，是我县综合实力提升最快、城乡面貌变化最大、社会建设成效最好、人民群众受益最多的五年。这些令人鼓舞的成绩，是州委、州政府和县委正确领导的结果，是县人大、县政协监督支持的结果，是全县广大干部群众团结拼搏的结果。在此，我代表县人民政府，向辛勤工作、积极奉献的各族干部群众，向给予我们支持和监督的人大代表、政协委员、各民主党派、工商联和无党派人士、各人民团体，向参与和支持龙里建设的驻县单位、部队、武警官兵，向为龙里发展作出贡献的老领导、老同志，向所有关心支持龙里建设发展的社会各界人士，表示衷心的感谢并致以崇高的敬意！

奋斗的历程难以忘怀，积累的经验弥足珍贵。回顾“十二五”期间政府的工作实践，我们深深体会到：只有始终坚持县委的正确领导，创先争优，团结拼搏，才能铸就龙里经济社会发展的新辉煌。只有牢牢守住发展与生态“两条底线”，立足于好，致力于快，才能取得龙里更好更快发展的新成就。只有不断引进培育战略性新兴产业，提升改造传统产业，才能推动经济发展取得新突破。只有深入推进城乡统筹，互动融合，协调并进，才能谱写龙里城乡一体化发展的新篇章。只有不断深化改革开放，勇于创新，善于突破，才能持续增添龙里跨越发展的新动力。只有时刻牢记为民宗旨，服务民众，改善民生，才能开创龙里和谐发展的新局面。在总结成绩的同时，我们也清醒地看到全县经济社会发展中还存在一些矛盾和问题：一是宏观经济下行压力还比较大，项目投资增长后劲不足，工业经济增速放缓，保持经济较快增长的任务还很艰巨。二是土地、资金、人才等要素对经济社会发展的支撑还不够有力，企业融资难、融资贵的问题仍然突出，生产经营中的困难和问题仍然较多，发展壮大产业的任务还很艰巨。三是财政收入增长放缓，民生刚性支出增多，保障和改善民生的任务还很艰巨。四是城市管理还有待加强，城市配套服务设施还需完善，群众精神文化生活还需进一步丰富。五是个别部门和单位工作不够主动、担当不够有力，服务园区、项目和企业等方面还有待加强。针对这些问题，我们将采取强有力的措施，认真加以解决。

二、“十三五”时期的目标任务

“十三五”时期是我县奋发作为、大有可为的重要战略机遇期，也是脱贫攻坚、建成更高水平小康社会的决胜期。我们要坚定战略部署不动摇、坚定目标任务不懈怠、坚定思路政策不折腾，全力补短板、强基础、夯实力，以更快的节奏、更实的作风，奋力开创加速发展、加快转型、推动新跨越的局面。“十三五”时期的总体思路是：全面贯彻党的十八大和十八届三中、四中、五中全会精神，深入学习贯彻习近平总书记系列重要讲话精神，牢固树立“创新、协调、绿色、开放、共享”的发展理念，按照“四个全面”战略布局要求，遵照“守底线、走新路、奔小康”的工作总纲，紧扣省委主基调主战略和州委创新驱动、开放带动、“一圈两翼”战略，围绕“大脱贫、大数据、大健康、大旅游、大物流、大文化”六大战略行动，坚持“三为”工作导向，以“小康提质、四化同步”为目标，全面实施“工业强县、四轮驱动、区域协调、城乡统筹”战略，着力打造“一城五区一高地”，推动全县经济社会持续健康发展，开启基本现代化事业新征程，把龙里建成更高水平的小康社会。

“十三五”期间我县经济社会发展的总体目标是：到2020年，全县生产总值年均增长15.5%以上，完成150亿元以上；一般公共财政预算收入年均增长15%以上，完成16.6亿元以上；城镇常住居民人均可支配收入年均增长10%以上，完成36355元以上；农村常住居民人均可支配收入年均增长9%以上，完成12905元以上。

围绕目标任务，今后五年我们要着力构建“七大体系”：

（一）结合规划构建促进经济发展的基础设施体系。全面提升交通、水利、信息等基础设施配套保障水平。一是构建现代综合交通运输体系。加快龙里火车站、高铁龙里北站、龙里汽车客运总站等综合运输场站提质改造，推进综合客运枢纽及双龙信息物流公路港建设，形成多式联运综合交通枢纽。推动贵新线北移、龙里西环高速公路建设相关工作，努力形成联通南北的高速公路纵线网络，力争实现镇镇通高速。加快产业园区、旅游景区快速联络线建设，重点推进双龙北线、水孟大道、建设大道、贵龙纵线二期、纵二路、纵三路、横五路、横六路、谷脚临空小镇路网等建设。积极谋划贵阳轻轨延伸至龙里的相关工作。加快以城市快速通道为干线，国省干道、县乡公路为网格的交通网络建设，打通连接贵阳及周边县（市）的快速通道，实现县内县外互联互通。二是筑牢水利设施保障系统。加快“三位一体”规划骨干水源工程建设，推进三岔河水库、铁厂水库、龙滩水库、大竹水库、下把比水库、枧槽冲水库、五子登科水库、歪寨水库等一批骨干水源工程建设，提高水资源供给能力。实施“小康水”行动计划和农村饮水巩固提升工程，全面提升农村饮水质量。加大山洪灾害防治力度，推进镇（街道）、村（社区）河道综合治理，逐步完善防洪减灾体系。大力推进水生态文明建设，着力把湾滩河区域建成贵州山区现代水利示范区。三是夯实信息化发展基础。加快城乡网络优化、农村宽带延伸等重大信息基础设施建设，全县光纤网络和4G网络实现全覆盖，为互联网+传统产业、农村电商产业、中小企业云服务平台等发展提供坚实基础。大力实施大数据战略行动，推动数据资源综合开发应用。积极建设大数据电子政务体系，以创建国家级智慧示范城市为目标，推进智慧城区、智慧园区、智慧社区、智慧乡村、智慧旅游景区建设。到2020年，完成信息基础设施投资5亿元以上。四是增强能源供应能力。大力推进电力基础设施建设，加快110千伏输变电工程、10千伏及以下配电线改造工程建设。探索建设工业园区直供电交易模式。规划建设“一城五区”天然气输气支线。切实抓好中心镇天然气保障供应。积极发展以风能为主的清洁能源，大力推广农村户用太阳能技术，提升能源利用效率。

（二）结合优势构建符合市场需求的特色产业体系。一是深入实施工业强县战略，打造国家新型工业化示范基地。以龙里经济开发区为核心载体，以龙里高新技术产业园、谷脚—醒狮工业园、龙山工业园为平台，构建生物制药、高端装备制造、特色轻工、电子信息技术、新型建材五大支柱性产业。大力推进企业技术改造升级和争取国家产业投资引导基金支持，增强传统支柱产业的核心竞争力，培育一批新兴产业。二是加快发展现代服务业，建设现代服务业集聚区。充分利用“三港合一”的立体交通优势，大力发展商贸物流等现代服务业。推动互联网和物联网信息技术应用，促进商业业态创新发展，构建“互联网+N”的新兴商业发展模式。大力发展康体休闲度假旅游产业，构建“一心、两核、三区、多点”的旅游发展新格局。以打造黔中休闲度假首选地为目标，围绕“康体养生度假游、生态田园休闲游和自然原乡回归游”三大主线，树立“原乡龙里、康养胜地”的品牌形象。三是加快现代山地农业发展，奋力推进农业现代化。突出比较优势，坚持走高效、安全、生态的现代农业发展新路。加快建设优质蔬菜、水果、刺梨等特色种植基地，重点打造龙山至湾滩河万亩豌豆尖产业带、谷脚至洗马百里刺梨和万亩辣椒绿色农业经济带。以特色种养殖业为主导，延长产业链，加快农业“接二连三”步伐，激活“第六产业”。完善土地所有权、承包权、经营权“三权”分置办法，大力扶持家庭农场等农业新经营主体，依法推进土地经营权向农业新经营主体有序流转，发展适度规模的农业经营。

（三）结合实际构建具有山地特色的城乡统筹发展体系。一是加快构建布局合理的城镇化体系。按照建设贵阳副中心城市的思路，大力实施“融筑联匀”“东优西扩”“南北齐飞”战略，以重要交通干线为主轴，加快形成布局合理、富有活力的新型城镇体系。坚持“双向推动”，实现西与贵阳一体融合，东与都匀联动发展。突出双龙航空港经济区、贵龙城市经济带和县城的多维建设，重点推动县城东区和西区协同发展。以县城规划区为核心，坚持产、城、景融合发展，提高县城规划区人口和产业的集聚水平。推动中铁生态城、谷脚镇、醒狮镇形成组团发展的态势，不断优化城市发展空间。依托产业发展基础，通过政策扶持，做强醒狮、洗马、湾滩河三个次级中心城镇。做优三元、哪嗙、谷龙等特色集镇。到2020年，城镇化率60%以上。着力推进镇（街道）“多规融合”发展，建立完善统一的空间规划管理制度。二是集中打造产业型特色小城镇。积极抢抓全省100个示范小城镇建设和全国文明镇发展机遇，以有机特色食品加工、商贸集散及特色文化旅游为依托，将醒狮镇打造成商贸集散型小镇；结合全国第三批发展改革试点镇建设，将龙山镇打造成集特色餐饮、山地康体旅游、休闲养生为一体的旅游景观小镇；结合交通和地缘优势，将谷脚镇打造成以现代服务业为支撑的临空小镇；利用国家现代高效农业示范区创建机遇，将湾滩河镇打造成集生态旅游、农业观光、民族风情、休闲度假、养生养老于一体的绿色产业型小镇；依托产业基础，将洗马镇打造成以刺梨、中药材和无公害蔬菜种植，特色养殖及农产品加工为主导的农业生态旅游绿色产业小镇。三是统筹推进城乡一体化发展。以建成黔中经济区的城乡统筹示范区为目标，建立城乡统一的要素市场，推动人力资源、土地、资金等生产要素在城乡之间的合理配置和规范有序流动。扩大农村内需，促进土地流转，通过增减挂钩，优化城乡建设用地结构。树立构建和谐乡村、促进农村发展的理念，推进水、电、路、气、讯等基础设施向乡村延伸，完善农村文化、体育、教育、医疗、养老等公共服务设施。到2020年，建成50个以上“四在农家·美丽乡村”示范村寨。

（四）结合精准扶贫有效脱贫构建扶贫开发体系。坚持脱贫攻坚与小康提质统筹推进，深入实施省“33668”扶贫攻坚行动计划和“十项行动”，落实县“1+12”配套文件，全力以赴打赢扶贫开发攻坚战。到2018年，消除贫困人口2.39万人，54个贫困村全部出列。一是建立扶贫开发新机制。强化扶贫开发领导责任，建立“村为重点、工作到组、扶贫到户、责任到人”的工作机制，聚力脱贫攻坚。不断创新和完善财税支持、金融服务、产业扶持、土地利用、生态建设等各项政策措施。建立健全督促检查和绩效考核机制。抓好宣传，培育典型，引导社会各界关心、支持、参与扶贫事业，营造良好的扶贫氛围。二是统筹抓好“五个一批”精准扶贫。引进农业龙头企业，采取“公司+基地+农户”“大户+基地+农户”“农户+公司+网络”等模式，发展壮大“两山”产业，实现农户增收。抓好易地脱贫搬迁，完成易地脱贫搬迁10330人。加快完善贫困家庭学生资助政策体系，将农村贫困学生资助经费纳入财政预算，实行“应助尽助、精准资助”。大力开展“两线合一、减量提标”工作，织牢社会保障兜底网。建立和完善农村基本医疗保险、大病保险、医疗救助三重医疗保障体系。

（五）结合民生构建社会事业保障体系。继续加大对民生和社会事业的投入，建设覆盖城乡的公共服务体系，让人民群众更多更实更公平地共享改革发展成果。一是优先发展教育事业。深入实施教育提升工程，积极发展学前教育，实施第二轮学前三年行动计划，加大示范性幼儿园创建力度。加快实施新“两基”，基本普及15年教育。大力发展职业教育，引进1所以上高等院校（高职）到龙里办学。继续优化学校布局，推进学校规范化、标准化建设。加快教育信息化建设，夯实“三通二平台”基础，全面建成教育信息化公共服务体系。二是加快发展卫生计生事业。优化城乡医疗卫生资源配置，推进“健康龙里”工程建设，完善县、镇（街道）、村（社区）三级医疗服务网络。加强卫生应急体系建设，完善疾病预防控制卫生监督体系。到2020年，基本建成覆盖城乡的居民医疗卫生服务、医疗保障和药品供应保障体系。完成县医院“三级”乙等综合医院、县中医院甲等中医专科医院、县妇幼保健院“二级”妇幼保健院创建。大力推进镇（街道）所在地和建制村（社区）卫生机构的标准化建设。突出民族中医药特色优势，建设中医专科专病诊疗机构。着力健全覆盖城乡居民的基本医疗保障制度，新农合参合率稳定在96%以上。认真落实国家全面二孩政策，推动计生事业协调发展。三是大力发展文化体育事业。加大文化体育设施投入，完善县、镇（街道）、村（社区）三级公共文化体育服务体系。大力推进文化惠民工程，培育优秀文艺人才，抓好文艺精品创作。加快图书馆、文化馆、博物馆、美术馆、民俗馆等公共文化服务设施建设。重视民族文化遗产传承，升级保护非物质文化遗产。着力推进全民健身事业发展，建设城市游泳馆和全民健身活动中心。四是积极促进就业创业。健全创业指导服务体系，完善财政保障、税收优惠、金融服务等扶持政策，激发市场主体活力，建立多层次多样化的创业格局。实施重大项目和产业园区带动就业创业工程，培育发展创业型园区。大力推进各类人才队伍建设，加强职业技能培训，健全技能人才素质提升机制，机关事业单位新进各类人才1500人以上。“十三五”期间，建设1个创业孵化园，城镇新增就业累计完成3万人以上，城镇登记失业率控制在4%以内。五是着力提高社会保障水平。建立更加完善的社会保障体系，开展全民参保登记，实施全民参保计划。大力开展社会保险扩面征缴工作，推进共享普惠社会保险体系建设，建成县级社会养老和保障服务平台。完善失业保险、工伤保险、生育保险制度，城乡居民平等享受基本医疗救助。大力发展助残、济困、救孤等社会福利事业，建立健全留守儿童、妇女、空巢老人关爱服务体系。合理提高城乡低保标准，保持每年增长10%以上，努力实现“应保尽保、分类施保”。

（六）结合发展构建助推跨越赶超的动力支撑体系。围绕构建黔南创新开放合作新高地的目标，实施创新驱动战略，扩大对外开放，为县域经济发展提供强大动力。一是推进体制机制改革。推进科技、教育、文化、卫生、体育等事业单位分类改革。继续深化农村综合改革、扶贫开发体制机制改革和生态文明体制改革，建立覆盖城乡的公共服务体系。深入推进政府投资管理体制改革，充分发挥政府投资的杠杆作用和民间投资的主体作用，切实用好政府和社会资本合作（PPP）模式，加快形成市场主导的投资内生增长机制。加快财税金融体制改革，进一步理顺县镇（街道）财政分配关系，构建公平、公正、透明的公共财政体制。二是加大开放合作力度。建立和完善促进开放合作的体制机制，深化区域合作，提高对外开放水平。以黔中经济区、双龙航空港经济区建设为契机，进一步解放思想，突破行政区划，积极推动与周边地区的交流合作。主动融入“一带一路”“长江经济带”等国家重大战略，拓展合作空间。依托“两高”经济带建设，快速推动与泛珠三角地区的合作发展，借助广州黄埔区对口帮扶平台，推动两地间重点领域深入合作，促进优势互补。瞄准主导产业，紧盯国际国内知名企业投资动向，积极引进客商投资兴业。三是加快创新创业实践步伐。加强高新技术企业培育，着力搭建科技创新平台，提升科技型企业的创新管理能力和产出能力。到2020年，力争国家级高新技术企业达30家，规模以上企业建立研发机构比例达100%，省级工程（企业）技术中心达5家，建成省级孵化器1个，建立创新创业“众创空间”1家以上。

（七）结合绿色发展构建现代生态文明体系。以构建和谐社会为目标，牢牢守住“天蓝水碧、山绿土净”的生态底线。一是实施生态工程建设。围绕“绿色龙里”建设三年行动计划，全力抓好集中水源点、20万亩集中连片森林等重要生态功能区的保护与管理。继续实施天然林保护、防护林建设、退耕还林等生态修复工程，努力创建国家级生态文明建设示范县。到2020年，力争森林覆盖率60%以上。二是强化环境保护与污染治理。加强水生态保护，严格保护集中饮用水源地水质，加快城镇污水处理设施和管网建设，全面推进工业废水和城乡生活污水治理。抓好燃煤锅炉煤改气、汽车尾气治理和工业废气达标排放工作。到2020年，集中式饮用水源地水质达标率、县城环境空气质量达标率稳定在100%，城镇污水处理率、城镇生活垃圾无害化处理率均在95%以上。三是构建低碳循环发展模式。依托“国家循环经济示范县”品牌，以建设资源节约型、环境友好型社会为目标，全力推动经济循环、绿色、可持续发展。大力发展节能环保产业，到2020年，工业固体废弃物综合利用率达85%，主要再生资源回收利用率和农作物秸秆等废弃物综合利用率均达90%。

三、2016年的重点工作

2016年是实施“十三五”规划的开局之年，也是龙里脱贫攻坚决胜期的关键之年，更是龙里建设更高水平小康社会冲刺期的首要之年。我们要按照中央、省、州和县委的要求，坚定信心，攻坚克难，努力实现“十三五”的良好开局。

今年全县经济社会发展的主要目标是：全县生产总值增长15.5%以上，完成86亿元以上；力争增长16%，完成88亿元。规模工业增加值增长16%以上，完成48亿元以上；力争增长16.2%，完成49.2亿元。固定资产投资增长28%以上，完成175亿元以上；力争增长32.3%，完成180亿元。财政总收入增长15%以上，完成19.4亿元以上，力争增长18.13%，完成20亿元；其中，一般公共财政预算收入增长15%以上，完成9.4亿元以上，力争增长21.21%，完成10亿元。社会消费品零售总额增长13%以上，完成17亿元以上；力争增长13.5%，完成18亿元。城镇常住居民人均可支配收入增长10%以上，完成26600元以上；力争增长10.85%，完成26800元。农村常住居民人均可支配收入增长12%以上，完成9400元以上；力争增长12.96%，完成9480元。招商引资到位资金增长30%以上（省外3000万元以上项目），完成125亿元以上；力争增长35.81%，完成130亿元。节能减排目标控制在州下达指标范围内。

实现上述目标，我们将重点抓好以下八个方面的工作：

（一）突出以园区为平台，继续做大工业经济总量。坚持以经济开发区为平台，以骨干企业为龙头，走出一条科技含量高、经济效益好、资源消耗低、环境污染少、人力资源得到充分发挥的新型工业化路子。科学规划引领园区发展。强化规划引领作用，加快构建“一区三园多点”产业发展空间格局，科学规划产业布局和发展重点，合理安排基础设施项目，夯实产业发展基础。实现工业园区控制性详细规划全覆盖，完善龙里高新技术产业园、龙山工业园控规，启动谷脚工业园—醒狮元宝片区控规。争取园区发展资金1000万元以上，完成园区基础设施投资10亿元以上。完成水孟大道规划设计，建成龙山工业园大冲公路及龙里高新技术产业园一、三、五、九号道路延伸段。完成龙里高新技术产业园（二期）、商业配套服务区（一期）场平和综合配套服务区及生态移民安置工程建设。园区内企业建设标准厂房16万平方米以上。招商引资扩大工业企业规模。大力开展工业项目招商引资，夯实工业发展后劲。围绕主导产业，瞄准发达地区，紧盯国内500强企业、大型央企和民营巨头，主动承接东部发达地区产业转移。支持华润雪花啤酒年产60万吨生产线异地技改扩建，年内实现主体完工。倾力服务工业项目建设，完成工业投资70亿元以上，新开工项目30个，新投产项目35个，新增规模工业企业20户。盘活存量培育增量做大总量。着力做大做强优势产业、改造提升传统产业、培育发展新兴产业，进一步壮大工业经济总量。着力抓好卡布国际婴童用品产业园和黔中产业园建设，加强对龙行制造、空港产业园、谷冰风电场等在建项目及润生制药等技改续建项目的跟踪服务力度，确保尽快投产达效。加快推进弘康制药提取车间、柏强制药GMP生产线改造建设，积极支持瑞和、良济等有条件的企业上市融资。以弘康制药股权重组为先导，引进省内外优强医药企业对县内医药企业进行兼并重组，力争医药产业产值达30亿元。着力加快食品加工业规模化、绿色化、品牌化发展，积极支持邓氏辣子鸡、龙缘盛豆制品、黔宝食品等一批成长性较好的企业做大规模。以红狮水泥、长通集团、中材环保等企业为龙头，加快推进建材产业转型升级，推广复合墙体材料、生态环境功能材料等新型绿色建材，启动建材产业示范基地创建工作，推动科之杰透水混凝土产品的研发推广，力争新型建材产业产值60亿元以上。积极推动创奇装备、晨光机械等制造企业向智能化、绿色化转型，鼓励英吉尔机械加工等企业加快技改扩能。强化调度服务保障企业发展。按照经济建设“三个一”调度要求，加强园区管理，优化园区服务，探索建立企业化运作的开发区管理模式，推进园区公共服务市场化。加快建设园区服务平台。建立园区约束退出机制，加强园区闲置土地清理处置力度，积极争取用地指标“点供”政策，优先支持重大项目建设。加大对工业项目的金融支持力度，帮助企业以发行债券、基金等方式多渠道融资，着力开展知识产权融资试点工作。积极支持腾龙集团、贵龙集团发展实体经济。加强金融担保体系建设，增强县金融担保公司服务企业融资的能力；推动“银政通”“助保贷”“贵园信贷通”业务向园区企业倾斜。落实民贸民品企业优惠政策，新增民贸民品企业30家以上，完成优惠政策贷款6亿元以上。

（二）突出以商贸为重点，加快发展现代服务业。全力推动商贸业发展壮大。围绕“两核、多点”的商业布局体系，着力完善商贸基础设施，完成双龙现代服务业集聚区基础设施投资10亿元，其中，快递物流园中央商业区CBD项目完成投资1亿元以上。加快推动万豪总部城、中铁1%摩都、宏基中药材电商产业园等重大商贸项目建设。积极推动现代物流业集聚发展。加快推动双龙物流商贸城、贵州一均物流园和深国际综合公路物流港等项目建设。万科物流仓储全面建成并投入使用。加快推进世界500强普洛斯物流项目落户建设，逐步打造西南物流转运枢纽。着力推动贵州快递物流园形成规模，确保入驻企业达15家，圆通、韵达、EMS等10家以上企业建成投产，快递业务量占全省的80%以上。强力推动大数据产业蓬勃发展。大力推进传统产业数据化升级改造，着力推动深国际综合物流港公路物流大数据建设。依托双龙农副产品集散中心信息平台，推进农产品产、供、销大数据应用。主动寻求与科研机构、院校合作，建设大数据产业科技支撑平台。加快中铁1%摩都项目电商体验商业中心和深国际电商孵化园建设。引进知名线上大宗商品交易平台“绿金在线”项目落户龙里，构建以农特产品、中药材交易网络平台、终端物流相结合的现代电子商务线上交易中心。以国家级电子商务进农村综合示范县建设为契机，依托快递物流企业仓储配送，加快仓配一体化项目和网货集散中心建设。加快实施农村淘宝项目，新建县级农村电子商务服务中心1个，完成镇（街道）、村级农村电子商务综合服务站60个以上，打造农村电子商务示范村3个以上，培育年销售额500万元以上龙头企业2户以上，开设网店50家以上，完成年度交易额1亿元以上、年度上行产品销售额1000万元以上。培训电子商务实用人才2000名以上，电子商务从业人员500名以上。重点培育上行产品品牌，加快平坡苗族农民画、邓氏辣子鸡、苗族刺绣等旅游文化商品上线交易的策划包装。着力推动山地特色旅游业长足发展。发挥“中国最美健康养生旅游名县”的品牌优势和中铁生态城太阳谷的示范带动作用，着力推动生态健康养生养老休闲产业发展。推动双龙风情小镇加快建设，打造多元业态的4A级国际休闲度假中心，确保年内完成投资1亿元，巫山峡谷景区一期建成并对外开放。大力发展高端酒店业，安娜塔纳酒店建成营业。大力组织旅游节会活动，着力开展户外嘉年华活动，认真策划开展具有国际影响的户外攀岩和蹦极等极限运动。加快发展十里刺梨沟、莲花片区等乡村旅游，创建乡村旅游示范点2个以上，完成茶香十里刺梨沟自行车主题公园投资900万元以上。力争接待游客245万人（次）以上，旅游总收入14亿元以上。

（三）突出以增效为核心，加快发展山地特色高效农业。依托国家现代农业示范区，完善农业“一区五园”发展条件，加快农业“接二连三”步伐，着力发展山地特色高效现代农业。打造特色农产品优质品牌。立足优势，高标准、高质量建设蔬菜、刺梨、精品水果、中药材、花卉苗木生产基地，抢占高端农产品市场。做大特色农产品规模，完成种植蔬菜32万亩、刺梨2万亩、精品水果1.5万亩和中药材2万亩。着力抓好豌豆尖地理标志保护产品申报和农产品质量标准化建设，强化“湾滩河”“绿鲜机”“黔康”“农三元”等农产品品牌建设。加快农业“接二连三”融合发展。加快醒狮镇安全农业公园一期、洗马镇中药材GAP示范种植基地和康雅先蔬菜园及湾滩河镇福茶茶园建设，启动醒狮镇现代山地特色高效康体养生休闲农业示范园区建设。狠抓农业招商引资，力争到位资金3亿元。着力引进深圳汇亚等农业产业化企业，积极发展农特产品精深加工，力争刺梨产品加工业产值15亿元以上。建成双龙农副产品集散中心7万立方米冷库和湾滩河农业园区200立方米冷库，建成湾滩河园区综合展贸区、加工物流区、农资交易中心并投入使用。促进智慧农业出新出彩。完成湾滩河园区1000平方米智能化育苗中心和1000亩水肥一体化喷滴灌设施，建成覆盖核心区1万亩的农业物联网工程和园区信息服务系统，逐步构建农业园区全方位的监测系统和农业生产全程信息化体系。推进农民组织化程度规范升级。加大新型职业农民培育力度，完成新型农民培育200人以上，新增农民专业合作社和家庭农场各10家以上。推进家庭农场备案联系服务制度，引导和鼓励规模种养大户向家庭农场转型升级。大力发展农业产业化龙头企业，培育州级龙头企业2家、县级龙头企业3家以上。夯实农业农村基础设施。完成民主至高坡、洗马至牛场县乡道改造。完成窄冲水库竣工验收，下把比水库、龙滩水库、大竹芒水库完成投资2亿元。力争启动枧槽冲水库建设。完成猴子沟水库、叫水冲水库、歪寨水库前期工作。完成莲花河生态堤防治理和新民河重点山洪沟治理工程投资4000万元。完成谷脚镇、笋子塘等供排水工程和农村环境综合整治项目建设。大力实施“小康水”项目，完成投资6000万元，解决1万人农村饮水安全提质增效和6000亩耕地灌溉问题。积极推进“小康讯”建设，建设11个村级邮件接收场所，实现行政村互联网全覆盖。

（四）突出以规划为引领，推动城乡统筹发展。与时俱进完善城乡规划体系。完善县城、镇（街道）总体规划和控制性详细规划，启动重点公路沿线、重点景区周边村庄规划，预留公共设施建设用地。围绕海绵城市和管廊城市理念，编制完善相关规划。加快海绵城市建设，推进城区河道生态治理，增强城市在适应环境变化和应对自然灾害等方面的“弹性”；推动管廊城市建设，有效利用地下空间，美化城市景观。完善县域城市规划区风貌设计。加强规划管理，深入推进村庄和集镇个人建房、农村集中建房工作，各镇（街道）规划建设农村集中建房安置点1个以上。完成城镇基础设施投资33亿元以上，城镇化率51%以上。全力以赴加快贵龙城市经济带建设。以路网为骨架，拓展城市发展空间，推进贵龙城市经济带梯次开发建设。王关安置区三期完成投资6000万元。启动观音山片区集中安置区建设。贵龙纵线二期、纵三路建成通车，双龙北线道路工程完成投资6.3亿元，建设大道完成投资8.45亿元。加快贵龙港城市综合体和中铁国际商业综合体建设，实施茵特拉根小镇二期和双龙风情小镇二期工程，着力推进碧桂园项目建设。坚定不移实施“东优西扩”战略。完成青龙路至大十字道路提质改造。完成背街小巷路灯“扫盲”工程。完成县城区互联网20兆以上扩容改造，实现城区主要公共场所无线WIFI全覆盖。加快县城西区建设，完成三林路至第三中学道路建设。启动西区河滨大道、县城西区至龙里高新技术产业园道路建设。城镇污水处理率98%以上，城乡生活垃圾无害化处理率93%以上。示范引领小城镇建设。建立小城镇发展联席会议制度，整合项目资金，改善城镇配套服务设施。坚持以产业为抓手，实现产城互动融合发展，大力推进醒狮、洗马、湾滩河等次级中心城镇建设。启动醒狮对外连接主干道、镇区3.5公里路网、小城镇综合性文化体育中心等项目建设；加快洗马镇供销社小区改造工程、百乐路二期、易地扶贫搬迁集中安置点建设；启动湾寨布依风情街建设。提升品位加强城市精细化管理。围绕争创“国家级卫生县城”的目标，深入推进“多彩贵州文明行动”。突出抓好城镇绿化、美化、亮化，建设金龙西路、贵都联络线等交通主干道园林小品工程。注重疏堵结合，加大城区干道占道经营查处力度。推进县城农贸市场、集市规范化管理。加大对违法违规建筑的打击查处力度，坚决遏制违法违规建房行为。

（五）突出以脱贫为目标，坚决打响打赢脱贫攻坚战。致力抓好产业扶贫。以资源优势为依托，市场需求为导向，大力发展刺梨、中药材、茶叶、蔬菜、生态畜牧及特色养殖等产业，提高产业发展对农村贫困人口的扶持带动作用。积极推动农村电商扶贫发展。发挥龙头企业、农民专业合作社和种养殖大户的带动作用，实现村有主导产业、户有增收门路、劳动力有增收技能的目标，实现80%以上的“空壳村”经营性集体经济收入5万元以上。努力抓好医疗扶贫。提高农村贫困人口医疗救助保障水平，贫困救助保障对象新农合参合率达100%，住院医药费用按相关规定整合资金补助，实现政策范围内费用报销比例90%以上。建档立卡贫困人口中的重大疾病患者、特困供养人员、最低生活保障对象中的长期保障户和80岁以上老年人，通过整合新农合、大病保险、医疗救助、扶贫救济等资金，实现政策范围内医疗费用保障水平达100%。大力抓好易地脱贫搬迁。牢牢把握“建房、搬迁、就业、配套、保障、退出”六个关键环节，以自然村寨整体搬迁为重点，采取“以集中安置为主，分散安置为辅”的方式进行安置，鼓励有一定经济基础的人员在城镇、产业园区安置。着力提高建档立卡贫困人口的建房补助标准。全力抓好保障兜底扶贫。进一步完善社会保障、社会救助制度，有效保障农村困难群众基本生活，着力推进“两无”贫困人员和暂时不能脱贫人口稳步脱贫。对低保老年人、重度残疾人、重病患者、在校学生、单亲家庭成员等群体，增发低保标准10%—30%的特殊困难补助金。逐步提高孤儿基本生活保障，完善农村五保供养设施，提高农村五保供养标准，增发30%的特殊困难补助金。着力抓好教育就业扶贫。县财政压缩6%的行政经费用于教育精准扶贫，合理配置教育资源，不断改善义务教育薄弱学校基本办学条件，不断夯实教育基础。大力发展职业教育，深入实施职教扶贫“1户1人计划”和“雨露计划”，培养一批乡土种养大户、科技示范户和创业能手。

（六）突出以民生为根本，统筹推进社会事业建设。围绕共享发展理念，抓民生，促和谐。积极推动教育文化事业繁荣发展。加快实施新“两基”，确保“义务教育初步均衡发展”工作通过验收。完成县第五小学教学楼建设。大力开展“龙跃黔中”广场文化系列活动和送文化下乡活动，抓好全民健身路径和农民体育健身工程建设，切实丰富群众精神文化生活。启动文化艺术场馆建设，搭建交流平台，促进民间文化艺术产业发展。统筹推动卫生计生事业协调发展。加强医疗机构信息化建设，推动远程诊疗工作，鼓励各级各类医院逐步开展以电子病历为核心的医院信息系统建设。完成县医院内科大楼建设。着力健全医疗保障体系，建立疾病应急救助制度。加大新型农村合作医疗工作宣传力度，确保参合率96%以上。大力推动创业就业持续发展。把就业创业工作与发展职业教育相结合，合理增设职教特色专业，大力开展劳动技能培训，探索订单培训模式，为县域经济发展提供实用型技术人才支撑。鼓励扶持农村富余劳动力、返乡农民工、失业人员自主创业。充分依托工业园区、农业示范园区和闲置校舍，创建创业孵化园，城镇新增就业6700人，农村劳动力转移7200人。着力推动社会保障稳步发展。充分发挥民政兜底保障功能，农村和城市低保标准分别增长18%和10%以上。突出抓好空巢老人、五保老人、留守儿童的救助救济，建立救急难制度。探索建立农村幸福院与农村卫生医疗机构合作运行机制，鼓励和引导社会资金创办养老服务机构，分别建成县级农村互助幸福院、老年协会、居家养老服务示范站2个，建成洗马、谷脚、湾滩河敬老院。加大保障性安居工程建设力度，新建公租房300套。强力推动生态建设不断发展。深化“六个一律”环保“利剑”执法专项行动，以零容忍的态度严厉打击环境违法行为，环境信访案件查处率、环评执行率和环保“三同时”执行率达100%。深入推进森林保护“六个严禁”执法专项行动，大力实施县乡村造林绿化，着力推进重大生态修复工程，完成营造林3.5万亩、石漠化综合治理18平方公里，森林覆盖率56%以上。全力推动平安龙里和谐发展。打造犯罪实时控制“龙里模式”升级版，完成“天网工程”三期建设。推进平安家庭、村（社区）、镇（街道）三级联创，健全社会治安立体化和信息化防控体系，维护社会和谐稳定。实现县、镇（街道）公共法律服务机构全覆盖。实施“阳光信访”工作制度，加强社会矛盾纠纷调处。落实安全生产主体责任，着力抓好矿山、危化、工贸、建筑、交通、消防、食品药品等重点领域的安全监管，坚决遏制较大及以上生产安全事故发生。

发展依靠人民，发展为了人民，发展成果人民共享。今年，我们将重点办好以下民生实事：一是减少农村贫困人口6000人，贫困村出列20个；完成易地扶贫搬迁147户805人。二是启动210国道县城至龙丛段改造；完成关口至把比、城兴至金谷、摆勺至干末等9条连接周边区域公路。三是全面推进龙里新高中建设；继续实施好1.8万余人的营养餐工程；新建、改扩建公办幼儿园13所；实施3所义务教育薄弱学校改造项目。四是完成县救助站、县社会养老服务中心、县妇幼保健和计划生育中心建设；启动县老年公寓、冠山惠馨、双龙和草原养生养老服务中心建设；新增农村公益性墓地12个。五是完成莲花生态湿地休闲体验区河道整治主体工程和村庄整治及景观建设，启动区域内市政道路、商业街和旅游设施建设。六是完成正大街、太平寺、大十字、老公安局等片区1330户棚户区改造。七是开通龙里至贵阳城际公交车；新建县城智能化公共停车场1个；完成县综合客运枢纽站建设。八是实施贯城河补水工程。九是完成县城污水处理厂二期、羊场污水处理厂建设；启动洗马、龙里高新技术产业园和谷脚工业园污水处理项目建设。十是完成贵都联络线（经森林溪畔）至西区道路建设。

（七）突出以改革为源头，增强发展内生动力活力。围绕改革开放和创新驱动，激发内生动力活力。大力推进“扩权强镇”，在前期试点的基础上，继续推进行政权力下放。深入推进政府法律、金融和规划顾问制度及财政投资评审改革工作。加快事业单位分类改革，完善县第四小学事业单位法人治理结构，切实推进县中医院、洗马镇卫生院法人治理结构改革，探索建立分级诊疗模式和建立民营医疗机构行业协会。加快水利产权制度、水利基层服务体系和水价改革。深化农村改革，完成农村土地承包经营权确权登记，大力抓好农村集体建设用地、宅基地确权登记颁证试点工作。稳步推进殡葬改革，火化区域扩大到全县80%的村（社区）。创新社区矫正管理模式，完成社区矫正信息化平台建设。继续实施“引银入龙”工程，引进1家以上银行入驻。大力抓好高新技术企业的认证申报工作，专利申请450件以上。积极引入软件服务、教育培训、新医药大健康等新兴产业项目。以云上贵州·大数据招商引智活动为契机，着力引进新医药大健康、大数据、电商物流等方面的专业人才。

（八）突出以效能为关键，提升政务服务能力和水平。开启龙里基本现代化事业新征程，把龙里建成更高水平的小康社会，对政府工作提出了新的更高的要求。我们将主动适应形势发展需要，顺应人民群众期盼，全面加强政府自身建设，不断提升驾驭市场经济和创新社会管理的能力和水平。全面加强法治型政府建设。坚决贯彻执行县委的决策部署，做到县委有要求、政府抓落实，确保同频共振、同向推进。严格按照法定权限和程序行使权力、履行职责。自觉接受县人大及其常委会的法律监督、工作监督和县政协的民主监督，主动接受人民群众和新闻媒体的舆论监督。健全依法决策机制，完善政府法律、金融、规划顾问制度。强化行政执法规范化建设，清理规范执法项目。建立行政执法责任制，提升执法人员法律素质和能力。全面加强服务型政府建设。严格落实首问负责、绩效管理、服务承诺、限时办结和责任追究“五项制度”，强化督查督办，建立正面清单和负面清单相结合的工作机制，确保政令畅通、执行有力。进一步发扬雷厉风行、立说立行、速决速行、马上就办的工作作风，把服务经济社会发展的各项工作办快、办实、办好。建立重点项目审批绿色通道，加快完善并联审批和联审联批机制。继续推进简政放权，抓好权力清单、责任清单的运行和监督，规范城乡建设与环境保护等方面的管理。推进财政预算、公共资源配置、重大项目、公益事业建设等政府信息公开。加快村（社区）信息化建设，实现村（社区）电子印章全覆盖。全面加强廉洁型政府建设。着力巩固和拓展党的群众路线教育实践活动成果，恪守“三严三实”，坚决反对“四风”。落实党风廉政建设“一岗双责”，严格遵守和执行《中国共产党廉洁自律准则》《中国共产党纪律处分条例》及廉洁自律各项规定，加强廉政风险防控机制建设，规范和制约关键岗位、关键环节的权力运行。加强对庸、懒、散、慢的整治力度，严肃查处不作为、慢作为、乱作为和“吃、拿、卡、要”等违法违规行为。

这是一个加快发展的时代，这是一个奋斗拼搏的时代，推动全县经济社会发展实现新跨越，任务艰巨、使命光荣！让我们紧密团结在以习近平同志为总书记的党中央周围，认真贯彻落实中央、省、州和县委的各项决策部署，在县委的坚强领导下，为完成“十三五”规划各项目标任务，奋力开启基本现代化事业新征程，把龙里建成更高水平的小康社会而努力奋斗！

中国人民政治协商会议
第八届龙里县委员会常务委员会工作报告

（2016年1月13日在政协第八届龙里县委员会第五次会议上）

王永坤

2015年工作回顾

2015年是全面深化改革的关键之年，也是全面完成“十二五”规划的收官之年。一年来，县政协在县委的坚强领导下，深入贯彻落实党的十八大、十八届三中、四中、五中全会和省、州、县相关会议精神，紧扣“两加一推”主基调和“一圈两翼”战略，按照县委“项目为纲、民生为本、实干为先”三为工作导向，认真履行政治协商、民主监督、参政议政职能，充分发挥协调关系、汇聚力量、建言献策的作用，政协工作在服务改革发展上取得新成绩，推进协商民主上取得新进展，改进工作作风上取得新突破，为推进我县经济社会又好又快发展作出了积极贡献。

一、坚持围绕发展大局推进协商民主，发挥优势服务科学决策

谋事先谋势、势盈大道成。积极为社会各界议政建言提供平台，组织广大政协委员和社会各界，坚持与县委同心合力合拍，紧紧围绕转变发展方式、推进城乡统筹、实施民生工程、优化生态环境、创新社会管理等重大课题，严格按照县委《关于充分发挥人民政协作为协商民主重要渠道作用的实施意见》，认真制定政协协商工作计划，充分利用例会协商、专题协商、调研视察等，积极搭建开展协商民主活动的平台，精准发力、协商议政，躬身实践、助推发展，逐步形成了党委重视、政府支持、政协主动、各方配合、社会关注的良好协商格局。一是例会协商层次丰富。县政协八届第四次会议期间，组织政协委员认真听取并讨论《政府工作报告》和其他报告，举行联组讨论会，县委、县政府领导与政协委员面对面交流协商，就全县经济社会发展咨政建言。召开4次常委会，分别就城市建设、高效农业建设、小康社会建设、农村垃圾处理、贵龙大道建设等问题进行调查研究、协商议政，提出意见建议40余条，有力推动了相关工作的开展。二是专题协商精准问政。县委将“农村垃圾处理”“刺梨产业发展”作为政协专题协商课题，县政协高度重视，精心组织，广泛征求各界意见，深入开展调查研究，并召开专题协商会与县政府进行了深入而坦诚的互动协商，议题鲜明、研讨集中、互动热烈，取得了建设性的协商成果，推动形成了党委“点题”、政协“议题”、政府“解题”的工作机制。三是视察调研聚焦重点。将政协工作放到全县经济社会发展新常态的大背景中去思考、去谋划，充分发挥政协“智囊团、人才库”的作用，紧紧围绕产业发展、项目推进、城市建设、民生事业等中心工作，深入开展了社区服务中心运行、宗教发展现状、农村垃圾处理、县城公交车营运、工业园区建设等调研视察，开展专题调研15次，视察6次，形成调研视察报告12份，提出意见建议50多条，起到了检查、督促、推动工作的积极作用。

二、坚持围绕团结民主营造和谐气氛，广泛汇聚各方力量智慧

团结才有力量、民主才有活力。始终坚持团结和民主两大主题，发挥政协独特优势，调动一切积极因素，努力寻求最大公约数，增进最大共识度，为龙里改革发展汇聚力量和智慧。一是在合作共事中形成合力。坚持“项目为纲、民生为本、实干为先”的“三为”工作导向，始终把推动经济发展作为履行职能的第一要务，积极协助党委政府解决好事关发展全局的重点、难点和热点问题，找准着力方位，扎实履行政协职能，为县域经济发展出力。积极参与服务项目建设，在项目建设中既“动脑”谋策、“动口”献计，又“动手”出力，县政协领导班子成员参与了贵龙城市经济带、双龙航空港经济区、铁路建设等重点项目建设工作；结合“百千万”工程，以专项服务、精准服务、贴身服务为抓手，围绕民营企业发展涉及的“盈利难、用工难、道路难、水电难、网络难”等问题，深入企业开展“民营企业服务年”活动。响应县委、县政府号召，积极开展招商引资工作，组织政协常委、部分委员赴广州黄埔，安徽太和、亳州等地考察招商，引进贵州顺源药业有限公司中药材示范种植基地落户洗马镇，项目投资总额3500万元，并辐射全县各镇（街），种植面积近万亩；引进贵州鸿通现代农业装备有限公司，投资1.2亿元建设农机电商产业园并投入使用。二是在密切联系中扩大团结。积极为委员知情明政、建言献策搭建平台，营造融洽、和谐、民主的政治氛围，形成促进发展共识与合力。进一步完善了《政协班子成员联系常委、专委会联系界别委员及镇（街）制度》《政协常委联系委员制度》，搭建了常委会、主席会、界别、委员、联络组之间的沟通交流机制，形成了整体协调、上下联动、优势互补的工作格局。加强与省州政协联系，完成了全国政协民宗委赴龙里调研少数民族传统医药发展、驻黔南州省政协委员到龙里视察调研水利建设“三大会战”等服务工作；加强与兄弟县市政协的联谊交往，赴广州、山东、成都、延安等地开展学习交流、招商推介等活动，接待湖南安化县、广西八步区等地政协到我县考察交流10余次。协助党委、政府做好民族宗教工作，加强与宗教界委员的联系，组织民族宗教界开展调研视察活动。参加全省政协工作经验交流会，以《创新理念引领政协事业跨越发展》为题在会上作了书面交流发言。加强与《贵州政协报》等新闻媒体的联系，在各级媒体发表宣传稿件10余篇。积极做好《龙里政协之窗》的编发工作，进一步完善了县政协网站建设。三是在存史资政中凝聚力量。发挥政协文史工作的存史资政作用，从部分单位选任文史委兼职副主任，强化文史队伍建设；加大了史料征编力度，在丰富史料库藏、扩大对外宣传等方面发挥了积极作用，编辑出版《龙里文史第九辑——龙里知青》；协助做好黔南州第八届旅发大会的举办，开展好政协书画院采风、摄影创作活动，完成省政协组织知名书画艺术家赴龙里开展“下基层、送文化、促发展”活动的服务协调工作，赴遵义县等地学习交流文史工作经验。

三、坚持围绕民生民利下移工作重心，忠实践行履职为民宗旨

以百姓心为心、以群众事为事。牢固树立履职为民理念，坚持把维护民利、改善民生作为政协工作的根本出发点和落脚点，打通政协服务群众的最后一公里，做到人民政协为人民。一是以提案为抓手切实维护民利。把好政协提案审查关，筛选党委政府重视、人民群众关注的热点、难点问题作为提案办理落实的着力点；创新提案办理机制，通过提案督办、办理协商、民主评议等形式，在提案办理中开展监督、提出意见，推动有关部门改进工作，促进民生实事得到落实。例如，为推动政协提案的办理落实，开展了“政协常委会民主评议提案承办单位”工作，对县交通局、县教育局、县水务局、县住建局等8个部门的提案办理情况进行民主评议，实现了“部门开门办案、政协阳光评议”，一批涉及民生的提案得到落实。二是深入基层倾情关注民生。巩固群众路线教育实践活动成果，着力践行“三严三实”，班子成员深入镇、村开展消除“空壳村”、脱贫攻坚、遍访贫困村贫困户、计生三结合等工作。抽调机关党员干部组成脱贫攻坚工作组，深入贫困村开展精准扶贫摸底核实。县政协班子、机关党员干部到社区和小区报到，践行“三亮一创”，充分发挥党员在社区建设、管理、服务中的先锋模范作用。选派干部担任村支部第一书记，真蹲实驻为村谋发展，开展了践行“微心愿”等活动，走访慰问困难群众、空巢老人、留守儿童，筹资3万余元及物资改善所驻村基础设施。继续开展“政协公益助学金”活动，募集助学金17万余元，资助了20名考取大学的贫困生和20名高中生，取得了良好的社会反响。三是畅通诉求渠道反映民意。引导政协委员和机关干部深入基层、深入群众，听取广大人民群众的意见和建议，注重了解和反映社会不同阶层、不同群体的愿望和要求。加强与县政府联系沟通，建立健全社情民意收集、整理、办理、通报、反馈机制，加大办理落实力度，推进社情民意工作进一步规范化、制度化。明确政协常委和机关专委会（办）收集2条以上社情民意，镇（街）联络组收集社情民意作为考核指标纳入年终考核。2015年共计编发4期《社情民意》，得到县委县政府的高度重视，促进一批涉及群众利益的问题得到解决。

四、坚持围绕完善机制落实改革举措，着力提升政协工作水平

净源水自清、固本木方荣。根据中央、省委、州委关于全面深化改革的要求和部署，积极探索用新理念谋划、用新举措落实、用新机制推动政协各项工作，着力筑牢履职基础，内强素质，外树形象，自身建设得到进一步加强，政协工作呈现出宽而有度、活而有序、行而有章的良好局面。一是扎实推进学习型机关建设，提升服务能力和水平。把中共十八大，十八届三中、四中、五中全会精神，习近平总书记系列重要讲话精神，全国“两会”精神及中央、省委、州委、县委关于人民政协工作的方针政策和工作部署作为重要学习内容。科学制定学习计划，精选学习主题和内容，丰富学习形式，切实抓好县政协常委会、主席会、政协机关和委员等多层次的学习。坚持每周一集中学习，并开展学习心得交流座谈，分享学习成果；举办提案网上平台操作暨委员提案撰写培训会；组织政协常委、机关干部职工到黄埔区政协交流学习。二是深入开展“三严三实”专题教育，积极推动作风改善。将“三严三实”专题教育与群众路线教育实践活动“回头看”结合起来，与落实“八项规定”、反对“四风”结合起来，与机关效能建设结合起来，通过查摆问题、上专题党课、集中学习研讨等形式，全面对照检查班子和个人思想境界、素质能力和作风形象等方面存在的差距和不足，机关党员领导干部党性修养进一步加强、道德情操进一步提升、政治定力进一步强化，从严、从细、从实的作风更加深入人心，严和实的要求日益融入政协各项工作中。认真落实党风廉政建设“两个责任”，着力开展“两治一解”专项行动，将党风廉政建设和反腐败的各项要求严格落到实处。三是积极构建新机制，激发政协新活力。进一步充实了专委会力量，理顺了职能职责，不断增强专委会工作的主动性和实效性，提升工作水平。探索政协工作向基层延伸机制，制定出台了《关于加强镇（街）政协联络组工作指导的意见（试行）》，通过座谈、走访、交流督促等形式，加强对基层政协联络组的工作指导。健全完善了《政协委员队伍建设和管理办法》《政协委员考核办法》，建立委员档案，对委员履行职能情况进行综合考核，实现了动态管理。积极开展机关支部、老干支部、工会和妇委会活动，组织机关党员干部参加道德讲堂、社区志愿服务活动，积极参加全县干部职工趣味篮球活动、乒乓球比赛、书画活动、植树活动等，为政协机关营造积极向上的良好氛围，增强干部职工凝聚力，激发工作热情。

回顾一年来的工作，我们深切体会到，县政协工作之所以能够取得较好的成绩，靠的是县委的正确领导和县人大、县政府以及各级各部门各单位的大力支持，靠的是各位老领导、老同志的亲切关怀和精心指导，靠的是政协各参加单位、全体委员的积极参与和辛勤付出。在此，我代表县政协常委会，向关心、支持和参与政协工作的各位领导、各位朋友，表示衷心的感谢并致以崇高的敬意！

在肯定成绩的同时，我们也清醒地看到，对照新形势、新任务和新要求，常委会工作还存在一些薄弱环节，主要是：政治协商程序需要进一步规范，民主监督形式需要进一步探索，参政议政实效需要进一步增强等等。对于这些问题，我们真诚希望各位委员对常委会工作提出意见和建议，常委会将高度重视，认真研究，切实加以改进。

2016年工作任务

今年，是“十三五”规划的开局之年，也是

我县建成更高水平小康社会的关键之年。今年政协工作的总体要求是：以党的十八大、十八届三中、四中、五中全会和习近平总书记系列重要讲话精神为统领，牢固树立创新、协调、绿色、开放、共享的发展理念，遵照“守底线、走新路、奔小康”的工作总纲，紧紧围绕县委“工业强县、四轮驱动、区域协调、城乡统筹”战略，坚持“项目为纲、民生为本、实干为先”三为工作导向，努力在服务改革发展大局上建睿智之言，在增进民生福祉上谋长远之计，在促进社会和谐稳定上献可行之策，在健全协商民主制度上求创新之举，不断提高政协工作科学化水平，为实现“十三五”良好开局，开启基本现代化事业新征程，把龙里建成更高水平的小康社会贡献力量。

遵循上述要求，常委会将着力做好以下五方面工作：

一、学习新理论，牢牢把握正确的政治方向

中共十八大和十八届三中、四中、五中全会，站在新的历史起点上，对全面深化改革、依法治国和“十三五”规划作出了总体部署。要把学习中共十八大等重要会议和习近平总书记系列重要讲话精神，作为重要的政治任务抓紧抓好，牢牢把握正确的政治方向。要坚持党组会、主席会、常委会以及机关例会、专委会等不同层次的学习活动，通过报告会、座谈会、专题培训班等多种形式，加强对政协委员、机关干部的培训，切实提高政治把握能力、调查研究能力、联系群众能力、合作共事能力。要坚持学以致用，紧跟时代前进的脉搏和龙里发展的阶段特征，在学习中牢固树立创新、协调、绿色、开放、共享的发展理念，领会“守底线、走新路、奔小康”的总体工作要求，深入思考和研究推进“工业强县、四轮驱动、区域协调、城乡统筹”战略，发挥政协人才聚集的优势，以高质量的建言用好政协的话语权，扩大政协的影响力。

二、聚焦新常态，积极为经济社会发展献计出力

中共中央《关于加强社会主义协商民主建设的意见》对协商民主作出了全面部署，对政协工作提出了新要求，要深刻认识人民政协面临的新形势、新任务，不断增强履行职能的紧迫感和使命感，切实发挥人民政协在协商民主中的重要作用，为推进民主政治建设、促进改革发展作出应有的贡献。要坚持问题导向，广泛征求各方面的意见，重点围绕制定和实施“十三五”规划、落实“小康提质、四化同步”目标和“工业强县、四轮驱动、区域协调、城乡统筹”战略，科学制定协商议题计划提请县委审定，集合众智提出解决方案，使系列对策建议符合决策需要。要着力推进镇（街）基层协商民主工作，建立起以镇（街）政协联络组为实施主体的协商民主专门机构和阵地，健全较为完善的基层协商民主工作机制，促进镇（街）民主决策、科学决策，基本形成协商主体广泛、内容丰富、形式多样、程序规范、制度健全、成效显著的镇（街）协商民主新局面。要着力发挥提案工作协商民主重要平台作用，以深化办理协商为抓手，探索提案办理协商新机制，不断提高办理实效，促进政协提案工作制度化、规范化、程序化，更好地保障政协委员通过政协提案履行职能、发挥作用。要积极探索、大胆创新，不断探索专题协商、对口协商、界别协商的有效形式，推动各种形式的协商活动更加富有成效。

三、顺应新期盼，努力为民生改善出谋划策

政协委员来自人民，我们只有扎根人民、深入群众，才能提出真知灼见，才能无愧于人民的重托。要突出议政为民宗旨，坚持把维护人民群众的根本利益作为工作的出发点和落脚点，努力为民生福祉尽责出力。要突出建言立论，重点围绕扶贫、教育、医疗、交通、养老、居民收入等与群众利益密切相关的热点、难点问题，选择培育社会主义核心价值观、提高群众素质等课题，深入开展调查研究，积极提出意见建议，推动各项民生事业健康发展。要突出民主监督，深入研究经济社会发展出现的新情况、新问题，选择事关社会和谐稳定的重大民生问题，积极开展监督、视察活动，并协助党委、政府做好协调关系、化解矛盾、增进共识的工作。要突出社情民意，经常深入基层，深入群众，调查研究，听取群众意见，了解群众的真实愿望，关注群众的喜怒哀乐，反映群众的呼声要求，切实维护好广大群众的合法权益。要突出为民造福，积极开展脱贫攻坚工作，组织委员开展智力支边、帮困济弱、捐资助学等社会公益活动，真心诚意帮助困难群众反映和解决生产生活中的实际问题，努力使改革发展的成果惠及更多的群众，不断提高广大群众的幸福感和满意度。

四、适应新形势，着力提升履职能力水平

党的十八大、十八届三中、四中、五中全会勾画了我国未来一个时期改革发展的宏伟蓝图，对全面深化改革作出了重大部署。政协事业作为党的事业重要组成部分，被赋予更重大的责任、更光荣的使命。符合时代要求、适应阶段任务不仅需要政协组织和广大政协委员树立更强的进取意识、机遇意识和责任意识，更需要把提升履职能力水平作为立信之本、立言之要、立行之基，以有效的协商、有用的建言、有力的促进，在发挥好政协特有优势中更好地助推经济社会发展。要进一步加强专委会建设，继续深入探索开展专委会活动的内容和方式，加强与对口部门和各方面的交流与协作，切实发挥专委会在政协工作中的基础作用。积极探索镇（街）政协联络组履行职能的新机制，加强镇（街）政协联络组队伍建设，明确职能职责，增强联络组人员稳定性，使联络组成为基层协商民主的重要力量，增强服务基层政协委员的能力，努力形成整体协调、上下联动、优势互补、服务全局的良好局面。要进一步加强委员队伍建设，改进委员学习方式，拓展委员知情渠道，帮助委员把握国情、了解县情，提高委员整体素质，发挥委员的智力优势；创新委员活动方式，加强委员履职考核，关心委员工作生活，激发委员的积极性、主动性、创造性，切实发挥委员的主体作用；健全政协闭会期间委员的联络机制，做好委员的管理与服务，依法保护政协委员批评建议、民主监督等权利，进一步落实好政协委员管理考核制度，加强委员履职情况动态管理。

五、落实新要求，努力加强政协机关自身建设

要全面落实“三严三实”要求，讲规矩，讲政治，守纪律，坚决执行中央八项规定，加强机关干部队伍建设，不断改进工作作风，努力提高服务水平，切实发挥机关在政协工作中的保障作用。要在形象塑造上做到清正廉洁，县政协党组要站在党要管党、从严治党高度，提高对落实主体责任的认识，着力保持政治定力，强化政治自觉，联系政协实际，完善各项制度。要在履职服务上做到优质高效，坚持高起点定位，不断提高办文、办事、办会的质量，主动为委员参政议政创造良好条件，努力使政协机关成为“委员之家”。要在制度建设上做到执行到位，不断完善规章制度，严格执行机关议事规则、认真落实机关各项管理制度，积极探索政协机关考核激励的有效举措，确保机关运转协调有序、规范高效。机关干部职工要对照“五个必须”和“五个绝不允许”的要求，结合“三严三实”专题教育，加强党纪法规学习，提升道德修养，保持高度政治自觉，在政治方向、政治立场、政治言论、政治行动方面遵守刚性约束，做思想上的“清醒人”、政治上的“明白人”、工作上的“实在人”、生活上的“干净人”。

一元复始，万象更新。新起点，新思路，孕育着新的希望；新任务，新征程，需要我们奋力争先。让我们在县委的领导下，奋发有为、积极进取，振奋精神、扎实工作，为开启我县基本现代化事业新征程，建成更高水平小康社会作出更大的贡献！

落实全面从严治党　强化监督执纪问责 为建成更高水平的小康社会提供 坚强纪律保证

——在中共龙里县第十一届纪律检查委员会第六次全体会议上的工作报告

（2016年2月22日）

龙里县委常委、县纪委书记　陈光煜

2015年工作回顾

过去的一年，县委深入学习贯彻党的十八大、十八届三中、四中、五中全会及习近平总书记系列重要讲话精神，带头落实党风廉政建设主体责任，督促各级党组织履行好从严抓班子带队伍的政治责任，坚决支持纪委履行监督责任，着力营造不敢腐、不能腐、不想腐的政治氛围。全县各级纪检监察机关在县委和州纪委的坚强领导下，认真履行党章和行政监察法赋予的职责，聚焦中心任务，强化监督执纪问责，保持坚强政治定力，推动全县党风廉政建设和反腐败工作不断深入。

一、坚持五位一体，“两个责任”落实更加有力

牢牢抓住党委主体责任和纪委监督责任的“牛鼻子”，着力构建定责、督责、治责、述责、追责“五位一体”的责任链条，把“两个责任”落到实处。一是精准“定责”。制定《关于认真落实党风廉政建设主体责任和监督责任“两个责任”的实施方案》，厘清“两个责任”边界，分别签订主体责任书、监督责任书，层层“明责”；制定《龙里县党风廉政建设主体责任和监督责任清单（试行）》，精准定责，确保责任主体知责履责。二是常态“督责”。建立党风廉政建设“两个责任”常态化巡查机制，开展“两个责任”落实情况巡查，倒逼各级党委（党工委、党组）、纪委（纪工委、纪检组）全面落实“两个责任”。2015年，共巡查94个单位，发现问题19个，责成整改问题4个，提出意见建议24条。三是约谈“治责”。以“大约谈”为抓手，针对主体责任的落实问题，县委书记集体约谈78名“一把手”；针对监督责任的落实问题，县纪委书记集体约谈41名纪检干部；另外，县委书记及县“五人小组”开展问题线索约谈科级领导干部7人，县纪委开展问题线索约谈16人，县直部门及镇（街道）开展问题线索约谈17人。通过约谈，4个单位和18名领导干部上交违纪所得113.14万元。四是定期“述责”。出台《龙里县党风廉政建设“两个责任”常态化报告制度》，明确党委（党工委、党组）按季度听取同级纪委（纪工委、纪检组）工作汇报，研究党风廉政建设和反腐败工作，及时协调解决工作中的困难和问题。2015年，县纪委向县委专题报告党风廉政建设和反腐败工作4次，提请县委专题研究纪委工作事项6个（除案件事项外）。五是严格“追责”。出台《龙里县党风廉政建设“一案双查”制度》，规定对“两个责任”落实不力的，严格实行责任追究。一年来，共问责党政领导干部63人，其中，落实党风廉政建设“两个责任”不力被问责35人，工作失职被问责18人，个人有关事项报告失实被免职并被全县通报1人，暂缓提拔6人，不执行作风建设规定被诫勉谈话3人。

二、坚持抓早抓小，纠正“四风”更加精准

严格执行党的纪律，把严明政治纪律和政治规矩放在首位，持之以恒查纠“四风”突出问题，全面推进中央八项规定、省委十项规定、州委九项规定、县委七项规定精神落地生根。一是常态督查不走过场。2015年，紧紧抓住元旦、春节、清明、“五一”、端午、中秋、国庆等重要时间节点，全县共出动督查人员300余人次，深入旅游景点、餐饮场所、高速路口等开展公车私用、公款大吃大喝等督查124次，共查处违反中央八项规定精神及“四风”突出问题15件16人，其中，给予党政纪处分14人、全县通报批评1人、系统内通报批评1人，清退违规发放津补贴137.25万元。二是专项检查重点突出。2015年4月至5月，对全县76家单位（部门）、镇（街道）2014年以来贯彻落实中央八项规定精神及“四风”突出问题进行了专项检查。对轻微的共性问题，发出70份整改通知书责令限期整改，清退违规发放津补贴15.36万元，对1名用公款报销私人物品的干部给予记过处分，对1名单位财务管理混乱的“一把手”诫勉谈话，并对专项检查结果进行全县通报。

三、坚持标本兼治，体制改革更加务实

始终坚持以服务工作为目的，着力攻坚克难，破解盲点误区，全力推进纪律检查体制改革，助推纪检工作再上新台阶。一是着力深化“两个覆盖”，全面落实派驻监督。增配了12个县直部门纪检组长，为20个政府职能部门配备了监察室副主任，为6个事业单位配备了纪检监察员，党群部门、驻县单位和部分国有企事业单位实行纪工委监察分局联系管辖，实现了监督管理全覆盖。二是坚持纪挺法前，加强反腐协调。充分发挥反腐败协调小组职能作用，定期召开反腐败协调小组会议，清理党员、公职人员违纪违法问题线索，搭建线索交流沟通渠道。一年来，共清理发现问题线索74条，经核实属于党员、公职人员违法线索11条。三是推行公开审理，突出执纪警示效果。按照案件审理的基本要求和规定程序，对调查终结并移送审理的部分典型党政纪案件，在一定范围内公开审理。2015年，公开审理案件1件，全县纪检干部、教育系统各单位主要负责人等共130余人旁听了审理过程。案件的公开审理，保障了党员权利，有效提高了纪律审查的警示教育效果。

四、坚持高压反腐，纪律审查更加严格

按照“突出问题再检查”“信访问题快核查”的原则，出台龙里县纪委案件线索管理处置意见及工作流程，着力强化监督检查和信访工作问题线索主渠道作用。加强办案队伍建设和办案设施保障，保证了信访举报渠道畅通、问题线索渠道不断，确保依纪依法安全办案。2015年，全县纪检监察机关共立案92件92人，其中：县纪委监察局立案35件35人，镇（街道）纪（工）委立案47件47人，纪工委（监察分局）立案10件10人。立案对象涉及乡科级干部16人，一般干部6人，其他人员70人，移送司法机关9人。共审结党政纪案件82件（含2014年度未结案4件），给予党政纪处分82人。受处分人员涉及乡科级干部16人，一般干部7人，其他人员59人，挽回经济损失637.43万元。

五、坚持以民为本，民生监督更加有效

以严肃查处发生在群众身边、损害群众利益的腐败问题作为首要工作任务，探索“民生问题三级信访代理”模式、试行“一案一剖析一建议”、建立民生案件快查快结机制等，扎实有效推进民生监督工作。一是强化设施保障。出资12万余元为6个民生监督组配备了摩托车、笔记本电脑、便携式打印机、录音笔等交通工具和办公设备，提高了民生监督组工作的独立性、时效性；二是突出专项监察。结合民生领域整治铸廉三年行动，完成家电下乡补贴、中职校和高中学生资助金管理使用、城乡低保资金发放、农机具购置补贴等专项监察，发现问题311个，立案8件；三是创新举报方式。在“一名代理员”上做文章，指定镇级民生问题举报代理员9名，推选村、组级代理员144名，有效解决了基层群众不会访、不愿访、不好访等问题。2015年，6个民生监督组共发现问题626个，办结535个。查办民生领域案件78件78人，给予党政纪处分73人，移送司法机关8件8人。

六、坚持多管齐下，廉政宣传教育更加全面

围绕全县党风廉政建设和反腐败工作任务，

积极营造“以廉为荣、以贪为耻”的浓厚氛围。一是延伸课堂。召开全县党风廉政建设警示教育大会，组织县“四家班子”领导、各镇（街道）、部门负责人及家属共230余人到贵州省王武监狱接受警示教育；开展“守纪律、讲规矩”警示教育月活动，编印600本《龙里县反腐倡廉典型案例警示教育读本》发到各单位，开展党风廉政集中宣讲175场次，将党风廉政宣传教育延伸至村“两委”。二是用好基地。进一步完善丰富廉政警示教育基地设施、内容，先后组织全县800余名干部到县反腐倡廉教育基地接受警示教育。三是用好平台。充分运用媒体廉政广告宣传平台，督促各单位按月建台账、抓宣传，共建立宣传台账350份；运用“1+6”微信公众平台，累计发布党风廉政建设宣传教育内容750余条。四是用活载体。认真抓好新修订出台的《中国共产党廉洁自律准则》和《中国共产党纪律处分条例》学习贯彻，购买300余本读本发给全县县级领导干部、单位主要负责人及全体纪检监察干部学习，举办各类专题讲座、辅导培训10余期，对新任领导干部开展知识测试65人。

七、坚持巩固“三转”，纪检干部队伍更具活力

以建设忠诚干净担当的纪检监察队伍为总目标，巩固“三转”成果，大力加强纪检监察机关自身建设，全面提高纪检监察机关和纪检监察干部监督执纪问责的能力和水平。一是优化干部队伍结构。2015年，纪检监察系统提拔干部5人，交流干部7人，系统外到纪检监察系统任职33人，监督力量得到进一步加强。二是抓好干部教育培训。先后安排24人次参加中央、省、州纪委组织的各类培训班，选调3名纪检监察干部到州纪委跟班学习，邀请省、州、县领导、教师、业务骨干开展集中培训4期260人次，选派镇（街道）、部门纪检干部5期25人到机关业务室进行跟班轮训。三是加强派驻管理。一年来，4个纪工委监察分局37个部门纪检组（纪委）开展廉政教育479场次，督促37个部门建立健全制度173个，监督“三重一大”382次，开展监管对象廉政谈话381人。

2015年，我县党风廉政建设和反腐败工作取得的成绩，离不开县委和州纪委的正确领导，离不开全县各级各部门和社会各界的大力支持，离不开全体纪检监察干部的辛勤努力。在此，我代表县纪委常委会向大家表示衷心的感谢！

在肯定成绩的同时，我们也要清醒地看到，当前反腐败斗争形势依然严峻复杂。少数党组织和党员领导干部对全面从严治党的要求认识不深、理解不透，仍存在责任落实不力的情况；个别领导对党风廉政建设重要性认识不够到位，贪污受贿、以权谋私、奢侈浪费等违纪违法行为时有发生；一些损害群众利益的突出问题未从根本上得到解决；面对把纪律挺在前面，监督执纪“四种形态”的要求，纪检监察队伍的整体素质、履职能力和工作水平还有待进一步提高。对此，我们必须以更加坚决的态度、更加有力的措施，努力把我县党风廉政建设和反腐败工作引向深入。

2016年主要工作任务

2016年，是“十三五”规划实施的开局之年，也是县、镇两级党委换届之年，党风廉政建设工作任务十分繁重。抓好2016年的各项工作，具有十分重要的意义。今年工作的总体要求是：深入贯彻党的十八大、十八届历次中央全会和习近平总书记系列重要讲话精神，以及十八届中央纪委六次全会、十一届省纪委五次全会、十届州纪委六次全会和县委十一届八次全会精神，紧紧围绕全面从严治党、依规治党主线，全面深化纪律检查体制改革，牢牢抓住“两个责任”，持之以恒落实中央八项规定精神，保持惩治腐败高压态势，着力加强基层党风廉政建设，打造过硬的纪检监察队伍，不断取得党风廉政建设和反腐败工作新成效，为推动全县经济社会持续健康发展，开启基本现代化事业新征程，把龙里建成更高水平的小康社会提供坚强的纪律保证。

一、严明纪律，全面落实从严管党治党各项要求

坚持以党章为根本遵循，以党纪为基本准绳，全面落实从严治党，抓住“关键少数”，紧紧围绕对党忠诚、履行管党治党政治责任、遵守党的纪律，全面加强纪律建设。严格执行《中国共产党廉洁自律准则》和《中国共产党纪律处分条例》，加强各级党组织纪律教育，以“六项纪律”为尺子，以“啄木鸟”的精神，敢于担当、敢于较真、敢于斗争，坚决维护党规党纪的严肃性。加强对政治纪律执行情况的监督检查，坚决纠正上有政策、下有对策，有令不行、有禁不止行为，推动中央、省、州、县重大决策部署贯彻落实。严格组织纪律，围绕县、镇两级领导班子换届，加强对组织纪律执行情况的监督检查，严肃查处拉帮结派、拉票贿选、团团伙伙等非组织活动，确保换届工作风清气正。践行监督执纪“四种形态”要求，坚持纪挺法前、纪严于法，把纪律立起来、严起来、执行到位。

二、务实创新，深化纪律检查体制机制改革

全面完善纪检监察机关派驻机构全覆盖后续工作，健全工作制度，强化派驻机构监督管理，真正把“派”的权威和“驻”的优势发挥出来。认真落实“三个提名”考察办法，严格执行下级纪委向上级纪委报告问题线索处置和执纪审查情况。充分利用“大数据”优势，探索建立以“互联网＋”为载体的执纪监督系统，加快党风廉政建设“两个责任”监督网络平台、领导干部廉政档案平台、新任领导干部党规党纪学习测试平台等信息管理平台建设，着力打造“数据铁笼”和“制度铁笼”。

三、抓早抓小，扎实推进“两个责任”落实

严格按照中央、省、州、县关于落实党风廉政建设党委主体责任、纪委监督责任的意见和方案要求，督促各级党委（党工委、党组）、纪委（纪工委、纪检组）执行好党风廉政建设“签字背书”、述责述廉述德、廉政谈话、“两个责任”常态化报告、检查考核、“一案双查”等工作制度，进一步推动“两个责任”落到实处。综合运用批评教育、诫勉谈话、通报批评、组织处理、纪律处分等手段，严肃追究履行主体责任、监督责任不力的人和事。认真落实全面从严治党主体责任、监督责任，完善党内问责制度，高标准要求主体责任、监督责任清单的落实，让失责必问成为常态。

四、严肃查纠“四风”，确保中央八项规定精神落地生根

以抓铁有痕、踏石留印的精神，紧盯重要时间节点，一个节点一个节点抓，一个问题一个问题抓，一个环节扣着一个环节抓，驰而不息，积小胜为大胜。坚持以上率下、看住“关键少数”，对不收手、不知止，规避组织监督，出入私人会所，组织隐秘聚会的一律从严查处。密切关注“四风”的新动向、新形式、新表现，畅通监督渠道，创新监督方式，严防“四风”反弹回潮。突出宣传抓作风建设，坚持把贯彻廉洁自律准则作为改进作风的重要抓手，创新宣传教育，注重文化引领，大力弘扬中华民族优秀传统文化，汲取家规家风、村规民约中的精华，培育良好家风，不断推动社会风气持续好转。

五、加大纪律审查力度，保持惩治腐败蔓延高压态势

认真落实中央两个“没有变”和四个“足够自信”工作要求，坚持力度不减、节奏不变、尺度不松惩治腐败，以坚定的决心和有力的措施，坚决遏制腐败蔓延势头，形成持续震慑，释放高压反腐常态化信号。做深做细做实监督执纪问责，把纪律和规矩挺在前面，以严明的纪律推进全面从严治党。突出惩治重点，严肃查处十八大后、八项规定出台后、群众路线教育实践活动开展后不收敛、不收手，问题严重、群众反映强烈，现在重要岗位可能还要提拔使用的干部。突出执纪特色，体现纪律审查的政治性、严肃性，强化协调指导、信息共享、同心协力，充分发挥执纪执法等机关职能优势，综合运用教育、经济、行政、法律等多种手段，推动反腐败工作部署中重大问题的解决，不断取得反腐败工作的新胜利。

六、深化民生监督，着力加强基层党风廉政建设

围绕“大扶贫”战略行动的实施，严肃查处发生在群众身边、违反群众纪律、损害群众利益的问题，层层传导压力，推动全面从严治党向基层延伸。以民生项目专项监察为抓手，重点查处扶贫领域虚报冒领、截留私分、挥霍浪费、优亲厚友等行为，严肃查纠违背群众意愿、与民争利、吃拿卡要、欺压群众等问题，提高民生监督工作的精准度和震慑力。定期梳理民生问题线索，对反映集中、性质恶劣的，重点督办、快查快结。定期曝光违纪问题，加强群众监督和舆论监督，坚决遏制基层不正之风和腐败现象。

七、巩固“三转”成果，建设忠诚干净担当的纪检监察队伍

紧紧围绕监督执纪问责主业，持续巩固“三转”成果，强化责任担当，加强业务培训，提升履职能力。积极配合党委做好纪委换届工作，拓宽选人用人渠道，加大干部交流选任力度，把德才兼备、敢于担当的干部选进纪委领导班子，进一步优化纪检监察干部队伍。坚持严字当头，强化自我监督管理，健全内控机制，对执纪违纪、以案谋私的，发现一起、查处一起；对不作为、慢作为的，要批评教育、组织调整，造成严重后果的要给予纪律处分。以更高的标准、更严的纪律，建设一支忠诚于党、让人民放心的纪检监察干部队伍。

抓好党风廉政建设和反腐败工作，责任重大，使命光荣。让我们更加紧密地团结在以习近平为总书记的党中央周围，以更加务实的作风，采取更加有力的措施，不负重托、不辱使命，不断开创党风廉政建设和反腐败工作新局面，为推动全县经济社会持续健康发展，开启基本现代化事业新征程，把龙里建成更高水平的小康社会提供坚强纪律保证！

聚焦全面从严治党　强化监督执纪问责 为建成龙里更高水平小康社会提供坚强纪律保障

——在中国共产党龙里县第十二次代表大会上的报告

（2016 年 10 月 27 日）

石　磊

一、过去五年工作回顾

过去五年，在县委和上级纪委的坚强领导下，龙里县纪律检查委员会认真贯彻中央、省、州、县关于党风廉政建设和反腐败工作重大决策部署，忠诚履行党章赋予的职责，紧紧围绕从严治党依规治党，突出“两个责任”落实，强化监督执纪问责职能，宣传教育、纪律体制改革、作风建设、纪律审查、民生监督和自身建设等工作扎实有效开展，党风廉政建设和反腐败工作成效显著，为龙里全面建成小康社会伟大目标顺利实现提供了坚强纪律保障。

（一）压实“两个责任”，党风廉政建设合力明显增强。县委高度重视主体责任落实，采取强力措施压实“两个责任”，推动全面从严治党向基层延伸；各级党组织、纪检监察机关认真履职尽责，全力推动“两个责任”落地生根。一是责任主体明确，任务全面落实。着力构建认识到位、责任明晰、履职尽责的主体责任落实体系和措施到位、监督有力、制约有效的监督责任落实体系，制定党风廉政建设主体责任和监督责任“两个责任”落实实施方案，明确党委主体责任和纪委监督责任，建立“两个责任”网络监督平台，全面推进“两个责任”落实。二是突出过程监督，工作成效明显。建立党风廉政建设“两个责任”常态化巡查机制，突出过程监督，采取“专常”结合方式对全县各级各部门及相关行业领域进行巡查，发现问题 136 条，提出监察建议 26 条，督促涉及部门进行整改落实。以“大约谈”为抓手，持续开展县委书记、县纪委书记对“一把手”落实主体责任问题、纪检干部落实监督责任问题集体约谈，以及县“五人小组”和县纪委班子成员对科级领导干部问题线索约谈，4 个单位及 18 名领导干部主动上交违纪所得 113.14 万元。三是严格责任追究，警示震慑有力。紧紧抓住责任追究这个关键，敢于动真碰硬，对违反党风廉政建设行为严格实行责任追究和公开“曝光”通报。五年来，党风廉政建设“两个责任”落实不力被问责 41 人，工作失职被问责 15 人。

（二）深化纪律体制改革，执纪监督全面聚焦。坚持把深化体制改革作为推进党风廉政建设和反腐败工作的有力支撑，以深化“三转”、落实“两个为主”为重点，更加突出遵循党章、回归本职、精准定位。一是深化“三转”聚焦主业，执纪监督力量全面增强。按照转职能要求，县纪委清理退出机关议事协调机构 172 个，回归本职集中精力种好自己的“责任田”。完成县级纪委内设机构调整，将内设机构职能调整合并，新增第二纪检监察室，办案力量得到增强。实施派驻机构改革，设立四个纪工委监察分局，向县直部门派驻纪检组 39 个；将党群部门、驻县部门纳入纪工委监察分局联系管理范畴，实现派驻联系监督全覆盖。二是落实“两个为主”，监督机制更加健全。出台《龙里县镇（街道）纪（工）委书记、副书记，派驻机构纪检组组长，县管企业纪委书记、副书记提名考察办法》，党的纪律检查工作双重领导体制机制更加具体化、规范化、制度化；建立完善基层纪检监察机关向县纪委报告线索处置和纪律审查工作等工作制度，制度的“笼子”日益牢固。

（三）狠抓作风建设，干部风气持续向好。深入贯彻落实中央“八项规定”精神以及省、州、县相关规定要求，聚焦“四风”突出问题，持续抓早抓小、常抓不懈，作风建设不断推向深入。一是实施“三年行动计划”，工作效能大幅提升。围绕县委、县政府“行政提速、服务提质、制度提效、队伍提能、形象提升”要求，实施“作风效能建设三年行动”，查处违反作风效能建设规定148人（次），评选“十佳群众满意单位”30家（次），“群众不满意单位”15家（次）。干部作风明显转变，依法行政能力明显增强，办事效率明显提升，发展环境明显优化。二是严查“四风”突出问题，推动作风明显好转。紧盯春节、中秋、国庆等关键时间节点，建立联动督查机制，针对性地对公车私用、公款吃喝、公款购买节礼等情况进行监督检查。查处违反中央“八项规定”精神问题82个，处理159人，其中党政纪处分53人、诫勉谈话1人、全县通报批评23人、系统内通报批评82人，清退违规发放津补贴156.44万元。充分表明县委纠“四风”的坚定决心，营造反“四风”的良好氛围，推动干部作风、带动社会风气持续好转。

（四）强化宣传教育，拒腐防线更加牢固。坚持“大宣教、促廉洁”，创新宣传教育方式，着力增强全县党员干部廉洁自律意识，筑牢党员干部拒腐防变思想道德防线。一是廉政教育氛围更加浓厚。把党风廉政建设列入干部教育培训重要内容，强化干部修养。每年均集中开展主题警示教育月活动和召开全县党风廉政建设警示教育大会，着力提高全县党员干部廉政勤政意识。建成县反腐倡廉警示教育基地，组织党员领导干部2100余人（次）实地开展警示教育。二是廉政文化建设纵深发展。深入开展廉政文化“六进六增”活动，5家单位被评为“全省廉政文化建设示范点”。组织开展廉政文化专场演出14场，举办廉政文化宣讲85场（次）。编印《作风效能专刊》《廉行龙里》11期。建成龙山镇基层廉政文化广场和冠山街道民生监督警示教育基地，廉政文化宣传教育深入人心。三是廉政宣传工作卓有成效。五年来，在各级媒体发稿753篇，其中，在中国纪检监察报、中央纪委监察部网站发稿56篇，充分展示了龙里党风廉政建设和反腐败工作成效。

（五）严格监督执纪，纪律审查稳步推进。正确把握运用监督执纪“四种形态”，坚持有腐必惩、有贪必肃，全力推进纪律审查工作，切实遏制增量，减少存量。一是加强保障协作，反腐合力增强。从人、财、物等方面向纪律审查倾斜，全力保障办案人员依法依纪履行职责。加强与司法机关、审计部门等行政执法机关的协调和配合，互相移送问题线索共计94件，反腐败工作合力进一步增强。二是完善工作程序，执纪审查安全规范。完善案件查办责任制、领导包保制、责任追究制等制度，建立“立体网”问题收集、“会诊法”线索甄别、“大兵团”案件查办、“导航式”案件审理的“流水线”办案机制，案件查办更加规范有力。同时，注重安全文明办案，五年来办案安全事故“零发生”。三是严肃监督执纪，高压惩治腐败。五年来，受理信访563件（次），办结507件。处置问题线索605条，立案315起，结案303起，给予党政纪处分302人（其中乡科级干部68人），移送司法机关41人，挽回经济损失1748.74万元。坚决查处县房管局原局长钟大立、县供销社原主任张才友、县扶贫局原局长范玉旭、龙里中学原副校长刘亚明等一批重大违纪违法案件，彰显了纪检监察机关有案必查、有腐必惩的坚定决心，形成了强力惩治腐败震慑效应。

（六）夯实服务根基，民生监督工作成效明显。围绕“大扶贫”战略实施，突出问题导向，聚焦精准监督，铁腕整治发生在群众身边，损害群众利益腐败问题。一是构建监督网络，监督触角更加深入。整合全县纪检工作力量，组建6个民生监督组，构建县、镇、村、组民生监督“四级监督”网络。选派7名专职民生监督员，着力增强镇（街道）民生监督力量。实行举报奖励制度，提高民生监督员、代理员参与民生监督工作积极性。二是完善设施配备，监督保障充足有力。投入资金100余万元，为6个民生监督组配备必要办公设备，实现民生监督教育谈话室镇（街道）全覆盖，确保民生监督组独立、安全、高效开展工作。三是创新机制措施，工作运行规范高效。探索推行民生问题“一线五查三见三落实”工作法、双备案双承诺、快查快结、一案一剖析一建议等机制，实现民生案件快查快处，民生案件结案率稳定在90%以上。四是强化专项监察，民生监督成效显著。结合民生领域“整治铸廉”三年行动，先后开展家电下乡补贴、城乡低保资金、小微企业补助金等专项监察12项，及时发现、查处了套取截留民政医疗救助金、私分扶贫项目资金等一批典型违规违纪问题。累计发现问题1471件并全部办结，查处各类民生领域案件197件197人，移送司法机关16件16人。

（七）注重队伍建设，纪检监察干部素质全面提高。始终以更高的标准、更严的要求加强自身监督管理，注重抓班子、带队伍，不断提高领导班子凝聚力和队伍战斗力，打造忠诚、干净、担当纪检队伍。一是抓组织基础，干事创业活力迸发。按照“优进、严管、高出”原则，选优配强纪检干部，加大交流提拔使用力度，累计提拔交流干部169名，干部队伍结构更加优化，活力更加凸显。二是抓教育培训，队伍素质全面提高。采取“请进来、走出去、抽上来、沉下去”方式加强纪检干部教育培训，基层纪检干部分批到委局机关带岗轮训，举办培训班18期（次），培训人员1400余人（次），参加上级各类培训115人（次），选派6名干部到乡镇挂职锻炼。三是抓考核管理，干部队伍廉洁高效。坚持以常态化督查、考核为抓手，将严的标准、实的要求贯穿始终。约谈“三转”不力纪检干部5名，约谈存在苗头性问题纪检干部11名，并责令限期整改，纪检干部无违纪违法情况发生。强化对纪检干部督查考核，全县纪检监察机关比、学、赶、超氛围浓厚。

同志们，回顾过去五年来的工作，全县党风廉政建设和反腐败工作取得明显成效，五年来，我县党风廉政建设和反腐败工作年度综合目标考核均稳居全州前列，群众满意度逐年提升。这些成绩的取得，离不开县委的正确领导和上级纪检监察机关的倾力指导，离不开全县各单位、各部门的通力配合，离不开全县各级纪检监察干部的不懈努力，离不开全县人民对党风廉政建设和反腐败工作的大力支持。在此，我谨代表县纪委，向关心、支持纪检监察工作的各位领导、社会各界，向全县广大干部群众，向全体纪检监察干部表示衷心感谢和崇高敬意！

在充分肯定成绩的基础上，我们也应清醒地看到，当前反腐败斗争形势依然严峻复杂，少数领导干部对党风廉政建设和反腐败工作的重要性、紧迫性认识不足，存在“安排多、督促少、执行软”现象；在一些地方和部门违纪违法案件仍时有发生，部分关键环节腐败行为依然存在；解决发生在群众身边、侵害群众利益、群众反映强烈突出问题的工作力度还需要进一步加大；有效预防腐败的教育、监督机制还有待进一步完善；面对把纪律挺在前面，正确把握运用监督执纪“四种形态”要求，纪检监察队伍工作水平还有待进一步提高。对此，我们务必要保持清醒头脑，采取有力措施，切实加以解决。

二、今后五年的工作重点

今后五年，全县党风廉政建设和反腐败工作的总体要求是：深入贯彻党的十八大和习近平总书记系列重要讲话精神，以及中央、省、州纪委全会精神，紧紧围绕全面从严治党、依规治党主线，忠诚履行职责，聚焦监督执纪问责，突出标本兼治，深入推进“两个责任”落实，持之以恒落实中央八项规定精神，严纠“四风”突出问题，深入践行“四种形态”，着力解决群众身边不正之风和腐败问题，持续保持惩治腐败高压态势，坚决遏制腐败蔓延势头，建设忠诚干净担当的执纪监督钢铁队伍。为推动我县“十三五”规划顺利实施，助力全县经济社会快速健康发展，开启基本现代化新征程，把龙里建成更高水平小康社会提供坚强纪律保障。

（一）严明党的政治纪律，确保各项决策部署落到实处。把严明党的政治纪律和政治规矩放在首位，深入开展党规党纪学习教育活动，强化党员干部党性意识，确保在思想上政治上行动上与党中央保持高度一致。充分发挥党员干部尤其是领导干部先锋模范带头作用，时刻绷紧纪律这根弦，严格执行政治纪律、组织纪律、廉洁纪律、群众纪律、工作纪律、生活纪律。加强对党的纪律执行情况的监督检查，特别是加强对各级党的重大决策部署落实情况的监督检查，严肃查处缺乏担当、失职渎职干部，严肃查处有令不行、有禁不止行为。进一步发挥行政监察职能作用，强化廉政监察、执法监察和效能监察，确保政令畅通。

（二）强化责任担当，推进“两个责任”落地生根。严格按照中央、省、州、县关于落实党风廉政建设党委主体责任、纪委监督责任相关要求，督促各级党组织、纪检监察机关强化责任担当，完善具体措施，认真履职尽责。各级党组织自觉执行党风廉政建设责任制规定，主动承担党风廉政建设的政治责任和领导责任，负责对本单位、本辖区党风廉政建设的重点工作、重大事项、重要安排、重要环节统筹安排、集体决策、跟踪落实，各级纪检监察机关认真履行组织协调职责，认真协助党组织抓好督促检查考核，督促各级领导班子和领导干部切实履行党风廉政建设“一岗双责”，共同营造党风廉政建设和反腐败工作良好局面。充分运用批评教育、诫勉谈话、通报批评、组织处理、纪律处分等手段，加大“两个责任”检查考核力度，坚决落实“一案双查”和责任倒查机制，对“两个责任”落实不力，出现区域性、系统性严重腐败案件，发生问题不报告、压案不查的，严肃追究主体责任和监督责任，让失责必纠成为常态。

（三）严查“四风”突出问题，推动作风持续好转。持之以恒查纠“四风”突出问题，密切关注“四风”新形式、新动向、新表现，继续紧盯春节、中秋、国庆等重要时间节点，集中力量查处公车私用、公款吃喝、公款旅游、节日送礼、违规发放津补贴等问题。坚持以上率下、看住“一把手”这个“关键少数”，精准发力，让查纠“四风”压力和责任层层传导，形成强力震慑。加大通报曝光力度，重点查处十八大以后、中央八项规定出台以后、党的群众路线教育实践活动开展以后不收敛、不收手的顶风违纪行为，发现一起、查处一起、通报曝光一起，形成强烈震慑。坚持立破并举，扶正祛邪，注重加强对“四风”问题综合分析研判，注重从源头上铲除滋生不良作风的土壤和条件，强化作风建设新常态制度保障，不断巩固和扩大已经取得的成果。

（四）践行“四种形态”，强力惩治违规违纪行为。把纪律和规矩挺在前面，纪严于法，正确把握运用监督执纪“四种形态”，坚持力度不减、节奏不变、尺度不松惩治腐败，坚决遏制腐败蔓延势头，形成持续震慑，释放常态化高压反腐信号。突出惩治腐败重点，严肃查处违反党的政治纪律、组织纪律行为；严肃查处领导干部插手工程建设，侵吞国有资产、贪污贿赂腐败案件，严肃查处发生在群众身边、损害群众利益腐败案件。健全查办案件协调机制，充分发挥反腐败协调领导小组工作职能，加强同司法、审计、行政执法机关协作配合，完善执纪执法部门涉腐信息互通和案件线索移送制度，形成反腐败工作合力。严格依纪依法、安全文明办案，强化对办案全过程监督管理。加强案件审理工作，切实保障和提高案件质量。建立健全案例分析、案情通报、监察建议等制度，督促指导发案单位剖析原因、建章立制、堵塞漏洞、加强预防。大力加强党风廉政教育，深入推进廉政文化建设，着力铲除腐败滋生土壤。

（五）突出抓好民生监督，着力加强基层党风廉政建设。围绕“大扶贫”战略实施，严肃查处发生在群众身边、侵害群众利益腐败问题。健全完善民生监督工作机制，配齐配强基层民生监督力量，全力保障民生监督工作高效运转。突出专项监察主抓手作用，重点针对扶贫领域虚报冒领、截留私分、挥霍浪费、优亲厚友等行为，侵占群众利益、吃拿卡要、与民争利等突出问题，开展集中专项整治行动，提高民生监督工作精准度和震慑力。完善民生监督工作机制，充分运用既有的先进工作经验，提高民生监督工作效率。定期梳理群众身边违纪违法案例进行通报曝光，正确引导群众和社会舆论参与监督，营造民生监督工作良好氛围，不断巩固基层党风廉政建设工作成果。

（六）深化源头预防监督，厚植廉洁文化土壤。大力加强理想信念、社会主义核心价值观教育，扎实开展系统性、经常性、针对性的纪律教育，强化党员干部党性修养，引导党员干部自觉培养高尚道德情操，抵制不良风气。深入开展警示教育活动，剖析典型案例，用好反面教材，发挥警示教育震慑作用。把反腐倡廉宣传教育纳入全县宣传思想工作总体安排部署，充分发挥传统媒体作用，更加重视新兴媒体的运用，激发新闻媒介、社会舆论在反腐倡廉中的正能量。大力弘扬中华民族优秀传统文化，传播正能量，倡导党员干部反“四风”，树新风，以优良的党风凝聚党心民心，带动全社会风气根本好转。

（七）强化监督执纪问责，打造过硬纪检监察干部队伍。深化纪律检查体制机制改革，进一步巩固和深化县级部门纪检监察组织统一派驻管理，推进派驻监管全覆盖，充分发挥派驻监管作用。探索建立县级巡察机制，充分发挥巡察利剑作用，推进全面从严治党向基层延伸。坚持德才兼备、以德为先，严进高出、严格管理原则，强化纪检干部队伍建设，配齐配强监督工作力量，进一步优化纪检干部队伍。坚持开展干部交流培训学习活动，不断提高纪检监察干部工作能力和业务水平。牢固树立“信任不能代替监督”理念，加强纪检干部监督管理，始终做到从严要求、从严教育、从严管理、从严整治。健全内控机制，坚持以制度管人、管事，对执纪违纪、以案谋私的，发现一起查处一起，确保权力规范、高效运行。以更高的标准、更严的纪律、更细的管理，打造一支忠诚于党、高效廉洁的监督执纪钢铁队伍。

做好新形势下的党风廉政建设和反腐败工作，使命光荣，任务艰巨。让我们紧密团结在以习近平同志为总书记的党中央周围，在县委和上级纪委的坚强领导下，坚定信心、求真务实、开拓创新、不辱使命，不断开创我县党风廉政建设和反腐败工作新局面，为龙里建成更高水平小康社会提供坚强纪律保障！

名词解释

两个责任：党的十八届中央纪委三次全会明确提出，落实党风廉政建设责任制，党委负主体责任，纪委负监督责任，制定实施切实可行的责任追究制度。

大约谈：在2015年全省范围开展党风廉政建设突出问题专项整治中，依据党内监督有关规定，结合自查自纠、专项检查、信访举报、案件查办等途径了解的问题线索，甄选出适宜组织开展约谈的对象（单位或个人）及其问题，按照干部管理权限，进行谈话处理。通过约谈，达到“查处一批、调整一批、教育一批、整改一批”的效果。

五人小组：指中国共产党各级地方党委中由五人组成的会议小组。在县级党委中，其成员包括“县委书记、县长、县委副书记、县纪委书记、县委组织部部长”。

三转：指转职能、转方式、转作风。中共中央政治局常委、中央纪委书记王岐山2014年5月19日在纪检监察机关“转职能、转方式、转作风”专题研讨班上强调，纪检监察机关要紧紧围绕监督执纪问责，深化转职能、转方式、转作风，全面提高履职能力。

两个为主：党的十八届三中全会明确提出，推动党的纪律检查工作双重领导体制具体化、程序化、制度化，强化上级纪委对下级纪委的领导。查办腐败案件以上级纪委领导为主，线索处置和案件查办在向同级党委报告的同时必须向上级纪委报告。各级纪委书记、副书记的提名和考察以上级纪委会同组织部门为主。

作风效能三年行动：指2012年—2014年间龙里县开展的作风整治三年行动。2012年，作风效能建设年；2013年，作风效能建设深化提升年；2014年，作风效能建设巩固拓展年。

四风：指形式主义、官僚主义、享乐主义和奢靡之风。2013年6月18日由习近平总书记在北京召开的中国共产党的群众路线教育实践活动工作会议上提出。

四种形态：一是党内关系要正常化，批评和自我批评要经常开展，让咬耳扯袖、红脸出汗成为常态；二是党纪轻处分和组织处理要成为大多数；三是对严重违纪的重处分、作出重大职务调整应当是少数；四是严重违纪涉嫌违法立案审查的只能是极少数。

党风廉政建设“一岗双责”：“一岗”就是一个领导干部的职务所对应的岗位；“双责”就是一个领导干部既要对所在岗位应当承担的具体业务工作负责，又要对所在岗位应当承担的党风廉政建设责任制负责；也就是一个单位的领导干部应当对这个单位的业务工作和党风廉政建设负双重责任。

一案双查：指严格执行问责机制，既要追究当事人责任，又要倒查追究相关领导责任，包括党委和纪委的责任。

补短板　强基础　夯实力
为把龙里建成更高水平的小康社会而努力奋斗

——在县委十一届八次全体（扩大）会议暨全县经济工作会议上

（2015 年 12 月 29 日）

龙里县委书记　刘华龙

一、准确把握发展新形势，科学谋划龙里“十三五”时期发展蓝图

党的十八届五中全会、省委十一届六次全会和州委十届七次全会，把“十三五”时期作为夺取全面建成小康社会决胜阶段伟大胜利的重要历史节点，立足国情、省情和州情，提出了系列新理念、新思路、新要求，为我们更加准确地把握发展形势，更加准确地摸清发展路径，更加准确地谋划发展举措提供了遵循。全县各级各部门、各级党组织和广大党员干部要自觉深入学习领会中央、省委和州委的重要精神，把学习成果转化为实际行动，落实到全县经济社会建设的方方面面。

（一）认真总结好成绩，坚定赶超跨越的自信心。“十二五”时期，在党中央、省委、州委的正确领导下，在有关各方的大力支持下，在历届县委、人大、政府、政协几家班子共同努力打下的坚实基础上，县委团结带领全县党员、干部和群众解放思想，真抓实干，把区位优势变成发展优势，把资源优势变成产业优势，把政策优势变成经济优势，推动龙里经济社会较快发展，圆满完成规划的各项目标任务。“十二五”时期，预计全县生产总值年均增长 16.9%，2015 年全县生产总值达 71.49 亿元，是 2010 年的 2.3 倍。五年来，工业经济实现“从小到大”“由弱到强”，招商引资、项目建设呈现史无前例的发展规模；贵龙大道建成通车，贵龙纵线部分通车，贵都联络线二期启动建设，“贵广”快速铁路龙里北站投入使用，使龙里通达省会、南下“两广”的时间、空间距离进一步缩短。南北两大片区县乡公路提质改造，建制村水泥（沥青）路全覆盖和村组道路硬化工程的逐步实施，内部交通环境极大改善；城市建设实施“东优西扩”工程，进一步提升了城区环境品质；中铁生态城形成规模，双龙小镇开门迎客，茵特拉根小镇、碧桂园等高端住宅区尊荣显露；水利建设“三大会战”成绩斐然，一批骨干水源点的建设，使城区、园区生产生活用水难问题得到极大缓解；教育、卫生、文化、民政等社会事业稳步发展，城乡基础设施逐步完善，原麻芝、水场、湾寨、摆省、草原、哪嗙 6 个贫困乡“减贫摘帽”，减少贫困人口 2.67 万人，人民群众生产生活质量进一步改善；“中国刺梨之乡”“中国最美健康养生旅游名县”“国家现代农业示范区”“中国物流实验基地”“国家循环经济示范县”等荣誉称号成为龙里的名片；我们还成功承办黔南州第八届旅发大会，全省、全州项目观摩会得到高度评价和充分认可，成功创建贵州省同步小康达标县，龙里的知名度进一步提升；作风效能建设、政府机构改革、政务服务创新等取得显著成效，发展环境进一步优化、发展活力进一步增强。总之，“十二五”时期是龙里发展速度最快、发展规模最大、发展效益最好的五年，也是龙里干部精神面貌焕然一新的五年，奠定的基础是我们加快建设更高水平小康社会的宝贵财富。

发展成就鼓舞人心，美好前景催人奋进。五

年的成就让我们深切感受到，只要我们励精图治，辛勤耕耘，就一定能够创造更辉煌的成绩。五年的发展成就也给了我们深刻启示，站在新一轮发展的历史起点，面对全县22万人民群众全面小康的重大历史使命，要确保圆满实现“十三五”时期既定的目标任务，必须坚守发展和生态两条底线，把产业生态化、生态产业化作为我们工作的努力方向，正确处理好绿水青山和金山银山的关系，两个成果一起收，做到既要绿水青山又要金山银山。必须坚持创新驱动和开放带动，把创新作为引领发展的第一动力，把改革开放作为加快发展的关键一招，坚持以改革促开放，以开放倒逼改革。必须把改善民生作为首要任务，全面落实民生普惠政策，大力实施脱贫攻坚工程，改进和创新社会治理，不断提升人民群众的幸福指数和满意度。必须坚定不移地推进从严治党，把纪律和规矩挺在前面，推进“两个责任”落实常态化，着力打造忠诚、干净、担当的干部队伍。

（二）*全面把握新形势，增强大有作为的机遇感*。当前，世界经济复苏依然乏力，全国经济总的走势缓中趋稳、稳中向好，但稳中有难，经济发展进入了新常态。一是经济增速发生了变化，受国际国内形势影响，不可避免地换挡调速，由高速增长期进入中高速增长期。二是经济结构发生了变化，进入“深度调整期”，产业结构转型升级，工业向高端化转型演变成为不可逆转的定势。三是经济增长动力发生了变化，从投资出口驱动向消费驱动转变，从要素驱动向创新驱动转变，消费在经济发展中的作用逐渐增强，创新越来越成为经济社会发展的主旋律。这些变化是必然的，但跟着变化而变化也是必然的。我们要清醒地认识到，经济运行中的积极因素还很多，经济稳定的基本面没有改变，可谓形有波动，势仍向好。就县域经济来说，这个新常态中蕴藏着许多新机遇。一是“提质增效”的新机遇。市场供需间的作用方向发生转化，新一轮技术竞争、产业竞争、品质竞争、效率竞争呼之即出，县域经济整体效益和竞争力会得到进一步增强，既激发出应有的发展活力，也逐步积累起极具地方特色的发展优势。二是“结构优化”的新机遇。社会消费需求重心从解决吃、穿、住、行等刚性需求向旅游、娱乐等享受型需求和教育、医疗创新等发展型需求转变。投资需求向环境保护、基础设施和农村城镇化建设等方面转变，县域经济的发展基础有望进一步夯实，发展水平有望大幅提高。三是“特色发展”的新机遇。宏观经济从“规模速度型粗放增长”向“质量效率型集约增长”转变，微观要素从“低效率部门区域”向“高效率部门区域”转移集聚，都将是我们结合自身地理环境、地域特色、资源禀赋等条件进行产业定位，实现县域经济块状集约发展的大好机遇。

基于以上的形势和我县的实际，可以说，龙里的“十三五”是大有可为并大有作为的时期。一是中央大力实施“一带一路”、长江经济带、珠江—西江经济带等重大区域发展战略给我们提供了前所未有的发展机遇；二是中央加大对西部地区的投入和政策支持力度，黔中国家级战略经济区的打造和国家对“三州”民族地区跨越发展的支持，我县必将迎来又一轮发展的“春天”；三是贵龙城市大道的建成开通，与贵阳同城化发展将实现提速，发展空间将更加广阔；四是“十二五”期间的发展已为我们奠定了良好的环境和产业基础，广大干部群众盼发展、谋发展的热情高涨。这些积极因素为我县“十三五”时期的发展创造了极为有利的条件。但我们也必须清醒地看到，我县在加快发展中也面临一些新的挑战和不利因素，主要是：区域竞争更加激烈，外部竞争压力增大；经济社会发展基础依然薄弱，经济总量不大；社会经济发展不平衡，城乡二元结构矛盾依然存在，脱贫攻坚任务艰巨等。这些问题，我们必须高度重视，花大力气、下狠功夫切实加以解决。

总之，“十三五”时期，机遇与挑战并存，机遇大于挑战，我们必须主动认识新常态、适应新常态、把握新常态，以高度的政治责任感、历史责任感和敢为人先的勇气、善为人先的能力，紧盯目标，抢抓机遇，创新举措，真抓实干，努力推动经济社会发展取得新的更大的突破。

（三）*落实发展新理念，走好科学发展的新路子*。理念是行动的先导，从根本上决定着发展成效乃至成败。发展理念落后，后发优势就会失守；发展理念落后，后发赶超就是空谈。“十三五”时期龙里要建成更高水平的小康社会，必须盯紧目标任务，严格按照“守底线、走新路、奔小康”的工作总纲，把“创新、协调、绿色、开放、共享”五大发展理念贯穿到谋篇布局中、落实到真抓实干上。要坚持深化改革，创新发展。要把创新摆在增强内动力，提升软实力，提高竞争力的突出位置，搭建创新载体，加大创新投入，鼓励创新成果，不断推进理论创新、制度创新、科技创新、文化创新等，让创新蔚然成风。要坚持统筹推进，协调发展。注重区域协调，依托贵阳，加强与贵阳在产业、交通、通讯、信息等领域的衔接和配套，实现一体化发展格局。妥善处理经济发展与社会发展的关系、改革发展稳定的关系、发展速度质量效益的关系，促进三次产业协调发展、经济与社会协调发展、城乡协调发展和区域协调发展。要坚持保护生态，绿色发展。坚持把绿色发展作为目标，充分发挥绿色生态优势和后发优势，大力推进循环经济、生态经济。重视资源节约和环境保护，强化生态环境执法，建设资源节约型和环境友好型新龙里。要坚持优化环境，开放发展。坚持眼睛向外，注重借势发力，努力寻求更多发展要素，聚集和利用好一切有助发展的重要资源。同时，改革落后体制，消除不利因素，创优发展环境，努力提升开放发展的水平。要坚持以人为本，共享发展。坚持民生优先，始终把改善民生作为发展的出发点和落脚点，全面打响脱贫开发攻坚战，提前实现整体脱贫目标。全面加快社会事业发展，积极推进基本公共服务均等化，使人民群众在共建共享中有更多的获得感、安全感、幸福感。

二、坚定不移地突出发展要务，在建成更高水平的小康社会大业中展现新作为

“十三五”时期是我县建成更高水平小康社会的关键时期，将是我县在加快发展、跨越赶超进程中具有重要里程碑意义的五年。我们要全面贯彻党的十八大和十八届三中、四中、五中全会精神，深入学习贯彻习近平总书记系列重要讲话精神，牢固树立“创新、协调、绿色、开放、共享”的发展理念，按照“四个全面”战略布局要求，遵照“守底线、走新路、奔小康”的工作总纲，紧扣主基调主战略和州委创新驱动、开放带动、“一圈两翼”战略，围绕大脱贫、大数据、大健康、大旅游、大物流、大文化六大战略行动，坚持“项目为纲、民生为本、实干为先”三为工作导向，以“小康提质、四化同步”为目标，全面实施“工业强县、四轮驱动、区域协调、城乡统筹”战略，着力打造“一城五区一高地”，推动全县经济社会持续健康发展，开启基本现代化事业新征程，把龙里建成更高水平的小康社会。

具体地说，“十三五”时期要把龙里打造成贵阳副中心城市，打造成“全国循环经济示范县创新区”“西南现代服务业集聚区”“贵州山地生态特色经济示范区”“贵州航空港基地示范区”“贵州城乡统筹发展示范区”和“黔南创新开放合作新高地”。全县上下要深刻理解这一战略定位的重大意义和深远影响，切实把思想和行动统一到县委、县政府的战略部署上来，重点统筹抓好几个方面的工作。

（一）着眼于壮大工业经济，努力做好“四大文章”。工业强则县域经济强，龙里要想实现跨越式发展，必须坚定不移地实施工业强县战略，立足区位、交通、资源、产业基础等优势，在“摆”和“布”上把好局，在“招”和“引”上把好关，在“质”和“效”上把好脉，奋力走出一条空间布局美、科技含量高、经济效益好、资源消耗低、环境污染小、地域特色浓的新型工业化路子。要做好产业空间布局大文章。本着集群特色鲜明、资源配置最优、整体效能最大的原则，着眼发挥产业的集聚效应，加大产业布局调整力度。要突出以龙里经济开发区为核心载体，以冠山高新技术产业园、谷脚—醒狮工业园、龙山工业园为平台，以生物制药、高端装备制造、特色轻工、电子信息技术、新型建材五大产业为支柱，打造“三园”各有特色、“五业”各就各位、相生相应、相映生辉的产业布局。要做好传统产业提质增效大文章。要把提升传统产业的生产效率、技术含量、品牌效益作为适应新常态的抓手，积极给予政策支持，激发企业自我修复、自主创新活力，大力推进技术改造、研发设计、品牌提升、融资与销售渠道拓展、产业链整合，盘活存量，做大增量，促进传统产业活起来、壮起来。要走好高端路线，追求产业项目“高、大、上”，在引进和培育上做足文章，使科技含量高、资源消耗少、发展潜力大、综合效益好的高端制造产业发挥优势形成经济支柱。要做好新兴产业培育壮大大文章。培育新兴产业，是经济新常态下顺势而为的必然抉择。结合我县实际，要加快协调、督办力度，推进中广核风力发电项目早日完成规模化建设，早日实现产业化发展，让风吹出更多的银子进入县财政的袋子。要重点围绕新能源、新材料，加快高节能、高性能材料制造产业发展。要着眼医药医疗、健康养生产业规模效应和品牌效应，推动强强合作，打造重点平台，培育多元业态，把龙里建设成为独具特色的新医药、新养生、新康体、新养老产业基地。要做好工业企业铺天盖地大文章。坚持抓大不放小、喜新不厌旧、抓轻不放重，以工业“百千万”工程为载体，继续深化服务企业、服务项目“双服务”行动，着力在基础设施建设和扩容规划上投资投智，在引导和推进金融、技术咨询等生产性服务业上拉手结盟，在责任帮扶上完善机制，强化硬件保障，促进银企、技企合作，破解企业燃眉之急，为园区集聚产业、集群发展打牢基础。形成大企业“顶天立地”、小企业“铺天盖地”、大中小企业“成龙配套”的格局。

（二）着眼于做大农业产业，大力实施“三大工程”。作为安天下、安民心的战略产业，农业的基础地位不能动摇。要坚持用现代物质条件装备农业、用现代科学技术改造农业、用现代经营方式推进农业，努力走出一条产出高效、产品安全、资源节约、环境友好的现代农业发展新路。要大力实施农业发展基础工程。要坚持以工业化理念发展现代农业，抓好优质水稻、蔬菜、水果、刺梨等特色品种的种植基地建设，重点打造龙山至湾滩河“万亩豌豆尖产业带”、谷脚至洗马“百里刺梨”和“万亩辣椒”绿色农业经济带，把我县建成全省绿色、有机、无公害农产品供应基地。要坚持走农业和工业融合发展道路，充分依托龙里独特的区位优势、资源优势和政策优势，着力招引一批投资强度大、科技含量高、加工有规模、运行有效益的农产品加工龙头企业，形成市场牵龙头、龙头带基地、基地连农户的产业运作模式，提升农业产业化水平。要进一步加大农业基础设施投入和建设力度，持续改善农业农村综合生产条件。要大力实施农业产业效益工程。坚持以特色种养业为主导，延长产业链，重点发展以农产品分级储藏保鲜、精深加工为主体的第二产业，加速发展以农业观光、农业物流为主体的第三产业，推动粮经统筹、农林牧渔结合、种养加一体，实现农业“接二连三”，激活“第六产业”，切实提高二、三产业占农村经济的比重。要在确保农村土地基本用途不变的前提下，积极鼓励城镇工商资本、农业企业到农村参与农业产业化经营，促进资源优化配置，实现要素集约投入，努力让土地在加快流转中增值、农业在集约发展中增效、农民在规模经营中增收。要依托双龙现代农产品集散中心，加快构建农村电子商务平台，让电子商务下乡进村入寨，成为“黔货出山”的主渠道。要大力实施农业品牌提升工程。尽快出台加强农产品品牌建设的政策性意见，建立品牌农业发展专项资金，实施农业品牌战略。重点做好“龙里刺梨”“湾滩河”等商标和地理保护标志产品的培育工作，打造一批国家级、省级名牌农产品及地方名特优产品。要扶持品牌农产品加工企业加大技术研发力度，加快技术创新，使加工不断向精深迈进，努力把消费者嘴上的需求做出品质、做出特色、做出健康，让标志着“龙里生产”的更多更好的特色农产品走出龙里、走出贵州、走向全国。

（三）着眼于打造黔中新城，着力抓好“三个提升”。城镇是地方发展的“外衣”，城镇亮不亮、美不美、品位高不高是经济社会发展成效的直观体现。扮靓城镇就是在装点我县的形象，要按照“做大县城、做精乡镇、做美村寨”的思路，优化布局，统筹城乡，走出一条具有龙里特色的山地新型城镇化建设道路。要着力提升城镇布局的品位。要在资源、产业、用地、交通、市政公用设施、生态环境保护等要素上统筹布局，加快形成布局合理、富有活力的新型城镇体系。要东西兼顾，既注重设施功能完善，又注重集现代城市元素为一体，重点推动东、西两城区协同发展。要坚持产、城、景融合发展，逐步把“以县城为中心，涵冠山、连龙山、带谷脚”的大县城规划变为现实，提高县城人口、产业集聚水平。着力推进双龙航空港经济区和贵龙城市经济带建设，将中铁、谷脚、醒狮组团发展，形成全县重要的城市增长极；要做强醒狮、洗马、湾滩河三个产业综合强镇，建成南北区域次级中心城镇；要做优草原、巴江、麻芝、三元、哪嗙、谷龙等特色集镇。要着力提升特色城镇的品质。要坚持各美其美、美美与共的理念，突出特色，注重品质，以镇为“小区”、集镇为“单元”，突出内外兼修，对“内资源”“外容貌”进行打捆包装，既注重挖掘优势资源形成产业支撑，以产聚人、以人促城、以城促产，形成产城融合；又注重完善城镇功能设施，依山就水强化环境综合治理，依山就地完善基础设施和功能配套。要结合自身特点在商贸集散型、康体养生型、绿色产业型、现代服务型等主打招牌上找准定位，努力打造宜居宜业宜游各具特色的魅力小镇、风情山乡，形成“山路十八湾，一湾山路一番景、一湾山路一番情”的城镇格调。要着力提升城乡统筹的水平。坚持按照规划布局、经济发展、基础设施、就业社保、公共服务、生态环境、社会管理、体制机制“八个一体化”内容，统筹县城、集镇、乡村一体谋划、一体布局、一体建设，形成城乡“资源均配、产业联动、设施统建、服务统供”的一体化发展格局，促进乡村生活城市化。

（四）着眼于搞活“服务经济”，重点突出“两个加快”。现代服务业是具有低能耗、低污染和高技术含量、高附加值特征的活力产业、形象产业。要充分利用龙里集铁路、公路、航空“三港合一”的立体交通区位优势，不断创造条件，大力发商贸物流等现代服务业，把龙里打造成为贵州“服务经济”的领军要塞。要突出加快发展商贸物流业。要按照双龙核心商贸圈、县域商业中心—镇（街道）商贸集散点的分级模式，打造“两圈、多点”的商业布局体系。要着力培育流通市场主体，壮大流通骨干企业，扶持中小商贸企业，发展商务服务业，推动商贸流通产业跨越发展。要着力加强要素保障，积极推进物流与大数据、电子商务、农产品挂钩配对，形成“大数据”指着“物流”走，“物流”跟着“网络”走，“物流”带着“农产品”走的新业态。要突出加快发展康体休闲度假旅游产业。积极转变只抓旅游行业、不抓旅游产业的惯性思维，以建设“贵州重要的康体休闲度假和近郊休闲体验游目的地”“黔中重要的游客集散地”为目标，依托森林覆盖面广、空气质量优良、气候温湿宜人、交通四通八达等自然资源和有利条件，依托龙里大草原、龙架山国家森林公园、中铁国际旅游度假区等初具名气的旅游度假地及山水田园、人文景观等山地旅游资源，瞄准“山外客”，升级“进山路”，盘活“山中宝”，努力形成旅游资源开发一体化、旅游产品品牌化、产业发展合理化的大旅游产业格局。

（五）着眼于强化基础设施，着力完善“四大网络”。基础设施是我们加快发展的支撑，完善基础设施就是强化发展的保障功能。要着力完善现代综合交通运输网络。合理规划，加大投入，既要着眼长远发展，做好“节外生枝”，提升通达率；又要立足提速增效，做好改造升级。“十三五”期间，要紧紧抓住贵新路北移的机遇，超前谋划好原贵新路龙里段沿线的发展布局；要紧紧抓住双龙航空港经济区兴建基础设施的契机，主动搭接，全力实施双龙大道、贵龙纵线延伸等工程，举全县之力全面形成以县城为中心，连贵阳、接周边、下乡村“动脉血管”“毛细血管”互联互通的快速交通网格。要着力完善现代水利工程网络。加快“三位一体”规划骨干工程建设，形成中型水库、小型水库多“水缸”落地蓄水、供水的水务联勤保障格局。要突出小山塘的建、改、扩，构建多点截沟水、接天水，多面防旱灾、保农水的供水堡垒。大力实施小康水行动计划和农村饮用水巩固提升工程，强化农村饮水保障力度。加大中小河流和重点山洪灾害防治力度，加强镇、村河道综合治理，提高防洪能力。要着力完善能源供应网络。重点突出在“电力”和“天然气”上再着力，按照“能供、能通、安全”的原则，合理规划布局，推进储能设施建设和分布式能源建设，打造好服务经济建设、服务民众生活的“冲电宝”“储气罐”。要着力完善信息基础设施网络。把完善信息基础设施网络作为实施大数据战略行动的支撑，加快骨干网络优化工程、城乡网络覆盖工程、农村宽带延伸工程等重大信息基础设施建设。着力推动信息数据化、信息职能化应用项目建设，让大数据成为各领域的“大管家”，让信息智能成为智慧城区、智慧园区、智慧社区、智慧景区建设的“芯”动力。

（六）着眼于增进民生福祉，深入实施“六大工程”。把民生作为一项政治工程、战略工程抓全、抓实、抓出成效。要深入实施脱贫攻坚工程。摘掉贫困帽，才对得起乌纱帽。要坚持把脱贫攻坚作为“十三五”时期的首要任务、头等大事和第一民生工程，扎实推进“33668”行动计划，实行倒排工期，落实县、镇、村干部层层分包、一包到底责任机制，制定作战图，挂图作战。要切实按照“六个到村到户”“六个精准”“五个一批”“四个切实”的要求，全面系统地推进扶贫深入化、具体化、精准化、实效化，确保到2018年全县贫困人口全部脱贫，74个贫困村全部出列。要深入实施教育提升工程。“十三五”时期，教育要始终摆在优先发展的战略位置，着力确保高中教育提质发展，中职教育特色发展，义务教育均衡发展，幼儿教育兜底保障。要突出一个“扩”字，将学前教育基础设施与新型城镇化发展规划衔接起来实施，让幼儿教育向镇、村延伸；要突出一个“优”字，均衡配置城乡教育资源，给孩子们提供更利于学习成长的环境；要突出一个“特”字，加快中职校基础设施建设和学科建设，让更多的孩子接受职业教育成为技能型人才。要深入实施就业创业工程。围绕重点群体，加强引导、培训，协调推进各重点行业、重点园区落实更加积极的就业政策，多渠道开发就业岗位，推动实现更高质量的就业。要完善财政保障、税收优惠、金融扶持政策，重点围绕电商产业、山地特色农业、服务业等领域，打造更加宽松、更加优越的创业环境，让敢闯者有业可创，能闯者创而有业。要深入实施健康龙里工程。着力抓好医疗卫生人才队伍建设、医疗机构规范化建设、医疗服务机制建设，努力构建医疗水平更高、医疗条件更好、医疗服务更优的医疗卫生体系。要重点加强农村医疗条件的改善提升，突出建好、管好、发挥好“三好”原则，把镇卫生院、村卫生室打造成农村群众身边防病、治病的便民利民服务站。要深入实施文化强县工程。要加快公共文化服务基础设施建设。要搭乘信息网络下乡进村的“直通车”，加强公益文化展演、文化传播。要重视民族文化、挖掘民族文化、保护民族文化，使民族文化成为龙里文化的特色品牌。要加大文化遗产和非物质文化遗产的保护，提升我县的文化底蕴。要深入实施社会保障兜底工程。要全面推进全民参保计划，做好社会保险扩面增缴工作，全方位、多层次、全覆盖推进共享普惠的社会保险体系建设。要把扶贫开发与农低保制度有机衔接，实现农村特困人口社保全兜底。要扎实推进城镇特困人口生活困难、大病就医、子女就学、工作就业、住房困难帮扶机制，全面推进城乡特殊人群“教、管、帮”。要全面加强对农村“三留”人员的关爱服务和社会救助，让留守儿童健康快乐成长，留守妇女安心就业生活，留守老人愉快安享晚年。

（七）着眼于加强党的领导，全面强化“三大建设”。圆满完成“十三五”时期各项目标任务，关键在党、关键在人。全县各级党组织要始终坚持把党的建设作为基础性工程，全面加强党的基层组织建设、干部队伍建设和党风廉政建设。一是要把基层党组织的战斗堡垒作用发挥好。各级党组织必须要坚持围绕中心、服务大局、拓宽领域、强化功能，进一步巩固和加强党的基层组织，发挥好领导核心作用，发挥好民主建设的主导作用，发挥好发展经济的引领作用，发挥好联系群众的桥梁纽带作用。要善于协调各方、组织左右，把各方面的力量凝聚到推动发展上来；要善于凝聚大多数人的思想解决少数人的问题，善于集中大多数的智慧解决发展路上的突出问题；要善于抓实体带个体，大力发展集体经济，带领群众致富奔小康；要善于走进群众、联系群众，拉近与群众的距离，把群众工作做深做细做实。二是要把干部队伍素质能力提升好。要巩固党的群众路线教育实践活动成果，深化“三严三实”专题教育，多渠道搭建载体，以“大课堂”和“小例会”相结合，深入加强理想信念教育、宗旨观念教育，全面提升干部队伍思想政治素质。要立足经济社会发展各条战线、各个岗位的需要，因需施教、因人施教，多渠道构建平台，以专题培训和岗位实践相结合，努力培养一批懂经济、专业精、善管理、能创新的干部。三是要把风清气正的政治生态维护好。始终坚持把纪律和规矩挺在前面，深入推进落实党风廉政建设“两个责任”常态化，构建起层层有部署、层层有监督的良好格局。要着力构建“教、导、管、防”在前，“察、帮、诫、劝”紧随，“惩、处、罚、治”在后的“三道防线”，形成不想腐、不能腐、不敢腐的有效机制。要保持纠正“四风”不松劲、惩治腐败不减压的态势，切实解决干部身上的不正之风和发生在群众身边的腐败问题，减少腐败存量、遏制腐败增量。

三、扎实抓好2016年经济工作，努力实现十三五良好开局

2016年是全面贯彻十八届五中全会、省委十一届六次全会、州委十届七次全会精神，启动实施“十三五”规划的开局之年，抓好2016年的经济工作具有十分重要的意义。

抓好2016年的工作，我们要准确把握好新形势和新任务，虽然国际形势错综复杂，国内经济发展下行压力大，但经济发展基本面好、潜力大、韧性强、回旋余地大。从上级层面来看，将于明年10月1日正式生效的人民币特别提款权（SDR），将使人民币成为真正意义上的世界货币，有助于增强国际市场对人民币的认同和信心，减轻人民币面临的贬值压力，我国百姓手中的人民币更加坚挺。12月18日召开的中央经济工作会议提出了“去产能、去库存、去杠杆、降成本、补短板”的五大任务，明确要积极稳妥推进企业优胜劣汰，帮助企业降低成本，化解房地产库存。从省级层面看，省委专门召开县域经济发展大会，对县域经济进行部署，并就生财、融资、扩权、聚才、用地等问题予以县级更大的支持。从我县来看，随着贵龙城市大道全面建成通车，以及双龙航空港经济区的规划建设，贵龙城市经济带的“强磁场”效应已显现，大量的人流、物流、资金流将聚集龙里，助推我县再掀起新一轮投资热潮。这些有利条件和大好机遇，将成为我们加快发展的推进剂，为更好实现“十三五”开局奠定良好的基础。

总之，在机遇与挑战中，我们一定要保持清醒的头脑，既不能盲目乐观、置身其外，又不能消极等待、无所作为。要坚定发展的信心和决心，趋利避害，扎实工作，变困难为机遇，变压力为动力，坚持经济发展不减速，工作目标不减压，抢抓各种机遇，排除各种干扰，破解制约因素，加快发展步伐。总体来讲，明年的经济工作要认真贯彻中央、省、州经济工作会议精神，牢固树立创新、协调、绿色、开放、共享的发展理念，按照“四个全面”战略布局要求，遵守“守底线、走新路、奔小康”的工作总纲，大力实施“工业强县、四轮驱动、区域协调、城乡统筹”战略，推动经济社会持续健康发展，努力实现“十三五”良好开局，为推动全县经济社会持续健康发展，开启基本现代化事业新征程，把龙里建成更高水平的小康社会打下坚实的基础。

2016年的经济工作我们要着重从以下方面抓实。

*（一）以工业为主抓手，着力四轮驱动推动产业发展，努力实现“十三五”良好开局。*产业是县域经济的支柱，产业发展是县域经济发展的龙头和核心。全县上下要把提升以工业为重点的产业发展水平作为首要任务，以加快工业发展为核心，推进一、二、三产融合发展，在转型升级中做大做优做强产业，尽快夯实经济实力，推动经济社会各项事业大发展。

一是大力实施工业强县战略，进一步夯实工业发展基础。牢固工业在我县经济中的主导地位和作用，坚定不移实施工业强县战略，始终坚持用新型工业化的理念谋划经济发展。要坚持盘活存量、做大增量的原则，以企业为主体，以自主创新为动力，以信息化为手段，以工业园区为载体，大力推进技术改造、研发设计、品牌提升、销售渠道拓展和产业链整合，促进优势传统产业走上创新型、效益型、集约型、生态型发展道路。要抢抓省政府《关于加快推进新医药产业发展的指导意见》中明确把龙里列入了“贵阳新医药产业圈”的机遇，加大招商引资力度，重点引进和发展生物工程、医疗器械、保健食品、化妆品等健康科技产业项目；加快引进和培育大型品牌企业集团，打造贵州以医药制造和生物技术为中心的新型生物制造产业集群；加快西南民族医药物流交易中心建设，逐步形成西南地区中药材集散地。要积极推进华润雪花啤酒60万吨技改扩能项目建设，力争项目早建设、早投产、早见效。要加大企业帮扶力度，积极搭建银企对接桥梁，切实帮助企业解决融资难问题，进一步盘活存量。要加快推进园区水、电、路等基础配套设施建设和扩容规划发展，主动与贵阳市沟通协调，加强区域合作，突出抓好电子信息产业、民族制药业、新型建材业及新能源等生态友好型产业，着力发展科技含量高、关联度大、带动力强、成长性好的产业，以高端产业为引领融入贵阳。同时要借助区位和交通优势，招大引强发展装备制造业、机械加工、材料加工、食品加工，不断扩大工业经济总量，着力增强发展后劲。

二是加快结构调整步伐，不断提升现代农业发展水平。以创建国家现代农业示范区为契机，狠抓都市特色农业，积极发展生态农业、休闲农业、观光农业、旅游农业等城郊型农业，扎实推进湾滩河生态农业示范园区、茶香刺梨生态农业园区、龙架山生态综合农业及旅游观光示范园区建设。加快农业结构调整，加快发展蔬菜、刺梨、花卉苗木、林下经济等优势特色产业，做大做强、做特做优“餐桌经济”“观光经济”。积极拓展农产品市场，实现农超对接，不断提高市场占有份额，把龙里建成贵阳乃至两广的“菜园子”，让我县的特色农产品上贵阳、下两广、达港澳。要进一步提升农业发展理念和水平，用现代科技改造农业，用工业化手段和产业化经营方式促进农业结构优化升级和创新转型。积极引进扶持农产品加工企业，大力建设生产基地、发展订单农业，带动农产品生产、加工和流通贸易全面发展。积极推进农业龙头企业、新型农村合作经济组织和生产基地良性互动发展。进一步鼓励和引导农户扩大经济作物种植和畜牧养殖，进一步提升非粮农业的比重，不断提高农业的经济效益，促进农民增收。

三是大力发展现代服务业，着力打造经济新亮点。州委已将大物流、大旅游作为全州“十三五”期间的六大战略行动之一，坚持不懈地把大物流、大旅游作为发展现代服务业的突破口，坚持服务业与城市建设、工业发展统筹谋划、协调推进，科学规划布局，着力优化结构，强化项目带动，促进服务业提质扩量增效。要着力发展商贸物流业，充分发挥大交通优势，借助中国物流实验基地这个招牌，积极搭建商贸物流企业交流沟通平台，全力推动以航空物流、铁路物流、公路物流为重点的物流业加快发展。要加快宏基中药材电商产业园、快递物流园、万豪总部城、双龙现代农产品集散中心等物流项目建设，推动各类要素充分集聚，全力推进双龙现代服务业集聚区建设，着力打造一流的物流园区和一流的物流企业，把龙里打造成全省乃至西南地区一流的商贸物流示范基地。要积极推进旅游业加快发展，加大以中铁国际旅游度假区项目为重点的各个景区建设，完善云栖谷·双龙镇、巫山峡谷等景区景点基础设施，提升景区的接待能力和服务水平。盘活龙里旅游资源和文化遗迹，加大招商引资力度，着力打造各具特色的旅游景观景点。加大旅游营销力度，构建精品线路，致力提升品牌知名度和影响力，努力把我县建设成集旅游、休闲、观光、度假于一体的旅游胜地。要大力发展电商产业。要把电子商务作为推进大众创业、万众创新的有效途径，作为决战脱贫攻坚同步全面小康的重大举措。坚持政府推动、市场化运作的原则，以打造发展电商平台、加强主体培育、壮大电商队伍、建设运营中心为重点，把“黔货”作为发展电子商务的主战场、主力军、主渠道，强化宣传培训，强化政策支持，强化组织保障，全力推进电子商务与实体经济、百姓生活深度融合，努力把电子商务培育成支撑我县经济发展新的增长点。同时，大力发展时尚消费、休闲娱乐、特色餐饮等商业形态，推动商业中心集聚化、特色化；着力抓好全国养生养老示范基地建设，加快发展养老、商贸、社区、家政等生活性服务业，促进服务业发展提速、比重提高、水平提升。

四是加快新型城镇化步伐，促进城乡互动发展。随着贵龙大道的建成通车，我县城市的重心将会沿着大道朝贵阳方向发展，这是趋势和必然，有助于加快融入贵阳，加速同城化发展步伐，把龙里建成贵阳城市副中心。为此，我们要继续统筹推进老城区、西区和贵龙城市经济带建设，加快县城提质扩容，进一步完善龙里北站广场及周边公共服务设施，开工建设汽车客运综合体，进一步激活西区加快发展。要加快推进贵龙城市经济带建设，进一步完善贵龙大道周边的公共基础设施，着手谋划开通龙里至贵阳东客运站的公交车，切实把贵龙大道打造成经济大道、发展大道。要加快推进资源、产业、用地、交通、市政公用设施、生态环境保护等要素与贵阳同城化发展，避免产业重复、资源浪费，确保城镇绿色化发展。要进一步加大小城镇建设力度，以“四在农家·美丽乡村”基础设施建设六项行动计划为抓手，确保基础设施向乡村延伸，进一步完善农村文化、教育、医疗、养老等公共服务设施，推动公共服务向农村倾斜、向农村覆盖，加快城乡一体化发展步伐，使各镇（街道）发展成为各具产业特色和建筑风貌的卫星集镇，建成一批生产生活生态共赢的美丽乡村。要按照“政府主导、企业参与、市场运作”的思路，做好经营城市这篇大文章，切实把城镇的空间作为资本资产来运作，把城镇的开发建设作为商品来经营，把城镇公用事业当做产业来发展，努力把存量资本盘活、做大。特别在小城镇建设过程中，要坚持“镇园合一”发展思路，坚持产城互动，把小城镇建设与旅游开发、民族文化、产业园区等有机结合起来，突出产业带动，彰显民族特色，要继续抓好醒狮镇、龙山镇、谷脚镇、洗马镇和湾滩河镇新型小城镇建设，大力实施城镇基础设施“8+N”工程，完善小城镇配套服务设施，形成各具特色的小城镇。

*（二）以保障和改善民生为落脚点，大力实施大扶贫战略，坚决打赢脱贫攻坚战。*发展的目的是增加民生福祉，抓民生也是抓发展。要大力抓好以脱贫攻坚为重点各项民生事业，让广大人民群众共享改革发展成果。

一是持续抓好脱贫攻坚。2016年我县的脱贫任务是减少贫困人口6000人，20个贫困村出列。为实现这一目标，我们要认真抓好中央扶贫工作会议、省委“33668”扶贫攻坚行动计划、“1+10”配套文件和州委“1+9”配套文件的贯彻落实。要围绕“六个精准”和“五个一批”，精准分析扶贫工作存在的问题，精准提出下步工作措施，科学制定各年度工作计划、目标任务，以项目化方式推进我县精准扶贫“1+12”文件落实。要重点推进产业扶贫和就业扶贫，帮助贫困群众“提素质”“换穷业”；努力打造蔬菜、刺梨等主导产业及花卉、野兔、竹鼠等特色产业，促进扶贫产业品种、品质、品牌的提升；大力开展1户1人培训计划，推动贫困群众就地就近转移就业。要强化措施，积极推进“资源变股权、资金变股金、农民变股民”运作模式，真正建立农民专业合作社、农村致富带头人与贫困群众的利益联结机制，全力消除“空壳”村，不断壮大村集体经济和增加农民收入，引导好我县正在探索的“轮流持股”分红做法，以带动更多的贫困群众富起来。要进一步完善精准扶贫建档立卡工作，实现精准扶贫建档立卡工作规范化、标准化和常态化。要继续抓好2015年度项目的实施，力争在2016年6月底全面完成并验收合格，同时做好2016年项目申报工作，抓好规划项目的启动与管理，紧紧依托优势资源，以市场为导向，以项目为载体，大力推进产业化扶贫，逐步建立农民稳定增收的长效机制。

二是持续保障和改善民生。要围绕解决生产、生活、上学、看病、住房、就业、养老等群众反映强烈、要求迫切的问题，进一步强化民生项目建设，不断提升民生工作水平。要坚持教育优先发展，继续推进第二轮“学前三年行动计划”，新建、改扩建17所公办幼儿园；继续推进学校布局结构调整，大力实施“全面改薄”和农村寄宿制学校建设攻坚工程，不断改善中小学办学条件；大力抓好中职校职业教育，全面推进龙里新高中项目建设，努力实现龙里教育上新台阶。要大力推进新型农村合作医疗制度和医疗机构信息化建设，深化医疗卫生体制改革，切实为广大群众提供安全有效方便价廉的公共卫生和基本医疗服务。要大力推进民生项目建设，坚持民生工作项目化，超前、高质量谋划实施一批民生项目和实事，不断提高项目惠民水平。要抓住政策机遇，积极争取项目支持，继续加大棚户区改造、公租房、廉租房等民生项目建设力度，进一步改善困难家庭住房条件。要不断提升社会保障水平，继续扩大养老、工伤、失业、医疗、生育保险覆盖面，不断提高城乡低保标准，做到应保尽保；要实施更加积极的就业政策，加强技能培训，拓宽就业渠道，重点解决失地农民、高校毕业生、城镇就业困难人员、退役军人的就业问题。

三是持续抓好社会稳定。要牢固树立“发展是第一要务、稳定是第一责任”的理念，正确统筹好发展与稳定的关系，始终绷紧安全稳定这根弦，加强和创新社会治理，确保人民安居乐业、社会安定有序。要深入推进全面依法治县，以法治思维和法治方式，统筹推进严格执法、公正司法、全民守法各项工作，突出开展好群众性法治文化宣教活动，引导群众自觉守法、遇事找法、解决问题靠法，有序推进法治龙里建设。要进一步完善社会治安防控体系立体化、信息化建设，推进“平安龙里”建设工作。要加强社会治安综合治理，深入开展严打整治，坚持抓大不放小、抓早不麻痹，切实增强广大群众的安全感；要加强和改进群众工作，坚持把群众呼声作为第一信号，搞好矛盾纠纷排查调处，认真解决群众的合理诉求，把矛盾解决在萌芽阶段；要坚决守住公共安全底线，认真落实“一岗双责”“党政同责”安全生产责任制，建立和完善各类安全隐患滚动排查、风险评估、监测预警机制，深入开展安全隐患大排查大整治，大力整顿和规范市场经济秩序，加强食品、药品监管，依法严厉打击制售假冒伪劣商品行为，坚决杜绝重特大安全事故、事件发生。

（三）以抓执行、促落实为切入点，切实加强和改善党对经济工作的领导。为政之要，贵在务实，重在落实。我们必须进一步转变观念，拓宽视野，善于从宏观政策中把握发展大势，从客观实际中总结发展经验，努力用新方法新举措破解改革发展中遇到的各种复杂问题和困难，推动工作有效落实，为实现十三五良好开局和十一届县委的圆满收官提供坚强保证。

一要勇于担当，创先争优。要树立敢想大事、敢谋大事、敢干大事的思想，积极探索有利于加快发展的新思路、新举措，创造性地开展工作。要提高破解难题的能力，敢闯敢试、敢为人先，敢于冲破条条框框的束缚，只要有利于龙里人民的根本利益，只要有利于龙里经济社会发展，我们就要敢于放大胆子、放开手脚、放活步子，以前所未有的胆识和魄力，努力在全州、全省争先进位。要勇于担当，敢于负责，树立不甘落后、奋起直追的思想意识，全面营造创先争优的工作氛围。

二要转变作风，勤政实干。加快发展是历史赋予我们的最大使命，是形势给予我们的最大压力，也是全县干部群众对我们的最大期盼，更是解决一切问题的前提和基础。全县各级干部都要在工作中严格按照“三严三实”的要求，自觉做到讲政治、守规矩，讲团结、守纪律，讲奉献、守清廉，思想不浮躁，工作不飘浮，实干而不张扬，始终保持良好的精神状态，尽职尽责地做好工作。要敢于攻坚克难，工作中主动出击，主动负责，不畏困难，不避问题，不推责任，对那些群众关心、社会关注的事情，无论困难多大都要不折不扣地办好。

三要强化服务，营造环境。大力开展环境建设年活动，在整治发展环境上下猛药、出重拳，要全面推动重点项目绿色通道建设，打破常规，大事快办、急事先办、特事特办。要提高服务效能，进一步简化办事程序，凡部门职责内该办的事要无条件畅通，当工作需要协调时要积极疏通，对有利于发展的事要从实际出发大胆变通，切实提高服务质量和工作效率。要加大损害软环境案件查处力度，下决心消除“中梗阻”现象，严禁利用手中的权力吃拿卡要，损害经营者利益，影响发展环境，真正在全县形成想事不混事、急事不误事、成事不败事、干事不整事的良好氛围。

四要深入一线，真帮实助。要适应新形势下群众工作的新特点新要求，以决战决胜脱贫攻坚为着力点，深入做好组织群众、宣传群众、教育群众的工作，各级干部特别是领导干部要亲力亲为，扑下身子抓落实，带头深入基层、深入群众，了解群众疾苦，倾听群众呼声，帮助解决困难，要把工作重心下移，深入到困难最集中、矛盾最复杂、发展最薄弱的地方解决实际问题。对重点工作做到靠前指挥在一线，情况掌握在一线，措施落实在一线，问题解决在一线，成效取得在一线。

干劲来自激情迸发，业绩源于真抓实干。抓好各项工作任务的落实，是加快发展的迫切需要，也是全县人民的殷切期望。我们要进一步统一思想、鼓足干劲，发挥新优势，创造新业绩，着力补短板、强基础、夯实力，为推动全县经济社会持续健康发展，开启基本现代化事业新征程，把龙里建成更高水平小康社会的宏伟目标而努力奋斗！

名词解释

四个全面：全面建成小康社会、全面深化改革、全面依法治国、全面从严治党。

“四化同步”：坚持走新型工业化、城镇化、农业现代化、信息化道路，推动信息化和工业化深度融合、工业化和城镇化良性互动、城镇化和农业现代化相互协调，促进工业化、城镇化、农业现代化、信息化同步发展。

四轮驱动：新型城镇化、农业现代化、旅游产业化、信息产业化。

工业“百千万”工程：是省委、省政府积极主动适应新常态作出的以工业快速突破带动经济社会加速发展的重要决策，“百千万”即：省级重点抓100户企业“立标杆”，市级重点抓1000户企业“强骨干”，县级抓10000户企业“夯基础”。

“第六产业”：是指搞多种经营，一、二、三产业融合发展的概念，不仅种植农作物（第一产业），而且从事农产品加工（第二产业）与销售农产品及其加工产品（第三产业），以获得更多的增值价值。按行业分类，农林水产业属于第一产业，加工制造业则是第二产业，销售、服务等为第三产业。“1+2+3”等于6，“1×2×3”也等于6。这就是“第六产业”的内涵。

“六个精准”：扶贫对象精准；项目安排精准；资金使用精准；措施到户精准；因村派人（第一书记）精准；脱贫成效精准。

“五个一批”：生产和就业发展一批；移民搬迁安置一批；低保政策兜底一批；医疗救助扶持一批；教育培训脱贫一批。

“四个切实”：切实落实领导责任；切实做到精准扶贫；切实强化社会活力；切实加强基础组织。

在全县第十六届人民政府第五次全体会暨廉政工作会上的讲话

（2016 年 11 月 1 日）

县委副书记、县人民政府县长 陈 曦

今年以来，我们深入学习贯彻习近平总书记系列重要讲话精神，在县委的坚强领导下，围绕中心工作和重点任务，全面落实“两个责任”，坚持不懈推改革、建体系、转作风、强惩治，严明党的纪律和规矩，强化权力运行监督，扎实推进党风廉政建设和反腐败工作，为维护改革发展稳定大局提供了坚强的纪律保证，全县经济社会呈现持续健康协调发展的良好态势。在肯定成绩的同时，我们也要清楚地看到，落实不力，认识不足，创新驱动、开放带动的意识有待增强等，仍然是我们的短板，一些部门主体责任落实还不到位，有的干部观念落后，工作漂浮，导致一些工作滞后。

今年，是实施“十三五”规划的开局之年，也是本届政府任期的最后一年。从现在到年底只有两个月的时间，我们一定要把思想和行动统一到县委、县政府的安排部署上来，切实做好各项工作，完成好今年目标任务，谋划好明年工作思路，规划好长远发展，以等不起的紧迫感、慢不得的危机感、坐不住的责任感，落实年初既定的目标要求，推动我县经济社会快速、高效、良性发展。下面，我讲三点意见。

一、突出重点工作，圆满完成年度既定目标

今年《政府工作报告》提出的主要目标是：全县生产总值增长 15.5% 以上，完成 86 亿元以上；力争增长 16%，完成 88 亿元。我们要咬定目标不放松，想干愿干积极干，能干会干踏实干，巧干善干创新干，确保年终向全县人民交出一份满意的答卷。突出抓好以下几项重点工作。

（一）以增比进位为目标，强化经济运行精准调度。1 - 9 月，35 项增比进位测评指标中，20 项已评估指标与 2015 年预排位州位次相比，总体呈“2 升 10 平 8 降”的趋势，形势极其严峻，要实现保位进位，时间紧、任务重。各责任单位主要领导要亲自安排、亲自部署、亲自对接，对增比进位指标位次“盯死看牢”，全力确保全年预排位实现保位进位。昨天下午，全州统计工作在都匀召开，会上，龙长春书记强调，要加强“四上”企业的入库工作，把具有一定规模和资质的企业纳入统一联网直报平台进行管理，按照“要报数，先入库”的原则，建立健全基本单位名录库的牵头单位管理制度，要求各县（市）书记作为“四上”企业入库工作的第一责任人。同时，罗桂荣常务副州长和张全毅副州长将于近期分别带队对全州 12 县（市）“四上”企业入库以及管理情况进行督查。涉及的部门一定要高度重视，把思想意识提升到讲政治的高度，不折不扣地抓好落实。

（二）着眼项目观摩会，全方位展示龙里新气象。全省项目观摩会即将召开，目前，我们还存在项目推进慢、观摩沿线环境整治不到位、氛围营造不浓烈、展示重点不突出等问题。各备选项目包保领导和责任部门要高度重视，进一步加大工作力度。进一步强化精准调度，加强环境整治，不折不扣地抓好观摩点建设，促使项目达到观摩效果，体现项目特色，充分展现龙里人民干事创业激情和经济社会发展成就。

（三）咬定年度目标，全力以赴抓好目标考

核。目标就是方向，责任就是担当。我们的目标任务已经明确，决胜的关键就在于落实，在于扎扎实实、踏踏实实地干。今年政府工作报告任务分解144项，可进行量化的有101项，目前难以完成年度目标任务27项；同时，州对县目标考核重点工作任务20项，难以完成年终考核的指标8项。这些差距都需要大家去认真查找原因，研究具体举措，全力以赴去补齐。各镇（街道）、各部门要对照分工和职责，把目标任务落实到每一个人、每一个岗位，把工作内容转化为具体的操作办法和实施步骤，转化到具体的每一个项目、每一个环节，一件一件地抓细抓小抓实。

二、紧扣党风廉政建设新要求，树立清正廉洁新风尚

竹以直而美，人以正而尊，党以廉而强。大到一个国家、一个政党，小到一个基层组织、一名领导干部，能不能真正做到清正廉洁，是无法回避的过关大考，更是生死存亡的严峻挑战。

党的十八大以来，以习近平为核心的党中央全面推进党风廉政建设，使党风、政风为之一新，得到了全国人民的衷心拥护和高度评价。中央先后出台了一系列廉政新规，在强化干部监管、引导示范带头、提倡厉行节约、规范公务接待、严禁公款送礼等多个方面对领导干部工作、生活的多个层面做出了廉洁自律新规定。如：现在受到警告处分一年内、受到严重警告处分一年半内，不得在党内提升职务和向党外组织推荐担任高于其原任职务的党外职务。而原来党员受到严重警告处分与受到警告处分相对应的时间则都是一年。虽只有一字之差，却表明党员如果受到严重警告处分，承担的后果将更严重。又如：十八大以来，查处了不少党员干部大吃大喝、出入高档会所、打高尔夫等违反八项规定问题，而大吃大喝在以前的纪律处分条例中没有具体明确的表述。新修订的条例明确对超标准、超范围接待或者借机大吃大喝等相关责任进行处分，一旦违反将依条例严肃查处。大家一定要在日常工作中严格要求自己，时刻提醒自己哪些该做，哪些不该做，中央严格要求不能做的，坚决不能做，认真履行各项规定中反腐倡廉的要求。如：2015年10月29日，毕节市纪委对纳雍县委原副书记、县长郑成芳严重违纪问题立案审查。经查，郑成芳利用职务上的便利为他人在房地产开发、工程建设等方面谋取利益，收受他人贿赂，且在党的十八大后仍不收敛、不收手。2016年7月，经毕节市委、市政府批准，给予郑成芳开除党籍、开除公职处分，其涉嫌犯罪问题及线索移送司法机关依法处理。2016年1月，镇宁县寄宿制中学校长王厚才申报备案操办女儿婚庆酒席28桌，但实际操办44桌。2016年6月，王厚才受到党内警告处分。2011年至2015年，玉屏县扶贫办副主任科员徐东在县扶贫办工作期间，负责审核龙头扶贫企业申报“扶贫贷款贴息资金”工作过程中，没有按照工作规定对企业申报材料进行审核，造成国家扶贫资金损失105万元，无法追回；在其单位主要领导的安排下，违规向获得扶贫贷款贴息资金的企业收取工作经费、与他人共同贪污“小金库”资金、收受他人好处费。经2016年6月24日玉屏县纪委常委会议研究并报请县委常委会批准，给予徐东开除党籍处分，其涉嫌违法问题和线索移送司法机关处理。2015年3月，贵安新区湖潮乡马路村党支部书记王家玉组织该村党员干部、村民代表等61人赴广西桂林旅游，将2.7万元旅游费用以考察学习名义在村集体资金中报销。2016年8月，王家玉受到党内警告处分。责令相关人员退赔旅游费用。2014年10月和2015年4月，铜仁市万山区下溪乡计生办在迎检工作结束后，两次组织干部职工外出聚餐、唱歌。事后，以虚开办公用品发票形式将费用从社会抚养费及办公经费中支出，两次共计消费5003元。时任下溪乡副乡长蒋杰、徐启刚作为计生办的分管领导，对此负主要领导责任。2016年6月，蒋杰、徐启刚分别受到行政警告处分。

十八届六中全会提出，纪律严明是全党统一意志、统一行动、步调一致前进的重要保障，是党内政治生活的重要内容。必须严明党的纪律，把纪律挺在前面，用铁的纪律从严治党。坚持纪律面前一律平等，遵守纪律没有特权，执行纪律没有例外，党内决不允许存在不受纪律约束的特殊组织和特殊党员。党的各级组织和全体党员必须对党忠诚老实、光明磊落，说老实话、办老实事、做老实人，如实向党反映和报告情况，反对搞两面派、做“两面人”，反对弄虚作假、虚报浮夸，反对隐瞒实情、报喜不报忧。领导机关和领导干部不准以任何理由和名义纵容、唆使、暗示或强迫下级说假话。党内不准搞拉拉扯扯、吹吹拍拍、阿谀奉承。对领导人的宣传要实事求是，禁止吹捧。党的各级组织必须担负起执行和维护政治纪律、政治规矩的责任，坚决防止和纠正执行纪律宽松软的问题。

新时期的领导干部，干工作、做事情务必遵规守矩、依法行政，反对腐败，倡导廉政。我们的领导干部要进一步树立起“过紧日子”的意识，要有苏东坡“房梁挂钱”和公仪休“嗜鱼而不食鱼”的精神，以勤政廉政为目标，以身作则，模范遵守党章党规，严守党的政治纪律和政治规矩，坚持不忘初心、继续前行，坚持率先垂范。以上率下，为全县全人民作出示范，让山清水秀的政治生态蔚然成风。

三、加强廉政自律建设，营造风清气正的政治生态环境

（一）让权力在阳光下运行，建设公开法制服务型政府

公开是最好的防腐剂。习近平总书记强调，制度问题更带有根本性、全局性、稳定性、长期性。关键是要健全权力运行制约和监督体系，让人民监督权力，让权力在阳光下运行，把权力关进制度的笼子里。敏尔书记指出，用权要公开透明，全力打造“制度铁笼”“数据铁笼”，让权力运行处处留痕，让权力在阳光下运行，真正做到人在干、云在算、天在看。全县上下要深入贯彻落实，带头遵守中央、省、州和县关于党风廉政建设的各项规定。“一把手”要严格执行“一岗双责”制度，在廉洁自律上率先垂范，抓好班子，带好队伍，看好自己的门，管好自己的人。时刻牢记权力是党和人民赋予的，要秉公用权、依法用权、廉洁用权，给权力涂上防腐剂，戴上“紧箍咒”。一是要用好用活比选制度。认真执行招标投标有关规定，依法规范招投标活动，严格禁止利用权力干预、操纵招投标，为企业发展创造公平的环境。要进一步延伸和发展招投标有形市场，凡属政府投资，以及使用国有资金的项目、土地使用权和矿业权出让等，都要进行公开比选，实现公共交易配置市场化、监管集效化、运作透明化。二是要加强政务公开。特别是各种审批事项和各种收费项目，凡是不涉密的，一律公开，从制度上最大程度避免“暗箱操作”，防止腐败滋生。要紧紧抓住监督重点，综合运用各种监督形式，不断加强事前、事中、事后监督，防止上一批项目、倒一批干部，为全县经济社会发展营造良好的政治生态环境。三是强化监督管理。要紧盯基础设施建设和重点项目资金筹集、拨付、使用等关键环节，深入开展审计检查和跟踪督查，强化资金运行监管，确保项目资金安全规范运行。要自觉接受人大和政协监督，充分听取人大和政协的意见建议，凡是重大决策、重大的会议、活动，要主动邀请人大和政协的参与，增强监督实效，确保各项工作科学决策、民主决策。

（二）坚持依法行政，正确处理法不容情与法亦有情的关系。工作建感情，平时有感情，但法不容情，纪不容情。法不容情和法亦有情并不矛盾。法亦有情，代表的是爱和关怀，法不容情，代表着不徇“私情”，任何想以“私情”代“公情”混淆两种“情”的，都是法律所不容的，必将受到严惩，任何人都不能以身试法。我们管干部关键在关口前移，既要“重预防”，又要“严惩治”。要以勤政廉政为目标，充分发挥领导核心作用，严管厚爱“抓早”、防微杜渐“抓小”、铁面无私“抓严”。用好批评与自我批评这个利器，使咬耳扯袖、红脸出汗成为常态，促进广大党员干部知边界、明是非、守底线。同时，加大执纪力度，切实把纪律和规矩立起来、严起来，执行到位。对严重违纪涉嫌违法立案审查的要严查快处，迅速移送司法机关处理，以啄木鸟精神“治病树、拔烂树、护森林”，尽最大努力减少病体。

（三）坚持教育与管理相结合，建设优强干部队伍。人有可塑性，重点在教育。人之初，性本善。许多有过失的领导干部并非原本就有问题，每个岗位拟任用的干部，都是经过层层选拔、多方考察、经得起考验的，只是有些干部在后来的工作生活中过于放纵和任性，经不起利益的诱惑，慢慢开始变质，最后走上被人们唾弃的悔恨之路。要解决这些问题，教育是基础、制度是关键、管理是重点。要充分利用反腐倡廉教育基地，有针对性地开展警示教育和岗位教育，着力提升干部的思想认识水平。继续按照“教、

导、管、防在前，察、帮、诫、劝紧随，惩、处、罚、治在后”的要求，建立防范机制，把权力关进“笼子”里，更好地保护我们的干部不出问题。有些干部看到规矩严了、纪律严了，就出现不敢担当、推诿扯皮、不思进取、办事拖拉、不分是非、纪律松弛等懒政行为。要建立健全工作目标、岗位责任、正向激励保障、负向惩戒约束“四位一体”从严管理干部机制，促进干部敢作敢为、善作善成，扎实推进守底线、走新路、奔小康。坚持完善干部考核激励机制，增强领导干部的活力动力，切实破解干部能力不足不能为、动力不足不想为、担当不足不愿为等问题。

清正廉洁是政治要求，体现着党的先进性和纯洁性；清正廉洁是基本标准，衡量着每个党员干部的轻重高低；清正廉洁是重要目标，指引着党的执政能力建设方向。警钟长鸣人心正，清风浩荡事业兴。只要龙里的广大党员干部立得正、行得端、走得稳、干得好，就能团结带领全县23万人民拼搏奋进、勇往直前，开创龙里科学发展新局面，建成更高水平小康社会，谱写龙里人民美好生活新篇章！

大事记·要闻

大事记

1 月

4 日

元旦小长假，龙里县共接待游客 5.7 万人次，同比增长 51%；实现旅游总收入 5100 万元，同比增长 58%。

省政府批复同意对贵州双龙航空港经济区总体规划（2015—2030）进行调整。批复明确，双龙航空港经济区规划范围为东起黔南自治州龙里中铁纵线，西至贵阳市南岳山脉，南起贵阳市南明小碧，北至贵阳市南明永乐，总面积 148 平方公里。规划人口规模 2020 年为 35 万人，2030 年为 50 万人。规划建设用地规模 2020 年为 45 平方公里，2030 年为 60 平方公里。

龙里县羊场和醒狮两所中心学校乡村少年宫被评为省级“十佳乡村少年宫”，羊场中心学校乡村少年宫校长方颖获“优秀校长”称号，醒狮中心学校教师罗贤恩获“优秀辅导员”称号。

5 日

龙里县新民河重点山洪沟防洪治理项目获省水利厅批复，总投资 1528.49 万元，综合治理长度 3.365 公里，保护人口 3760 人，保护耕地 1632 亩。

8 日

州目标考核管理领导小组对龙里县 2015 年度目标管理考核 10 项重点工作任务完成情况进行考核。龙里县完成既定目标任务，在全省 31 个经济强县增比进位综合考评中位列第 6 位，比 2014 年的第 13 位前进 7 位。

13 日

中国人民政治协商会议第八届龙里县委员会第五次会议召开。

14 日

龙里县第十六届人民代表大会第五次会议召开。

17 日

龙里县组织县域新坪种养殖专业合作社、邓氏食品有限责任公司、贵州黔宝食品有限公司和贵州奇昂生物科技有限公司参加 2016 年贵州年货节暨贵州特色商品展示交易会，分别赴北京和贵阳两地，北京展会 7 天、贵阳展会 10 天，均为龙里特色产品。

20 日

上午，县领导刘华龙、陈曦、王永坤、莫涛、吴应忠、罗越飞、谢明元、朱鸿，以及县扶贫局、投资促进局、电商办等部门负责人拜访对接对口帮扶单位——广州市黄埔区，就产业、人才、资源对口帮扶进行座谈，并开展合作。

下午，举办“互联互通·发展共赢”——龙里县 2016 年广州招商引资暨旅游资源推介会。会上介绍龙里资源、环境、气候、生态、区位、旅游等优势，和大数据、大健康、大旅游、大物流项目，以及龙里重点招商项目和旅游资源等。

21 日

2015 年度全省 88 个县（市）“多彩贵州文明行动”工作考核，龙里县在全省 49 个二类县（市）中并列第 6 名。

22 日

贵州省招商引资扩大开放工作领导小组办公室和贵州省商务厅联合下发《创新开发区体制机制，加快千百亿级开发区培育升级行动计划》，全省共有千亿级开发区培育对象 12 个，五百亿级开发区培育对象 17 个，三百亿级开发区培育对象 17 个。龙里工业园区（经济开发区）入围 17 个五百亿级开发区培育对象名单。

龙里县举行 2015 年度“德行龙里 · 十大年

度人物”颁奖晚会。获得“诚之星”为陈安平和罗登福，“爱之星”为逐点爱心团队和颜正南，“礼之星”为李建文和王邦全，“孝之星”为周永富和卢凤云，“仁之星”为朱光成和罗木。

首届贵州省“诚信示范企业”评选，全省100家企业入选，龙里县有4家企业（贵州新曙光电缆有限公司、贵州华兴建筑有限公司、贵州弘康药业有限公司和贵州良济药业有限公司）获得贵州省“诚信示范企业”荣誉称号。

23日

州委常委、都匀军分区司令员罗燕军带队指导龙里委常委班子“三严三实”专题民主生活会。会上，县委书记刘华龙通报2015年度县委常委班子开展“三严三实”专题民主生活会整改落实情况。在肯定成绩的同时，罗燕军对龙里县委常委班子成员开展“三严三实”专题民主生活会存在的问题和不足提出了意见和建议。

是月，龙里县机关事务局被评为全国“节约型公共机构示范单位”。

2月

1日

龙里县城至中铁国际生态城城际公交专线开通。全程长48.5公里，途经22个站，票价实行一票制，每票3元。起点从县城西南药都行驶至兴龙广场、县人民医院、贵龙新苑等站点，途经贵龙大道，过贵州快递物流园、茵特拉根小镇，最终到达双龙精品旅游小镇。该公交专线每天运营时间从早上6点半至晚上18点半，每班间隔时间约为1小时。

贵龙大道纵三路设计方案通过贵州省高速公路管理局审查。该条道路为双向六车道，全长2.622公里，路基宽30米，设计时速40公里；起点接于贵龙大道香樟岩大桥处，终点顺接横六路，建设工期为12个月，总投资2.1亿元。

8日至22日

龙里县开展“金猴闹春·共享小康”的“龙跃黔中”春节文体系列活动。活动地为县城兴龙广场、体育场、龙山镇的中排、湾滩河镇的果里，内容涉及新春游艺、青少年科普、政策宣传、民间歌舞文艺、舞龙、“跳月”“跳洞”、体育球类比赛等。

14日

龙里县在冠山街道龙坪村举行530余干部职工参加“绿色贵州”建设三年行动计划义务植树活动启动仪式。当天造林360余亩，种下香樟树和马尾松苗2.7万余棵。同时，其余5镇也开展此项活动。

17日

龙里县财政拿出245.5万元资金奖励县内9家银行和县外5家银行。

22日

中共龙里县十一届纪律检查委员会第六次全体会议召开。会议对2015年工作进行回顾及部署2016年工作；会议听取并审议通过县委常委、县纪委书记陈光煜作《落实全面从严治党，强化监督执纪问责，为建成更高水平的小康社会提供坚强纪律保证》工作报告。

23日

上午，华润雪花规划年产60万千升啤酒落户龙里的建设项目签约仪式在县政府举行。县领导刘华龙、陈曦、犹永凯、谢明元，以及华润雪花贵州区域总经理、黔南及遵义项目领导小组组长王月祥等出席签约活动。

龙里县召开2015年度同步小康驻村“第一书记”工作总结会暨举行2016年同步小康驻村干部和“第一书记”工作启动仪式，选派123名优秀干部到“五镇一街道”担任镇长助理或主任助理。

29日

龙里县2016年第一批重大工程项目集中开工仪式在茵特拉根小镇举行。集中开工项目6个，为创意产业园（二期）、深国际—贵州综合物流港项目、龙行神州旅游服务综合体、下把比水库工程、大竹芒水库工程、龙里县快递物流园及快递物流园总部基地，总投资24.24亿元。

3月

1日

龙山镇坝上至新场城市大道动工建设。

龙里中等职业学校与贵州省水利电力学校联合办学签约仪式在清镇职教城西区贵州省水利电力学校举行，“贵州省水利电力学校龙里校区”成立。

2 日

龙里中学邀请深圳市和谐校园组委会高级讲师、中国第一位女性校园励志演讲家高飞到校作“冲刺高考决胜未来”励志演讲。

3 日

黔南州同步小康创建推进会在龙里召开。参会人员观看都匀市、福泉市及龙里县小康工作宣传片，各地小康办负责人就小康创建工作作发言。

国家水利部建设与管理司副司长孙献忠一行到龙里专项督导检查冬春农田水利基本建设情况。贵州省及黔南州各级水利部门负责人，龙里县四家班子领导及相关部门负责人陪同调研。孙献忠要求将水利工程作为重点民生工程抓紧抓好，要加强湖泊治理工程、重点水源工程和农田水利工程建设；继续抓好中小河流治理、山洪灾害防治和农村饮水安全工作，把水利工程与脱贫攻工程相结合。

8 日

龙里县妇儿工委办、县妇联、县总工会、县文化和旅游局及县教育局等单位联合承办庆“三八”106 周年趣味运动会在县体育馆举行。全县各镇（街道）、县直部门共 51 支队伍 700 多名运动员参加。

9 日

省纪委副书记、省监察厅厅长黄文胜一行到龙里县调研指导党风廉政建设和反腐败工作，州委常委、州纪委书记魏明禄陪同。

10 日

10 至 15 日，县关工委常务副主任康兴鼎率县关工委成员一行到 5 镇 1 街道对基层关工委在“五好”（有领导班子、有工作制度、有工作队伍、有活动阵地、有经费保障）基层关工委创建推广、“党建带关建”、关爱留守儿童和困境儿童健康成长等情况进行调研。

12 日

贵州艺合民族工艺发展有限公司在龙里县醒狮镇大岩村成立，被誉为贵州省“根雕艺术之乡”的醒狮镇大岩村 48 家根雕户实行公司化运营。该公司注册资金 200 万元，由 48 家根雕大户及大岩村委会入股投资成立。公司收入按出资比例分红，村委会入股部分作为村集体经济收入。

14 日

湾滩河镇政府向湾滩河农业产业园核心区群众发放无公害蔬菜项目豌豆种子、肥料及物资，种植面积达 8000 余亩。

15 日

以省工商联副巡视员陈曼丽为组长的检查组到龙里县督查“五好”（领导班子好、会员发展好、商会建设好、作用发挥好、工作保障好）县级工商联建设工作。督查组观看龙里县工商联“五好”建设专题片，听取县委书记刘华龙就龙里县工商联“五好”建设工作情况的汇报。

16 日

贵阳银行龙里支行开业。县领导刘华龙、陈曦、杨鸣和张宗毅出席活动。

18 日

龙里农村商业银行与县扶贫开发局签金融精准扶贫“特惠贷”协议。

19 日

上午，龙里县与贵阳交通广播电台联合组织贵阳绿丝带志愿者、县直机关干部职工和龙里县志愿者在云栖谷·双龙镇峡谷公园开展“绿韵双龙”的旅游推介暨 2016 年义务植树活动。陈曦、王永坤、莫涛等县四家班子领导，黔南州旅游局和中铁国际生态城相关领导，县机关干部职工、县青年志愿者、县人武部民兵、谷脚镇、贵阳和龙里绿丝带志愿者近万人参加植树活动。共种植李子、桃子、樱花等树苗 1 万余株。

20 日

龙里县人民政府出台《龙里县行政机关及其工作人员行政过错责任追究暂行办法》。

22 日

州委常委、州委宣传部部长刘良到龙里县督导固定资产等主要经济指标完成情况。刘良表示，龙里县要加大招商引资力度，服务好现有企业和项目建设，加强与上级沟通协调，打破制度壁垒，抢抓发展机遇，结合大数据、大旅游、大扶贫等产业谋发展，同时要加快中央、省、州重点项目建设进度。

25 日

龙里县农村商业银行金融精准扶贫“特惠贷”发放仪式在湾滩河镇举行，龙里县金融精准扶贫工作全面实施。

“贵州省直属机关职工生态文明教育培训基地”在省龙里林场成立。

27日

山东省桓台县考察团赴龙里县考察项目、旅游产业发展情况。考察团认为，龙里的做法值得学习和借鉴；希望双方加强交流，取长补短，推动两地共同发展。

30日

贵州省生态节地葬大型公益活动在龙里县龙凤园陵园举行。来自贵阳、龙里的部分逝者家属将亲人骨灰坛葬于花坛中。

省总工会与龙里县总工会组织各自辖区内部分企业到湾滩河开展主题为“扶贫牵手，工会连心”公益性岗位招聘会，提供岗位6500余个，当天，有100余名贫困户与企业达成就业意向协议。

龙里县与贵州双龙航空港经济区签订托管协议，正式将谷脚镇部分行政区域委托贵州双龙航空港经济区管理。两地将按照“省级统筹协调、贵阳为主实施、黔南协同配合”和“贵州双龙航空港经济区独立运行”的要求，按照行政区划不变的原则，采取整体托管模式，由中共黔南州委、黔南州人民政府将龙里县52平方公里，即龙里县谷脚双龙办事处，辖贵龙社区、岩后社区、庆阳社区（原谷脚镇的羊场司村、小箐村等2个建制村全境以及三宝村、岩后村、大坡村、谷脚村、谷远村、王关村、鸡场村等7个建制村部分行政区域），委托双龙经济区党工委、管委会管理。

龙里县农村淘宝项目在龙里开业，58家村级淘宝网店正式营运，上行商品62个。州委副书记、州长向红琼，副州长杨从明应邀出席开业仪式。刘华龙、王永坤、莫涛、吴应忠等县四家班子领导及黔南州各县（市、区）分管负责人、电商部门负责人、“中国县域互联网+行动联盟”、县内知名企业代表参加活动。

是月

2015年度全省产业园区考评结果公布，龙里工业园区在全省90个工业园区中排名第9位。

4月

1日

龙里县双拥成员单位、烈士家属代表、复退军人代表、武警官兵、驻县部队解放军、少先队员1000余人，到龙凤园革命烈士陵园公祭。

2日

大竹芒水库总长202米导流洞全线贯通。该水库位于冠山街道大竹村大竹芒河中游河段，项目设计总投资2.32亿元，设计总库容347万立方米，年供水量410万立方米。

5日

龙里县从县直机关事业单位选派30人到龙里县高新技术园区、谷脚工业园区和龙山工业园区担任重点项目及企业特派员，为49家企业服务1年。

6日

龙里县开通贵州在全省推行居民身份证省内跨区（县）异地受理服务。

8日

2016年黔南州（西片区）中小学文艺会演在龙里县体育中心举行，来自罗甸、长顺、惠水、龙里四县中小学生共14支文艺代表队参加演出。经过比赛，现场评选出一等奖2名，二等奖4名，三等奖8名。

州人民政府副州长杨从明到龙里专题调研第十届村（居）委会换届、行政村撤并及社区建设等工作。杨从明对龙里村（居）换届、行政村撤并及社区建设工作表示肯定，希望龙里要认真对待村（居）换届工作，保证换届稳步进行。

10日

龙里建材家居广场一期市场在龙里城东西南药都生态城开业。该广场是龙里首个专业建材市场，已有90余户商家、100余个商铺门面、70余个品牌建材投入经营。

12日

洗马中学蒋忠平、羊场中学宣超2名教师被评为贵州省首批“省级乡村名师”，蒋忠平列为“省级乡村教育家”培养对象。

贵州省农村青壮年劳动力规范化技能培训在龙里启动。省政府副省长陈鸣明、省政府副秘书长樊新中、省人社厅厅长韩先平、黔南州州长向红琼，各市（州）、贵安新区、省直有关部门分管领导，龙里县主要领导及相关培训机构负责人和农村青壮年代表等参加启动仪式。陈鸣明要求各地各部门要统筹培训，确保农村青壮年劳动力尽快实现就业创业目标。

13 日

一起因客运车辆超员（核载 9 人实载 20 个人，其中成年人 17 人、儿童 3 人）涉嫌危险驾驶案件在龙里县人民法院公开审判。这是黔南州首例客运车辆超员危险驾驶犯罪案件，被告人闵某成为首名“超员入刑”司机，被判处拘役 3 个月并处罚金 5000 元。

14 日

黔南州扶贫会议在龙里县召开，通报全州在 2016 年第一季度脱贫攻坚督查情况，并对全州 13 个县（市、区）的扶贫工作作出安排部署。

22 日

黔南州 2016 年初、高中生物、物理教师技能大赛在龙里县落幕，来自全州 12 县（市）、都匀经济开发区、州属学校的初、高中生物、物理教师共 268 人参加竞技。龙里县 18 名教师在比赛中荣获一等奖 6 名、二等奖 5 名、三等奖 7 名。

26 日

龙里县与贵州省经济促进会在醒狮镇高吏目村举办“扶贫牵手·大爱连心”书画拍卖助力脱贫攻坚活动，企业家和爱心人士竞拍和购买书画作品共 124 幅，为该村捐款 32.35 万元。

27 日

黔南州委常委、组织部部长胡志峰带队到贵州快递物流集聚区督查项目推进情况。县领导刘华龙、陈曦等陪同。

龙里县残疾人游泳运动员选拔活动在龙里县体育场举行，从 33 名残疾人中选出 1 名为运动员苗子，另 2 名作为备选。

28 日

龙里供电局 35 千伏黔湾线投入运营。35 千伏湾寨变电实现“双线双变”供电，龙里电网全面终结变电站单进线供电模式。

29 日

中国（贵州）“黔货出山”系列活动暨“云起龙驿”区域公共品牌新闻发布会在贵阳举行，源于全省农特产品区域公共品牌打造集散地落户龙里。发布会邀请中央、省、州 30 余家媒体参加。省商务厅副巡视员章淼青、电商处处长陈知荣，州长助理刘延学，龙里县县长陈曦，副县长朱鸿，州、县有关部门负责人和县部分企业代表参加发布会。

贵州省爱国卫生运动委员会对全省 2015 年度卫生县城、乡镇、村命名，龙里县湾滩河镇及其翠微村、新营村等 6 个村获省级卫生乡镇、村称号。

30 日

龙里县政务服务中心工商局窗口为个体户杨德莲等三人颁发营业执照、税务登记证“两证合一”营业执照，为龙里县首批“两证合一”营业执照的颁发。

5 月

1 日

龙里县行政服务中心国税局服务窗口开出第一张“营改增”试点增值税发票，宣告房地产业、建筑业、金融业、生活服务业“四个”产业退出营业税舞台，改为增值税。为此，建筑业和房地产业将适用 11% 的增值税税率，金融业和生活服务业适用 6% 的增值税税率。

龙里县与全国同步停用三价脊髓灰质炎疫苗，用脊灰灭活疫苗替代第 1 剂，二价脊灰疫苗替代第 2、3、4 剂次接种。

4 日

龙里县首家天麻种植合作社——“龙里县群辉天麻种植专业合作社”在谷脚镇成立。该合作社有天麻种植户 10 户，种植面积 6 亩，年收天麻干品 3000 公斤。

5 日

黔南州公布 2015 年度 14 个工业园区（经济开发区）考核结果，龙里工业园区以一分之差排在福泉工业园区之后，位居第二。

龙里县公共法律服务中心成立，州司法局局长骆紫光，县委常委、政法委书记黎彤，县人大常委会副主任徐彬出席揭牌仪式。

龙里县 43 户特殊困难（重度残疾人）家庭参加公共租赁住房抽签分配仪式，将入住县城北环线公租房。该公租房有 23 户为二室一厅，20 户为一室一厅。

8 日

联合基因执行董事楼屹一行到龙里县考察，州领导龙长春、罗桂荣、瓦标龙，县领导刘华龙、陈曦等陪同。考察团参观中铁生态城太阳谷养生养老项目建设点，了解龙里在新医药大健康、养生养老等产业建设情况，到贵龙大道纵线南段选址考察。

于2015年9月7日开工建设的草原（民主）至高坡油路改造建成通车，公路全长11公里，总投资2033万元，采取“先建后补”的方式由施工单位垫资建设。

9日

龙里县省级餐饮服务食品安全示范街——厉家庄美食街正式挂牌。同时，龙里中学第一食堂、第二食堂，庆梅农家乐食府等七家餐饮服务单位被评为州级餐饮服务示范单位。

10日

上午，常务副省长秦如培一行到贵阳银行龙里支行调研。秦如培对贵阳银行网点建设工作表示肯定，希望贵阳银行将服务触角延伸至乡镇农村市场，运用创新金融产品吸收省外资金，为支持贵州省经济建设作出贡献。

12日

配合“国家防灾减灾日”，龙里县科技局（县防震减灾局）、公安局、国土局等多家单位和部门在第三中学组织开展防震减灾、反恐防暴、消防应急疏散演练活动。

黔南州医疗精准扶贫暨两个全覆盖现场推进会在龙里召开，州卫生和计生委党组书记、主任赵智率全州各县（市）卫计系统的有关负责人120余人参加观摩。

龙里县目标管理考核领导小组办公室工作正式交接，其职能职责划入县督查督办局。

13日

国家卫计委组织的中澳技术合作项目生殖健康权利保护培训班在龙里县举行，来自江苏省、江西省、河南省、四川省、贵州省卫生计生系统的43名学员参加培训。国家卫计委指导司副司长魏云鹏、中国人口与发展研究中心部长王晖、贵州省卫计委副主任黄平、黔南州卫计委主任赵智，以及龙里县政府相关领导出席开班仪式。

16日

国家国有林场改革督查组一行赴省龙里林场调研国有林场改革情况，并召开国有林场改革工作座谈会。督查组由国家林业局天保办巡视员叶荣华、银监会调研员单明伟、国家林业局天保办处长徐鹏组成，省林业厅副厅长向守都、营林总站站长张乃春陪同调研。省龙里林场场长涂祥闻，三都县、黎平县、独山县、赤水市林业局分管领导和林场场长参加座谈会。

18日

贵州省林业厅协调龙里县与省龙里林场相关事宜座谈会在龙架山公园召开。贵州省林业厅副厅长向守都，县领导刘华龙、朱鸿及省龙里林场、省营林总站、县林业局等主要领导参加座谈。与会人员就龙架山森林公园经营范围调整、规划修编达成共识，同意将龙架山公园规划融入龙里县旅游、经济发展规划和融资平台。

19日

县领导刘华龙、陈曦率队到国家开发银行贵州省分行，就申报国开行专项基金项目与该行五处处长郑信祥进行座谈。此次龙里申报的国开行（1~6批项目）专项建设基金项目共14个，项目总投资65.55亿元，专项建设基金3.81亿元。已签约项目10个，否决1个，正在对接评审项目3个。

财政部副部长余蔚平到龙里就精准识别、两线合一、医疗救助、危房改造等有关工作进行调研。余蔚平对龙里县把精准识别、医疗救助、危房改造等方面工作抓实抓好、抓出成效表示肯定。

20日

龙里县被选为黔南州不动产统一登记工作试点县。省国土部门将安排20余名技术人员入驻，计划用10天左右时间完成龙里县不动产登记信息平台数据后期整理、调试、测试，系统调试成功后投入使用。

龙里县在兴龙广场举行2016年度“富民兴龙标兵”和“十大杰出青年”颁奖活动。

23日

州委副书记、州长向红琼率黔南州2016年第一次项目建设现场观摩会第二观摩组到龙里，先后观摩龙里·贵州快递物流园万科综合物流园、龙里东方宏基商贸物流城、贵州龙里创奇装备制造等项目，对龙里的项目建设给予肯定。

25日

2016年贵州省老年人柔力球交流活动和培训

班在龙里县全民健身活动中心举行。来自全省各州（市）和省直机关等 14 支队伍 300 余名老年人代表参加活动。

龙里县争取到县中医院、醒狮镇初级中学等社会事业类项目中央预算内投资 6156 万元，其中教育 1077 万元、卫计 3350 万元、保障性安居工程配套设施 1729 万元。

25 日至 29 日，由国家发改委、贵州省政府主办的中国大数据产业峰会暨中国电子商务创新发展峰会（简称“数博会”）在贵阳国际会展中心举办，龙里县农业大数据管理平台与电商平台“云起龙驿”亮相数博会。此次数博会吸引 300 余家大数据企业，共带来 1000 余项全球最新的产品、技术和解决方案。

27 日

州委副书记、州委政法委书记吴胜华到龙里调研指导政法综治维稳工作。吴胜华一行先后到县公安局、交警队、冠山街道派出所和县法院等单位，对龙里政法综治维稳工作给予肯定。

29 日

龙里县举行机关公务用车制度改革车辆处置专场拍卖会，此次共有 87 辆公务用车参与拍卖，260 余人参与竞拍。所有拍卖车辆总评估价 209.83 万元，最终 84 辆公车全部成交，总成交价 337.99 万元。

是月

续建贵都联络线扩建二期工程投入使用，该项目总投资约 3800 万元，扩建道路 2.8 公里。

洗马镇在金溪村谷丈寨开展“最美变形谷，别样四月八”民俗体验活动，入场达 5000 多人。

6 月

1 日

1 日至 2 日，省财政厅考评龙里县 2015 年度“四在农家·美丽乡村”基础设施建设小康寨行动计划落实情况。考评组对龙里县采取的措施予以肯定，希望继续重视民生工程建设，强化资金管理，整合资源，注重督查。

2 日

省水利厅副厅长吴春率队到龙里开展 2016 年第二次水利工程项目建设集中检查和调研。调研组肯定成绩的同时，要求龙里继续重视水利建设，为水利建设提供组织保障。

贵州省工商银行龙里支行为贵州威力洗涤用品公司发放第一笔 500 万元“贵园信贷通”贷款。

3 日

全州电子商务发展大会在龙里召开。大会要求各县市区及各级有关部门要整合资源，夯实基础，打造一批电商示范乡镇、示范园；创新发展模式，走出一条适合黔南电子商务与关联产业融合共生的电商发展新路。

6 日

省人大常委会主任委员、省人大科教文卫委主任委员王建富带领调研检查组，到龙里开展《贵州省信息基础设施条例》执法检查及《贵州省发展中医药条例》执行情况调研。调研检查组对龙里的做法表示肯定，认为龙里在中成药生产研发中成果显著，在乡镇卫生院中医药病房的建设中走在全省前列。

龙里县公安局冠山派出所正式挂牌。

7 日

国家林业局森林公安局政委焦德发率贵州省省森林公安局局长徐宁、副局长单桢厚、政治处处长杨胜果一行到贵州省龙里县公安局龙里林区派出所调研。

8 日

贵州省环保厅发布 2016 年 4 月全省 88 个县（市、区）环境空气质量状况及排名情况，龙里县排名第一。

贵州省不动产登记系统启用暨龙里县不动产登记证首发仪式在龙里县城举行，省国土资源厅总工程师董晓峰为宏衍房地产开发有限公司颁发全省第一本不动产登记证书，该系统在龙里县率先启用。

12 日

龙里县举行龙溪大道暨贵龙纵线二期项目开工仪式。龙溪大道起点接贵都高速公路龙里联络线拓宽段，经过龙山镇政府、水场社区、龙山工业园区，终点接贵阳市花溪区富源南路的孟关汽车城；贵龙纵线二期工程起于贵龙纵线与贵龙大道交叉口，终于龙溪大道。这两条干道属于城市主干道，均按路基宽 34 米、双向 6 车道、时速

60公里的标准建设。其中：龙溪大道全长21.8公里，预计投资21.9亿元；贵龙纵线二期全长7.56公里，预计投资12亿元。

15日

黔南州“北翼”片区经济运行调度会在龙里召开。会议听取贵定、惠水、长顺、龙里四县经济运行及项目推进情况汇报，并就实际困难和问题进行分析。州委副书记、州长向红琼出席会议。

省人大常委会党组书记、副主任张群山率调研组到龙里县下坝金筑原生态基地进行调研。省科技厅厅长廖飞，州领导龙长春、罗毅、魏明禄、瓦标龙，县领导刘华龙、陈光煜、朱鸿陪同。

16日

贵州省国家开发银行到龙里调研“水韵朵花”乡村旅游扶贫项目。该项目覆盖总面积约为5.8平方公里，估算总投资2.09亿元。

17日

《中华工商时报》《民营经济内参》《中国工商》《中国民商》4家媒体6人采访组赴龙里县开展县级“五好”（领导班子好、会员发展好、商会建设好、作用发挥好、工作保障好）工商联创建主题采访活动。

21日

在贵州首届青少年3D打印创意设计大赛中，龙里县第四小学成绩突出，学生安铮获一等奖，学生林灯亮获二等奖，陈鑫、陈庭宇、简朴、吴欣雨、李德睿5名学生获三等奖，曾一婧教师获优秀指导教师奖，该校获优秀学校奖。

在贵阳举行的国家林业局科技扶贫暨GEF贵州林业项目启动会上，龙里县谷脚镇、洗马镇获总投资283.34万美元的GEF林业项目。中国——全球环境基金（PRC－GEF），旨在建立一种跨部门、跨行业、跨区域的自然资源综合管理体制，实施适应气候变化的可持续土地管理，恢复退化土地、改善农村生计，促进项目区可持续发展和全球环境保护。

22日

龙里县中铁国际生态城安纳塔拉五星度假酒店建成，该项目规划总用地面积约300亩，建筑面积约13万平方米，总投资约8.3亿元。酒店与全世界最大的独立酒店品牌联盟——全球酒店联盟（GHA）成员安纳塔拉管理团队合作。

23日

农村淘宝“6·18”大促销活动中，龙里县农村淘宝交易额达1502万元，成交量为1.7万笔，在全省26个县参与活动中，交易额、成交量居首位。

全国人大常委会委员龙超云率全国人大代表及省人大常委会委员等一行10余人到省龙里林场调研珍稀植物保护及繁育情况，并召开贵州省自然保护区建设与管理情况座谈会。

24日

龙里县2498名考生参加为期3天的中考。龙里设置有龙里中学、洗马中学、羊场中学3个考点，覆盖龙里北部、中部、南部3个片区。考试分别有语文、数学、英语、综合理科、综合文科、体育6个科目。

龙里县举办年鉴工作培训会，邀请黔南州史志办年鉴科科长张永淑授课。全县五镇一街道及相关单位年鉴撰稿人参加培训。

28日

副省长黄家培到龙里调研“四在农家·美丽乡村”建设，州委常委、州委组织部部长胡志峰，县领导刘华龙等陪同。黄家培一行对龙里依托良好生态环境打造美丽乡村建设，发展特色近郊旅游给予肯定。要求要因地制宜、突出特色，以乡土文化为灵魂，以生态环境为依托，充分发掘、提升村庄旅游内涵。

中央统战部副部长、国家民委党组书记、主任巴特尔一行到龙里调研民贸民品企业发展情况。副省长陈鸣明，州领导龙长春、杨从明，县领导刘华龙、陈曦和肖红陪同。巴特尔希望龙里发挥在黔中经济圈中的区位优势先行先试，助推民族地区经济社会发展，为做好全国民贸民品工作提供借鉴和民族地区经济发展做出贡献。

29日

由贵州省商务厅、黔南州人民政府主办的中国（贵州）好网货征集大赛、“千县千品”项目启动暨“黔货出山”与电商扶贫高峰论坛在龙里举行。系“云起龙驿”区域公用品牌新闻发布会后的第二次中国（贵州）“黔货出山”系列活动。

黔南州2016年民生监督工作推进会在龙里召开，州纪委副书记、州监察局局长吴应忠，县委常委、县纪委书记陈光煜及黔南州其他各县（市、区）纪委（纪工委）书记参加会议。

30 日

县税务部门为龙里县立力门窗有限公司开出第一张增值税电子普通发票，电子发票在龙里正式推广使用。

“龙山佛国”文化旅游养老综合体项目奠基仪式在谷脚镇观音村举行。该项目规划占地935亩，总投资约8亿元，建设工期3年。

是月

龙里县公共体育馆竣工投入使用。该馆占地面积8500平方米、总建筑面积1.34万平方米，总投资约6000万元。

7 月

1 日

晚上，在兴龙广场举办主题为“先锋龙里·红色未来”的文艺晚会，庆祝中国共产党成立95周年暨纪念红军长征胜利80周年。县四家班子领导到现场观看，并为县级优秀共产党员、优秀党务工作者、先进基层党组织代表颁奖。

4 日

龙里县人民政府出台《龙里县人民政府重大行政决策程序制度》。

6 日

省委组织部人事干部学院组织云南省人事干部学院学员到贵州快递物流集聚区开展现场教学。

7 日

龙里县人民政府出台《龙里县2016年规范行政执法工作方案》。

11 日

凌晨，贵州省安监局安监三处处长王惠娟到厦蓉高速龙里段指导开展油罐车遇险应急救援工作。

省委常委、省纪委书记宋璇涛书记到冠山街道、龙山镇调研民生监督工作。

12 日

黔南州考核专家组到湾滩河现代生态高效示范农业园区，就2016年度州级农业园区达标开展认定考核。县委常委、县政府副县长郭永昌，县政府副县长朱鸿陪同。

下午3点，龙里县在龙山镇饶钵山打草河水文站开展2016年度防洪应急抢险演练，县人武部、公安局、消防大队、水务局、民政局等13个部门300余人参演，出动制式船3艘、制式车辆4辆、救护车1辆、救生衣50件、救生圈10个等，分设抢险救援、物资储备保障、医疗救护、避灾疏散、灾情调查、气象监测、秩序维护、综合协调、新闻报道和交通、通信、电力保障等应急小组，用40分钟时间完成了预警预报、会商决策、转移避灾、救助安置、险情解除5个步骤，完成“打草河附近24户150名群众的转移和救援工作”。

13 日

县人社局组织全县县直幼儿园、中小学、高中及6所教办等相关单位负责人在县教育局召开全县教师职称改革工作会。

14 日

国家林业局调查规划院副处长张广军一行3人到龙里核查天然林资源保护工程实施情况。

16 日

上午9时40分，2016年中国山地自行车公开赛贵州·龙里站在谷脚镇茶香刺梨沟自行车主题公园开幕。中国山地自行车公开赛秘书长刘卫卫，贵州省体育局副局长肖俊，州人民政府副州长吴俊，州政协副主席黎燕萍，州体育局局长刘远卓，县领导刘华龙、陈曦、王永坤及莫涛等出席开幕式。

17 日

17日至19日，广州市对口帮扶黔南教师——龙里初中班主任培训在龙里中等职业学校举行。平塘县各中学政教主任、龙里县各初级中学班主任共188人参加培训。

18 日

省卫生计生委组织省疾控中心及各市（州）疾控中心专家督导组到龙里县督导检查食品安全风险监测、饮用水卫生监测、农村环境卫生监测工作。

20 日

县政府出台《龙里县行政机关负责人依法出庭应诉实施意见》。

21 日

龙里县在第三中学举办中小学生足球联赛。全县12支参赛足球队、8支足球比赛啦啦队、教练员和裁判员参加活动。第三中学和第四小学获得冠军，洗马中学和第一小学获得亚军，摆省中学和谷脚小学获得季军。

龙里县人民政府县长陈曦率队到贵州快递物流集聚区对全省第三次项目观摩会拟观摩项目贵龙港商业综合体、中铁百分之一摩都O2O和万豪物流商贸城进行督查。

全省“文明在行动·满意在贵州”活动暨“多彩贵州文明行动”整脏治乱专项行动现场推进会在黔南州召开，龙里县作为一个现场参观点接受检查。检查组要求加大力度、查缺补漏，把该项活动长期、有效推进。

28日

“贵州动起来体育彩票杯”2016年贵州网球锦标赛在龙里县全民健身中心开幕。此次比赛为期4天，有贵阳、遵义、铜仁、黔东南、黔南等地区的近200位运动员参加。

29日

龙里县召开反邪教协会第一次会员代表大会，选举出第一届理事会常务理事、理事长、秘书长。

30日

县委副书记、县长陈曦率农工局、林业局、文旅局、腾龙公司负责人到浙江杭州市开展农（林）旅招商推介会。会上，签约2个项目即龙里大草原旅游综合开发及索道建设项目、龙里县2万吨自动化刺梨生产线建设项目。

贵州省工商联“优秀会员企业家成长计划”培训班第35次课程在贵州省政协办公厅举行，龙里县组织贵州龙缘盛豆业有限公司、贵州荣和酒业有限公司等7家企业12名企业负责人和相关人员参加培训。

31日

贵州贵龙实业（集团）有限公司在深圳前海股权交易中心挂牌上市，成为贵州省第一家区域股权交易板（俗称“新四板”）政府平台上市公司。该公司为龙里县人民政府批准成立的国有独资企业，注册资本金5亿元。

8月

1日

副省长黄家培到龙里县调研村庄整治、美丽乡村建设等工作，县领导刘华龙、魏明陪同。黄家培对龙里村庄整治工作给予肯定。

龙里“八一”公园开园，县四家班子领导及县直部门干部职工代表参加开园仪式。

湾滩河镇孔雀布依风情园被评定为黔南州休闲农业与乡村旅游示范点。

9日

农业部考察组一行到龙里县大数据应用中心考察大数据农业发展情况。

15日

县纪委撰写的《黑夜不是保护色》文章被《中国监察报》刊用。

16日

国家质量检验检疫总局批准“龙里刺梨干”为国家地理标志保护产品。系龙里继“龙里刺梨”后又一国家地理标志保护的新产品。

龙里县2016年全县农村合作医疗参合群众达19.12万人（同比增加5677人），参合率为99.12%。

17日

龙里县第五小学建成县城区规模最大、设施最齐全、功能最完善、师资最雄厚的完全小学。生源主要来自水桥片区、西城片区以及工业园区企业。

黔南州2016年高新技术企业认定工作培训会在龙里县举办。来自全州12个县（市）及都匀经济开发区科技局分管负责人、产业园区分管科技负责人，生产力促进中心负责人，已通过认定的高新技术企业、近三年拟申请高新技术企业的企业负责人及相关技术人员120余人参加培训。

18日

贵州省文史馆馆长顾久率省文史馆调研组一行到龙里调研莲花湿地公园文化建设情况。县领导刘华龙、莫涛、汪永丽、陈俊、金子成陪同。调研组建议把龙里莲花湿地公园打造为一个有民俗内涵、有文化传承、有历史积淀的休闲旅游胜地。

20日

位于龙山镇莲花董下桥改建通车。该桥采取拆除原桥、新建2跨钢筋混凝土梁桥的方式改造，桥梁长54米、宽9.5米，总投资300万元。

22日

2016年上半年黔南州北部片区县（市）督考

工作推进情况座谈会在龙里顺利召开。

龙里县发放“雨露计划·圆梦行动”贫困大学生资助金，全县共有164名贫困大学生获资助金65.6万元。

24日

龙里县首家供销社社员股金服务社开业，旨在吸纳社员入股，调剂社员之间资金余缺，缓解农村资金紧张问题。

25日

龙里县举行2016年招商引资项目集中签约仪式，此次集中签约项目共计38个，总投资428.87亿元。当天现场集中签约有恒力源刺梨加工、南方国际智慧城等19个项目，总投资218.9亿元。

黔南州科学技术和知识产权局专利执法支队一行8人到龙里县开展专利行政执法检查，对龙里县和平药房西关坡店和纪龙购物广场等5家商场进行抽检。经过检索，发现涉嫌假冒专利产品、专利标注不规范产品127件。

26日

龙里刺梨、邓氏辣子鸡、龙缘盛豆制品参展第24届广州博览会。博览会开幕当天下午，举行黔南州（广州）招商推介会。会上，龙里县开展招商引资项目签约仪式，现场签约2个生态休闲农业开发项目，总投资5.7亿元。

省、州人大督查组到龙里县督查县、乡人大换届工作。督察组对龙里县在人大换届选举工作表示肯定，希望龙里县重视县乡人大换届选举工作，严格程序，严肃纪律，依法依规推进人大换届选举工作开展。

省委书记陈敏尔带3名工作人员到龙里县暗访易地扶贫搬迁工作。上午陈敏尔书记一行到龙里县醒狮镇醒北路易地扶贫搬迁安置点进行暗访调研，向在施工工人了解项目规划建设、工程进度等情况，后到醒狮镇易地扶贫搬迁指挥部与工作人员交谈。陈敏尔对醒狮镇精准扶贫、换届选举等工作给予充分肯定和高度评价。

28日

龙里县实现农村中小学校医配置全覆盖，全县76个教学点均配备校医。

29日

龙里县召开创建国家卫生县城推进会暨万人签名誓师大会。县领导刘华龙、陈曦、王永坤、莫涛等出席会议。

是月

龙里县被列为全省整县推进小城镇建设试点县。

龙里县被省政府列为全省改善农村人居环境“东南西北”4条示范中的东线，启动了龙山镇坝上、厉家庄、王榜，湾滩河镇对门河、孔雀寨等示范带试点村寨建设。

9月

1日

龙里县为盛丰园林绿化有限责任公司等4家企业颁发了首批“五证合一”营业执照。

4日

国家卫生计生委副主任王国强到龙里县中铁国际生态城太阳谷国家标准康养示范区进行调研。对龙里在康养产业领域的探索给予肯定，并鼓励企业要在“医养结合”大方向下，开展养老机构与医疗机构合作，推动康养产业规模化、品牌化，让更多老人享受到优质养老服务。

州委书记龙长春到醒狮镇调研易地扶贫搬迁工作。龙长春强调，要突出因户因人施策，统筹抓好集中安置和分散安置，科学规划配套设施建设，确保每户贫困户至少有一人能就业。

5日

龙里县举行统一战线“泛海助学行动”助学金集中发放仪式，全县80名建档立卡贫困学生共得到“泛海助学行动”助学金40万元。

6日

贵州省滴水公益之家携手爱心企业旗帜婴儿乳品有限公司到龙里开展“扶贫牵手，大爱连心”关爱山区儿童成长暨“旗帜爱，水滴心”走进龙里百万婴幼儿奶粉捐赠活动。共向龙里县贫困婴幼儿家庭捐赠旗帜优质奶粉1万罐，价值300多万元。

州政府副州长张全毅率州发改委、州统计局、州水务局、州工信委等部门到龙里县开展项目投资督查，县委常委、县政府常务副县长犹永凯，县委常委、副县长谢明元，县发改局、县统计局等部门负责人陪同督查。

8日

龙里县完成夏秋季征兵工作任务。

龙里县召开庆祝第三十二个教师节表彰大会，全县“优秀教育工作者”“优秀班主任”和“优秀教师”共93人受到表彰。大会还对在2016年高考、中考中取得优异成绩的单位和个人，录取二本以上考生原就读的初级中学、小学进行奖励，奖励金额达224.4万元。

龙里县法院举行公众开放日，邀请人大代表、政协委员、学生代表60余人参加，并旁听走私贩卖毒品案和盗窃案庭审。

10日

晚上8时30分，国家邮政局局长马军胜率全国邮政管理系统考察团到龙里县贵州快递物流园考察观摩，全国各省、区、市邮政管理局负责人，黔南州副州长胡晓剑，龙里县委副书记、县长陈曦，县委常委、副县长谢明元等陪同。马军胜希望龙里县快递物流企业越办越好，规模越做越大，为全国快递物流产业多作贡献，带动相关配套产业共同发展。

11日

省政府督学顾问皮俊林带队到龙里县督导检查“基本普十五”及“两项督导”工作。皮俊林宣读《督导组关于对龙里县基本普及十五年教育及“两项督导”工作进行过程督导的反馈报告》。

13日

龙里县第十届村级党组织换届选举工作现场观摩会在冠山街道五新村举行，会议明确村级组织换届选举的具体操作规程和有关政策规定，要求全县按期完成换届选举。

省委综治办、省政府法制办督察组一行到龙里县法院调研诉讼服务和行政集中管辖工作。

贵州省知识产权质押融资经验交流会暨龙里国家知识产权质押融资试点县工作推进会在龙里县召开，全省各地（州市）、县（市区）有关领导参加。会上，黔南州人民政府副州长吴俊致辞，贵州省科技厅（省知识产权局）副厅长陈改学作全省知识产权质押融资服务工作总结，并安排下步工作。

14日

贵州省统计局在龙里举办培训班，黔南州127户新增规模以上工业企业及统计、工信系统从事工业统计工作200余人参加培训。

县安监局、国土局、住建局等部门联合对煤矿、非煤矿、危化、烟花爆竹、涉粉燃爆及建筑施工等企业主要负责人及安全管理人员共40余人集中约谈。

16日

龙里县红星之家商会在西南药都红星家居城成立，成为龙里县工商联（商会）直属第十二个商会。

18日

龙里县开展纪念“9·18”防空演练活动，县城内1.6万名中小学生参加演练。

冠山街道三合村2016年“国家级稻水象甲防控示范项目”水稻测产通过验收。

19日

香港言爱有限公司到龙里县就捐建思源实验学校调研交流，县委副书记、县长陈曦参加交流会。该校选址于龙山镇龙山社区，位于龙溪大道旁（原新场小学地块），占地面积约84.9亩，学校设计规模为2385人，其中初中18个教学班900人、小学（四至六年级）33个教学班1485人，寄宿生1000人，教师周转宿舍100套。

20日

龙里县与中油瑞飞信息技术有限责任公司签订“智慧龙里”战略合作框架协议。

广州市黄埔区考察团到贵州快递物流集聚区开展结对扶贫考察工作，龙里县政府副县长谢明元陪同。

莲花风雨桥开工建设。该桥位于龙里莲花湿地公园内，桥梁布置为1～27米钢筋混凝土板拱桥，桥长41米、桥面宽12.5米，桥面上建设仿古建筑风格风雨茶楼。该项目总投资约950万元。

22日

龙里县林业局被全国绿化委员会、人力资源社会保障部、国家林业局表彰为“全国绿化先进集体”。

县政府出台《龙里县重大行政执法决定法制审核办法》。

省人民政府教育督导室到龙里县就拟划归贵龙新区学校原有学生和教师状况、本学期学生和教师的分流与安置情况、目前存在的问题及解决的办法等情况进行调研。

23 日

龙里县举办第三届全民科学素质大赛，来自全县各机关单位、各镇（街道）的24支参赛队伍同场竞技。大赛内容涉及生物、物理、自然、环保等方面知识。县教育局代表队夺冠，县审计局、工信局获第二名，冠山街道、人社局、司法局获第三名。

龙里县举行“国酒茅台·国之栋梁—2016希望工程圆梦行动大型公益助学活动”助学金发放仪式，全县69名参加普通高校录取二本以上的贫困学生获公益助学资金共计34.5万元，人均5000元。

27 日

省政府金融办到龙里督查2016年政策性农业保险工作。督查组到龙山镇余下村蔡家院水稻种植点、湾滩河镇石头村水稻种植点开展现场督查，并听取龙里汇报该项工作情况。龙里县承保工作包括种植保险、养殖保险、森林保险、烤烟保险，承保水稻种植面积10万余亩，涉及农户4.19万户，保险保费为283万元。

广州黄埔区副区长严志明率考察团，到龙里开展结对帮扶交流考察活动。考察团表示，龙里作为对口帮扶对象，更是产业帮扶、产业转移、产业协作对象，将会对龙里县的产业给予支持。

龙里县召开中国共产党龙里县第十二次代表大会代表选举工作会。会上，县委常委、常务副县长犹永凯宣读《关于中国共产党龙里县第十二次代表大会代表选举工作的通知》，县委常委、县委组织部部长罗越飞就该工作进行安排部署。

龙里县浙江商会第一次党员大会召开，选举产生该商会党支部委员。

30 日

龙山镇坝上至新场城市主干道通车，总长1.3公里，宽32米，设计为双向六车道，总投资约4900万元。

是月

贵州恒利源天然生物科技有限公司龙里自动化刺梨生产线建设项目一期工程建成投产。该项目总投资2.5亿元，占地100亩，生产面积6万平方米，设计日加工刺梨鲜果能力900吨，年加工4万吨。一期工程完成投资9000余万元。

10 月

1 日

三元新桥建成通车。该桥位于老三元石拱桥下游约100米处，全长74米，为预应力空心板桥，总投资约500万元。

3 日

龙里县完成209株古树大树挂牌工作。根据《龙里县林木种子资源调查研究报告》，龙里县共有古树大树29个树种、209株，全县5镇1街道均有分布。树龄最大的是醒狮镇凉水村徐家庄一株银杏树，已有2000年，胸径达403厘米。

12 日

国土资源部规划司处长吴淑章一行到龙里县督查评估贵州省低丘缓坡土地综合开发利用试点工作。

13 日

全国总工会基层工作部到龙里专题调研厂务公开活动。全国总工会基层工作部副部长李忠运对龙里厂务公开工作予以肯定，希望龙里县保持厂务公开在全省领先地位，并希望企业结合供给侧结构性改革，全力推进厂务公开工作。

龙里县投资1621.62万元按3A景区标准打造湾滩河镇走马村孔雀寨。其内容涉及污水处理、垃圾治理、道路、建筑风貌提升、绿化提升、体育健身及广场等工程多个领域。

14 日

广州市供销合作总社到龙里就农产品生产规模、农业园区建设、特色产品、公司+基地、合作社+基地等情况进行调研。广州市供销合作总社对龙里的发展表示赞赏，将结合对口帮扶搭建平台，为龙里农特产品寻找销售渠道，实现两地经济发展共赢。

省发改委项目处处长龙劲松、州发改委副主任蒋宏成等一行到龙里水乡生态旅游城项目点检查第四批重大项目集中开工等筹备情况，县委常委、常务副县长犹永凯陪同。

15 日

中国多维医药集团有限公司到龙里县考察，就中国·龙里县生命科技城即将实施做好前期准备工作。该项目选址于龙里县龙山镇鸡场村和上堡村一带，总投资120亿元，分三期完成投资。项目建设内容包括干细胞生命研究院、生命医学转化中心、干细胞贮存中心、基因检测中心、生物医疗中心（医院）、慢性病康复中心、国际体检中心、生物科技国际交流中心、养老护理学校、国际养老养生示范基地、国际医学专家公寓、五星级康养度假酒店等。

17日

龙里县召开省州级课题结题鉴定会，由州教育局组成的课题鉴定专家组对县2016年省州级10个课题结题鉴定。

央视财经《生财有道》栏目——咱们家乡有特产（秋收系列）播出了题为《贵州龙里刺梨：带刺的财富》节目。

由国家林业局科技司标准化处处长冉东亚、贵州省林业厅总工程师聂朝俊、贵州大学林学院副院长韦小丽等专家组成的国家标准化验收组，到龙里县对国家第八批农业综合标准化示范项目——刺梨综合标准化示范区建设项目组织考评。就项目落实情况评出96.83分，通过国家级验收。

20日

龙滩水库截流阶段水库淹没处理及移民安置工作通过州级验收。

23日

贵州龙里龙架山国家森林公园入选第二批“中国森林氧吧”。

26日

中国共产党龙里县第十二次代表大会在龙里召开，为期4天，参加会议党代表225名。会议选举产生新一届县委班子和县纪委班子。

龙里县异地扶贫搬迁县级集中安置点工程开工仪式在冠山街道平地村坪地举行。该扶贫搬迁集中安置点工程覆盖全县5镇1街道953户3920人，共占地170余亩，预留发展用地30亩，规划设计房屋1175套，建设停车位392个，规划建设幼儿园、老年活动中心、集贸市场、污水处理站、社区服务中心及日间照料中心各1个，配套建设商业用房面积1.19万平方米。

28日

龙里县代表队在三都县举办的黔南州第三届全民科学素质知识大赛中获第一名。

11月

2日

州委书记龙长春到龙里县就2016年全省第三次项目建设现场观摩会的筹备情况进行督查指导。龙长春先后到龙里宏基商贸物流跨境电商展馆、贵州恒力源刺梨加工生产线、华润雪花啤酒厂易地扩能搬迁、龙里水乡生态旅游城察看时指出：各观摩点要进一步细化和完善筹备工作，进一步优化观摩路线、解说方案，不断规范完善项目配套体系，集中展示龙里县产业发展形象，确保各项工作又好又快推进。

“黔南州‘春苗营养厨房项目’厨师培训班”在龙里县举行。来自黔南州各县（市）项目学校管理员、厨师及教育局带队人员共计120余人参加培训。

3日

国家民政部、发改委到龙里调研救灾物资储备和社会养老服务等项目建设情况。调研组充分肯定建在龙里的贵州救灾物资仓库及养老服务等项目建设成效，希望贵州完善全省救灾物资储备体系建设，加快项目建设进度，确保受灾群众基本生活得到保障，为老年人提供养生养老之所。

冠山街道办事处被省政府命名为“贵州省基层应急管理规范化建设示范单位”。

4日

2016年贵州省大生态项目暨第四批重大项目集中开工仪式在龙里县举行。省委副书记、省长孙志刚宣布开工，省委常委、常务副省长秦如培出席，省委常委、副省长慕德贵主持开工仪式。此次集中开工项目共414个，总投资2423亿元，其中龙里县参与第四次集中开工的项目4个，项目总投资60亿元，年内计划完成投资2.7亿元。

6至8日

龙里县完成县、镇两级人大代表投票选举工作，全县共有144606名选民投票选举县代表，参选率93.4%；共有109554名选民投票选举镇代表，参选率93%；依法选出县第十七届人民代表大会代表163名、各镇新一届人民代表大会代表314名。

8日

在第三届中国物流（都匀）国际峰会暨商贸

物流博览会上，龙里县承办的“快递物流与电子商务协同发展论坛”在匀东·贵州饭店2号楼一层多功能举行。此次论坛龙里县与新加坡丰树集团中国区代表签约总投资达5.3亿元占地150亩的物流项目。

10日

县委书记刘华龙带领屈芳、汪永丽、李健、金子成一行和县相关部门负责人组成慰问团，到洗马镇金溪村看望和慰问因公积劳成疾离世村干部程万礼的家属。

11日

北京大学马克思主义学院院长于鸿君一行赴龙里县考察，州委书记龙长春，县领导刘华龙、屈芳、周映龙及相关人员陪同。考察团考察龙里高新技术产业园区、龙里快递物流园，参观龙里大数据应用中心规划沙盘。考察团表示，将认真研究参考，争取到龙里投资项目。

龙里县在南京国际展览中心举行的2016年全国水利风景区博览会上，展示龙里景区建设发展成果、双龙镇、龙门镇等旅游资源及龙里苗族农民画、苗绣、刺梨系列产品等龙里特色产品。其中莲花水利风景区被列入20多个参展团100余个参展国家水利风景区参展，受到国家水利部、各参展团关注。

省科学技术厅（省知识产权局）战略处组成验收组，对龙里县实施的“龙里刺梨”地理标志产品产业化促进工程项目进行验收。县政府副县长杨贵丽出席验收会并汇报作项目实施完成情况。

16日

森林资源二类调查省级质量检查组对省龙里林场二调工作进行省级检查，考评得97.2分，通过检查验收。

17日

广州市教育局对口帮扶黔南教育考察团到龙里县考察调研。广州市教育局表示，将一如既往跟进师资培训、跟岗交流学习等对口帮扶，助推龙里教育事业发展。

副省长黄家培率队到龙里调研农村人居环境综合整治工作，县领导刘华龙、周映龙、魏明陪同。黄家培对龙里的工作予以肯定，要求农村环境建设应采用透水材料，实施海绵城市概念，科学合理规划，完善基础设施建设。

州卫计委评审组一行10人到龙里县开展第四轮免疫规划综合评审工作。经评审，龙里得95.25分，排名全州第三。

18日

贵州腾龙实业集团有限公司在深圳前海股权交易中心挂牌上市。该集团公司注册资金7.5亿元，主要承担水利、旅游、农业、健康养老等项目及城市基础设施建设，经营范围涵盖房地产、水利综合业务、工业园区开发等。

《同一首歌》走进龙里，以“精准扶贫·不忘初心——《同一首歌》情满龙里”为主题，王宏伟、李光曦等歌唱家放歌《西部放歌》《心的祈祷》《映山红》《祝酒歌》等经典名曲。

21日

黔南州“乡村学校少年宫”项目建设现场观摩推进会在龙里县召开。州委常委、州委宣传部部长、州委统战部部长王芳，省文明办三处处长连立梅，县领导屈芳、汪永丽、陈俊、杨贵丽出席会议。龙里县有8所乡村学校少年宫项目点，其中羊场、醒狮、洗马、草原、摆省、谷脚和县城第三小学为中央和省专项彩票公益金支持建设点，第四小学为自建点。

22日

龙里县在江苏南京召开的2017年中国山地自行车公开赛新闻发布会上，获2017年中国山地自行车公开赛A级分站赛举办权。

24日

2016年“红色照金”杯中国中西部青少年篮球锦标赛女子年度总决赛在龙里县体育活动中心举行。湖南邵东三中、河南济源高级中学、郑州体校、铜仁民族中学、贵州德江中学、陕西渭南高级中学、澄迈中学、新疆乌鲁木齐市第101中学参加决赛，比赛持续4天。

25日

贵州省红十字会“红十字助力脱贫攻坚——博爱助困暖冬行动”走进龙里，为龙里贫困户捐赠价值42万元的奶粉、衣物、肥皂等物资。

北京师范大学继续教育与教师培训学院承担的“国培计划（2016年）”贵州省少数民族地区乡村幼儿园教师工作坊项目培训在龙里县开班。来自瓮安县、贵定县和龙里县的幼儿教师250人参加培训。

27 日

代表贵州省出征的龙里民中学生赵小庆在教育部举办的“法治英雄·学宪法讲宪法”演讲比赛总决赛中获初中组全国特等奖冠军，并获单项最佳风采奖；曹俊荣获杰出指导教师奖。

28 日

浙江爱心企业家杨天崇为龙里县湾滩河镇摆省小学捐投资约 60 万元建综合楼。

是月

经“贵州省科协”微信公众号和“多彩贵州网”专题宣传网页及微信公众号的宣传和投票，贵州省龙里林场获得 186682 票，获得“我最喜爱的科普教育基地”票选第二名。

12 月

1 日

龙里县第八届运动会暨全民健身系列活动在县体育场举行。本届运动会共有来自全县各镇(街道)、单位部门、社会组织等 24 支代表队 1018 运动员参加，在田径、篮球、乒乓球、围棋、拔河等 12 个比赛项目中角逐 70 余个奖项。

4 日

省教育厅巡视员周宝英率省政府督导验收团第六分团对龙里县基本普及十五年教育工作和县级人民政府暨党政主要领导教育工作进行督导评估考核验收。

5 日

香港善施慈善基金会在冠山街道办事处举行捐赠仪式，向全县残疾人捐赠 200 余台轮椅，向在校贫困生和残疾人捐赠 700 余件过冬衣物和上千顶帽子，总价值 35 万元。

龙里县农村环境综合整治整县推进项目第一标段验收。验收仪式现场为 5 镇 1 街道发放农村生活垃圾污染处理设备。此次分发 22 辆垃圾车、3.46 万个垃圾桶、175 辆垃圾手推车和 295 个垃圾箱，总价值 1100 万余元。

6 日

国家首席兽医师张仲秋率国务院督查组到龙里县督查食品安全工作。州政府副州长吴俊、县政府党组成员王昌福陪同。张仲秋对龙里县食品安全治理工作给予肯定，就下一步食品安全工作提出要求。

9 日

大竹芒、下把比水库截流阶段水库淹没处理及移民安置工作通过州级验收。

省政府督查室副主任吴克带队到龙里县开展 2016 年全省政府系统督查工作第二次现场观摩会暨督查服务企业活动。

10 日

贵州双龙现代服务业聚集区贵州双龙农副产品集散中心举行开放活动新闻发布会，县领导陈曦、汪永丽等参加。该集散中心位于双龙航空港经济区核心区，总占地面积约 1000 亩，分两期开发。

13 日

龙里县 53 名教师通过评审，获一级教师资格。这是龙里首次评审一级教师职称任职。

14 日

国家发改委副主任、党组成员张勇到龙里调研农村一、二、三产业融合发展工作，要求要加快产业融合，实现农业“接二连三”的发展目标。省委常委、常务副省长秦如培，副省长刘远坤，州领导吴胜华、罗桂荣，县领导陈曦、犹永凯陪同调研。

省级国培课题结题专家组一行 5 人到龙里中学开展省级国培课题《3T 教学模式及微课实践研究》课题结题鉴定会。州、县教育局有关领导，该课题成员及各子课题负责人等参加鉴定会。

16 日

贵州快递物流园双龙物流商贸城水果批发市场正式营业。

在贵州饭店会议中心贵州厅举行的 2016 贵州山地旅游招商引资暨联合国颁奖大会上，龙里县与华农集团旗下公司贵州龙从界山地农业旅游开发有限公司签约，项目为龙里县龙从界高效循环农业高科技示范基地暨山地农业旅游观光园。该项目位于龙里县冠山街道，总投资 5 亿元，建设期限约 5 年，拟建总占地 1.1 万亩。

17 日

2016 中国山地自行车公开赛颁奖在江苏常州举行。龙里站获“优秀赛事组织单位”和大会唯一的“最美赛道”两项殊荣。

上港集团资助龙里县大学生资助金发放仪式在县教育局四楼会议室举行。此次资助10名大学生共4.4万元。

18日

黔南州刺梨产业发展专题会在龙里召开。省林业厅、贵州省刺梨学会相关部门负责人及专家，副州长陈有德，县领导陈曦、郭永昌，州相关部门负责人，全州9个刺梨产业发展重点县（市）分管领导及相关部门负责人参加会议。

19日

龙里大草原景区获批为国家AAA级旅游景区。

20日

2016年全国第300亿票快件在龙里贵州快递物流园诞生。

龙里县工商业联合会（商会）第十一次会员代表大会选举产生执行委员会，当选执行委员会主席（会长）1名，副主席（副会长）18名，常务委员25名、执委75名。

23日

州委书记龙长春到龙里水乡旅游生态博览中心调研，县领导刘华龙、周映龙、魏明陪同。龙长春要求龙里为项目搞好服务抓落实，抓进度提供保障。该中心属于旅游开发项目，规划用地面积约20公顷，总建筑面积6.5万平方米。

24日

龙里东方宏基O2O电商产业园与国内外30多户商家联袂，举办“2016首届超越环球美食吃货节”。

28日

龙里县农村商业银行（原农村信用合作社）存款首次突破50亿元大关，各项存款余额达50.34亿元，成为龙里县内首家存款突破50亿元的金融机构。

30日

贵州省党委政研系统“政策政研·改革法治”知识竞赛决赛在龙里县举行。来自全省9个市、州代表队及省委政研室机关代表队共40名选手参加比赛。经比赛，黔南州代表队获一等奖，黔南州代表队龙里籍选手刘梦和贵阳市代表队的张剑蓉获得最佳表现奖。

31日

龙里县乡镇断头公路11条及新建道路共40公里全部通车，总投资2600万元。

龙里县湾滩河镇摆绒易地扶贫搬迁安置点建成，上摆绒组共95户543人将集中入住。该安置项目总投资3922.4万元。

龙里县人民政府出台《龙里县推进企业上市改革实施方案》，鼓励、支持、引导和推动企业通过资本市场融资，拓宽融资思路，提高融资能力，缓解融资难题。

是月

按县人民政府《关于印发龙里县进一步加强物业管理工作的实施意见的通知》要求，县房管局对全县30家物业服务企业进行年度考核。

贵州快递物流集聚区固定资产投资累计突破60亿元。

是年

龙里县秋粮内地收购近1000吨。外购优质品种大米200吨、菜油200吨。收购资金除政府贴息完善农发行融资相应程序按时轮换到期的500吨稻谷和120吨菜油外，还调剂324万元资金到县粮油购销有限责任公司，用于完成新增粮油储备任务。

龙里县启动多彩贵州“广电云”村村通工程。至年末，该工程通村覆盖率达到100%，有70多个频道，且通过村村通安装无线WIFI；新建114个行政村的光缆干线555.53公里，配套建设18个乡村级机房；新增农村数字电视用户5244户，工程建投资1810万元。

龙里县完成洗马镇茶场至田坝、哪嗙至坞坭、大山闹至黄星、官庄至落双等11条共62.8公里通村公路建设，全镇14个村（居）全部通沥青路或水泥路；完成“一事一议”项目19个，完成投资375.21万元，修建通组硬化水泥路17.5公里。

要　闻

2016年度龙里县十件时政大事

1. 表彰2015年度“德行龙里”十大年度人物

1月22日晚，龙里县举行2015年度“德行龙里·十大年度人物”颁奖晚会，表彰“诚之星”陈安平和罗登福；“爱之星”逐点爱心团队和颜正南；“礼之星”李建文和王邦全；“孝之星”周永富和卢凤云；“仁之星”朱光成、罗木。

2. 龙溪大道暨贵龙纵线二期项目开工

6月12日，龙里县举行龙溪大道暨贵龙纵线二期项目开工。龙溪大道项目起点接贵都高速公路龙里县联络线拓宽段，经过龙里县龙山镇政府、水场社区、龙山工业园区，终点接贵阳市花溪区富源南路的孟关汽车城；贵龙纵线二期工程起于贵龙纵线与贵龙大道交叉口，终于龙溪大道。这两条干道属于城市主干道，均按路基宽34米、双向6车道、时速60公里的标准建设。其中，龙溪大道全长21.8公里，预计投入资金21.9亿元；贵龙纵线二期全长7.56公里，预计投入资金12亿元。

3. 打造区域公用品牌，促贵州好网货“出山”

6月29日至30日，由贵州省商务厅、黔南州人民政府主办的中国（贵州）好网货征集大赛、“千县千品”项目启动暨“黔货出山”与电商扶贫高峰论坛在龙里举行。大赛评选出“贵州百佳网货”和“贵州好网货”农产品类和手工艺品类各11个。活动为推动“云起龙驿”区域公用品牌建设和“黔货出山”打下坚实基础。

4. 举办中国山地自行车公开赛

7月16日至17日，2016中国山地自行车公开赛贵州·龙里站（A级）在“中国刺梨之乡”龙里县谷脚镇茶香自行车主题公园举行。本次赛事分为男女专业组山地越野赛、男女公开组山地越野赛、男子健身组山地越野赛、男子越野淘汰赛计时排位赛和男子本地山地越野体验。本次专业组有186人，业余组公开组近600人，省内外两万余人到场观看赛事，多家媒体现场报道。

5. 集中签约38个项目，总投资428.87亿元

8月25日，龙里县2016年招商引资项目集中签约仪式举行，此次集中签约项目共计38个，总投资达428.87亿元。当天现场集中签约有恒力源刺梨加工项目、南方国际智慧城等19个项目，总投218.9亿元。

6. 召开创建国家卫生县城推进会暨万人签名誓师大会

8月29日，龙里县召开创建国家卫生县城推进会暨万人签名誓师大会。大会向全县发出创建国家卫生县城倡议，通报龙里县创建国家卫生县城工作开展情况。环卫工人、城管市场执法及公安交警等代表队代表宣誓，并在签名簿签名。

7. 省委书记暗访龙里易地扶贫搬迁工作

8月26日上午，陈敏尔书记一行4人到龙里县醒狮镇醒北路易地扶贫搬迁安置点进行暗访调研，向在施工工人了解项目规划建设、工程进度等情况，后到醒狮镇易地扶贫搬迁指挥部与工作人员交谈。陈敏尔得知安置点共规划70多户、本年计划搬迁54户、安置户的意愿及生产生活等情况，对醒狮镇精准扶贫给予充分肯定和高度评价。

8. 贵州省大生态项目暨第四批重大项目集中开工在龙里举行

11月4日，2016年贵州省大生态项目暨第四批重大项目集中开工仪式在龙里县举行。省委副书记、省长孙志刚讲话并宣布开工。省委常委、常务副省长秦如培出席，省委常委、副省长慕德贵主持开工仪式。本次集中开工项目共414个，总投资2423亿元，主要聚焦绿色发展、“三块长板三块短板”、社会资本投资、温泉资源开发利用等项目。其中，龙里县参与第四次集中开工的项目4个，项目总投资60亿元，年内计划完成投资2.7亿元。

9. 中国共产党龙里县第十二次代表大会隆重召开

10月27日上午，中国共产党龙里县第十二次代表大会隆重开幕。刘华龙代表中国共产党龙里县第十一届委员会向大会作题为《凝心聚力勇于拼搏开创未来——为建成龙里更高水平小康社会而努力奋斗》的工作报告。报告回顾过去五年工作，明确未来五年的指导思想和目标任务。

10. 程万礼被追授为全县“优秀共产党员”称号

11月9日下午召开中共龙里县第十二届委员会第四次常委（扩大）会，决定追授程万礼为龙里县“优秀共产党员”。会议号召，全县党员领导干部要迅速掀起学习优秀共产党员程万礼先进事迹的热潮。10日下午，县委书记刘华龙带着县领导屈芳、汪永丽、李健、金子成一行和县相关部门负责人组成慰问团到洗马镇金溪村看望和慰问程万礼的家属。

2016 年度龙里县十件民生大事

1. 中铁生态城城际公交专线开通

2 月 1 日，龙里县城至中铁国际生态城城际公交专线正式开通。龙里县城至中铁国际生态城全程长 48.5 公里，途经 22 个站，票价实行一票制，每票 3 元；起点方向从县城西南药都出发，途经兴龙广场、龙里县医院、贵龙新苑、贵州快递物流园、大数据应用中心、万豪大道商贸总部，每天运营时间从早上 6 点半至晚上 18 点半，每班间隔约 1 小时。

2. “先诊后费”政策让患者无顾虑

2 月 10 日期，龙里县对新农合、社保定点医疗机构推行“先诊疗，后付费”便民服务政策。患者在龙里定点医院就诊需住院诊疗的，不再预交住院费，只需带上身份证、户口本和有效的合医证或医保卡入院办理手续，到州级定点医院住院病人必须持有县级合医办或医保部门转院证明。定点医院实行“一日费用清单制”，将每天费用使用情况告知病人，住院期间病人只需交付社保、新农合应由本人承担的自付部分医药费。病人出院时则实行即看即报，当场补偿。

3. 600 万打造“八一公园”

4 月 21 日，龙里县“八一公园”绿化植树活动正式启动。“八一公园”位于龙里县城西面，距离县城仅 2 公里，毗邻龙架山国家森林公园，打草河贯穿于两个公园之间，贵都联络线为公园提供便利的交通。公园为集生态景观、休闲健身、文化娱乐为一体的综合性开放式公园，占地面积约 270 亩，预计总投资约 600 万元。

4. 2016 年 4 月空气质量状况全省排第一

5 月 30 日，贵州省环保厅发布了 2016 年 4 月全省 88 个县（市、区）环境空气质量状况及排名，上月全省空气质量相对较好，其中龙里县排名第一。根据报告，4 月，全省 88 个县（市、区）按环境空气质量新标准要求，开展 PM2.5、PM10 等 6 项指标的环境空气质量监测，全省各县的空气质量都相对较好，其中共计 70 个县（市、区）AQI 优良天数比例达到 100%，AQI 优良天数比例为 90% 至 100% 的县共计 11 个，80% 至 90% 的县（市、区）共计 2 个。

5. 龙里县 2016 年高考成绩再创新高

6 月 25 日，龙里县教育局统计，2016 年龙里县高考成绩再创历史新高：一本以上 153 人，比 2014 年增加 26 人，比 2013 年增加 66 人，比 2012 年增加 95 人；二本以上 462 人（不含音体美专业生），比 2014 年增加 27 人，比 2013 年增加 131 人，比 2012 年增加 216 人。

6. 龙里县 12 所新建学校投入使用

龙里县投入 5910 万元修建的 12 所学校完工，并于 2016 年 9 月份投入使用，可容纳学生 3800 人。学校涉及全县的五镇一街道，包括县城的 1 所小学和各镇（办）的 11 所幼儿园。

7. 全民健身活动中心开馆

9 月 1 日，龙里县全民健身活动中心正式对外开放。龙里县全民健身活动中心总面积为 15000 平方米，由贵阳凌云集团负责经营管理，场内建有篮球场、乒乓球场、羽毛球场、网球场以及健身房等设施。

8. 城贯城河补水工程完成 70%

10 月 11 日，龙里县城贯城河补水工程项目已完成工程总量的 70%，工程竣工后将有效解决县城贯城河径流量不足的问题。

9. 投资 2.8 亿元建易地扶贫搬迁集中安置点

10 月 25 日，总投资 2.8 亿元、安置 3920 人的龙里县县级易地扶贫搬迁集中安置点动工建设。易地扶贫搬迁集中安置点工程位于龙里县冠山街道办事处平西村，距县城 3 公里，是龙里县“十三五”期间规划建设的易地扶贫搬迁安置重点项目。该项目占地 170 亩，规划总投资 2.8 亿元，计划建设住房 1200 套及社区服务中心、老年活动中心、商业街等配套功能，安置 953 户（套）3920 人。

10. 加快新高中建设力争明年投入使用

龙里县于 2016 年 3 月开工建设龙里新高中。11 月 20 日，主体建设已完成 70%。龙里新高中项目办学规模为 102 个教学班，可容纳在校学生 5100 余人，项目预计于 2017 年 8 月建成投入使用。

县情概况

基本情况

【历史沿革及行政区划】“龙里”之名始于元代，并名“云从”。明代又名“龙驾”。《贵州图经新志》：“龙驾：本山名，卫治其下，因以为名。”另据《今县释名》：“以龙氏所居名”，取“龙之故里”意。

龙里建置最早见于唐代《旧唐书》：贞观三年（629年）置庄州，领石牛、南阳、轻水、多乐、乐安、新安等7县。新安县治所在今龙里县境内的三元镇新安村，距县城东16公里。《新唐书》载：贞观三年（629年）“蛮州，县一：巴江”。巴江县治所在今龙里县境内的巴江乡老巴江村，距县城北70公里。

宋代，新安县降为羁縻县。巴江县则在嘉泰元年（1201年）由蛮州总管府都总管宋永高自改为平蛮郡（后称白马军），徙治所于今小谷龙。

元代，新安县改属定远府。废巴江县，以其地属顺元路。至元二十年（1283年）置龙里州，隶大龙番顺元宣慰司，治所在今县城。领龙里县，治所在县城南50里（今湾寨乡六广境内）。大德元年（1297年），龙里州废，改置平伐等处长官司。龙里县亦废，改置龙里等寨长官所，均属管番民总管府。其间，又在境内置骨（谷）龙等处，垅耸古平等处，本党三寨等蛮夷长官司。这些蛮夷长官司，隶属关系各有所属，后又有废改。

明代，新安县废。洪武初置龙里驿站，洪武五年（1372年）改龙里等寨长官所为龙里长官司，隶贵州宣慰使司。洪武二十三年（1390年）四月初四日，置龙里卫，治所在今县城，属贵州都指挥司。二十八年（1395年），以贵州卫所属的把平、平伐、小平伐、大平伐等长官司改属龙里卫。二十九年（1396年）四月十九日，升龙里卫指挥司为龙里卫军民指挥使司。同年，拨把平、小平伐二长官司属新添卫。永乐九年（1411年）置大谷龙长官司属卫。嘉靖十一年（1532年），又置小谷龙长官司属卫。隆庆二年（1568年）废平伐长官司。万历十四年（1586年），拨出大平伐司置新贵县。天启二年（1622年），拨贵州宣慰司所属的龙里、羊场二长官司和废水东长官司地来属。至是，龙里卫共领大谷龙、小谷龙、龙里、羊场4个长官司及5个千户所。

清代，顺治年间（1644—1661年），置巴江卫。康熙二十一年（1682年）裁撤，后改置巴香里，由贵阳府亲辖。康熙十年十二月初一日（1671年12月31日）（注：《贵阳府志》记为十月），改龙里卫为龙里县，属贵阳府。龙里县共辖城厢（县城）及东、南、西、北4个乡，上、下、东苗3个牌，龙里、大谷龙、小谷龙、羊场4个长官司。原卫属水东长官司废，拨其地入贵阳府亲辖。

民国时期，中华民国元年（1912年），龙里县行政区划仍沿袭旧制，但此时的长官司已名存实亡。2年（1913年）属黔中道。贵州废除府、厅、州，将贵阳府亲辖的巴乡（香）里分别拨入龙里、贵定、紫江（开阳）等县。龙里县废除各长官司、牌、寨，改建为区、团、保、甲制。全县共建8个区：中区、东区、西区、南一区、南二区、北上区、北中区、北下区。区下建团，团下建保，保下建甲。9年（1920年）废道，改由省府直辖。21年（1932年），区下废除团、保、甲制，改建为乡镇、闾、邻制，并将中区、东区、西区、南一区、南二区、北上区、北中区、北下区改称为第一、二、三、四、五、六、七、八区。区下共建88个乡镇，乡以下一般以25户为一闾，5户为一邻。24年（1935年），龙里县划属第一行政督察区。26年（1937年），龙里县改由省府直辖。编整保甲，废除区以下的乡镇、闾、邻制，改建联保、保、甲制。龙里县将8个区缩编为4个区，建14个联保，75个保，1000个甲。27年（1938年），各区联保改称乡镇联保。第一区辖：龙山镇联保、麻若乡联保、定水乡联保、龙从乡联保。第二区辖：南阳镇联保、藕溪乡联保、永安乡联保、永定乡联保。第三区辖：龙坪镇联保、民安乡联保、醒狮乡联保。第四区辖：洗马镇联保、四维乡联保、谷龙乡联保、巴江镇联保。31年（1942年），废除区级和联保建制，并将定水乡并入龙从乡。同时，除城区保留龙山镇外，其余龙坪镇、南阳镇、洗马镇、巴江镇统改为乡。这年，全县共辖1个镇，13个乡，116个保，1206个甲。37年（1948年），将江比（原龙高乡）划属贵定县，将谷龙乡改名为云龙乡。到民国38年（1949年）中华人民共和国成立，全县共辖1个镇，13个乡，113个保，1075个甲。

中华人民共和国时期，公元1949年11月13日，龙里县城解放。22日，成立龙里县人民政府，属贵阳专区。龙里县辖龙山、龙西、龙南、龙北4个区。区下仍沿用乡镇保甲建制，并在各乡、镇建立支前委员会，代行乡镇行政职能。1950年，龙山、龙西、龙南、龙北4个区分别改称第一、第二、第三、第四区。撤销各支前委员会，改建乡、镇公所，同时将保、甲改为村和自然村。1951年，撤销乡、镇建制，改建为51个行政村，分别划归四个区领导。1952年5月，专署迁治所于贵定，改称贵定专区，龙里县相应属贵定专区。同年8月，经贵定专署批准，将第三区所属的高寨、掌举、掌娃、黄土坎、克梨、纳利等寨划归贵筑县高坡区管辖。同时，县政府决定将新场村、水桥、吴家庄等村寨划归第一区。同年10月1日，经省人民政府批准，将第三区改为羊场苗族仲族联合自治区。1953年3月，龙里县实行普选。在此基础上，将原有的51个行政村改建为49个乡、镇，下辖大村118个、自然村410个。同年8月，随着族称的更名，龙里县羊场苗族仲族联合自治区更名为龙里县羊场苗族布依族联合自治区。1955年11月将第一、第二、第四区分别改名为龙山区、谷脚区、洗马区。1956年2月19日，撤销贵定专署，龙里县改属安顺专区。同年8月，将49个乡、镇调整为43个乡、镇，并根据民族人口数量和分布情况，在其中共建立13个民族乡。同年8月，安顺专署指示，将羊场苗族布依族联合自治区划属惠水县领导，所属各民族乡不再冠以“民族乡”字样。1958年9月，人民公社化运动兴起，全县共建9个人民公社，并以原乡为基础建26个管理区。同年10月，龙里县改属黔南布依族苗族自治州。同年11月，根据建立大公社的有关指示精神，撤销区，将五星、团结、民主3社合并为龙山人民公社；将先锋、燎原、红旗3社合并为谷脚人民公社；将红色、和平、国庆3社合并为洗马人民公社。这期间，划归惠水县领导的羊场自治区与高坡区共同成立跃进人民公社。同年12月，龙里与贵定两县合并为贵定县。1959年1月，原羊场区分出，成立东风人民公社。1961年8月，恢复龙里县建制，仍属黔南自治州（至2008年底未变更）。同时，将惠水县属的羊场区（即东风公社）划回龙里县领导，但其中有甲找大队仍留惠水县属。恢复龙里县后，撤销管理区，恢复区，此后对社、队不断进行调整，至1967年公社建制相对稳定。龙山区辖城关镇和城郊、麻芝、三元、平西、莲花、大新、中排、民主8个公社；谷脚区辖谷脚、岩后、高堡、猫场、水场、比孟6个公社；羊场区辖羊场、湾寨、六广、岱林、渔洞、摆省6个公社；洗马区辖洗马、落掌、巴江、牛场、谷龙、平寨、和平、谷冰8个公社。1983年，全县实行党政分开和撤社建乡的体制改革，在一社一乡原则下作部分调整：大新乡分为大新、平山两乡；谷脚乡分为谷脚、观音两乡。1984年，将城关镇与冠山乡（原城郊公社）合并为龙山镇，并升格为区级镇；将三元、猫场、洗马、羊场4乡改为乡级镇；牛场乡改名为龙场乡；和平乡改名为哪嗙乡。乡、镇下的街道、大队和生产队调整为居民委员会、村民委员会和村民小组。

1990年，全县辖龙山、谷脚、羊场、洗马4个区，龙山镇（区级镇）、三元镇、猫场镇、羊场镇、洗马镇5个镇、25个乡，9个居委会、157个村委会，1408个村民组。龙山镇辖5个居委会、5个村委会，41个村民组。龙山区辖三元镇和民主、中排、莲花、平西、麻芝、大新、平山7个乡，39个村委会，306个村民组。谷脚区辖猫场镇和谷脚、观音、岩后、高堡、比孟、水场6个乡，31个村委会，262个村民组。羊场区辖羊场镇和湾寨、岱林、六广、摆省、渔洞5个乡，1个居委会、32个村委会，254个村民组。洗马区辖洗马镇和落掌、巴江、龙场、平寨、谷龙、哪嗙、谷冰7个乡，1个居委会、50个村委会，545个村民组。

根据1991年2月19日中共贵州省委《关于开展建镇并乡撤区工作的指示》，同年8月经黔南州人民政府报请贵州省人民政府批准，龙里县设6个镇、8个乡。撤销龙山、谷脚、羊场、洗马4个区。撤销龙山镇、莲花乡、平山乡，合并建立龙山镇，镇政府驻县城环城路平桥。撤销猫场镇，由原猫场镇与原岩后乡合并建立猫场镇，镇政府驻猫场。撤销谷脚乡、观音乡、高堡乡，合并建立谷脚镇，镇政府驻谷脚。撤销洗马镇、龙场乡、落掌乡，合并建立洗马镇，镇政府驻洗马河。撤销谷龙乡、平寨乡，合并建立谷龙乡，乡政府驻小谷龙。撤销湾寨乡、六广乡，合并建立湾寨乡，乡政府驻湾寨。撤销哪嗙乡、谷冰乡，合并建立哪嗙乡，乡政府驻新场坝。撤销羊场镇、岱林乡，合并建立羊场镇，镇政府驻羊场。撤销摆省乡、渔洞乡，合并建立摆省乡，乡政府驻龙窝寨。撤销水场乡、比孟乡，合并建立水场乡，乡政府驻水场。撤销民主乡、中排乡，合并建立民主乡，乡政府驻麻若。撤销麻芝乡、大新乡，合并建立麻芝乡，乡政府驻麻芝。撤销三元镇、平西乡，合并建立三元镇，镇政府驻三元桥。保留巴江乡原建制，辖区及村、组不变，乡政府驻巴江。全县设立龙山镇、三元镇、谷脚镇、猫场镇、洗马镇、羊场镇、民主乡、麻芝乡、水场乡、巴江乡、谷龙乡、哪嗙乡、湾寨乡、摆省乡，新增建谷脚镇居民委员会。建镇并乡撤区工作至当年9月底结束。至此，全县有14个乡镇159个村委会，10个居民委员会，1408个村民小组。2005年将龙山镇5个居委会整合为3个社区，即冠山社区、西门社区、水桥社区。2008年，将谷脚镇、醒狮镇、洗马镇、羊场镇、三元镇原居委会整合为社区居民委员会。

2014年3月，根据《贵州省人民政府关于同意龙里县行政区划调整的批复》《黔南州人民政府关于龙里县乡镇行政区划调整的批复》的要求，对龙里县行政区划进行调整，全县从原来的6镇（龙山镇、谷脚镇、醒狮镇、洗马镇、三元镇、羊场镇）8乡（摆省乡、湾寨乡、草原乡、水场乡、麻芝乡、哪嗙乡、巴江乡、谷龙乡）撤并为5镇（龙山镇、湾滩河镇、谷脚镇、醒狮镇、洗马镇）1街道（冠山街道）。

2016年1月，龙里县又将167个村（居）调整为81个村（居）（2016年1月16日县政府批复）；2016年10月全县81个村（居）改为78个村（居）（2016年9月至10月县政府批复）。

根据贵州双龙航空港经济区总体规划，按照行政区划不变的原则，采取整体托管模式，由中共黔南州委、黔南州人民政府把龙里县52平方公里，即：龙里县谷脚双龙办事处，辖贵龙社区、岩后社区、庆阳社区（原谷脚镇的羊场司村、小箐村等2个建制村全境以及三宝村、岩后村、大坡村、谷脚村、谷远村、王关村、鸡场村等7个建制村部分行政区域）委托双龙经济区党工委、管委会管理（2016年3月30日签订协议）。

2016年，龙里县辖5镇1街道，即龙山镇、洗马镇、醒狮镇、谷脚镇、湾滩河镇、冠山街道。辖52个村，26个居委会。其中：冠山街道6个村10个社区；龙山镇9个村3个社区；谷脚镇5个村5个社区；醒狮镇6个村2个社区；洗马镇11个村3个社区；湾滩河镇15个村3个社区。52个村，冠山街道：平西村、凤凰村、高坪村、五新村、大新村、播箕村；龙山镇：莲花村、余下村、平山村中排村、水苔村、团结村、金星村、比孟村、中坝村；谷脚镇：茶香村、高堡村、高新村、谷冰村、观音村；醒狮镇：元宝村、凉水村、高吏目村、谷新村、平寨村、大岩村；洗马镇：金溪村、田箐村、羊昌村、乐宝村、落掌村、台上村、龙场村、猫寨村、乐湾村、平坡村、花京村；湾滩河镇：摆主村、摆省村、果里村、金星村、渔洞村、园区村、桂花村、石头村、六广村、岱林村、金批村、翠微村、走马村、云雾山村、营盘村；26个社区居委会，冠山街道：西城社区、三合社区、冠山社区、鸿运社区、城南社区、龙坪社区、大冲社区、西门社区、光明社区、水桥社区；龙山镇：水场社区、龙山社区、草原社区；谷脚镇：贵龙社区、庆阳社区、王关社区、谷脚社区、岩后社区；醒狮镇：谷龙社区、醒狮社区；洗马镇：哪嗙社区、洗马社区、巴江社区；湾滩河镇：新龙社区、羊场社区、湾寨社区。

【地理概况】龙里县位于贵州省中部、黔南布依族苗族自治州西北部，地理坐标北纬26°10′19″至26°49′33″，东经106°45′18″至107°15′1″之间，是省会贵阳的东大门。沿东北至西南纵向呈月牙形，南北长约73公里，东西宽约36公里，总面积1521平方公里。

【地形地貌】龙里县地处苗岭山脉中段，黔中隆起南缘，是长江与珠江分水岭地带，总地势西南高，东北低，中间隆起。全县耕地面积29437.15公顷，占总面积的19.37%。县境内地貌类型复杂多样，山地、丘陵、盆地和河谷相互交错。其中：山地、丘陵和峡谷占全县总面积的84.6%，高山台地占全县总面积的10.6%；山间盆地仅占全县总面积的4.8%。

【山峰及气候】龙里县海拔一般在1080米—1500米之间，最高点龙山镇岩脚寨南山峰、海拔1775米，最低点洗马镇巴江洛旺河出界处、海拔770米，相对高差1005米。县内共有河流、溪涧102条。属长江水系的有92条，流域面积占全县总面积的93%；属珠江水系的有10条，流域面积占全县总面积的7%。

境内属中亚热带温暖湿润季风气候区，年平均气温15.0℃，年平均降水量1077.3毫米。年平均日照时数为1213.7小时，无霜期292天，极端最高气温34.4℃，极端最低气温-6.8℃。龙里县气候适合水稻、玉米等农作物生长，非常适合发展刺梨、烤烟、药材种植。县境内主要灾害性天气为暴雨洪涝、干旱、冰雹、雷电、低温雨雪等灾害。

【矿产资源】龙里县矿产资源开采程度低，找矿远景好，至今已发现矿产（含亚种）15种，发现矿床、矿点（矿化点）77处。县内已探明的主要矿产资源有煤、硫铁、赤铁、褐铁、重晶石、高岭土、石灰石、白云石、大理石、硅、钾等种类。

【林业资源】龙里县位于贵州省中部，隶属黔南布依族苗族自治州，是贵阳市的东大门和黔南州的北大门。龙里气候宜人，自然资源丰富，全县森林覆盖率58.37%，年平均降雨量1100—1400毫米，平均气温14℃—16℃。县内森林资源丰富，是黔中重要的商品材、特色果品林基地之一，是贵阳“林城”的重要组成部分，享有“中国刺梨之乡”的美称。

全县有林业用地面积10.16万公顷，占国土总面积的66.92%，其中有林地面积5.95万公顷，疏林地面积145.3公顷，灌木林地面积3.23万公顷，未成林地7772.35公顷，无立木林地914.51公顷，宜林地面积883.99公顷，苗圃地27.51公顷，林业辅助生产用地41.25公顷。森林植被主要以天然次生林为主，针叶树种主要有马尾松、杉木等，阔叶树种主要有梓木、楸树、桦木、樟树等常绿树种，经济树种主要有刺梨（灌）、桃、李、梨、核桃、樱桃、杨梅等，灌木树种主要有栎类、茅栗、蔷薇科灌木树种等。人工造林的乔木树种主要有马尾松、华山松、火炬松、湿地松、桦木等。县境内有银杏、南方红豆杉、榉木、香果树、紫薇、短叶黄杉等国家保护植物10余种。

龙里县自1999年起相继实施世行贷款造林、天然林资源保护工程、退耕还林工程、速生丰产林工程、森林植被恢复费建设项目、巩固退耕还林成果建设项目等林业重点工程，树种主要有刺梨、桃、李、梨、核桃、樱桃、杨梅等。

【人口状况】2016年末，龙里县有30多个民族，总人口23.52万人。其中少数民族人口10.13万人，占总人口的43.07%。少数民族人口中，最多的是苗族，总人口5.31万人；其次是布依族，总人口4.4万人。

国民经济和社会发展概况

【总体情况】 2016 年，县内生产总值完成 797742 万元，按可比价格计算，比上年同期增长 13.8%，其中：第一产业增加值完成 91392 万元，比上年同期增长 6.3%；第二产业增加值完成 492123 万元，比上年同期增长 14.2%；第三产业增加值完成 214227 万元，比上年同期增长 16.3%。第一产业增加值占地区生产总值的比重为 11.46%；第二产业增加值占地区生产总值的比重为 61.69%；第三产业增加值占地区生产总值的比重为 26.85%。人均地区生产总值（GDP）49692 元，同比增长 13.5%。

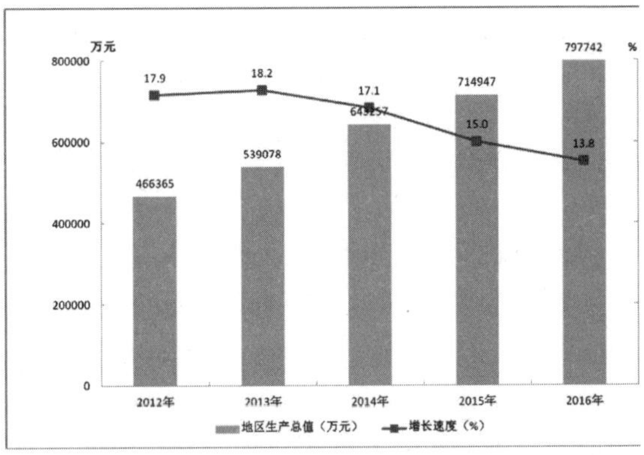

图 1　2012－2016 年全县地区生产总值及其增长速度

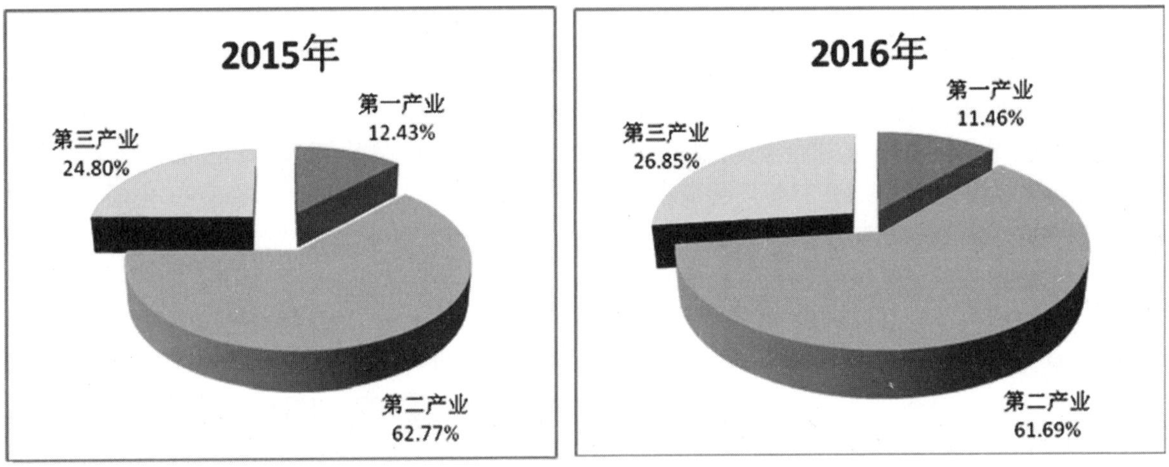

图 2　2015 年和 2016 年三次产业增加值构成

【农业】 2016 年，全县农林牧渔业总产值完成 187803 万元，比上年同期增长 6.3%。其中：农业总产值完成 132889 万元，比上年同期增长 7.0%，牧业总产值完成 43118 万元，比上年同期增长 3.6%。全县农林牧渔业增加值比上年同期增长 6.3%。粮食总产量 70890 吨，与上年同期持平。

表 1　**主要农作物产量、畜产品产量统计表**

品　种	单位	2016 年	比上年同期（±%）
粮　食	吨	70890	0.00
其中：稻谷	吨	37515	0.00

续表

品　种	单位	2016 年	比上年同期（±%）
油菜籽	吨	7466	10.28
烤　烟	吨	774	2.52
茶　叶	吨	331	0.00
水　果	吨	21331	7.21
出栏肉猪	头	91743	－7.20
出栏羊	只	12179	0.00
肉类总产量	吨	8936	－5.22

全县森林面积 9.20 万公顷，比上年同期增长 2.60%。森林覆盖率 60.06%。

农业生产条件不断改善。年末全县拥有农业机械总动力19.03万千瓦，比上年同期增长17.95%。年末农田有效灌溉面积9.18万公顷。

【工业和建筑业】 2016年，全县年主营业务收入在2000万元以上的工业企业130户，完成总产值186.63亿元，比上年同期增长13.9%，其中：轻工业完成56.48亿元，比上年同期增长4.01%；重工业完成95.75亿元，比上年同期增长12.48%。

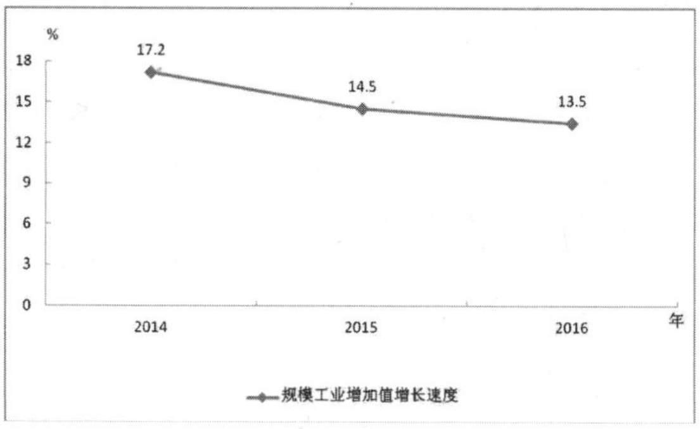

图3 2014－2016年全县2000万元规模以上工业企业增加值增长速度

表2 工业企业主要产品产量统计表

品 种	单位	2016年	比上年同期(±%)
中成药	万吨	1.27	－3.2
合成洗衣粉	万吨	6.27	5.6
啤 酒	万千升	14.06	17.4
水 泥	万吨	502.1	24.9
人造板	万立方米	32.56	1.3
电力电缆	万千米	0.75	10.3

全县2000万元以上规模工业企业增加值比上年同期增长13.50%。主营业务收入152.23亿元，比上年同期增长9.2%；实现利润总额9.06亿元，同比下降33%。

建筑业，全县有资质等级的建筑企业6个，完成建筑业产值170000万元，比上年同期增长166.85%。资质内建筑企业房屋施工面积183.57万平方米，同比增长10.75%；房屋竣工面积20.06万平方米，同比增长29.82%，其中，住宅竣工面积15.79万平方米，同比增长20.51%。商品房销售面积82.47万平方米，比上年增长40.85%。

【固定资产投资】 2016年，全县500万元以上固定资产投资完成116.48亿元，比上年同期增长22.20%，其中：房地产开发投资23.89亿元，比上年同期下降－2.21%。

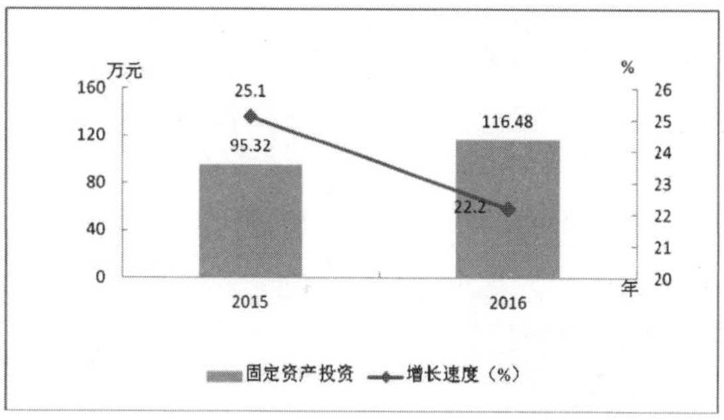

图4 2015－2016年500万元以上固定资产投资及增长速度

【交通运输和邮电通信】 2016年，全县公路通车里程1079.51公里，其中：高速公路通车里程67.91公里。公路货运量1047万吨，比上年同期增长12.94%；货物周转量341506万吨/公里，比上年同期增长24.92%。旅客发送量1896万人，比上年同期增长26.82%；旅客周转量108560万人/公里，比上年同期增长27.62%。

全县完成邮政业务总量2206.19万元，比上年同期增长25.9%；邮政业务总收入199.59万元，比上年同期增长18.0%。电信收入1.19亿元，同比增长4.69%。

【财政和金融】 2016年，全县财政总收入184368万元，比上年同期增长8.88%，其中：公共财政预算收入96801万元，比上年同期增长23.50%。公共财政预算支出230338万元，比上年同期增长9.05%，其中：一般公共服务支出30070万元，比上年同期增长0.94%；教育支出44681万元，比上年同期增长10.20%；医疗卫生支出24416万元，比上年同期增长23.49%；节能环保支出9016万元，比上年同期增长0.57%；农林水事务支出43950万元，比上年同期增长5.87%；住房保障支出23757万元，比上年同期增长－4.73%。

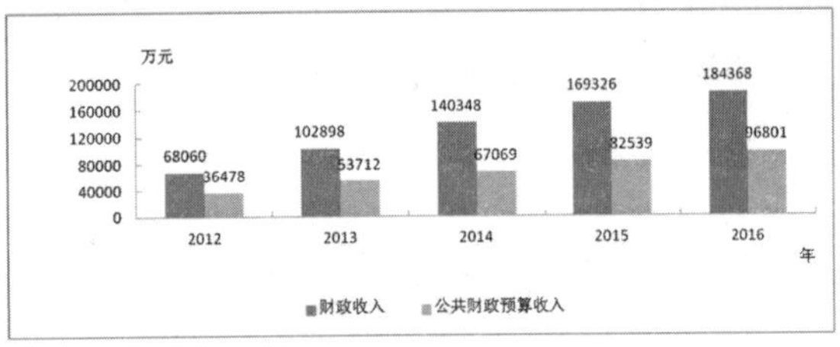

图5　2012－2016年财政收入及公共财政预算收入

年末，全县金融机构各项存款余额1281177万元，比年初增加绝对额408905万元，比上年同期增长46.88%，其中：住户存款余额557899万元，比年初增加绝对额211405万元，比上年同期增长61.01%。年末金融机构各项贷款余额765699万元，比年初增加绝对额194027万元，比上年同期增长33.94%。

【商业贸易】　2016年，全县社会消费品零售总额完成165179.9万元，比上年同期增长14.00%，其中：限额以上企业消费品零售总额84390.1万元，比上年同期增长44.58%。消费品零售按城乡分：城镇社会消费品零售总额完成124928万元，比上年同期增长12.77%；乡村社会消费品零售总额完成40251.9万元，比上年同期增长18.00%。消费品零售按行业分：批发业完成54133.2万元，比上年同期增长10.20%；零售业完成89872.9万元，比上年同期增长6.53%；住宿业完成6519.0万元，比上年同期增长32.68%；餐饮业完成14654.8万元，比上年同期增长125.63%。

【招商引资和对外贸易】　2016年，全县招商引资到位资金完成191.7亿元，同比增长19.70%，其中：引进省外3000万元以上资金148.06亿元，同比增长54.68%。

全年完成进出口贸易总额233万美元，同比下降80.4%，其中：出口贸易总额233万美元，同比下降31.47%。

【教育和卫生】　2016年，全县基础教育有幼儿园40所，其中公办32所；小学校点69所，其中完全小学25所；初级中学8所，高级中学1所。基础教育在校（园）学生数37503人，其中：幼儿园（班）8818人，小学17456人，初中7943人；高级中学在校学生数3286人。基础教育专任教师2448人，其中：幼儿园482人，小学1171人，初中593人；高级中学专任教师202人。小学学龄儿童入学率100%，初中阶段毛入学率87.56%。

中等职业教育学校1所，在校生数4515人，专任教师189人。

全县拥有医疗卫生机构184个，其中：医院8个，基层医疗卫生机构174个，专业公共卫生机构3个。卫生机构床位数1071张，其中：医院721张，乡镇卫生院270张。卫生技术人员1055人，其中：执业医师431人，注册护士488人。

【文化和旅游】　2016年，全县拥有图书馆1个，图书藏量4.4万册；电影院1座；县广播电视台1个，数字电视覆盖人口5.74万人；广播覆盖人口22.65万人，比上年同期增长0.89%。

全县旅游总收入22.40亿元，比上年同期增长66.4%，接待游客250.73万人次，比上年同期增长51.5%。

【人口与社会保障】　2016年末户籍总人口23.52万人。

全县在岗职工人数14912人，其中：国有经济单位7663人，集体经济单位528人。在岗职工年平均工资59624元，比上年同期增长9.98%，其中：企业在岗职工年平均工资50898元，比上年同期增长8.89%。城镇居民人均可支配收入26474元，净增2319元，比上年同期增长9.60%；农村居民人均可支配收入9223元，净增869元，比上年同期增长10.40%。

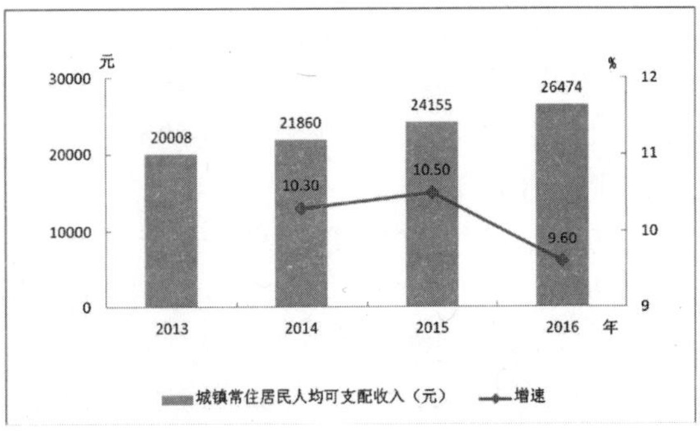

图6　城镇常住居民人均可支配收入及增长速度

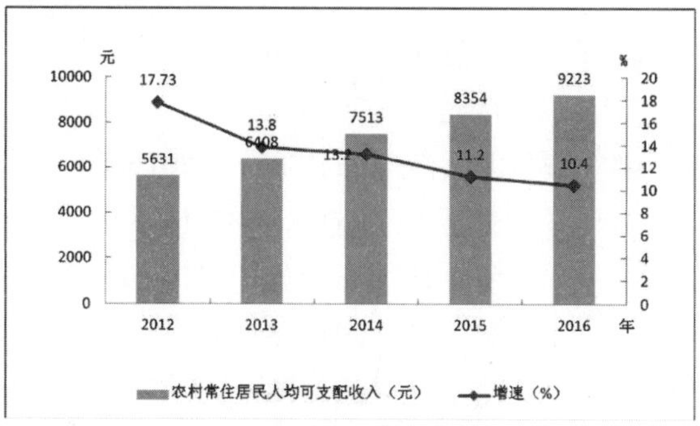

图 7　2011－2015 年农村常住居民人均可支配收入及增长速度

年末参加基本养老保险人数 13779 人，比上年同期增长 6.11%；参加基本医疗保险人数 30682 人，比上期同期增长 2.39%；参加农村合作医疗保险人数 19.12 万人，比上年同期增长 3.06%；领取最低生活保障救济的人数 0.91 万人，比上年同期增长 6.6%，其中：城镇 0.09 万人，比上年同期下降 7.63%。城镇新增就业人数 6852 人，比上年同期增长 4.01%；城镇登记失业人数 346 人，比上年同期下降 9.66%，城镇登记失业率 2.9%。

（统计局）

龙里县领导干部名录

中国共产党龙里县委员会

书　　记　刘华龙
副 书 记　陈　曦吴应忠（—2016.4）
　　　　　屈　芳（2016.10—）
常　　委　汪永丽（女）王泽勇（—2016.10）
　　　　　犹永凯　罗越飞（—2016.10）
　　　　　谢明元（京，—2016.10）
　　　　　陈光煜（—2016.10）
　　　　　黎　彤（布依族）
　　　　　李　健（2016.10—）
　　　　　石　磊（彝族，2016.10—）
　　　　　杨　浚（2016.10—）

中国共产党龙里县委员会工作部门

办公室

主　　任　罗宗邦（布依族，—2016.10）
　　　　　周映龙（2016.10—）
副 主 任　宋波波（布依族）　闻　豪
　　　　　王　砚（女，—2016.8）
　　　　　王昌林（2016.8—）
　　　　　曾　继（—2016.2）
外事侨务和台港澳工作办公室主任
　　　　　吴　明（2016.8—）
信息综合室主任　陶乃虎（2016.8—）

国家安全工作领导小组办公室

主　　任　罗宗邦（布依族，—2016.10）
专职副主任　晏　龙（—2016.8）
　　　　　闻　豪（2016.8—）

政策研究室

主　　任　罗泽勇（布依族，—2016.8）
　　　　　姚　刚（2016.8—）
副 主 任　晏　龙（2016.8—）
　　　　　王昌林（—2016.8）

组织部

部　　长　罗越飞（—2016.10）
　　　　　李　健（2016.10—）
常务副部长　岑　红（布依族）
副 部 长　宋跃东
　　　　　罗熙秋（女，布依族）
　　　　　沈安春
　　　　　熊　杰（—2016.8）
　　　　　胡伟谊（2016.8—）
部务委员　熊明涛
　　　　　陈　丽（女，—2016.8）
　　　　　张　车（—2016.3）
　　　　　胡伟谊（2016.3—2016.8）
　　　　　罗　彪（布依族，2016.8—）
　　　　　高传志（2016.8—）
办公室主任　张　车
干部科科长　熊明涛

干部监督科科长　陈　丽（女）

党建办

主　　任　熊　杰（—2016.8）
　　　　　胡伟谊（2016.8—）

副 主 任　李　娜（女）
　　　　　张　韵
　　　　　陈　凯（2016.6—）

干部考核考评管理办公室

主　　任　胡伟谊（—2016.3）
　　　　　王　浩（2016.8—）

人才工作领导小组办公室

主　　任　刘雪梅（女，—2016.6）
　　　　　何　超（2016.6—）

干部档案管理办公室

主　　任　张海丽（2016.8—）

宣传部

部　　长　汪永丽（女）

常务副部长　罗士朝（布依族，—2016.8）
　　　　　熊　杰（2016.8—）

副 部 长　罗泽勇（布依族，2016.8—）
　　　　　罗宗斯（布依族，—2016.3）
　　　　　肖元辉（—2016.8）

精神文明建设指导委员会办公室主任
　　　　　姚　刚（—2016.8）
　　　　　范启麟（2016.8—）

精神文明创建活动指导中心

副 主 任　王立信（2016.8—）

对外宣传工作办公室（县政府新闻办公室）

副 主 任　莫岱维（2016.8—）

整脏治乱办公室

主　　任　范启麟（—2016.8）

副 主 任　黎耀文（—2016.8）

文化体制改革和文化产业发展办公室

副 主 任　谭　云（—2016.8）
　　　　　冯明娟（2016.08—）

网络安全管理办公室

主　　任　王　贤（2016.8—）

统战部

部　　长　汪永丽（女，—2016.10）
　　　　　黎　彤（布依族，2016.10—）

常务副部长　刘万荣（—2016.3）
　　　　　肖元辉（2016.8—）

副 部 长　龙大海（布依族，—2016.8）
　　　　　秦昌平（苗族，—2016.8）
　　　　　罗士朝（布依族，2016.8—）
　　　　　吴　明（2016.8—）
　　　　　莫玉红（2016.8—）

全面深化改革领导小组办公室

主　　任　罗泽勇（布依族，—2016.8）
　　　　　姚　刚（2016.8—）

专职副主任　刘　相（2016.8—）

政法委

书　　记　黎　彤（布依族，2016.10）
　　　　　杨　浚（2016.10—）

副 书 记　冯　波（2016.3—2016.8）
　　　　　何开宏（2016.8—）
　　　　　莫开迅

办公室（研究室）

主　　任　张冰昱（—2016.8）
　　　　　李茂祥（2016.08—）

政工科科长　陈　丽（女，2016.8—）

执法监督科科长　马　华

社会治安综合治理办公室

主　　任　冯　波（—2016.8）

副 主 任　杜劲松（—2016.8）

社会管理综合治理委员会办公室

主　　任　何开宏（2016.8—）

副 主 任　刘仕华（2016.8—）

综治科

科　　长　徐厚江

维稳办

主　　任　韦明东（布依族）

工作科

科　　长　张冰昱（2016.8—）

维护社会稳定领导小组办公室

副 主 任　李昌海（—2016.8）

维稳科

科　　长　王　川（布依族）

机构编制委员会办公室

主　　任　沈安春

副 主 任　杨　洋（2016.2—）

政务信息管理中心

主　　任　何定昌（—2016.8）

事业单位登记管理局

局　　长　王昌林（—2016.2）

　　　　　李静梅（女，2016.2—）

直属机关工委

书　　记　罗丽萍（女）

副 书 记　肖　立

纪工委书记　宋致喜（-2016.9）

　　　　　文秀金（2016.9—）

离退休干部局

局　　长　罗熙秋（女，布依族）

副 局 长　刘廷学

关工委秘书长　刘廷学

保密局

局　　长　王如生（布依族）

党　校

校　　长　禹启华

副 校 长　陶朝霞（女）

　　　　　吴永文（布依族）

老年大学

校　　长　罗时洪（布依族）

副 校 长　党莉娟（女）

督查督办局

局　　长　罗祥金（布依族）

副 局 长　杨　洋

　　　　　王云燕（女）

　　　　　王高明

纪检组长　宋贞华

信访局（群众工作中心）

局长（主任）　罗天相

纪检组长　杨　蓉（女，—2016.6）

副局长（副主任）　卢其政

　　　　　冯　平

　　　　　龚龙孝

　　　　　罗兴晟（布依族）

中国共产党龙里县纪律检查委员会

书　　记　陈光煜（—2016.10）

　　　　　石　磊（彝族，2016.10—）

常务副书记　陈明裕（布依族）

副 书 记　杨　洋（—2016.4）

　　　　　欧家坤（2016.4—）

纪委委员、常委

　　　　　陈光煜（—2016.10）

　　　　　石　磊（彝族，2016.10—）

　　　　　陈明裕（布依族）

　　　　　杨　洋（—2016.4）

　　　　　欧家坤（2016.4—）

　　　　　田茂军（土家族，—2016.4）

　　　　　杨玉国（苗族，2016.4—）

　　　　　陈有富（布依族，—2016.10）

　　　　　李俊义

　　　　　余道碧（女，—2016.4）

　　　　　宋泽坤（2016.4—）

　　　　　戴启荣（2016.10—）

各纪工委书记

　　　　　田茂军（第一纪工委书记，土家族，—2016.2）

　　　　　杨玉国（第一纪工委书记，苗族，2016.2—）

　　　　　余道碧（第二纪工委书记，女，—2016.2）

　　　　　李俊义（第二纪工委书记，2016.8—）

　　　　　陈有富（第三纪工委书记，布依族，—2016.8）

　　　　　戴启荣（第三纪工委书记，2016.8—）

　　　　　李俊义（第四纪工委书记，—2016.8）

　　　　　宋泽坤（第四纪工委书记，2016.8—）

各纪工委副书记

　　　　　文秀金（第一纪工委副书记，苗族）

　　　　　杨国凯（第二纪工委副书记）

　　　　　陈应菊（第三纪工委副书记，女，

布依族）
各科室主任陈有富（办公室主任，布依族）
李俊义（党风政风监督室〈县政府纠正行业不正之风办公室〉主任，—2016. 8）
冯金霞（党风政风监督室〈县政府纠正行业不正之风办公室〉主任，女，2016. 8—）
宋泽坤（第二纪检监察室主任）
陈应菊（干部室主任，女，布依族，—2016. 8）
周　康（干部室主任，2016. 8—）
王连科（案件审理室主任，苗族）
张玺锟（宣传教育研究室主任，土家族，—2016. 8）
黄　燕（宣传教育研究室主任，女，2016. 8—）
黄国华（信访室主任）
陈玉平（案件监督管理室主任，布依族）
吴明玉（第一纪检监察室主任，2016. 2—）
余廷刚（举报中心〈非公有制经济发展侵权投诉中心〉主任，2016. 2—）

县纪律检查委员会工作部门

监察局局长　陈明裕（布依族）
监察局副局长　田茂军（土家族，—2016. 3）
杨玉国（苗族，2016. 4—）
梁晓丽（女，—2016. 9）
陈应菊（女，布依族，2016. 9—）
监察分局局长　文秀金（第一监察分局局长，苗族）
杨国凯（第二监察分局局长）
陈应菊（第三监察分局局长，女，布依族）
梁晓丽（第四监察分局局长，女，—2016. 9

龙里县第十六届人大常委会

主　　任　上官昌健（—2016. 1）
王永坤（2016. 1—）
副 主 任　陈　民（布依族，2001. 7—）
莫　涛（布依族，—2016. 1）
徐　彬（2012. 1—）
康兴酉（2009. 2—）
杨　鸣（2011. 3. 1—）
陈　俊（女）
陈远军（2016. 1—）

龙里县第十六届人大常委会工作部门

办公室

主　　任　罗加骐（布依族）
副 主 任　陈　杨（—2016. 6）
杨再刚（2016. 8—）
冯振刚（2016. 8—）

代表服务中心

主　　任　杨再刚（2016. 3—2016. 8）
王　燕（女，2016. 8—）

人大代表联络办公室

主　　任　吴永贤（布依族）

信访督查室

主　　任　冯秀华（女，土家族）

代表工作委员会

主　　任　徐　权

经济工作委员会

主　　任　林更喜（布依族）

预算审查委员会

专职副主任　韦玉春（女，布依族，2016. 10—）

教科文卫工作委员会

主　　任　张　薇（女，—2016. 6）
左光红（2016. 6—）

民族宗教事务委员会

主　　任　罗永香（女，布依族）

环境与资源保护委员会

主　　任　杨家芬（女，—2016. 6）
李正平（2016. 6—）

农业与农村工作委员会

主　　任　龙沿成

法制工作委员会

主　　任　邵朝模

龙里县人民政府

县　　长　陈　曦
常务副县长　犹永凯
副 县 长　谢明元（京，—2016. 10）
罗用频（—2016. 4）
王永良（—2016. 4）
陈　强（—2016. 6）
王　煦（—2016. 7）
周莉莉（女，—2017. 1）
郭永昌（2016. 6—）
张　超（2016. 8—）
肖　红（女，—2016. 10）
李　健（—2016. 10）
朱　鸿（—2016. 10）
魏　明
杨贵丽（女，布依族，2016. 10—）
李政泉（2016. 10—）
林　刚（白族，2016. 12—）
王昌福（布依族，2016. 12—）
黄志坚（2016. 1—）

龙里县政府工作部门

县政府办公室

主　　任　杨胜利
副 主 任　朱玉香（女）
熊安平（2016. 7—）
罗枢华（布依族）
史文剑（—2016. 8）
尹光国聂吉江（—2016. 7）
周正平（2016. 8—）
熊　涛（—2016. 8）
曾　继（—2016. 3）

法制办公室

法律总顾问　陈永福（2016. 6—）
主　　任　罗添伦（布依族）
副 主 任　杨德建

国防教育办公室

主　　任　史文剑（2016. 3—2016. 8）
熊　涛（2016. 8—）

应急办

主　　任　杨胜利
专职副主任　龙　超
张　航（2016. 11—）
兼职副主任　旷朝辉（2016. 8—）

研究室

主　　任　兰　予（—2016. 7）
付志杰（2016. 8—）

金融办

主　　任　黄志坚（2016. 3—2016. 8）
陆娅丽（2016. 8—）
副 主 任　赵兴见（—2016. 7）
李子丽（2016. 7—）
付　迪（2016. 8—）

人民防空办公室

主　　任　杜丽娟
副 主 任　曾为娜（女）

“两烟”办公室

主　　任　余　勇

机关事务管理局

局　　长　曾　继（—2016. 3）
余道碧（2016. 3—）
副 局 长　冯舰颖
张登菊（女，—2016. 9）
何显明（2016. 3—）

外事接待办公室

主　　任　王红丽（2016. 9—）

“两烟”办

主　　任　余　勇

法制办

主　　任　罗添伦（布依族）
副 主 任　杨德建

政务服务中心

主　　任　韦俊龙（水族）
常务副主任　陈洪波（女）
副 主 任　李　平
纪检组长　金安利（女）

公共资源交易中心
主　　任　梁晓丽（女，2016.9—）
副 主 任　肖　艳（女）
　　　　　罗丽娜（女，2016.9—）
纪检组长　陈　文
公安局
党委书记、局长　杨　浚
党委副书记、政委　唐晓宇（—2016.7）
副 局 长　龚述兵
　　　　　徐　琦
　　　　　刘昌柏
　　　　　罗天桥
纪委书记　陈　根
司法局
局　　长　陈家键（布依族）
副 局 长　龙　虎（苗族）
　　　　　陈永福（—2016.8）
纪检组长　卢文勇（—2016.8）
机关事务管理局
局　　长　王昌林（布依族）
副 局 长　冯舰颖
　　　　　何显明
　　　　　熊　娟（女）
县外事接待办主任　王红丽（女）
纪检组长　彭相欧
教育局
党组书记、局长　潘　华
副 局 长　何德发
　　　　　周　勇
　　　　　罗黔丽（女，布依族）
纪检组长　朱胜琴（女，侗族）
政工科科长　岑　燕（女）
教工委专职副书记　刘昌苹（女，苗族）
教育督导室
督　　学　覃业忠
副 主 任　陈家元（布依族）
民政局
局　　长　左光宏（—2016.6）
　　　　　孟　杰（2016.6—）
纪检组长　黄永宁
副 局 长　周　海
　　　　　罗祥友（布依族）
　　　　　任　伟
社会救助局局长　杨玉鸿（女）
民政执法大队大队长　林礼超
老龄办公室主任　左光宏（—2016.6）
老龄办公室副主任　郑霞霞（女）
人力资源和社会保障局
党组书记、局长　宋跃东
党组副书记、常务副局长　罗显琴（女，布依族）
党组副书记、纪检组组长　王武兴（布依族）
副 局 长　郭正龙（—2016.8）
　　　　　刘红梅（女，布依族）
　　　　　周吉友（2016.8—）
保险事业局局长　郭正龙（—2016.8）
财政局
党组书记、局长　龚传贵
党组副书记、常务副局长　韩　波（布依族）
党组副书记、纪检组长
　　　　　文秀金（苗族，—2016.9）
　　　　　龙婵娟（女，2016.9—）
机关党委专职副书记
　　　　　陆娅莉（女，—2016.8）
副 局 长　杨　松
　　　　　韦玉春（女，布依族，—2016.9）
　　　　　熊江敏（女，2016.9—）
财政投资评审中心主任　杨春华（女，2016.2—）
公共资源交易管理办公室副主任（主持工作）
　　　　夏曙光（布依族）
审计局
局　　长　郑绍勇
副 局 长　任　伟（—2016.8）
　　　　　艾泽萍（女）吴贤松（2016.8—）
　　　　　罗　宏（女，布依族，2016.8—）
纪检组长　杨普兵
发改局
党组书记、局长　王国祥
纪检组长　陆绍明（布依族）
常务副局长　陈　杰（男，布依族）
副 局 长　谢　兰（女，—2016.7）
　　　　　乔雁飞（—2016.7）
　　　　　何　丽（女，2016.8—）
　　　　　潘海江（苗族，2016.8—）

工业和信息化局

党组书记、局长　焦　阳

党组副书记、常务副局长　代劲松

纪 检 组 长　刘鹏程（2016. 9—）

副　局　长　王贵生

商贸局

局　　　长　熊　炜（羌族，2016. 2—）

常务副局长　梁　华（—2016. 3）

副　局　长　彭　浩（2016. 3—）

何　赟

张兴龙

投资促进局

党组书记、局长　龙明祥

党组副书记、常务副局长　史文剑

党组副书记、纪检组长　陈世刚

副　局　长　王　飞

陈　雪（女）

招商引资项目代办服务中心主任　施　坤

统计局

党组书记、局长　刘立新（侗族）

党组副书记、纪检组长

宋庆贤（—2016. 8）

王秀明（女，苗族，2016. 8—）

副　局　长　龙婵娟（女，—2016. 8）

袁　明（2016. 9—）

申道相（2016. 9）

安监局

党组书记、局长　向科艺（—2016. 2）

田茂军（2016. 2—）

党组副书记、纪检组长　宋致喜（2016. 8—）

党组副书记、常务副局长　苏济文（布依族）

副　局　长　张金坤

安全生产执法监察大队大队长　刘　云

煤炭安全监管局局长　徐　斌（—2016. 8）

住房和城乡建设局

党组书记、局长　李政泉

党组副书记、纪检组长　李声春

副　局　长　郑成明（2016. 9—，升任常务副局长〈正科级〉）

杨春华（女，—2016. 3）

黄华海（2016. 3—）

城乡规划局

副　局　长　杨　杰（主持工作）黎黎（女）

房地产管理局（房屋产业征收局）

党组书记、局长　罗　勇（—2016. 7）

常务副局长　韩宏宇（布依族，2016. 7—主持工作）

纪 检 组 长　何　斌

副　局　长　扶明军

莫　文（女）

城市管理局

党组书记、局长　林　勇（兼公用局局长）

党组副书记、纪检组长　李忠喜

副　局　长　陈廷燕（女）

宋运伦

陈　刚

公用局副局长　毛德玲（女）

周　禹

绿化局局长　陈敏（女）

城市管理监察大队大队长　沈安志

城乡规划执法大队大队长　吕　伟

交通运输局

党组书记、局长　刘　秦

党组副书记、纪检组长　罗心斌（布依族）

副　局　长　秦秋云（女）

岑伟（布依族）

吴吉州（苗族）

海事处处长　乔雁飞（2016. 8—）

道路运输管理局副局长

曹　虎（回族，主持工组）

农村公路管理局局长　陈龙彪

农村工作局

党 组 书 记　朱　鸿（—2016. 2）

党组书记、局长　曾　继（2016. 2—）

党组副书记、纪检组长

吴　明（侗族，—2016. 8）

袁　鑫（女，2016. 8—）

常务副局长　罗国政（布依族，2016. 3—）

副　局　长　罗启龙（布依族，2016. 6—）

监察室副主任　胡银相（2016. 10—）

蔬果办公室主任　王　萍（女，苗族，2016. 2—）

茶叶产业化办公室副主任

韦红燕（女，布依族，2016. 3—）
动物疫病预防控制中心主任
夏永波（土家族，2016. 5—）
省农广校龙里分校校长
杨玉海（苗族，2016. 5—）
动物卫生监督所所长　袁双全（2016. 5—）

扶贫局

局　　长　谢启林（2016. 7—）
副 局 长　谢　兰（2016. 8—）
莫天鹏（布依族）
肖崇黔

民宗局

党组书记、局长　秦昌平（苗族）
副 局 长　罗祥凤（女，布依族）
王国秀（女，苗族）

国土资源局

党组书记、局长　尹光祥
副 局 长　尹　祥（2016. 5—）陈朝彬
梁嘉锡（布依族）
纪检组长　陈恩祥（布依族）
土地收储中心主任　宋　垠（女）

环保局

党组书记、局长　胡　琼（女，回族）
副 局 长　刘　翔
周雪贵（白族）
纪检组长　涂江忠

林业局

局　　长　向科艺（2016. 2—）
副 局 长　王云海（—2016. 9）
余　沸（女）肖丽（女）
王　岚高贵龙（布依族，2016. 9—）
纪检组长　杨国凯

水务局

局　　长　梁世坪
常务副局长　彭盛刚
副 局 长　张琦惠（女）
费基勇
纪检组长　李士贤（布依族）
骨干水源工程管理处副处长　何阳海
冯明帅
水务执法大队大队长　罗　元

市场监督管理局

机关党委书记　唐定梅（女）
局　　长　陈远军（—2016. 3）
常务副局长　胡　珊（女，回族，2016. 3—，主持工作）
副 局 长　蒋　勇
王吉良
纪检组长　袁　鑫（女，—2016. 8）
宋庆贤（2016. 8—）
规行办主任　陈辉慧（女，布依族，2016. 8—）

档案史志局

局　　长　陆永辉（布依族）
副 局 长　吴永辉（布依族，—2016. 8）
罗　彪（布依族，—2016. 9）
韦泽秀（女，布依族，2016. 8—）
纪检组长　刘晓羽（女，布依族）
党史研究室主任　罗华礼（布依族）

水库和生态移民局

党组书记、局长　罗祥刚（男，布依族）
党组副书记、纪检组长
戴启荣（—2016. 6）
唐德银（苗族，2016. 6—）
副 局 长　陈正林（苗族）
乐举业（—2016. 9）
李泽云（2016. 5—）
王云海（2016. 9—）

科学技术和知识产权局

副 局 长　钱洪帮（主持工作）
纪检组长　吴晓欢（女，苗族）
副 局 长　吴文林（侗族）
防震减灾局副局长　刘　斌
乐举业（2016. 9—）

疾控中心

党支部书记　平　波（—2016. 7）
王洪云（2016. 7—）
党支部副书记　朱德江（2016. 7—）
主　　任　王洪云
副 主 任　温同安

文化和旅游局

局　　长　庹朝平
副 局 长　宋　华（—2016. 9）

杨玉玺（苗族，—2016.9）
冯馨仪（女，布依族，—2016.8）
张登菊（女）
郑　琛（女）
付　祥
纪检组长　熊安龙（—2016.9）
文化馆馆长　刘　雷
旅游产业管理办公室主任
谭　云
韩永高（布依族，—2016.8）
旅游产业管理办公室副主任
王　燕（女，—2016.8）
董　勇
陈红英（女，布依族）

广播电视台（新闻中心）

台长（主任）　刘玉红
副台长（副主任）　王立信（—2016.8）
王华乔（2016.9—）
潘希来（2016.9—）
副　台　长　王广宁

人口和计划生育局

党组书记、局长　霍贵平
常务副局长　杨继生
副　局　长　袁益飞
罗黔涛（女，布依族）
纪检组长　袁建明

疾病预防控制中心

主　　任　王洪云
副主任　温同安

医疗改革办公室

主　　任　付善杨

新型农村合作医疗管理办公室

主　　任　岳　萍（女）

妇幼保健计划生育服务中心

主　　任　袁步红（女）
副主任　吴　红（女）
石秀丽（女）
戴文惠（女）

供销合作社（电子商务）

党组书记、主任（兼电商办主任）
杨智琴（女，苗族）
党组副书记、纪检组长　唐光芬（女，苗族）
党组副书记、常务副主任　罗传礼（布依族）
副主任　周正平（—2016.8）
陈永安（2016.9—）
电商办常务副主任　梁　华（2016.3—）

金融办

主　　任　黄志坚（女，土家族，—2016.8）
陆娅莉（女，2016.8—）
副主任　赵兴见（—2016.7）
李子丽（女，2016.7—）
付　迪（2016.8）

铁建办

主　　任　张忠庆（女，县铁路建设指挥部副指挥长）
副主任　杜陈华
杜　岚（女）

气象局

党支部书记、局长　宋应刚
气象台台长　邓　珺（女）

龙里县经济开发区（工业园区）管委会

党工委书记　刘华龙
管委会主任　陈　曦
管委会常务副主任　犹永凯
主任助理　伍　航
产业规划建设局局长　蒋玉龙
产业规划建设局副局长　陈　吉（女）
社会事务局局长　罗　勇（布依族）
社会事务局副局长　宋富荣（女）
财政审计局局长　肖钦蓉（女，布依族）
招商引资局副局长　彭　浩
梁晓虹（女）
办公室副主任　郝位涛
郑维勇

贵州快递物流集聚区管委会

主　　任　黄国学（2016.5—）
副主任　吴祖栋（2016.5—）
彭静菡（女，水族，2016.5—）

贵州贵龙实业（集团）有限公司

党委书记　张燕军
总经理　王明荣
副董事长　何水清

副总经理　何水清
　　陈　平（女，布依族）
　　陈　懿（布依族）
　　郭一超
监事会主席　宋佳佳

龙里经济开发区建设有限公司

总　经　理　陆品琪（2016.6—）
副总经理　龙华菊（女）

贵州省苗之印民族文化有限公司

总　经　理　张琦茜（女，2016.5—）

贵州腾龙实业集团有限公司

党委书记　曹礼林
董事长、总经理　郭　静
副总经理　赵太宇
　　周平武
　　郭章俊
财务总监　郭章俊
监事会主席　向科芸（女）
工会主席　杜青松

供排水总公司

总　经　理　郭　静
副总经理　田林刚（布依族）
　　郭中鹏
纪检组长　谭邦林

物资总公司

经　　理　李忠新（—2016.3）
　　赵太宇（2016.3—）

省、州驻县单位

龙里县国家税务局

党组书记、局长　周永恒（—2016.8）
　　李　庆（2016.8—）
纪检组长　李瑞敏（女）
副　局　长　刘国峰（蒙古族）
　　莫伯涛
　　吴　玉
　　龙彦如（女，—2016.8）

龙里县地方税务局

局　　长　刘祖宇（—2016.10）
　　皮惠松（2016.10—）
纪检组长　岳安国（—2016.10）
　　朱永芬（女，2016.10—）
副　局　长　高云（—2016.7）
　　岳安国（2016.10—）

龙里县烟草局

局长（经理）　王　毅（2016.11—）
纪检组长　兰美刚
副　局　长　王　毅（2016.01—11 主持工作）
　　王仁华
　　吴文妤（女，2016.011—）
副　经　理　刘　垦（挂职，—2016.11）

龙里县住房公积金管理部

主　　任　张红萍（女）
副　主　任　杨　治（布依族）

贵州广电网络龙里分公司

总　经　理　伍春龙
副总经理　石　翎（女，侗族）

省龙里林场

党委书记　陈胜利
党委副书记　涂祥闻
纪委书记　冯继荣（土家族）
场　　长　涂祥闻
副　场　长　王春雨
　　黄　德
　　方彦祥
　　胡兴平
总工程师　何世强（苗族）

中国银监委黔南监管分局龙里办事处

主　　任　郭正沫

中国人民银行龙里支行

行　　长　杨贵平
纪检组长　杨　辉（侗族，—2016.9）
　　尤　艳（女，2016.9—）
副　行　长　尤　艳（女）
　　杨　辉（侗族，—2016.9）

中国农业银行龙里支行

行　　长　陶　凯（—2016.4）
　　朱锦福（苗族，2016.4—）
纪　检　员　罗发燕（女）
副　行　长　罗发燕（女）

中国工商银行龙里支行

行　　长　薛　松

副　行　长　朱亚勤（—2016.4）
　　　　　　郭　毅（2016.5—）
　　　　　　黄兰蓉（2016.6—）

中国建设银行龙里支行

行　　　长　宋　刚（彝族）
副　行　长　蒋桂萍（女，彝族）

贵州龙里农村商业银行股份有限公司

党委书记、董事长　王　强（布依族）
纪委书记、监事长　张生才
副　行　长　王　刚（布依族，主持工作）
　　　　　　肖　建
　　　　　　王　清

龙里国丰村镇银行

行　　　长　陈巨帅
副　行　长　杨远荣
　　　　　　王　斌
　　　　　　汤治芳（女，苗族）
　　　　　　石文芳（女，布依族）

贵州银行龙里支行

行　　　长　王　肖（彝族）
副　行　长　王家德（布依族）

农发行龙里支行

行　　　长　吴廷松（苗族）
副　行　长　闫露露（女）

中国邮政储蓄银行龙里支行

支　行　长　杨国兵（布依族）

中国财产保险龙里分公司

经　　　理　何　颖（女）
副　经　理　陈　忠

中国人寿保险龙里分公司

副　经　理　孙泽芳（女，主持工作）

龙里金诚信用担保有限公司

总　经　理　龙　飞（2016.5—）
副总经理　谭　琳（女，布依族，2016.3—）

中国邮政龙里分公司

副总经理（支部书记）　蔡杰萍（主持工作）

中国电信股份有限公司龙里分公司

总　经　理　高晓华（仡佬族）
副总经理　陈　海

中国移动通信集团贵州有限公司龙里分公司

经理（党支部书记）　徐永忠

中国联通龙里县分公司

经　　　理　梁　波

贵阳银行龙里支行

行　　　长　李　春
副　行　长　陈　波（布依族）
　　　　　　张晓敏（女）

龙里供电局

局　　　长　田林江（布依族）
党支部书记、工会主席　王先伦
副　局　长　万发柱　周　阳
总会计师　叶　力

中石化龙里石油公司

支部书记　张玉豪
经　　　理　高崇光

贵州省盐务管理局龙里支局

贵州盐业龙里有限责任公司

经　　　理　余丽煌（女）
副　经　理　霍　清（女、侗族）

中国太平洋财产保险股份有限公司龙里支公司

经　　　理　陈定律

龙里北站

站　　　长　汤志寅
总支书记　彭　飞

龙里水文站

站　　　长　陈黔堂

中国人民政治协商会议龙里县第八届委员会

主　　　席　莫　涛（布依族）
副　主　席　张忠庆（女）
　　　　　　马晓红（女，布依族）
　　　　　　金子成（苗族）
　　　　　　张宗毅
　　　　　　陈金富（布依族）
　　　　　　仝太东
　　　　　　肖　红（女，2016.10—）
秘　书　长　雷安桥（—2016.11）
　　　　　　冯　俊（2016.11—）
副秘书长　熊　轶（女）
　　　　　　黎耀文（2016.8—）

办公室主任　熊　铁（女）

中国人民政治协商会议龙里县第八届委员会工作部门

提案委员会

主　　任　陈学宇

民族宗教委员会

主　　任　罗斌祥（布依族）

社会联谊委员会

主　　任　李万隆（—2016.6）

　　　　　梁成林（布依族，2016.6—）

社会与法制委员会

主　　任　罗显安（布依族）

智力支边办公室

主　　任　兰建国（苗族）

副 主 任　马朝忠（2016.9—）

委员联络委员会

主　　任　吴明学（2016.6—）

副 主 任　王　友（女，布依族，2016.3—）

社会团体

总工会

主　　席　莫　涛（布依族，—2016.3）

　　　　　陈远军（2016.3—）

常务副主席　陈　光（布依族）

副 主 席　许雪梅（女）

共青团龙里县委

书　　记　旷永杰（土家族，—2016.8）

副 书 记　上官田野

　　　　　罗颖嫦（女，2016.8—）

妇　联

主　　席　李光采（女，苗族）

副 主 席　张菊英（女，苗族）

科　协

主　　席　杨朝慧（女，2016.11—）

副 主 席　杨秀兰（女）

残疾人联合会

理 事 长　李再秀（女，苗族）

副理事长　向晓丽（女，2016.6—）

　　　　　周林燕（女）

红十字会

常务副会长　陈明丽（女）

秘 书 长　罗安峥

文学艺术界联合会

党组书记、主席　罗士朝

秘 书 长　罗德魁

副 主 席　罗德魁

　　　　　韦泽秀（女，布依族，—2016.8）

计划生育协会

会　　长　肖　红（女）

副 会 长　张宗毅

　　　　　陈　俊（女）

常务副会长　霍贵平

副 会 长　李奇元

爱国卫生运动委员会办公室

主　　任　蒋汉琼（女）

工商业联合会（商会）

主席、会长　马晓红（女）

党组书记、副会长　刘万荣

党组副书记、副主席、副会长　肖正惠（女）

党组成员、副主席、副会长　王英朝（布依族）

　　　　　黄　惠（女）

副主席、副会长　张　钊

　　　　　湛发胜

　　　　　王劲松

　　　　　李秋官

　　　　　何　滔

　　　　　赵文生

　　　　　付正友

　　　　　王恩源

　　　　　田晓顺

　　　　　刘明亮

　　　　　赵顺东

　　　　　吴维河

　　　　　谭　华

　　　　　熊毅刚

　　　　　蒋勤男

　　　　　张秉旺

　　　　　杨世平

　　　　　韦玉春（女，布依族）

　　　　　王贵生

　　　　　吴　玉

高　云
徐　琦
张金坤
何　丽（女）
陈　杰（布依族）
罗显琴（女，布依族）
王吉良
杨兴隆
许雪梅（女）
郑成明
黎　黎
刘　翔
秘书长　肖正惠（兼）

民主党派

民进黔南州委龙里支部
主任委员　金子成（苗族）
副主任委员　杨秀熙
韩永高（布依族）
委　员　刘　薇
黎耀文
王大勇
杨　斌

龙里县人民法院

院　长　杨　津（苗族）
副院长　罗　华
杨建中
刘显红（女）
机关党委书记　张洪河
纪检组长　江春枚（女）

龙里县人民检察院

检察长　葛永昶
副检察长　沈安发
吴明洪
王　杰（—2016.3）
纪检组长　苏正林（—2016.8）
陈　丽（女，2016.8—）
政工科长　王秋生
反贪局长　胡江龙
反渎局长　成瑞平（苗族）

驻　军

龙里县人民武装部
部　长　席运良
政治委员　王泽勇
副部长　张建辉（—2016.6）
政工科长　崔勇峰
后勤科长　敬　强（—2016.6）
胡连勇（2016.6—）
龙里县武警中队
队　长　王诗诏
指导员　孔令波
龙里县公安消防大队
大队长　旷朝辉（—2016.11）
张　航（2016.11—）
教导员　张　军（—2016.11）
潘新远（2016.11—）
参　谋　商　岳
谢忠云（布依族）
陈祉润（女，满族）
刘　春（2016.11—）
副中队长　王守禄（—2016.9）
杨竣尧（2016.9—）
副指导员　罗汝飞（布依族，—2016.9）
王守禄（2016.9—）
排　长　卢俊侨（壮族）

城区中学

龙里中学
校　长　田文祥
副校长　覃亚夫（土家族）
赵文荣（苗族）
党总支副书记　王忠祥
中等职业技术学校
校　长　吴永文（布依族）
副校长　陈培龙（布依族）

陈红英（女，布依族）

民族中学

副 校 长 莫 军（主持工作）
杨 宁（彝族）
潘兴艺
文显（土家族）

第三中学

校 长 姚鸿松
副 校 长 熊 芳（女，彝族）
陈朝俊

城区医院

人民医院

党总支书记 董 永
院 长 杨卫东
副 院 长 肖和平
杨 林（女，2016.3—）
李书光（2016.3—）

中医院

副 院 长 赵祖峰（苗族，主持工作）
吴 坚 胡永生（苗族）

各镇（街道）领导名录

冠山街道

党工委书记 周映龙（—2016.8）
罗 勇（布依族，2016.8）
党工委副书记 吴德富（—2016.6）
田文松（—2016.8）
旷永杰（土家族，2016.8）
纪工委书记 宋泽坤（—2016.3）
刘 双（2016.3—）
组 织 委 员 衡海剑
宣 传 委 员 刘梅蓉（女，苗族）
政法委书记 冯 波（—2016.3）
邱 毅（2016.3—11）
王谊祥（2016.11—）
办事处主任 吴德富（—2016.6）
罗 勇（2016.6—8）
田文松（2016.8—）
办事处副主任 屈兴华（布依族）
罗 勇（布依族，—2016.6）
刘震东（—2016.6）
邱 毅（—2016.3）
王 一（苗族，2016.11—）
犹 翌（2016.11—）
何定昌（2016.11—）
人大工委主任 罗启龙（—2016.6）
刘震东（2016.6）
武装部部长 彭金华

龙里高新技术产业园区

党工委书记 周映龙（—2016.8）
罗 勇（2016.9—）
党工委副书记 田文松（2016.9—）
主 任 吴德富（—2016.6）
田文松（2016.9—）
常务副主任 龙明祥（—2016.6）
罗 勇（布依族，2016.9—）
市政管理局副局长 张和清（壮族）
规划建设局副局长 董卫红
陈 鑫

洗马镇

党 委 书 记 吴明学（—2016.6）
冯 波（2016.8—）
党委副书记 蒋光燕（女）
严正龙（—2016.6）
陈大海（2016.6）
纪 委 书 记 刘 双（—2016.3）
赵志钦（2016.3—）
组 织 委 员 陈 凯（—2016.6）
李奇峰（2016.6—）
宣 传 委 员 莫伯平（—2016.6）
王荣华（2016.8—）
政法委书记 罗华奎（—2016.9）
廖 军（2016.9—）
镇综治办专职副主任 沈安文（2016.9—）
镇 长 蒋光燕(女,2016.6—8 主持党委工作)
副 镇 长 李 勇
杨 璠
滕代明（—2016.9）
罗心琼（女，布依族，—2016.9）
罗华奎（—2016.9）
宋瀚洋（2016.11—）

韦文光（布依族，2016.11—）
人大主席　李正平（—2016.6）
陈　杨（2016.11—）
武装部部长　王健全
洗马社区服务中心主任　宋瀚洋（—2016.11）
镇社区综合服务中心专职副主任
宋瀚洋（—2016.11）
镇社区综合服务中心副主任
韦文光（布依族，—2016.11）
吴明虎（—2016.9）
巴江社区服务中心主任　韦文光（布依族，—2016.11）
哪嗙社区服务中心主任　吴明虎（—2016.9）
工业园区党工委副书记　吴明学（—2016.6）
工业园区管委会主任　吴明学（—2016.6）
工业园区管委会副主任　蒋光燕（女）

湾滩河镇

党委书记　熊安平（—2016.6）
陈朝华（2016.6—）
党委副书记　尹　祥（—2016.5）
兰　予（2016.6—）
纪委书记　申成祥
组织委员　周兴海（—2016.6）
付　飞（2016.6—）
宣传委员　余　婷（女，蒙古族）
政法委书记　罗建华（布依族）
综治办专职副主任　张　勋（苗族）
镇　　长　杨朝慧（女，—2016.11）
邱　毅（2016.11—）
副镇长　吴吉阔（苗族，—2016.8）
周吉友（—2016.8）
杨伦丽（女，—2016.8）
国兴文（—2016.8）
周兴海（2016.6—）
罗祥禄（布依族，2016.6）
赵兴见（2016.6—）
陈　兵（2016.6—）
人大主席　梁成林（布依族，—2016.8）
吴吉阔（苗族，2016.8）
武装部部长　夏繁星（—2016.8）
陈庆海（布依族，2016.8—）
社区综合服务中心专职副主任　罗　星（布依族）
湾寨社区服务中心主任　罗祥禄（布依族，—2016.6）
摆省社区服务中心主任　杨龙坤（苗族）

龙山镇

党委书记　伍　航（—2016.8）
翟建明（布依族，2016.8—）
党委副书记　翟建明（布依族，—2016.8）
宋小波（—2016.6）
刘乃云（2016.6—8）
任本钊（2016.8—）
纪委书记　王新奇（苗族）
组织委员　任本钊（—2016.6）
刘登锋（藏族，2016.6—）
宣传委员　宋金阳（—2016.8）
付忠华（2016.8—）
政法委书记　何开宏（侗族，—2016.6）
袁家平（2016.8—）
综治办专职副主任　潘祖辉（苗族）
镇　　长　翟建明（布依族，—2016.8）
刘乃云（2016.8—）
副镇长　潘海江（苗族，—2016.8）
刘婉萌（女，布依族，—2016.8）
郑　洁（—2016.6）
任本钊（—2016.6）
罗华礼（布依族，—2016.8）
陈　宏（2016.8—）
程　娟（女，布依族，2016.8—）
李　猛（苗族，2016.8—）
冯馨仪（女，布依族，2016.8—）
人大主席　何光祥（—2016.6）
郑　洁（2016.6—）
武装部长　袁家平（—2016.8）
王梦宁（布依族，2016.8—）
草原社区服务中心主任　陈　宏（—2016.8）
夏繁星（2016.8—）
龙山社区综合服务中心专职副主任
彭兴艳（女，2016.3—）
龙山社区综合服务中心副主任
梁林峰（布依族）
水场社区服务中心主任　梁林峰（布依族）
龙山工业园区党工委书记
伍　航（—2016.8）

翟建明（布依族，2016.9—）

龙山工业园区党工委副书记

翟建明（布依族，—2016.8）

刘乃云（2016.8—）

龙山工业园区管委会主任

翟建明（布依族，—2016.8）

刘乃云（2016.8—）

谷脚镇

党委书记　孟　杰（—2016.6）

吴德富（2016.7—）

党委副书记　刘　峰（壮族）

昌德林（—2016.6）

宋小波（2016.7—）

纪委书记　刘鹏程（—2016.6）

姜　飞（2016.7—）

纪委副书记　翟相龙（—2016.6）张羽

政法委书记　厉中鑫

镇　长　刘　峰（壮族）

副镇长　梅　睿

张　车

喻非洲

刘乃云（—2016.6）

国兴文（2016.7—）

人大主席　杨　容（女，2016.7—）

武装部长　罗黔宏（布依族）

谷脚工业园区党工委书记

孟　杰（—2016.6）

吴德富（2016.7—）

谷脚工业园区党工委副书记　刘　峰（壮族）

谷脚工业园区管委会主任　刘　峰（壮族）

谷脚工业园区管委会常务副主任　梅　睿

醒狮镇

党委书记　熊　波

党委副书记　聂吉江（—2016.11）

严晓飞（2016.11—）

李明先（2016.11—）

纪委书记　彭昌云（2016.8—）

组织委员　罗章成（布依族，—2016.3）

张　超（2016.8—）

宣传委员　叶　菲（女）

政法委书记　郭兴富

镇　长　严晓飞（2016.11—）

副镇长　黄铭蔚（苗族）

李明先（—2016.11）

罗章成（布依族，2016.3—）

陈全燚（2016.11—）

李仕庆（布依族，2016.11—）

人大主席　严晓飞（—2016.11）

聂吉江（2016.11—）

武装部长　陈　林

镇社区服务中心专职副主任

陈全燚（—2016.11）

镇社会事业办公室主任　陈红梅（女，布依族）

产业园区社会事务管理局副局长　夏德刚

中国共产党龙里县委员会

综　　述

【概况】 2016年，中共龙里县第十一届委员会换届为第十二届委员会，通过县乡两级集中换届选举配齐了县乡两级班子。中共龙里县委贯彻落实党的十八大、十八届四中、五中、六中全会，中央、省、州经济工作会议和习近平总书记系列重要讲话精神，紧扣省委“两加一推”主基调和州委“一圈两翼”战略部署，突出“守底线、走新路、奔小康”的工作总要求，坚持“项目为纲、民生为本、实干为先”的“三为”工作导向，以“三严三实”作风推进各项事业健康稳定持续发展，全面提高党的建设，工业经济实现新增长，农业产业收获新成果，改善民生取得新作为，文化事业呈现新气象，社会治理提升新水平，同步小康打开新局面，全县经济社会发展保持健康快速的良好态势，主要经济指标大幅提升。截至2016年底，全县地区生产总值完成79.76亿元，同比增长13.8%；财政总收入18.44亿元，同比增长8.88%，其中一般公共财政预算收入9.68亿元同比增长23.5%；固定资产投资116.48亿元，同比增长22.2%；规模以上工业增加值50亿元，同比增长13.4%；城镇常住居民人均可支配收入26595元，同比增长10.1%；农村常住居民人均可支配收入9265元，同比增长10.9%；社会消费品零售总额16.54亿元，同比增长14.1%；金融机构各项存贷款余额分别为128.24亿元和79.69亿元，同比增长47.02%和39.41%。

坚持项目引领，突出产业支撑，快速提升经济实力。以引项目、建项目、推项目为抓手，围绕新医药与大健康产业、高新技术与新材料产业、商贸物流与现代服务业、现代生态农业、旅游业等五大产业，统筹规划布局，内抓基础设施，外拓渠道招商，着力提高对外开放水平，促进经济发展呈现稳中有进、稳中向好、稳中有优的态势。

坚持重大项目每月一调度、招商引资每月一调度、经济运行每月一调度的“三个一”调度机制，分别对城建、工业商贸、农业旅游及社会民生四个方面的项目洽谈和推进工作进行研究，并建立领导包联督促和各级部门各司其职的工作机制，及时分析解决项目的困难和问题。

坚持统筹协调推进城乡一体化，有序推进城镇建设。发挥“一城五区一高地”的辐射带动作用以及“一城三镇多节点”的作用，着力构建协调发展、互促共进的现代城镇体系。启动了龙溪大道和贵龙纵线二期两条城市干道为载体的龙溪城市经济带建设，扩展了龙里经济发展新空间，为龙里县经济二次跨越式发展，打造区域经济开放合作样板区，做好内陆开放型经济实验区示范工作奠定了坚实基础。

坚守民生底线提升发展质量，持续改善民生保障。以精准扶贫为重点，以同步小康创建为载体，立足县情绘蓝图，结合镇情做规划，紧扣村情民情抓落实，把着力点放在基础设施建设、民生事业发展、精准扶贫、社会环境治理、生态文明建设、精神文明建设等方面，全力做好保障和改善民生工作。

坚持改革驱动深化全面建设，全面提升发展动力。注重系统性、整体性、协同性，以更大决心冲破思想观念束缚、突破利益固化的藩篱，将全面深化改革抓细抓实。

坚持把硬化堡垒、优化队伍、强化廉洁贯穿到党建工作始终，以严的标准、严的要求、严的手段全面加强党的基层组织建设、干部队伍建设、党风廉政建设。

项目发展保持良好态势。进一步细化四家班子领导挂包重点项目机制，推进领导干部下企业、上工地发现问题、解决问题。深化项目企业“特派员”制度，架通政企沟通桥梁。抓好政务服务中心、公共资源交易中心、政府投融资等公共服务平台建设，服务项目企业实现一站式受理、一站式办结。成功引进福朋喜来登酒店、龙里大草原索道、贵龙港、1%摩都等文化旅游项目等。其中，2016年全县集中签约了38个，总投资额428.87亿元，新增州外到位资金219.6522亿元，超额完成州下达190亿元任务数。

工业经济保持强劲势头。引导工业企业加快技术创新、技改扩能和转型升级步伐，增强企业发展内生动力，县财政设立2000万元工业发展扶持资金，有27家企业申报扶持资金共计1276.76万元。通过省、州“千企改造”平台争取重点支持，华润雪花啤酒异地技改扩能项目、中广核谷冰风电等一批重点项目有序推进；创奇装备制造、基业钢结构等9户企业通过内外联合、转行转产，盘活闲置资产，新增加生产线改扩建投资近1亿元。通过“贵园信贷通”等平台帮助企业融资，共推荐29户企业申请短期流动贷款9180万元。以提升园区承载力，增强招商引资吸引力为目标，园区核心区基本实现“七通一平”，电力、路网框架基本形成。2016年，完成500万元以上工业投资24.12亿元，增长22.2%。全县招商引资项目到位资金完成126.26亿元，排全州第一位。

农业农村经济态势良好。农业经济平稳持续增长，农业总产值完成27.78亿元，占全年任务数的100.29%；农业增加值完成17.15亿元，同比增长39.98%，占全年任务数的123.83%；农村居民人均可支配收入12430元，同比增长39.88%，完成全年任务数的138.48%。农业全年招商引资项目18个，其中签约500万元以上投资项目8个，累计签约资金34亿元，到位资金4.039亿元。用于完善全县五个农业园区基础设施建设资金7.7838亿元，2016年全县园区新增拥有“三品一标”认证产品2个。以刺梨产业发展作为扶贫的主抓手，近年来每年种植刺梨不少于2万亩，引进国内最先进的刺梨加工生产线项目，为龙里向“百里刺梨带进军”做好铺垫。农业大数据建设有力推进，已建成全县农业大数据平台，同时与一马科技有限公司、贵州省天地通科技有限公司合作开发龙里县农业大数据后台管理系统、区域农产品溯源系统、农业地理信息系统。

第三产业活力增强。策划包装“龙里县乡村旅游扶贫重点村综合开发项目”“湾滩河现代农业休闲旅游观光景区建设项目”“龙架山生态观光休闲旅游区建设项目”等，争取上级资金补助。承办了2016“中国山地自行车公开赛”、全省网球锦标赛、央视“同一首歌”走进龙里等一系列高端赛事。双龙镇·巫山峡谷景区成功创建4A级景区，龙里大草原成功创建3A级景区，莲花湿地休闲体验区等一批重点文化旅游项目取得实效，厉家庄、孔雀寨等一批“四在农家·美丽乡村”顺利推进，文旅、体旅、农旅融合发展纵深推进。区域商贸物流产业集聚效果初显，双龙物流商贸城一期农副产品集散中心水果交易中心及冷链仓储和食宿等均已建成完善，其中价格比贵州省内陆市场价格便宜30%左右，占贵州省水果市场份额的90%；万豪总部城一期项目基本建成，快递物流园已入驻11家快递企业和14家物流企业。园区日均快件吞吐量已达130万票以上，解决就业人数3900人左右。

农村基础设施持续改善。扎实推进“四在农家·美丽乡村”六项行动计划建设，累计完成投资1.87亿元，不断优化村村通客运班线和县城公交线路，极大方便了群众的出行。坚持同步小康，2016年小康社会总体实现程度达97.67%。县乡村公路的改造提质完成县乡道路项目2个，总里程36.93公里。骨干水源工程、莲花河生态堤防治理和新民河重点山洪沟治理工程均在有序施工中。全面落实19座在建已建小（Ⅱ）型以上水库和辣子冲水电站防汛行政首长负责制。开展“四在农家·美丽乡村”小康房建设。2016年全面完成小康房132户建设任务。做好农村危房改造工作，先后进村入户检查危房改造工程进展情况。

城镇建设有序推进。中铁生态城城市综合体日趋完善。西南药都生态城城市综合体顺利推进并成为2016年全省获批授牌的8个城市综合体项目之一。加大小城镇建设，制定醒狮镇示范小城镇2016年项目清单，成为全省整县推进小城镇建设示范县，完成项目投资2.37亿元，“8+x”项目3个。快递物流园集聚区新建3条交通道路，形成县城、集聚区与贵阳市之间的快速高效链接，并与贵新高速（龙里西）及区域各重大项目及快递物流园内部道路形成有效连接，进一步完善了园区路网基础设施建设，使龙里物流业向贵龙大道方向延伸。以区域休闲旅游等服务产业项目建设为契机，完成“茶香十里刺梨沟山地自行车运动主题公园”建设项目，莲花湿地公园的项目规划设计及园林景观、夜景亮化等施工工作。五镇一街道坚持“产城一体”总体思路规划布局，突出引资促产，一批现代农业产业、服务业成为拉动城镇经济的支撑点；突出提质扩优，一批优化城镇布局、强化服务功能的配套工程陆续建成发挥作用。突出宜居宜业，一批排污治污工程、环境绿化工程、生态安居工程、河道治理工程等相继建成发挥效用，城镇产业功能、城市功能、生态功能“一体化”发展向前推进。大力实施“城镇发展提质工程”，初步形成核心突出、功能互补、布局合理的“一城三镇多节点”新型城镇体系，城镇化率达51.93%。

社会民生事业不断发展。加大农村留守儿童之家和乡村少年宫建设，实施义务教育“两免一补”政策，教师队伍建设得到加强，农村义务教育阶段学生营养改善，教育教学水平进一步提升。抓好易地扶贫搬迁工程，落实2016年易地扶贫搬迁安置点2个：湾滩河镇摆绒安置点安置移民95户543人，醒狮镇搬迁移民54户179人，其余全部为分散安置。落实贫困户对接帮扶责任制，实施贫困户脱贫包干至个人，真正做到扶贫对象精准和因村派人精准。加强民生项目调度。其中启动龙里新高中项目建设是2016年对龙里今后发展意义重大的12件大事之一，辅助了贵龙城市经济带动功能，项目建设进展顺利。同时，启动了龙羊立交桥和老场坝区域旧城改造。

精准扶贫工作精准推进。围绕精准识别、精准施策全面开展“遍访贫困村”“空壳村脱壳”等工作，认真抓好精准识别建档立卡，大力实施“雨露计划”资助工作，扶贫工作取得了阶段性成效。实施贫困户“特惠贷”共发放1841户，发放贷款7868.98万元。开展结对帮扶，落实产业发展、基础设施、就业培训等帮扶项目160余个，项目资金6000余万元。开展“德行龙里·一路有你——扶贫牵手·大爱连心”精准扶贫认领活动，围绕基础设施、产业和就业、社会保障、教育、医疗等梳理出认领事项58个。大力实施医疗保障，帮助贫困群众“脱病困”“抑返贫”。统筹卫生计生、民政、扶贫等部门资源，通过基本医疗保险、医疗救助等措施，对农村贫困人口实行特殊医疗救助保障，实行医疗救助政策兜底。

社会综合治理取得实效。不断推进社会治安防控体系暨“平安龙里”建设工作，抓好社会治安防控体系建设。以“智慧警务”为引领，运转高效的“1+4+N”主动警务运行机制，通过“点、线、面”相结合的立体化社会治安防控体系，强化全方位的控制。完成天网工程三期建设，进一步推进公安工作进入信息化“快车道”。抓好“双提升”工作，2016年龙里县经济发展群众满意度、群众安全感满意度测评均排名全省第一。着力抓好重大不稳定因素和群体性矛盾纠纷隐患的排查、化解。2016年，开展不稳定因素集中排查化解8次、月查月报12次；排查重大不稳定因素和群体性矛盾纠纷隐患21件，成功调处19件，调处率90%以上。

生态文明建设成效明显。造林绿化、石漠化综合治理、退耕还林成果巩固、“绿色龙里”建设三年行动计划亮点打造项目有序推进，完成5.0357万亩营造林任务，全县森林覆盖率提高到58.37%。增强环境监测和执法、整治、评估等工作，加大环保执法力度，积极开展水、气、生态、声环境综合整治，切实维护环境安全，着力提升县域环境质量，降低减排总量。

精神文明创建取得新成果。以2016年招商引资项目集中签约仪式、全省第三次项目建设观摩会等重大活动的举办为机会载体，加大龙里对上对外宣传力度。中央电视台财经频道相继播出《龙里刺梨——带刺的财富》《贵州龙里：高原草场的生态财富》。深入开展“德行龙里·一路有你——扶贫牵手·大爱连心”主题活动，打造社会扶贫样板工程。全县19支爱心服务团队开展各类活动135场次。打造“龙跃黔中”广场文化品牌，央视“同一首歌”大型活动走进龙里。组织举办县党代会演出、2016“德行龙里·一路有你”颁奖晚会、州庆60周年系列活动。通过开展百姓宣讲、道德讲堂、“积德榜”“街头正能量”等主题活动，积极培育和践行社会主义核心价值观。

改革不断深化。专利权质押贷款取得新突破，龙里县在全省率先破解融资难题。知识产权质押融资改革作为全省唯一试点县，为期3年，2016年通过专利权质押贷款的企业达3家。民主法制改革取得新进展，采用“三中心合一”服务模式，实行“12345工作法”，推进公共法律服务体系建设，实现诉访分离，将涉法涉诉信访事项导入司法轨道，一站式便捷服务、一揽子解决问题、一体化管理运行。探索领导班子和领导干部综合分析研判制度，采取定期分析研判、经常性分析研判、动议分析研判、专项分析研判对全县科级领导班子和干部队伍运行情况进行掌握。实行村干部职业化，建立健全干部日常考核机制。

基层组织建设成效凸显。以抓实发展型服务型党组织建设为目标，推进基层党组织建设，形成强基固本常态化、党建工作科学化的良好态势。推进“两学一做”“四进四送”、小康驻村和“第一书记”工作，走访群众累计16万余人次，争取资金4500余万元，办理好事实事1500余件。2015年脱壳的贫困村巩固提升效果明显，2016年确定的20个“空壳村”中13个初步实现有5万元以上经营性收入，推动“空壳村”清零三年行动计划出成效见实效。继续推进“两带两增奔小康”，“双进双促构和谐”，深化“三亮一创”、党员进社区和认领“微心愿”活动，2016年开展党员自愿服务活动320次，认领微心愿2730个，服务群众6100人（次）；非公企业以“六强化六促进”为抓手、“九项行动”为引领，开展党组织集中组建“百日攻坚”学校推进“三立三树育新人”活动，推动党建工作与师德建设和德育教育深度融合，开展“七项主体活动”40场（次），走访退休党员教师280人、贫困学生500余人，解决难题510项。强化党建“云数据”信息平台建设，实现联系服务、带动服务常态化。

干部队伍建设彰显活力。把“好干部”标准和“三严三实”要求贯穿选任用人工作始终，着力选拔发展型干部、配备发展型班子、储备发展型人才，不断提高领导班子和干部队伍引领发展、服务发展的能力。通过规范选拔提名程序，权力与责任同步下放，党委（党组）人事“话语权”进一步增强，考察、选拔、任用干部的责任进一步强化。结合党政领导干部、基层一线干部、年轻后备干部、专业技术干部的职业特点、理论水平和能力差异因材施教，教育培训的针对性和实效性有效提高。出台《龙里县科级后备干部培养计划（2015—2016年）》，采取教育培训、实践锻炼、轮岗交流等方式，多渠道、多层次、多方位培养科级后备干部，干部储备力度进一步加强。2016年先后选派87名干部到“急、难、险、重”等一线工作。

党风廉政建设深入推进。把思想和行动统一到中央对党风廉政建设和反腐败斗争形势的研判和决策部署上，扛起主体责任不松劲，将党风廉政建设与其他工作同研究、同部署、同考核，着力在筑牢预防腐败的思想道德防线、筑牢遏制腐败的预警纠错防线、筑牢严惩腐败的党纪国法防线“三道防线”上抓部署、促落实，抓好宣传教育，保持高压反腐态势，党风廉政建设和反腐败工作取得新进展。2016年，县委以“三严三实”专题教育为契机，牢牢抓实“两个责任”，开展一系列覆盖全县领导干部的警示教育活动，党员领导干部的廉政自律意识、政治规矩意识进一步增强。坚持把关心干部、爱护干部体现到严格监督、严格管理上，做到苗头问题早提醒、一般问题早纠正、严重问题早查处，遏制腐败、严惩腐败取得新成效。2016年对全县各单位（部门）领导班子成员共284人开展约谈，动真来实推动党风廉政建设突出问题集中专项整治和纠正“四风”工作，问责“两个责任”履责不力的党员领导干部52名。

2016年全县经济社会发展存在的困难和问题有：土地等要素支持不足，土地指标紧缺，企业融资贷款难，制约项目落地和企业发展，影响税收完成，投融资改革和管理还需进一步加强；受部分企业观望等待，产业发展未达到预期；项目要素保障支撑不够，产业发展缓慢，服务不能满足项目需要，同时项目发展后续支撑保障还不够。

（李秀文、罗华礼）

【党代会】 2016年10月26日至29日，中国共产党龙里县第十二次代表大会在龙里城召开，出席会议的党代表225名。会议听取刘华龙代表中国共产党龙里县第十一届委员会向大会作题为《凝心聚力勇于拼搏开创未来为建成龙里更高水平社会而努力奋斗》的工作报告，石磊代表中国共产党龙里县第十一届纪律检查委员会向大会作题为《聚焦全面从严治党强化监督执纪问责为建成龙里更高水平小康社会提供坚强纪律保障》的报告。在中国共产党龙里县第十二届委员会第一次全体会议上，通过无记名投票方式选举出中国共产党龙里县第十二届委员会常委、书记、副书记。在中国共产党龙里县纪律检查委员会第一次全体会议上，通过无记名投票方式选举出中国共产党龙里县第十二届纪律检查委员会常委、书记、副书记。刘华龙当选中国共产党龙里县第十二届委员会书记，陈曦、屈芳当选副书记，犹永凯、汪永丽、黎彤、李健、周映龙、石磊、杨浚当选常委。石磊当选中共龙里县第十二届纪律检查委员会书记，陈明裕、欧家坤当选副书记。在中共龙里县第十二次代表大会第三次全体会议上，表决通过了《中国共产党龙里县第十一届县委工作报告的决议》和《中国共产党龙里县第十一届纪律检查委员会工作报告的决议》。

【县委常委会议纪要】 第一次（十一届〔2016〕1号）。会议传达学习《中共贵州省委贵州省人民政府〈关于落实大扶贫战略行动坚决打赢脱贫攻坚战的意见〉》《黔南州督查督办局关于征求〈黔南州脱贫攻坚决战决胜督查实施方案（征求意见稿）〉意见的函》、龙长春书记在州委中心组“三严三实”第三次专题学习研讨会上的总结讲话精神和全州“三严三实”专题教育工作座谈会精神、全省县乡人大工作和建设会议精神、黔南州政协基层协商民主福泉市试点工作总结会及全省政协工作经验交流会精神、贵州省社会治安防控体系建设工作会议精神和全州“天网工程”建设攻坚会议精神；通报《龙里县内外宣工作情况汇报》；讨论研究《中共龙里县人民政府党组关于审定〈龙里县全面推进社区矫正工作实施方案〉的请示》《中共龙里县人民政府党组关于审定〈龙里县综合客运枢纽项目（PPP）合作协议〉的请示》《中共龙里县人民政府党组关于审定〈龙里县新增公交线路经营权出让实施方案〉的请示》《中共龙里县人民政府党组关于审定〈贵州快递物流园总部基地建设项目投资建设协议书〉的请示》《中共龙里县人民政府党组关于审定〈贵州金合湘龙铁合金有限公司土地及地面附属设施征收补偿协议〉的请示》《中共龙里县人民政府党组关于审定返还弘康药业有限公司资产重组个人所得税有关事宜的请示》《中共龙里县人民政府党组关于审定〈龙里县城乡消费合作社社员股金管理办法〉的请示》《中共龙里县委十一届八次全体（扩大）会议暨全县经济工作会工作方案》。讨论研究《2015年县委常委会工作报告》《刘华龙同志在中共龙里县委十一届八次全体（扩大）会议暨全县经济工作会上的讲话》《陈曦同志在中共龙里县委十一届八次全体（扩大）会议暨全县经济工作会上的讲话》《中共龙里县委关于制定龙里县国民经济和社会发展第十三个五年规划的建议（送审稿）的说明》《中共龙里县委关于制定龙里县国民经济和社会发展第十三个五年规划的建议（送审稿）》《关于将精准扶贫专项工作考核纳入2015年度目标管理考核的建议方案》《关于调整县级领导干部结对帮扶贫困村有关情况的请示》《龙里县选派机关优秀干部担任村级党组织“第一书记”工作方案》《中共龙里县纪律检查委员会关于对杨智琴同志立案检查的请示》。

第二次（十一届〔2016〕2号）。会议传达学习《全国安全生产电视电话会议精神》、通报《龙里县扶贫开发领导小组办公室关于龙里县精准扶贫相关工作开展情况的汇报》；讨论研究《中共龙里县委宣传部关于提请审议“德行龙里”2015十大年度人物及颁奖典礼筹备相关事宜的请示》《中共龙里县人民政府党组关于审定深国际·贵州综合物流港项目投资协议和补充协议的请示》《中共龙里县人民政府党组关于审定〈贵州省醒狮镇现代山地特色高效康体养生休闲农业示范园区建设项目投资协议〉的请示》《中共龙里县人民政府党组关于审定龙里县机关公务用车制度改革实施方案（送审稿）的请示》《中共龙里县人民政府党组关于审定龙里县机关事业单位差旅费管理办法的请示》《龙里县2016年“民生实事”工程》《中共龙里县政协党组关于审定〈进一步加强镇（街道）协商民主建设的指导意见〉的请示》《中共龙里县人大常委会党组关于召开龙里县第十六届人民代表大会第五次会议的请示》《龙里县人民代表大会常务委员会工作报告（送审稿）》《中共龙里县人民政府党组关于审定〈2016年龙里县人民政府工作报告（送审稿）〉的请示》《中共龙里县人民政府党组关于审定〈龙里县2015年国民经济与社会发展计划执行情况和2016年国民经济与社会发展计划草案的报告（送审稿）〉的请示》《中共龙里县人民政府党组关于审定〈龙里县2015年财政预算执行情况和2016年财政预算草案的报告（送审稿）〉的请示》《中共龙里县政协党组关于召开龙里县政协八届五次会议有关事项的请示》《中共龙里县政协党组关于审议〈政协龙里县委员会常务委员会工作报告（审议稿）〉的请示》《中共龙里县人民法院党组关于提请审议〈龙里县人民法院工作报告〉的请示》《中共龙里县人民检察院党组关于提请审议〈龙里县人民检察院工作报告〉的请示》《中共龙里县委组织部关于审定〈中共龙里县委常委班子“三严三实”专题民主生活会工作方案〉的请示》《中共龙里县委组织部关于熊德斌同志挂任职的请示》。

第三次（十一届〔2016〕3号）。会议传达学习全省宣传部长会议、全省统战部长会议精神、全省、全州反恐维稳工作电视电话会议和省委农村工作会议精神、《中共黔南州纪委〈关于认真开展廉政过节监督检查和廉政过节公开承诺的通知〉》；论证贵龙纵线二期、龙水路、龙山镇莲花坝上至余下道路建设可行性有关事宜；讨论研究《中共龙里县人民政府党组关于审定〈龙里县“十三五”期间易地扶贫搬迁工作实施方案（送审稿）〉的请示》《中共龙里县人民政府党组关于审定〈龙里县城至中铁生态城城际公交临时专线运营工作方案（试行）〉的请示》《中共龙里县人民政府党组关于审定〈天网工程二期增补项目及三期项目建设有关事宜〉的请示》《中共龙里县人民政府党组关于审定〈龙里县2015年度经济社会发展增比进位奖惩办法〉（送审稿）的请示》《中共龙里县人民政府党组关于审定〈县政务中心公开租赁办公用房事宜〉的请示》《中共龙里县人民政府党组关于审定〈华润雪花啤酒（黔南）60万吨异地搬迁扩能项目场地平整及附属工程投资框架协议书〉的请示》《中共龙里县人民政府党组关于审定〈2015年度金融服务机构考核奖励方案〉的请示》《中共龙里县人民政府党组关于审定保护机场净空和电磁环境的意见的请示》《中共龙里县人民政府党组关于审定绿金在线项目投资协议的请示》《中共龙里县人民政府党组关于审议龙里县2016年“两节”期间慰问工作方案（草案）的请示》《中共龙里县人民政府党组关于审定〈龙里县基础设施建设扶贫攻坚实施方案〉的请示》《中共龙里县人民政府党组关于审定〈龙里县农业产业推进精准扶贫工作方案〉的请示》《中共龙里县人民政府党组关于审定〈龙里县林业生态产业扶贫工作方案〉的请示》《中共龙里县人民政府党组关于审定〈龙里县阿里巴巴农村电子商务合作协议〉的请示》《龙里县目标管理考核领导小组办公室关于2015年度综合目标管理考核工作情况的报告》《中共龙里县纪委龙里县监察局关于规范党政纪立案和处分权限的请示》《中共龙里县委组织部关于陈刚等同志挂任职的请示》。

第四次（十一届〔2016〕4号）。会议传达学习省十二届人大四次会议和省政协十一届四次会议和州纪委十届六次全会精神；通报省委第十二巡视组“回头看”巡视龙里工作反馈意见情况。

第五次（十一届〔2016〕5号）。会议传达学习全省县级以上党政主要领导干部学习贯彻党的十八届五中全会、习近平总书记视察贵州重要讲话暨省委十一届六次全会精神专题研讨班及2015年中央、省委政法工作会议精神、《中共贵州省委贵州省人民政府〈关于强化分类指导加快县域经济发展的意见〉》《中共贵州省委办公厅贵州省人民政府办公厅〈关于支持县域经济又好又快发展若干政策措施的意见〉》《中共贵州省委办公厅关于印发〈党委（党组）意识形态工作责任制实施细则〉的通知》；讨论研究《中共龙里县人民政府党组关于审定龙里新高中建设项目〈建设工程设计合同〉的请示》《中共龙里县人民政府党组关于审定〈龙里县朵花河莲花段生态治理工程施工协议〉〈龙里县莲花生态湿地休闲体验区施工协议〉的请示》《中共龙里县纪律检查委员会关于召开中共龙里县第十一届纪律检查委员会第六次全体会议的请示》《中共龙里县纪律检查委员会关于审议十一届县纪委六次全会工作报告的请示》。

第六次（十一届〔2016〕6号）。会议传达学习《黔南州第十三届人民代表大会第六次会议精神》《黔南州政协十一届五次会议精神》、全省组织部长会议精神、《全国“两会”期间全省、全州信访维稳安保工作电视电话会议精神》《州委政法工作会议暨信访工作会议精神》《陈敏尔、孙志刚同志在省扶贫开发领导小组会议上的讲话精神》；通报《龙里县扶贫开发领导小组办公室关于龙里县精准扶贫相关工作开展情况的汇报》；讨论研究《龙里县扶贫开发领导小组办公室关于审定龙里县2016年脱贫攻坚现场观摩暨工作推进会工作方案的请示》《中共龙里县人民政府党组关于审定〈中共龙里县委、龙里县人民政府将谷脚镇部分行政区域委托贵州双龙航空港经济区党工委、贵州双龙航空港经济区管委会管理协议书〉及〈中铁生态城项目规划管理权限的补充协议〉的请示》《中共龙里县人民政府党组关于审定〈贵州省龙里县经济开发区PPP项目框架合作协议〉的请示》《中共龙里县人民政府党组关于审定〈贵州省龙里县经济开发区污水处理及中水回收利用（PPP）项目合同〉的请示》《中共龙里县人民政府党组关于审定龙里新高中建设项目先期施工单位及〈龙里新高中建设项目施工协议〉的请示》《中共龙里县人民政府党组关于审定〈龙里县消除因学致贫实施教育兜底精准扶贫工程实施方案（送审稿）〉的请示》《中共龙里县人民政府党组关于审定〈龙里县开展社会保障兜底推进精准扶贫工作实施方案（送审稿）〉的请示》。《中共龙里县人民政府党组关于审定〈龙里县开展医疗卫生兜底促进精准扶贫工作实施方案（送审稿）〉的请示》《中共龙里县人民政府党组关于审定〈中国“黔货出山”高峰论坛暨千县千品项目启动大会活动提案〉的请示》《中共龙里县人大常委会党组关于提请审定县人大常委会2016年工作要点及相关安排意见的请示》。

第七次（十一届〔2016〕7号）。会议传达学习《中共贵州省委办公厅印发〈关于建立工作目标、岗位责任、正向激励保障、负向惩戒约束“四位一体”从严管理干部机制的意见〉的通知》《中共贵州省委办公厅印发〈关于深入落实“两个责任”推进干部约谈常态化的指导意见〉的通知》《中共黔南州委办公室黔南州人民政府办公室关于印发〈黔南州重大工作督查问责办法（试行）〉的通知》《中共中央关于加强和改进保密工作的意见》、全省“文明在行动·满意在贵州”电视电话会议、全州党建和群团工作会议精神；通报《龙里县扶贫开发领导小组办公室关于龙里县精准扶贫相关工作开展情况的汇报》；讨论研究《中共龙里县人民政府党组关于审定龙溪大道A、B段及贵龙纵线二期项目建设比选事宜的请示》《中共龙里县人民政府党组关于审定〈龙里县创建国家卫生县城实施方案〉的请示》《中共龙里县人民政府党组关于审定龙里高新技术产业园区三号路（二期）、五号路（二期）、排洪沟工程投资单位有关事宜的请示》《中共龙里县人民政府党组关于审定龙里县城污水处理二期工程及经开区共2万吨/日污水处理工程建设有关协议的请示》《中共龙里县人民政府党组关于审定龙里县部分项目林地手续办理情况报告的请示》《中共龙里县人民政府党组关于审定龙里县与省龙里林场林地置换方案的请示》《中共龙里县人民政府党组关于审定〈龙里观音山宗教文化综合体项目合作框架协议〉的请示》《中共龙里县人民政府党组关于审定〈龙里县村庄规划管理工作实施方案〉的请示》《中共龙里县人民政府党组关于审定〈四星级休闲度假酒店项目投资合同〉及〈四星级休闲度假酒店项目投资合同补充合同〉的请示》《中共龙里县人民政府党组关于审定〈龙里县贯城河补水比选方案〉的请示》《中共龙里县人民政府党组关于审定〈猴子沟岔河水质提升工程设计方案〉的请示》《中共龙里县政协党组关于审议龙里县政协2016年工作要点的请示》《中共龙里县委宣传部关于提请审议〈中共龙里县委宣传部2016年宣传思想工作要点〉的请示》《中共龙里县委宣传部关于提请审议〈龙里县2016年对外宣传工作要点〉的请示》《中共龙里县委宣传部关于提请审议〈龙里县2016年“多彩贵州·文明行动”整脏治乱专项行动工作方案〉的请示》《中共龙里县委宣传部关于提请审议〈龙里县2016年“德行龙里·一路有你—扶贫牵手·大爱连心”主题活动实施方案〉的请示》《中共龙里县委统战部关于提请审议〈中共龙里县委统战部2016年工作要点（讨论稿）〉的请示》《中共龙里县委组织部关于审定〈中共龙里县委组织部2016年工作要点（送审稿）〉的请示》《中共龙里县委组织部关于提请审定龙里县科级领导班子和领导干部2015年年度考核等次的请示》《中共龙里县委政法委员会关于审定〈中共龙里县委政法委员会2016年政法工作要点〉的请示》《中共龙里县纪律检查委员会关于给予王家兴开除党籍处分的请示》《中共龙里县纪律检查委员会关于给予邬海珍开除党籍处分的请示》《中共龙里县纪律检查委员会关于给予陈宏同志留党察看两年处分的请示》。

第八次（十一届〔2016〕8号）。会议传达学习李克强总理在国务院第123次常务会议上关于当前经济形势和做好有关工作的讲话、陈敏尔书记在贵州省传达学习全国两会精神领导干部会议上的讲话、《中共贵州省委关于认真做好市县乡领导班子换届工作的通知》《中共黔南州委办公室黔南州人民政府办公室关于印发〈黔南州推进大扶贫战略行动实施意见〉的通知》《黔南州2015年度县级政府行政服务群众满意度问卷调查分析报告》及2016年全省第一次项目建设现场观摩会精神；通报《中共黔南州委黔南州人民政府〈关于2015年度全州综合绩效考评情况的通报〉》《龙里县“四在农家·美丽乡村”建设存在的问题及下步工作要求》《全州精准扶贫工作调度会议精神》《龙里县扶贫开发领导小组办公室关于龙里县精准扶贫相关工作开展情况的汇报》《龙里县机构编制委员会关于审定〈贵州省机构编制工作会议精神传达提纲及贯彻落实建议〉的请示》《龙里县机构编制委员会关于严格执行〈贵州省机构编制委员会关于印发贵州省创新事业单位机构编制管理方式的意见的通知〉的请示》《中共龙里县人民政府党组关于审定〈贵州双龙航空港经济区龙里区域内房屋征收安置补偿实施方案〉〈贵州双龙航空港经济区龙里区域内坟墓迁移安置补助实施方案〉〈贵州双龙航空港经济区龙里区域内林木补偿标准〉的请示》《中共龙里县委组织部关于龙里县州管干部2015年年度考核建议评定等次的报告》《中国共产党黔南州委员会关于欧家坤等同志任免职的通知》；讨论研究《中共龙里县人民政府党组关于审定2016年招商引资工作要点和龙里县招商引资项目评审办法（暂行）的请示》《中共龙里县人民政府党组关于审定龙里县2016年度促进电子商务发展奖励扶持暂行办法的请示》《中共龙里县人民政府党组关于审定龙里县电子商务助推精准扶贫“四个一”工作实施方案的请示》《中共龙里县人民政府党组关于审定贵州省龙里县湾滩河生态农业示范园区合作开发项目合作协议的请示》《中共龙里县人民政府党组关于审定〈龙里县临聘人员薪酬调整及管理工作方案〉的请示》《中共龙里县人民政府党组关于审定〈龙里县公益性岗位管理及安置方案〉的请示》《中共龙里县人民政府党组关于审定〈龙里县城市公共交通财政补贴实施方案（送审稿）〉的请示》《中共龙里县人民政府党组关于审定引进贵阳能源（集团）有限责任公司分布式能源站建设项目相关事宜的请示》《中共龙里县人民政府党组关于审定贵阳银行龙里支行精准扶贫基金相关事宜的请示》《中共龙里县人民政府党组关于审定农业银行龙里县支行美丽乡村惠农贷有关事宜的请示》《中共龙里县人民政府党组关于审定购买县城区商品房安置县城西区棚改项目房屋被征收人有关事宜的请示》《中共龙里县人民政府党组关于审定〈龙里县镇级公立医院改革发展实施方案〉及〈龙里县关于进一步加强乡村医生队伍建设实施方案〉的请示》《中共龙里县人民政府党组关于审定〈龙里县乡镇机关事业单位工作人员工作补贴实施方案〉的请示》《中共龙里县委龙里县人民政府印发〈关于进一步精简会议的规定〉的通知》《龙里县机构编制委员会关于落实〈关于设立贵州快递物流集聚区管理委员会的批复〉的请示》《中共龙里县委办公室关于将县目标管理考核领导小组办公室职能职责划转到县督查督办局的请示》《龙里县督查督办局关于审定〈龙里县督查正、负面清单管理实施细则（送审稿）〉的请示》《中共龙里县人力资源和社会保障局党组关于2016年增补事业单位工作人员的请示》。

第九次（十一届〔2016〕9号）。会议传达学习《中共中央办公厅关于部分党员干部在谈话函询中不如实向组织说明情况典型案件及其教训的通知》、中共贵州省委关于印发《贯彻落实〈中国共产党党组工作条例（试行）〉实施办法》的通知、《中共贵州省委办公厅贵州省人民政府办公厅关于印发〈贵州市县两级党委和政府扶贫开发工作成效考核办法〉的通知》《全国政法队伍建设工作会议精神》《全国禁毒工作电视电话会议精神、学习推广贵阳禁毒工作经验暨全省禁毒重点整治工作会议精神》《黔南州综治工作会议精神》；通报《关于吴应忠同志任职的通知》《关于郭永昌等同志挂任职的通知》《黔南州2015年度党建考核情况通报》《龙里县人民检察院关于2015年惩治和预防职务犯罪年度综合报告》《中共龙里县人大常委会党组关于严厉打击破坏饮用水源保护区环境违法行为的报告》《中共龙里县纪委关于2016年第一季度党风廉政建设和反腐败工作情况报告》《龙里县扶贫开发领导小组办公室关于龙里县精准扶贫相关工作开展情况的汇报》《中共龙里县人民政府党组关于审定龙里县旅游资源大普查实施方案的请示》；讨论研究《中共龙里县人民政府党组关于审定龙溪大道道路线形方案的请示》《中共龙里县人民政府党组关于审定2016年部门预算和加强2016年部门预算管理指导意见的请示》《中共龙里县人民政府党组关于审定〈龙里坝上莲花民俗村建设项目投资合同〉的请示》《中共龙里县人民政府党组关于审定〈龙里县体育馆委托运营合同书〉的请示》《中国共产主义青年团龙里县委员会关于审定龙里县2016年度“十大杰出青年”受表彰人员的请示》《龙里县总工会关于审定龙里县2016年度“富民兴龙”标兵受表彰人员的请示》。

第十次（十一届〔2016〕10号）。会议传达学习陈敏尔书记在全省旅游工作推进会上的讲话、龙长春书记在全州旅游工作会议上的讲话和全省、全州旅游工作会议精神、《中共贵州省委办公厅关于印发〈贵州省推进领导干部能上能下实施细则（试行）〉的通知》《中共黔南州委办公室印发〈关于建立健全容错免责机制鼓励党员干部履职担当的实施办法（试行）〉的通知》、黔南州2016年第一次项目建设现场观摩会、全州县乡领导班子换届工作会议暨严肃换届纪律专题谈心谈话会议、全州非公企业和社会组织党建工作推进会暨“两学一做”学习教育工作调度会议、全省党校工作会议精神及全省化解信访积案集中攻坚工作再安排再部署再推进电视电话会议精神；通报《龙里县扶贫开发领导小组办公室关于龙里县精准扶贫相关工作开展情况的汇报》；讨论研究《中共龙里县城市管理局党组关于审定〈龙里县厦蓉高速公路出口龙头雕塑设计方案〉的请示》《中共龙里县人民政府党组关于审定〈关于深入推进工业强县战略的实施意见〉的请示》《中共龙里县人民政府党组关于审定〈龙里县工业发展扶持资金实施暂行办法〉的请示》《中共龙里县人民政府党组关于审定〈龙里县工业发展扶持资金实施细则〉的请示》《中共龙里县人民政府党组关于审定〈关于促进新医药产业加快发展的政策措施〉的请示》《中共龙里县人民政府党组关于审定〈关于进一步明确党委政府及有关部门安全生产工作职责的规定〉的请示》《中共龙里县人民政府党组关于审定〈龙里县安全生产巡查工作制度〉的请示》《中共龙里县人民政府党组关于审定〈龙里县安全生产考核制度〉的请示》《中共龙里县人民政府党组关于审定〈关于调整龙里县安全生产委员会成员的通知〉的请示》《中共龙里县人民政府党组关于审定龙里县美丽乡村建设扶持乡村旅游发展实施方案的请示》《中共贵州腾龙实业集团有限公司委员会关于审定〈龙里大草原旅游综合开发及索道建设项目战略合作投资框架协议〉的请示》《中共龙里县人民政府党组关于审定龙里县加快推进不动产统一登记工作实施方案的请示》《关于原龙里县铁厂国有资产的有关情况汇报》《中共龙里县委组织部关于提请修改〈龙里县科级领导班子和领导干部年度及日常考核评价办法（试行）〉等办法、实施细则（试行）暨“四评一考三落实”考评体系的请示》《中共龙里县委组织部关于提请审定〈龙里县县管干部工作记实、实绩公示管理办法（试行）〉的请示》《中共龙里县委组织部关于提请审议〈龙里县2016年下半年干部教育培训计划〉的请示》《中共龙里县委组织部关于提请审议〈龙里县县乡领导班子换届工作方案（讨论稿）〉的请示》。

第十一次（十一届〔2016〕11号）。会议传达学习中共中央办公厅关于部分人大代表和政协委员涉法涉罪问题问责情况及教训、《中共贵州省委办公厅关于传达学习贯彻〈习近平总书记、李克强总理、刘延东副总理在全国科技创新大会两院院士大会中国科协第九次全国代表大会上的重要讲话的通知〉》、陈敏尔书记在省委中心组“两学一做”学习教育《党委会的工作方法》专题研讨会上的总结讲话精神、《中共贵州省委转发〈中共贵州省人大常委会党组关于做好设区的市、自治州和县、乡人民代表大会换届选举工作的意见〉的通知》《中共贵州省委办公厅贵州省人民政府办公厅转发省纪委等部门〈关于推动构建新型政商关系的意见（试行）〉的通知》《中共黔南州委办公室关于认真学习贯彻省委常委会专题研究黔南工作会议精神的通知》、省委安全稳定工作专题会议精神、全省维稳信访工作电视电话会议、全省城市工作大会会议及全省第二次大扶贫战略行动推进大会精神；讨论研究《中共龙里县纪律检查委员会关于提请研究〈龙里县规范行政审批和改进政务服务工作的若干规定（试行）〉的请示》《中共龙里县委政法委员会关于审定〈龙里县矛盾纠纷多元化解工作机制建设实施方案（送审稿）〉的请示》《中共龙里县人民政府党组关于审定〈龙里县2016年殡葬改革工作方案（送审稿）〉的请示》《中共龙里县人民政府党组关于审定〈龙里县行政区域村改居工作实施方案（送审稿）〉的请示》《中共龙里县委组织部关于审定〈龙里县“1+6”村（社区）干部职业化实施方案（试行）〉的请示》《中共龙里县人民政府党组关于审定黔南州第五次民族团结进步先进集体和先进个人建议名单的请示》《中共龙里县人民政府党组关于审定龙里大草原旅游综合开发及索道建设项目战略合作框架协议的请示》《中共龙里县人民政府党组关于审定贵州龙溪经济带房屋征收安置等项目补偿标准的请示》；通报《中共黔南州委组织部黔南州机构编制委员会办公室〈关于龙里县乡镇领导班子职数设置的批复〉》《中共龙里县委组织部关于党组清理规范工作的情况报告》。

第十二次（十一届〔2016〕12号）。会议通报《龙里县扶贫开发领导小组办公室关于龙里县精准扶贫相关工作开展情况的汇报》；讨论研究《中共龙里县人民政府党组关于审定〈龙里县关于进一步加快推进2013、2014年度扶贫生态移民工作以奖代补实施方案（送审稿）〉的请示》《中共龙里县委组织部关于提请审议〈关于构建人才生态体系推进人才兴县战略的实施意见（送审稿）〉的请示》《中共龙里县委组织部关于审定全县优秀共产党员、优秀党务工作者、先进基层党组织推荐建议名单的请示》《龙里县庆祝中国共产党成立95周年暨红军长征胜利80周年晚会方案》。

第十三次（十一届〔2016〕13号）。会议传达学习陈敏尔书记在省委中心组专题学习会上的总结讲话精神和《中共贵州省委办公厅贵州省人民政府办公厅关于印发〈贵州省脱贫攻坚问责暂行办法〉的通知》；通报《龙里县扶贫开发局关于财政专项扶贫资金项目实施的情况汇报》。通报龙里县2016年1—6月增比进位指标完成情况简要分析；讨论研究《中共龙里县人民政府党组关于审定龙里县森林防火“村为主”工作实施方案的请示》《中共龙里县人民政府党组关于审定关于深化供销合作社综合改革的实施方案的请示》《中共龙里县人民政府党组关于审定〈娇龙湾国际旅游文化产业综合体项目战略合作框架协议〉的请示》《中共龙里县人民政府党组关于审定〈贵州省生产力促进中心农业科技园项目投资合同之补充协议二〉的请示》《中共龙里县纪律检查委员会关于给予董玉东开除党籍处分的请示》《中共龙里县纪律检查委员会关于给予刘亚明开除党籍处分的请示》。

第十四次（十一届〔2016〕14号）。会议传达学习2016年全省第二次项目建设现场观摩会暨全省第三次民营经济发展大会、《中共贵州省委办公厅关于认真学习贯彻〈习近平总书记在庆祝中国共产党成立95周年大会上的讲话〉的通知》《龙长春在州委中心学习组2016年第二次集中学习会暨“两学一做”学习教育专题研讨会上的总结讲话》、全省贯彻“两个条例”专题研讨班培训和建州60周年安保信访维稳大会暨贵定县“四级三化两评议一回访”经验交流会精神；通报龙里县2016年上半年经济发展综合测评情况、龙里县扶贫开发领导小组办公室关于龙里县精准扶贫当前工作开展情况、《中共贵州省委保密委员会关于转发〈2015年全国窃密泄密案件情况通报〉的通知》；讨论研究《龙里县目标管理考核工作领导小组关于审定〈龙里县2016年度工作综合目标管理考核实施方案（送审稿）〉的请示》《中共龙里县人民政府党组关于审定龙里县农村环境综合整治整县推进项目实施方案的请示》《中共龙里县人民政府党组关于审定龙里县农村电网改造升级工程征地青苗赔偿标准的请示》《中共龙里县人民政府党组关于审定〈龙里观音山佛教文化旅游综合体项目投资合同〉及其补充合同的请示》《中共龙里县人民政府党组关于审定双拥先进拟表彰对象的请示》《中共龙里县人民政府党组关于审定贵州贵龙实业（集团）有限公司发债券商有关事宜的请示》《中共龙里县人民政府党组关于审定〈龙里县开展国家知识产权质押融资试点工作实施方案〉的请示》《中共龙里县人民政府党组关于审定〈龙里县专利权质押贷款贴息补助管理办法（试行）〉的请示》《关于审议与国浩律师（贵阳）事务所签订〈专项法律服务合同〉的请示》《中共龙里县纪律检查委员会关于给予范玉旭开除党籍处分的请示》《中共龙里县纪律检查委员会关于给予罗跃虎开除党籍处分的请示》。

第十五次（十一届〔2016〕15号）。会议传达学习州委十届九次全会、黔南州第九届旅游产业发展大会暨全州旅游工作推进会议、2016年全省发展壮大村级集体经济推进会议、全州“两学一做”学习教育述学述做工作会议精神、中共贵州省委组织部关于抓好各项换届选举工作的电话通知稿、《中共贵州省纪律检查委员会中共贵州省委组织部〈关于对遵义市习水县和毕节市大方县东关乡有关人员违反换届纪律问题的通报〉》《中共贵州省委组织部〈关于对遵义医学院党委违规选拔任用干部有关问题的通报〉》精神；通报中共黔南州委组织部《关于龙里县2015年度干部选拔任用工作民主评议结果、选拔任用干部民主评议结果的反馈》、全省政府数据“聚通用”攻坚会战动员电视电话会议精神；讨论研究《中共龙里县人民政府党组关于审定〈龙里县“十三五”期间易地扶贫搬迁工作安排实施方案（送审稿）〉的请示》《中国龙里生命科技城投资开发合作协议》《中共龙里县人民政府党组关于审定贵州贵龙实业（集团）有限公司预支予七冶贵龙建设有限公司事宜的请示》《中共龙里县人民政府党组关于审定〈贵州龙里莲花商业小镇、龙溪谷、余下村旅游项目（PPP）合作协议〉的请示》《中共龙里县人民政府党组关于审定莲花湿地公园商业街项目投资合同及补充合同的请示》《中共龙里县人民政府党组关于审定龙滩供水工程项目管理协议的请示》《中共龙里县人民政府党组关于审定〈龙里县公建民营普惠性幼儿园改革试点工作实施方案（试行）〉的请示》《龙里县总工会关于审定龙里县关于贯彻落实〈贵州省总工会关于贯彻落实全国总工会加强基层工会经费收支管理的通知的实施意见（试行）的意见〉（送审稿）的请示》。

第十六次（十一届〔2016〕16号）。会议传达学习陈敏尔书记在易地扶贫搬迁调研座谈会上的讲话、陈敏尔书记8月26日暗访醒狮镇脱贫攻坚工作、全省扶贫办主任会议、黔南州大数据战略行动推进大会、黔南州新型城镇化工作大会、2015年全省泄密案件情况通报、谌贻琴书记在G20峰会期间全省维稳信访安保工作电视电话会议上讲话主要精神；通报中共龙里县纪律检查委员会关于2016年上半年度党风廉政建设和反腐败工作情况报告；讨论研究《中共龙里县委组织部关于审定〈龙里县2016年乡镇党委换届选举工作情况报告〉的请示》《中共龙里县人民政府党组关于审定龙里县基础设施、产业发展等项目储备事宜的请示》《中共龙里县委组织部关于审定〈龙里县第十届村（社区）党组织和村（居）民委员会换届选举工作指导方案〉的请示》《中共龙里县人民政府党组关于审定龙里县参加全省2016年第三次项目建设现场观摩会工作推进方案的请示》《中共龙里县交通运输局党组关于审定龙里莲花风雨桥建设方案的请示》《中共龙里县人民法院党组关于提请审议〈龙里县人民法院司法体制改革试点工作实施方案〉的请示》《中共龙里县人民检察院党组关于提请审议〈贵州省龙里县人民检察院司法体制改革试点工作实施方案〉的请示》《龙里县机构编制委员会办公室关于提请研究〈龙里县消化党政群机关超编人员工作方案〉的请示》《中共龙里县人民政府党组关于审定龙里县县管国有企业员工招录实施办法的请示》《中共龙里县人民政府党组关于审定龙里县供销资产管理开发有限公司组建方案的请示》《龙里县深化中小学人事制度改革实施意见（讨论稿）》《中共龙里县人民政府党组关于审定教师节拟表彰对象名单的请示》《中共龙里县人大常委会党组关于提请审定并转发〈关于全县县镇两级人民代表大会换届选举工作方案〉的请示》。

第十七次（十一届〔2016〕17 号）。会议传达学习省发改委关于上半年全省经济运行情况及下半年工作建议；通报《中央发电》《黔南州委组织部关于反馈龙里县州管干部 2015 年年度考核情况的函》、龙里县关于对 2013—2016 年度财政扶贫资金项目实施进度及资金使用的督查情况、省文史馆专家到龙里县调研文化建设的建议；讨论研究《中共龙里县人民政府党组关于审定创建智慧城市战略合作框架协议的请示》《龙里县信访联席办关于龙山镇 35 人赴省群访的情况报告》《中共龙里县人民政府党组关于审定龙里县改善农村人居环境实施方案的请示》《中共龙里县人民政府党组关于审定县直机关事业单位经营性资产剥离工作相关事宜的请示》《中共龙里县人民政府党组关于审定〈花溪水场堡水库及龙里龙溪大道建设项目互利互惠框架协议〉的请示》。

第十八次（十一届〔2016〕18 号）。会议传达学习省、州安全生产电视电话会议、《中共贵州省委办公厅贵州省人民政府办公厅关于印发〈贵州省各级党委、政府及相关职能部门生态环境保护责任划分规定（试行）的通知〉》精神；讨论研究《中共龙里县委组织部关于审定〈龙里县第十届村（居）民委员会换届选举工作实施方案（送审稿）〉的请示》《中共龙里县人民政府党组关于审定龙里县整县推进小城镇建设实施方案的请示》《中共龙里县人民政府党组关于审定龙里县 2016 年—2018 年整县推进小城镇建设三年行动计划的请示》《中共龙里县人民政府党组关于审定龙里县加快推进刺梨产业发展的实施意见的请示》《中共龙里县人民政府党组关于审定龙里县刺梨种植扶持奖励办法的请示》《中共龙里县人民政府党组关于审定龙里县专项财政扶贫资金和项目管理办法的请示》《中共龙里县人民政府党组关于审定龙里县扶持旅游业发展优惠办法（试行）的请示》《中共龙里县人民政府党组关于审定龙里火车站片区旧城棚户区改造项目房屋征收与补偿方案的请示》《中共龙里县人民政府党组关于审定龙里县老场坝片区旧城棚户区改造项目房屋征收与补偿方案的请示》《中共龙里县人民政府党组关于审定焊业物流园项目投资合同的请示》《中共龙里县人民政府党组关于研究解决不动产统一登记运行初期存在困难和问题的请示》《中共龙里县人民政府党组关于审定龙里县政府采购协议供货制度改革相关事宜的请示》《龙里县社会治安综合治理委员会办公室关于审定〈龙里县健全落实社会治安综合治理领导责任制实施办法（试行）（送审稿）〉的请示》《龙里县社会治安综合治理委员会办公室关于审定〈龙里县加强社会治安防控体系建设的实施意见（送审稿）〉的请示》。

第十九次（十一届〔2016〕19 号）。会议讨论研究中国共产党龙里县第十二次代表大会有关事宜、《中国共产党龙里县第十一届委员会工作报告（讨论稿）》《中国共产党龙里县纪律检查委员会第十一届委员会工作报告（讨论稿）》。

第二十次（十一届〔2016〕20 号）。会议讨论研究中国共产党龙里县第十二次代表大会有关事宜、《中共龙里县人民政府党组关于审定龙里县加快推进残疾人同步小康工作实施方案（送审稿）的请示》《中共龙里县人民政府党组关于审定龙里县残疾人扶助规定的请示》《中共龙里县人民政府党组关于审定龙里县 2016 年财政预算调整情况的请示》《中共龙里县人民政府党组关于审定龙里县行业协会商会与行政机关脱钩工作实施方案（送审稿）的请示》《中共龙里县人民政府党组关于审定龙里县立体智能化停车场建设方案（送审稿）的请示》《中共龙里县人民政府党组关于审定龙里县新能源汽车充电设施工程建设实施方案（送审稿）的请示》。

第二十一次（十一届〔2016〕21 号）。会议通报中国共产党龙里县第十二次代表大会筹备工作情况；传达学习省委组织部转发关于换届工作存在“四不”现象的通知；讨论研究《中共龙里县委组织部关于中国共产党龙里县第十二次代表大会代表选举情况的请示》《中共龙里县委组织部关于审议〈中国共产党龙里县第十二次代表大会代表资格初步审查情况的报告〉的请示》《中共龙里县委组织部关于提请审议〈中国共产党龙里县第十二次代表大会主席团成员、秘书长、代表资格审查委员会建议名单〉的请示》《中共龙里县委组织部关于中国共产党龙里县第十二次代表大会代表及列席人员分团情况的请示》《中共龙里县委组织部关于审议全县党费收缴、使用和管理情况的请示》。《十一届县委第十次全体会议工作方案（送审稿）》《中国共产党龙里县第十二次代表大会大会秘书处各工作组内设机构及负责人建议名单》。

第二十二次（十二届〔2016〕1 号）。会议讨论研究《中共龙里县委关于加强县委自身建设的决定（讨论稿）》《中共龙里县第十二届委员会工作规则（讨论稿）》。

第二十三次（十二届〔2016〕2 号）。会议传达学习十八届六中全会相关精神；近期工作安排及其他事宜。

第二十四次（十二届〔2016〕3 号）。会议讨论研究《龙里县第十七次人民代表大会代表初步人选名册（县级）》。

第二十五次（十二届〔2016〕4 号）。会议传达学习龙长春同志在州委中心学习组 2016 年第三次集中学习暨“两学一做”学习教育专题研讨会上的总结讲话、省脱贫攻坚产业发展暨脱贫攻坚投资基金启动电视电话会议和省扶贫开发工作会议精神；通报龙里县扶贫开发领导小组办公室关于龙里县精准扶贫相关工作开展情况、中共黔南州纪委关于 9 起民生领域典型案例的通报、龙里县党风廉政建设“两个责任”监督管理平台建设情况及州纪委反馈龙里县县级干部信息上报情况；讨论研究《中共龙里县委关于县委常委工作分工的通知》《中共龙里县人民政府党组关于审定增资扩股协议的请示》《中共龙里县人民政府党组关于审定碧桂园房地产开发项目投资合同及补充合同的请示》《龙里县城区新（扩）建学校建设实施方案》《中共龙里县委统战部关于提请审议〈龙里县人民政协换届工作实施方案（讨论稿）〉的请示》《中共龙里县委宣传部关于审定龙里县党委（党组）落实意识形态工作责任制考核方案的请示》《中共龙里县委组织部关于提请审议〈关于程万礼同志先进事迹宣传表彰及学习的工作方案〉的请示》《中共龙里县委组织部关于审定〈龙里县出席中国共产党黔南州第十一次代表大会代表工作方案（草案）〉和〈龙里县党代表会议代表产生工作方案（草案）〉的请示》《中共龙里县委组织部关于提请审议〈关于对洗马镇洗马社区推选县人大代表候选人有关问题的调查处理情况的报告〉的请示》《中共龙里县纪律检查委员会关于对洗马镇洗马社区推选县人大代表候选人出现异常情况相关责任人员进行处理的报告》。

第二十六次（十二届〔2016〕5 号）。会议讨论研究《中共龙里县委组织部关于审定〈龙里县出席中国共产党黔南州第十一次代表大会代表候选人推荐人选情况报告〉的请示》《中共龙里县人大常委会党组关于选举龙里县第十七届人民代表大会代表的情况报告》《中共龙里县人大常委会党组关于召开新一届镇人民代表大会第一次会议的请示》《中共龙里县委组织部关于审定〈龙里县出席中国共产党黔南州第十一次代表大会代表候选人初步人选考察对象情况报告〉的请示》。

第二十七次（十二届〔2016〕6 号）。会议讨论研究《中共龙里县委组织部关于审定〈龙里县出席中国共产党黔南州第十一次代表大会代表候选人初步人选情况报告〉的请示》《中共龙里县委组织部关于审定〈中国共产党龙里县代表会议推选代表建议人选情况报告〉的请示》。

第二十八次（十二届〔2016〕7 号）。会议讨论研究《中共龙里县人民政府党组关于审查〈关于 2014 年固定资产投资年终考核情况的报告〉的请示》《中共龙里县政协党组关于审议龙里县政协 2015 年工作要点的请示》《中共龙里县委政法委员会关于审定〈中共龙里县委政法委 2015 年工作要点〉和〈2015 年龙里县社会治安综合治理及“平安龙里”建设工作要点〉的请示》《龙里县“五好工商联”创建工作实施方案》《中共龙里县委组织部关于提请审定龙里县科级领导班子和领导干部 2014 年年度考核等次的请示》《中共龙里县委组织部关于调整基层干部有关政策的请示》《龙里县人力资源和社会保障局关于 2015 年增补事业单位工作人员的请示》《中共龙里县委组织部关于审定〈龙里县党员管理服务年实施方案〉（送审稿）的情况报告》《中共龙里县人民政府党组关于启动龙里县天网工程二期和交通指挥平台工程进行通报的请示》《中共龙里县人民政府党组关于对龙里县鼓励金融机构支持地方经济发展考核奖励办法进行通报的请示》。

第二十九次（十二届〔2016〕8 号）。会议讨论研究《中共龙里县委组织部关于审定〈关于确定龙里县出席中国共产党黔南州第十一次代表大会代表候选人预备人选的情况报告（讨论稿）〉的请示》《中共龙里县委组织部关于审定中国共产党龙里县代表会议有关事项的请示》。

第三十次（十二届〔2016〕9 号）。会议讨论研究龙里县出席中国共产党黔南州第十一次代表大会代表候选人建议名单、龙里县出席中国共产党黔南州第十一次代表大会代表选举办法（草案）、中国共产党龙里县代表会议第二次全体会议选举提名监票人、总监票人建议名单。

第三十一次（十二届〔2016〕10 号）。会议听取总监票人关于龙里县出席中国共产党黔南州第十一次代表大会代表选举计票情况的汇报；审议龙里县出席中国共产党黔南州第十一次代表大会代表当选名单。

第三十二次（十二届〔2016〕11 号）。会议传达学习陈敏尔同志在省委常委会分析前三季度经济形势部署第四季度经济工作时的讲话、省安全生产工作会议、中共黔南州委办公室黔南州人民政府办公室转发州纪委关于推动构建新型政商关系的实施意见（试行）的通知、《贵州省水库和生态移民局关于印发惠水县易地扶贫搬迁试点工作的指导意见》及省第三次项目建设暨易地扶贫搬迁现场观摩督查会议精神；讨论研究《中共龙里县人民政府党组关于审定承办 2017 年中国山地自行车公开赛（贵州龙里站）有关事宜的请示》《中共龙里县人民政府党组关于审定〈龙里县窄冲水库移民安置方案（送审稿）〉的请示》《中共龙里县人民政府党组关于审定〈龙里县机关公务用车配备使用管理暂行办法（送审稿）〉的请示》《中共贵州龙里经济开发区工作委员会关于龙里县高新技术产业园区中小企业服务中心项目建设有关事项的请示》《中共龙里县人民政府党组关于审定龙里县谷脚污水处理工程（厂区）PPP 合同及污水管网项目投资建设框架合同的请示》《中共龙里县人民政府党组关于审定龙里县洗马镇污水处理工程（厂区）PPP 合同及污水管网项目投资建设框架合同的请示》《龙里县机构编制委员会办公室关于增设派出纪工委监察分局及调整派驻纪检监察机构和联系单位的请示》《中共龙里县委统战部关于提请审议〈龙里县第十一届工商业联合会（商会）换届工作方案（讨论稿）〉的请示》《中共龙里县纪律检查委员会关于提请研究〈龙里县委巡察工作实施办法（试行）〉的请示》《中共龙里县委离退休干部局关于解决离退休人员年度一次性慰问经费的请示》。

第三十三次（十二届〔2016〕12 号）。会议传达学习基层党建工作座谈会、陈敏尔同志在省群众工作中心现场工作会上的讲话、南州第十一次党代会、委书记龙长春同志在州委常委会专题听取“北翼”四县工作情况汇报会上的重要讲话及省信访维稳工作专题电视电话会议精神；通报龙里县扶贫开发领导小组办公室关于龙里县精准扶贫相关工作开展情况；讨论研究《中共龙里县人民政府党组关于审定龙里县人民政府工作报告的请示》《中共龙里县人民政府党组关于审定龙里县 2017 年十大民生实事的请示》《中共龙里县人民政府党组关于审定龙里县 2016 年财政预算执行情况和 2017 年财政预算草案的报告的请示》《中共龙里县人民政府党组关于审定龙里县 2016 年国民经济和社会发展计划执行与 2017 年国民经济与社会发展计划草案的请示》《中共龙里县人民政府党组关于审定龙里县城区范围内不文明行为管理办法（试行）的请示》《中共龙里县人民政府党组关于审定龙里县政府投资项目监督管理规定（试行）的请示》《中共龙里县人民政府党组关于审定龙里县城市规划建设管理实施方案的请示》《中共龙里县人民政府党组关于审定龙里县整县推进小城镇建设绩效考评办法（暂行）的请示》《中共龙里县人民政府党组关于审定龙里县城乡医疗救助实施细则的请示》《中共龙里县人民政府党组关于审定龙里县经济困难高龄失能老年人补贴方案（试行）的请示》《中共龙里县人民政府党组关于审定龙里县人民政府关于进一步促进房地产业健康发展的实施细则（暂行）的请示》《中共龙里县人民政府党组关于审定中国人民银行龙里县支行房屋征收与补偿协议的请示》《中共龙里县人民政府党组关于审定龙里县县城大十字片区、老公安局、太平寺片区旧城棚户区改造项目建设补充协议的请示》《中共龙里县人民政府党组关于审定龙铁物流园项目建设相关事宜的请示》《中共龙里县人民政府党组关于审定龙里县银行业金融机构支持地方经济社会发展考核暂行办法的请示》《龙里县机构编制委员会办公室关于提请研究〈龙里县机构编制管理办法（试行）〉的请示》《龙里县机构编制委员会办公室关于提请研究〈龙里县消化党政群机关超编人员的落实方案〉的请示》《龙里县人大常委会党组关于召开龙里县第十七届人民代表大会第一次会议的请示》《龙里县人民代表大会常务委员会工作报告（审议稿）》《中共龙里县政协党组关于召开龙里县政协九届一次会议有关事项的请示》《中国人民政治协商会议第八届龙里县委员会常务委员会工作报告》《中共龙里县委宣传部关于审定〈龙里县严格执行时政新闻报道工作纪律的规定（送审稿）〉的请示》《中共龙里县纪律检查委员会关于给予张发德同志留党察看一年处分的请示》《中共龙里县纪律检查委员会关于维持给予董玉东开除党籍处分的请示》《中共龙里县委组织部中共龙里县委统战部关于推荐政协黔南州第十二届委员会委员初步人选的请示》《中共龙里县委组织部中共龙里县委统战部关于龙里县工商联（商会）第十一次会员代表大会人事方案的请示》《中共龙里县委组织部关于龙里县出席黔南州第十四届人民代表大会代表候选人初步人选的请示》《中共龙里县委组织部关于龙里县2016年公务员（参公人员）职级晋升有关事宜的请示》《龙里县人力资源和社会保障局关于龙里县2016年公务员（参公人员）职级晋升有关事宜的请示》《中共龙里县委组织部关于龙里县人大十七届一次会议和政协龙里县九届一次会议选举各项职务候选人人事安排的请示》《中共龙里县委组织部关于提请召开县委全会的请示》。

第三十四次（十二届〔2016〕13号）。会议讨论研究《中共龙里县人民法院党组关于提请审议〈龙里县人民法院工作报告〉的请示》《中共龙里县人民检察院党组关于提请审议〈龙里县人民检察院工作报告〉的请示》《中共龙里县委组织部关于龙里县第十七届人大常委会委员候选人初步人选的请示》《中共龙里县委组织部中共龙里县委统战部关于推荐政协龙里县第九届委员会委员建议人选的请示》《中共龙里县委组织部中共龙里县委统战部关于政协龙里县第九届委员会常委候选人初步人选的请示》。

第三十五次（十二届〔2016〕14号）。会议讨论研究《中共龙里县委组织部关于审议龙里县党的十九大代表候选人初步人选和省第十二次党代会代表候选人初步人选推荐情况的请示》。

【县委文件目录】 《龙里县2015年度精准扶贫专项工作考核方案》的通知、对2015年度全县经济社会建设中成绩突出的集体进行表彰的决定、对“德行龙里”2015十大年度人物进行表彰的决定、《关于进一步精简会议的规定》的通知、表彰2016年度全县“十大杰出青年”的决定、表彰2016年度全县“富民兴龙标兵”的决定、深入推进工业强县战略的实施意见、促进新医药产业加快发展的实施意见、《龙里县规范行政审批和改进政务服务工作的若干规定（试行）》的通知、龙里县2016年度各镇（街道）脱贫攻坚目标上半年督查考评情况的通报、《关于构建人才生态体系推进人才兴县战略的实施意见》的通知、表彰拥军优属先进单位、拥政爱民先进单位、拥军优属先进个人、拥政爱民先进个人、复员退伍军人创业明星的决定、《关于深化供销合作社综合改革的实施方案》的通知、《龙里县2016年度工作综合目标管理考核实施方案》的通知、表彰优秀教育工作者、优秀班主任和优秀教师的决定。

【全面深化改革和全面依法治县】 县全面深化改革办公室设置经济体制改革、扶贫开发改革、民主法制领域改革、文化体制改革、社会体制改革、生态文明体制机制改革、党的制度建设改革、纪律检查体制改革等8个专项小组和33个专题组。印发《中共龙里县委全面依法治县工作实施方案》，启动依法治县工作。

【同步小康考核验收】 制定出台《龙里县2016年同步小康创建达标县巩固提升宣传方案》

《龙里县2016年同步小康创建达标县巩固提升培训方案》，按照《2016年度县（市）及都匀经济开发区重点工作考核指标细化表》要求建立《龙里县2016年度同步小康创建工作台账》，按时梳理、科学分类、规范装制各类资料及时报送。安排部署冠山街道、龙山镇、醒狮镇等做好同步小康创建最佳示范县乡村推选展示活动。

（李秀文）

督查督办

【概况】 2016年，龙里县围绕决策部署、专项工作、作风效能、经济建设“三个一”等各项工作共开展督查582次，形成《督办通知》160期，编印《督查督办反馈》228期，发出《督查通报》17期。举办全州第一次项目观摩会、“中国山地自行车公开赛（贵州龙里站）”暨庆祝黔南州建州六十周年系列活动；龙里县创建国家卫生县城顺利通过省级验收；各项重大工程和重点项目建设顺利推进；户籍改革工作超额完成任务，排全州第一；在2016年度州对县目标绩效管理考核中获县（市、区）一等奖。

【决策督查】 2016年，共对县委常委会、县政府常务会、县长办公会等重大决策事项开展督查200余次，报送督查督办反馈80期。承办省、州需龙里县贯彻落实《省委、省政府主要领导及有关省领导对黔南工作要求责任分解清单》《州委常委会2016年工作要点》、国务院大督查核查问责工作抓好自查自纠整改工作等40余个事项。

【专项督查】 就重大工程和重点项目、增比进位、脱贫攻坚、易地扶贫搬迁、电子商务进农村等20余项工作推进中存在的问题，提出有针对性的意见和建议。2016年，共组织开展专项督查300余次，向县委、县政府上报督查督办反馈115期。

【作风效能督查】 2016年，出动督查人员160余人次，督查单位900余家次，通报批评单位35家次。

【经济建设“三个一”督查】 开展经济建设“三个一”调度联席会决定，设城市建设、工业物流、农业旅游、社会民生四个督查组，每月轮流高频度密集开展“一周一调度一督查一反馈”。2016年，共开展“三个一”督查60余次，审核上报督查督办反馈36期。

【督查正、负面清单】 制定《龙里县督查正、负面清单管理实施细则》，率先在全州提出正负面清单工作机制。通过建立工作台账，规范督查，把督查结果运用于年终目标管理考核。2016年，全县共有57家单位被列入“正面清单”、35家单位被列入“负面清单”。

【督考合一】 2016年5月，县目标管理考核领导小组办公室（县目标办）调整到县督查督办局，实现督查督办与目标管理考核整合。县督查督办工作以督查促考核、以调度促考核、以考核促考核的方式，完善龙里县2016年目标管理考核工作方案，把督查结果与日常考核挂钩，完成州委、州政府确定的各项目标任务。

【督查专报】 每月向省、州督查部门报告龙里县工作。2016年共报督查专报41期，省委督查室采用5期，州督查督办局采用3期，获2016年度全省88个县（市）党委系统督查工作考核第三名。

（督查督办）

组　织

【概况】 中共龙里县委组织部下设事业单位有县干部考核考评管理办公室、县干部档案管理办公室，挂靠县委组织部的机构有县委党建办、县人才工作领导小组办公室。部机关行政编制10名，机关工勤编制3名。

【“三严三实”专题民主生活会】 2016年1月23日，龙里县召开2015年度县委常委班子

"三严三实"专题民主生活会。县委书记刘华龙通报上一年度县委常委班子民主生活会整改落实情况，县委常委班子成员作"三严三实"个人对照发言，开展批评与自我批评。州委常委、都匀军分区司令员罗燕军，州纪委副书记犹永芬，州委组织部副部长黄怡到会指导，县人大、县政协主要领导，各镇（街道）、部分部门主要负责人和党代表参加会议。

【"两学一做"学习教育】 下发《关于在全县党员中开展"学党章党规、学系列讲话，做合格党员"学习教育实施方案》，全面启动"两学一做"学习教育。印发《关于开展"四进四送"活动推进"两学一做"学习教育工作的通知》，启动"四进四送"活动。全县700余名科级党员干部通过"1+X"联组模式，进村组上党课、开院坝会350余次，送出60余万元农耕物资，争取项目46个，协调帮扶资金4000余万元。5月24日，省委组织部副部长、省委非公有制企业和社会组织工作委员会书记郑德川到龙里县冠山街道大新村，就"两学一做"学习教育工作开展调研，并为大新村花卉苗木协会和创奇装备制造有限公司党支部党员赠送党章。

【"学改做"结合】 坚持问题导向，边学边查、即查即改，针对党员梳理出的11236个问题，制定24586条整改措施并全部整改完毕，支部"三会一课"等制度不断规范。选拔30名党员干部担任"企业特派员"联系企业，开展党员进社区、认领"微心愿"等活动。全县各级党员共认领微心愿2800个，办好事实事2730件。

【党务干部教育培训】 设置"两学一做"学习教育、精准扶贫、产业发展、项目建设、招商引资、群众工作等课程。组织学员到实地考察学习党组织建设和党员教育管理、集体经济发展和党建扶贫等经验。全县共组织开展"第一书记"·小康驻村干部培训、机关党务干部培训、农村基层党组织书记能力素质提升培训、"两学一做"学习教育专题培训、脱贫攻坚专题培训等培训班15期，培训1250人（次）。

【干部专业化培训】 出台《龙里县2016年干部教育培训工作计划》，从业务培训、常规培训、重点培训、专题讲座、干部网络在线学习五个方面培训干部18000余人（次），实现干部教育全覆盖。完善干部培训台账，建立干部教育培训经费保障机制。2016年共指导举办各类班次40余期，培训干部4550人（次），配合省、州各类调训45期，其中副县级以上干部15人次。指导全县5321名干部参加干部在线学习。

【党性教育和政治纪律教育】 开设《"两学一做"学习教育》《五大发展理念》《党的十八届六中全会精神解读》等系列课程，全年开展巡回宣讲26场，3300余人接受教育。围绕党的建设、社会法治、大数据、行政管理等内容，举办4期精品专题讲座，培训科级以上领导干部1200余人（次）。

【班子和队伍综合研判】 组建6个考察调研组，到77个县直部门和镇（街道）开展领导班子、科级领导干部及后备干部专项调研，逐个班子、逐个干部地分析研判，为选出忠诚干净担当的好干部提供参考依据。在综合分析研判各镇（街道）领导班子年龄、性别、党派、学历专业、岗位经历等方面的结构，统筹女干部、党外干部、少数民族干部和年轻干部的选拔任用的基础上，坚持结构服从功能，区别考虑镇（街道）发展重点和产业布局，构建不同类型的专业结构模型。

【换届选配镇领导班子】 成立以县委书记为组长的换届工作领导小组，抽调76名干部考察员到省组干学院接受专题培训，加强对《干部任用条例》解读、考察谈话技巧、考察材料撰写等干部考察工作实务知识的学习。制定《龙里县乡镇领导班子换届工作方案》《关于认真做好乡镇领导班子换届工作的通知》及有关文件，提请县委召开全县县镇（街道）领导班子换届工作会议暨严肃换届纪律专题谈心谈话会议，对县镇（街道）换届工作作出全面安排部署。8月29日，在全州率先完成镇（街道）党委换届选举。新一届镇（街道）领导班子成员平均年龄34.8岁，均配备“女少非”和“乡土型”干部。

【州党代会代表选举】 11月24日，中国共产党龙里县代表会议召开，会议应到党代表147名，实到142名，符合规定人数。会议按照程序酝酿确定26名候选人，通过差额选举，刘建民、符晓钢、韩勇、刘华龙、陈曦、屈芳、李健、石磊等20人满票当选为龙里县出席中国共产党黔南州第十一次代表大会代表。其中：各级领导干部13名，占65%；各类专业技术人员5名，占25%；先进模范人物2名，占10%。女同志6名，占30%；少数民族10名，占50%；50岁以下的17名，占85%。

【干部基础工作】 完成全县干部人事档案专项审核工作、文书档案日常管护及信息安全保密工作，执行干部档案“凡提必审”规定，完善干部档案管理制度，提升信息化建设服务组织工作能力和水平。全县完成干部档案专项审核共1285卷，收集重要信息材料6425份。

【干部管理监督】 抓实领导干部个人有关事项报告抽查核实工作。在干部日常管理监督方面，着重从请销假、经济责任审计、出入境管理、任前公示等方面抓日常管理监督工作，按程序做好信访接待及调查工作，杜绝“带病提拔”，提升干部选拔任用公信力。全县共抽查核实255名科级领导干部个人事项报告，按《中共龙里县委组织部关于对领导干部进行提醒、函询和诫勉的实施办法》函询17人，责令39人作书面说明，维护报告制度的权威性和报告纪律的严肃性。

【换届风气监督】 制定《关于加强换届风气监督的实施方案》，成立县镇（街道）换届工作督导组，明确专人全程参与、指导、监督和包保换届工作，定期到镇（街道）开展严肃换届纪律工作专项督查。制作《小龙带您看换届》动漫短片在电视、LED屏播放，通过漫画、展板、横幅、手机短信等形式向干部群众广泛宣传“九严禁”和“12380”举报电话。共发放“九严禁”小卡片3万余张、宣传册2000余本，7000余人接受换届知识测试，抽查干部群众换届知识“应知应会”2800余人次，7862人签订《严肃换届纪律承诺书》立下“军令状”，严肃作出严格遵守和执行换届纪律的公开承诺。同时，加强涉组涉干网络舆情监督引导，开展专题引导34次，组织撰写影响力文章986篇，收集报送涉组涉干舆情258条。

【干部日常考核考评体系】 创新干部年度考核评价方式，除纵向比较干部表现外，在全州率先对镇（街道）党政主要领导、分管同类工作的副职、县直部门主要领导之间开展横向比较，提升干部识别的准确性。推行“龙里县县管干部工作记实报告系统”，出台《龙里县县管干部工作记实、实绩公示管理办法》，提升干部管理信息化水平，干部“管理在平时、考核在平时、监督在平时”的动态跟踪考核评价模式逐步形成。全县共有612名科级领导干部及192名副科级后备干部通过纪实系统报送工作日志。

【人事制度改革】 强化对干部的日常考核了解，将日常考评结果落实到干部使用管理、绩效待遇和教育培养中，树立“能者上、平者让、庸者下、劣者汰”的用人导向，促进干部队伍的良性流动。2016年，乡镇提拔或交流到重要岗位培养锻炼的干部27名；调整能力欠缺、人岗不相适或工作表现一般的领导干部9名；调整工作不在状态、反映比较差的干部5名；24名县直机关科级领导干部和优秀年轻后备干部交流或提拔到镇（街道）一线培养锻炼。出台《关于在乡镇换届中认真做好从乡镇事业编制人员、优秀村干部、大学生村干部等人员中选拔乡镇领导班子成员的实施方案》，共选拔5名符合“四类人员”选拔资格条件的干部进入镇（街道）领导班子。其中，镇（街道）事业编制人员2名、优秀村干部1名、大学生村干部1名、村党组织第一书记1名。

【党建工作责任机制】 出台《龙里县乡镇干部工作津贴实施办法》《龙里县“1+6”村（社区）干部职业化实施方案（试行）》，规范和提高乡镇、村（社区）干部待遇，推动村干部职业化。加强教工委、卫计工委、非公和社会组织工委自身建设，配齐配强党组织班子，完善党工委管理运行机制，发挥对系统党建工作的领导作用。建立不定期暗访督查通报制，加强基层党建工作调度。强化“主业”“主责”意识，坚持用好“四个约谈”机制，严格追究履行党建责任不力、把“主业”当“副业”者的责任。开展党建督查9次，对党建工作落实不好的镇（街道）党（工）委等进行了排名通报，约谈镇（街道）党（工）委书记、副书记12人次。

【小康驻村和“第一书记”】 整合省、州、县选派的137名小康驻村干部和“第一书记”，组建37个驻村工作组，实现村（社区）选派“第一书记”全覆盖。制定“第一书记”工作方案，帮助理清工作思路，采取“五制四考”模式对驻村干部进行监督管理。在镇（街道）设“驻村干部之家”，落实驻村物品“六统一”，发放驻村补贴、购买人身意外保险、组织体检，全面落实生活保障。通过每月下发工作提示，开展季度督查等方式，督促指导驻村干部和“第一书记”开展工作，以“五带五帮”为抓手提升驻村实效。全县驻村干部和第一书记累计走访群众16万余人（次），协调争取项目202个，涉及资金4500余万元，帮助群众解决困难900余件，办理好事实事1500余件，化解矛盾纠纷300余起；5名小康驻村干部和第一书记得到提拔任用。

【村级集体经济】 落实《龙里县“1+6”发展壮大村级集体经济三年推进计划》，2015年脱壳的64个村巩固提升效果明显，确定的20个“空壳村”中13个初步实现有5万元以上经营性收入，其余各村有序推进。按照省“抓党建促脱贫攻坚十项行动计划”要求，把在职县级领导干部和参与目标考核的县直单位全部列入精准扶贫工作排名考评对象。通过村企结对帮扶、联村（社区）党委支部互帮共进、机关与村党组织“城乡共建”，“321”包保责任制度等措施实现联建共赢、合力攻坚。充分发挥驻村干部和第一书记“扶贫先锋”、农技人员技术引领作用，开展农技培训2.45万人次，帮助123个产业基地（园区）建设，带动6156名贫困群众参与发展。指导组建专业合作经济组织248家，辐射带动5000余名贫困群众就业，全县1562名党员与1562名贫困户“牵手”结成带富帮扶对子，实现贫困户由个体脱贫向组织化“抱团”脱贫转变。

【基层党组织建设】 结合第十届村级“两委”换届工作持续推进“强基固本”工程，指导选举产生党组织书记78人。在机关、社区继续推进“双进双促构和谐”，深化“三亮一创”、党员进社区和认领“微心愿”活动，开展党员自愿服务活动320次，认领微心愿2730个，服务群众6100人（次）。在非公企业和社会组织开展党组织集中组建“百日攻坚”，非公企业党支部建设覆盖率达73.8%，社会组织党组织建设覆盖率达97%。在学校推动党建工作与师德建设、德育教育深度融合，开展“七项主体活动”40场（次），走访退休党员教师280人、贫困学生500余人，解决难题510个。

【党员管理】 严格“三会一课”制度和双重组织生活会制度，确保党的组织生活正常开展。加强流动党员的教育管理和服务。对党员组织关系、党代表和党员违纪违法未处理、基层党组织按期换届、党费收缴等情况开展专项排查。全县共排查出失联党员279名、流动党员253名，4名失联党员被除名处置；17人被终止党代表资格、停止执行党代表职务；29人被追究刑事责任，17人被行政处罚；8人被终止人大代表资格、暂停执行人大代表职务；129名党员共计补交党费5.55万元。全年共计发展党员213名，转正预备党员167名，吸收入党积极分子182名。

【党建信息化】 将党组织活动、党建工作创新项目与新型党建整体品牌关联，形成“先锋龙里·红色未来”党建品牌集群，“红色未来城”逐渐成为龙里的红色城市名片。组建“红色未来城电商联合党支部”，推动建立“互联网+基层便民服务体系”。开发“同城易购”手机APP，为市民提供全天候半小时商品送达服务，运用“红色未来城·乐享龙山”智能旅行服务系统，实现农家乐基本信息查询、协会党建工作、餐饮预订服务、交通道路查询一体化，初步形成“互联网+信息化党建+基层便民服务体系”融合式发展良性机制。信息化党建得到了中组部调研组和全国组干院调研认可，并被推选为全州唯一的“全国党员管理信息系统”试点县。将党建宣传与信息化载体有机融合，通过创办《先锋龙里·红色未来》季刊、创建微信公众平台、开设《龙城正能量》专栏，建设“党建风采一条街”“党建文化长廊”“党员先锋榜”等宣传阵地，提升“党建品牌”影响力。创作连载《党员小龙有话说》党建主题漫画作品，拍摄制作贵州省首部党建主题音乐《梦原》、非公党建专题片《党企连心·龙跃黔中》等视频作品。

【“人才强县”战略】 出台《关于构建人才生态体系推进人才兴县战略的实施意见》。在黔南州第三届“优秀青年人才”评选活动中，龙里县3人获“优秀青年人才”荣誉称号。2016年，全县有博士研究生2名、在读1名，硕士研究生60余名，副高及以上职称300余名，“985”“211”高校毕业的大数据、金融类、经济类、工程类等专业急需紧缺人才100余名，有党政、企业经营管理、专业技术、技能、农村实用人才约25500人。为工程规划、城市建设、医疗卫生、教育教学等行业充实人才299名。

【人才服务保障体系】 出台《龙里县人才服务办法及有关实施细则（试行）》，实行“人才服务绿卡”制度，落实各项服务政策，对高学历、高技术职称以及“985”“211”等重点院校毕业的紧缺专业人才予以认定，并发放“服务绿卡”，从身份上给予认可。持卡人才可享受岗位补贴、住房保障、子女入学、医疗服务、文体旅游等全方位服务。2016年，组织发放2015年度高层次人才补贴41.85万元、骨干人才补贴10.5万元；对人才公寓部分房间精装，安装中央空调。县人才公寓入住人数达345人。

（胡伟谊、张　超、刘　诚、周　笛）

宣　传

【概况】 2016年县委宣传部内设3个机构：办公室、理论科、文艺宣传科。龙里县精神文明建设指导委员会办公室与县委宣传部合署办公。龙里县委对外宣传工作办公室、龙里县网络安全管理办公室及龙里县文化产业发展办公室设在县委宣传部，属县委宣传部管理。

【理论宣讲】 组织学习习近平总书记系列重要讲话精神和党中央治国理政新理念新思想新战略。全年共开展县委中心组专题研讨会3场次，举办全县宣传理论业务骨干培训班2期。开展“党的声音进万家、总书记话儿记心上”宣讲，组成县委宣讲团到镇、街道和各系统开展巡回宣讲90余场次。在2016全省“宣传干部上讲堂”展示大赛中，县委宣传部部长汪永丽获处级干部组一等奖。

【对外宣传】 对招商引资项目集中签约、全国山地自行车公开赛（龙里站）、中国共产党龙里县第十二次代表大会召开等重大主题、重大活动以及“累倒在脱贫攻坚路上”的村干部程万礼先进典型等宣传。全年刊发（播）稿件在央级媒体23条、省部级媒体163条、地州级媒体1042条。龙里县委宣传部连续6年获评为贵州日报报业集团通讯工作先进单位。

【舆论宣传】 实施网站、手机报、微信、客户端及户外荧屏等“六位一体”新媒体建设，以《今日龙里》微信公众号平台为主阵地，推动网站、报纸、电视、微信、《新龙里》客户端、服务功能等融合发展。加强涉县舆情监控与处置，收集上报舆情信息737条，被中宣部采用19条、省委宣传部采用74条，全年未发生影响较大网络舆情事件。

【文化艺术工作】 央视“同一首歌”大型活动走进龙里。“龙跃黔中”广场文化活动持续举办。平坡苗画、苗族布依族舞蹈诗、果乐文化、印苗刺绣、小康民歌等具有龙里地域特色的一批文化文艺作品相继问世。组织集训参加建州六十周年庆典踩街活动获州委表彰为“先进单位”。组队参加黔南州2016年“雨花湖”杯寻找黔南山歌王民族山歌大赛，分别获一、二等奖。举办中国山地自行车公开赛（贵州龙里站）公开赛，获“优秀赛事组织单位”“最美赛道”两项殊荣。

（莫伯平）

精神文明建设

【概况】 2016年县精神文明建设指导委员会与龙里县精神文明创建活动指导中心（原整脏治乱办）联合办公，两套体系、一班人马。2016年在编在岗2人，临时聘用1人。

【巩固提升“全国文明城市”创建成果】 开展“德行龙里”工程系列主题实践活动，全面提升龙里城市形象。2016年全县申2014－2015年度州级文明集体44个，其中州级文明单位29个、文明镇（街道）2个、文明村6个、文明窗口7个。

【“德行龙里·一路有你——扶贫牵手·大爱连心”主题活动】 开展“德行龙里·一路有你——扶贫牵手·大爱连心”主题活动，为全县脱贫攻坚奉献力量。2016年全县民间自发组建的19支爱心服务队伍，相关主题活动共开展135场，受益群众2.2万人次，捐赠资金物资总价值1000余万元。

【道德模范学习宣传】 2016年开展“道德模范”评选推荐工作，全县共推荐身边好人110名。推荐上报的先进模范中，1人入选中国好人榜候选人，1人入选贵州好人榜，3人入选贵州榜样候选人，1人获得贵州省第五届“明礼知耻·崇德向善”道德模范提名奖，2人入围黔南州2016年“黔南骄傲”十大年度人物入围奖、1人获提名奖；评选表彰龙里县2016年“德行龙里”年度人物，在全县范围内开展“德行龙里·一路有你——最美的哥的姐”“德行龙里·一路有你—我身边的最美女性” “德行龙里·一路有你——十佳美德少年” “德行龙里·一路有你——十佳杰出青年”等评选活动。

【道德讲堂建设】 2016年开展“道德讲堂”活动题，宣传阐释中国特色社会主义、“中国梦”。全县各镇（街道）、各单位分管领导、宣传骨干，各级德师，百姓宣讲员共300余人参与培训。2016年共开展各级各类宣讲1350场次。

【志愿服务工作】 2016年，开展志愿服务活动600余场次，志愿者人数达1000余人；全县干部职工志愿者网上注册率为80%以上，各镇（街道）、各单位各部门利用志愿云系统，开展志愿者网上注册工作及志愿服务项目发布、志愿者报名、志愿服务测评及计时工作。发动党团员、干部职工参加志愿服务活动。

【未成年人思想道德建设】 组织全县各中小学33支代表队参加“祖国好·家乡美”演讲比赛，评选出一等奖2名、二等奖4名、三等奖6名、优秀奖21名，推荐2支代表队参加黔南州“祖国好·家乡美”演讲比赛；组织开展“祖国好·家乡美”系列主题活动，上报“童心向党”优秀光碟32张、“优秀童谣”成人创作片10首、未成年人创作片15首。开展“明礼知耻·崇德向善”系列活动，推选美德少年125人，初评出56人；在全县中小学开展“德行龙里·一路有礼—扶贫牵手·大爱连心”主题教育活动，联合香港卓越父母国际研究院贵州分院开展“家庭公益讲座进校园”活动，累计开展100余场次；学校道德讲堂开展互动2547场次，参加道德讲堂师生达25987人次。

【“文明在行动·满意在龙里”活动】 2016年，深入推进“文明在行动·满意在龙里”活动暨“多彩贵州文明行动”工作。环卫工人薪酬在原有工资1484元/月人的基础上，提升到1684元/月人。把城区主次干道分段，定岗定责，落实每个环卫工人清扫保洁范围，每周对城区主次干道洒水不少于3次，清洗不少于3次，每周定期对城区果皮箱、垃圾斗、护栏进行清洗，城区环境卫生清扫保洁实现精细化。将贵龙大道、兴龙广场、八一公园3个点作为日常卫生保洁外包示范点。成立野广告专项清理工作组，增设新建便民广告信息宣传栏，规范广告信息发布行为。城市巡查管控网格化：将县城区划分为16个网格

35个单元格，每个网格明确2名县级包保领导，1个牵头单位，相关部门为责任单位，相关部门负责人为责任人，按照属地管理原则完成网格包保工作；县城市管理局按照网格化管理模式，实行专人分片包区。月均清理占道经营、占道摆摊不文明行为50余起。投入3000余万元完成第二期城区“天网”工程项目建设。延伸城市管理范围，将贵龙大道、西城区连接线、中铁生态城纵线、冠山高新技术产业园、龙山工业园、谷脚工业园纳入城市清扫保洁管理范围，配备完善园区环卫设施，优化园区发展环境。每周由县文明办会同县创卫办开展日常督查，每月由县文明办、县创卫办、县文旅局领导带队开展专项督查，每季度邀请县人大代表、县政协委员组织开展专项视察，每半年由县文明委领导带队开展全面督查，将日常督查、专项督查、专项视察、全面督查结果列入各镇（街道）、各单位年终考核重要依据。

（吴　超）

统　战

【概况】　2016年，成立龙里县统一战线工作领导小组，由1名县委常委专职担任统战部部长并兼任工商联党组书记。印发《龙里县统战工作“五进”实施方案》。重视党外干部选拔和培养，优化五镇一街道统战委员配备格局。对统战干部实行“月考核”，选派统战部干部参加省、州、县各类培训及讲座20人次。2016年共撰写调研报告4篇、工作信息60期，制作统战微故事1条，其中华夏经纬网采用5篇，州委统战部采用15篇。

【爱国统战组织】　完成全县500名党外代表人士信息库建设。提出非党政协委员人选和非公经济代表人士综合评价意见，共同协商相关方案和人选建议，助力县第九届政协换届。同时做好县工商联（商会）换届工作，协调15家部门联合完成对全县78个非公经济代表人士进行综合评价。牵头组织对进入执委的75名非公经济人士进行重点考察。

【非公有制经济统战工作】　组织50余名工商联系统干部、商会代表、企业负责人等到深圳接受经济管理和法律知识等培训。组织龙里县13名非公经济人士参加贵州省工商联第34期“优秀企业家成长计划培训班”；协调14家县内外企业开展招聘，咨询人数达1000余人（次），其中380人达成求职意向。举办1次庆祝中国共产党成立95周年暨黔南建州60周年“同心跟党走、共筑中国梦”演讲比赛，200余名非公有制经济人士现场听取讲演。促进银企沟通，组织、协调贵州龙盛缘豆业有限公司、贵州创奇装备制造有限公司等36家企业参加龙里农商银行召开的银企座谈会。

【民族宗教统战工作】　对已命名的52个民族团结进步创建活动示范点指导，将县教育局、龙里县卫华民族初级中学、湾滩河镇翠微村、贵州瑞和制药有限公司等单位作为巩固创建示范点。2016年全部启动实施民族项目9个资金72万元。共协调19家民贸企业办理基准利率贷款2.938亿元，累计贷款14.23亿元。开展宗教普法宣传教育12次，发放资料2000余份。

【民主党派机构和无党派工作】　2016年，龙里民进支部新发展会员16名，支部会员总数达43名，平均年龄41岁，会员来自教育、企业、法律、医卫等多领域。支部会员2人获全省参政议政先进个人表彰；支部3名教师会员被表彰为民进黔南州优秀教师。配有党外干部49人，培养储备党外后备干部73人。组织全县50名少数民族干部接受培训4天。组织1期党外干部和人士培训班，共培训60人。

【海外统战】　应台湾高雄市农会的邀请，组织14名干部赴台开展农业交流活动。接待香港陈登社会服务基金会爱心人士赵炯辉、郭锦超、丘丽丝到龙里县开展捐资助学活动，为龙里中学30名贫困学生发放4.5万元助学金。撰写《关于保护和修缮龙里名人故居的调研报告》。

（罗安丽）

政　法

【概况】　县委政法委与县综治办、县维稳办、县610办合署办公，内设6个机构：办公室（研究室）、政工科、执法监督科、社会治安综合治理工作科、维护稳定工作科、防范和处理邪教问题工作科。龙里县铁路护路联防领导小组办公室和龙里县见义勇为协会办公室设在县政法委，属综治办管理。县禁毒委员会办公室设于县公安局，与禁毒大队合署办公，2016年在编在岗6人。县禁毒委成员8人，全县禁毒委员会成员共计38人。

2016年，龙里县政法工作坚持深入推进社会矛盾化解、社会稳定创新、公正廉政执法三项重点工作，开展“平安龙里”建设活动。是年，龙里县荣获“全省平安建设示范县”称号，人民群众安全感和满意度分别获全省第一和第三名。

【政法工作常态化】　以会议明确2016年政法工作“一个目标（紧紧盯住保稳定这一目标），二大中心任务（围绕依法治县和平安龙里建设）、三项重点工作（严打犯罪、严管队伍和严格公正执法）和四个创新（思想理念创新、社会管理创新、司法体制改革创新、督导考评机制创新）”的总体工作思路。出台《2016年政法工作要点》《2016年综治（平安建设）工作要点》《2016年维护社会稳定工作要点》《2016年防范和处理邪教问题工作要点》等文件。下发《龙里县2016年提升人民群众安全感和满意度工作实施方案》。成立龙里县反邪教协会大会，选举产生第一届理事会理事、理事长。召开全县健全矛盾纠纷多元化解机制业务培训会，正式启动矛盾纠纷多元化解工作。

【创建“平安龙里”】　全县投入1828万余元完成天网三期建设，初步形成“二全、二无、二化”（全天候、全覆盖、无缝隙、无盲区、立体化、数字化）的立体防控架构。全县天网视频监控探头已安装1213个、制高点3个、卡口15个、应急报警点30个，整合社会监控资源464个。

【打击“两抢一盗”】　建立健全预警信息推送、情报线索落地核实、街面进攻性盘查等配套工作机制，建立完善“四张网”（卡口封堵网、街面防控网、小区巡逻网、情报收集网），夯实“地网”，解决一线民警“不敢干不敢查、不愿干不愿查、怎么干怎么查、有人干有人查”的难题。织密“天罗地网”，网上网下无缝对接，全时空覆盖，形成“信息空中捕捉、数据云端应用、人员平台研判、隐患地面排除”的立体化防控局面，实现“三精准”（即天上有“云”精准识别、空中有“眼”精准定位、地上有“网”精准落地）。2016年365天“两抢”案件“零发案”，盗窃摩托车发案122起；盗窃车辆部件16起；偷牛盗马案件13起。

【安全感和满意度】　出台《龙里县2016年提升人民群众安全感和满意度工作实施方案》，明确2016年双提升“两提升两前移”的工作目标。是年，龙里县人民群众安全感满意度分别获全省第一和第三名。

【重大时间节点安保稳控】　就贵州酒博会、贵州数博会、建州60周年大庆、国际生态文明论坛贵阳年会、全省全州项目观摩会、中国龙里山地自行车大赛、贵州平塘FAST论坛、G20杭州峰会、广西东盟博览会、党的十八届六中全会、龙里县第十二次党代会等重大活动期间的维稳工作，制定方案，实行工作值班备勤及每日调度制度。

【社会稳定风险评估】　全县开展评估项目55项，其中州下达33项，完成率100%，全县未发生一起重大矛盾纠纷和群体性事件。

【禁毒工作】　2016年开展禁毒预防教育宣传30场次，创办黑板报50期次，设置宣传栏30个，滚动播放标语100条次，张贴标语150条，展板1000块次，开办禁毒课程10课时，组织学生参观禁毒教育园地5000人次，深入镇（街道）、村寨放映禁毒影片50场次，发放宣传资料8万份，接受咨询8000人，受教育群众8万人。2016年实现无种毒、无制毒目标，新增吸毒人数得到有效控制，无毒创建率、禁毒宣传预防教育普及率、禁毒工作满意率达到标准，复吸率、违法犯罪率大幅度下降。

【流动人口服务管理】 加强对出租屋、城乡接合部流动人口的管理、整治。开展以“智慧门楼牌”编制入户核对，信息采集，安全宣传等。2016年全县共清理登记核实“智慧门楼牌”51776户，完成67.22%；户籍改革城镇人口62563人，户籍人口城镇化率为26.59%，年度目标任务（20%）完成率为236.80%；农业转移人口落户城镇共办理40371人，完成全年转移任务（4000人）的1009.3%；流动人口落户城镇1093人，完成率139.63%。

【维稳工作“1+1+3+N”机制】 龙里县创新实施“1+1+3+N”工作机制，即实行对信访案件明确1名包案县领导、1名属地镇（街道）领导、3名协调调度部门干部（分别为政法委、公安局、信访局各1名干部）、N个化解和稳控主体单位的机制，抓好重大不稳定因素和群体性矛盾纠纷隐患的排查、化解。将45件排查出来的信访案件化解任务分解到协调和化解、稳控主体头上，开展不稳定因素集中排查化解8次、月查月报12次。

【执法评查】 2016年组织开展5次案件质量集中评查活动，共评查案件12件。司法救助批准2件2人，发放救助金4万元。

【群防群治】 在村（社区）、200人以上企业、学校分别组建护村队、护厂队、护校队等群防群治队伍。2016年6个镇（街道）、63个村18个社区和雪花啤酒等大企业基本建立义务巡防队，有巡防队员1500余人。提高城区200人专职治安联防队队员工资和巡逻车辆装备水平。全县25个内保重点单位共有保安人员50余人。

（刘仕华）

机构编制

【概况】 2016年，县机构编制工作围绕改革发展大局，严格执行机构编制集中统一管理和“一支笔”审批制度，推进政府职能转变和机构改革，控制和优化配置机构编制，为县域经济社会发展提供执政资源保障。按照省、州控编减编暨消化超编要求，开展消化超编工作。机构的设置打破以往“设机构必核编制”的旧常态，进入“先定人员再按实有人数核定编制”的新常态。

【控编减编】 在政府机构改革中，政府系统内设机构个数核减27%，政府部门下属事业单位个数核减22%，党群系统内设机构个数核减22%。部门安排到所属事业单位的工作人员少于2人的，予以整合设置；超出1年仍未安排人员开展工作履行职责的，一律撤销。全面实行股级领导职数动态管理，实有在编在岗人数1－3人设1名职数；4－6人设1正1副；7－15人设1正2副；16人以上最多设1正3副。

【机构编制核查管理】 修改完善县市场监管局和县商贸物流发展局内设机构设置，草拟县旅发委设置方案，提出交通综合执法改革意见和建议。提出由第三方独立核实在岗人员情况的建议，完成乡镇卫生院公共卫生人员编制核定工作。拟订县委党校升格为副县级方案，获州批复明确副县级职数1名，正科级职数2名，副科级职数6名。落实不动产登记中心机构设置。落实2016年公开招聘215名事业单位人员及2017年急需紧缺人才引进事宜。

【事业单位登记管理】 结合事业单位法人统一社会信用代码制度“三证合一”改革及证书换发工作，开展群众团体统一社会信用代码赋码工作，规范事业单位法人登记行为。2016年参加年度报告登记单位185个，共办理变更登记52个，新设立16个，注销登记93个。共办理统一社会信用代码证67个，其中机关58个、群团9个。

【新设机构】 1. 设立龙里县冠山街道社区卫生服务中心。印发《龙里县冠山街道社区卫生服务中心主要职责内设机构和人员编制规定》，龙里县冠山街道社区卫生服务中心为龙里县卫生和计划生育局管理的正股级公益一类事业单位。内设机构2个：龙里县麻芝卫生院，加挂龙里县麻芝妇幼保健计划生育服务站牌子，保留法人资格；龙里县三元卫生院，加挂龙里县三元妇幼保健计划生育服务站牌子，保留法人资格。龙里县冠山街道社区卫生服务中心设院长1名、副院长3名（其中：1名副院长兼任麻芝卫生院院长，1名副院长兼任三元卫生院院长），内设机构各设院长1名、副院长1名。

2. 设立龙里县龙山镇中心卫生院。4月25日印发《龙里县龙山镇中心卫生院主要职责内设机构和人员编制规定》，龙里县龙山镇中心卫生院为龙里县卫生和计划生育局管理的正股级公益一类事业单位。内设机构2个：龙里县草原卫生院，加挂龙里县草原妇幼保健计划生育服务站牌子，保留法人资格；龙里县水场卫生院，加挂龙里县水场妇幼保健计划生育服务站牌子，保留法人资格。龙里县龙山镇中心卫生院设院长1名、副院长3名（其中：1名副院长兼任草原卫生院院长，1名副院长兼任水场卫生院院长），内设机构各设院长1名、副院长1名。

3. 设立龙里县谷脚镇中心卫生院。印发《龙里县谷脚镇中心卫生院主要职责内设机构和人员编制规定》，龙里县谷脚镇中心卫生院为龙里县卫生和计划生育局管理的正股级公益一类事业单位。设院长1名、副院长1名。

4. 设立龙里县醒狮镇中心卫生院。印发《龙里县醒狮镇中心卫生院主要职责内设机构和人员编制规定》，龙里县醒狮镇中心卫生院，为龙里县卫生和计划生育局管理的正股级公益一类事业单位。内设机构1个：龙里县谷龙卫生院，加挂龙里县谷龙妇幼保健计划生育服务站牌子，保留法人资格。龙里县醒狮镇中心卫生院设院长1名、副院长2名（其中：1名副院长兼任谷龙卫生院院长），内设机构设院长1名、副院长1名。

5. 设立龙里县洗马镇中心卫生院。印发《龙里县洗马镇中心卫生院主要职责内设机构和人员编制规定》，龙里县洗马镇中心卫生院，为龙里县卫生和计划生育局管理的正股级公益一类事业单位。内设机构2个：龙里县哪嗙卫生院，加挂龙里县哪嗙妇幼保健计划生育服务站牌子，保留法人资格；龙里县巴江卫生院，加挂龙里县巴江妇幼保健计划生育服务站牌子，保留法人资格。龙里县洗马镇中心卫生院设院长1名、副院长3名（其中：1名副院长兼任哪嗙卫生院院长，1名副院长兼任巴江卫生院院长），内设机构各设院长1名、副院长1名。

6. 设立龙里县湾滩河镇中心卫生院。日印发《龙里县湾滩河镇中心卫生院主要职责内设机构和人员编制规定》，龙里县湾滩河镇中心卫生院，为龙里县卫生和计划生育局管理的正股级公益一类事业单位。内设机构2个：龙里县湾寨卫生院，加挂龙里县湾寨妇幼保健计划生育服务站牌子，保留法人资格；龙里县摆省卫生院，加挂龙里县摆省妇幼保健计划生育服务站牌子，保留法人资格。龙里县湾滩河镇中心卫生院设院长1名、副院长3名（其中：1名副院长兼任湾寨卫生院院长，1名副院长兼任摆省卫生院院长），内设机构各设院长1名、副院长1名。

7. 设立龙里县妇女儿童工作委员会办公室。印发《龙里县妇女儿童工作委员会办公室主要职责内设机构和人员编制规定》，设立龙里县妇女儿童工作委员会办公室，为龙里县妇女联合会管理的副科级公益一类事业单位，设主任1名（可由县妇联副主席兼任）、副主任1名。

8. 设立各镇（街道）国土资源和规划建设环保办公室。组建各镇（街道）国土资源和规划建设环保办公室［撤销原村镇规划建设（环保）管理办公室，划入原国土资源管理所职责］，为各镇（街道）人民政府（办事处）内设行政机构，设主任1名、副主任1名。各镇（街道）村镇建设服务中心与国土资源管理所实行“合署办公、一套人员”体制。

9. 设立贵州快递物流集聚区管理委员会。印发《贵州快递物流集聚区管理委员会主要职责内设机构和人员编制规定》，撤销龙里双龙现代服务业集聚区管理委员会，设立贵州快递物流集聚区管理委员会，为贵州龙里经济开发区管理委员会管理的正科级公益一类事业单位，设主任1名、副主任2名。设置办公室、企业服务科、城市建设管理科3个内设机构，设办公室主任1名、副主任1名，科长2名。

10. 设立龙里县第四幼儿园等教学机构。行文设立龙里县第四幼儿园、龙里县董下幼儿园、龙里县元宝幼儿园、龙里县鸡场幼儿园、龙里县果里幼儿园、龙里县谷脚园区幼儿园，均为龙里县教育局管理的事业单位。人员编制、领导职数及内设机构按照《龙里县学区制教师管理实施方案（试行）》相关规定由县教育局按有关规定设置，并报编制、人社、财政部门备案。

11. 调整各镇（街道）扶贫工作机构。保留龙里县龙山镇扶贫工作站；将冠山街道、谷脚镇、醒狮镇、洗马镇、湾滩河镇农林水综合服务中心加挂的扶贫工作站分别单独设置为龙里县冠山街道扶贫工作站、龙里县谷脚镇扶贫工作站、龙里县醒狮镇扶贫工作站、龙里县洗马镇扶贫工作站、龙里县湾滩河镇扶贫工作站，为镇（街道）管理的正股级公益一类事业单位。核定各镇（街道）扶贫工作站事业编制8名，在本镇（街道）事业编制总量内调剂解决；设站长1名、副站长1名。

12. 设立各镇（街道）社区办事处。根据《黔南州机构委员会办公室关于龙里县乡（镇）、办事处设立社区办事处的批复》，在各镇（街道）和原撤并乡镇驻地设立社区办事处，分别为各镇（街道）党委（党工委）、政府（办事处）的派出机构，副科级规格，与驻地社区服务中心合署办公，领导社区服务中心（群众工作中心）工作。(1) 冠山街道：设立龙里县冠山街道社区办事处、龙里县冠山街道麻芝社区办事处和龙里县冠山街道三元社区办事处；(2) 龙山镇：设立龙里县龙山镇社区办事处、龙里县龙山镇草原社区办事处和龙里县龙山镇水场社区办事处；(3) 谷脚镇：设立龙里县谷脚镇社区办事处、龙里县谷脚镇贵龙社区办事处和龙里县谷脚镇茶香社区办事处；(4) 醒狮镇：设立龙里县醒狮镇社区办事处、龙里县醒狮镇谷龙社区办事处；(5) 洗马镇：设立龙里县洗马镇社区办事处、龙里县洗马镇巴江社区办事处和龙里县洗马镇哪嗙社区办事处；(6) 湾滩河镇：设立龙里县湾滩河镇社区办事处、龙里县湾滩河镇湾寨社区办事处和龙里县湾滩河镇摆省社区办事处。以上5镇1街道共17个社区办事处，所需人员编制分别从镇（街道）行政编制中调剂解决，各社区办事处均设主任1名（副科长级）、副主任1名（正股级）。

13. 设立龙里县各镇（街道）学区管理委员会办公室。撤销各镇（街道）教育管理办公室，设立镇（街道）学区管理委员会办公室，为县教育局派驻镇（街道）的正股级公益一类事业单位，机构名称统一为“龙里县××镇（街道）学区管理委员会办公室”。核定各镇（街道）学区管理委员会办公室事业编制3名，所需编制在教育系统编制总量内调剂解决；各设主任1名、副主任1名，并列入县教育局机关考核；原撤销各镇（街道）教育管理办公室人员编制划转到所辖学区内学校。

14. 增设龙里县第五纪工委监察分局。增设中共龙里县纪委第五纪工委、龙里县监察局第五分局，实行合署办公，简称“龙里县第五纪工委监察分局”。设书记1名（可由纪委副书记或常委兼任，正科长级），副书记1名（兼任监察分局局长，正科长级），新增设派出纪工委监察分局及新增设派驻机构纪检组所需人员编制从派驻机构内部调剂解决。

（徐修梅）

保密工作

【概况】 2016年，龙里县保密工作以贯彻落实《中共中央关于加强和改进保密工作的意见》为主线，持续推进定密管理、网络保密管理、涉密人员管理和涉密载体管理“四大攻坚战”，全力抓好保密技术建设、保密宣传教育、保密督促检查、涉密载体管理、涉密网络审批测评、保密制度建设、重大涉密活动保密管理等各项工作，全县未发生失泄密事件。

【保密技术】 2016年，组织县保密技术检查人员赴全省保密管理工作先进单位（黔东南州榕江县）、黎平县、天柱县等县（市）开展技术交流活动，派员到南京大学保密学院学习保密管理知识，选派1名保密技术检查人员到州国家保密局跟班学习。投入5万余元配备涉密打复印专用一体机，用于涉密文件资料复印、打印及扫描。在全县各单位、部门涉密计算机安装保密技术防护专用系统（“三合一”系统），加强涉密计算机保密防护和防范管理。

【保密检查】 每季度对全县103个单位（含驻县单位、国有企业、金融机构）进行大检查，将检查结果在全县通报4次；开展政法系统工作保密专项检查、全县重点骨干网络管理保密专项检查、机关单位门户网站保密专项检查等。开展全县保密自查自评暨协作检查，组建6个协作检查组，对全县97个单位开展保密检查。下发《关于进一步加强保密管理工作的通知》，指导规范各单位、部门做好日常保密工作。按期完成县纪检监察专网的测评审批工作，检察专网的涉密信息系统使用许可证书颁发工作，全县涉密人员审查确定备案工作，重大涉密活动保密管理工作，涉密载体清退销毁工作等。加强对全县县乡换届、领导干部廉政档案信息填报、地名普查、公务员登记等工作中的保密监管。

【保密宣教】 在县委常委扩大会议上传达学习《中共中央关于加强和改进保密工作的意见》《2015年全国、全省泄密案件情况通报》。将保密业务知识、保密政策法规纳入全县公务员和事业单位人员轮训、党校业务培训、干部学习教育等学习内容。组织开展2次全县副科级以上领导干部保密教育培训，对全县股级干部、入党积极分子和预备党员、法院干警、新进事业人员等进行培训，并对县监察局、县教育局、县检察院等多个部门开展专题培训等。将《龙里县保密工作手册》《党政干部和涉密人员保密常识必知必读》发放到各单位，通过发送保密安全防范警示短信、组织观看《手机背后的谍网》警示教育片、宣传展板等形式开展保密宣传教育。

【保密制度】 建立和完善《涉密移动存储介质保密管理制定》《互联网发布信息保密管理制度》《保密监督管理制度》《手机使用保密管理规定》《信息公开保密审查制度》等制度。

（保密局）

机关（事业）党建

【概况】 2016年，县直属机关工委以开展“两学一做”学习教育和“三亮一创”活动为主线，以创新的理念狠抓党建活动平台载体，树品牌、重观摩、强基础，扎实推动县直机关党建工作均衡开展。

【思想政治建设】 做实“两学一做”。组织机关党员干部深入学习党章党规和党的十八届三中、四中、五中、六中全会精神及习近平总书记系列重要讲话精神，加强对《条例》《准则》的学习。创新学习教育模式。组织开展“党员进讲堂·标兵大宣讲”进村进企进社区暨“两学一做”学习教育党课观摩活动。以县道德讲堂总堂为主阵地，把县直机关单位党员和社区党员分期分批地请进讲堂，开展精品党课集中学习。2016年，共计举办宣讲专场12期，1100余名机关党员、200余名社区党员、200余名企业职工走进了讲堂参加活动。组织开展机关支部党员大会观摩活动。组织90余个单位部门党建分管领导和支部书记现场观摩县司法局支部党员大会，规范支部“三会一课”。2016年，支部开展党员上党课活动共计700余场次。组织开展“书党章·庆州庆”书法作品展示活动。向机关党员征集硬笔、毛笔书法作品300余幅，精选其中50幅作品，并在县城兴龙广场展示。组织开展机关党员大练兵、党务干部上讲堂——“学党章·学精神”微党课评比活动。县直机关13个单位的14名党务干部自制课件报名参赛，100余名机关党务干部现场观摩。

【组织建设】 全年共指导83个支部委员会换届。对全县103个支部，1929名党员进行排查，共办理组织关系转接445人次。慎重发展党员。严把党员“入口关”。2016年，共审核党员发展预备党员38名，审批发展对象45名，审核预备党员转正35名。严格实行党费收支两条线，指定专人负责，按照部门党员应缴党费总额的

50%留存到各支部用于开展党的活动的要求，实行每半年集中收缴一次党费。与县委党校联合举办50人参加的“机关党务干部培训班”；集中机关党务干部集中开展短期学习观摩活动5期，培训党务干部400余人次。召开县直属机关工委党员代表会议选举产生出席县第十二次党员代表大会代表60人，推选出席州第十一次代表大会代表13名初步人选。

【基层党建】 2016年，全县13个部门开展品牌党建争创工作。县水务局创建“水润龙里”、县司法局创建“司法先锋”、县政务中心创建“智慧便民政务”、县文旅局创建“文旅惠民党建”、县环保局创建“绿色环保党建”、审计局创建“审计铁军”等。从日常党建管理着手，以月提示、季观摩交流、年度综合考核评定的方式，每月结合下发工作提示单，纵向上调度各支部工作步调，每季度召开一次部门主题党建观摩会，加强部门交流学习，年终结合部门工作情况综合评定党建考核等次。2016年，共拟发月工作提示单11期，开展品牌党建创建观摩交流会、“两学一做”机关党课观摩交流会、支部党员大会观摩交流等3次支部观摩交流活动。开展机关党员进村进企进社区志愿服务活动。在县直机关分行业、系统组建72支党员志愿服务队，1500余名在职机关党员网上注册成为党员志愿服务者。到社区、农村、企业认领服务岗位。截至11月底，县直机关2000余名机关党员、公职人员分别到冠山街道的各个社区、挂帮联系村、派驻企业，共计参与集中志愿服务活动7000余人次。开展机关党员“微心愿在行动”活动。2016年共征集到困难群众各类“微心愿”3000余个，共实现微心愿2800余个。开展机关党员“岗位大练兵”活动。2016年，100余名机关党务干部走上讲台开展上党课活动300余场次，到农村送党课100余场次；20余个支部开展服务窗口评比活动，评选红旗窗口、服务之星；12个基层党组织组织开展岗位技能竞赛活动。开展县直机关“四进四送”活动。2016年共有96个部门党组织进村送党课103节，慰问贫困党员400余人，帮助贫困群众实现微心愿1000余个，播放红色电影100余场次；共有2000余名党员参加县城区所辖社区开展的8个场次集中志愿服务活动。

（直属机关工作委员会）

党　校

【概况】 2016年，县委党校编制核定为25人，实有在编干部20人，其中专职教师8人，高级职称1人，中级职称6人。在2016年11月30日举行的全省党校、行政学院（校）系统第一届科研工作评比表彰会上，龙里党校获科研组织奖和个人专著二等奖。

【培训轮训】 开展主体班培训8期。开办全州乡镇党委组织委员示范培训班、全县新进事业人员初聘培训、党务干部培训及少数民族、妇女干部培训班等主体班，共计培训916人。开展短期班10期。开办县第一书记、驻村干部脱贫攻坚专题培训班及学习习近平“七一”讲话暨“两个条例”专题培训班等短期班，共计培训1088人；巡回宣讲26场。开展“两学一做”大宣讲、“党的声音进万家、总书记话儿记心上”主题宣讲及党的十八届六中全会精神宣讲等，共计宣讲对象4000余人。送教上门17次。为县纪委监察局、县离退休干部局、县财政局、供电局等党员干部以及邓氏辣子鸡等企业员工开展送教上门专题讲座，参加培训1200余人。

【教学改革】 加强与省、州委党校合作，协助州委党校在龙里建培训基地，建立省州县干部教育培训联动机制。科学设置主体班次。主要举办科级领导干部培训班，科级后备干部培训、妇女干部培训班，村（社区）“两委”主要负责人培训班，党员及入党积极分子专题培训班等，因工作需要，举办专题研讨班和短期培训班；创新教育培训。针对不同培训对象，结合课程需要，丰富和拓展培训教学方式，采取理论教学、案例分析、实地调研、现场教学相结合等方式。

【教学创新】 制作《坚持创新发展》《学

习习近平总书记有关精准扶贫的重要论述》《“两学一做”学习教育》等25个课件。深化拓展干部教育培训基地，完善工业化体验基地、美丽乡村体验基地、城镇化体验基地、农业产业化体验基地、龙架山拓展训练基地及非公企业党建体验基地等6个基地，拓展黔南州委党校指定的全州党校系统贵州（龙里）物流集聚区和双龙城镇化等2个教育培训基地。建立和完善《课前调研制》《课题招标制》《集体备课制》等10余个制度。

【理论研究】 围绕政治理论的重点、疑点、热点及政治理论宣传教育方式方法的改进，共开展教研活动6次、集体备课6次、教学观摩5次、新课试讲6次和课后分析6次。

【政策调研】 科研对象为湾滩河生态农业示范培训基地、高新技术产业园区教学基地、龙架山国家森林公园素质拓展训练教育基地等的开发与应用进行调查研究，撰写4篇调研报告，开发《龙里县干部教育培训特色资源开发典型实例》课题，完成《县域视角下的农村社会保障体系建设与运行现状调查——以黔南州龙里县为例》课题；申报《县域视角下的精准扶贫研究——以龙里县为例》课题获黔南州社科理论创新课题立项。在刊物方面，编辑出版《龙里干教》4期。

（张宗德）

离退休干部工作

【概况】 中共龙里县委离退休干部局核定行政编制4名（含县关工委1名），机关工勤编制1名。其中，部门领导职数：局长1名，副局长1名。新增内设机构办公室1个，设主任1名。是年有在职职工7人（含老干部活动中心1人）。

2016年，全县行政事业单位共有离退休干部1597名，其中离休干部12人、正县级退休干部8人，副县级退休干部55人、科级及以下退休干部1522人。全县离退休干部党员978人，其中离休干部党员12人、退休干部党员966人，占全县离退休干部总人数的60%。全县共建立离退休干部党支部14个，管理离退休干部党员316人，占全县离退休干部党员总数的32.7%。

【离退休干部党建工作】 印发《关于在全县离退休干部党员中开展“两学一做”学习教育的实施方案》，明确全县离退休干部党员开展“两学一做”学习教育工作的总体要求、主要措施和具体内容。组织全县广大离退休干部和离退休干部机关工作者学习党的十八届五中、六中全会、龙里县第十二次党代会和习近平总书记系列重要讲话精神，参与人民网“学习小组”微信公众号发起的“手抄党章100天”活动。全县各镇（街道）、各有关单位为在职干部讲授专题党课20余场次；参与重温入党誓词离退休干部党员700余人；组织离退休干部党员接受红色教育600余人次；举办形势报告会、专题讲座20场次；组织座谈交流20场230人次；签订志愿承诺书600余人次；选树先进典型2人。举办全县离退休干部党员“两学一做”学习教育形势报告会、邀请老领导上党课以及“保持党员本色·为党的事业增添正能量”“我看从严治党新气象”“龙里辉煌60年”主题座谈交流等活动。

【离退休干部政治生活待遇】 抓重大节日和“三必访”工作。春节前夕，先后通过由县四家班子领导带队组成慰问组、县委离退休干部局逐户走访慰问，以及各单位转账或电汇等形式对全县1634名离退休干部和遗孀进行慰问，共发放离退休干部春节慰问金31万元。走访和看望生病住院或长期卧床不起的老干部48人次；吊唁去世的老干部3人；走访有特殊困难的老干部26人次。

抓离退休干部特困帮扶工作。2016年，严格按照《龙里县特困离退休干部帮扶基金使用管理办法》，年内共对何秀英、吴昌珍等29位有特殊困难的离退休干部及遗孀发放特困帮扶基金52000元。

抓离退休干部信访维稳工作。坚持有访必接、有信必复，热情接待老同志，对离退休老同志反映问题的信访信件，年内无上访事件。

开展外出考察活动和通报会。年6月23－25

日组织全县副县级以上离退休干部和离退休干部党支部书记60余人赴遵义、习水、赤水开展外出考察活动，接受红色教育。7月22日，通过组织老干部开展参观雪花啤酒、卡布国际、八一公园等龙里重点项目建设和展示阳光心态、体验美好生活的徒步活动。9月，组织全县副县级以上离退休干部共60余人参加龙里县离退休干部经济社会发展运行情况通报会。

【老干部余热发挥】 参与举办以“精准扶贫，全面小康”为主题的2016春节文体系列活动专场文艺会演，充分调动起老年朋友和广大群众共同参与、共同营造全社会关注扶贫攻坚工作的良好氛围。参与举办庆祝建州60周年“新征程新龙里”书法美术作品展览活动。

全县离退休干部党支部与本单位同步小康驻村工作队所在村党支部结对4个、支部参与结对人数66人，离退休干部党支部开展宣讲政策、社会主义核心价值观教育15次、受训人数20000人；离退休干部结对困难群众35对137人、结对留守儿童69对69人、结对空巢老人5对5人、化解矛盾纠纷15件。组织老干部参加“我看从严治党新气象”和“我看十八大以来组织工作新变化”主题座谈会，引导老干部围绕主题撰写征文3篇、收集老同志的精彩发言和经典语段8条，打油诗1首，老同志编写《从严治党新气象》《建设优良作风党》等山歌5篇。

【老干部活动中心】 老干部活动中心联合县老年大学和县老龄委等部门举办“和谐新龙里．情满夕阳红”重阳节专题文艺演出活动，2016年组织开展丰富多彩的文化健身活动10余次。

【开发研究促进会】 2016年8月17日—19日，龙里县开发研究促进会组织部分理事、会员20余人赴独山、都匀、贵定等地参观学习调研。是年，编写《龙里县开发研究促进会关于龙里县水资源整合利用的调研报告》《龙里县开发研究促进会关于整合我县旅游资源打造黔中旅游强县的调研报告》。

（罗熙秋　刘廷学　翟晓兰）

关心下一代工作

【概况】 2016年，全县镇（街道）、村（社区），机关事业单位、学校共建立224个基层关工委；共有“五老”队伍人员482人。县关工委主任由县委常委、县委组织部部长担任，常务副主任由热心青少年教育工作、组织协调能力强的副县级以上老领导担任。全年，全县各级关工委深入巩固“五好”基层关工委创建成果，扎实开展各类主题教育活动，加大对弱势群体青少年的关爱救助力度，完成各项工作任务。

【“五好”基层关工委创建】 在全县各镇（街道）村（居）区域调整后，对全县调整后的81个村（社区）制作关工委牌子。2016年3月中旬，县关工委常务副主任康兴鼎带领队到各镇（街道）对基层关工委就“五好”基层关工委创建推广、“党建带关建”开展、关爱留守儿童、困境儿童健康成长等方面进行调研。11月下旬，县关工委组织对2016年申报的18个“五好”基层关工委进行检查验收，实现全县“五好”基层关工委达标率超过三分之二的预定目标。

【干部教育培训】 2016年11月上旬承办全州“春苗”项目厨师培训班。9月下旬，来自全县镇（街道）关工委分管领导、各学校关工委负责人、县关工委成员单位分管领导及“五老”成员40余人到瓮安县红色革命教育基地——猴场会议会址、瓮安六小和瓮水街道办事处中心社区参观学习。10月下旬和11月上旬，县关工委在洗马镇田箐村和湾滩河镇新龙村举办两期刺梨标准化种植培训。

【传统教育】 2016年6月下旬，举办“祖国好·家乡美”演讲比赛。来自全县各中小学的33名学生参赛，比赛分为小学组和中学组。经过角逐，分别从两个组别中选出一、二、三等奖共6名；来自县第一小学的冯雅琪和县民族完全中学的赵晓庆分别获得小学组、中学组一等奖。

12月，县关工委邀请县委党校校长禹启华为龙里中学的学生作一场“纪念一二·九运动·弘扬爱国主义精神”的主题报告会；联合县教育局继续在全县中小学校开展以“在家庭做个好孩子、在学校做个好学生、在社会做个好公民”为主题的“新三好”学生评选活动。全县评选并表彰100名德、智、体、美全面发展的“新三好”学生。

【法制教育】 2016年5月下旬，关工委参加全县“综治宣传月”“法制宣传月”暨送法下乡、送法进村（社区）活动。中秋节前夕，县关工委组成帮教团，赴贵州省未成年犯管教所探望在此服刑的8名龙里籍和22名来自全省各地的“三无”（指常年无人会见、无包裹汇款、无通信来往的服刑人员）未成年犯人，送去价值1万余元的法律书籍、体育器材及衣物，县关工委常务副主任谢贻刚作题为“投身学习·重塑新生”的主题讲座。此是龙里县关工委连续六年到贵州省未成年犯管教所开展帮教活动。参与公检法对无监护人的未成年人犯罪讯问工作。一年来，县关工委共参与无监护人的未成年人犯罪讯问工作19人次，有效感化失足青少年4人。

【关爱活动】 2016年为湾滩河镇岱林小学患先天性唇裂（俗称兔唇）的潘陈华联系到贵州省人民医院成功做颌面外科修复手术；为湾滩河镇新龙村贫困学子庭开祥送2000元的救助金，圆大学梦；为县第五小学50名贫困农村学生和10名品学兼优学生争取到省关工委2016年农村贫困家庭学生和品学兼优学生“关爱行动”项目1.9万元。10月中旬，香港恩慈教育基金会一行到龙里，为县5所（龙里三元小学、哪嗙小学、大新小学、塘堡小学和中排小学学校）学生综合成绩及德、智、体、美各方面品学兼优的学生发放奖学金三万余元。

【聚晖集热活动】 9月中旬，与县教育局联合举行的“关爱明天·普法先行”暨“三爱一践行”主题报告会在第三中学拉开序幕。该活动历时一个多月，共作主题教育报告15余场，受教育师生达1.2万余人。“五老”网吧义务监督员按照《龙里县网吧义务监督员管理办法》的规定，每月不定期对网吧进行监督3次以上，对进入网吧的未成年人及时制止教育。

（罗熙秋　刘廷学　王　亮）

老年大学

【概况】 2016年，龙里县老年教育办、老年大学按照“老有所教、老有所学、丰富生活、陶冶情操、促进健康、服务社会”的办学宗旨，切实做好服务老年人工作。2016年挂牌成立村级老年学校2所，全县老年大学（学校）［含县、镇（街道）、村（社区）老年学校］27所。

【老年教育发展规划】 制定《龙里县老年教育发展“十三五”规划》，规划到2020年，县、镇（街道）、村（社区）三级老年大学（学校）常年在校学员容量分别达到1500人、200人、100人以上；新建基层老年学校8所，总数达到33所；全县老年人入学率年均提高0.6个百分点，到2020年使参加各级各类老年学校学习人数达到老年人口总数12.5%。

【老年教育发展】 2016年4月21日，龙里县召开老年教育工作会议。传达学习省、州老年教育工作会议精神，对全县老年教育工作进行安排部署，对22所基层老年学校校长进行业务培训。2016年在龙山镇比孟村和湾滩河镇走马村挂牌成立老年学校。

【调研】 2016年开展老年教育调研指导工作4次，撰写《强化措施、扶贫攻坚、助推发展——认真贯彻十八届六中全会精神，抓实精准扶贫》《我校在学员管理方面的举措及成效》《龙里县老年教育发展现状、存在问题及对策建议》《坚持四有理念，抓好老年教育》《龙里老年教育发展的经验和方法》理论调研文章，其中《龙里老年教育发展的经验和方法》《强化措施，扶贫攻坚，助推发展——认真贯彻十八届六中全会精神，抓实精准扶贫》登载于黔南老年教育刊物。

【教学管理】 2016年，常年在校学员368

人，在册学员达到1760人。开设书画、布依山歌、时事讲座、柔力球、广场舞、声乐、器乐、舞蹈、医疗保健、太极拳、剪纸、腰鼓等课程，聘请教师8人。

【学习交流】 2016年组织书画学员到龙山镇蔡家院、栗木寨开展送文化、送温暖活动，并为群众义务书写春联1000余份，1月31日组织60名学员参加冠山街道办事处举行的“和美冠山情、扶贫共小康”活动；春节期间，组织学员到龙山镇比孟村开展“‘龙跃黔中’春节文化活动之‘精准扶贫·全面小康’——‘扶残助老·大爱连心’春节文化活动”。参与《2016年“龙跃黔中”春节文体系列活动之“精准扶贫·全面小康”》专题文艺演出活动。5月，组队代表参加在龙里举办的全州、全省老年人柔力球交流活动，同时，邀请州老年大学到龙里开展校际交流联谊活动。6月，县老年大学党支部、县残联党支部与比孟村党总支部联合举行庆祝中国共产党成立95周年系列活动，组织太极班学员参加“庆祝黔南州建州60周年暨黔南州武术协会成立四十周年武术展演活动”。7月，老年大学与县市场监督管理局举办“多姿多彩夕阳红党的旗帜添光辉”建党95周年庆祝活动。10月9日，举办重阳节“和谐新龙里．情满夕阳红”专场文艺演出，县老年书画研究会在兴龙广场举办老年人书法美术作品展。10月中旬邀请贵定县柔力球队到龙里开展交流联谊活动。同时组织学员到龙架山森林公园、双龙镇、比孟村等开展户外教学活动，开展“金剪刀”剪纸比赛，布依山歌班学员参加周边县、村各种民族文化活动等。

中国共产党纪律检查委员会

【概况】 中共龙里县纪律检查委员会内设办公室、干部室、宣传教育研究室、党风政风监督室（县政府纠正行业不正之风办公室）、信访室、案件监督管理室、案件审理室（案件申诉复查复议室）、第一纪检监察室、第二纪检监察室。核定行政编制13人，其中，纪委书记1名，纪委副书记2名；监察局局长1名（兼任纪委副书记）、副局长3名；内设主任9名；机关工勤4名。下设事业单位2个：龙里县举报中心（龙里县非公有制经济发展侵权投诉中心）、纪检监察信息中心。龙里县举报中心核定事业编制（参公）7名；纪检监督信息中心事业编制按实名制动态管理。派出机构为：第一、二、三、四纪工委（监察分局）。

2016年在职在编实有人数44人，其中：行政20人（含离岗待退3人）、参公7人、事业13人、工勤4人；在编实有公车4辆。

2016年，龙里县党风廉政建设和反腐败工作年度综合目标考核位列全州第一。

【龙里县十一届纪律检查委员会第六次全体会议】 2016年2月22日，中共龙里县第十一届纪律检查委员会第六次全体会议召开在县城召开，出席会议的有县纪委委员22人，列席208人。全会学习贯彻习近平总书记重要讲话和十八届中央纪委六次全会、十一届省纪委五次全会、十届州纪委六次全会精神，回顾总结2015年全县党风廉政建设和反腐败工作，研究部署2016年工作任务。

会议审议通过县委常委、县纪委书记陈光煜代表县纪委常委会所作的《落实全面从严治党，强化监督执纪问责，为建成更高水平的小康社会提供坚强纪律保证》工作报告。县委书记刘华龙与各级党（工）委、党组签订党风廉政建设主体责任书，县委常委、县纪委书记陈光煜与各级纪（工）委、纪检组签订党风廉政建设监督责任书。刘华龙在会上指出要把尊崇党章放在首位，严明党的政治纪律和政治规矩；把作风建设一抓到底，不断巩固“三严三实”专题教育成果；把纪律高压线拉紧立牢，坚决遏制腐败蔓延势头；把加强纪检监察机关建设落到实处，保证监督职能充分发挥。强调必须把学习贯彻中央、省委和州委的精神转化为敢抓、敢管、敢负责的态度和真抓实干的行动，深化工作措施，强化责任落实。要求各级党委旗帜鲜明支持纪委工作，各级纪委加强自身建设，找准职责定位，忠诚履行好党章赋予的职责，全力以赴推动党风廉政建设和反腐败工作。

【龙里县党风廉政警示教育大会】 2016年12月1日，龙里县召开2016年党风廉政建设警示教育大会。上午，组织全县各村（社区）支书、主任到贵州省王武监狱实地看服刑人员的生活场景，听取职务犯罪服刑人员“现身说法”。下午，在县城召开警示教育大会，全体参会人员还观看警示教育片《永远在路上》；县委常委、县纪委书记石磊就2016年纪律审查工作进行通报。2016年，龙里县坚持力度不减、节奏不变、尺度不松惩治腐败，综合运用教育、经济、行政、法律等多种手段，推动反腐败工作迈上新台阶。反腐败人心齐、聚集准、力度大，截至10月，全县纪检监察机关共立案102件102人。

县委副书记屈芳受县委书记刘华龙委托，给参会人员上廉政党课。会议要求全县领导干部要“明势”，把纪律规矩融入思想；要“践行”，把廉政自律落到实处；要“担责”，把党风廉政建设责任夯紧落实。坚持反腐倡廉常抓不懈，从严律己，奋发进取。同时，针对元旦、春节将至，“两会”召开在即，会议还对节假日期间廉政自律和“两会”期间换届纪律进行强调。

【全州民生监督工作现场推进会】 2016年6月29日，全州2016年民生监督工作推进会在龙里召开，州纪委监察局领导吴应忠、何林海等有关同志、十二县（市）及都匀经济开发区的纪委书记、民生项目监督有关负责人参加会议。

上午，与会人员一行到冠山街道民生监督警示教育基地和民生监督组教育谈话室参观，州纪委监察局有关负责人了解其使用情况；到冠山街道了解开展民生项目监督工作情况以及大数据“脱贫伴侣”情况；到龙山镇栗木寨农村参观廉政文化广场。下午，在龙里县行政办公大楼召开推进会议。会议传达全省民生监督工作会议精神，通报1至6月全州民生监督工作情况，各县（市、区）作民生监督工作交流发言。

会议要求，要勇于探索实践，有序推进工作。要查找不足，寻找差距，总结经验。要善于借鉴探索，创新方法，形成黔南品牌。要正视问题，强化危机意识。要围绕排位不理想，工作推进不平衡，底数不清等问题，立足争、赶、变，加强与上级沟通，争取上级支持；加快工作进度，提升工作效能；掌握工作规律，用足政策精神。要紧贴形势需要，抓好民生工作。要树立危机意识，服务脱贫攻坚；突出问题导向，抓实专项监察；加强统筹调度，倒排工期推进。

【纪委自身建设】 2016年增配监察室主任、副主任10名，交流提拔纪检干部36人；认真落实镇（街道）纪（工）委书记、副书记提名考察办法，就党委换届，选优配齐配强县镇两级纪委班子；择优遴选7名同志进入民生监督队伍。举办培训班4期培训干部420余人次，抽调24名新任纪检干部到委局机关业务室跟班学习，选派3名纪检干部到州纪委跟班学习。约谈履职不力纪检干部1名，约谈存在苗头性问题纪检干部6名。按照“四评一考三落实”的考核模式，强化对纪检干部督查考核。

【“两个责任”落实】 建设“两个责任”网络监督平台，采取坚持一季度一报告、“述责述廉述德”等“七个一”工作模式，找准定位，认真履职。配套开发廉政档案管理系统、党纪党规知识测试学习系统。制定党风廉政建设主体责任和监督责任落实实施方案，明确党委主体责任和纪委监督责任，建立“两个责任”网络监督平台，用“数据铁笼”全面推进“两个责任”落实。建立“两个责任”常态化监督机制，采取“专常”结合方式进行监督检查，发现问题136条，提出监察建议26条，并督促涉及部门整改落实。开展落实主体责任、监督责任问题约谈，18名领导干部主动交代违纪问题。对违反党风廉政建设行为严格实行责任追究和公开“曝光”通报。2016年，党风廉政建设“两个责任”落实不力被问责3件3人，工作失职被问责6件6人，通报“曝光”21件28人。

【落实中央八项规定和纠正“四风”工作】 贯彻落实中央八项规定精神以及省、州、县相关规定要求，紧盯春节、中秋、国庆等关键时间节点，建立联动督查机制开展监督检查。2016年，全县共出动督查人员300余人次，深入旅游景点、餐饮场所、高速路口等开展公车私用、公款旅游、公款吃喝等督查50余次。组建四个督查组，专项检查全县76家单位（部门）贯彻落实中央八项规定精神及“四风”突出问题，发出70余份限期整改通知书。一年来，共查处违反中央八项规定精神问题24件30人，其中党政纪处分28人、诫勉谈话1人、通报批评1人。

【党风廉政宣传教育】 开展“三学四增”警示教育月活动及“两学一做”知识测试。发挥县党风廉政警示教育基地作用，组织干部职工1100余人次开展警示教育。召开全县党风廉政警示教育大会，开展县管干部“庭审旁听”活动，组织村（社区）干部到监狱接受“现身说法”。组织800余名县管干部开展党章党规党纪知识测试，对7名测试成绩不合格干部进行约谈。新增冠山街道民生监督和教育系统警示教育基地。加强廉政文艺作品的创作与传播，书法作品《廉政诗》等入选全省优秀廉政书画作品库。创新“一二三四”工作法，全年上报对外宣传信息343期，在《中国纪检监察报》《中国纪检监察》杂志取得重大突破，发稿10篇，占全州发稿数量的71%。编撰《廉行龙里》内刊四期。

【纪律审查】 实行一周“一次线索排查、一次分析汇总、一次案件交办、一次督促调度”的“一周工作法”，采取“代理网广集线索、会诊法甄别核查、多兵团快查快办、导航式快审快结”的“流水线”纪律审查模式，进而提高纪律审查工作质量。全年共受理信访件175件次（重复访37件次），办结154件。实施信访监督12次，为8名领导干部澄清问题。全县纪检监察机关共立案111件111人，其中县纪委监察局立案57件57人、镇级纪检监察机关立案43件43人、部门纪检组立案11件11人。立案对象涉及乡科级干部31人、一般干部5人、其他人员75人，移送司法机关9人。审结党政纪案件134件，处分违纪人员134人，其中党纪处分92人、政纪处分29人、党政纪双重处分13人。果断查处范某某、刘某某等一批重大违纪违法案件。

【民生监督】 实行民生问题“一线五查三见三落实”工作法、双备案双承诺、快查快结、一案一剖析一建议等制度，实现民生案件快查快处。投入资金100余万元，建成6个民生监督教育谈话室。择优选聘78名村级民生监督员，实现监督“探头”全覆盖。先后开展小微企业发展资金、农村安全饮水工程等7项专项监察，发现问题135个，涉及资金121.48万元，立案110件，给予党政纪处分110件110人。严肃查处王某某截留医疗救助金、罗某某在实施扶贫项目中收受他人财物、张某某变卖救济粮等典型违纪违法案件。

（县纪委〈监察局〉）

龙里县人民代表大会及其常务委员会

综 述

【概况】 2016年，共召开9次县人大常委会会议、14次县人大常委会主任会议，其中涉及人事任免有6次常委会；听取审议“一府两院”25项工作报告，作出9项决定、决议，开展1次专题询问、4项专题调研、3次执法检查，任免53名国家机关工作人员。

【常委会议】 2016年1至12月，龙里县人大常委会共召开第十六届人大常委会主任会议9次，常委会议9次。

2016年1月9日，龙里县第十六届人大常委会第四十次会议召开。会议审议通过《龙里县人大常委会工作报告（征求意见稿）》《龙里县十六届人大五次会议主席团和秘书长名单（草案）》《龙里县十六届人大五次会议列席人员名单》，听取《龙里县人大常委会办公室关于县十六届人大五次会议筹备工作情况的报告》，审议通过《县十六届人大五次会议召开时间及会议议程（草案）》《龙里县人大常委会代表资格审查委员会关于代表资格审查情况的报告》。

2016年1月25日，龙里县第十六届人大常委会第四十一次会议召开。会议审议县十六届人大常委会主任会议《关于补选王永坤同志为黔南州第十三届人民代表大会代表的议案》。会议决定：补选王永坤为黔南州第十三届人民代表大会代表。

2016年2月23日，龙里县第十六届人民代表大会常务委员会第四十二次会议召开。会议审议通过《龙里县人大常委会2016年工作要点》《龙里县人大常委会2016年度各次常委会会议审议议题安排意见》《龙里县人大常委会2016年度视察调研议题安排意见》《龙里县人大常委会2016年度专题询问议题安排意见》。

2016年3月9日，龙里县第十六届人民代表大会常务委员会第四十三次会议召开。会议审议通过《龙里县人民政府关于提请焦阳等同志任免职的议案》《龙里县人大常委会主任会议关于提请杨再刚同志任职的议案》。

2016年4月28日，龙里县第十六届人大常委会第四十四次会议召开，会议听取和审议《龙里县人民政府关于国家现代农业示范区建设专题询问审议意见办理情况的报告》《龙里县人民政府关于行政审批“三集中三到位”工作情况的报告》《龙里县人民政府关于安全生产工作情况的报告》《龙里县人民政府关于2016年部门预算安排情况的报告》《龙里县人民政府关于全县旅游业发展情况的报告》。

2016年6月24日，龙里县第十六届人民代表大会常务委员会第四十五次会议召开。会议听取和审议《龙里县人民政府关于2015年财政决算情况的报告》《龙里县人民政府关于县本级2015年度预算执行情况和其他财政收支情况的审计工作报告》《龙里县人民政府关于县城规划区和重点区域拆除违章建筑工作情况的报告》《龙里县人民政府关于绿色龙里建设三年行动计划实施情况的报告》《龙里县人民政府关于融资工作开展情况的报告》。审议《县人民政府关于将龙里县城西区旧城棚户区改造项目（二期）委托代建政府购买服务协议款纳入县财政预算的议案》《县人民政府关于将龙里县莲花生态湿地公园建设项目委托代建政府购买服务协议款分年度纳入财政预算的议案》《县人民政府关于提请审议龙里县笋子塘10万吨供排水工程项目建设融资有关事项的议案》《县人民政府关于提请审议政府性债务情况的议案》。

2016年8月31日，龙里县第十六届人民代表大会常务委员会第四十六次会议召开。会议听取和审议《龙里县人民政府关于天网工程三期建设情况的报告》《龙里县人民政府关于建设用地和使用管理情况的报告》《龙里县人民政府关于开展电子商务进农村工作情况的报告》《龙里县人民政府关于棚户区改造进展情况的报告》《龙里县人民法院关于加强民商事审判以及执行工作，助推县域经济跨越发展工作情况的报告》。审议《龙里县人民政府关于贵州省龙里县余下村乡村旅游基础设施建设项目服务政府采购资金纳入预算管理的议案》《龙里县人民政府关于将贵州省龙里县莲花村乡村旅游基础设施建设项目服务政府采购资金纳入预算管理的议案》《龙里县人民政府关于将贵州省龙里新高中建设项目资金和项目回购资金分年度纳入财政预算的议案》，会议审议并票决通过《龙里县人大常委会主任会议关于提请任命龙里县县镇两级选举委员会及选举办公室、冠山街道选举指导办公室组成人员的议案》《龙里县人大常委会主任会议关于提请任命龙里县人大常委会代表资格审查委员会组成人员的议案》。审议并举手表决通过《龙里县人大常委会主任会议关于决定龙里县县镇人民代表大会代表选举日的议案》。

2016年10月21日，龙里县第十六届人民代表大会常务委员会第四十八次会议召开。会议听取和审议《龙里县人民政府关于2016年1－9月国民经济和社会发展计划执行情况的报告》《龙里县人民政府关于2016年1－9月财政预算执行情况的报告》《龙里县人民政府关于农村土地承包经营权确权登记颁证工作情况的报告》《龙里县人民政府关于2016年上半年经济发展综合测评暨增比进位工作情况的报告》《龙里县人民政府关于全县义务教育初步均衡发展实施情况的报告》《龙里县人民检察院关于生态环境保护工作情况的报告》，并进行满意度测评。会议审议并票决通过《龙里县人民政府关于将贵州省龙里新高中建设项目资金和项目回购资金分年度纳入财政预算的议案》《龙里县人民政府关于调整财政预算的议案》《龙里县人大常委会主任会议关于接受王永坤等同志辞去龙里县县镇两级选举委员会和冠山街道选举指导办公室组成人员职务的议案》和《龙里县人大常委会主任会议关于提请增补任命龙里县洗马镇、湾滩河镇选举委员会组成人员的议案》。会议审议《龙里县人民政府关于提请杨贵丽等同志任免职的议案》《龙里县人大常委会主任会议关于提请韦玉春同志任职的议案》，并以票决方式通过人事任免，县人大常委会主任王永坤为被任命人员颁发任命证书。

2016年12月22日，龙里县第十六届人民代表大会常务委员会第四十八次会议召开。会议审议通过《龙里县十七届人大一次会议召开时间及会议议程（草案）》《龙里县人大常委会代表资格审查委员会关于代表资格审查情况的报告》。听取和审议《龙里县人民政府关于精准扶贫工作情况的报告》《龙里县人民政府关于人才工作情况的报告》《龙里县人民政府关于办理县十六届人大五次会议代表批评、意见和建议工作情况的报告》。听取《龙里县人大常委会办公室关于县十七届人大一次会议筹备工作情况的报告》。审议通过《龙里县人大常委会工作报告（征求意见稿）》《龙里县十七届人大一次会议主席团和秘书长名单（草案）》《龙里县十七届人大一次会议列席人员名单》。听取和审议《龙里县人民政府关于2016年重大工程和重点项目及"民生实事"工程完成情况的报告》。会议审议《龙里县人民政府关于提请林刚等同志任职的议案》《龙里县人大常委会主任会议关于提请罗加骐等同志任免职的议案》，并以票决方式通过以上人事任免，林刚、王昌福任龙里县人民政府副县长，免去罗加骐龙里县人大常委会党组成员、办公室主任职务；免去林更喜龙里县人大常委会财经委员会主任职务。任命罗加骐为龙里县人大常委会财经委员会主任；任命林更喜为龙里县人大常委会办公室主任。

【县、镇人代会换届选举】 全县5镇1街道，总人口23万人，共登记选举县代表选民154821人，登记选举镇代表选民117994人；划分县人大代表选区74个，镇人大代表选区147

个。2016 年 11 月 6 日至 8 日，进行县、镇两级人大代表的投票选举工作，全县共有 144606 名选民投票选举县代表，参选率 93.4%；共有 109554 名选民投票选举镇代表，参选率 93%；依法选出县第十七届人民代表大会代表 163 名、各镇新一届人民代表大会代表 314 名；11 月 23 日至 30 日，指导各镇召开新一届人民代表大会第一次会议。（2017 年 1 月 4 日至 7 日，召开龙里县第十七届人民代表大会第一次会议。）本次县镇人大换届，龙里县作为省人大的试点县。

【“一府两院”监督】 民生领域监督方面。听取和审议县人民政府关于精准扶贫、全县义务教育初步均衡发展、绿色龙里建设三年行动计划、人才工作、安全生产、棚户区改造、县城规划区和重点区域拆除违章建筑、天网工程三期建设、农村土地承包经营权确权登记颁证、全县旅游业发展、电子商务进农村、国家现代农业示范区建设专题询问审议意见办理、县十六届人大五次会议代表批评意见建议办理等专项工作报告，专题视察调研县城饮用水源保护区建设、农村医疗保障、易地扶贫搬迁工作情况。

依法行政监督方面。听取和审议县人民政府关于行政审批“三集中三到位”工作情况专项报告。

行使重大事项决定权方面。完善讨论决定重大事项决策程序，规范“一府两院”报告重大事项办法，及时将县委重大决策部署和人大各项改革任务转化为决议决定。加强对人大常委会决议决定执行情况的持续跟踪监督。继续加强规范性文件备案审查。

公正司法监督方面。听取和审议县人民法院关于加强民商事审判以及执行工作、助推县域经济跨越发展工作情况报告，听取和审议县人民检察院关于生态环境保护工作情况报告。

【民主评议】 2016 年 12 月 9－19 日，龙里县人大常委会组织县人大代表 18 名，对龙里经济开发区管委会、县公安局（县公安交警大队）、县交通局、县水务局、县文旅局、县卫计局、县政府金融办、县地税局 8 家单位（部门）采取听、问、测、评相结合的方式进行民主评议。

【财经工作监督】 听取和审议的经济工作专项报告即县人民政府关于 2016 年 1—9 月国民经济和社会发展计划执行情况，2016 年上半年“增比进位”情况，2016 年重大工程和重点项目及“民生实事”工程建设情况，建设用地管理使用情况等。听取和审议的财政工作专项报告即县人民政府关于 2015 年财政决算情况，县级 2015 年度预算执行和其他财务收支审计工作情况，2016 年部门预算安排、专项债券申报、2016 年 1—9 月财政预算执行情况等。开展对全县财源建设情况的专题视察调研，将公共财政预算、政府性基金预算、国有资本经营预算以及政府性债务计划纳入监督。

【人大工作机制建设】 健全代表联系机制。完善常委会组成人员联系代表、代表联系群众工作制度，广泛听取群众意见，自觉接受群众监督；推进常委会向代表通报情况和征求意见常态化，邀请代表列席常委会会议和参加视察调研、执法检查、工作评议等活动，扩大代表政治参与，保障代表知情知政；做好在县省、州人大代表的联络服务工作。优化代表履职环境。加强代表履职培训，引导代表以小组为单位开展专题学习；健全代表履职档案；加强代表建议办理工作；注重从代表和群众来信来访，加大重要信访事项督查督办力度，疏通民意诉求渠道。完善代表活动载体。推进代表联络站（室）规范化建设，建立代表工作网络信息平台，完善代表服务平台功能；深化代表听案庭审、代表检察日、代表接待日等主题实践活动，推进县、镇人大代表向选民述职评议工作，推动省、州人大代表到原选举单位视察和述职，探索建立代表约见国家机关负责人制度。上下联动。出台《关于做好 2016 年镇街人大工作的指导意见》，支持镇（街道）人大加强建设，合力服务全县科学发展。宣传法治。加强民主法治宣传教育，推进全民普法守法，弘扬法治精神，增强法治观念；加强人大宣传工作，创办人大刊物《龙里人大》；开展对外交流，学习借鉴经验。

【视察调研】 2016 年，县人大常委会主开展 5 次调研视察工作。3 月 29 日，县人大常委会组成3个视察调研组，分别到湾滩河镇、醒狮镇、洗马镇对2016年龙里县易地扶贫搬迁工作开展情况视察调研。3月30日召开调研座谈会，通报易地扶贫搬迁工作进展情况，并形成调研报告报县委提供决策依据。

4月19日，县人大常委会组织视察调研组，到龙山镇猴子沟饮用水水源保护区，开展县城饮用水源保护区建设工作视察调研。4月22日召开调研座谈会，通报工作进展情况，研究下步对策措施。

6月27—28日，县人大常委会主任王永坤，副主任陈民、徐彬、康兴酉、陈俊、陈远军率县人大常委会各委室负责人和部分机关干部，赴平塘县学习考察代表工作。调研重点是代表联络站和“代表接待选民中心”建设情况，学习平塘县人大“23579”工作机制等，两县人大还就代表联络站和“代表接待选民中心”制度的建立健全、软件资料的完善，以及代表在经济建设中作用的发挥等工作情况相互交流了意见。8—10月，按县委安排，为督促检查县委办、县政府办于2015年下发《龙里县“6＋1”发展壮大村集体经济三年推行计划》文件落实情况，县人大制定调研工作方案，分6个组到5镇1街道的“空壳村”开展全面调研。调研组对2015年度搞得较好且已脱壳村、2016年度计划脱壳的“空壳村”和条件比较差脱壳较为困难的“空壳村”，抽样走访了30个村，对全县“空壳村”脱壳情况及存在的问题形成调研报告送县委。

9月17—27日，由县人大常委会副主任徐彬带队一行10人分别对内蒙古额济纳旗吉日嘎查、青海省共和县龙羊峡镇“人大代表之家”工作开展情况进行学习考察，并到额济纳旗的嘎查村、策克口岸、博物馆及龙羊峡镇的龙羊峡水电站等地进行考察。

【干部任免】 坚持党管干部原则，完善拟任职人员任前法律考试、供职报告和向宪法宣誓制度，增强被任职人员的法治意识、公仆意识和责任意识。4月28日，县第十六届人大常委会第四十四次会议通过《龙里县人民法院关于欧子红同志任职的议案》《龙里县人民检察院关于对王杰等同志任免职的议案》。6月24日，县第十六届人民代表大会常务委员会第四十五次会议通过《龙里县人大常委会主任会议关于提请左光红等同志任免职的议案》《龙里县人民政府关于提请郭永昌同志任职的议案》《龙里县人民政府关于提请孟杰等同志任免职的议案》《龙里县人民法院关于张洪河等同志任免职的议案》。8月31日，票决通过《龙里县人民政府关于提请张超同志任职的议案》《龙里县人大常委会主任会议关于提请杨再刚、冯振刚等同志任免职的议案》，并将王燕从县文旅局调到县人大办任代表服务中心主任。10月21日，任命韦玉春为县人大常委会预算审查委员会专职副主任。

（冯振刚）

龙里县人民政府

综　述

【概述】 2016年，县政府践行“五大发展理念”，按照协调推进“四个全面”战略布局的要求，坚持“守底线、走新路、奔小康”工作总纲，紧扣省委“两加一推”主基调和州委“一圈两翼”战略，全面实施“工业强县、四轮驱动、区域协调、城乡统筹”，保持发展思路的连续性和稳定性，延续经济社会发展的良好势头，在全省县域第一方阵经济发展综合测评中位列第二位，经济发展群众满意度排名全省第一，群众安全感居全省之首。

2016年完成地区生产总值79.76亿元，同比增长13.8%；财政总收入18.44亿元，同比增长8.88%，其中一般公共财政预算收入9.68亿元同比增长23.5%；固定资产投资116.48亿元，同比增长22.2%；规模以上工业增加值50亿元，同比增长13.4%；城镇常住居民人均可支配收入26595元，同比增长10.1%；农村常住居民人均可支配收入9265元，同比增长10.9%；社会消费品零售总额16.54亿元，同比增长14.1%；金融机构各项存贷款余额分别为128.24亿元和79.69亿元，同比增长47.02%和39.41%。

坚持发展为先，增强综合实力。抢抓机遇，把握关键，强化措施，紧扣省委“两加一推”主基调和州委“一圈两翼”主战略，全县经济社会呈现持续健康协调发展的良好态势。

坚持履职担当，落实从严治党主体责任和监督责任。贯彻落实十八届六中全会及省、州有关会议精神和县委的要求，把全面从严治党主体责任作为常抓工作，把党组成员的党风廉政建设工作进行责任分解，任务到人。推行“权力清单”制度，加强廉政风险防控机制建设，规范和制约关键岗位、关键环节的权力运行。

坚持强化责任，严明纪律，恪守党章，依法行政，廉政自律，建设廉政政府。

坚持政德兼修，倡导以德行政。深入开展“两学一做”，把强化政德、规范官德纳入教育活动内容。

工业经济。以新型建材、新医药、高端装备制造、特色食品加工等产业为主导的工业产业园形成“一区三园”格局。2016年引进中国·龙里生命科技城、喜来登休闲度假酒店等项目88个，总投资455.41亿元，招商引资到位资金219亿元。新增2000万元以上规模企业25户，规模工业企业达到128户，数量居全省第四位、全州第一位。规模工业总产值完成200亿元、实现增加值50亿元，工业增加值增速13.6%，居全州第1位。续建、新建工业投资项目97个，28个项目建成投产，500万元以上工业投资完成35亿元，累计增速达到21.4%，增速排名全州第一位。

城镇建设。实施城市“东优西扩”战略，城市建成区达32.77平方公里，城镇化率达52.05%。加快推进龙溪大道、贵龙纵线二期等项目建设，完成贵都联络线二期道路等4条5.42公里城市道路建设，县公共体育馆建成投运。成功申报全省整县推进小城镇建设试点县，全县城镇建设开工项目78个，完成投资33.23亿元，坝上、茶香、孔雀寨、高寨等一批高质量、高标准镇村联动示范点基本建成。城市综合体建设取得突破进展，中铁生态城城市综合体全面建成，成为2016年全省获批授牌的8个城市综合体项目之一，西南药都生态城城市综合体顺利推进。开展改善农村人居环境示范点建设，完成进寨道路、污水管网、垃圾收集等项目投资6000余万元。完成农村饮水安全巩固提升工程，解决4500人饮水安全问题。建成覆盖全县167个行政村（社区）

的通信及信息基础网络，实现4G网络乡镇全覆盖，电信有线网络覆盖累计开通91个村，覆盖率达57.23%；无线网络累计开通140个村，覆盖率88.5%。

农业产业。农业发展形成“一区五园”格局，依托国家现代农业示范区建设，大力发展现代山地特色农业，加快农业“接二连三”步伐，形成以蔬菜、刺梨、花卉苗木三大特色产业为主导的农业产业园。完成刺梨种植32208亩，培育壮大刺梨产业企业8家，年产量达3万吨，产值2.1亿元。“龙里刺梨”“龙里豌豆尖”获地理标志保护认证，“无须豌豆尖”“龙里蕨菜”获优质农产品荣誉称号。新型农业经营主体不断壮大，县级及以上龙头企业共48家，全县农民专业合作社322个，县级以上家庭农场125家。完成农业总产值28.35亿元、农业增加值17.38亿元，非粮农业增加值占农业增加值比重为99.68%，畜牧业产值占农业总产值比重为48.75%，高标准农田占耕地面积达57.83%；农产品加工率达334.9%，位列全州第1位。粮经比稳定在30:70。湾滩河高效生态农业示范园区逐步形成集农产品展示、高科技设施和农产品加工物流为一体的智慧农业园。

商贸物流。2016年双龙现代服务业集聚区发总规划面积51.6平方公里，项目总投资600亿元。集聚区内快递物流园、深国际综合物流港、万豪商贸总部城等一批重大项目建设如火如荼，已入驻快递企业11家、物流企业14家，快件日处理量达137万件，占全省的80%。

电子商务。建成县级快递物流配送中心、62个村级服务站、56个村级服务点，完成区域公用品牌“云起龙驿”建设，打造本地农特产品、民族工艺品品牌30余个，培育上线销售产品109种。培育企业网店80余家，个体工商户网店400余家，“企业触网”率达70%。电子商务网络交易额达1.3亿余元，上行产品销售额达3804万余元。举办首届中国（贵州）“黔货出山”暨电商扶贫高峰论坛、全州电子商务发展大会暨项目观摩会等活动。

旅游产业。以龙架山国家森林公园、龙里大草原、中铁生态城、双龙镇巫山峡谷等景区为主，集户康体休闲、观光旅游、民族风情体验和乡村旅游协同发展的格局初步形成。2016年接待游客258.59万人次，旅游总收入18.8亿元。快速推进莲花湿地公园、龙里油画大草原等旅游景区建设，打造乡村旅游点13个，完成投资5494.13万元；引进“龙山佛国”文化旅游综合体等8个文化旅游项目，总投资24.2亿元。建成伯爵、纪龙等星级酒店7家。承办全国山地自行车公开赛（龙里站）、央视“同一首歌”走进龙里等一系列高端赛事和文体活动。

脱贫攻坚。加大重点、热点民生投入，人民群众的获得感、安全感和满意度得到提升。实施精准扶贫“六项行动”计划，实施扶贫产业项目110个，总投资3.28亿元，项目覆盖贫困户10597户次、35257人，发放特惠贷7893万元，全县减少贫困人口9540人，20个贫困村出列。

招商引资。全县新引进项目78个，总投资额383.27亿元。主要有中国·龙里生命科技城项目，贵州龙溪1号大健康生态园开发项目，龙里县龙从界高效循环农业高科技示范基地暨山地农业旅游观光园区建设项目，莲花湿地公园商业街项目，刺梨深加工项目，龙里坝上莲花民俗村建设项目，贵州现代设施农业、农机电商产业园（二期）配套设施建设项目，蓝莓酒、茶酒、花羹加工生产项目，家具生产线建设项目等。从结构上看，一产类项目6个，二产类项目30个，三产类项目42个。

民营经济。实施工业“百千万”工程、“双服务”和民营经济服务年等活动，帮助企业定目标、定任务、定时间、定责任、定线路，实行精细化服务，企业活力明显增强。全县工商注册民营经济市场主体1.23万户，其中：农民专业合作社290户，占2.36%；个体工商户9516户，占77.4%；企业2488户，占20.24%。

社会事业。建成龙山、谷脚、湾滩河3所敬老院及龙里县救助站，贵州老年养护实训培训基地、贵州惠馨夕阳养老综合服务中心、贵州双龙养老服务中心建设有序推进。县人民医院、县中医院远程会诊系统投入使用。实现卫生院标准化建设项目、新农合大病保险、乡镇卫生院执业医师、乡村中小学校医、远程医疗会诊全覆盖。实现城镇新增就业6753人、农村劳动力转移7224人，城镇登记失业率控制在4.2%以内。农村低保标准由2015年2580元/年·人提高到3060元/年·人。

建议和提案办理。2016年，县政府收到县人大代表建议91件、县政协提案59件。完成承办人大代表建议91件，办复率100%，落实率96.70%，满意率100%比2015年提高1.73个百分点；主要涉及城建、交通、农林水、社会管理等方面。完成承办政协提案59件，答复率100%，办理落实率98.31%，满意率100%比2015年提高1.33个百分点；主要涉及交通、社保、文教卫、农林水等方面。同时，承办省人大代表建议1件，州人大代表建议主办3件、协办2件，州政协委员提案主办1件、协办3件，办复率、落实率、满意率均达100%。

年度实事。完成2015年、2016年上级扶贫项目100个，投入资金7318万元，发放特惠贷7893万元。减少贫困人口9540人，20个贫困村出列。醒狮镇、湾滩河镇易地扶贫搬迁安置点全面竣工。完成关口至把比、城兴至金谷、摆勺至干未等11条连接周边区域公路建设。加快推进龙里新高中建设，完成台上、大岩、果里等13所农村幼儿园建设。完成县救助站、县社会养老服务中心、县妇幼保健和计划生育中心建设；启动县老年公寓、冠山慧馨、双龙和草原养生养老服务中心建设；县妇幼保健和计划生育中心主体完工。完成正大街、太平寺、大十字、老公安局等片区1330户棚户区改造。开通龙里至贵阳城际快巴。实施完成贯城河补水工程。启动县城污水处理厂二期、谷脚大坡等4座污水处理厂建设，城镇污水处理率达98.1%。

后勤服务。2016年，承办国家发改委、国家民宗委等有关部委到龙里调研检查工作，全省大生态项目暨第四批重大项目集中开工仪式及省、州、县领导调研物流产业、电子商务、大旅游发展等活动60余次。县人民政府网站在2016年全省县（市、区）政府评估中排名第1；政务信息在全省92个县（市、区、特区、经济开发区）中排名第3、在全州排名第1；编发《错情通报》4期；接收转办上级来电150余份、来文2000余份，各镇（街道）及部门来文2300余份，密件120余份，群众来信50余件，校核印发各类文件2000余件，发文错情登记56人次；上报《龙里县信访维稳和安全生产日报表》181期、政务信息210期，其中被州应急办采用113篇，被省应急办采用3篇。全年协调处置150余起突发事件。

2016年承办省、州各类大型会议及活动40余次。开通电子政务网门户单位45家，新增管控平台人员2000人（次）和电子印章19枚，基本实现电子政务全覆盖。

向省、州报送调研信息300余篇，《龙里县冠山街道“民情一点通”精准服务群众》《龙里县电商实现三个“井喷”增长》等多篇信息被省采用，被省政府办公厅评为全省政务信息先进单位。完善《县政府办公室公务用车派车制度》《县政府办公室办公物资采购及管理工作规范》《县政府办公室车辆管理制度》等内部管理制度，规范办公室后勤服务工作。贯彻执行《党政机关国内公务接待管理规定》，规范接待工作，“三公”经费明显下降。

（姬惟、罗华礼）

【县政府常务会议】 第十六届人民政府84次常务会议。2016年1月7日，会议研究审定《龙里县人民政府工作报告》《2015年国民经济与社会发展计划执行和2016年国民经济与社会发展计划草案的报告》《龙里县公务用车制度改革实施方案》《2016年全县安全生产工作暨全县消防安全隐患排查整治工作会议方案（送审稿）》《中共龙里县委、龙里县人民政府将谷脚镇部分行政区域委托贵州双龙航空港经济区党工委、贵州双龙航空港经济区管委会管理协议书》及《中铁生态城项目规划管理权限的补充协议》《贵州省龙里经济开发区污水处理及中水回收利用（PPP）项目合同》；研究龙里县与省龙里林场林地置换方案和龙里县重点项目林地手续办理有关事宜；通报《龙里县县级公立医院改革工作调研报告》《贵龙城市经济带在建、待建教育资源调研报告》。

第十六届人民政府89次常务会议。2016年3月18日，会议传达学习全州环保工作暨环保执法“风暴行动”启动会议精神，研究审定《龙里县贯城河补水方案》《猴子沟岔河水质提升方案》《龙里县村庄规划管理工作实施方案》《四星级休闲度假酒店项目投资合同》《四星级休闲度假酒店项目投资合同补充合同》《龙里县创建国家卫生县城实施方案》《龙里县出租汽车更新实施方案》《龙里观音山宗教文化综合体项目合作框架协议》《龙里县扶持残疾人电商创业实施方案》；研究有关人员政纪处分事宜。

第十六届人民政府90次常务会议。2016年3月25日，会议传达学习2016年全国打击侵权假冒工作电视电话会议、全国棚户区改造工作电视电话会议、全州地质灾害防治暨土地矿山卫片执法和打非治违工作电视电话会议、黔南州委农村工作会议精神；研究审定《2016年龙里县促进电子商务发展奖励扶持办法》《龙里县电子商务“四个一”助推精准扶贫工作方案》《龙里县“云起龙驿”品牌发布暨农村淘宝项目开业工作方案》《龙里县多彩贵州“广电云”村村通工程实施方案》《龙溪大道建设比选方案》及成立贵州云起龙驿电子商务有限公司事宜；研究湾滩河流域矿井废水污染治理和龙里高新技术产业园区三号路（二期）、五号路（二期）、排洪沟工程投资单位有关事宜。

第十六届人民政府91次常务会议。2016年4月13日，会议研究审定《2016年招商引资工作实施意见（送审稿）》《龙里县招商引资项目评审办法（暂行）（送审稿）》《龙里县2016年度促进电子商务发展奖励扶持暂行办法》《龙里县2016年殡葬改革工作方案（送审稿）》《龙里县行政区域村改居工作实施方案（送审稿）》《贵州龙里工业园区（经济开发区）“一园一策”工作实施方案》；传达学习全省新一轮农村电网升级改造工程推进工作电视电话会议精神；通报《龙溪大道建设项目投资合作协议》《成立龙里县PPP项目公司的合作协议》《贵龙纵线二期PPP项目框架协议》和研究敬老院公建民营管理模式有关事宜。

第十六届人民政府95次常务会议。2016年6月6日，会议传达学习全省老楼危楼安全隐患大排查大整治工作推进电视电话会议、全州2016年留守儿童关爱救助工作现场推进会、全省实施教育“9+3”计划总结观摩会精神；通报全县专款指标结余累计情况；研究审定《龙里大草原旅游综合开发及索道建设项目战略合作框架协议》《贵州龙溪经济带区域内房屋征收安置补偿实施方案》《启动贵州绿巨人项目〈龙里县人民政府关于推进大宗商品现货交易市场项目建设的承诺函〉的补充协议》。

第十六届人民政府96次常务会议。2016年6月23日，会议传达学习全省供给侧结构性改革推进大会会议、全州防汛抗洪暨气象现代化建设视频会会议、全省推进简政放权放管结合优化服务改革电视电话会议、全州四项污染减排工作推进暨生活污水一体化处理和河长制工作现场观摩会议精神；研究2013、2014年度扶贫生态移民项目以奖代补和讨论处理贵州金泰众源建材有限公司砂石商砼站违建及关停临时砂石场有关事宜。

第十六届人民政府97次常务会议。2016年7月8日，会议传达学习全省安全生产及公共安全和汛期有关工作紧急电视电话会议、全省农村土地承包经营权确权登记颁证工作推进会议、全州多彩贵州“广电云”村村通工程光缆附挂工作推进电视电话会议、全州保障性安居工程建设项目第二季度反馈会会议精神；研究审定《龙里县关于进一步加强物业管理工作的实施意见》《龙里县森林防火“村为主”工作实施方案》《关于深化供销合作社综合改革的实施方案》《龙里县2016年防洪应急抢险演练方案》；研究贵州贵龙实业（集团）有限公司发债券商、贵州腾龙实业（集团）有限公司发债券商、龙里通村通乡、旅游公路项目融资包装工作经费和有关人员政纪处分事宜。

第十六届人民政府98次常务会议。2016年7月22日，会议传达学习全国安全生产电视电话会议、全省扶持微型企业加快发展电视电话会议精神；通报龙里县农村环境综合治理整县推进项目事宜；研究审定《龙里县“营业执照、组织机构代码证、税务登记证、社会保险登记证、统计登记证”暨“五证合一”登记制度改革实施方案（试行）》《龙里观音山佛教文化综合体项目投资合同》《龙里县开展国家知识产权质押融资试点工作实施方案》《龙里县专利权质押贷款贴息补助管理办法（试行）》《国浩律师（贵阳）事务所〈专项法律服务合同〉》；研究双拥先进个人、先进单位和复员退伍创业之星对象、龙里县新一轮农村电网改造升级工程征地及青苗补偿标准、雪花啤酒场地平整项目边坡处理工程增量和《贵龙纵线南段道路工程上跨铁路工程服务合同》工程费用事宜。

第十六届人民政府99次常务会议。2016年8月5日，会议传达学习全省政府数据“聚通用”攻坚会战动员电视电话会议、2016年上半年全州环境保护工作形势分析调度会会议、贵州省审计机关人财物管理改革动员部署视频会议精神；研究审定《龙里县“十三五”期间易地扶贫搬迁工作实施方案》《龙里县人民政府废止、宣布失效、修改部分县政府规范性文件和公布现行有效规范性文件的决定》《龙里高新技术产业园区专职消防队建设实施方案》《贵州省龙里县莲花商业小镇、龙溪谷、余下村旅游项目（PPP）合作协议》《莲花湿地公园商业街项目投资合同》及《补充合同》《龙里县困难残疾人生活补贴和重度残疾人护理补贴制度实施方案》《龙滩供水工程项目管理协议》《龙里县“公建民营”普惠性幼儿园改革试点工作实施方案》《龙里县“公建民营”普惠性幼儿园改革试点管理办法》《龙里县农村中小学校医配置实施方案（送审稿）》《龙里县电子商务仓配一体化项目合作协议》、研究龙里水场500KV输变电工程站址及线路选址、谷脚千家卡片区污水治理、龙里县易地扶贫搬迁资金拨付程序审核流程、借款予七冶贵龙建设有限公司事宜。

第十六届人民政府100次常务会议。2016年8月19日，会议传达学习全省“千企改造”工程工作推进电视电话会议、全州农业产业扶贫工作调度暨农村产权制度改革推进会议、全省棚改货币化安置暨房地产去库存工作推进现场会议、全省科技创新大会会议、全省林下经济发展现场推进会议精神；通报优化整合教育资源布局情况、城乡适龄儿童入学相关事宜；研究龙里县基础设施、产业发展等项目储备、解决龙里县项目违法占用林地、成立龙里县供销社资产管理开发有限公司和教师节拟表彰对象事宜；研究审定《龙里县县管国有企业员工招录实施办法》。

第十六届人民政府101次常务会议。2016年9月2日，会议传达学习全州消防安保工作暨第三次消防联席电视电话会议、全省旅游安全和服务质量电视电话会议、全省电子商务工作推进会议、全省农村义务教育学生营养改善计划体质升级工作视频会议、全省中等职业教育以内涵建设引领中等职业教育持续协调发展工作视频会议精神；研究审定《创建智慧城市项目合作框架协议》《龙里县改善农村人居环境实施方案》《龙里县2016年新增耕地指标储备实施方案》；研究处置龙里县各镇（街道）闲置资产、龙里县第一小学教师宿舍楼征收与补偿、县直机关事业单位经营性资产剥离工作和有关人员政纪处分事宜。

第十六届人民政府102次常务会议。2016年9月22日，会议传达学习2016年调整退休人员基本养老金暨全省机关事业单位养老保险制度改革启动实施电视电话会议精神；研究审定《龙里县“十三五”卫生计生事业发展专项规划编制》《龙里县刺梨产业发展实施意见》《龙里县刺梨产业扶持奖励办法》《龙里县整县推进小城镇建设实施方案》《整县推进小城镇建设三年行动计划表》《龙里县2016年度旅游工作考核方案》《龙里县扶持旅游产业发展优惠办法（试行）》《龙里县专项财政扶贫资金和项目管理办法》《龙里县火车站片区房屋征收与补偿方案》《龙里县老场坝片区房屋征收与补偿方案》《焊业物流园项目投资合同》及《补充合同》《龙里县“互联网+县域经济”综合服务合同书》《龙里县电子商务县级运营服务中心房屋租赁合同》《龙里县社会养老服务中心片区临时供排水方案》；研究龙里县政府采购协议供货制度改革、调整龙里县县城居民生活污水处理费、规范龙里县城农贸市场管理工作、中铁五局集团机电有限责任公司投资建设钢结构加工制造项目、贵州百强集团项目建设和龙里县不动产统一登记初期工作有关事宜。

第十六届人民政府103次常务会议。2016年10月17日，会议传达学习全州迎接省环境保护督察工作部署会议、全省多层次资本市场助推脱贫攻坚电视电话会议、全省政策性担保体系建设暨廉政教育和安全生产视频会议、全州产业扶贫暨秋冬种工作推进会议精神；研究审定《龙里县加快推进残疾人同步小康工作实施方案》及《残疾人扶助规定》《龙里县行业协会商会与行政机关脱钩工作实施方案》《龙里县立体智能化停车场建设方案》《龙里县新能源汽车充电设施工程建设实施方案》《万通机动车辆检测站搬迁补偿协议》；研究原龙里县人民医院职工宿舍楼征收补偿标准和龙里县2016年财政预算调整事宜。

第十六届人民政府104次常务会议。2016年11月1日，会议传达学习全省安全生产紧急电视电话会议、省、州今冬明春火灾防控工作会电视电话会议、全省推进旅游业供给侧结构性改革电视电话会议精神；通报合医工作相关事宜；研究审定《龙里县不文明行为处罚管理办法（暂行）》《碧桂园房地产开发项目投资合同》及《补充合同》；研究谷脚千家卡污水处理工程及洗马污水处理工程BOT项目协议、以债转股形式投资贵州万晋置业有限公司事宜。

第十六届人民政府105次常务会议。2016年11月24日，会议研究审定《龙里县人民政府令第7号（草案）》和《龙里县人民政府令第8号（草案）》《龙里县机关公务用车配备使用管理暂行办法》《龙里县枧槽冲水库征地补偿补助标准》《龙里县窄冲水库移民安置方案》《龙里县2016年饮水安全巩固提升工程建设工作方案（送审稿）》；研究贵州韦顺达房地产开发有限公司生态移民安置项目和《“2017年中国山地自行车公开赛—贵州龙里站”工作方案》。第十六届人民政府106次常务会议2016年12月13日，研究审定《龙里县2016年财政预算执行情况和2017年财政预算草案的报告（征求意见稿）》《2016年国民经济与社会发展计划执行和2017年国民经济与社会发展计划草案的报告》、龙里县2017年十大民生实事、《龙里县关于进一步促进房地产业健康发展的实施细则（暂行）》、中国人民银行龙里县支行房屋征收与补偿协议、龙里县大十字片区、太平寺片区、老公安局片区棚户区改造补充协议及龙里县2016年棚户区改造融资资金使用、《龙里县城市规划建设管理实施方案》《龙里县整县推进小城镇建设绩效考评办法（暂行）》《政府投资项目监督管理规定（试行）》贵阳市东郊水厂（汪家大井）饮用水源地保护区谷脚二级保护区调整技术方案、《龙里县城乡医疗救助实施细则》《龙里县经济困难高龄失能老年人补贴方案（试行）》《龙里县食品溯源体系建设项目工作方案》《龙里县银行业金融机构支持地方经济社会发展考核暂行办法》；研究龙铁物流园项目建设和再次延长2013、2014年度扶贫生态移民工作以奖代补时限事宜。第十六届人民政府107次常务会议2016年12月27日、传达学习全省2016年年末财政工作布置视频会、2016年全省保险工作会议暨“保险助推脱贫攻坚示范区”建设推进电视电话会会议、2016年全省学生营养改善计划工作现场推进会会议、国家对贵州省义务教育发展基本均衡县（市、区）督导检查反馈会会议精神；研究龙里县原水场乡杨梅树采石场采矿权延续登记有关事宜；研究审定《龙里县全民健身实施计划（2016—2020年）》《贵阳至南宁铁路（龙里段）征收补偿安置方案》。

【县人民政府文件目录】 保护机场净空和电磁环境的意见的通知、龙里县土地利用总体规划调整完善规划编制指导意见。

机关事务管理

【概况】 2016年，龙里县机关事务工作围绕县委、县政府中心工作，适应新常态、把握新机遇、迎接新挑战，以“管理是基础，保障是目标，服务是核心”的工作理念，贯彻落实《机关事务管理条例》，打造团队，搭建平台、推进改革，谋划工作，不断推动各项机关事务管理工作。

【公共机构节能】 宣传公共机构节能，发放宣传资料500余份。2016年度能源资源消耗呈现下降，其中，单位建筑面积用电量同比下降2.44%，人均用电量同比上升4.22%，人均用水量同比下降60.07%。在全县范围内组织开展以“生态文明·节能先行”为创作主题的生态文明作品征集活动，选送具有代表性的农民画和手工剪纸等6件作品上报国家机关事务管理局参赛。县机关事务局全省机关事务管理系统工作座谈会上作交流发言。

【机关后勤服务管理】 坚持全天候全方位对县行政办公楼内设施设备的巡逻检查，为楼内各机关单位处理电话报修和临时求助630批次，解决率为100%。建立会议服务一对一台账，投入10余万元改善会议室设施，为县“两会”、县十二次党代会、各类专题会议共1158场46730人次的会议提供服务。为人才公寓的281户348人提供服务，投资500余万元空调安装，洗衣房和洗浴房已使用。共协调处置各种群体性上访事件97次共1034人，接待来访人员5955人次，对楼内大宗物品出入登记检查88次。成县行政办公楼外墙清洗，更新鲜花摆放195盆，保洁卫生区域864次，人性化配备厕纸2940筒。投入10余万元安装县行政办公区车牌识别系统。

【外事接待】 2016年完成公务接待132批4203人次。其中国家级14批757人次，省级39批999人次，州级54批1422人次，县级25批1025人次。

【国有资产管理】 联合出台《龙里县关于开展县直机关事业单位经营性资产剥离的工作方案》，完成9家剥离主体单位经营性资产实地核查工作。联合县财政局、县腾龙集团实业有限公司完成2016年县直机关经营性资产移交工作。

【公车管理】 全面开展公务用车制度改革。完成县直61家行政单位2批94辆公车的上交、检验、评估、拍卖工作，拍卖总成交价398.59万元。完成141辆应急、机要、通讯用车的公车标识张贴，草拟《龙里县机关公务用车配备使用管理暂行办法》。建立县公务用车综合保障平台，实行一车一档管理制度，完善派车工作机制，保障县四家班子用车服务。

（徐海银）

公共资源交易

【概况】 黔南州公共资源交易中心龙里县分中心原名为龙里县政府采购中心。为实行政府采购“管、采”分离，2012年更名为公共资源交易中心，属县政府政务服务中心下属副科级事业单位。2016年更名为“黔南州公共资源交易中心龙里县分中心”（以下简称交易中心）。交易中心有干部职工8名（含见习人员1名），其中领导职数：主任1名，副主任2名，纪检组长1名；工作人员4名（含见习人员）。

【交易监管】 2016年，抓交易咨询。对进场交易的建设工程项目招标、政府采购等交易活动的投标申请供应商，采取填报项目登记咨询表，严格按照招标相应资料，查询诚信度及履行合同的情况，交易中心进行审核后确认备案，提交代理机构给予报名。抓保证金收退。严格执行投标保证金管理制度，明确专人负责投标保证金收缴和退还工作，确保资金进账到位。细化公共资源交易活动的工作流程、技术标准和操作程序，加强项目进场交易各个环节督查。

【交易平台建设】 结合交易中心实际，对办公区和业务区进行规范布局，设置开标室2间、封闭式评标室2间、谈判室1间、信息室1间、档案室2间等多个相对独立的功能服务区。交易中心在评标室、开标室及过道等区域内建设影音系统、监控系统等现代化管理设备，配备空调、便民椅、饮水机等便民设施。引进招标代理机构30家、集中采购供应商221家。

【交易情况】 2016年，累计交易项目223宗，预算金额6.16亿元，成交金额5.8亿元，节约资金0.36亿元。

（公共资源交易中心）

政务服务

【概况】 龙里县政务中心坚持以“服务办事群众，改善政务环境”为宗旨，深入推进“三集中、三到位”改革，努力创建“环境优美、便民利企、高效优质、服务快捷”的政务服务平台。内设机构有：办公室、业务科、重大项目中心、监察室。全县共有30家单位108人177项行政许可事项入驻政务中心。2016年，政务中心共接待咨询服务22.5万次；窗口受理业务66.69万件，办结66.69万件。完成重大项目代办555余件，为企业争取项目资金1635万元。在全省第三方评估中，“政府推进政务服务情况”“部门对窗口授权及人员到位情况”等指标排位均名列前茅。

在2016年全省97个县市部门“互联网+政务服务”第三方评估中列第18位，标准化建设列第14位，综合排名第10位。

（李　梅）

【行政审批制度改革】　深入推进贵州省网上办事大厅建设，不断完善“大厅”数据；延伸服务触角。2016年11月向镇（街道）村（社区）延伸，实现全县“一张网”政务服务。同时，先后实施个体工商户营业执照“两证合一”和税务登记、营业执照、组织机构代码证、税务登记证、社会保险登记证、统计登记证“五证合一”改革。此外，协助国土局和房管局受理的国有土地使用证和房屋所有权证整合成不动产权登记证。

（李　梅）

【行政投诉】　出台《窗口工作人员行为规范》《即时办结及超时默认制度》，明确提出窗口人员的仪表、仪态、文明用语、办理时限等。协助县纪委出台《龙里县规范行政审批和改进政务服务工作的若干规定（试行）》文件，从源头上减少投诉案件。

（李　梅）

【政务公开】　2016年具体公开事项：以贵州省网上办事大厅为载体，进行网上公开。2016年3月底前，县政府各职能部门完成208项行政许可录入，所有行政许可的办事指南在网上公开；6月底前完成75项行政确认、16项行政征收、17项行政给付办事指南录入。政务大厅制作专题展板，对行政许可、行政确认、行政征收、行政给付等事项进行公开公示。各窗口制作办事指南，对所办理的行政许可事项进行公开。

（李　梅）

【政务中心运行】　2016年，各项学习实现中心科室与大厅窗口、党员与非党员、值周企业特派员和办事群众全覆盖。同时，切实履行特派员管理主体责任，按照“一周一报表，一月一评价、一季一奖惩、一年一考评”的工作机制，制定《企业“特派员”考核管理细则》和《企业“特派员”动态考核实施方案》。为鼓励窗口工作人员争先创优，每月评选“红旗窗口”5个、“服务之星”11名。

（李　梅）

【政务宣传】　县电视台对政务中心进行《我来@国务院！让政府听见你的“声音”》《龙里：小康之花扑鼻香》《龙里：消除旧“痛点”改出新“天地”》等专项报道，《黔南日报》、贵州电视台5频道等媒体对相关文章转载、转播。

（王国民）

【政务调研】　龙里县政务服务中心《创新政务服务模式提升政务服务水平》的调研文章被中共贵州省委政策研究室主办的《贵州调研》杂志在2016年第十二期刊发。

（王国民）

【政务中心建设】　龙里县人民政府政务服务中心新址位于龙里县外滩广场商业综合楼6号楼二层，新址大厅5000余平方米，拟进驻34个部门。按照“前窗后办”的功能布局，设一楼窗口办公服务窗口94个，后台办公室43间、档案室8间，配套设置保安值班室、自主办理区、商务中心、机关食堂、多功能会议室、卫生间、停车场等，预计2017年6月正式投入使用。

（王国民）

群众（信访）工作

【概况】　龙里县信访局和群众工作中心属县委、县政府管理的正科级单位，划设在县委序列，信访局和群众工作中心主要领导由1人担任。其中：信访局属行政机关，未设内设机构，有行政人员5人，机关工勤1人；群众工作中心属公益一类事业单位，下设办公室、接访科、督查科（信访联席会议办公室）、信息科4个内设机构，有事业在编人员12人。2016年，县信访局（群众工作中心）认真落实信访制度改革要求，推进全县群众（信访）工作网络规范化、信访法治化、干部队伍专业化建设，狠抓源头预防和初信初访调处、矛盾纠纷和信访问题排查化解、非正常上访问题专项治理，信访（群众）工作形势整体平稳有序。

【信访接处】 县信访局（群众工作中心）接访大厅设立10个群众接待窗口，共有14家单位入驻。群众工作中心实行三级调处机制，即：窗口调处（一级调处）、群众工作中心调处（二级调处）、县级领导调处（三级调处）。2016年，全县共接待群众来访124批799人次（不计重访数），来访案件已化解或办结113件，11件正在按期办理；办理来信18件；办理上级部门交办案件392件，其中：办理上级部门网络系统交办101件，办理“12345”民心热线网络（电话）投诉事项291件；共办理《政府网站互动交流平台》1115件；受理信访复查事项30件；到县党政机关劝返接回无序上访人134批737人次；全县群众进京未成访9批14人次（外围查找），到省群体访18批282人次，赴州集体访5批68人次。

【信访复查】 2016年，县信访复查复核委员会共受理信访复查事项25件，组织各有关责任单位召开信访复查专题会议3次，开展实地调查26次，按期向信访群众出具复查意见25份。

【县领导接访】 2016年1月27日，县委办、县政府办联合下发《关于继续做好县四家班子领导到县群众工作中心接处人民群众来访工作的通知》，继续实行县四家班子领导到县群众工作中心接处人民群众来访工作制度，即每个工作日和重要节点非工作日安排一名县四家班子领导轮流到县群众工作中心坐班接访。全年共有253人次县级领导干部参加接访、下访共接待群众33批203人次，来访问题全部化解。

【信访案件督查】 设立案件调度办公室在县信访局（群众工作中心）督查科，负责督查调度情况汇总、分析上报等工作。联合县督查督办局、县纪委监察室对挂牌督办、集中交办的信访案件和县内突出信访问题办理情况开展专项督查。

加强平时动态监测检查和重要敏感时段期间的专项督查，对重大信访事项由县督查督办局、县政法委、信访局（群众工作中心）联合进行督查督办。强化目标管理考核，在上半年结合实际分别制定年度镇（街道）群众信访工作考核方案及评分细则、年度县直机关群众信访工作考核方案及评分细则。

【疑难信访问题化解】 2016年，共排查疑难信访案件6件，化解6件。其中：化解省委常委、省委秘书长刘奇凡包案督访疑难信访案件1件；化解副省长卢雍政包案督访疑难信访案件1件；化解省、州交办疑难信访案件4件。

【依法终结信访事项】 严格按照《信访条例》相关规定办理信访事项。2016年，通过责任单位答复、县复查复核委员会复查、州政府复核的程序，依法终结信访事项5件。

【矛盾纠纷排查化解】 全年共组织召开信访联席会议4次，研究决定和安排重大事项20余项；共排查调处各类矛盾纠纷89件，调处成功87件，调处成功率98%。抓“百日攻坚战”工作，共开展三轮“百日攻坚战”行动，承办案件51件，其中省领导包案2件、省州联席办交办49件，全部化解。承担特殊时期信访维稳工作任务，在全国、省、州、县“两会”和“十八届六中全会”等重要时段和“生态论坛年会”“山地自行车公开赛”“建州60周年庆祝活动”等重大活动信访维稳工作。

【信访宣传】 2016年，投入近2万元制作信访知识漫画口袋书、挂图、服务指南等宣传资料，开展集中法治宣传3场次。

（信访局〈群众工作中心〉）

档案史志

【概况】 2016年投入10万元实施国家重点档案保护，完成6期档案从业人员业务培训，接待查阅利用档案1197人次。5月12日至22日，县综合档案馆馆藏档案由县城兴龙路旧馆搬迁到环北路新馆，同时县档案史志局搬迁到新馆办公。4月完成《龙里年鉴（2014）》《龙里年鉴（2015）》修编印刷出版，6月启动《龙里年鉴（2016）》编纂工作。7月印刷出版《龙里英烈谱》600册。10月18日《龙里县志（1991—2008）稿》通过州级复审。12月配合完成党史题材电影文学剧本《倪儿关》审订出版。

【国家重点档案保护】 2016年配备有关设备设施投入4万元，与贵州兴泰科技有限公司合作实施数字化扫描投入6万元，共投入10万元实施国家重点档案保护。对馆藏民国抗战档案进行摸底清查，涉及10个全宗83卷，起止时间为1937年7月至1945年9月，重新清理编目并进行全文数字化扫描。

【档案宣传培训】 出台关于精准扶贫、土地确权登记颁证的档案工作办法规定，指导5镇1街道建档立卡，支持创办冠山街道精准扶贫、土地确权档案示范点。2016年3月9日至11日，完成6期对全县5镇1街道、县直机关、企事业单位档案从业人员的业务培训，共培训87人。4月及8至9月到5镇1街道、机关、企事业单位开展档案执法检查。开展“5月法制宣传月”“6·9国际档案宣传日”活动，发放宣传资料1000余份。

【档案利用、接收和鉴定】 2016年，累计向社会各界提供查阅利用档案1604卷，1990件，接待1197人次。为县内外30余个单位提供史志研究成果。出台2016—2020年档案接收工作规划，共接收文书档案146卷、6443件，会计档案95卷。开展文件级目录鉴定，共鉴定开放目录4000余条。

【档案信息化建设】 推进档案数字化扫描工作日常化，全年完成扫描17万幅。更新维护龙里县档案史志信息网站，提供上传文件材料142篇。承办“新龙里”网站“龙里民俗”“龙里故事”等栏目资料搜集整理。

【《龙里县志（1991—2008）稿》通过州级复审】 2016年6月1日，县志稿第一次州级交流意见会议在州史志办召开。会后向31个县志编纂委员会委员单位发出关于志稿评审核查及补充修订工作的通知，再次筹办州级复审会议。10月18日，《龙里县志（1991—2008）稿》第二次州级复审会在龙里召开，志稿通过州级复审。

【《龙里年鉴》编纂】 《龙里年鉴（2014）》《龙里年鉴（2015）》通过州史志办审查，成书共约68万字，于2016年4月内部出版共800册，分送到全县120多个承编组稿单位。6月24日召开2016年《龙里年鉴》组稿培训会议，启动《龙里年鉴（2016）》编纂工作。

【党史著作《龙里英烈谱》】 《龙里英烈谱》稿于2016年6月21日在龙里召开州级评审会通过评审，于7月份完成印刷出版500册。全书以图文并茂的形式，编排史实概述、英名录、人物纪略、碑铭、附录五个版块，收载龙里英烈188人，约7.5万字，图片100幅。

【党史题材电影文学剧本《倪儿关》】 2016年12月配合完成党史题材电影文学剧本《倪儿关》审订出版。剧本以1935年中央红军四渡赤水、南渡乌江、威逼贵阳、西进云南为背景，演绎红军集结开阳、龙里一带，佯攻贵阳，分兵黔东，调出滇军，乘虚从贵阳、龙里之间南进——实属四渡赤水收官之战的重大史实，突出反映中央红军突破龙里敌防线南进的历史意义。该剧本由本土作家王义创作，县文联出品，县党史部门审订，全稿4万余字。

【史志课题研究】 完成省级课题《图说长征·中央红军卷》《图说长征·红二方面军卷》龙里县图文组稿阶段性任务。对照《贵州省抗日战争时期人口伤亡和财产损失》（A卷本），补充完善并上报本县图文材料。开展龙里民国历史人物资料搜集整理补正工作，完成《廖怀忠传》《裴公度传》等文稿。同时，就龙里民国名人故居保护项目论证提出意见、提供史料。完成编纂上报冠山街道、谷脚镇志稿2篇1万余字，选送图片11幅。搜集编写印苗刺绣、平坡农民画、龙里刺梨等产品历史故事，提供宣传包装产品的文化素材。参与龙里县爱国主义教育基地——龙里英烈纪念园碑林改造工作，完成10余块碑文修改审订。介入龙里县“八一”公园游廊主题文化建设，制作大型宣传展板6张，集中展现本土红色文化。

（罗华礼）

中国人民政治协商会议龙里县委员会

【概述】 2016年，中国人民政治协商会议龙里县委员会围绕县委“工业强县、四轮驱动、区域协调、城乡统筹”战略，坚持“项目为纲、民生为本、实干为先”三为工作导向，主动适应新常态，聚焦全面深化改革，深入调查研究，积极建言献策，推进协商民主，加强工作创新，政协工作科学化水平得到不断提升。

严格按照县委《关于充分发挥人民政协作为协商民主重要渠道作用的实施意见》，推进协商民主，提高协商实效。就“龙里水源地保护”“农村农特产品开发与电商发展情况”开展专题协商，提供意见建议10余条；在政协八届第五次会议期间，收集意见建议共计40余条。继续实行县政府领导督办提案和主席会议调研提案制度，将《关于整合县城区农贸市场资源，合理设置城区早菜批发市场的建议》等8件提案提请县委、县政府领导领衔督办。《关于对龙里县城市饮用水源保护区进行调整的建议》等12件提案由县政协领导牵头调研。启动网上提案办理工作。出台《2016年度县政协常委会民主评议部分提案承办单位工作方案》。围绕全县中心工作和民生实事等重点工作，精心安排好常委会议题及视察课题，开展4次常委会视察活动。提出意见建议共30余条，编发4期《社情民意》。深入贵州润生制药有限公司、贵州威力洗涤用品（集团）有限公司等10余家企业，开展“一对一”帮扶活动，协调解决用水、用电、用工等实际问题，促进企业健康发展。完成《龙里知青》《龙里通道》编辑和出版。

【第八届龙里县委员会第五次会议】 会议于2016年1月13日至16日在县城召开，听取并审议中国人民政治协商会议第八届龙里县委员会常务委员会工作报告，并对2016年度政协工作进行安排部署；听取并审议政协龙里县第八届委员会常务委员会关于八届四次会议以来提案工作情况的报告；听取并讨论2015年《政府工作报告》及其他报告；补选政协第八届龙里县委员会主席，副主席1名；表彰2015年度15名优秀政协委员、优秀提案8件及提案办理先进单位5个。

【县政协八届第十九次常委会】 会议于2016年1月9日召开，主席、副主席、常委以及各专委（办）负责人、镇（街）联络组共43人参加。会议协商讨论通过《政协龙里县第八届委员会常务委员会工作报告（讨论稿）》，并确定在政协龙里县八届五次会议上的报告人。会议议定：原则同意《政协第八届龙里县委员会常务委员会工作报告（讨论稿）》，县政协办按照会议提出的意见建议修改完善后提交县政协八届五次会议审议。推选县政协主席王永坤代表常务委员会向县政协八届五次会议作常务委员会工作报告。

会议协商讨论通过《政协龙里县第八届委员会常务委员会关于八届四次会议以来提案工作情况的报告（讨论稿）》，并确定在政协龙里县八届五次会议上的报告人。会议议定：原则同意《政协第八届龙里县委员会常务委员会关于八届四次会议以来提案工作情况的报告（讨论稿）》，县政协提案委按照会议提出的意见建议修改完善后提交县政协八届五次会议审议。推选县政协副主席张忠庆代表常务委员会向县政协八届五次会议作关于八届四次会议以来提案工作情况的报告。

会议协商讨论政协第八届龙里县委员会第五次会议召开时间、会议议程、日程等有关事宜。

会议议定：政协第八届龙里县委员会第五次会议于2016年1月13日至1月16日在县城召开。协商讨论通过《政协第八届龙里县委员会第五次会议议程（草案）》，并决定提交八届五次会议预备会议通过。审议通过《政协第八届龙里县委员会第五次会议日程（草案）》。审议通过政协第八届龙里县委员会第五次会议《执行主席和秘书长名单（草案）》《主席值日名单（草案）》《副秘书长名单（草案）》《决议起草委员会名单（草案）》《提案审查委员会名单（草案）》《特邀人员名单（草案）》《邀请列席人员名单（草案）》《小组划分及召集人名单（草案）》《分组讨论人员名单》。

会议协商讨论《进一步加强镇（街）协商民主建设的指导意见（县政协代拟稿）》《龙里县镇（街）政协联络组协商工作细则》。会议议定：原则同意《进一步加强镇（街）协商民主建设的指导意见（县政协代拟稿）》《龙里县镇（街）政协联络组协商工作细则》。会议协商表决通过增补莫涛、李政泉为政协第八届龙里县委员会委员。

【县政协八届第二十次常委会】 会议于2016年3月21日召开，主席、副主席、常委以及各专委（办）负责人、镇（街）联络组共44人参加。会议学习贯彻全国政协十二届四次会议、省政协十一届四次会议和省政协王富玉主席在全省政协经验交流会议上的讲话精神。会议协商讨论《县政协2016年工作要点》《县政协2016年常委会议题》《县政协常委会2016年视察活动安排》。会议议定：原则同意《县政协2016年工作要点》《县政协2016年常委会议题》《县政协常委会2016年视察活动安排》，县政协办公室按会议提出的意见建议修改完善后呈请县委审议。县交通局、县整脏治乱办、县教育局、县水务局、县市场监督管理局5个单位评为2015年提案承办先进单位；《关于开通龙里至贵阳城际公交车的建议》等8件提案评为2015年优秀提案。原则同意调整《县政协八届委员会主席、副主席联系界别、常委、委员及各镇（街）政协联络组安排》。会议协商表决通过：免去严晓飞龙里县醒狮镇政协联络组组长职务。王友任龙里县政协联络委员会副主任。何超任龙里县醒狮镇政协联络组组长。

【县政协八届第二十一次常委会】 会议于2016年6月24日召开，主席、副主席、常委以及各专委（办）负责人、镇（街）联员共43人参加。会议听取贵龙实业（集团）有限公司副总经理陈懿、腾龙实业集团有限公司总经理郭静受县政府委托通报公司重组后运行情况，并协商讨论。建议：两个公司要加快转型发展，提高企业信用等级，提高融资能力，做大做强企业，为全县经济社会发展贡献力量。会议听取县国土局局长尹光祥受县政府委托通报土地管理工作情况，并进行协商讨论。建议：一是继续积极加强与省、州对接，为龙里县“十三五”的发展争取建设用地指标。二是加大闲置土地的处置力度，实现科学用地、集约节约用地。会议听取县供销社主任、电商办主任杨智琴受县政府委托通报发展农村电子商务工作情况。并进行协商讨论。建议：一是发展农村电子商务应突出重点，在有条件的村重点推进，避免贪大求全；二是加大县内刺梨等特色优势产品开发、包装、宣传力度，推进“黔货出山”；三是加大二级物流、网络等基础设施建设，推进农村电子商务发展。会议听取县农村工作局常务副局长罗国政受县政府委托通报土地流转情况。并进行协商讨论。建议：建立健全土地流转机制，加强土地流转管理和服务。会议协商表决通过：增补吴明学、梁成林、王友3人为政协龙里县八届委员会委员。吴明学任县政协委员联络委主任；梁成林任县政协社会联谊委主任；免去雷远县政协副秘书长、委员职务；免去李万隆县政协社会联谊委主任职务；免去昌德林谷脚镇政协联络组组长职务；免去尹祥湾滩河镇政协联络组组长职务；免去宋小波龙山镇政协联络组组长职务；免去何超醒狮镇政协联络组组长职务；免去严正龙洗马镇政协联络组组长职务。

【县政协八届第二十二次常委会】 会议于2016年9月23日召开，主席、副主席、常委以及各专委（办）负责人共39人参加。县委副书记、县人民政府县长陈曦，县人大常委会副主任陈俊，县人民政府副县长朱鸿应邀到会指导。会议听取县发改局局长王国祥受县政府委托通报全县经济和社会发展情况，并进行协商讨论。建议：一充分利用县区位优势，支持科技含量高、发展前景好的企业，走差异化发展道路、现代化发展格局的新模式，为龙里县“十三五”发展打下坚实基础；二完善基础设施建设，统筹经济社会全面发展，努力把龙里建成以城市为中心、小城镇为支点的现代化城市；三及时清退“僵尸”企业，盘活土地存量，避免土地闲置。会议听取县扶贫局局长谢启林受县政府委托通报精准扶贫工作实施情况，并进行协商讨论。建议：精准扶贫工作是关群众切身利益的大事，要把精准扶贫工作作为当前乃至长期一项重点工作抓好、抓严、抓实，使扶贫工作成果真正惠及广大群众。一要严把项目申报关。结合县情，各类项目申报要切合实际，项目资金要用到关键处；二要加大扶贫工作的监督力度，督促项目资金落实到位；三加强对贫困群众思想认识转变引导，切实提高贫困地区群众的思想观念；四充分利用龙里县贫困乡村现有的生态资源，拓宽帮扶渠道，积极开展旅游扶贫，坚决打赢脱贫攻坚战。会议听取县房屋征收局常务副局长韩宏宇受县政府委托通报保障性安居工程项目建设实施管理情况，并进行协商讨论。建议：一要加强与上级部门联系，积极争取扶持资金，为龙里县保障性住房建设提供强有力的支持；二严把准入和清退关口，严把入住审查关，加大清查力度，定期进行清查，对已不符合条件的要及时清退，使保障性住房实现其真正价值。会议协商表决通过：黎耀文任县政协副秘书长；冯俊任县政协科教文卫和文史委员会主任；马朝忠任县智力支边联系小组办公室副主任。免去田文松冠山街道办事处政协联络组组长职务。

【县政协八届主席年度部分会议】 2016年1月6日，县政协召开八届第三十四次主席会议，主席、副主席等17人参会。会议协商讨论《政协龙里县第八届委员会常务委员会工作报告（讨论稿）》，并推选在龙里县政协八届五次会议上的报告人。会议议定：县政协办公室根据会议意见对《政协龙里县第八届委员会常务委员会工作报告（讨论稿）》进行修改完善，提交县政协八届第十九次常委会审议。会议建议：由县政协副主席张宗毅代表八届常务委员会向县政协八届五次会议作《政协龙里县第八届委员会常务委员会工作报告》。会议协商讨论《政协龙里县第八届委员会常务委员会提案工作情况报告（讨论稿）》，并推选在龙里县政协八届五次会议上的报告人。会议议定：县政协提案委根据会议意见对《政协龙里县第八届委员会常务委员会提案工作情况报告（讨论稿）》进行修改完善，提交县政协八届第十九次常委会审议。会议建议：由县政协副主席马晓红代表八届常务委员会向县政协八届五次会议作《政协龙里县第八届委员会常务委员会提案工作情况报告》。会议协商讨论县政协八届五次全会召开时间、议程、日程等相关事宜。会议议定：一建议政协第八届龙里县委员会第五次会议于2016年1月13日至1月16日召开。二原则同意政协第八届龙里县委员会第五次会议议程（草案），会议日程（草案），大会执行主席、秘书长名单（草案），执行主席值日名单（草案），副秘书长名单（草案），决议起草委员会名单（草案），提案审查委员会名单（草案），特邀人员名单（草案），邀请列席人员名单（草案），会议小组划分及召集人名单（草案），会议分组讨论人员名单等相关事项，提交县政协八届第十九次常委会协商讨论通过。会议协商讨论县政协党组有关人事建议事项：因工作需要，增补莫涛、李政泉为八届县政协委员。会议建议：提交县政协八届第十九次常委会协商讨论通过。会议协商讨论县政协八届十九次常委会议程。会议议定：2016年1月9日下午15：00召开县政协八届十九次常委会议，会期半天。会议议程为：一协商讨论《政协龙里县第八届委员会常委会工作报告（讨论稿）》《政协龙里县第八届委员会常务委员会关于八届四次会议以来提案工作情况的报告（讨论稿）》，并确定在政协龙里县八届五次会议上的报告人；二协商讨论政协龙里县八届五次会议召开时间、议程、日程等相关事宜；三协商讨论有关人事事项；四协商讨论《进一步加强镇（街）协商民主建设的指导意见》《龙里镇（街）政协联络组协商工作细则》；五其他。会议协商讨论《进一步加强镇（街）协商民主建设的指导意见》《龙里县镇（街）政协联络组协商工作细则》。会议议定：原则同意《进一步加强镇（街）协商民主建设的指导意见》《龙里县镇（街）政协联络组协商工作细则》，提交县政协八届第十九次常委会协商讨论。

2016年3月6日，县政协召开八届第三十五次主席会议，主席、副主席等17人参会。会议协商讨论政协第八届龙里县委员会主席、副主席分工事宜。

2016年3月7日，县政协召开八届第三十六次主席会议，主席、副主席等17人参会。协商讨论《县政协2016年工作要点》《县政协2016年常委会议题》《县政协常委会2016年视察活动安排》《县政协主席会议2016年调研课题》。协商讨论提请县委点题调研课题、县政协2016年专题协商议题、政协八届五次全会委员所提的意见和建议、县政协办公室及各专委会（办）2016年工作要点、召开县政协八届第二十次常委会相关事宜及视察活动安排、《县政协机关考勤管理制度（草案）》《县政协机关2016年度月考核实施方案》《提请县委、县政府领导领衔督办提案建议名单》《县政协主席、副主席调研提案建议名单》、2015年提案承办先进单位、优秀提案建议名单、调整《县政协八届委员会主席、副主席联系界别、常委、委员及各镇（街）政协联络组安排》和县政协潘念堂提前退休申请事宜。

2016年5月23日，县政协召开八届第三十八次主席会议，主席、副主席等16人参会。协商讨论《2016年度政协常委会民主评议提案承办单位工作方案》和《2016年度政协常委会民主评议提案承办单位工作方案》。会议议定：原则同意《2016年度政协常委会民主评议提案承办单位工作方案》，县政协提案委根据会议提出的意见建议作进一步修改完善后，由县政协办公室行文执行。

2016年6月6日，县政协召开八届第三十九次主席会议，主席、副主席等16人参会。协商讨论召开县政协八届二十一次常委会、县政协常委会第二季度视察、《县城区及贵龙城市经济带加油（气）站规划建设及安全隐患调研报告》《关于教育系统教师奖励性绩效工资实施情况的调研报告》及有关人事事项；通报《关于对龙里城市饮用水源规划保护区进行调整的建议》提案调研方案、《关于拆除金龙路中间绿化带的建议》提案调研情况及县政协机关支部和老干支部“两学一做”重温党的历史暨“七一”活动方案。会议议定：根据县委提名，县政协党组研究，因工作调整，免去雷远县政协副秘书长、政协委员职务，免去昌德林谷脚镇政协联络组组长职务，免去尹祥湾滩河镇政协联络组组长职务，提交县政协八届二十一次常委会协商讨论通过。协商讨论有关副主席分工调整事宜。

2016年7月12日，县政协召开八届第四十一次主席会议，主席、副主席等17人参会。协商讨论《关于贵龙大道建成后作用发挥情况的调研报告》《关于龙里县行政村（社区）区域调整优化后运行情况的调研报告》。莫涛主席传达学习中共龙里县第十一届委员会第136次常委会议：陈敏尔书记6·13在省委中心学习组专题学习会上的讲话，《中共贵州省委办公厅贵州省人民政府办公厅关于印发〈贵州省脱贫攻坚问责暂行办法〉的通知》；通报龙里县扶贫工作和有关人员违纪处分问题。会议要求：深入开展“两学一做”，加强党风廉政建设，扎实推进脱贫攻坚，发挥好政协的参谋助手作用，为不断开创守底线走新路奔小康新局面献策出力。

2016年9月8日，县政协召开八届第四十二次主席会议，主席、副主席等17人参会。协商讨论召开县政协八届二十二次常委会、县政协常委会第三季度视察、政协常委会民主评议提案承办单位工作安排、县政协换届留任委员建议名单、《县政协机关2016年度目标管理动态考核实施方案》《龙里县民族文化进校园调研报告》《关于龙里县电子商务运行情况的调研报告》；通报提案《关于在县城修建影剧院的建议》和《关于加强和规范物业管理工作的建议》调研情况。

2016年11月22日，县政协召开八届第四十五次主席会议，主席、副主席等17人参会。组织学习换届纪律相关知识。会议传达学习“九严禁”换届纪律、五个责任主体、凡提四必、四必看、四必谈、四必训、一片一书等有关知识。会议要求：县政协机关领导干部职工要认真学习换届纪律相关知识，严格要求自己，积极营造风清气正的换届环境。协商讨论《县政协九届一次全会筹备工作方案（草案）》及《县政协九届一次全会筹备工作方案（草案）》。会议议定：原则同意《县政协九届一次全会筹备工作方案（草案）》，县政协办公室按会议意见修改完善后印发，县政协办及各专委会按照会议要求，认真作好九届一次全会筹备工作等相关事宜。协商讨论县政协常委会第四季度视察相关事宜。会议议定：县政协常委会第四季度视察暂定于12月初，视察内容为龙溪大道建设情况、龙铁国际物流建设情况、莲花湿地公园运行情况等。视察活动由县政协副主席陈金富、仝太东主持，县政协办公室作好视察活动筹备等相关工作。协商讨论县政协2017年全面深化改革重点任务相关事宜。会议议定：2017年将“加强镇（街）协商民主建设”工作作为县政协深化改革重点任务，选取一个镇（街）开展基层民主协商。通报《关于微型企业实施市场化管理提案的调研报告》《关于培育和引导青少年认知认同社会主义核心价值观的建议》《关于对龙里县村落文化进行保护的建议》《关于加强解决经济诉讼案件执行难问题的提案》等提案调研报告。通报讨论主席会议调研课题《龙里县非物质文化遗产保护》。

【政协视察调研】 精心选题，开展视察调研，形成《关于教育系统教师奖励性绩效工资实施情况的报告》《关于龙里县行政村（社区）区域调整优化后运行情况的调研报告》《关于贵龙大道建成后作用发挥情况的调研报告》《关于龙里县民族文化进校园调研报告》《关于“饮用水源地保护”专题协商报告》和《关于龙里县电子商务运行情况的调研报告》等调查报告。

【政协提案工作】 八届一次会议以来，提案委共收到委员提案622件，比上一届多123件。经审查，共立案536件（含并案）。所立提案中，涉及交通、城镇基础设施建设、科教文卫等民生方面的提案达385件，占提案总数71.83%。所立提案中，全部办结和已纳入计划办理的提案有496件，占立案总数的92.54%，其他暂时不能办理的提案，留作县政府职能部门参考。

【政协自身建设】 3月28日，县政协组织机关干部职工召开专题会议，传达学习习近平总书记在第十八届中央纪律检查委员会第六次会议上的讲话精神及县纪委《关于对公务接待突出问题清理整顿专项检查的情况通报》，并就党风廉政建设各项工作作安排部署。要贯彻落实《党政机关国内公务接待管理规定》《龙里县党和国家机关国内公务接待管理实施办法》等有关规定，做好公务接待相关工作，严格执行“三公经费”报销规定。要抓好党风廉政建设和反腐败工作责任制的落实，签订党风廉政建设责任状，建立健全相关工作机制，坚决杜绝违规公务接待、违规公款吃喝、违规发放津贴、违规使用公务用车等情况的发生。

【政治协商】 11月3日，县政协召开专题饮用水源地保护协商会。会上，县政协饮用水源地保护专题协商组通报调研情况，介绍龙里县饮用水源地保护基本情况并就做好饮用水源保护提出建议，与会政协委员、政府职能部门开展协商讨论，积极建言献策。

【社情民意】 1.《关于在高铁龙里站至210国道连接线设置公交站点的建议》。建议在高铁龙里站至210国道（三林路）连接线处三中和水桥小学的校门正对面地段设置公交车站。

2.《关于优化水桥（贵龙大道起点线）至龙里县城路段红绿灯及路标指示设置的建议》。建议该路段纵向行驶适当延长绿灯通行时间。在县医院交叉口，增设左转弯行车道并标识清楚。在该段所有交叉口县城往贵阳方向：在右转车道，增设地面直行标识箭头，以便在车辆右转弯时，车辆也可同时直行，增加车辆直行通过数量。

3.《关于尽快完善龙里北站至贵龙大道连接线路灯设施的建议》。建议尽快完善龙里北站到贵龙大道连接线处路灯设施建设，并与龙里县城至贵龙大道的路灯照明连成一体。

4.《关于清理整治在第三小学门口河滨花园停车的建议》。建议有关职能部门出面管理，禁止停车，还市民一个休闲养生之处。《关于合理调试及维修县城区内交通信号灯的建议》。建议相关部门根据车流、人流的实际通行情况，科学设置红绿灯时间，并及时排除红绿灯故障，减少交通违规现象的发生，确保畅通和安全。

5.《关于严禁场天树根出售的建议》。建议县政府及相关职能部门采取相应措施严禁场天树根销售，没有买卖就没有乱挖，就没有生态环境的破坏，保护好龙里县的绿水青山，为龙里县建设更高水平的小康社会营造良好的生态环境。

6.《关于加快贯通县城东门河（云邦城上城地段）河滨道路的建议》。建议尽快推进东门河河滨道路建设完工和给过往行人及片区居民通行便捷，尽快贯通东门河（云邦城上城地段）河滨道路。

7.《关于对县城区人行步道障碍物进行清移的建议》。建议相关职能部门对县城区人行道路进行一次全面检查、清理和位移各类障碍物，方便居民在人行道上行走，并减少交通隐患。

8.《关于加大龙里县学前教师招聘力度的建议》：2016年龙里县要全力推动“新两基”（县域内义务教育基本均衡和基本普及15年教育）工作，同时接受第二轮“两项督导考核”及“义务教育初步均衡发展”验收。考核涉及重要指标是学前教育的班额和师资配备，要求每个班幼儿数不得超过35人，师资配备必须达2教1保。龙里县面临最严峻的问题是学前教师的严重缺编、补充困难，急需补充学前教师149名，具体情况：一、幼儿园消除大班额需补充师资。龙里县现有公办幼儿园在园幼儿4204人，现开设99个班，平均班额达43人，除麻芝、三元、草原、龙场、巴江、台上、大岩、平坡幼儿园达标准班额外，其余幼儿园平均班额达48人，部分幼儿园如：谷龙、谷脚、洗马等幼儿园部分班级最大班额达80人。要消除大班额，需扩32个班，需补充幼儿教师64名，配保育员32名。保育员由学校自行聘请，至少需补充教师64名。二、新建幼儿园需配备教师。2016年9月新建能投入使用的幼儿园共10个，以目前所在学校学前班幼儿人数预算，届时在园幼儿将至少达到1005人，至少开设幼儿班37个，需配教师74名，配园长（副园长）11名，共计85名。

建议：一对学前教师队伍配置给予足够重视，在本县公招时给予适当倾斜，多给招考名额，扩大学前教育相关专业的招考范围。二向上级部门积极申请，将特岗计划扩大至学前教育阶段，实施农村学前特岗计划。

9.《关于规范县城区建筑工地文明施工的建议》。建议：有关部门对县城区施工单位进行规范整治。一是调整施工作业时间（中午12点到2点休息，晚上施工到10点）。二是施工大车停放不得影响行人通行，尤其是学生上、下学时间段的通行。三是对违反相关规定的施工单位进行合理处罚。

10.《关于龙里中学开放两边校门方便学生就近上学的建议》。建议：一为便于管理，学校在上课时间段可关闭老校门。二为减少学生上学、放学安全隐患，特别是晚自习回家途中的安全隐患，缓解交通堵塞，建议每天上午、中午、下午和晚上学生正常上学和放学时段同时开放旧校门。

11.《关于相关职能部门搬迁后的办公地址应向社会公告的建议》。建议相关部门办公地址改变后及时向社会公告。一在公共地方发布新地址公告。二利用县电视台等媒体进行一段时间滚动公告。

12.《关于在龙里火车北站修建公厕的建议》。建议相关部门及时修建公厕，并安排专人进行管理，以方便乘客及时如厕。

13.《关于加强对公交车辆管理的建议》。建议相关部门加强对公交车辆的管理。一是要求公交车驾驶员按规定正常驾驶公交车辆，杜绝“躲避班次”或不按时发车现象的发生。二是按照规定时间正常行驶，不能因为乘客少而提前收班。

14.《关于加快第二幼儿园路段道路整治的建议》。建议相关部门尽快沟通、修建好该地段交通，以方便幼儿入园及市民出行，并加强对此路段车辆停放的管理，杜绝事故发生。

15.《关于加强“农家书屋”管理的建议》。建议一应重视提高图书质量，尽量使书屋里的书籍符合群众需求，让广大村民看得懂、用得上；二整合资源，加强管理。当前，村居撤并后，建议将原几个村书屋的书集中管理，在新组建村中确保农家书屋所需的场地。要管理好书屋，要安排专人负责，使广大村民认知书屋、利用书屋、爱上书屋，通过读书增长知识，真正为农服务，并成为凝聚精神、促进乡风文明和引领群众科技致富的宣传阵地。

16.《关于在龙里县农村寄宿制学校配备校医的建议》。建议一卫生、教育等部门应尽快制定方案，由镇（街）卫生院派驻医护人员到校驻校，积极宣传预防和控制疾病的相关知识。二教育主管部门应高度重视农村寄宿制学校的卫生保健工作，统筹规划，尽早将配备农村寄宿制学校校医列入办学计划。三相关部门应尽早考虑将配备农村寄宿制学校校医建设纳入公共卫生服务保障体系。

17.《关于借村居优化调整之机整治滥办酒席的建议》。建议将整治滥办酒席纳入各村主要工作，列入考核，全县统一，同时，由各镇（街）指导所辖村（居）将规范操办酒席内容形成操作性强的条款纳入村规民约。同时抓好酒楼、餐馆、“一条龙”家政服务队的管理，对承办违规酒席的酒楼、餐馆或家政服务队进行监管。

18.《关于向离退休老干部赠阅〈新龙里报〉的建议》。建议由各单位统计好离退休干部名单，由宣传部门向离退休干部赠阅《新龙里》报，其中副县级以上离退休老领导由邮政部门负责将《新龙里》送到其家中；其他离退休同志的《新龙里》送到单位，由单位派送或通知离退休干部领取。

19.《关于提高离任村干部生活待遇的建议》。建议请有关部门进行综合考虑，适当增加离任村干部的生活待遇。

20.《关于加强湾滩河镇专业技术人才队伍建设的建议》。湾滩河镇由原羊场镇、摆省乡、湾寨乡合并而成，辖18个村1个社区，作为农业发展大镇，专业技术人才需求日益增加，建议上级政府及相关部门采取相关措施加强湾滩河镇专业技术人才队伍的建设。

21.《关于进一步治理县城东门河的建议》。建议政府及有关部门积极采取措施，尽快实施羊角井片区污水管网建设，让东门河水质得到根本改善。

22.《关于盘活天瑞制衣厂的建议》：贵州天瑞民族元素制衣厂于2014年底开始运作。目前产品已有职业西服、学生校服、民族服装、时装等20余个品类，且已为龙里中职校、羊场中学、羊场小学、湾寨中学等生产教师西服和学生校服，性价比得到大家的一致好评。建议相关部门在条件相同的情况下，优先考虑订购天瑞制衣厂服装。

23.《关于加强县城区灭“四害”的建议》。建议县相关部门每年定期开展四至六次灭“四害”工作，为群众创造良好的生活环境，为创建全国卫生城市做出积极贡献。

24.《关于延长公交车收班时间的建议》。建议参照公交车使用经验丰富地区的经验，延长公交车末班车时间，方便市民出行。

25.《关于加强农村道路拥堵治理的建议》。建议一加强农村建设管理，禁止村民在道路边乱搭乱建，随意占用道路，保证道路畅通；合理规划农村机动车停放场地。二交警执法职能向农村道路主干道延伸。交警部门加大对农村道路违规乱停乱放车辆的执法力度，提高驾驶员的文明意识、安全意识。三深化农村道路交通管理，在场天利用“一村一警”力量对集镇交通进行疏导，确保道路畅通。

26.《关于基层计生工作的几点建议》。建议一各镇（办）抓计生工作的人员不能减少，并确保包村人员到位；二为激发计生技术人员的工作积极性，确保计生手术及时率和落实率，对服务站从事计生手术的工作人员和镇（办）捆绑考核，由县财政按服务站实有编制人员按月拨付动态考核经费到各镇（办），由各镇（办）负责考核兑现；三由于镇（办）换届，人员相对变动，建议加大对新分管领导和计生办人员的培训力度，使计生工作有序衔接，健康发展。

27.《关于拆除教师新村转盘的建议》。建议将此转盘拆除，建成路面，方便车辆进入快捷，减少安全事故。

28.《关于在天佳花园小区门口增设垃圾箱的建议》。建议相关职能部门在天佳花园小区门口增设一个垃圾箱，方便该小区居民放置垃圾，为龙里县创建国家卫生城市创造良好环境。

29.《关于在贵州银行前面修建一座天桥的建议》。建议政府出资修建一座天桥，分流从政府大楼往夹山坡方向行驶的车辆。

30.《关于及时维护人行横道交通信号灯的建议》。建议相关部门及时对县城区损坏的交通信号灯进行检查维护或更换，确保道路正常通行安全，为增强群众交通文明意识提供基础条件。

（政协办公室）

民主党派

民进黔南州委龙里支部

【概况】 龙里县委常委会于2015年1月31日批准建立民进龙里支部，确定该机构按正科级规格向上申报编制和人员，先期会员发展、成立大会筹备等工作由县委统战部负责。按照县委要求，县委统战部与民进黔南州委保持密切工作联系的情况下，根据民进会员发展方向，深入全县各领域广泛宣传发动，严把入口关，积极向民进黔南州委推荐符合条件的优秀党外人士，经民进黔南州委审批首批27位同志成为支部会员。龙里县首家民主党派——民进龙里支部于2015年10月30日正式成立。支部已有会员43名，其中，教师会员20人，医卫界5人，法律界4人，非公经济界4人，艺术界2人。会员平均年龄41岁，州政协委员3名，县政协委员8名。

【主要工作】 自身建设。累计召开全体会员大会2次，支部委员会7次，会员培训会议1次，会员考察调研1次。支部会员在县级以上媒体、刊物和网站发表理论文章5篇，宣传信息6篇，上报调研文章1篇，支部会员微信、QQ交流平台交流活跃。在州、县“两会”上，提出州政协提案6件，县政协提案20余件，其中1人获州政协表彰为个人先进提案，支部会员中的县政协委员提出11条政协提案涉及龙里县经济、民生、扶贫等多方面，引起县领导的重视。加强对热点、难点问题的调查研究，形成社情民意10条。2016年10月，专门安排就龙里苗画、印苗刺绣等民族民间手工产品的发展现状、存在问题、解决建议开展一次调研活动并撰写报告。

双岗建功。多名会员被省州表彰。会员金子成、杨秀熙在2016年6月全省参政议政工作会议上被表彰为民进参政议政先进个人；8月，会员兰开军被中共黔南州委表彰为第五次民族团结进步模范个人；9月，会员王大勇、杨斌、李德刚被民进州委表彰为民进优秀教师；建立健全后备干部和骨干队伍名单，推荐优秀会员担任政府实职、政协委员和有关社会职务。2016年9月10日，支部组织全体会员到龙里县城饮用水源点猴子沟考察调研。开展以“温暖贵州同心彩虹行动”为重点社会服务活动。组织会员开展向龙里三小捐赠民族表演队服装、送医送春联到基层、赴精准扶贫村调研了解贫困情况及到龙里民族完全中学开展传统文化进校园活动等。

（民进黔南州委龙里支部）

社会团体

龙里县总工会

【概况】 2016年，龙里县总工会编制9人，参公在职6人，事业3人。全县基层工会个数为388个，涵盖单位537家。其中：国有和集体企业有8家；私人企业190家；机关单位59家；事业单位49家；其他如村、社区等工会组织形式的有82家，职工会员4.83万人。全县工会工作围绕全县“大脱贫、大数据、大健康、大旅游、大物流、大文化”六大战略，认真践行“五大发展理念”，突出“两大服务”，建设“五个黔南”的要求，扎实开展“建功立业大竞赛、和谐企业大创建、职工素质大提升、维权帮扶大推进、节能减排大参与”五大行动，助推龙里发展。

【基层工会组织建设】 2016年，召开龙里县工资集体协商要约启动会议，以区域性签订为主、单独签订为辅开展工资专项集体协商工作。以六个园区管委会为区域，已签区域性工资专项集体协议6份、建立工会企业签订集体合同6份，覆盖企业156家。工资集体协商单独签订合同达25份，覆盖企业25家，覆盖职工3150人，建制率达95%。

举办1期镇（街道）工会负责人参加的基层组织建设和工资集体协商培训会。实现公有制企业厂务公开、职代会制度企事业单位覆盖8家，非公有制企业厂务公开、职代会制定覆盖企业190家，职工1.25万人，建制率达到96%。

镇、街道工会和规模企业基层工会实现“工会组织亮牌子、工会主席亮身份”，扎实开展村（社区）工会规范化建设，全县90%以上基层工会都达到“双亮”要求。

龙里县谷脚镇总工会、龙里县第四小学被表彰为州级先进职工之家，龙里红狮水泥有限公司烧成车间工会小组被表彰为州级先进职工小家，贵州威力洗涤用品有限公司为被表彰为省级厂务公开民主管理示范单位。推荐申报省级劳动关系和谐企业1家。

【助力就业】 2016年1月31日在县城第四小学举办“春风行动”招聘会，招聘会共有20余家企业提供1100个就业岗位，1200余人（次）云集招聘会，400名求职者初步与用人单位达成就业意向；3月31日，到湾滩河镇“送岗位、送法律、送健康”，来自贵阳地区和龙里地区的33家企业参加活动、进场人数超过2000人次，此次活动各企业为广大职工群众提供5200个就业岗位，涉及文职、技术、管理、普工等30个工种，活动中县总工会结对帮扶点湾滩河镇岱林村贫困户62人参加此次招聘，达成意向性就业120人。

【清理拖欠农民工工资】 龙里县共有企业255家（其中规模以上企业90余家），职工1.49万人；建筑施工企业农民工5955人。通过排查，并已经清理农民工工资欠薪涉及职工5000人，涉及金额2000余万元。在5镇1街道建立职工维权帮扶中心（站）6个；向社会公布举报投诉热线电话（12351），确保24小时畅通维权投诉渠道，随时受理群众投诉举报。

【农民工返乡就业行动】 开展“雁归圆梦”百千万行动，落实“惠工贷”工作。报送10名“创业之星”选树材料；开展农民工返乡创业贷款贴息补助工作，2016年11月11日授予贵州黔宝食品有限公司为“返乡农民工创业示范企业”，补贴该公司6万元的农民工返乡创业贷款贴息补助金。创建4个工会爱心之家；有3家单位开展医疗互助活动。共帮扶慰问困难职工（农民工）597 人，其中生活救助 520 人，医疗救助 9 人，共发放慰问金 32.38 万元。

【劳动模范评选】　完成全国、省“五一劳动奖”推荐评选工作，龙里县红狮水泥有限公司蒙光明荣获 2016 年“五一劳动奖章”，贵州恒力源集团有限公司砂光班荣获 2016 年“工人先锋号”荣誉称号；2016 年 5 月 20 日表彰 10 名“富民兴龙”标兵。下发《龙里县总工会关于创建劳模（技能人才）创新工作室的通知》，要求各基层工会制定活动方案，推荐申报省级劳模创新工作室 3 家。职工职业技能大赛。出台《龙里县总工会关于深入开展职工职业技能大赛的实施方案》，广泛开展职业技能竞赛，教育系统工会开展教师技能比赛、卫生系统工会开展医务人员临床技能大比拼活动，企业以班组竞赛为基础，使劳动竞赛与深化职工素质相结合。县兰亭茶坊代表队参加 2016 年 8 月 18 日—20 日在贵阳市小河区黔江路喜百年酒店举办贵州省茶艺职业技能大赛，表演《四世同堂》荣获大赛铜奖，并获得参加全国茶艺职业技能大赛资格。

（总工会）

共青团龙里县委

【概况】　2016 年新建团组织 7 个，其中非公团组织 6 个，非公团组织全面覆盖全县 5 镇 1 街道。洗马镇率先建立龙里县第一家淘宝团支部。新建立县医院团支部。举办 1 期 70 人次的专兼职团干和少先队辅导员培训班，并参观爱国主义教育基地和开展素质拓展活动。组织评选龙里县首届十大杰出青年并举办颁奖晚会，评选全县“五四”红旗团支部 20 个、红旗团委 10 个、优秀共青团干部 23 人、优秀共青团员 36 人。

【青少年主题教育实践活动】　组织动员全县共青团系统在“3·5”“5·4”“6·1”“9·10”“12·9”等节日开展“学雷锋、做榜样”“六一儿童节”“教师节”“一二·九”等主题活动。开展“团干部如何健康成长”、创立“农村青年致富带头人协会”“志愿者结对帮扶留守儿童”“七彩假期”“暑期三下乡”等活动。经常性组织团干部、农村青年致富带头人、武汉理工大学和东北农业大学研究生支教团、西部计划志愿者，深入农村、学校开展活动，为留守儿童、困境儿童送去慰问物资，为贫困学生联系爱心人士捐书捐物等。2016 年团县委获得“全国优秀项目办”表彰。争取项目志愿者 24 名，经常性组织志愿者为“黔货出山”“农村淘宝开业典礼”“招商引资”签订会、“山地自行车公开赛”、同一首歌主题演唱会、第三届商贸物流峰会、“十大杰出青年”表彰晚会、“德行龙里十大年度人物”颁奖晚会等县域州域大型活动提供会务服务。

【青年创业就业】　利用“春风行动”专场招聘会和与企业联合开展活动之机，推荐 36 名青年进入龙缘盛豆业、华晨海绵、世纪华联等企业（超市）就业。组织建立农村青年致富带头人协会。培养更多懂技术、善经营、会管理的农村青年致富带头人。指派专人到贵州龙里卧云谷绿茶有限公司了解产品的生产、销售、产品包装设计等基本情况，为该公司联系贵州初态商贸有限责任公司，助其解决滞销的困难。争取县农村商业银行对青年创业在项目、政策、资金上的支持创办微型企业，开展技能培训，利用青年之声、1+100、微信群等新媒体为创业青年做宣传、找合作伙伴，申报并挂牌成立 3 个省级青年创业就业见习基地。

【青年志愿者行动】　在服务地龙里县开展“一城一名悦中国”素质拓展计划，以每月为一期，对服务地中小学生进行城市名片展示，拓宽同学们的视野。活动期间，志愿者们分别带领龙里县的孩子们走近北京、哈尔滨、广州、上海、杭州等城市。“理工·滴滴 GO”助学平台。2010 年，武汉理工大学第十二届研究生支教团设立“理工·滴滴 GO”助学金项目。理工·滴滴 GO”助学金项目每月向每名受助困难学生捐赠 100 元。四年来，武汉理工大学研究生支教团志愿者，理工·滴滴 GO”助学金项目在龙里吸纳资助人近 100 名，覆盖 136 名困难学生，累计资助现金近

70万元。龙里县志愿者服务中心。中心主要负责全县志愿者的招募、注册、培训以及志愿服务管理工作。2016年共组织2500余名志愿者参加“黔货出山”“3·12植树节”“农村淘宝开业典礼”“黔货出山”“招商引资”签订会、“山地自行车公开赛”、同一首歌主题演唱会、第三届商贸物流峰会、“十大杰出青年”表彰晚会、“德行龙里十大年度人物”颁奖晚会、捐资助学、暑期“三下乡”等活动36次。

【希望工程募捐活动】 2016年募集希望工程物资47.8万元。其中：龙里民中获赠项目春晖云校平台价值30万元；光华基金会捐赠图书价值10万余元；羊场中学获赠2万元的“雨露家园—留守儿童自立自强中心”项目建设经费和1.3万元的捐赠图书；谷脚小学获得青基会价值4万元的足球设备；获得团中央预防青少年违法犯罪活动经费5000元。充分利用团县委管辖的武汉理工研究生支教团所属项目理工·滴滴GO为126名困难学生牵线社会人士给予助学资助，每人每月最低100元，共计获资助15万元，实施茅台、习酒等资助项目，共争取扶贫助困助学金36.5万元，资助困难大学新生75人。

【少先队建设】 2016年，县内城乡小学少先队大队辅导员45人参加专兼职团干和少先队辅导员培训班。第四小学陈英、谷脚小学彭锦凤等2名少先队辅导员前往北京学习培训。发挥“微笑小屋”“七彩小屋”“蓓蕾守护活动室”等载体作用，组织各学校少先队利用时间节点开展“红领巾相约中国梦—听党的话、做好少年”建队日主题活动、“学雷锋志愿服务”、清明节“网上祭英烈”“六一”儿童节、“贵青杯”教育系列、“红领巾向党”、少先队活动课说课展示、“与信仰对话”主题班会、“黑板报手抄报”评比等活动。利用暑假期间，组织学生开展“读行北京少年派”和“共一片蓝天·同一份温暖”关爱留守儿童夏令营等活动。2016年，龙里县第二小学、第五小学获团省委、省少工委表彰的省级“优秀少先队大队”和省级“优秀少先队中队”称号；第四小学少先队大队辅导员陈英获省级“优秀少先队大队辅导员”，第一小学郑舒乙获省级“优秀少先队辅导员”称号。

【团主题活动】 2016年，开展正月初八春节文化广场活动、“3·5”学雷锋志愿服务活动、“3·12”双龙镇植树节活动、清明节“网上祭英烈”活动、“5·4”表彰活动、“十大杰出青年”表彰活动、5月送法进校园活动、6月爱心助考活动、禁毒宣传活动、7月专兼职团干部和少先队辅导员培训班活动、7月山地自行车大赛志愿服务活动、7月“读行北京少年派”夏令营活动、7月“七彩假期”关爱留守儿童活动、7月慰问老党员活动、9月新学期关爱留守儿童活动、10月少先队建队活动、10月同一首歌演唱会活动、12月“12·9”运动纪念、“快闪”活动。

（共青团龙里县委）

龙里县妇女联合会

【概况】 2016年，龙里县5镇1街道配齐妇联主席和副主席。全县有57个村、19个社区，妇女进社区正职11人、进村两委正职4人共15人；机关单位成立妇委会47个；企业成立妇委会2个。

【关爱救助】 2016年6月1日，县妇儿工委办组织成员单位到湾滩河镇开展关爱留守儿童活动，为1583名留守儿童送去自行车、遥控飞机、鞋子、衣服等价值15万余元。此次活动另有贵州省“水滴公益之家”30余名志愿者从贵阳带着书包、鞋子等价值5万元的学习用品参与，共发放物品价值20余万元。救助贫困两癌和患重病妇女14人、1.45万元。为10名贫困大学生筹集资金1.4万元，其中5000元是贵州省妇女儿童发展基金会“蒲公英”助学金。县妇联和县民政局共筹集资金1万余元购置450斤毛线，并组织300位爱心妈妈为贫困儿童编织的爱心毛衣，于11月1日在县政府大楼第四会议室举行爱心毛衣发放仪式，300件毛衣发放到部分小学校300名贫困学生手中。

【领导视察调研】 2016年，4月27日省妇联副主席魏俊到龙里县调研，魏俊一行4人在湾滩河镇摆省社区查看“儿童快乐家园”项目（3月落户）建设情况，就“儿童快乐家园”建成后的管理和使用提出建议和要求。12月15日，州妇联党组书记伍晓红一行4人到龙里调研基层妇联工作，走访冠山社区“妇女之家”、第四小学的安全体验教室。

【实施两个规划】 2016年9月6日，州妇儿工委办“两个规划”（《妇女发展规划（2011—2015）》《儿童发展规划（2011—2015）》）终期评估督导组一行7人到龙里县就“两个规划”实施情况进行终期评估，督导组一行实地查看麻芝敬老院、第四小学、龙山镇余下卫生室，并了解“两个规划”工作开展情况，并对“十三五”的新“两个规划”制定进行指导。

【双学双比】 双学双比活动即“学文化学技术，比成绩比贡献”的活动。2016年，3月29日县妇联邀县农工局专业农技师赴湾滩河镇新龙村扶贫点就黑糯米种植技术进行培训，挂帮部门、村支两委、贫困种植户等50余人参加。4月11日，县妇联、县职业学校和洗马镇政府共同组织举办的农民画技能培训班在洗马镇政平坡小学开班，100余名苗族妇女参加培训。4月25日，与多部门联合在洗马镇哪旁社区举办为期10天的苗绣暨电商创业培训班开班，80余名苗族贫困妇女参加培训。8月15日，县妇联举办的第三期全县“小龙女”家政服务技能培训在县委党校开班，来自全县各镇（街道）的120余名妇女参加培训，经过7天培训考试鉴定，有119名妇女获得职业资格证书。12月6日，民族刺绣培训在洗马镇哪旁社区开班，60余名苗家妇女参加培训，邀请黔南锦绣职业培训学校民族工艺师刘惠敏传授刺绣知识，同时还讲解苗族、布依族、水族等各民族拼花布艺知识。

【巾帼建功】 2016年10月28日，县妇联在贵州天瑞民族元素制衣厂（该厂是返乡农民工妇女吴兴香创办的小企业）的车间内举行一场女职工技能大赛，参赛的20名女选手必须按照工艺标准与要求在规定时间内独立完成缝制与整烫任务。6名女工脱颖而出获得优秀奖。

【“三八”活动】 2016年3月8日，龙里县“三八”106周年趣味运动会在县体育馆隆重举行。来自全县各镇（街道）、县直部门共51支队伍700多名运动员参加齐心协力、背媳妇等趣味活动。

【维护妇女儿童合法权益】 2016年，共接待案件27件，其中：家庭暴力9件占33%、家庭纠纷10件占37%、求助6件占15%、其他2件占0.07%；回访2件，信访代理1件，法律援助6件。已处理26件，处理率96.2%。

（妇　联）

龙里县科学技术协会

【概况】 2016年，无内设机构，人员编制4人，年末共有干部职工7名。科协所属学会、协会20个，会员2356人。2016年，县科协按照“四服务、一加强”的工作定位，贯彻落实《全民科学素质行动计划纲要》，切实履行“龙里县全民科学素质领导小组办公室”工作职责，组织指导各成员单位、所属学会、协会，开展科普宣传、科普讲座、培训、展览、百万公众网络学习、全民科学素质大赛、青少年科技创新大赛等一系列科普工作，参与活动的科技人员和干部职工6万多人次，接受科普宣传、培训的群众在16万人次以上。开展农村中学科技馆建设、农村科普e站建设、农村科普示范基地建设等工作，申报并组织实施龙里县“科普惠农兴村计划”“科技致富二传手培训”等“智富行动”项目，建立龙里县反邪教协会，完成“龙里县草原养兔协会”“龙里县优丰果业协会”2个协会与行政机关脱钩试点工作。

【全民科学素质行动】 出台《2016年龙里县实施全民科学素质行动计划纲要工作方案》《龙里县2014年“科普进社区、进校园、下农村活动”工作方案》。以科技“人才活动月、科技活动周、食品安全宣传周、全国科普日”等大型科普活动为载体，组织全民科学素质成员单位，在全县各镇（街道）、社区，开展多形式的科普宣传、科技咨询、技术培训、科普讲座等主题科普系列活动。3月18日，龙里县2016年“人才工作活动月”暨“3·18”科技活动日系列科普活动在县城兴龙广场拉开序幕。县科协、县农工局、科技局、林业局、水务局等单位的100多名科技工作者参加活动，共发放宣传资料1万余份，接受咨询和义诊人次达1500人次。4月24日、5月15日，县科技局牵头，县科协、县农工局、县林业局等十多家单位参与在县城环南路开展“2016年知识产权宣传周”“科技活动周”集中宣传活动。2016年，各成员单位共开展大型主题科普系列活动16场次，参与活动的科技人员2900余人次，共发放种养殖等实用技术书籍、科普手册12.6万余册，科普彩页等资料16.8万余份，科普挂图6500余幅，展出展板900余块（次），悬挂宣传横幅130多条，出动宣传车380台次，发送科普短信8000条次，受益群众13.6万余人次。举办各类科普讲座、报告15场，到场学习3800多人，科技培训160场次，参加群众3900多人次。各部门组织开展科技、文化、卫生等科普知识进社区、进校园、下农村主题活动30余次，利用干部下农村、驻村开展送科技知识、送科学技术、送良种良法下乡活动2300多次，组织外出观摩学习680人次，专家和技术人员3300多人次深入乡村农户家中和田间地头，向农户传送科普知识，咨询服务群众3.1万余人次。

【主题科普活动】 2月11日，龙里县科协联合县委党校在兴龙广场开展“青少年科普展和党的政策宣传活动”，有社区居民和青少年共1500余人参加。5月12日，在县第三中学组织开展防震减灾、反恐防暴、消防应急疏散演练活动。第三中学3600多名师生参加地震应急疏散演练、县公安局特巡警大队刀锋突击队为师生们表演特种战术基础动作和棍术摔擒。5月15日，县科协参与在县城环南路开展“2016年知识产权宣传周”“科技活动周”集中宣传活动。向群众发放科普资料1000余份，科普书籍600多册、现场咨询200多人次。6月25日，在2016年食品安全宣传周期间，县科协联合水桥社区开展食品安全进社区宣传活动，宣传活动当天共发放《食品安全法》《食品安全宣传册》等科普宣传材料近1000多份。9月14日，龙里县科协联合龙里林场国家级科普教育基地举办“创新放飞梦想，科技引领未来”暨“花好月圆龙架山，别开生面科普游”主题活动。活动共发放多肉植物50余株，紫叶酢浆草30余盆，发放宣传资料5000余份。9月29日上午，县科协联合省农科院、黔南州科协、县科协、县人大、县督查督办局、县国土局、腾龙集团等12家单位开展“醒狮镇2016年精准扶贫帮扶部门科普宣传活动”，共发科普资料2000余份。2016年，共组织开展主题科普系列活动6场，发放彩页、种养殖等科普资料9.8万余份，科普图书2000余册，咨询群3000余人次，出动科普大篷车24次。

【全国科普日活动】 9月18日上午，主题为“创新放飞梦想，科技引领未来”的2016年龙里县全国科普日启动仪式在县街心花园举行，发放《健康生活小常识》《身边科学知识丛书》等科普书籍。本次活动共发放科普书籍2000余份，参与科普志愿者50余人，受益群众5000余人。县科协联合省龙里林场“龙架山森林公园科普教育基地”在基地内开展科普活动，发放宣传资料5000余份；9月18日下午，派出2名干部和5名农户参加州科协组织的“2016年黔南州科普日大篷车联合行动”和“黔南州科普惠农兴村计划十年成果展”活动，先后到长顺县高钙苹果基地，荔波县蜜柚生产基地等展示活动和学习。9月24日到10月20日，开展科普惠农兴村计划十年成果展，制作成不锈钢写真科普展板20块，制作宣传资料2000份，先后到醒狮、洗马等镇的谷龙等社区（村）开展科普惠农兴村计划十年成果展5场。科普日期间，全县有30多个机关事业单位、6个镇（街道）、2个企业、3所学校、6个协会的科技人员1600余人次参加，开展科普培训和科普讲座3期，培训社区居民和农民150余人次，开展科普报告3场次，听众达600多人次，发放科普宣传资料2.8万余份、实用技术手册3500册、技术书籍2000册、科普光碟200盘、科普挂图600幅，展出展板280块次、科普图片800多张（次），接受宣传人数达2.3万人次。

【科技培训】 4月4日，县科协在醒狮镇大谷龙村下寨村民组举办香葱种植现场培训会，邀请到香葱种植“土专家”——全国科普带头人张庆华为农户培训，12户贫困户和种植积极户20余人参加。4月10日，县科协组织冉光琼、代启燕等6位贫困户到独山县城关镇五里村学习香葱种植管理方法、病虫害防治技术。4月11—12日，龙里县科协组织科普示范户6人到正安县考察学习，考察组重点参观中国第一白芨产业园和“基层科普行动计划”项目实施点正安县天娄山果蔬协会种植基地和天缘生态观光园等。7月1日，龙里县院士专家创新工作站举办龙里县2016年非公有制企业专利信息资源库网络平台应用培训班，省科协院士专家服务中心主任胡铁磊，县委常委、副县长郭永昌，县政协副主席、县工商联主席马晓红出席培训会；贵阳派腾科技服务有限公司专利分析师葛红莉博士为50名参加培训的企业负责人讲授专利信息资源库网络平台应用知识。12月23日，邀请羊肚菌种植土专家赖令，在醒狮镇高吏目村有机农业种植示范园内举办羊肚菌栽培技术观摩培训会，共有贫困农户30多人参加培训。2016年，县科协共举办各种科技培训和科普讲座9场，参与培训人数350人次。4月28日，龙里组织开展科技致富二传手培训项目申报工作。6月24日，“香葱种植二传手培训工程”项目获省科协批复，获得项目资金3万元，对“二传手”开展香葱种植技术、病虫害防治、田间管理技术等培训共26次，组织“二传手”20人次到省内香葱种植产业发达地区实地参观学习2次，培育创建香葱种植科普示范基地1个，培育种养殖技术骨干30名、科技致富带头人10名，培育香葱种植科普示范户3户，发放培训资料1000余份。利用项目补助资金，新建科普宣传栏1个，为科普图书室配图书500册、科普光盘100张；新添置培训电脑1台。

【典型农业科技项目】 11月，县科协组织开展典型农业科技项目展示与推广活动，实施典型农业科技项目养殖类竹鼠、黑毛猪、土鸡等，种植类有豌豆尖、百香果、羊肚菌、白芨、刺梨、红米、海花草等，培育创建龙里县湾滩河镇甲摆豌豆尖科普示范基地和走马村百香果种植示范基地各1个，并确定为县观摩点。11月2日和10日分别组织60多名农民，到豌豆尖和百香果种植示范基地参观学习。

【科普调研指导】 3月21日，邀请贵州省水稻研究所所长、水稻研究所研究员、博士、硕士生导师、水稻分子生物学专家朱速松到醒狮镇大谷龙村、高吏目村等地就产业发展的可行性工作进行实地调研、建设规划和建言献策。3月28日，正安县科协钟林主席等一行6人到龙里院士专家创新工作站调研学习。4月11—12日，龙里县科协组织科普示范户6人到正安县调研学习。6月至10月，县院士专家创新工作站引荐龙里县北部工业产业园内的贵州创奇装备制造有限公司与贵州大学资源与环境工程学院、贵州大学现代制造技术重点实验室就“产学研”一体化管理经营模式达成《战略合作协议》。就公司生产的一体化污水处理设备的技术升级改造达成《项目合作协议》。引荐贵州恒力源林业科技有限公司、奇昂公司成功与贵州大学生命科学学院达成《战略合作协议》。促成龙里的重庆贵州商会与贵州省农科院中药产业研究所签订《合作协议》。创奇装备制造有限公司通过合作获得9项实用新型专利，4项发明专利已得到国家知识产权局授权。11月23日，副县长郭永昌到湾滩河生态农业示范园区对农业科技推广工作进行实地调研。3至12月，科协组织学会科技人员开展“科技干部驻村技术咨询服务”等有影响的科普活动，共组织开展科技下乡活动10多场（次），学会科技人员有800多人次进村为农民提高技术服务、100多人次进工业园区为企业提供科技服务。

【科普信息化建设】 制定《关于加强龙里县科普信息化建设的实施方案》，完成1个农村e站建设。为社区科普e站、乡村科普e站、校园科普e站等不同类型的科普e站提供精准科普服务。组织“龙里县第三中学科技馆、龙里县洗马中学科技馆”申报“农村中学科技馆公益项目”，县第三中学获得科技馆项目支持，并于11月30日完成设备安装调试。12月，利用科普e站，结合网络、广播、电视、手机等传播手段，搭建公众科技信息服务平台，不断提高公众科技信息服务能力和信息化水平。

【“百万公众网络学习工程”】 2016年，制定《龙里县2016年“百万公众网络学习工程”活动实施方案》，组织全县各部门开展学习活动。投资6000元完成对龙里县第三中学、龙云社区等百万公众网络学习免费上网阅读点的计算机维护。组织科技人员深入到社区、学校、村“百万公众网络学习工程”活动示范站点指导，进行上网答题等操作培训。组织全县机关干部和农村群众参加贵州省“百万公众网络学习工程”学习测试答学习活动，开展机关干部结对指导贫困户答题活动。通过移动、电信、联通等短信平台，向全县广大公众发送“百万公众网络学习工程”活动宣传短信3000多条。制作发放宣传资料5000余份，宣传用品1000多件，开展“百万公众网络学习工程”活动宣传咨询达6000多人次。9月23日，龙里县第三届全民科学素质大赛在冠山街道办事处四楼举办，共有来自各镇（街道）、机关企事业单位的24支代表队参赛，大赛以“创新放飞梦想，科技引领未来”为主题。经过预赛和决赛，县教育局代表队夺冠，审计局、工信局获得第二名，冠山街道、人社局、司法局获得第三名。10月28日，在黔南州第三届全民科学素质知识大赛中，龙里代表队获第一名。11月12日，在贵州电视台演播厅举办第三届贵州省全民科学素质知识电视大赛总决赛中，龙里县的刘梦、訾博、曾崇来3名选手组成的黔南州代表队获大赛第二名。截至2016年11月30日，龙里县参与“百万公众网络学习工程”学习测试答题人数2.3万人，超过州下达任务1.6万人基数7000人。答题4.4万人次，为全州第一位。

【学会协会建设】 1月20日下午，县科协召开科技工作者座谈暨学会工作会，3家协会负责人和10余名科技工作者参加座谈。5月，县科协、县政法委开展筹备反邪教协会成立工作。7月28日，龙里县民政局作《关于同意成立龙里县反邪教协会的批复》，7月29日，召开反邪教协会成立代表大会，选举反邪教协会理事长、副理事长、秘书长。9月到11月，县科协组织有机农产品种养殖大户、基地和百香果种植大户、基地开展“龙里有机农产品种养殖协会”“龙里百香果种植协会”的建设筹备工作。11月9日，按照《中共龙里县委办公室关于印发〈龙里县行业协会商会与行政机关脱钩方案〉的通知》，组织“龙里县草原养兔协会和龙里县优丰果业协会”。开展协会与行政机关脱钩工作，30日完成“龙里县草原养兔协会和龙里县优丰果业协会”脱钩试点。县科协深入北部工业园区的创奇装备制造有限公司开展指导13次。是年，龙里创奇装备制造有限公司科协获贵州省第五届科普工作先进单位荣誉。

【基层科普行动计划】 1月，组织申报“龙里县龙山镇新场村五子登科养殖协会、科普带头人周晓波”2个“科普惠农兴村计划”项目，获中国科协和财政部的奖励表彰，共获奖补资金25万元。并通过项目实施辐射带动800多农户发展种养殖产业。2月19日至3月21日，县科协组织科技人员深入到谷龙、湾滩河等镇，调研指导农村专业技术协会、科普示范基地、种养殖大户以及规模特色的种养殖业，共资助协会项目资金3万多元。县科协组织开展科普示范社区的申报工作，完成推荐冠山、西门两社区申报的全部工作。8月，冠山社区被命名为州级科普示范社区；5月10日至11月，组织获得科普惠农兴村计划项目表彰的3个农村专业技术协会、1个科普示范基地、1名科普带头人，实施惠农项目，开展农村科普活动。受表彰对象2016年新增加科普服务站100平方米，新建科普宣传栏1个，新建30平方米的科普图书室1个，配图书1000册，新添置相机、培训电脑、音像设备3台，聘请专家技术指导30余人次，培训基地骨干20多名，引进新品种3个，辐射带动农户6500多户，协会和基地免费向周边群众提供优质种苗2多万株，提供优质鸡苗1000多羽。

【青少年科技活动】 7月25日，推荐吕飞燕等5名高一、高二年级的在校学生参加2016年8月在中科院昆明分院举办的高校科学营活动，其中贫困学生2名。10月20日，开展2016年龙里县青少年科技创新大赛参赛作品初评，从参赛的100多件作品中遴选出70余件作品参加黔南州第十四届、贵州省第三十一届青少年科技创新大赛。获贵州省一等奖 1 个、二等奖 2 个、三等奖 12 个。

（科协）

龙里县残疾人联合会

【概况】 2016 年，龙里县残疾人联合会认真履行“代表、服务、管理”职能，围绕残疾人基本需求，以保障和改善残疾人民生为出发点和落脚点，不断提高残疾人保障能力和服务水平，完成各项工作任务。是年，获全州残联系统 2016 年度目标管理综合评价一等奖第一名。

【残疾人康复】 2016 年，全县补贴 3234 名参加新型农村合作医疗的各类持证残疾人个人筹资部分资金 11.32 万元。配备村（社区）专兼职社区康复协调员。开展残疾人“一户一档”工作，逐一建立档案。全年共投入康复经费 15.4 万元，组织 4 名智力障碍儿童、4 名脑瘫儿童到都匀进行康复训练，1 名肢体残疾儿童到都匀进行肢体矫治手术，为 13 人申请精神病免费服药治疗和住院治疗，完成重点工程和“七彩梦”项目辅助器具采购，完成助听器验配 12 副、假肢安装 4 例。

【残疾人就业】 元旦、春节期间，县残联与县人社局联合开展主题为“就业帮扶，真情相助”的就业援助月活动，共走访登记残疾失业人员家庭 20 户，登记失业残疾人 20 人。全年新增残疾人就业 89 人。投入资金 45 万元，扶持残疾人创业就业示范户 26 户（其中电商创业 3 户）、示范基地 3 个，按照《龙里县残疾人创业贷款贴息实施方案》，帮扶 15 名残疾人家庭创业贷款贴息资金 6.89 万元。

【残疾人扶持】 政策关爱服务残疾人，为符合条件的 175 名残疾人发放燃油补贴 4.55 万元。出台《龙里县扶持残疾人电商创业实施方案》，对残疾人开办电子商务产业除享受电商创业奖励外，另奖励 1000～5000 元。制定《龙里县残疾人联合会残疾人精准扶贫工作方案》《龙里县加快推进残疾人同步小康工作实施方案》和《龙里县残疾人扶助规定》。

【残疾人维权】 全年接待残疾人及其亲友来电来访 46 人次，办结率 100%。

实施贫困残疾人家庭无障碍改造 5 户，修建灶台和安装坐便器、无障碍扶手等无障碍设施，每户补助资金 5500 元，8 月，完成贫困残疾人家庭无障碍改造改造任务。

为 198 名残疾人办理残疾人证，其中重度残疾人 16 名，精准扶贫对象 48 名。全年办理二代残疾人证 5513 人，占残疾人总数的 49.77%。

【残疾人技能培训】 投入经费 10 万元，用于残疾人培训。举办残疾人农村实用技术培训班 1 期，各镇（街道）52 名残疾人参加；与县人社局联合举办为期 10 天残疾人 SYD 创业培训，全县各镇（街道）12 名残疾人参加；举办残疾人职业技能培训班，全县各镇（街道）的 30 名残疾人参训；与电商办开展残疾人电商培训 2 期，51 人次参加培训。肢体残疾人王孟权、张祖荣等通过电商培训已实现自主创业。推荐 4 名视力残疾人参加省残联组织的初级盲按培训。

【文化助残活动】 春节期间，与县老干局等单位分别在县城兴龙广场和龙山镇比孟村开展“扶残助老·大爱连心——精准扶贫”为主题的宣传活动。助残日期间，与县文旅局、民宗局等多家部门联合开展《扶贫助残同小康，民族团结构和谐》主体晚会。推荐视力残疾人冯小勇参加全县“十大杰出青年”评选，获龙里县“十大杰出青年”称号。“全国助残日”期间，开展“全国助残日”暨“残疾人文化周”系列活动，组织残疾人雕刻、绘画、书法等手工艺品在兴龙广场展示，组织 5 名盲人按摩师在兴龙广场义务按摩举办专场文艺晚会。

开展宣传报道。在省残联网站刊登 36 篇，省残联微信公众号刊登 4 篇，《贵州残联》杂志刊登 2 篇，县政府网站刊登 7 篇，新华网刊登 2 篇。

开展残疾人健身周暨致残日活动，全县 17 名残疾人及 10 余名结伴助残志愿者参加，推选 25

名残疾人参加州级选拔，3 名残疾人游泳运动员入选黔南州队，并代表黔南州参加 9 月 27—28 日在瓮安县举行的贵州省残疾人（18 周岁以下）游泳锦标赛，运动员在比赛中获 6 金 1 铜。11 月 11 日，召开“龙里县 2015—2016 年度残疾运动员表彰奖励兑现会”，表彰和奖励在全国第九届残疾人运动会暨第六届特殊奥林匹克运动会、贵州省残疾人（18 周岁以下）游泳锦标赛上取得佳绩的残疾人运动员，颁发奖金共计 21. 3 万元。

【残疾人救助】 按《龙里县困难残疾人生活补贴和重度残疾人护理补贴制度实施方案》，对 996 名符合条件的残疾人发放困难残疾人生活补贴 69. 17 万元，对 708 名符合条件的残疾人发放重度残疾人护理补贴 37. 88 万元。为 2 名残疾人子女大学生发放助学金 2000 元。

春节期间，走访贫困残疾人家庭 30 户、残疾人运动员 2 人、麻风村贫困家庭 5 户，发放慰问金 2. 45 万元。完成残疾人基本服务状况和需求信息数据动态更新工作，共核查 1. 53 万人，其中：持证残疾人 5311 人，非持证疑似残疾人 1 万人；通过核查，死亡 520 人，应调查 1. 48 万人，实际调查 1. 481 万人。

【残疾人托养】 龙里县残疾人托养中心位于龙山镇余下村，占地 5269. 75 平方米，总建筑面积 2992. 5 平方米，床位 86 张。2014 年 6 月立项批复、同年 10 月开工建设，2016 年 2 月竣工交付使用、同年 9 月揭牌营运，是全省第一家采取“公建民营”方式运营的托养机构，成为省、州的示范推广点。中心以采取日间、全日制、居家、庇护性就业等托养服务方式，对符合条件、有托养需求的残疾人提供生活照料、康复训练、精神慰藉、娱乐和简单劳动技能训练等服务。

在中心建立辅助性就业基地，安排 3 万元专项资金用于工疗、农疗等辅助性就业帮扶。租用 30 亩地用于残疾人开展农疗就业服务。补助 2 万元培训经费，开展辅助性就业技能培训 2 期 50 人次。

2016 年“阳光家园”计划项目采取政府购买服务方式后，争取到政府购买残疾人服务项目 80 人次，其中：托养中心获得 50 人次 7. 5 万元的政府购买服务项目。

（残　联）

龙里县文学艺术界联合会

【概况】 2016 年，龙里县文联工作围绕“两学一做”学习教育和“三学四增”党风廉政警示教育活动，认真履行团结引导、联络协调、服务管理、自律维权职能。完成县美协、县作协主席推选工作。选送各协（学）会骨干创作人员参加各级培训班学习 5 次，组织和支持会员参加各文艺门类比赛。选派 7 名文艺工作者到乡村学校支教，支持支教学校草原小学 4000 元艺术教学设施。成立龙里县书法家协会教育系统分会，为县职校、龙里三中购置 3000 元文艺书籍，为龙里中学购置 6000 元艺术教育设备，支助论语堂国学书院 6000 元举办第二届“论语堂杯”书法大赛，为 9 个协会征订 2017 年学习参考报刊 40 余种。

【文艺活动】 编辑出版《我们这五年——图说龙里》大型画册，与县直属机关工委、县教育工委共同举办“两学一做”书法交流活动。完成庆祝建州 60 周年各项活动筹备、策划，牵头组织开展大型书画展览，组织编辑出版献礼大型画册《爱在原乡》，组织作品参加第七届都匀国际摄影博览会、工业摄影展、招商引资成果图片展。组织龙里百人合唱队参加“牢记党的宗旨，讴歌幸福黔南”合唱大赛，获三等奖。完成“刺梨文化展示体验馆”文化展示部分的挖掘整理，展示的图文设计布展，外观装饰以及旅游板块展览的图文设计等工作。春节期间组织 30 余名文艺家奔赴县城社区和全县各镇、办，开展“送文化下乡”“送书画下乡”和“全家福”活动，为群众义务书写赠送春联 1 万余幅、拍摄“全家福”500 余幅。与冠山街道办事处共同举办“弘扬新时期发展理念、书写新时代龙里华章”原创春联征集大赛，征集到原创春联 100 余幅。到各镇办、社区、村寨指导开展春节联欢晚会、民族山歌比赛等活动。完成龙里县第一届优秀文艺作品评选。

【文艺创作】 完成电影文学剧本《倪儿关》

创作，由省内刊号出版。冯泽松书法专集《胸中丘壑》由中国文联出版社出版，李凡修《李凡修诗词选集》由省内刊号出版，罗士朝摄影作品集《爱在原乡——龙里草原99幅没有名字的照片》由美丽中国影像报出版社出版。组织创作并编辑《龙里县中青年书画家作品集》《龙里刺梨文化》图文集，举办“青春之龙里”主题文学作品比赛并编辑出版同名作品集。组织编辑并率先在全省出版贵州省同步小康优秀民间歌谣丛书《我歌我快乐之龙里》，由贵州出版集团、贵州人民出版社出版。冯涛的摄影作品《苗族古歌——跳洞》获第四届黔南文艺奖二等奖，罗涛摄影作品在黔南州“万家灯火·南网情深——电与社会”摄影大赛中获一等奖，罗士朝作品《喜临苗乡》获2016中国摄影家协会网携手中国原生态国际影像研究会全国影友擂台赛福泉站三等奖；罗士朝、罗宗祥作品《鸟瞰中铁生态城》（组照）获黔南州招商引资成果摄影大赛一等奖，赖青作品《龙里刺梨》《万科物流园》获二等奖，罗士朝作品《因特拉根小镇》（组照）获三等奖，潘祖清等作者7件作品获优秀奖；赖青等4名作者4幅作品入选黔南工业六十年“工信杯”摄影大赛；在“最美自行车公园、精彩自行车运动”摄影比赛中，魏洪明等16名作者的35件作品分获一、二、三等奖和优秀奖。在黔南州“我歌我快乐”同步小康民间歌谣比赛中，龙兆飞的山歌《盼小康》获优秀奖；在“热爱黔南、建设家乡”黔南州2016年雨花湖杯寻找黔南山歌王民族山歌大赛中，王如平、罗俊获歌王称号，陈玉兰、罗聃获二等奖。杨泽胜、肖明发获贵州省第九届行草书大赛优秀奖。

【对外交流】 邀请中国书法家协会会员、河北省邢台市书协主席李疆、中国书法家协会会员、河北省邢台市书协副主席黄东明、中国书法家协会会员、美术学硕士、贵州民族大学专职书法教师李茂江到龙里县作专题讲座。邀请国家画院画家张志民、曹广胜、中国摄影家协会会员叶蔚到龙里采风和指导创作，指导编辑画册，共同对外宣传龙里、推荐龙里。与花溪区、息烽县文联共同策划、组织举办“庆国庆·迎中秋”三县（区）书画联展。组织会员参加2016中国（荔波）书法高峰论坛，参加平坝、息烽、龙里三县文艺创作交流活动。

（文　联）

龙里县红十字会

【概况】 2016年，龙里县红十字会围绕县委、县政府中心工作，开展应急救援、应急救护、人道救助、生命接力工程工作，加大宣传培训，拓宽筹资渠道，项目申报，发挥人道领域的助手作用。该会编制5人，实际人数5人，基层组织6个，在黔南州红十字会年终目标考核中获一等奖。

【人道救助】 2016年6月2日，中国红十字基金会到龙里开展“天使之旅”活动。中国红十字基金会医疗救助中心和郑州市心血管病医院医疗专家组23人，在县人民医院体检中心为13名患儿进行先天性心脏病筛查，有2名患儿得到全部免费手术治疗。

筹集10万余元款物开展以“携手扶贫，博爱万家行”为主题博爱送万家活动。深入全县5个镇、1个街道办事处开展“红十字博爱送万家”携手扶贫，博爱送温暖，济贫救困暖寒冬活动。为42户贫困户家庭送去大米、食用油、贝因美奶粉、棉衣等价值3.16万元的物资。组织贵阳东方骨科医院志愿者服务队为湾滩河镇石头村125户贫困户开展巡回义诊150人次，发放慰问物资3300元。“一对一”帮扶贫困学生330名，帮扶资金汇款到学生账户22.3万元，动员和发动社会爱心人士募捐价值2万余元物资发放到学校贫困生和贫困村贫困户手中。自筹资金1.3万元，开展以“精准扶贫，全面小康”为主题的近200名演员专场文艺演出。

【生命接力工程】 2016年6月13日，联合县科技局、民政局等10多家单位在县城开展人体器官捐献宣传月活动，咨询236人次，发放相关资料3500余份。开展无偿献血、造血干细胞捐献、人体器官与细胞组织捐献宣传与推动工作，全年共开展3次无偿献血，共有577名志愿者参与，献血量达 16.79 万毫升。

【社会公益活动】 向省州争取救灾救济物资，多方面筹集款物共 256.1 万元。争取州红十字会下拨博爱送万家物资 3.4 万元，省红十字会“红十字会助力脱贫攻坚，博爱助困暖冬行动”物资 41 万元；开展互联网 + “博爱助学”联系爱心人士“一对一”资助贫困学生 22.13 万元；募集教育扶贫体育用品、校服、图书、棉被、棉鞋，捐建教学楼等款物 132.4 万元；募集款物开展龙里尖子生暑期北京爱心行、高考状元筹学费、实现微心愿等活动 8.82 万元；开展爱心快递，共收到快递 161 袋，价值 13.35 万元。另外，香港善施慈善基金会捐赠 229 台轮椅、600 多件棉衣等物资价值 35 万元。

【组织建设】 2016 年 1 月 27 日，龙里县红十字会召开第一届理事会第二次会议。根据《中华人民共和国红十字会法》《中国红十字会章程》的有关规定，增补选举 4 名理事和 3 名常务理事，2 名副会长，并聘请县委书记刘华龙为名誉会长。

【项目实施】 2016 年 1 月，申报龙山镇龙山社区博爱家园项目，省红十字会组织项目考察评估小组对项目候选点进行实地评估，6 月 23 日，项目通过审批，批复项目资金 40 万元。

选派 4 人次参加省红十字会项目启动、项目实施管理等培训，开展 VCA 工作，成立龙山社区红十字会。

（红十字会）

龙里县计划生育协会

【概况】 2016 年，龙里县计划生育协会工作以助推计划生育管理改革和计生家庭建设为核心，服务为大局、服务基层、服务群众，以“一创三建一帮带”活动为载体，创新基层计生协会管理服务；统筹推进计生协会家庭服务中心创建和计生协会合作社建设工作；完善计生困难家庭扶助机制，深入开展“生育关怀行动”，发挥计生协会的职能作用。县计生协会与龙里恒远生态农业公司合作在冠山街道办事处三合村共建“恒远生态计生合作社”，实施“八月瓜”和“野地瓜”（套种）全生态种植项目，采取“公司 + 基地 + 农户”管理运作模式。该项目吸纳 30 户计生“两户”到合作社务工。

（陈东昌）

龙里县工商业联合会

【概况】 龙里县工商业联合会机关行政编制 3 名，机关工勤人员 1 名。2016 年底实有 6 人；工商联主席由县政协副主席兼任，工商联党组书记由县委统战部部长兼任。2016 年 12 月 19—20 日，县工商业联合会（商会）召开第十一次会员代表大会，除选举 3 名专职副主席外，还选举 15 名非公经济人士当选副主席。2016 年，对接省州民营经济组织职称评审，联合工信局、人社局等部门对 38 人申报的初级职称进行评审。初审上报 21 人到黔南州进行中级职称评审，均获中级职职称证书；上报 29 人到省获高级初审通过，12 人获高级职称。

【五好工商联创建】 自 2015 年启动创建“五好”工商联，实现基层商会全覆盖，县属 12 个商会均配齐班子、建立党组织。2016 年，工商联为县级“五好”工商联验收，进而规范和完善档案资料，查缺补漏，严格按照 81 项指标要求不断推进“五好”工商联创建工作。3 月 15 日，省委统战部、省委督查室、省政府督查室、省工商联组成的督查组赴龙里县对“五好”工商联督查验收，给予验收通过。5 月底，龙里县工商联获全国县级“五好”工商联称号。6 月 17—18 日，《中华工商时报》《民营经济内参》《中国工商》《中国民商》4 家全国性媒体到龙里对县级“五好”工商联创建活动进行专题采访。11 月，在贵州省县级工商联“五好”建设工作推进会上，龙里县因推动“五好”工商联创建工作保障有力，被评为“2016 年十大工作亮点”先进县。

【商会建设】 2016 年，龙里县工商业联合会（商会）召开第十一次会员代表大会，完成换届选举工作。选举产生县工商业联合会（商会）主席1名、副主席18名（其中：3名专职副主席；15名为非公经济企业负责人兼任的副主席），秘书长1名（由1名专职副主席兼任），常委25名，执委75名。

组织浙江商会、冠山街道商会等商会负责人到黔东南州丹寨县开展商会工作交流活动。

推进“五好”工商联建设，新增龙里县红星之家商会，新增56个会员，会员总数达1600个，企业会员360个，会员覆盖园区企业、个体工商户、城镇服务业等。

【非公经济人士理想信念教育】 2016年，龙里县工商业联合会组织召开县工商联第十届执委会第七、八次主席和执委扩大会议，学习习近平总书记在全国政协会议工商联联组会议上的讲话精神，发挥兼职副主席及非公经济副主席引领服务民营经济。

与国税局、地税局联合召开“营改增”新税收政策培训会。5月6日，工商联结合“四进四送”活动要求，邀请贵州哲瀚律师事务所雷云律师到冠山街道和谷脚空港工业园区开展送法入企活动。结合“四进四送”活动要求，联系县检察院、司法局、镇（街道）等部门，深入3个工业园区，开展走访调研、送法入企宣传。

5月20日，与县委非公经济和社会组织党工委联合组织开展“党课讲党史实地体验学”主题活动，组织工商联党支部、冠山商会党支部党员，浙江商会、双龙物流商会、湾滩河商会等直属商会党员代表，离退休党员干部、部分企业代表和入党积极分子共30余人到黎平会议会址、从江县和榕江县重走长征路，通过在黎平会议纪念馆重温入党誓词、赠送党徽，听取纪念馆导游讲解，强化理想信念教育。

5月25日工商联、县检察院领导一行深入到水场园区走访兴谛实业、昆泰纸业、东阳纸业、贵州华佑金属、龙珠泉水厂等一批企业。就企业当前困难提出解决意见，给出解决方案。召开“两长座谈会”，龙山工业园区13家非公有制企业负责人参加座谈会，检察院向参会单位解读《贵州省人民检察院关于充分发挥检察职能保障和促进非公有制经济健康发展的二十条措施》，以及龙里院在服务非公经济体上将采取的手段措施。

组织46人次参加贵州省5期（第34~38期）“优秀企业家成长计划培训班”培训；组织企业负责人参加“贵州省五大新兴产业民营企业负责人传统文化研修班培训”“贵州省工商联年轻一代非公经济人士理想信念教育培训班”培训。5月28日至6月3日，县工商联与县委组织部共同组织47名商会代表、企业负责人等到深圳经理进修学院培训。

通过企业党建、“道德讲堂”、行业企业文化等载体，深入推进贵州恒力源集团有限公司、贵州龙缘盛豆制品有限责任公司，贵州龙里创奇装备制造有限公司等企业文化建设。

7月5日，与相关单位联合开展非公经济人士庆祝中国共产党成立95周年暨黔南州60周年“同心跟党走、共筑中国梦”演讲比赛，25位选手参赛，200余非公有制经济人士出席比赛现场。推荐参加黔南州“同心跟党走、共筑中国梦”演讲比赛龙里县非公经济人士获个人三等奖和龙里县获组织奖。

【光彩事业】 2016年，县工商联共组织商会协会、企业及民间爱心人士等到镇、街道和贫困村开展爱心捐赠、节日慰问和特殊困难群众救助工作10余次，共计帮扶14万元。其中：联系广州冬泳协会到龙山镇前进村大谷小学捐赠图书，为45名学生每人捐赠300元合计1.35万元；为5户贫困户购买800多元的优质米、油；为其他困难群众捐赠2400元及总计1.67万元的资金和粮油物品；到醒狮镇捐赠3.83万元资金和物资，其中：学生120人、每人300元，5户贫困户共800元的米、油和各200元现金，一名大学生500元。“六一”节期间，组织浙江商会、湾滩河商会等基层商会对驻地部分学校微心愿结对帮扶的贫困学生进行节日慰问，湾滩河商会向湾寨小学、六广小学等学校贫困学生送去生活费、书包、笔、文具盒、篮球和本子等学习生活用品，总价值近万元；浙江商会筹集2500元帮扶微心愿结对贫困学生等；县工商联向董下小学捐助慰问金1000元。

【服务经济发展】 与相关单位联合开展“春风行动”招聘行动，共为14家县内外企业开展进场招聘，咨询人数达1000余人（次），380人达成求职意向。

组织非公经济人士外出参观学习，与重庆彭水、四川西充建立友好往来；带县内企业到贵定县、翁安、荔波等工商联及相关企业推荐本县企业及产品。组织8家企业在11月参加全省跨境贸易洽谈会；7月引进澳门商会、日本料理协会、中韩贸易促进会与东方宏基进行电商、贸易洽谈，10月东方宏基公司作为黔南州代表，在龙里县与上述有关商协会签订外商电商贸易合作协议。

（工商联）

军　事

龙里县人民武装部

【概况】　2016年，龙里县人民武装工作聚焦强军目标，突出听党指挥、服从改革、安全稳定三项重点抓落实。抓“两学一做”主题学习教育，“坚决服从改革大局、忠实履行职能使命”“肃清郭徐流毒影响”专题教育和党委中心组理论学习，开展“三严三实”回头看和“省军区系统行业风气专项整治”活动。从严格战备工作、狠抓军事训练、完成国防潜力调查和民兵整组、完成年度征兵工作任务、依法治军从严治军等5个方面按纲抓建、按纲施训。规范后勤保障，持续清理排查武器弹药和燃爆物品，装备日常管理实现“四无、三熟悉、四会”目标。

【思想政治建设】　抓“两学一做”主题教育，以手抄党章一百天、领读串讲、板报宣传解读、领导专题辅导、讨论交流等方式，树牢党员意识、规矩意识。查找剖析党委班子存在的5条和个人存在12条问题，整改落实率达到95%。按照“迅速、全面、彻底”要求，从思想上、组织上、制度上坚决肃清徐才厚、郭伯雄案件恶劣影响。

【军事训练】　首长机关训练完成训练时间57天400小时，突出手枪射击、标图、公文写作等业务技能训练。民兵军事训练完成民兵应急、通信保障等230人基干民兵训练任务，综合成绩合格率为96%以上。1月和4月，集训12名专武部长，检查指导6个镇（街道）开展民兵训练，推进“民兵工作三落实”。民兵应急队伍骨干分队训练与县职中联合办学，队员单独组成1个班，抓好森林防火、抢险救灾等应急行动演练，同时开展计算机、德育、语文等科学文化知识学习。

【民兵整组建设】　摸清全县6个镇（街道）符合条件人员的底数。按照“深化改革、优化编组、细化任务、强化落实”的思路，重点抓“三个一线、五类队伍”建设、管理和使用，持续推进民兵工作转型。

【应急演练】　采取点验和拉练的方式，对所编单位整组工作进行全面普查验收。2016年共完成上级组织的首长机关带分队拉动点验2次，接受上级点验2次，本级组织拉练3次。依据《龙里县重大突发事件总体应急预案》，修订完善龙里县民兵行动方案计划，参加县防汛救灾应急指挥演练。全年共完成森林灭火、洪涝救灾、应急执勤、维稳处突等急难险重任务14次。

【征兵工作】　组织征兵宣传、应征报名、征兵体检、政治考核等工作，完成年度征兵工作任务。在龙里中学开展平时征兵宣传活动，动员应届高中毕业生参加网上预征报名。2016年，圆满完成征兵工作，其中大学生占21%，高中学历占64%，初中学历占15%；1例无责任退兵。

【双拥工作】　以抢险救灾、应急维稳、精准扶贫和植树造林4项工作为参建参治重点。成建制组织民兵投身“绿色龙里建设3年行动计划”，先后10余次在城区和龙山镇中坝村开展植树造林，植树面积700余亩近8万株。持续结对湾滩河镇团结村，建立“一户一档”帮扶台账。2016年共出资13万余元用于扶贫帮困：其中1万元修筑1组村民进村道路；12万余元帮助筹建合作社，购置生猪及鸡苗，为村委会购置文件柜等。在节日和敏感时期，主动与公安机关建立联防联治机制，组织民兵巡逻队走上街道、走进社区巡逻执勤，协助信访、民政部门做好上访人员的教育转化和退役军人的就业创业指导工作。组织“不忘先烈功勋，慰问先烈亲属”等活动，慰问生活困难的先烈亲属与战友家庭。

【安全稳定工作】 坚持每月召开1次安全管理形势分析会，定期开展安全教育，重点加强人员、网络、文电管理，枪弹、车辆的动态掌控和武器仓库等重要目标的安全警戒工作。抓好条令学习，严格作风养成，用正规化促科学管理。建立与县应急、信访、公安等部门信息互通机制，与城区“110”巡逻指挥系统实现同步联通，协助做好涉军信访和应急维稳工作。2016年未发生事故案件，年底县人武部被都匀军分区评为“安全稳定先进单位”。

（崔勇峰）

武警龙里县中队

【概况】 2016年，龙里武警工作始终坚持“听党指挥，能打胜仗，作风优良”的建设宗旨，做党和人民的忠诚卫士，以争创先进中队为目标，着力抓软实力建设，狠抓能力素质提升，扎实抓经常、打基础，强力推进各项工作落实，出色完成以执勤处突为中心的各项工作任务。第二季度被支队评为基层建设先进中队，在三期勤训轮换中，取得综合第五名。

【组织建设】 继续开展“两学一做”活动，建立定期学习、定期检查和定期讲评等制度，开展“手抄党章”“佩戴党徽”“重温入党誓词”活动；严密组织涉郭、徐、周信息清查清理工作。支部班子坚持重大问题集体研究，落实正副书记“末位发言制”。推荐1名考学对象、5名技术学兵、2名预提指挥士官学员、2名党员发展对象及4名改选初级士官。开展各类问卷调查7次，采纳合理化建议20余条，畅通民主渠道。及时改选和补选，组织提出合理化建议20余条，团支部组织活动30余次，武警委员会开展共建活动3次。

【思想建设】 开展“改革来了，你准备好了吗”大讨论，观看《邓小平百万裁军内幕》片，适时开展随机教育引导官兵认清情势，明白事理，统一思想。利用“三个半小时”使官兵正确认识国际国内形势。先后3次对涉周涉徐等信息进行清理排查，共排查各类信息41个。开展“思想大排查、心理大测查”活动，化解官兵思想包袱，共排查转化个别人14人次。开展“创建学习型警营，争当知识型军人”活动，有3名同志在县职校自学大专。开展“好读书、读好书、书好读”活动，县图书馆“流动图书车”进中队，更换图书250册。与县妇联、团委等8家单位达成共建协议，参与县文明卫生城市创建工作。

【执勤工作】 扎实开展执勤警示教育，逐人通过政治考核，确保政治可靠；规范有条件供弹程序和子弹安全箱钥匙的保管。严格落实“三天两覆盖”查勤制度，坚持班每周、中队每月分析一次执勤形势，结合“抓规范、大基础、治隐患、保安全”教育整顿，规范执勤着装、武器携带、用语动作等10个方面。投入6000余元，购买警犬、修建犬舍；先后对可视门、led显示屏、1号哨子弹安全箱、巡视道照明系统进行维修，更换监区反光镜。及时完善战备方案、预案，补充战备用品，完成“两节”“两会”等敏感期的战备工作。此外，严密组织临时勤务，完成“生态文明贵阳国际论坛龙里分论坛”机动备勤和“同一首歌”走进龙里演唱会安保勤务。

【军事训练】 抓新《大纲》学习试训。每周利用2个小时和“五小练兵”等时机，对新《大纲》规定的课目进行试训。抓勤训轮换。二季度，先后有25人分三批参加勤训轮换，重点是射击、攀登、障碍等重难点科目，三期勤训轮换取得综合第五名。抓教练员训练培养。坚持练兵先炼官，以“讲摆研炼”为组训模式，突出编组作业和战术训练；坚持干部亲自任教、组训和随队训练，制定班长骨干担任个科目教员，做到每天有标准，每走有竞赛，每月有考核讲评。

【后勤特色】 每月开支合理，落实双主官联签；在伙食管理上，严格“6211”“1126”伙食标准，落实伙食管理五项制度，征求意见和建议，改善和调剂伙食花样，官兵满意度达90%。因地制宜，种植蔬菜水果10余品种；饲养生猪6头，出栏3头。农副产品收益达1.8万余元。严格规范枪支使用程序，落实枪弹管理制度，无事故发生。坚持每周营区消毒，每月开展卫生和心理健康教育。此外，推进营房搬迁工作，房屋主体建设完工。

（孔令波）

法　治

政府法制工作

【概况】 2016年，龙里县政府依法行政工作围绕《法治政府建设实施纲要（2015—2020年)》，树立创新、协调、绿色、开放、共享发展理念，先行实践、开拓创新，运用法治思维和法治方式引领改革发展，推动民生改善和社会公正，促进法治政府建设进程。

县法制办内设综合科、行政执法监督科、行政复议应诉科。龙里县机构编制委员会办公室2015年4月28日《关于印发龙里县法制研究中心主要职责内设机构和人员编制规定的通知》，设立龙里县法制研究中心，为法制办管理的正股级公益一类事业单位。

【法治政府建设】 为贯彻落实中共中央、国务院印发的《法治政府建设实施纲要（2015—2020年)》（以下简称《纲要》）及省州依法行政工作，按照《纲要》第42点要求落实第一责任人责任，县政府向县委、县人大常委和黔南州人民政府报告2015年度法治政府建设工作情况。出台《龙里县行政机关负责人依法出庭应诉实施意见》，明确“谁主管谁应诉”“谁主办谁出庭”的原则，并对不认真履行第一责任人职责将依法追究主要负责人责任作出规定。是年县政府行政应诉案件16件，负责人依法出庭应诉2件。

【国税治税示范创建】 按照黔南州国家税务局，黔南州人民政府法制办公室《关于开展全州国税系统法治税务示范基地创建活动的通知》，县税务局、县政府法制办联合出台全县创建活动方案，从健全组织保障、加强队伍建设、健全依法决策、规范执法、政务公开、强化行政权力制约和监督、化解税务争议、保障行政相对人的救济权等方面开展创建活动，力争2020年达到全省国税系统法治税务示范基地或全国国税系统法治税务示范基地的目标。

【“放管服”改革】 对“放管服”改革工作进行月调度。龙里县出台《龙里县2016年放管服工作调度方案》，对调度对象即县直机关（含直属单位）、各镇（街道）、全县整体工作涉及的其他对象对照省州总体要求的具体指标和自己制定的放管服改革工作具体方案，具体责任单位、责任人、完成时间、完成进度等进行调度。开展行政许可事项和其他权力事项清理。结束对全县涉及依法实施的（包括承接州级部门委托实施的）行政许可项目和其他权力项目的32家单位清理；出台《龙里县规范行政审批和改进政务服务工作的若干规定（试行)》，明确建立一站式服务制度、首问责任制、一次性告知制、限时办结制和责任追究制。规范三级联审。是年，全县三级联审项目共有19个部门10个大项20个小项，二级联审项目5个部门13个大项6个小项纳入政务服务中心各窗口受理并办理。规范性文件出台，杜绝擅自设立、新增行政审批事项。是年全县出台5件规范性文件。按照《国务院办公厅关于简化优化公共服务流程方便基层群众办事创业的通知》，全县开展公共服务事项梳理规范工作，编制全县公共服务事项目录39项送县政府审定后公布，各有关部门将及时编制服务指南，公共服务事项进驻率达50%。开展镇（街道）政府权责清单编制公布工作。县政府召集五镇一街道及编委办、法制办召开专题会议，要求各乡镇明确1名分管领导和1名工作人员专门负责权责清单编制公布工作；建立乡镇权责清单交流工作群并加以指导。

【依法决策】 推进依法决策。建立健全重大行政决策公众参与、专家论证、风险评估、合法性审查、集体讨论决定等法定程序。对未经合法性审查或经审查不合法的，不得提交决策讨论。按照《贵州省人民政府重大决策程序制度》要求，在做出重大行政决策前，严格执行公开听取意见、专家论证、合法性审查、集体讨论决定等程序。草拟《龙里县人民政府重大行政决策程序制度》。

严格执行规范性文件制定程序。严格执行《龙里县政府规范性文件制定程序和监督管理实施办法》关于规范性文件制定听取意见、合法性审查、集体讨论决定和及时报备的程序要求。在制定《龙里县财政投资项目预算评审及结（决）算审计实施办法（试行）》等规范性文件时，通过召开专题会，征求专家和部门的意见。截至11月，制定规范性文件5件。及时清除制度性障碍。按照《法治政府建设实施纲要（2015—2020年）》和省、州《关于开展规范性文件全面清理工作的通知》工作要求，对2011年至2015年发布的县政府规范性文件全面集中清理工作，涉及38个行政执法部门60份文件，清理结果经第十六届县人民政府第99次常务会议审议通过，并以政府令6号公告在龙里县人民政府网站上公布。

推行政府法律顾问制度。按照第十六届县政府第88次常务会议定安排部署成立全县法律顾问专家组工作，拟建立含县政府聘请的富迪律师事务所（法律顾问）、公职律师以及本县过司法考试、有法律工作经验、熟悉金融法律知识的人员组成法律顾问专家组。是年，县政府法制办及法律顾问累计参加县政府常务会议、专题会议、涉法工作会议计120次，审查各类重大项目合同214件，对15项涉法事务提出意见，办理重大历史遗留案件3件。

【规范行政执法】 制定《龙里县2016年规范行政执法工作方案》。按照《法治政府建设实施纲要（2015—2020年）》和《2016年县政府工作报告工作任务分解表》，出台《龙里县2016年规范行政执法工作方案》。

依法实施行政执法。截至11月，查处违法建设511件，作出行政强制措施决定65件，拆除违建面积60531多平方米；对摊点乱摆、整治跨门槛经营、乱挂晒等各类违章行为共处罚15件。开展食品生产环节、重点品种生产企业质量安全隐患、重点食品“两超一非”、食品标签标识、食品生产加工小作坊等专项整治行动，检查生产企业和小作坊共计113家次，出动执法人员共计306人次，抽检样品共计146批次。开展食品流通环节专项整治，检查经营户共计167家。开展餐饮服务环节专项整治，对学校食堂、夜市、米粉店等进行专项整治，共检查餐饮单位133家次。开展药品药械安全、保健食品、化妆品安全专项整治，检查各类企业635家次。配合黔南州专利执法支队开展检查行动。重点抽检药房和超市，检查小家电、学习用品和玩具等各类商品1500余件，发现涉嫌假冒专利产品、专利标注不规范产品127件。

实行行政执法职责工作报告制度。出台《龙里县2016年行政执法责任制工作方案》，要求各行政执法部门所执行的法律、法规和规章分解落实到相应的股（室、站、所），直至每个执法岗位、执法人员，定人、定岗。开展年度行政执法职责履行情况自查并撰写报告。组织各行政执法部门对履行法律、法规、规章情况进行自查。

行政执法案卷评查。组织各行政执法部门对2015年7月1日至2016年6月30日期间办结的行政许可、行政处罚等行政执法案件，从案卷的事实证据、执法程序、适用依据、量罚幅度、执法情况、文书格式、案卷整理等方面进行综合分析和评查。对照贵州省《2007年度适用一般程序行政处罚案卷评查基本标准》《2007年度适用一般程序行政许可案卷评查基本标准》及有关部门的上级主管部门所制定的《案卷评查基本标准》和《案卷装订办法》开展自查自评。县检查组对执法部门进行抽查，共抽查执法案件50余件，评出优秀执法案卷6件，其中优秀行政许可案卷2件：烟草局办理的《龙里县洗马镇新跃购物中心卷烟零售许可案卷》（龙烟专〔2016〕许决字第69号），国税局办理的《贵州粤茂石化新能源有限公司申请增值税专用发票最高开票限额审批》。优秀行政处罚案卷4件：烟草局办理的郭兴明未在当地烟草专卖批发企业进货处罚案件（2016年度龙烟处第13号），市场监督局办理的贵州省龙里县福临房地产开发有限公司抽奖式有奖销售不正当竞争案和朱某某销售侵犯“立白”注册商标专用权商品案，国税局办理的贵州龙里铭财混凝土有限公司偷税案。

建立行政执法系列制度。按龙里县委《关于全面推进依法治县实施方案》要求，全县各行政执法部门探索建立行政执法全过程记录等行政执法系列制度。明确哪些执法过程必须记录、记录其主体、时限、用途以及归档等内容。建立行政执法投诉举报制度。明确投诉举报的范围、方式、处理程序、办理时限和办结结果反馈等内容。建立重大行政执法决定法制审核制度。明确重大行政执法决定的范围、负责进行法制审核的机构。

建立行政裁量权基准制度。组织各行政执法部门开展细化行政处罚裁量权标准工作，对行政执法条款进行细化、量化，完成《行政处罚裁量权执行标准细化表》。行政强制执行权事项清理。出台《龙里县2016年开展行政强制执行权事项清理工作方案》，严格按照《中华人民共和国行政强制法》的规定，要求行政执法部门对其实施的行政强制职权进行清理，清理意见报县政府审定后向社会公布。经25家单位清理，上报行政强制措施共103项，行政强制执行35项。

行政执法人员资格清理。按照省政府法制办《关于严格自查清理违规持有“贵州省行政执法证”的通知》要求，对全县违规持有“贵州省行政执法证”（2013版）情况再次进行自查清理。全县违规持有“贵州省行政执法证”（2013版）共20人22证，其中合同工1人1证，工作变动不直接从事相关执法工作13人15证，借用人员4人4证，退休2人2证，遗失4人4证。

【行政执法监督】 2016年，出台《龙里县2016年抓法治重规范全面提升依法行政效能督查检查方案》，通过专项检查、行政执法监督检查和依法行政考核监督检查相结合的方式，对各执法部门的行政执法情况进行定期和不定期的检查和考评。对住建局、市场监督局等行政执法部门38家和五镇一街道开展行政执法监督检查活动，对发现的问题提出整改意见，就检查情况进行通报。

【行政争议处理】 落实行政机关负责人出庭应诉制度，建立行政诉讼应诉工作机制，制定《龙里县行政机关负责人依法出庭应诉的实施意见》，对行政机关负责人出庭应诉制度作出了明确规定。依法开展行政诉讼案件应诉工作。截至2016年11月，县政府行政应诉16件，均在法定期限内提交答辩状及相关证据材料，并委托法律顾问依法出庭应诉。依法办理行政复议案件。截至2016年11月，收到行政复议申请12件，已受理11件；经复议提起行政诉讼案件2件。

（法制办）

公　　安

【概况】 2016年，龙里县公安工作围绕打造“最平安中小县城”为主线，建立完善立体化治安防控体系，落实强有力的后勤保障，配备精良装备，坚持和运用大数据，整合各种社会资源和警务资源，打防管控多措并举，实现治安防控体系立体化、社会化的创新升级，维护全县社会大局稳定。

龙里县公安局内设18个机构，2个监管场所，7个派出所，9个中心警务室，专项政法编制200名，在岗政法编制194名，在岗事业编制128名。

2016年，龙里公安工作在全州目标考核连续两年排名第一，全县目标考核一等奖。龙里县公众“安全感”全省第一，“满意度”全省第三，综合排名全省第一。龙里县公安局警务保障室获全省公安机关“210”工程建设成绩突出集体；龙里县公安局获“一号战役”先进集体。

【刑事犯罪侦察】 全县共立刑事案件1038起，破431起（其中年前积案48起），现行破案率达38.69%，刑事发案同比下降11.21%，破案率上升5.90%；其中发生现行命案4起，破获现行命案4起，破案率为100%，破获历年命案2起，抓获历年命案逃犯2人，并先后破获徐明品等人系列盗窃耕牛案、汪绍平系列盗窃摩托车案、田应芳等人系列诈骗案等一批重特大案件。打击处理各类违法犯罪人员493人次，其中刑事拘留316人，取保候审177人，逮捕173人，起诉258人；治安处罚532人次，其中行政拘留297人，罚款212人，警告23人；抓获网上逃犯50人，摧毁各类犯罪团伙29个91人。

【“一号战役”追逃】 自“一号战役”打响以来，龙里公安围绕州公安局“1351”工作思路，以数据引领实战，坚持全警动员、全力以赴、上下联动、所队协作，将传统追逃手段与信息化追逃手段相结合，创新工作模式，创新追逃技战法展开追捕。全年共抓获在逃人员21人（其中潜逃25年的命案逃犯1人、潜逃14年的命案逃犯1人），完成上级下达任务数的71.43%。

【经济犯罪侦察】 2016年共受理经济犯罪类案件22起，涉案价值1500余万元，立案侦查19起，较去年同比下降42.1%，破案22起，较去年同比下降47.6%。抓获犯罪嫌疑人12人，较去年同比下降14.2%，挽回经济损失1245余万元，较去年同比上升24.5%。

【禁毒工作】 2016年共破毒品犯罪案件13起，同比下降53.6%；抓获毒品犯罪嫌疑13人，同比下降60.6%；缴获各类毒品3.63公斤，完成全年缴毒任务的363%，同比增加334.47%；查处吸毒人员228人，查处率68.29%，同比42.5%；送强制隔离戒毒61人，完成全年强戒任务数的58.1%，同比增加35.6%；全县共铲除非法种植罂粟2161株；开展娱乐场所清查50余家次，开展使用易制毒化学品单位（企业）、废弃厂房检查和排查60余家次，未发现易制毒化学品有流入渠道和利用废弃厂房作制毒工厂或窝点。

【网络安全监管】 开展网上阵地情报工作，开展巡查约5600余次。开展天网第三期工程建设，完成全省公路立体化防控平台的建设，以创建“平安城市”、构建“智慧城市”为目标，整合现有城市报警与监控资源，就公安实战应用需求，展开实战应用建设，实现事前的高清化防控、事中的可视化指挥、事后的智能化研判，为应急处突、治安防控、犯罪打击、大型安保、反恐防暴等活动提供实战化建设的探索和借鉴。

【出入境管理】 2016年办理出国出境3147人次，其中办理护照1421人次、办理港澳通行证1284人次、办理大陆证442人次，相比去年同期上升28%，同时接待群众咨询2500余人次。共有境外人员380人次，其中有8名为常住境外人员，2名为台胞，其余372人次为临时住宿的境外人员，相比去年同期上升710%。

【户政管理】 户籍制度改革。龙里县户籍人口23.52万人，流动人口1.29万人，其中城镇人口6.25万人，户籍人口城镇化率为26.58%。2016年迁入学生集体户4056人，公职人员迁入城镇1541人，全县农业转移人口落户城镇4.04万人，流动人口落户城镇1078人，超额完成年度户籍制度改革目标任务。

户口的清理整顿。继续开展入户核对及自查自纠，依法注销重错假户口385个，纠正户口登记项目差错571个，核对常住人口登记表21.6万份，确保全县户口和公民身份号码准确性、唯一性和权威性。

重点人员重新违法犯罪及肇事肇祸精神病人、刑释解教人员管理管控。全年，全县重点人口总数为1653人，重新违法犯罪人数11人，重点人口重新犯罪比例为0.28%；全县共有三级以上肇事肇祸精神病人267人，均全部录入全国重性精神病人管控系统，并指导派出所日常管控工作；全县出监所人员105人，全州刑释解教人员签收率和核实率均达100%，刑释解教解戒人员列管率100%，同比提升20.6个百分点；服刑在教在戒人员撤管率100%，同比提升17.88个百分点。

流动人口管理及居住证试点。全县流动人口总计1.29万人，共办理居住证1.48万人（含部分为因车上牌办证），2016年新登记4198人。定期开展对流动人口和出租房屋的清理专项整治行动，签订流动人口管理责任书登记率达100%、信息准确率达100%，录入率达100%。

【道路交通管理】 打击交通违规违法。共查纠各类交通违法行为7.98万起，其中现场执法5.19万起，非现场执法2.79万起，无证驾驶145起，饮酒驾驶89起，醉酒驾驶26起，超速行驶

6765起，客运超员3起，货运超载84起。

交通事故处理。全年共发交通事故2710起，死亡51人、伤363人，直接经济损失387万元，四项指数与去年比：起数下降9.63%，死亡人数下降7.27%，受伤人数下降9.02%，直接经济损失下降6.07%。

交通道路专项整治。组织辖区客运、危货企业学习7次，检查辖区客运、危货、驾校、检测机构20余次。每月将客运、危货企业的机动车违法、检验、驾驶证审验、换证等信息及时发布，通知企业做好相关业务工作。采取定点查缉、流动检查、错时错位相结合方法，共开展集中专项治理行动120余次，查处各类摩托车违法行为4650余起，暂扣摩托车860余台，打击二轮摩托车无证驾驶、无牌无证上路行驶、酒后驾驶、飙车、超速行驶、超员揽客、不戴安全头盔等重点交通违法行为。将兴龙路、金龙路以及龙山大道设为严管街，作为重点整治路段，对于兴龙路、金龙路和龙山大道上的违停车辆一律取证后录入上网，采取定点执勤与流动式巡逻的方式加以整治，全年共查处车辆违章停放1.97万余起，出动警力4120余人次。

车辆管理业务。2016年全县共有机动车辆6.55万辆，其中小型汽车2.75万辆，大型汽车6辆，低速车269辆，普通摩托车3.64万辆，轻便摩托车1365辆，外籍汽车1辆。共办理业务6.49万起：申领业务8731起，补换证5698起，转移登记1020起，抵押登记2231起，转入业务1286起，车辆年检5891起，其他3871起，互联网个人用户注册1524人。

智能化交通管理平台建设及应用。2016年全县拥有机动车6.55万辆，机动车驾驶人6.55万余人，全县等级道路总里程1900余公里。龙里县围绕州公安局“1351”工作模式和本县“14654”工作思路，依托天网二期工程建设，将91个探头全部接入县公安局交警大队指挥中心，打造智能化交通管理平台，对辖区道路实现全时空、全方位覆盖，实现道路交通、警力分布、执法规范可视化调度，同时交通智能平台具有交通数据采集分析、交通信息发布、违法取证监测、智能化预警和交通信号一键式管控等五个功能，对全县11组红绿灯实现了远端控制。

【执法规范化建设】 加强执法监督。2016年办理行政案件2128起，办结1665起，拘留（含拘留并处罚款）239人；行政罚款202人；治安调解1178起；刑事案件1038起，破案431起。刑事拘留316人，取保候审177人，监视居住5人，提请人民检察院批准逮捕211人，批准逮捕166人，移送审查起诉232人。检察机关作存疑不诉3起。针对存疑不诉案件，按照上级公安机关要求，已责令办案部门作出书面说明和检讨。完善执法质量考评机制。每周对各执法办案部门实行个案考评，并将个案考评结果纳入县公安局目标考核分并督导整改，对整改落实情况进行复查，同时，每季度从执法部门办理的行政、刑事案件中评比出“精品案件”“最差案件”各1件，认真剖析执法中存在的问题和好的执法经验推广全局。落实信访工作机制。2016年，接法制信访部门民心热线转交各类信访事项22起，接访后及时反馈给相关执法所队开展走访、调查和核实，将核实处理情况形成书面材料在规定时限范围内向信访人员作出书面答复；接上级公安机关、县信访联席转办、县局领导交办信访事项24起，与相关执法部门进行调查核实后书面答复24起，成功化解信访事项5起。

【一村一警务助理】 全县原154个行政村配备154名驻村警务助理，确保“村村有警、时时见警”，群众“话有地方说，事有地方办，困难有人帮，问题有人管”。警务助理在协助公安机关维护社会治安秩序、采集基础信息、农村治安防控和服务群众等方面发挥作用。2016年，全县154名驻村警务助理共采集人口基础信息3.05万条，走访1.87万次，收集情报信息508条；排查化解矛盾纠纷2138起，开展道路交通检查4200余次，开展巡逻防控3200余次，发放宣传资料1.23万份，协助公安机关抓获犯罪嫌疑人34人，服务群众1.06万余人次。

【“平安龙里”建设】 打造立体化社会治安防控体系。依托350兆数字集群系统实战指挥平台，实现扁平化、可视化、点对点指挥调度。整合警力布控巡防，减少防控死角和盲区，提升社会面动态控制能力布控巡防警力。组建以平安志愿者、交通协管员、街道社区干部等社会力量组成的“红袖标”、治安守望点等义务专兼职巡防队伍，协同社区民警、一村一警务助理联合对辖区主要街道、重要路段等区域进行治安巡逻防范，达到“红袖标”与专业巡防队“互为对接、相辅相成”的整体效应。依托“警务助理”驻村警务平台，发挥全县154名驻村警务助理“人熟、地熟、情况熟”等优势，因地制宜，采取群防群治、规范村规民约、开展布依山歌、民族舞蹈等群众喜闻乐见方式，宣传、落实“人防、物防、技防”等措施，围绕影响社会稳定的重点问题、领域、群体、矛盾纠纷进行滚动排查、跟踪化解，织密、夯实农村社会治安防控网。同时城乡社区采取网格化管理模式，整合发挥社会资源，连接千家万户，形成以点带面，以面连片的安全网格化模式，以“城乡连片、社区连片、村寨连片”促进全县社会平安稳定和谐。全县共建立技防平安小区11个、平安园区2个、平安医院2家，平安村寨4个。结合“天网工程”三期建设，推进单位行业场所治安管理信息系统建设，将重点行业场所、重点地区、水电气、危爆物品等社会公共安全纳入监控范围。狠抓防控主体责任的落实，构建人防、物防、技防、制度防“四位一体”的重点领域治安防控网。加强网络技术手段建设、信息网络现实化管理、网上舆情监控等手段，紧扣网上网下两个战场，按照“虚拟经营实体化，实体管控虚拟化”的总体思路，强力推进信息网络防控网建设。围绕重点人员、重点物品、重点行业三大治安管控要素，完善机制，整合力量，纵深推进，织密源头安全防控网。一方面以“门楼牌编制”工作为契机，加强流动人口管理，健全完善滚动排查、积分预警、分类管控等机制，切实掌握各类重点人员基本情况和吃住行消乐等动态信息，做到“静知落点、动知轨迹、行知方向”；另一方面着重管好枪支弹药、民爆物品、烟花爆竹、剧毒化学品、放射性物品、管制刀具等涉枪涉爆涉毒危险物品，着重管好散装汽油、酒精、可燃气体及硫磺等易制爆危险物品，加强物流、寄递、网购等新兴行业安全监管，建立健全实名登记、收寄验视、过X光机、可疑情况报告等安全管理制度。

健全社会治安立体化和信息化防控体系。依托实战指挥平台地理系统、无线对讲、天网视频，运用可视化扁平化指挥、图上调度、合成化作战、梯次增援运转模式，不断深化犯罪实时控制三级架构和网格化布警、合成化接警、专业化处置“135”工作机制。全年利用“天网”及时破获刑事案件214起，查处治安案件81起、抓获违法犯罪嫌疑人116名、提供查询300余次、挽回群众经济损失40余万元，破案率同比上升6.3%。公路立体化防控体系建设试点，智能指挥平台建成使用。龙里作为全省公路立体化防控体系建设试点县，项目已全部建成。在贵龙达大道和城区已部署63台阵控机器人，交警智能指挥平台投入使用。全年共查处机动车违反禁令标志9413条、妨碍其他车辆及行人通行12.57万条、压线80.07万条、机动车违法逆向行驶10.27万条、机动车违反交通信号灯5.12万条。同时，利用公路立体化防控云平台，破获案件5起，查获涉案、违法车辆136辆（其中，查处涉毒车辆77辆，抓获在逃人员9人，其他50余起）。社会资源平台建成并投入使用。社会资源平台接入内保单位、特行场所、客运车站、平安小区等多个视频资源，录入重点人员、吸毒人员、网上逃犯、通缉令逃犯等多个公安内部违法信息数据，对相关功能数据予以挖掘利用。通过平台实战，行业场所刑事治安案件相比去年同期下降130%，精准落地核实长期不在管控视线重点人员18名，精准落地查处违法吸毒人员12名，成功预警布控抓获网上在逃人员5名，主动巡查查处旅店业不如实登记13起，成功化解讨薪非正常上访事件4起，快捷方便为群众找回丢失财物6起，有效组织和实施大型活动安保维稳活动预案演练6次。

加强舆论引导。利用各类资源，及时指导防范不到位的单位和居民住宅小区，督促企事业单位和社区落实安全防范职责、提高自我防范能力。建立社会治安状况预报平台。在加强警情研判基础上，梳理出与群众日常生活息息相关的违法犯罪趋势，提出防范建议。通过“平安龙里”微信公众号、微博等定期向群众宣传安全防范常识，以提升群众自我防范意识。强化警媒联合宣传。县公安局指挥中心宣传科与传统媒体和新兴媒体对接，实现“警媒联姻”，借媒体“口”为公安“说话”，借媒体“权威”引导舆情走向，做到“广播有声音、电视有节目、报纸有文章、网络有内容”，弘扬主旋律，传播正能量。

（李雪丽）

龙里县公安消防大队

【概况】 龙里县消防工作坚持以“听党指挥、能打胜仗、作风优良”总要求为指引，以巩固和提高部队的战斗力为目标，紧扣龙里社会经济发展，突出消防安全主线，发挥消防职能作用。开展全县的防火监督、建设工程消防设计备案、建设工程竣工验收消防备案、公众聚集场所营业前消防安全检查、消防知识宣传培训、火灾事故调查和部队管理等工作，担负辖区内的灭火救援、社会救助等任务。2016 年，接出警 60 起，出动车辆 84 辆（次），出动警力 495 人（次），挽回经济损失 376.9 万元，抢救被困人员 42 人，疏散被困人员 256 人，全县共发生火灾 9 起，无伤亡，直接财产损失 24.59 万元，无重特大火灾事故的发生。

消防大队现有人员 41 人，其中现役官兵 31 人，合同制文员 3 人，专职消防员 5 人，消防文员 2 人，其中专职消防队员和消防文员为县政府事业编制。各类消防车 10 辆，其中行政车 1 辆、指挥车 1 辆、化学洗消消防车 1 辆，32 米登高平台消防车 1 辆、城市主战车 1 辆、抢险救援车 1 辆、水罐消防车 4 辆。

2016 年县委县政府把消防工作列入重要议事日程，与当地经济社会发展各项工作同研究、同部署。组织消防安全委员会成员单位、重点单位，召开消防工作联席会议 4 次，安排部署全县夏季消防检查工作，下发《龙里县 2016 年夏季消防检查工作方案》。11 月召开今冬明春火灾防控工作部署会暨第四季度消防工作联席会。县人民政府分管领导出席会议并作重要讲话，并代表政府与各成员单位签订《2016 年今冬明春火灾防控工作责任书》，将消防工作纳入县目标绩效管理考核。

【重大活动安全保卫】 2016 年“两节”“两会”、生态文明国际论坛、“G20”杭州峰会期间，对各类社会单位开展分析评估，制定检查计划，实行隐患排查“日报告”制度，共报送“日报告”91 份。联合治安、文旅等部门开展消防安全夜查 8 次，与各部门开展涉会场所联合检查 7 次。生态文明国际论坛期间，大队组织开展社会场所火灾隐患排查 14 次，其中夜查 5 次。“G20”杭州峰会期间大队组织开展涉会场所消防安全检查 36 次，其中夜查 3 次，联合检查 5 次。

【火灾防控工作】 2016 年，先后部署开展“今冬明春”火灾隐患排查专项整治、夏季消防安全检查、人员密集场所消防安全专项整治、消防安全大排查大整治活动等专项行动，完成“两节”“两会”“数博会”、生态文明论坛等消防安全保卫工作。共检查社会单位 1663 家，发现火灾隐患 3059 处，下发《责令改正通知书》1254 份，下发《行政处罚决定书》67 份，下发《临时查封决定书》12 份，责令“三停”单位 11 家，罚款 35.22 万元，拘留 7 人，辖区内未发生一起亡人火灾。

【消防宣传】 学校消防宣传。制定消防宣传计划，在各中小学、幼儿园开展“我是小小消防员”校园征文、绘画活动，并将优秀作品选报州消防支队。按照有课时、有教材、有师资的要求，开展了消防宣传进军训等活动。农村消防宣传。对辖区村警、消防宣传志愿者、农村小网格管理员消防工作开展情况进行考评。根据考评成绩，将龙山镇坝上村消防志愿者王德平评选为龙山镇龙山社区消防大使，通过树立典型，促进农村地区消防宣传工作开展。媒体宣传。设立微博账户 1 个，现有粉丝 637 人；设立微信公众号 1 个，现有关注人数 7490 人。每日发布 5 条微博，推送 1 条公众号文章，为群众宣传消防安全常识，实现消防安全宣传“大范围、多角度、全时段”覆盖。全年共发布微博 1660 条，推送微信公众号文章 332 篇。与县电视台签订协议，通过设立宣传板块、定期开展消防宣传报道等形式，拓宽消防宣传渠道。社会消防宣传。消防部门联合安监、文旅、交通、治安等部门，以“119”活动宣传日、安全生产月等活动为契机，利用赶场天、周末节假日开展户外消防宣传活动 4 次，惠及人员密集场所、公众娱乐场所、工业园区企业单位职工、群众6000余人，发放资料1.5万余份。消防培训。辖区设有消防控制室的重点单位30家，按照总队消防行业特有工种职业技能从业人员培训计划，组织各单位人员参加培训，人员持证上岗率为70%。

【军事训练】 2016年，龙里消防开展六熟悉96次，参加支队片区比武2次，参加政府组织大型演练2次，参加支队组织的跨区演练2次。根据《公安消防部队灭火救援业务训练与考核大纲》要求，完成日常训练144天，队列训练48天，两辆水罐车出三支水枪操、400米物资疏散操、举高喷射消防车喷射灭火剂操等432课时。

【队伍建设】 2016年，大队党委被州消防支队被评为"先进大队党委班子"，大队被评为目标绩效考评先进大队、执法质量先进单位，大队长旷朝辉、教导员张军被评为一对好主官，大队正连职参谋谢忠云被评为执法先进个人，中队副队长王守禄被评为优秀指挥员，下士吴飞被评为训练标兵，下士肖杨闵、上等兵朱江被评为优秀士兵，下士熊武万被评为标兵班长，上士李建获个人三等功、大队参谋陈祉润、中队下士熊武万、上等兵付广俊获嘉奖。

【消防战例】 2016年1月14日18时16分，龙里县公安消防大队119值班室接到报警："龙里县教师新村一居民楼4楼着火，无人员被困，请消防官兵迅速前往救援"。接警后，龙里县消防大队出动消防车3台，官兵14名赶赴现场实施处置，大队全勤指挥部遂行出动。18时27分到达现场，着火层位于居民楼第4层，无人员被困。随即，战斗组携带空呼器，沿楼层单干线出两支水枪实施内攻灭火，警戒组与现场民警做好警戒工作，供水组负责就近寻找消火栓，为主战车进行供水。由于房屋存放多为木料，且楼道狭小。战斗组采取两支水枪交替进攻战术进行灭火。于19时02分，火势得到控制。19时15分，大火被彻底扑灭。

2016年3月27日9时04分，龙里县公安消防大队119值班室接到报警："位于厦蓉高速贵阳往龙里方向陡坡脚隧道入口处发生一起4车连环相撞事故，有2名人员被困，其中一辆为满载酒精的危化品车辆，该车辆因受猛烈撞击，罐体受损，酒精正不断往外泄露"。龙里大队迅速出动1个泡沫灭火编队、1个抢险救援编队（4车13人）赶赴现场实施处置，大队全勤指挥部遂行出动。赶赴现场途中，接到高速交警电话告知，2名被困人员被成功救出。9时22分，龙里大队救援力量到达现场，经侦查发现一辆货车侧翻在隧道口，将隧道口完全封死，一辆承载40名乘客的大巴车停在隧道口5米处，一辆危险化学品车辆停放在客车之后，车辆储存罐的酒精正在往外泄露，一辆货车追尾在危化品车辆尾部，左侧路上侧翻一辆中小型货车。警戒组同高速交警部门做好现场警戒，疏散组立即对大客车上的40名乘客疏散到安全地带，战斗组利用泡沫发生器对泄露车辆周边进行泡沫覆盖。9时52分，泡沫覆盖完毕，高速交警部门对追尾车辆进行脱离，转移至安全地带。10时55分，成功将危化品车辆脱离。由于现场酒精浓度较大，现场救援官兵用开花水枪对事故现场地面进行冲洗，稀释泄露酒精。侧翻在隧道口的货车所载物品为烟花爆竹，经现场指挥部商议决策，由消防官兵架设移动水炮阵地进行掩护，由交警、路政部门联系专业车辆对烟花爆竹实施转运。13时50分成功将烟花爆竹转移。

2016年8月29日20时15分龙里县公安消防大队119值班室接到报警："位于厦蓉高速贵阳往都匀方向九条龙隧道内发生一起货车燃烧事故"。接到调度后，龙里中队迅速出动泡沫水罐消防车1辆、水罐消防车1辆、官兵12名赶赴现场处置，随后大队全勤指挥部出动。21时40分到达现场，由于现场涌入许多车辆占据消防车直通事故地点的道路，在高速交警的疏通下，消防车经过火情侦查。于22时36分从另一隧道逆行绕至上风向事故地点。发现一辆货车车头有明火，指挥员下令出一主干线一支水枪进行火势扑救。火势于22时40分得到控制，22时45分火势熄灭。随后，再次用泡沫对货车车队进行降温冷却。于23时04分处置完毕。

（罗　扬）

检　察

【概况】 2016 年，龙里县人民检察机关围绕龙里经济社会发展大局，主动服务和保障经济社会新常态，以执法办案为中心，依法履行法律监督职责，严格规范司法行为，加强队伍建设，检察工作保持良好发展态势，各项工作取得新成效。

检察院在职干警 59 名，其中政法专项编制 44 名，机关工勤 2 名，事业编制 8 名，临聘司法辅助人员 5 名。司法改革后，核定内设职能机构 8 个。内设机构：反贪污贿赂局（预防职务犯罪工作委员会办公室）、公诉部、刑事检察部（举报中心）、民事行政检察部、案件管理办公室（检察委员会办公室）。综合管理类机构：办公室、政工部、信息技术部。纪检监察机构、机关党委组织按照有关规定设置。

2016 年，被省检察院评为“全省第三批基层检察院建设‘4+1’工程先进院”。

【刑事检察】 2016 年共受理审查逮捕案件 190 件 265 人，审结 189 件 262 人，批准逮捕 107 件 147 人，不批准逮捕 82 件 115 人；受理各类移送审查起诉案件 220 件 287 人，审结 191 件 242 人，提起公诉 162 件 208 人，不起诉 28 件 33 人（其中相对不起诉 24 件 27 人，存疑不起诉 4 件 6 人），未成年人附条件不起诉 1 件 1 人。

【反贪污贿赂和反渎职侵权】 建立“大自侦”工作格局、整合办案资源、规范线索评估，重点开展清查民生资金专项活动，集中严肃查办一批危害民生资金安全、影响民生政策落实的职务犯罪案件。全年立案查处贪污贿赂职务犯罪案件 12 件 12 人，均涉及民生资金，其中，行贿案件 1 件 1 人，受贿案件 4 件 4 人，贪污案件 5 件 5 人，渎职案件 2 件 2 人。在立案侦查的案件中，大案 8 件 8 人，为国家和集体挽回经济损失 100 余万元。

【预防职务犯罪】 全年开展行贿犯罪档案查询工作 720 次；开展预防咨询 15 次；上警示教育课 7 次；接待参观警示教育基地 26 次；开展“三联四送”“龙里县人民检察院服务非公经济发展座谈会”为主题检察长董事长“两长座谈会” 2 次；开展预防宣传 60 次，发放法律宣传资料 4200 余份；发送预防信息 53 期，受众 1000 余名领导干部；发出检察建议 6 份，涉及涉案单位追缴涉案款项 40.5 万元。开展预防调查 3 次，开展案例分析 3 次，撰写预防报告 6 篇，其中《2015 年度惩治和预防职务犯罪年度报告》得到县委书记刘华龙批示：“报告写得很好，提交下次县委常委会通报”，并经县纪委行文批转全县各镇（街道）和部门组织学习，报告的措施和建议纳入县委党风廉政总体部署和考虑。

【诉讼监督】 全年书面纠正公安机关侦查活动违法案件 3 件，纠正公安机关漏捕 16 人。受理承办不服民事裁判申诉案 4 件，其中 1 件为本院受理，3 件为州院交办，都作不支持监督申请的决定；办理民事执行监督案件 1 起；对 10 余件不符合民事申诉条件的案件，根据案件事实对申诉人进行释法说理，使申诉人息诉罢访。

【监所检察】 2016 年，在刑罚执行和监管活动监督中，驻所检察 220 天，对监管场所进行安全检查 38 次，发出检察建议 2 份，通过派驻检察联络室和新开通的“司法 E 通”社区矫正管理系统，对监外执行（社区矫正）人员进行监督管理。开展“集中清理判处实刑罪犯未执行刑罚专项活动”，加强交付刑事执行检察监督，将 110 名余刑超过三个月以上的罪犯监督投送监狱服刑。积极对被判处财产刑人员 92 名开展财产刑专项检察工作。开展对在押人员的羁押必要性审查，建议对其改变强制措施，经建议，办案单位已对 6 名在押人员变更强制措施。

【民事行政（生态）检察】 继续开展“生态环境专项保护行动”“依法打击破坏生态环境违法犯罪专项行动”，与环保、国土、林业等部门联合开展“六个一律”环保利剑执法专项行动、环保执法“风暴”专项行动和“六个严禁”森林保护执法专项行动，打击和遏制破坏全县生态环境资源的违法犯罪行为。2016 年共受理提请审查逮捕盗伐、滥伐林木、非法采矿、非法占用农用地案件 19 件 33 人、决定批准逮捕 12 件 17 人，不批准逮捕 7 件 16 人；共受理盗伐、滥伐林木、非法采矿、非法占用农用地审查起诉案件共 18 件 34 人，移送县人民法院起诉 9 件 14 人。就龙里县城水源地二级保护区简坝至下国翁生态破坏事件，向林业环保、国土等部门发出督促履职检察建议 10 份。针对相关违法犯罪相对人的违法犯罪情况向有关办案部门发出补植复绿检察建议 3 件，完成补植苗木 1199 株，补植面积 13.36 亩。此外，召开生态环保联席会议 2 次。

【控告申诉】 2016 年共受理群众来信来访件 37 件（次），其中来访 21 件（次），来信 14 件（次），12309 信息平台 2 件。在受理的来信来访中，举报线索 14 件，属于本院管辖 12 件，非本院管辖 2 件，其中移送反贪污贿赂局处理 9 件（次），移送反渎职侵权部门 3 件（次），由控申部门初核 2 件（次），初核结案 1 件，移送反贪 1 件；群众来信 14 件（次），其中移送侦查监督部门 2 件（次），移送纪检监察 3 件（次），直接答复件 9（次）。受理刑事申诉案件 1 件。受理民事申诉案件 1 件并转民行科办理。

【案件管理】 2016 年公开案件信息 511 件，重大信息发布 12 件，法律文书 180 份。共接待律师阅卷 34 次，律师辩护代理预约 18 件。采取网上网下相结合的方式对 253 件案件进行评查，其中网上评查案件 36 件，网下评查案件 217 件。

（顾志国）

法 院

【概况】 2016 年，龙里县审判机关围绕“让人民群众在每一个司法案件中都感受到公平正义”的目标，以“审判执行质效提升年”活动为契机，抓住司法为民、公正司法，忠实履行宪法和法律赋予的职责，着力提升群众满意度，提升审判执行质效。

龙里县法院机构内设：刑事审判团队、民商事审判团队、行政审判团队、综合审判团队、执行审判团队、司法行政团队、纪检监察、法警队。单位核定编制 69 人，事业编制 14 人，工勤编制 4 人。除 2 人抽调外，其余人员均实际在岗。

全年共受理各类案件 2795 件，审结 2729 件，结案率 97.64%，法定审限内结案率 100%，无超审限案件。

【刑事审判】 恪守刑事审判罪刑法定、疑罪从无的原则，严厉打击故意杀人、伤害、抢劫、盗窃、贪贿、非法集资、危险驾驶等刑事犯罪。2016 年，刑事案件收案 218 件，结案 217 件，结案率 99.54%，与去年同期相比收案上升 18.48%，结案上升 45.64%，结案率上升 18.56 个百分点。

【民商事审判】 全年民商事案件收案 1654 件，结案 1620 件，结案率 97.94%，与去年同期相比收案上升 14.70%，结案上升 19.12%，结案率上升 3.63 个百分点。

【行政审判】 全年共受理行政案件 154 件（去年旧存 19 件），其中行政诉讼案件共计 152 件，非诉行政执行案件 2 件，已审结案件 147 件（其中非诉行政执行案件 2 件），结案率 95.46%。已结的 145 件行政诉讼案件中，行政机关败诉 81 件，败诉率 55.86%。实际已开庭案件 123 件，行政机关负责人出庭应诉案件 58 件，行政机关负责人出庭应诉率 47.15%。针对所管辖的四县行政案件，共发出司法建议 13 份，共收到反馈 10 份。

【审判监督】 加强对重大案件的监督和指导，对辖区内影响较大、社会关注度较高的申请再审案件，坚持严格依法纠错，对确实存在司法不公的案件，依法裁定再审。探索和创新审判监督纠错机制，建立和完善平等保护、调判结合、依法改判、利益平衡、上下联动、提速增效、依法接受监督和效果延伸等八项审判监督纠错机制。全年共审结再审案件 2 件，审结二审发回重审案件 25 件。

【审判执行】 全年共受理执行案件706件，其中旧存案件70件，结案680件，未结26件，结案率为96.32%。申请执行标的9503.14万元，已结案件执行标的为7236.5万元。执行到位标的为4157.33万元，其中自动履行执行到位标的为504.92万元，强制执行到位标的为2636.5万元，终结本次执行程序执行到位标的为1015.91万元。已结案件中，自动履行完毕166件，强制执行完毕80件，终结本次执行程序履行完毕429件（和解102件、终结执行38件），委托执行2件，采取保全措施案件5件，裁定驳回申请或不予执行2件。用足强制措施，2016年共计对27人采取拘留措施，罚款7人次（包括自然人和法人）共24.4万元，共将421名自然人和企业纳入失信人员名单。执行案件信息录入率100%。涉执行信访案件息访率100%，全年无执行积案，无上访造和重大责任事故发生。

【审判质量效率】 全年共受理各类案件2795件，其中旧存207件，结2729件，结案率97.64%。同比受案上升23.13%，结案上升32.28%，结案率上升6.76个百分点。未结66件，与去年同比减少141件。其中，院机关收案2288件，结案2226件，未结62件，结案率97.29%；人民法庭收案507件，结案503件，未结4件，结案率99.21%。

在受理的各类案件中，占比最大的是民商事案件58.75%（其中婚姻家庭案件、合同案件、权属侵权案件分别占比14.20%、32.27%、12.28%），其次是执行案件27%，再是刑事案件8%，最后是行政案件6.25%。

全年适用普通程序审结案502件，陪审员参审401件，案件陪审率79.88%，位居全州第三。

全年判决结案907件，上诉252件，上诉改判23件，发回重审25件，改判发回重审率2.67%，位居全州第三。

生效案件1933件，本院再审改判案件1件，生效案件改判发回重审率0.218‰，本院达标。

全年简易程序结案数1431件，简易程序适用率80.57%，本院达标。

诉讼案件结案数1935件，当庭裁判599件，当庭裁判率30.96%，本院达标。

民事结案数1559件，民事一审案件调解撤诉结案数895件，民事案件调撤率57.41%，本院达标。

全年结案数1933件，上诉案件257件。服判息诉率86.70%，本院达标。

全年执行案件结案数703件，执行完毕案件数249件，保全完毕案件数14件。实际执行率37.41%。

全年执行案件结案数（到位率）548件，执行到位指数（非执恢案件到位率总和）193.93，执行到位指数（执恢案件到位率总和）36.00。执行标的到位率41.96%。

裁判自动履行率83.20%，指标区间（60—70），本院超过指标区间最高值。

全年生效案件数1628件，生效裁判文书上网数782件，法定不应上网裁判文书（调解、涉及隐私、涉及未成年人等）846件，生效裁判文书上网率100%，本院达标。

【司法改革】 完成员额法官的选拔与审判团队的组建，实行扁平化管理。全院共选拔任命19名员额法官，组建10个团队。龙里法院管辖贵定、惠水、长顺、罗甸等四县的一审行政案件，跨区域管辖、审理案件，减少行政干预，强化对依法行政的司法监督职能，当事人的诉讼权利得到有效保障。深化立案登记制改革，确保有案必立，有诉必理。将原谷脚、洗马两个法庭设置为第一人民法庭，湾寨法庭设置为第二人民法庭。

【信息化建设】 2016年投入460余万元推动法院文化建设，建成安防监控、诉讼服务中心、执行指挥中心、9个高清科技法庭、触摸屏查询及自助立案、远程视频接访等覆盖全面、功能完善的信息化系统。通过办公OA系统、高清科技法庭、办案系统、庭审系统、巡回审判法庭直播系统等的全面运用，实现法院办公自动化、审判流程、裁判文书、执行流程公开。强力打造“全面覆盖、移动互联、跨界融合、深度应用、透明便民、安全可控”的阳光法院、智能法院。

【社会管理创新】 探索网上立案“全天候”、信息服务“全空间”、共享平台“多角色”、功能集中“一站式”的“时·空·人·

事”四维服务模式，打通诉讼便民“最后一公里”。全年查询案件办理、司法公开等便民服务501次，提供非诉讼法律服务341次，化解矛盾纠纷135起，通过POS机为来访当事人缴费100余次。

通过向县四家班子汇报、报告工作，邀请人大代表、政协委员到院视察、调研，走访代表、委员及干部群众征求意见建议，邀请代表、委员及公众代表旁听案件庭审，邀请检察长列席审委会等形式主动接受监督。是年，向人大常委会报告工作2次，向四家班子汇报工作15次，走访代表、委员2次征集意见和建议6条并梳理回复，接待人大代表、政协委员到院视察工作3次、旁听案件30件596人次，邀请人民陪审员陪审案件259件265人次，邀请各界人士列席审委会7次，召开座谈会2次。

【信访工作】 2016年，共接待来访2690件，2945人次，其中领导接访44件，群体访4件（均系“汇信行”信访案件中的被集资人）受理涉法涉诉信访案件16件，其中县信访局转交办的案件12件，龙里县政府转交办1件，龙里县纪委转交办1件，黔南州中级人民法院交办1件，我院受理的1件。16件涉法涉诉案件已经办理的11件，报结案1件，有3件信访案件在化解阶段。根据龙里县信访联席办2016年报送的龙信联发《关于集中交办县级领导包案督导化解矛盾纠纷和信访问题的通知》，涉及龙里县人民法院的信访案件是周丽信访案和“汇信行”信访案件，吴某某医疗纠纷案和岑某某信访案件（2016年11月11日已撤诉）。另彭某某家庭纠纷案件系黔南州中级人民法院转交办。

（兰文福　罗朝君）

司法行政

【概况】 2016年，龙里县司法行政工作围绕全县经济社会发展大局，致力于提高法律服务水平，加强作风效能建设，坚持弘扬和践行新时期龙里精神，扎实开展各项工作，发挥司法行政职能作用，助推龙里法治建设。

龙里县司法局设内设机构：政工科（办公室）（副科级），法制宣传科，基层工作管理科，律师公证及法律援助工作管理科（龙里县公证处、龙里县法律援助中心），社区矫正科（安置帮教工作管理科、龙里县社区矫正执法大队），行政编制29人，行政工勤2人，事业编制10人。镇（街道）设置司法所为县司法局派出机构：冠山司法所、龙山司法所、谷脚司法所、醒狮司法所、洗马司法所、湾滩河司法所。

是年，龙里县普法办被中共中央宣部、中华人民共和国司法部评为“2011—2015年全国法制宣传教育先进普法办公室”；黔南州精神文明建设委员会认定龙里县司法局为“黔南州2014—2015年届文明单位”，认定龙里县司法局冠山司法所被为“黔南州2014—2015年届文明窗口”。

【依法治县】 继续开展“六五”普法工作。利用宣传月、宣传周和纪念日在群众中广泛开展法制宣传教育以及“提升人民群众安全感和满意度”工作，宣传内容涉及《国防教育法》《道路交通安全法》《消费者权益保护法》《劳动合同法》《禁毒法》《妇女权益保障法》《食品安全法》《消防法》和《物权法》等法律法规；围绕机关、学校、企业、单位、新农村建设等，深化法律“七进”活动，以法律宣传、法律课堂、法律咨询台等方式，全方位、多层次的开展普法送法活动；针对部分村寨“高彩礼”现象、校园安全等有针对性地开展法律宣传。全年共开展普法宣传教育40次，法律“七进”47次，组织法律法规知识竞赛1次，制作法制宣传展板19块，累计发放宣传书籍及宣传资料共2万余份，为群众提供咨询2000余人次；开展法制课堂12期；开展“入企送法”提供法律咨询236次，提出合同审查建议28次，为企业代挽回经济损失140余万元。免费为10家企业担任法律顾问。

【“六五”普法验收】 组织验收“六五”普法工作，由县四家班子分管联系领导牵头组成验收组，到各镇（街道）和重点部门单位（企业）实地检查并完成验收和总结。

【法治文化建设】 开辟电视主题报道及专

栏节目。围绕司法行政工作重点、难点、热点问题，实时策划《破解百姓信访难题》《法律援助》《刑释人员帮教》等系列有较强影响力的主题报道。在全国60套数字电视节目以电视邮件、飞字等方式广泛宣传社会主义法治基本理念和司法行政工作职能。在县广播电台开设《司法行政之声》节目，每月2期，每期时长约5到8分钟，以“重在讲法、服务百姓”为宗旨，司法工作人员或律师作客演播室，并在节目中插播普法山歌和法律小常识。在电视黄金时段连续滚动播放普法公益广告，公布法律援助热线、驰援律师事务所联系方式，提高法制宣传教育的覆盖面和影响力，提升法律援助热线知晓率。在“龙城视界”微信平台上发布普法微信、法律条文以及司法工作动态。与移动、电信公司联系，在局机关办公室的座机和全局干部职工的手机上开通使用龙里县司法行政工作服务职能宣传彩铃，将普法融入工作细节中。

【公证和法律服务管理】 修订《龙里县司法局法律服务管理办法（暂行）》，规范公证、律师服务。全年共办理各类案件253件，其中民事案件204件，刑事案件46件，行政代理3件。公证工作严格按申请、受理、审查、出证、归档的程序操作，以事实为根据，独立客观公正。同时配合全县中心工作开展各项公证业务。全年共办理各类公证业务215件，其中经济案件45件，民事案件170件。

【法律援助】 对低收入人群、下岗失业人员、农民工、残疾人、零就业家庭、未成年人等群体实施法律援助。全年共办理法律援助案件342件，同比增长8.6%，解答群众法律咨询470余人次。配合县委、县政府的中心工作开展各项公证业务，结合实情上门公证服务。2016年，辖区内律师共办理案件289件，同比增长15%；龙里县公证处办理公证案件248件，同比增长18%。

【人民调解】 加大对行业调委会的组建，在各行业主管部门设立交通事故、医疗纠纷、消费争议等18个专业人民调解委员会，并要求相应建立专家人才库。认真落实县级领导包办信访案件的化解稳控工作任务，开展矛盾纠纷排查。全县共有各级调解委员会197个、人民调解员1048名。全年全县各级调解组织共计调解矛盾纠纷1696件，调处成功1677件，成功率为98.88%。

【多元化解调处中心】 根据《龙里县健全矛盾纠纷多元化解机制的实施方案》《行业性、专业性人民调解委员会建设任务分解》《多元化解诉调对接工作实施办法》和《人民调解员工作补贴奖励资金管理暂行办法》等文件，成立由县委副书记担任主任，县四家班子相关领导担任副主任，县直相关单位（部门）为成员的多元化解调处委员会。同时，在县群工中心设立龙里县矛盾纠纷多元化解调处中心，内设综合接待窗口、人民调解窗口、行政调解窗口、司法确认窗口。

【安置帮教】 严格按照规定要求对“必接”对象实行无缝对接，接回率达100%。累计接收安置帮教人员547，2016年接收120人，累计解除帮教302人，现在册人数为245人。对帮教对象全部建立个人档案并落实帮教措施。

对刑释人员全部实行一人一档，录入计算机管理，行政村、社区安置帮教工作站明确帮教责任，落实帮教措施，司法所定期进行回访，预防重新违法犯罪情况发生。

【社区矫正】 严格执行《社区矫正实施办法》《黔南州社区矫正衔接工作细则》等规定，加强社区服刑人员和刑释解教人员的管理。推行社区矫正“4321”工作模式，即：健全评估接收、监管考核、教育帮扶、部门配合等“四项”机制；县、机关、乡镇“三级”联动；落实队伍和经费“两项”保障；搭建信息化建设“一个”平台。出台《龙里县全面推进社区矫正工作实施方案》及社区矫正工作经费和社会工工作者奖补资金保障方案；完成LBS手机定位监管信息系统的建设，为58名余刑半年以上的社区服刑人员配备终端定位手机；对社区服刑人员进行动态跟踪、实时预警。与县公安局联合出台《社区矫正社会工作者管理暂行办法》《社区矫正社会工作者奖补资金管理办法（试行）》等配套措施文件，成立以村警务助理为主体力量的社区矫正社会工作者队伍。

全县累计共接管社区矫正人员 270 人，现在册的社区服刑人员 111 人，其中：缓刑人员 96 人、假释 15 人。每名矫正对象建立个人档案，及时、规范完善相关资料。在每月以及重大节日和社会敏感时期，对矫正对象报到情况、人数、动态、监管措施的落实以及矫正效果等进行抽排查走访，社区服刑人员无脱管、漏管、虚管现象。

【法律宣传教育】 全面启动“七五”普法规划，深化法律“七进”机关单位、进学校、进社区、进企业、进军营、进镇（街道）、进村组活动。组织全县机关事业单位开展网络学法、无纸化普法考试；到 9 所中小学开展法律知识进校园活动；组织全县机关单位、镇（街道）向群众免费发放法制宣传资料 3 万余份，书籍 4000 余册，举办法制宣传培训班 13 期，培训人员 800 余人；采取各种形式宣传的法制知识涉及法律法规 40 余部。新闻稿件被省级网络媒体、报刊采用 28 篇，州级网络媒体、报刊采用 87 篇，县级网站采用 32 篇。

【信息化建设】 出台《龙里县“数字司法”信息化建设实施方案》，打造“数字司法 4321”综合信息网络，即：建设四个网站（公共法律服务网、矛盾纠纷多元化解调处网、普法网、司法行政网），开发三个终端线上服务管理系统（公共法律服务公众办事 APP、司法行政内部管理 APP、社区矫正 LBS 信息化监管），搭建“两微”平台（司法局官方微博和公共法律服务微信公众号），形成一套完整的网络体系，基本建成涵盖司法行政政务管理、公共法律服务、矛盾纠纷多元化调处、法制宣传教育等功能的“互联网 + 数字司法”信息化网络平台，为构建智能服务“一网通”与实体服务“一站式”相结合的模式，实现网上和网下相结合的方式提供公共法律服务。

（郭兴芳）

经济管理与监督

宏观经济管理

【概况】 2016年，龙里县发展和改革工作按照“三增三转三促”和经济建设“三个一”调度工作机制的总体要求，策划大项目、实施大协调、搞好大服务。

【经济运行分析调度】 制定2016年国民经济和社会发展计划，并报审议通过实施。提出符合实际的建议对策和举措，上报经济运行分析、投资分析报告8期。谋划做好中、长期经济社会发展蓝图。《龙里县国民经济和社会发展第十三个五年规划》通过县人大会议审定，并印发实施。龙溪经济带产业规划编制完成。开展项目储备和争取。全县共储备重大项目646个，总投资1901.92亿元。其中：纳入省、州储备库项目共159个，总投资248.21亿元；向上争取投资计划项目26个，总投资1.53亿元。

【工程项目建设】 按照“一门受理，联合审批，限时办结，窗口出证”的要求，启动投资项目在线审批监管平台，逐步实现全县审批“一个平台、一张网”，为企业提供优质高效的服务。共审查项目159个，完成固定资产投资节能审查66件。列入调度102个“三级两长”项目完成投资233.83亿元，完成年计划的98.07%。列入省州重点项目33个，实现投资114.99亿元，完成年计划的114.08%。承办全州第一次项目建设现场观摩会；举行全省第四次重大项目暨全省大生态项目集中开工仪式。

【民生实事】 落实2016年易地扶贫搬迁安置点2个（湾滩河镇摆绒村、醒狮镇北路安置点），总投资4854.17万元。湾滩河镇摆绒安置点安置移民95户543人，其中建档立卡贫困户53户224人；醒狮镇搬迁移民54户179人，其中建档立卡贫困户40户170人。醒狮北路安置点集中安置移民15户50人，其余全部为分散安置。打造20个贫困村出列任务包装涉农项目整合试点。以新一轮退耕还林成果规划为契机，结合贫困户土地资源优势做好生态脱贫，实施经济林种植1万亩，总投资1568万元。完成湾滩河镇林草植被和保护封山育林1446.67公顷，人工种草20公顷；完成小型水利水保工程田间生产道路（作业便道）3.18公里、机耕道5.42公里。实施2016年冠山街道凤凰村大土至沙坝田泥结石道路、龙山镇羊蓬村通村公路和谷脚镇鸡场村乡村道路硬化以工代赈项目3个，总投资148万元。民生项目调度。收集2016年县“民生实事”共10件、25个项目，涉及民政、交通、水利、教育、卫生等民生任务，年度计划总投资19.04亿元。

【循环经济示范县创建】 累计争取环资项目上级资金6180万元。争取到建筑垃圾集中处理再利用、湾滩河生态农业循环经济2个环资中央预算内投资项目，获600万元资金支持；争取到羊场镇污水处理工程、谷脚镇污水处理工程2个污水处理中央预算内投资项目，获730万元资金支持；争取到创奇环保技术装备产业化、正方实业系统门窗生产、详务节能塑料建筑模板生产3个省级节能减排项目，获专项资金150万元；争取到湾滩河生态循环农业园项目、贯城河水环境治理项目专项基金4700万元；社区（村）污水处理、洗马河水环境治理、哪嗙河水环境治理专项建设基金正在争取中。草拟完成《龙里县2016年创建循环经济示范县改革重点工作情况》《龙里县2016年国家循环经济示范县创建工作推进计划》《龙里县国家循环经济示范县创建工作责任分解方案》等文件；编制《国家循环经济示范县建设目标责任书》；草拟完成2016年国家循环经济示范县建设工作联席会方案；宣传专题片启动制作，各项创建工作涉及的指标任务、项目推进、重点任务等中心工作稳步推进。

【公务用车制度改革】 2015年12月底，龙里县与全省同步实现上交公务用车封存停驶。2016年3月7日，全县印发《龙里县机关公务用车制度改革实施方案》，5月底车改领导小组审核批复全县60家参改单位部门实施方案，6月底落实全县参改人员公务交通补贴发放，全县车改工作完成。全县保留公务用车标示化管理工作完成。供给侧结构性改革、政府投资体制改革、诚信体系建设等有序推进。

【稳定市场价格】 及时准确地上报各类商品价格监测数据，加强市场价格的综合调控，努力维护市场物价基本稳定。全年累计报送周报表52期，重要节假日、低温凝冻天气日监测报表56期，无错报、漏报情况。推行价格改革政策，完成县政府定价、政府指导价和重要商品和服务收费的经营服务性收费备案和管理工作，对全县29所幼儿园实行收费备案管理。组织召开龙里县阶梯水价执行和污水处理收费价格听证会，完成阶梯水量制定和污水处理费调标工作。下调龙里龙架山国家级森林公园门票价格。对公、检、法、纪、税等部门提供涉案、涉纪、涉税财物的价格鉴证意见，全年办理认证意见110件，总金额123.58万元（其中：涉案107件，回函3件）。消费维权。利用3月、5月、6月开展宣传活动7场次，发放宣传资料8000余份。畅通价格举报电话12358投诉渠道，实行专人接听值守，全年接听接访价格维权咨询投诉件32件，办结32件，协调退款400余元。

【粮油储备】 按照州下达储备稻谷3500吨、菜油200吨、大米200吨指标，融资顺利到位，完成储备指标。完成签订农业订单种植合同3.8万亩任务。基础设施建设。完成新建2.5万吨粮食储备仓库和0.5万吨油罐投入使用，储备省级小麦2.5万吨，完成省级代储任务。粮油建设工程。按照“放心粮店”标准培育建设15个放心粮店和1个配送中心。修订《龙里县突发粮食事件应急预案》，建立4个粮油应急加工点和17个应急供应点。每月开展一次粮库安全巡查，保障粮油安全。发展智慧粮库建设工程，提升智慧工程建设，此项目分二期实施，已完成前期招标工作。配合县双拥工作，搞好走访慰问，节假日慰问住勤部队，为部队送去价值8000元猪肉、大米和菜油。

（夏　晖）

贵州贵龙实业（集团）有限公司

【概况】 贵州贵龙实业（集团）有限公司的前身是2011年5月经龙里县人民政府批准成立的“贵州省贵龙城市经济带投资开发有限公司”。2015年11月，由该公司兼并县内4家国有资产公司成立“贵州贵龙实业（集团）有限公司”，组建初期资产总额40亿元。该公司下属子公司由原来的4家发展到6家：贵州龙里经济开发区建设开发有限公司、龙里县交通建设投资有限公司、龙里县现代水利开发有限责任公司、龙里金诚信用担保有限公司、贵州省苗之印民族文化有限公司及龙里分布式能源有限责任公司。持股合作企业达到7家：贵州中铁吉达房地产开发有限公司、七冶贵龙建设有限公司、龙里县万通机动车辆检测有限公司、龙里县万顺商贸有限公司、贵州龙沅老龄产业发展有限责任公司、贵州空港经济产业园开发有限公司、贵州七建经开建筑工程有限公司。

公司注册资本金6.1亿元，资产规模达280亿元。

【融资平台建设】 公司拓宽投资、融资渠道，搭建好政府、银行、投资企业、社会资本之间的合作平台，不断充实公司资产，发挥融资功能。2016年，公司对融资申贷获批金额为32亿元，实际到位金额为17亿元。以贵州快递物流园项目对外公开发行项目收益债5亿元，已获得国家发改委审批。7月31日，公司在深圳前海股权交易中心成功挂牌，成为贵州省第一家区域股权交易板政府平台挂牌公司。

【融资信用担保服务】 2016年8月24日担保公司顺利完成增资扩股工作，资金达到1亿，有效地解决偿付能力不足的问题。截至2016年12月，累计新增担保项目28个，担保金额7000万元；解除担保项目35个，解除担保金额7410万元。在保项目28个，在保金额7100万。通过司法程序，全年实现追偿到位资金317.79万元。

【拓宽融资渠道】 2016年，融资到位15.7亿元。申请国家专项基金项目4个：贵州快递物流园项目项目总投资20.3亿元，获基金0.5亿元；贵州中小微双创示范基地总投资6亿元，获基金0.6亿元；贵州双龙现代农副产品批发市场及配送体系建设项目总投资5.43亿元，获基金0.5亿元；贵州双龙养老服务中心建设项目总投资2.85亿元，获基金0.2亿元。以快递物流园项目对外公开发行项目收益债5亿元，期限5年，已签订承销协议；拟发行对外非公开私募债10亿元，承销商已选定并签订相关合作协议。

【转型发展】 试行混合所有制发展模式。贵龙集团下属子公司贵州龙里经济开发区建设开发有限公司与贵州建工集团第七建筑工程有限责任公司联合组建贵州七建经开建筑工程有限公司。公司与龙里县万通机动车辆检测有限公司联合组建黔南物流联盟龙里服务中心。该项目占地40亩，总投资3000万元，年检测车辆4万辆，年营业额可达2000万元，将引导贵阳市车辆入户、上牌、检车、保险等一站式服务向区域内转移，完善园区服务功能。同时，公司以土地作价持股40%，与龙里县万顺商贸有限公司共同投资新建二级加油站。拓宽经营领域。着力解决好农户的拆迁安置问题，已建成塘坊安置区及王关安置区一、二期农民集中集房20万平方米，共安置农户3200余人。公司将园区内标准化厂房约12.5万平方米以招商引资的方式对外出租，年可实现收入150万元，拓宽公司盈利渠道。龙里金诚信用担保有限公司由原注册资本金2500万元，增资扩股至1亿元，单笔担保业务达1000万元，为解决龙里县企业活动资金不足夯下坚实的基础，培育企业后发优势，增产创税发挥作用。

【项目建设】 2016年，公司负责贵龙城市经济带、龙溪城市城市经济带区域开发与建设。观音山塘坊安置区项目已顺利完工；王关安置区三期1－4#楼正在积极建设中；贵州快递物流园总部基地1#楼项目建设已完工，将有效完善该区域行政办公、电子商务交易中心、会展、商业金融服务为一体的基础配套设施。到2016年底，纵三路项目、贵龙纵线干道二期道路工程、龙溪大道道路工程正在积极建设中。

【征地拆迁】 2016年，完成纵三路A段补征土地77.9亩、B段征地173.27亩；完成黔南物流联盟项目土地丈量62.56亩；收到龙溪大道征地资料3658.35亩，贵龙纵线干道二期3642.08亩。龙溪大道已完成兑现3355.32亩，纵线干道二期已完成兑现33.46亩。龙溪大道及贵龙干道二期共拆除房屋53户。

完成贵州快递物流园区内10宗土地的招拍挂手续，合计802.23亩。

【推广PPP项目】 共申报入库PPP项目6个，其中4个处于项目的采购阶段：贵龙城市经济带纵三路、龙里新高中、龙溪大道、贵龙纵线二期项目；王关安置区三期、贵州快递物流园总部基地2个项目已进入识别阶段。

【固定资产投资】 2016年贵龙集团固定资产任务目标为15亿元。截至12月，共计完成15个固定资产投资项目上报入库工作，其中亿元以上项目15个；3000万元以上项目0个，累计完成固定资产投资16.61亿元。截至2016年12月底，贵龙集团资产总额达280亿元；实现利润0.05亿元，创税达1.01亿元。

【挂牌上市】 2016年7月31日，贵州贵龙实业（集团）有限公司在深圳前海股权交易中心挂牌上市，成为贵州省第一家区域股权交易板（俗称“新四板”）政府平台上市公司。

（熊　燕）

贵州腾龙实业集团有限公司

【概况】 2015年11月24日，龙里县人民政府下发《龙里县人民政府关于组建贵州腾龙实业发展有限公司的通知》，将龙里县国有资本营运有限责任公司、龙里县供排水总公司、龙里县粮油购销有限责任公司、龙里县物资总公司等县国有企业进行整合，组建国有独资企业——贵州腾龙实业集团有限公司，资产总额95亿元。腾龙集团组建时成立党委会、董事会、工会、监事会等机构，内设综合部、项目部、财务部、投融资开发部、经营管理部、物管部、资产管理部7个部门。2016年11月增设稽核部。2016年，集团公司下辖龙里县国有资本营运有限责任公司、龙里县供排水总公司、龙里县粮油购销有限责任公司、龙里县物资总公司、龙里县贵龙城市经济带供排水有限责任公司、龙里县金信农业发展有限公司、龙里县城乡建设发展有限公司、贵州翼轫实业发展有限责任公司、龙里县旅游文化发展投资有限责任公司、龙里县安厦房地产开发有限责任公司、龙里县广厦物业管理有限责任公司、贵州省莲花生态发展有限公司及贵州龙里清沃民族文化有限公司等13家子公司。到2016年底，集团公司在册职工总数214人，资产总额达206亿元，全年共实现净利润1.76亿元，上缴税金1.75亿元。2016年11月3日，腾龙集团在深圳前海股权交易中心（俗称“新四板”）成功挂牌上市。

（刘　峰）

【监事会管理】 2016年，集团监事会共召开4次监事会全体成员会议。先后审议通过《贵州腾龙实业集团有限公司章程》《贵州腾龙实业集团有限公司2016年第一季度财务报告》《贵州腾龙实业集团有限公司监事会议事规则》《贵州腾龙实业集团有限公司公司财务管理制度》《2016年上半年监督检查方案》。2016年，监事会参加腾龙集团董事会、党政联席会、总经理办公会等会议54次，参与龙里县粮油购销有限责任公司560吨稻谷、120吨菜油的公开拍卖会。2016年7—8月，监事会对集团公司及所属子公司1—6月份的资产状况、经营情况、财务管理等进行专项检查。

（上官垠野）

【重大项目投资】 集团公司通过“PPP模式”，引进中国第四冶金建设有限责任公司、北京中融嘉汇投资管理有限公司，共同投资50亿元建设莲花商业小镇（即龙里水乡）、龙溪谷、余下旅游项目，腾龙集团占股10%。

龙里水乡被列入“2016年贵州省大生态项目暨第四批集中开工重大项目”，于11月4日开工。龙里水乡占地258亩，计划投资10亿元，至2016年12月31日，完成投资0.2亿元，建成景观围墙1000米，广场场平1.5万平方米，一期基础土石方开挖1万方。

通过“PPP模式”，引进贵州南方卓越投资管理（集团）有限公司，共同投资10亿元建设龙里大草原旅游综合开发及索道建设项目（即龙里油画大草原旅游区），腾龙集团占股49%。项目一期占地3370亩，于2016年8月动工，至2016年12月31日，完成投资0.26亿元，上山索道完成基础开挖，进行基础混凝土浇筑；山下片区游客服务中心主体施工，完成商业街场平，进行8号楼基础、7号楼孔桩施工，完成停车场场平95%工程量；山上片区服务中心基础施工，完成停车场场平，实施房车营场地平整。

莲花湿地公园。目总投资3.5亿元，规划用地面积1792.45亩。项目于2016年3月开工建设。至2016年12月31日，完成投资3亿元，完成“三线”（电力、通信、供水管线）迁改入地工程，建成景观桥5座、人工湖、莲花池、天然浴场、湖心亭、村庄房屋改造150栋等工程；公园内的观光公路、游览步道基本建成；正在建设莲花湿地公园游客接待中心、景观楼阁、莲花广场。湿地公园坝上经新场至余下主干道3.5公里，已建成1.4公里。

龙里县2014年棚户区改造项目草原小区7号安置房项目总投资为3000万元，用地面积1330平方米，建筑面积1.55万平方米。项目于2014年6月10日开工，2016年10月14日竣工。龙里县2015年棚户区改造草原路安置房项目总投资

6200万元，用地面积8139.72平方米，建筑面积2.73万平方米。项目于2016年9月开工，至年末完成投资700万元。龙里县龙里高新技术产业园区中小企业服务中心总投资5000万元，用地面积1.051万平方米，建筑面积1.18万平方米。项目于2016年12月开工，至年末完成投资500万元。中国人民银行龙里县支行办公楼及金库项目总投资1042.6万元，用地面积4675平方米，建筑面积3069.27平方米。项目于2016年12月开工，至年末完成投资200万元。

（潘　延）

【国有资产管理】　2016年6月20日，县政府将县内151宗土地，总面积187.28万平方米，评估总值36.174亿元作为资产注资到腾龙集团。10月17日，县机关事务管理局将县人大常委会办公室、县文化和旅游局、县工业和信息化局、县交通运输局、县民政局五家行政事业单位的经营性门面、办公用房、场地等共6647.34平方米移交腾龙集团进行经营管理。12月31日，县铁路建设指挥部将铁路建设项目沿线征占、拆迁的剩余土地以及临时用地等42宗土地（其中：黔桂扩能改造项目4宗、贵广铁路项目2宗、沪昆铁路项目9宗、贵阳市域铁路项目27宗），总面积31.53万平方米移交腾龙集团管理。

（何兴林）

【投融资运行】　2016年，腾龙集团先后以《龙里县社会养老服务中心》《龙里县龙滩水库工程》《龙里县巫山大峡谷旅游风景区建设项目》《贵州快递物流园项目》《莲花生态湿地公园项目》《莲花村乡村旅游基础设施建设项目》《余下村乡村旅游基础设施建设项目》《龙里县2016年城市棚户区改造项目》《龙里县城乡供水一体化项目》《龙里县朵花河生态治理工程项目》《笋子塘工程项目》《龙里县大竹芒水库工程项目》等项目申报国家专项建设基金、申请银行融资。至2016年12月31日，共获批专项建设基金19个，获基金支持5.45亿元，到位资金5.23亿元；银行贷款11笔，获批金额23.3亿元，到位资金17.67亿元（平均贷款年利率5.63%，期限12—25年不等，与县控制的贷款利率7%相比，少1.37%，如按贷款最低年限12年计算，节约利息支出3.9亿元）。

（宋聚松）

【物资管理】　腾龙集团下属的龙里县物资总公司前身为龙里县物资管理局。1994年机构改革后，定名为龙里县物资总公司。于2010年10月组建贵州黔南化轻民爆器材有限责任公司龙里分公司，与龙里县物资总公司实行两块牌子一套人马合署办公，是县内唯一具有购销炸材资质的国营企业。龙里县物资总公司内设综合部、财务部、业务部、安全生产部及仓储部五个部门。2016年，在岗职工15人，退休职工10人。2015年12月3日，县物资总公司并入贵州腾龙实业集团有限公司，成为其旗下具有独立法人的子公司。2016年7月，物资公司与社会资本合作，成立贵州锦一报废汽车回收有限公司，用20亩土地入股，物资公司占股30%。

龙里县物资总公司建有炸药库一个。炸药库设有远程监控主设备1套、防雷设备1套、建有消防水池1个（216立方米），配备干粉灭火器8个、消防水泵2台、消防带400米和消防锹4把，安装电子围栏入侵报警系统1套、巡更系统1套；安排专人24小时值班。2016年，共销售各类炸药258吨、雷管8.1万枚，全年销售收入228万元，实现利润84万元。

（夏熙鸿）

【供排水管理】　腾龙集团下属的龙里县供排水总公司成立于2011年（其前身为成立于1989年的龙里县自来水公司），内设办公室、财务室、业务室、营业所、安装抢修队、水质科、检查科等工作部门，成立贵龙分公司、湾滩河分公司、洗马分公司、千家卡分公司，2016年末在册职工116人。供水范围有县城区、经开区、中铁片区、千家卡片区、水场片区及谷脚、醒狮、洗马、湾滩河镇政府所在地区域。污水回收处理范围有县城区域、经开区、谷远片区、双龙镇、快递物流园，羊场镇、醒狮镇镇政府所在区域。2016年，公司自来水生产及销售904万吨，实现水费销售收入2596.01万元，安装费收入1478.26万元，房屋租赁3.21万元，总收入合计

4077.48 万元，实现利润 640 万元，上缴税金 139 万元。

出台《龙里县城阶梯水价实施工作方案》确定阶梯水价的标准为：第一阶梯（0—290 立方米）单价 2.20 元/立方米；第二阶梯（291—390 立方米）单价 3.30 元/立方米；第三阶梯（391 立方米以上）单价 6.60 元/立方米；阶梯水价于 2016 年 10 月 28 日经听证会通过，定于 2017 年 1 月 1 日起执行。

县供排水公司于 2015 年 3 月设立水质监测中心，2016 年 10 月水质监测中心（含化验室）调试验收合格投入使用。水质监测中心内设：7 间化验室（理化室 1、理化室 2、仪器室、药品室、培养室、无菌室及原子吸收室）及 1 间办公室，配备 5 名工作人员。水质监测中心开展常规监测 11 项，每月按时取样送州水环境检测部门、县疾控中心检测。送州检测合格率达 100%，县疾控中心抽检出厂水合格率达 100%，管网水合格率达 99.5% 以上。

（上官垠野）

【供排水工程建设】 龙里县供水扩建工程总投资 2.85 亿元，新建日供水 5 万吨水厂及输配水管网，于 2016 年 12 投入使用。龙里县城乡供水一体化工程总投资 9.58 亿元，新建日供水 0.3 万吨水厂 2 座（中坝水厂、水场水厂）、日供水 1 万吨水厂 3 座（十字路水厂、洗马水厂、湾滩河水厂）及相关配套设施，敷设供排水管网 101.9 公里。项目于 2016 年 4 月动工，12 月，完成投资 4700 万元。龙里县经开区（2 万吨/日）污水处理及中水回用工程总投资 2.6 亿元，由县供排水公司与龙里县洁地环保科技有限公司采用“PPP 模式”建设。项目于 2016 年 7 月启动，年底完成场平工作。羊场镇污水处理厂（1000 吨/日）项目总投资 890 万元。项目于 2016 年 3 月开工建设，11 月建成投入使用。洗马（1000 吨/日）和谷脚（5000 吨/日）污水处理工程总投资 1.07 亿元（其中：洗马 1772.86 万元、谷脚 9087.36 万元）。项目由县供排水公司与贵州兴谛实业发展有限责任公司通过“PPP 模式”合作建设。两个污水处理厂均于 2016 年 12 月启动建设。县城猴子沟岔河水源水质提升工程总投资 363.96 万元。采用吸附氧化还原 + 静态重力分离工艺进行水质提升，工程于 2016 年 5 月动工，11 月完工投入使用。猴子沟水源地环境综合整治工程：清理水源地取水点淤泥 7749 立方米，建设水源点双边钢护网 228 米，设置水源保护区界牌 10 块，安装 DN315PE 管 200 米，总投资 40.37 万元。工程于 2016 年 8 月动工，11 月完工。

（上官垠野）

【粮油购销】 腾龙集团下属的龙里县粮油购销有限责任公司成立于 1999 年，内设财务科、综合科、购销业务科、储运科等部门，下辖乡镇粮站 8 个、省级储备库 1 个。2016 年完成储存省级储备小麦 2.5 万吨，县级储备稻谷 3500 吨，大米 200 吨，菜油 200 吨。实现收入 627.98 万元，上缴税金 25.26 万元。公司获省粮食局授予“2016 年度省级储备粮管理工作新增代储企业先进单位第一名”、黔南州商务和粮食局授予“2016 年度商务和粮食工作先进单位”称号。

（杨文娟）

统　计

【概况】 龙里县统计局设办公室、综合统计科、国民经济核算与统计设计管理科（行政审批服务科）3 个内设机构，下属正科级事业单位 1 个（乡镇统计管理办公室）、副科级事业单位 2 个（统计执法大队、国情国力普查中心），下设股级事业单位 1 个（调查中心）、垂直管理股级事业单位 6 个（分别是冠山街道办事处、龙山镇、醒狮镇、谷脚镇、洗马镇、湾滩河镇统计调查中心）。2016 年，县委、县政府授予县统计局 2016 年度县直机关综合目标管理考核先进单位和特别贡献奖荣誉称号。

【常规统计】 2016 年，全县完成地区生产总值（GDP）79.77 亿元，按可比价格计算，比上年同期增长 13.8%；农林牧渔业增加值完成 9.62 亿元，同比增长 6.3%；规模以上工业企业实现工业增加值 48.62 亿元，同比增长 13.5%；社会消费品零售总额实现 16.52 亿元，同比增长

14%；500 万元以上固定资产投资完成 116.48 亿元，同比增长 22.2%；城镇常住居民人均可支配收入 2.65 万元，同比增长 9.6%；农村常住居民人均可支配收入 9223 元，增长 10.4%。完成规模以下工业、限额以下贸易餐饮业、文化产业调查、“三新”专项统计调查、非公人才资源统计调查、人口变动情况抽样调查等工作任务。

【第三次农业普查】 2016 年 5 月印发《龙里县人民政府关于做好第三次全国农业普查的通知》，成立以县政府常务副县长任组长的农业普查领导小组，下设办公室在县统计局，由县统计局局长兼任办公室主任。9 月，各镇（街道）相继完成农业普查领导机构的组建和普查办公室的落实，县政府拨付到位县级普查经费 303 万元。11 月 8 日，召开全县第三次农业普查动员大会暨业务培训；11 日，县农普办在龙山镇莲花村组织实施龙里县第三次农业普查县级综合试点工作。随后各镇（街道）相继完成宣传动员、两员选聘和培训、普查区划分、普查区地图绘制、入户清查摸底等各项前期准备工作。全县共划分普查区 81 个、普查小区 586 个，选聘普查指导员、普查员共计 405 人。经入户清查，全县共有普查登记对象 6.3 万户，其中：普通户 5.94 万户，规模农业经营户 3349 户，农业经营单位 297 家。

【经济发展综合测评】 2016 年，龙里县经济发展综合测评得分 82.24 分，位列全省县域第一方阵 22 个县（市、特区）第 2 位，综合排位逐年提升。其中：经济发展群众满意度、社会消费品零售总额增速、城市（县城）环境空气质量综合指数 3 项指标位列全省 88 个县（市、区、特区）第 1 位，另外 7 项指标位列县域第一方阵 22 个县（市、特区）第 1 位，24 项指标排位全州前 3 位、11 项指标排位全州第 1 位。

【小康创建达标县巩固提升和基本现代化统计监测】 开展全面建设小康社会及同步小康创建达标县巩固提升和基本现代化统计监测工作。建立统计监测制度，做实统计基础数据监测、指导和服务。对县统计局牵头监测的指标实施动态监测，做好 15 大项指标数据对接提供，做到每季度有报表有分析，对监测存在问题及时采取措施解决。

【统计信息和分析】 2016 年，收集整理上报各月主要经济指标并编辑成《龙里经济要情》印发 11 期；完成 2015 年度统计公报撰写和发布工作，编纂整理 2016 年龙里县《领导干部手册》；收集 2016 年行政村（居）区域调整优化资料。及时编发简报反馈统计工作动态，先后编发统计工作简报、政务简报、作风效能建设简报 159 期，采写上报统计分析 58 篇。

【重点企业纳规入统】 抓全县规模以上工业、资质以上建筑和房地产企业、限额以上批零住宿餐饮企业和重点服务业等“四上”企业的认定、核实、申报、入库等工作。全年“四上”企业共 246 家，排全州第 1 位，其中：规模以上工业企业家 128 家，排全州第 1 位、全省第 4 位；资质以上建筑和房开企业 37 家；限额以上商贸企业 51 家；重点服务业企业 30 家。

【统计执法】 2016 年，立案调查处理 2 起瞒报统计数的违法案件，依法给予警告行政处罚并限期进行改正。

【居民收入】 2016 年，全县城镇常住居民人均可支配收入 2.65 万元，同比增长 9.6%。四大项收入全面增长，其中工资性收入增长幅度最大，达到 14.15%，对收入增长的贡献为 89%。在可支配收入中：工资性收入 1.66 万元，占可支配收入的 62.8%；家庭经营净收入 2825 元，增长 0.32%，占可支配收入的 10.7%；财产净收入 2272 元，增长 1.88%，占可支配收入的 0.09%；转移净收入 4746 元，占可支配收入的 17.9%，同比增长 4.53%。

农村常住居民人均可支配收入 9223 元，比上年增长 10.40%。其中工资性收入增幅最大，达到 14.81%。在可支配收入中：工资性收入 3140 元，占可支配收入的 34%；家庭经营净收入 4528 元，占可支配收入的 49%，同比增长 9.4%；财产净收入 100 元，同比下降 5.62%；转移净收入 1455 元，同比增长 5.89%。

【居民消费】 2016 年，全县城镇居民人均生活消费支出 1.83 万元，同比增长 13.91%。其中：食品烟酒消费支出最大，人均达到 5178 元，占 28.3%，同比增长 21.39%；其次是居住消费支出 3674 元，占 20%，同比下降 0.05%；再次是交通通信消费和教育文化娱乐消费支出分别为 3466 元和 2569 元，同比分别增长 22.67% 和 14.44%。

农村居民人均生活消费支出 1.97 万元，同比增长 11.21%。其中：交通通信消费支出最大，人均达 3339 元，占 16.9%，同比增长 134.84%；其次是食品烟酒消费支出 3296 元，占 16.7%，增长 16.09%；再次是教育文化娱乐消费和衣着消费支出分别为 1239 元和 720 元，同比分别增长 9.18% 和 27.59%。

（统计局）

市场监督管理

【概况】 2016 年，龙里县市场监管工作围绕县委县政府的中心工作，加大全县市场监管力度，不断改革创新，完成各项工作任务，为龙里的市场健康发展和经济繁荣履行职能，发挥市场监管作用。

2016 年，龙里县市场监督管理局核定行政编制 49 名，设局长 1 名，副局长 3 名；内设 8 个机构（含 3 个副科级机构），下设 7 个分局，人员编制纳入财政全额预算管理。

【食品安全监管】 2016 年，共办理“食品经营许可证”478 个、“食品生产许可证”5 个、检查食品生产经营户 2983 户次、开展专项行动 20 余次。监督抽查食用农产品等食品样品共 146 批次，合格率 98%；开展农产品农药残留快速检测 233 批次，肉制品“亚硝酸盐”快速检测 9 批次，合格率均为 100%；以“文明在行动·满意在黔南”为抓手，在餐饮行业大力推行“明厨亮灶”“文明餐桌大家行”等食品安全放心工程，全县已有 80 家餐饮单位开展明厨亮灶工程，426 家餐饮单位主动参与到文明餐桌行动中。开展创建国家卫生县城，对辖区食品生产经营单位、农贸市场等重点区域开展综合治理。对农贸市场内食品经营单位持证情况、各项制度落实情况等进行逐一排查，并督促市场开办方投入约 120 万元对市场内通风换气设施、标识标牌、熟食区三防设施等进行升级改造，设立食品农残快检室。完成 1 条餐饮示范街、2 个食品安全示范乡镇、4 个示范生产企业、1 个示范农贸市场、1 个示范超市、5 个示范销售店、11 家示范餐饮单位、7 个示范学校食堂食品安全示范创建工作，不断提升示范创建水平。2016 年度上半年食品安全监管工作获全县通报表扬 1 次，2016 年度全州食品示范创建现场会在龙里召开。申请家庭自办宴席的共 266 户，其中备案登记 266 户，备案率 100%，指导 266 户，指导率 100%。

【药械安全监管】 2016 年，完成 3 家药品经营企业申报 GSP 认证资料的审查、2 家申报开办药品经营企业资料及现场的审查、4 家申报换发“药品经营许可证”企业资料的审查、10 家变更企业名称资料的审查、8 家二类医疗器械经营备案资料的审查。加强药械质量安全日常监管。出动执法人员 500 余人次，检查药械生产企业 52 余家次，药械经营企业 153 家次，使用单位 220 余户次，查获过期药品 11 批次，货值金额共计 615 元，下达《责令整改通知书》35 份。开展春节等节日期间的药械安全监督检查，动执法人员 210 余人次，检查药械经营企业 70 余户次，生产企业 27 家次，使用单位 60 余户次。开展“山东问题疫苗专项整治”“冷藏冷冻医疗器械经营使用专项检查”“中成药及中药饮片专项整治”“注射用透明质酸钠”“空心胶囊”“药品流通领域集中整治”“医疗器械经营使用整治”等 10 余次专项检查。结合 GSP 跟踪检查，对辖区内 50 家药品经营企业开展 GSP 跟踪检查；对辖区内 4 家特殊药品使用单位及 2 家涉及精麻药品的生产企业检查 4 次。共上报药品不良反应 859 例，医疗器械不良反应事件 127 例。

【特种设备安全监管】 通过贵州省电梯应急救援平台监管，查处使用超期未检验的电梯、不按规定进行维保等违法行为 2 起，组织开展应急救援 54 次（其中停电 26 次，使用不当 5 次，机电故障 23 次），解救被困人员 113 人。开展特种设备安全大检查、开展“电梯安全监管大会战”“打非治违专项行动”、春节特种设备安全大检查、两会特种设备安全大检查等专项行动10余次。共检查特种设备使用单位144家次，出动执法人员320余人次，检查特种设备860台次，排查安全事故隐患34条，现场责令整改12条，限期整改22条隐患。2016年度特种设备安全监管获全县通报表扬1次。

【产品质量安全监管】 2016年，共抽取木家具、取暖设备、水泥、防水卷材、餐具洗洁精、钢化玻璃、铝合金门窗、婴幼儿用品、脱粒机、车用成品油、汽车轮胎等131个批次产品。119个批次产品经检验，结果合格，12个批次产品检验不合格，抽检合格率达90.8%。其中生产领域抽样100批次，其中6个批次不合格，合格率94%，流通领域抽样31批次，其中6个批次不合格，合格率81%。

【市场主体服务】 全面推进“两证合一”和“五证合一、一照一码”登记制度改革。采取“一站受理、同步审批、限时办结、统一发证”的工作模式，实行“一站式”服务，共办理两证合一营业执照1023户。通过“一窗受理、互联互通、信息共享”的方式，实现并联审批。2016年共办理五证合一营业执照249份，新增市场主体1914户，其中：办理企业各类登记1189户次，企业新设立登记569户，新增注册资金20.26亿元，办理企业变更登记815户，办理企业注销登记63户，发展登记农民专业合作社64户，新增注册资金5208万元，新增成员412人，新增个体工商户1281户，新增资金数额1.22亿元。

【市场监管】 2016年，应年报市场主体1.12万户，已年报1.07万户，市场主体年报率95.25%（其中：企业年报率为87.24%，个体年报率为97.31%，农民专业合作社年报率为95.8%），公示率均超过改革前的年检率。全面推行“双随机、一公开”监管，提高对各类市场主体监管的公平性和规范性。共抽查市场主体604户（其中：企业225户，个体379户），合格率99.17%。

【股权监管】 2016年共办理股权出质41件，其中股权出质设立登记22件，出质股权数额1.65亿元，被担保债权数额7864万元，股权出质注销登记19件。

【小微企业扶持】 自2012年来，全县累计发展微型企业574户，注册资本实到5740万元，带动就业3071人，户均带动5.35人，其中：省级六类重点行业（加工制造、科技创新、创意设计、软件开发、民族手工艺品加工和特色食品生产）193户，县级两类重点行业（餐饮、商务及租赁服务业）127户，两大类合计320户，占发展的55.75%；带动妇女创业148人，就业1016人；带动少数民族创业148户，就业581人。从发展行业和创业类型看，以种养殖业和个人独资企业为主，种养殖业达到223户占发展的38.85%、个人独资企业195户，占发展的33.97%；科技创新、创意设计、软件开发、民族手工艺品加工和特色食品生产及新兴产业创业少，55户占发展的9.58%。通过创业培训657人次。获得金融扶持419户次，贷款余额2939万元，累计贷款4985.14万元。

【商标品牌】 引导农副产品及各类商品的商标注册，共为企业、社会团体及自然人查询商标46件；珑妮等4件商标在11个类别获国家工商总局商标局的《注册申请受理通知书》，烁烁佳家香等8个商标通过查询进行申报，隐度等7件商标获得国家工商总局商标局的“商标注册证”；办理“王胎”注册商标续展申请1件，“百慈”著名商标的延续申请1件；指导、培育“恒亦坊”“成丰达”2件注册商标申报贵州省著名商标。指导帮扶优势企业做好2016年省名牌产品和服务业名牌申报工作，贵州龙里邓氏食品有限公司等5家企业5个产品获贵州省名牌产品称号。

【行业服务】 2016年，开展服务行业职业技能和服务培训，共开展餐饮、出租车、娱乐、住宿、夜市等行业技能、礼仪等方面培训12场次，培训人员800余人次。组织和鼓励地方特色餐饮、特色农产品入驻各旅游景区。引导龙里苗画等特色农产品进驻展示厅和加盟淘宝网店。培育地方特色品牌餐饮。以肉饼鸡、辣子鸡及乡村农家乐为重点，引导和培育餐饮经营户品牌意识，打造地方特色品牌餐饮。

【消费者权益保护】 开展2016年消费维权“新消费我做主”年主题宣传活动。现场接受群众咨询1600余人次，发放宣传资料2.41万余份；集中销毁价值8万余元假冒伪劣高档烟酒、商标侵权等物资。发布消费警示8期，成功调解10件12315举报案件，涉案金额为3.85万元，为消费者挽回经济损失1.08万元。全年共受理各类消费纠纷31件，成功调解30件，调解成功率97%。

【执法打假】 2016年，共立案查处各类经济、食品药品、特种设备、产品质量计量违法案件63件，罚没收入26.83万元，所处罚案件未发生一起行政复议或行政诉讼。

【市场秩序维护】 2016年印发《龙里县城农贸市场规范管理工作实施方案》，对县城集贸市场进行合理的整体规划，引导凯全商贸公司投入近120万元对凯全市场提质改造，建立食品快检室，对市场农产品进行农残等等有害物质进行检测；以超店面经营、占道经营整治为重点，采取定点值守，设立创卫卫生监督岗，市场巡查，多渠道对凯全市场进行无节假日式的管理；对场天集贸市场进行归行划市、环境整治、协调处理摊位调整引发的各种纠纷。开展专项监督执法、合同监管等工作，完成格式合同备案77件，开展金融行业格式合同条款专项检查5次。开展广告监管。对123条药品、保健品、医疗、房地产广告及472条公益广告实施监测。开展校园周边环境整治，取缔无照经营小摊点25个，开展网吧、文化娱乐场所检查10次，取缔黑网吧1个，没收电脑设备15台套。完成中铁高尔夫项目专项整治工作。

（郭永刚）

国土资源管理

【概况】 全县土地资源总面积1519.68万公顷。耕地面积2.94万公顷，占总面积的19.37%。龙里县境内地貌类型复杂多样，山地、丘陵、盆地和河谷相互交错。其中，山地、丘陵和峡谷占全县总面积的84.6%，高山台地占全县总面积的10.6%；山间盆地仅占全县总面积的4.8%。2016年度共计挂牌储备土地11宗。

2016年，龙里县国土资源局内设机构为办公室、政策法规科、行政审批服务科、规划与耕地保护科（测绘地理信息管理科）、土地利用与地籍管理科（龙里县不动产登记局）、矿产资源与地质环境管理科），核定行政编制9名。其中，部门领导职数：局长1名，副局长3名；部门其他领导职数：纪检组长1名；内设机构领导职数：主任（科长）6名；县不动产登记局局长1名（由县委管理和配备），监察室主任1名（由纪检组长担任），监察室副主任1名（正股级），机关工勤编制1名。

【土地使用权划拨和出让】 2016年共挂牌出让83宗地块共计241.08公顷，成交价11.6亿元，划拨用地42.48公顷，其中有偿使用土地面积0.68公顷，划拨地价款62.8万元，2016年度供地率为100%。

【地籍管理】 2016年完成醒狮镇农村集体建设用地和宅基地确权登记颁证工作，完成试点村地籍调查、农房调查，涉及农村集体建设用地、宅基地使用权、国有建设用地共计902宗，房屋测绘及房屋调查605幢并发证。

【耕地保护和开发】 2016年，完成坝区永久性基本农田划定面积3.06万亩，完成城镇周边永久性基本农田划定面积3.4万亩。完成永久性基本农田划定工作并已上报划定方案、数据库、成果；2014年度耕地质量等别更新评价与监测于2016年7月已通过省厅评审；启动2015年度耕地质量等别更新评价与监测编制工作，完成外业调查；开展耕作层土壤剥离利用工作，并将验收意见上报省厅备案；及时公布新的征地补偿标准；完成湾滩河镇盘脚村和凯卡村、冠山街道办事处定水村高标准基本农田建设项目，资料已上报州局，待验收；落实贫困地区就地脱贫人口人均整治1亩优质耕地工作，土地整治项目7个，均已全部竣工验收；完成5个土地开发项目的验收工作，省厅已颁发《贵州省新增耕地合格证》，建设总规模2192.71亩，新增耕地1766.17亩。

【土地执法检查】 2016年，完成土地矿产卫片执法检查，占用耕地比例为18.6%，全县违法图斑共47个，涉及的36个违法主体已全部查处并结案；共开展国土资源动态巡查1265次，查处土地违法案件42宗，未发现非法开采小煤窑情况；开展年度内土地变更调查及遥感监测工作，完成外业图斑调查。

【土地登记】 2016年6月8日，贵州省不动产登记系统启暨龙里县不动产登记证首发仪式在龙里县举行，省国土资源厅总工程师董晓峰为宏衍房地产开发有限公司颁发全省第一本不动产登记证书。全年共颁发“不动产权证书”1264本，“不动产登记证明”408本。

【土地利用总体规划】 2016年，龙里县编制龙里县土地利用总体规划（2006—2020年）调整完善方案。此方案获州批准下达核减耕地保有量4.07万亩（含双龙临空港0.35万亩）、基本农田4.84万亩（含双龙临空港0.3万亩），新增建设用地指标1.85万亩（含双龙临空港0.5万亩）。

【土地资源调查】 龙里县按照《国土资源部关于开展2016年度全国土地变更调查与遥感监测工作的通知》，开展土地变更调查与遥感监测工作。2016年度，国家卫星遥感监测全县覆盖率100%，监测图斑540个，监测面积9153.7亩。土地调查工作及数据汇总入库更新成果于2017年1月19日上报省级汇总。2017年初已通过国家级核查。

【国土资源节约集约利用】 共计挂牌储备土地11宗，出让总面积为152.75亩，出让总价款为7843.07万元；办理抵押登记证书30本，抵押登记面积2434.05亩，抵押总金额6.41亿元。完成《2015年度固体矿产资源统计基础表》填报和2015年度采矿许可证的年检工作。规范建设项目用地预审，严把规划审查关，完成建设项目预审108个。开展编制龙里县“十三五”土地整治规划，全面完成圣泉、吕鑫两个矿山复绿工作。

【矿产资源储量管理】 2016年，龙里县境内共发现矿种（含亚种）达15种（不包括建筑用砂石等普通矿种），发现各类矿床、矿点（矿化点）108处，已探明资源储量的77处。其中上表的主要资源储量产地28处，这些上表的主要矿产地中，中型矿床2处、小型矿床26处。煤矿、铁矿、硫铁矿、铝土矿、高岭土、重晶石、硅石矿、水泥用灰岩、水泥用砂岩、水泥配料用页岩、饰面用灰岩等11种矿产探明有不同程度的资源储量，其中上表的6种（煤、高岭土、水泥用灰岩部分未上表），上表资源储量1.08亿吨。除建筑用砂石等普通矿种外，其余矿产探明资源量（储量）均需要评审备案。

【矿产秩序整顿】 龙里县第三轮矿产资源规划于2016年11月25日经初审，编制单位已按初审意见修改完毕。该规划按照砂石土矿山总量控制在28个以下的目标要求设置矿山采矿权。除现有的水库及周边水资源涵养区，生态保护区外，把龙里大草原、猴子沟生态保护区、湾滩河流域的万亩大坝区划为禁止勘查开采区。根据《龙里县矿业联合审查制度》要求，符合规划的采矿权设置，必须经县环保局对矿山的选址是否属环境敏感区情况进行审查。矿产资源勘查的工程布置和矿产资源的开采必须远离地质遗迹、地质公园、矿山公园和已查明的生态水域等自然风光旅游资源可视范围从事勘查、采矿活动。采矿权人必须足额缴存矿山环境恢复治理保证金，按照《矿山环境保护与恢复治理方案》进行矿山环境恢复治理。未缴存保证金的矿山企业将被列入信息公示异常矿山。

【地质灾害防治】 2016年，建立龙里县地质灾害应急指挥中心，完成机构设置和人员配备；实施完成湾滩河摆主小学地质灾害治理工程；抓凤凰小院地质灾害治理，通过整合扶贫生态移民、民政救济、地质灾害综合治理项目等专项补助资金整体搬迁74户269人。4月28日，完成38处隐患点地质灾害应急演练，并在汛期期间安排人员晚上在办公室值班，确保人民群众生命财产安全。完成整治龙山镇、谷脚镇、醒狮镇68个图斑6484.40亩机场周边环境整治任务。全年累计征收2015年度矿产资源补偿费263.86万元，2016年度（1—6月）矿产资源补偿费151.26万元，2016年征收矿山保证金为516万元。

【旅游资源大普查】 2016年6月13日召开龙里县旅游资源大普查动员部署培训会议，正式启动龙里县旅游资源大普查工作。共完成问卷调查表284份，工匠艺人调查86人。至8月底完成6个镇（街道）全部外业旅游资源调查工作，累计完成旅游资源单体342个，组织专家对342个单体进行评价评分。9月，对告汝山峡谷、大花水电站等地进行补充调查，增加旅游资源单体39个，调查的旅游资源单体为381个，发现四级及以上等级的旅游资源有5个（其中3个为新发现的旅游资源单体）、三级旅游资源有17个；在全部旅游资源中地文景观有66处，水域风光42处，生物景观63处，天象与气候景观1处，遗址遗迹10处，建筑与设施82处，旅游商品23处，人文活动34处，乡村旅游34处，红色旅游18处，山地体育旅游4处，康体养生旅游14处。旅游资源单体数据入库资料已于10月17日交州旅普办转省旅普办，旅游资源调查质量及外业调查于10月24、25日经省旅普办查检验收组验收。年底完成该项工作任务。

（董平飞）

审　计

【概况】 2016年，龙里县审计工作围绕县委县政府中心工作，发挥审计“免疫系统”功能，履行审计监督职责，保障县域经济平稳、较快发展，各项审计工作按计划有序推进。

龙里县审计局内设机构共4个即办公室（政策法规科）、纪检监察室、财政金融审计科、经贸基建审计科，有在职干部职工33人。下属8个事业单位：龙里县经济责任审计所、龙里县固定资产投资服务中心、龙里县审计局冠山分局、龙山分局、谷脚分局、醒狮分局、洗马分局、湾滩河分局，现有在编事业人员20人。同年，龙里县审计局被黔南州精神文明建设指导委员会评为州级文明单位，1人通过高级称职考试。

【审计成果】 2016年，共完成审计项目173个，其中：领导干部经济责任审计项目5个，专项资金审计项目3个，本级预算执行审计及延伸审计项目6个，投资审计项目159个。查出主要问题金额1.28亿元，其中：违规金额515万元，管理不规范金额1.23亿元。审计发现非金额计量问题19个，提出审计建议53条。审计处理中，应上缴财政443万元，已上缴财政64万元；应减少财政拨款或补贴1.04亿元，已减少财政拨款或补贴1.04亿元；应调账处理金额83万元，已调账处理金额83万元；应归还原渠道21万元，已归还原渠道21万元。审计移送处理事项17项，涉及金额31万元。

【预算执行情况审计】 2016年，开展对本级预算执行审计及延伸审计项目6个；在对地税局税收征收管理审计，重点对纳税企业进行延伸调查，检查税收征收管理是否存在“跑、冒、滴、漏”，防止国家税收流失；审查县扶贫局、湾滩河镇人民政府财政预（决）算和其他财政收支。审计调查县人社局管理的2015年度小额担保财政贴息资金和劳动力转移扶贫培训补助资金，共查出问题资金1763万元，其中：未按规定纳入预算管理882万元，未按规定征收缴纳收入9万元，虚报冒领28万元，违规出借财政资金5万元，工程结算款不实、多计工程款1万元，账外资产2万元，其他836万元。移送纪检监察机关事项1项。10月，就审计结果通过县人民政府网站向社会公告。

【专项资金审计】 2016年，完成专项资金审计项目3个，审计查出问题金额53万元，其中：违规改变项目计划和资金用途16万元，扩大开支范围或提高开支标准列支10万元，其他27万元。移送司法机关事项4项，移送纪检监察机关事项12项，涉及金额31万元。

【固定资产投资审计】 2016年，完成固定资产投资审计项目159个，其中预算审核22个、决〈结〉算审计136个、跟踪审计1个，送审金额11.68亿元，审定金额10.68亿元，净审减金额1.01亿元，为国家节约资金1.01亿元。完成重点项目施工合同审查18个，提出审计意见和建议16条，规范合同签订。

【经济责任审计】 2016年开展对5位领导干部的任期经济责任审计，审出挪用专项资金30.77万元、违规提取分配“村村通”经费37.32万元、购置相关设备未办理政府采购手续2.79万元、公款私存、往来款挂账时间长且金额大等问题。就上述问题提出审计建议5条。

【其他事项审计】 2016年组织实施国家审计署、贵州省审计厅统一安排的项目为稳增长促改革调结构惠民生政策防风险政策措施落实情况和城镇保障性安居工程。

【审计质量管理】 2016年，完善《龙里县审计局审计复合程序和内容实施办法》《龙里县审计局优秀审计项目评选办法》及《龙里县审计局审计执法责任追究制度》。年内实施的1个审计项目获全州“表彰审计项目”荣誉。

（卢　强）

物价管理

【概况】 2016年，龙里县价格管理工作围绕县委、县政府工作重点，增强价格管理公共服务意识，强化工作职能，注重抓价格服务，着力解决涉及民生的突出价费问题，不断推动价格管理、综合执法工作走上新台阶。全年办理价格认证意见110件，总金额123.58万元。

【价格管理】 全面落实价格管理政策，积极推行价格改革政策，参与和完成县政府定价、政府指导价和重要商品和服务收费的经营服务性收费备案和管理工作，对全县29所幼儿园实行收费备案管理。

【价格监督检查】 2016年，完成省、州安排涉农收费、涉企收费、药品价格等专项检查工作，规范全县行政事业性收费行为和药品价格明码标价行为。畅通价格举报电话“12358”投诉渠道，实行专人接听值守，共接听接访价格维权咨询投诉件32件，办结32件，协调退款400余元。

【价格秩序整顿】 按照国家发改委景区整治要求，下调龙里龙架山国家级森林公园门票价格。转变龙里大草原景区调整监管方式，实行市场调节价管理。

【成本调查与监审】 召开龙里县阶梯水价执行和污水处理收费价格听证会，完成阶梯水价制定和污水处理费调标工作。

【价格服务】 依法开展价格认证，为公、检、法、纪、税等部门提供涉案、涉纪、涉税财物的价格鉴证意见，2016年办理认证意见110件，总金额123.58万元（其中涉案：107件，回函：3件）。

【房地产价格管理】 组织全县46家房开企业进行商品房明码标价培训，开展商品房明码标价检查1次，检查企业46家，实现商品房明码标价全覆盖。

（王海滨）

安全生产监督管理

【概况】 2016年，制定《龙里县安全生产巡查工作制度》《龙里县安全生产考核制度》等制度。全年开展安全隐患排查整治及专项执法检查，共组织生产经营单位开展自查自纠7481家次，检查企事业单位、监管场所5905家次，暗查暗访重点领域和单位2442家次，发现一般隐患2434条，已全部督促整改完成，重大隐患提请州级挂牌督办12条，县级挂牌督办35条。对煤矿、非煤矿山、烟花爆竹、建筑施工、非法小煤窑等领域开展专项整治行动。2016年发生统计内道路交通死亡事故6起，死亡9人（县辖区内死亡2人，过境高速死亡7人），无较大生产安全事故发生。

【煤矿安全监管】 2016年，全县有1对生产矿井，5对停建（产）矿井。对煤矿监管严格执行煤矿三级确认制度，督促煤矿企业认真开展“雨季三防”及探放水等重点工作，并安排3名安监员驻矿现场监管。对日常安全隐患排查，查出隐患65条。约谈公布关闭的3家煤矿企业负责人，督促指导企业落实关停方案、施工安全、达标验收、完成时限等工作。及时调整充实专项工作领导小组人员，定期对各镇（街道）安全生产工作进行情况巡视督导。把打击非法小煤窑和私挖滥采专项行动，纳入县对镇（街道）的季度考核内容。

【非煤矿山安全监管】 全县共有29家非煤矿山企业，均为露天矿山，其中26家已被评为三级以上标准化企业。全年共检查企业112家次，查出隐患366条，均已整改落实。严格对新、改、扩建非煤矿矿山准入条件进行审查批准。坚决关闭在规定期限内未提出安全生产许可证延期申请和未在规定期限内取得安全生产许可证的非煤露天矿山，及时吊销决定关闭的非煤露天矿山企业证照，停止电力和火工产品等生产资料供应。不定期邀请安全监管专家深入企业现场把脉问诊，对症下药。

【危险化学品安全监管】 定期对辖区9家加油站（1家停产）及贵州龙里新龙乙炔有限公司等企业开展安全监管检查，同时聘请危化专家对重点企业开展专项检查，全年共检查危险化学品经营企业70次，查出一般隐患93条，均已整改。及时责令许可证到期的新龙乙炔有限公司等企业停产；对涉氨企业华润雪花啤酒（黔南）有限公司进行安全确认和检查。严格对新建加油站审批，协调指导新建加油站严格落实“三同时”制度，对加油站、危险化学品经营许可证延期相关材料严格审核。

【烟花爆竹安全监管】 辖区内有2家烟花爆竹批发企业和101家烟花爆竹零售网点。2016年，共计检查烟花爆竹批发企业36家次，排查出隐患36条，均已整改。对全县烟花爆竹零售店进行一日一调度，对云海烟花爆竹公司的违规行为实施行政处罚，责令贵州省龙里日杂副食店在证照到期未办证之前严禁经营活动。统筹协调好全县烟花爆竹零售经营户的换证办理工作，对全县所有拟申请烟花爆竹零售许可证的101家店铺进行实地查看，对存在安全距离不够、“下店上宅、前店后宅”、混合经营等不符合条件的不予办理证照。

【八大行业监管】 对全县所有工贸企业的安全状况进行排查，推行安全生产分类分级监管，并列出一批重点监管对象，明确牵头单位联合协助单位、镇（街道）开展联合安全监管检查。县工信局、县市场监管局等部门牵头监管的企业每季度开展全覆盖的安全监管检查，各镇（街道）对重点监管对象之外的工贸企业开展季度全覆盖检查，县工信部门全年牵头排查出安全隐患261条，并全部整改。

【应急救援】 修订《矿山事故应急预案》《危险化学品事故应急预案》《烟花爆竹事故应急预案》等预案。2016年7月10日，参与处置省安监局牵头的厦蓉高速K75处油罐车侧滑事故应急救援工作，及时消除厦蓉高速路K75段油罐车侧滑事故隐患，成功救援遇险油罐车辆，且无人员伤亡。7月12日，多部门联合举办2016年防洪抢险应急演练，顺利完成预警预报、会商决策、转移避灾、救助安置、险情解除等五个步骤，用时40分钟，完成打草河附近24户150名群众的转移和救援工作；11月10日开展电梯事故应急救援演练。

【职业卫生安全监管】 全县职业危害重点监管的企业23家，接触职业危害人数428人，县境内无金属冶炼企业，金属非金属矿山企业19个，建材（水泥生产、石材加工）3家，危化生产企业1家，共开展执法检查64家，查处隐患107条，整改107条；除停产企业外，重点监管企业已完成作业场所职业病危害申报工作。完成作业场所职业病危害现场检测工作的企业26家，除了停产企业，七个职业病危害重点监管行业企业作业场所职业病危害现场检查工作100%完成。完成作业场所职业病危害因素申报企业61家，七个职业病危害重点监管行业企业作业场所职业病危害项目申报工作100%完成。开展职业卫生“三同时”企业5家，另外，开展作业场所职业病危害现状评价企业5家。督促职业病危害严重企业组织职工开展职业健康体检工作，共体检51家企业，体检人数1122人。

2016年共举办3期职业卫生资格证培训班，参加培训企业97家，参加培训人员达198人，七个职业病重点监管行业企业均已参加培训，培训率达100%。全县通过职业卫生基础建设评审验收达标用人单位19家，职业卫生基础建设自评报告已备案15家，正在开展职业卫生基础建设用人单位5家。

开展职业卫生执法检查，共组织检查191次，共下达现场检查记录122份，责令整改指令书102份，现场处理决定书2份，强制措施1份，复查意见书69份，发现存在的安全隐患390条，责令立即整改或限期整改390条，隐患整治形成闭合，整改率达100%。

【重点行业领域综合监管】 建筑施工。全年开展专项检查170个次，发现隐患893条，均已督促整改落实。12月上旬，邀请中铁五局建筑工程有限公司、贵州华兴建筑工程有限公司等4家企业工程师参与对全县工地进行交叉检查，共检查龙城明珠、因特拉根、雪花啤酒等29个施工项目，发现一般安全隐患150余条，已督促企业及时整改。

交通运输。共出动执法检查人员1200余人次，对项目施工企业、道路运输企业、渡口等地点开展专项检查400余家次，对查出的安全隐患督促限时整改到位。投入近170万元用于农村公路水毁修复、增设或修复农村公路标志标牌、农村公路地质灾害防治等工作。交通、安监、交警等部门联合完成全县通客运班线临水临崖急弯陡坡路段隐患排查并建立数据库，启动项目实施的融资工作。全年共检查车辆7000余辆次，查处非法违法道路运输40起，查处公路一般超限运输400余车次，严厉打击制止车货总重49吨以上车辆上路过桥行驶，确保恶性超限运输控制在3.5%以内。会同贵定、福泉、开阳等县市海事部门开展季度大花库区水上交通安全联合执法行动。完成客运企业、危货运输企业和200余人次质量安全信誉考核。

道路交通。组织辖区客运、危货企业责任人员进行集中培训16场次，检查辖区客运、危货、驾校、检测机构40余次。在各项专项行动中，查纠各类交通违法行为7.8万余起，其中现场执法5.1万起，非现场执法2.7万余起，无证驾驶144起，饮酒驾驶89起，超速行驶6565起，客运超员3起，货运超载84起。

旅游景区。对龙架山森林公园、龙里大草原等景区的基础设施、游乐设施、消防设施等进行专项整治，及时消除安全隐患，加强监督检查。全年出动执法人员120余人次，检查景区景点50余家次，发现一般隐患8条，已整改。同时，加大对星级酒店、旅行社等旅游服务企业的监管检查。

消防。对人员密集场所内消防器材配置、疏散通道、安全出口、消防安全制度和应急预案的编制等情况展开检查，对建材（家具）市场的开展专项整治。全年共检查酒店、超市等重点单位1577家次，发现火灾隐患和违法行为2917条，下达责令改正通知书1198份、行政处罚决定书58份、临时查封决定书12分、责令“三停”单位11家，罚款34.43万元，拘留7人。

特种设备。共检查特种设备使用单位176家次，出动执法人员400余人次，检查特种设备793台次，排查安全事故隐患49条，已督促使用单位整改。定期召集电梯使用、电梯维护保养及锅炉使用等单位召开会议，全县56家电梯使用单位、43家维护保养单位和44家锅炉使用单位参加会议。督查特种设备运用中违法违规行为，对涉嫌违法违规行为立案调查，共立案7起，罚没金额19.2万元，其中电梯违法案件3起、罚没金额5.2万元。

（安监局）

财政　税务

财　政

【概况】　2016年，龙里县财政工作坚持服务全县改革、发展、稳定为核心目标，发挥财政职能作用，加强收入征管，优化支出结构，全年预算执行情况稳中向好。全年税收总收入完成16.36亿元；财政收入累计完成18.44亿元，超年度任务4.3个百分点，同比增收1.5亿元，增长8.88%，增幅居全州第10位。公共财政预算收入完成9.68亿元，超年度任务7.52百分点，同口径同比增收1.84亿元，增长23.50%，增幅居全州第2位。

县财政局设7个内设机构，10个下属事业单位，在编在岗59人。内设办公室、预算科、国库科、金融债务科、经建科、农财科、行财科。下属事业单位中有3个正科级单位，6个副科级单位，1个股级单位。分别是：公共资源交易管理办公室、国有资产监督管理委员会办公室、财政资金管理委员会办公室、财政监督执法大队、非税收入管理局、基层财政管理局、农业综合开发办公室、国库集中收付中心、财政投资评审中心、信息中心。

2016年，龙里县获全州唯一PPP省级示范县荣誉称号，3个PPP项目获省级示范项目，新高中项目获部级示范项目；县财政局获州级文明单位称号。

【财政收入】　2016年财政收入累计完成18.44亿元，超年度任务4.3个百分点，同比增收1.5亿元，增长8.88%，增幅居全州第10位。公共财政预算收入完成9.68亿元，超年度任务7.52百分点，同口径同比增收1.84亿元，增长23.5%，增幅居全州第2位。全年税收总收入完成16.36亿元，其中：地方税收收入7.74亿元，同口径同比增长24.17%，占全年税收总收入的比重为47.34%，占全年公共财政预算收入的比重为80%，较上年下降0.77个百分点；中央、省、州分享税收收入8.61亿元，占全县税收总收入的比重为52.66%。全年非税收入完成2.08亿元，其中：县级部分1.94亿元，同口径同比增长20.88%，占全年公共财政预算收入的比重为20%，较上年增长0.77个百分点；省、州分享1437万元。全年争取各项上级转移支付资金14.97亿元，其中：一般转移支付资金8.03亿元，增加6839万元，增长9.31%，专项转移支付资金6.16亿元，增加4805万元，增长8.46%。

【财政支出】　2016年财政总支出累计完成36.98亿元，同比下降8.39%。其中：一般公共预算支出23.03亿元，同比增长9.05%；政府性基金预算支出13.92亿元，同比下降27.67%；国有资本经营预算支出258万元，同比增支258万元。

【财政体制改革】　围绕中央“一级政府一级财政一级预算”要求，严格按照“财随人走、相对独立、分灶吃饭、自求平衡”原则，探索适合龙里县的县与镇（街道）财政体制管理改革模式，综合考虑各镇（街道）经济发展水平、税源基础、产业特点等因素，实行区别对待，合理确定县（镇）财政体制的税收分成比例及超收分层比例；建立较为规范的转移支付，缩小财力差距，使不同类型乡镇都有一定财力发展本辖区内社会事业。2016年底，根据各镇（街道）全年税收完成情况，对各镇（街道）收支基数、超收分成补助、转移支付等进行测算并予以批复，顺利完成镇（街道）2016年财政体制结算下达工作。

【财源建设】 2016年，一般公共预算安排协税护税支出6024万元，主要保障政府对雪花啤酒、红狮水泥、中铁、贵深等企业税收优惠政策的执行以及教育系统、疾控及人事招考成本等。设立重大项目及工业发展专项资金2606.31万元，其中2016年重大项目前期规划与编制专项1500万元；“大数据”产业发展基金506.31万元，为大数据平台建设、招商引资、现代服务业集聚区、循环经济示范县建设提供资金保障；工业发展扶持资金500万元用于支持工业企业发展，确保重点项目的顺利建设和民生政策的落实。

【非税收入执行情况】 2016年非税收入共计入库1.94亿元，其中：行政性收费3585.81万元，专项收入2596.62万元，罚没收入2346.28万元，国有资源（资产）有偿使用收入1.06亿元，政府住房基金收入117.87万元，其他收入99.42万元。

【政府性债务管理】 创新政府性债务管理模式，防范和化解债务风险，坚持“借、用、管、还、转”一体化原则及政府融资平台转型剥离企业债务的形式，走出一条“大平台+差异化”模式的国有投融资平台转型发展新路，切实改变“有形无实”的运作模式，该模式已获省、州认可，被列为全省学习交流的典型示范县之一。2016年由财政资金偿还的债务余额为71.05亿元，其中：一般债务59.78亿元，专项债务11.27亿元。从债务认定情况看，债务余额中经财政部认定已纳入地方政府性债务管理系统管理的71.05亿元，其中：已使用政府置换债券置换的48.58亿元，尚未置换的22.47亿元。向上级争取地方政府置换债券置换存量债务34.52亿元，偿还2016年到期存量债务本金。

【普惠金融政策落实】 编制上报龙里县普惠金融项目（农业保险、定量补贴、增量补贴、民贸民品贷贴息）情况表，2016年收到上级下达的普惠金融资金共计2082.47万元。

【会计事务管理】 2016年全县办理会计从业资格考试审核69人，初、中级职称考试审核45人。办理会计证新证32人、调入36人、调出3人、遗失补办2人、信息变更2人。组织参加年度会计继续教育569人。采取“以评促建”的方式组织、指导全县85家行政事业单位开展内部控制基础性评价工作，推动单位完善内控管理，提高管理水平。

【财政监督检查】 开展全县公共资金安全大检查，2016年共检查行政事业单位、国有企业及平台公司92家，发现并纠正各类资金安全管理问题70余个。开展财政部门民生项目资金监管情况大检查，共检查民生专项资金13类35项、金额2.13亿元。开展县级非税收入大检查，共检查金额35.49亿元，查找问题1个，提出整改建议1条。开展融资资金大检查，共检查县内17个融资主体55个融资项目，涉及金额71.17亿元，发现问题29个，提出综合整改建议5条。开展年度会计信息质量检查，收回部门长期挂账预算结余资金4.49万元，责令整改问题10条。

【清产核资】 2016年对行政事业单位的国有资产进行了全面清理。经清理，全县清理国有净资产共计70.87亿元，其中：行政单位净资产合计实有数6.2亿元，事业单位净资产合计实有数6.97亿元，国有企业57.7亿元。全县产权登记的行政事业单位60家。

【固定资产管理】 严格执行固定资产管理相关制度，实行固定资产采购与预算管理相结合。规范固定资产配备、使用、处置报废等程序。2016年全县行政事业单位及国有企业固定资产共计14.48亿元，其中：行政单位固定资产原价1.83亿元，事业单位固定资产原价4.48亿元，国有企业固定资产净值8.17亿元。

【社保资金管理】 严格按照《社会保险基金财务》《社会保险基金会计制度》和《社会保障财政补助资金管理》的规定，分险种建账、单独核算、专人负责、专款专用。2016年收到城乡居民养老保险2691万元，其中个人缴费688万元，支出2092万元，年终滚存结余4429万元；收到再就业资金1044万元，支出1269万元，年终滚存结余339万元，全年享受社会保险补贴人数有401人，享受职业培训补贴人数有1464人，享受职业技能鉴定补贴人数959人，享受公益性岗位补贴人数401人，享受小额担保贷款贴息人数62人；按照《龙里县失地农民养老保险实施方案（试行）》的要求，为辖区内失地农民办理养老保险缴费相关手续，及时拨付资金缴纳失地农民养老保险；农村最低生活保障标准提高到月人均212元，全年收到资金2028万元，支出2076万元，年末滚存结余839万元；城市居民最低生活保障标准提高到月人均414元，全年收到资金342万元，支出453万元，年末滚存结余291万元；收到城乡医疗救助资金401万元，支出510万元，年末滚存结余92万元，全年救助1613人，资助参加城乡居民基本医疗保险905人，住院救助791人次，门诊救助822人次；新型农村合作医疗保险当年人均筹资标准为510元（其中：个人缴费90元，中央300元，省级102元，州级7.2元，县级10.8元），参合19.12万人，筹资总额9691万元，使用7637万元，年末滚存结余5452万元。

【基层财政管理】 一事一议项目建设。2016年组织实施一事一议普惠项目94个，新建硬化通组道路59.23公里；文体活动场所5个，4307.5平方米；安装太阳能路灯771盏，项目覆盖6个镇（街道）91个自然村寨，受益群众1.95万人，总投资1517.06万元。

“四在农家·美丽乡村”小康寨建设。2016年按照“五化八工程”的标准组织实施小康寨建设14个，总投资1.03亿元，主要是湾滩河镇甲摆村对门河小康寨、走马村孔雀寨小康寨和甲摆同小康寨、毛栗村卜郎寨小康寨；龙山镇的莲花湿地公园、莲花村的何家庄小康寨和老寨小康寨；洗马镇的哪磅村高寨小康寨、羊昌村小康寨；谷脚镇茶香村小康寨和谷冰村小康寨；醒狮镇大岩村小康寨、醒狮村马鞍山小康寨；冠山街道办事处大新村小康寨，全年按计税面积15.95万亩，总产5768.9万公斤，34.34元/百公斤的标准，对全县5镇1街道的原159个村4.23万户兑现耕地地力保护补贴1981.04万元。

【国库集中收付】 2016年，共审核办理国库集中支付资金18.42亿元，其中：审核办理直接支付业务4256笔，支付资金15.83亿元，占国库集中支付业务的86%，办理清算授权支付业务1.12万笔，支付资金2.59亿元，占国库集中支付业务的14%。

按照“总体规划、分步实施、积极稳妥”的原则，依托网络平台技术，采取试点先行逐步扩大的方式，完成2016年镇（街道）国库集中支付改革工作，各镇（街道）通过财政一体化系统，实现预算指标管理和国库集中支付网络化处理。

【农业综合开发】 2016年，实施完成2015年土地治理项目4个，省直科技推广项目1个，投入农业综合开发资金2568.55万元，新建高标准农田1.73万亩、恢复高标准农田300亩、科技推广种植优质无公害蔬菜2050亩。龙里县2016年度高标准农田建设项目成为贵州省第一批进行项目建设的开发县之一，项目整体进度已达到50%，进度居全省前列。

【财政支农】 兑现惠农补贴。2016年兑现油菜籽补助资金58万元，补贴种植农户3.09万户，其中：湾滩河镇7.73万元，补贴农户8260户；冠山街道办事处8.7万元，补贴农户3480户；洗马镇15.47万元，补贴农户1万户；龙山镇5.8万元，补贴农户6387户；谷脚镇7.73万元，补贴农户3328户；醒狮镇12.57万元，补贴农户5471户。兑现2015年度中央农机具购置补贴资金77.39万元，补贴农机具678台，受益农户667户。兑现退耕还林延长期补助资金558.28万元，补助退耕农户1.23万户，其中：湾滩河镇11.18万元，补助农户357户；冠山街道办事处66.13万元，补助农户820户；洗马镇227.23万元，补助农户5227户；龙山镇58.36万元，补助农户1746户；谷脚镇89.48万元，补助农户1548户；醒狮镇105.9万元，补助农户2649户。

完成2015年中央财政现代农业生产发展资金精品果业（脆红李）种植项目，通过省、州对龙里县精品果业（脆红李）种植项目的绩效考评。

【财政助企】 2016年拨付2015年微型企业补助资金（90户）254.79万元，兑现民贸民品贴息财政补助资金604.77万元，争取工业企业技术改造专项补助资金2417万元。

【民生保障投入】 为保障全县重点饮水工程水源地及沿线集雨区农村环境整治、村级公益事业建设、农村危房改造、各镇（街道）精准扶贫、教育、民政等各项民生事业的发展，2016年一般公共预算安排各类民生支出2.09亿元，比上年预算增加1.23亿元，其中设立扶贫攻坚基金1亿元。

【政府采购】 2016年政府采购预算7.58亿元，实际采购7.46亿元，节约1160.63万元，资金节约率1.53%。其中：实际采购金额中货物类7573.78万元，工程类1.14亿元，服务类5.57亿元。

【城建投资】 2016年度龙里县投入2.26亿元，用于城镇基础设施项目建设，其中中央、省级专款项目资金投入7412.81万元，县本级预算资金投入1911.16万元，融资项目资金1.32亿元。

【财政投资质量评审】 坚持"客观、公平、公正"的评审原则，全力服务政府投资项目建设，不断加大创新服务力度，为政府投资项目严把造价关。2016年共收到政府委托书151份，完成评审项目并出具项目评审报告148份，涉及项目送审预算金额共计15.67亿元，审定预算金额共计14.49亿元，审减金额共计1.18亿元，审减率达8%，节约财政资金共计1.18亿元。

【国有资产管理】 严格按照国有资产管理要求，规范国有资产配置、报废的管理，控制单位随意配置家具、设备和车辆行为。2016年，共受理国有资产处置申请78件，对符合资产处置的下达批复61件，处置资产原值0.25亿元，处置收入共计4884元。处置收入全部上缴国库。

【PPP模式推广】 2016年龙里县获贵州省省级示范县称号，总投资3.58亿元的新高中项目获财政部第三批部级示范项目和贵州省第二批省级示范项目称号，总投资2.11亿元的贵龙城市经济带纵三线工程、总投资2.6亿元的经开区2万吨污水处理及再生水回用工程，获贵州省第二批省级示范项目称号。

（黄显慧）

国家税务

【概况】 2016年，龙里县国税局内设12个科室：办公室、人事教育科、监察室、财务管理科、信息中心、征收管理科、政策法规科、收入核算科、税源管理科、稽查局、龙山税务分局、办税服务厅。在职职工有50人，其中派遣到"双龙航空经济港"7人。

全县纳税人共有8276户，其中：企业2340户、个体5936户，增值税般纳税人582户，达起征点的个体户83户，干部职工平均管户为183户，税源管理部门人均管户达到637户。

2016年，组织收入7.09亿元，与去年5.8亿元同期相比增收1.47亿元，增长25.41%，其中：增值税4.5亿元，消费税6092万元，企业所得税完成7249万元，车辆购置税完成1.26亿元。

2016年，在金税三期工程优化版推广工作中，县局干部毛国祥获总局表扬、省局嘉奖，李庆获省局记三等功，邬海星获省局嘉奖，李佼擂获省局表扬；李倩楠获"全省国税系统纳税服务之星"称号；赵俊宇获全省国税系统"优秀共产党员"称号；包晓云、胡燕受到总局督察内审司表扬。

【优化税收环境】 2016年，龙里县国家税务以风险管理为导向，突出思维法治化、管理规范化、工作痕迹化、执法证据化、问责常态化，面向广大群众和纳税人，突出税法宣传，提升办税效率。与县地税局利用全国第25个税收宣传月在双龙镇开展税法宣传。同时，通过微信，互联网，纳税人平台，广播、电视媒体，宣传税法。

【税收情况分析】 分税种完成情况。税种增长呈现全面增长的态势，主体税种增值税增速回暖、企业所得税、消费税、车辆购置税均有所增长。2016 年增值税累计完成 4.5 亿元，比上年 3.34 亿元同比增收 1.16 亿元，增长 34.67%，占税收收入总计 63.38%；消费税累计完成 6092 万元，与上年 4338 万元同比增收 1754 万元，增长 40.43%，占税收收入总计 8.59%；企业所得税完成 7249 万元，与上年 6103 万元同比增长 1146 万元，增长 18.78%，占税收收入总计 10.22%；车辆购置税完成 1.26 亿元，与上年 1.23 亿元同比增收 352 万元，增长 2.87%。占税收收入总计 17.81%。

行业税种完成情况。增收因素。主要有六个大行业，分别为医药制造业，批发和零售业，金融业、酒和饮料制造业、车辆购置税。医药制造业：县医药企业有 14 户，税收主要以贵州神奇药业有限公司龙里分厂、贵州金桥药业有限公司龙里新资源部、贵州瑞和制药有限公司龙里药厂等 9 户大企业为主，2016 年累计入库税款 1 亿元，与去年 8297 万元同比增加 1709 万元，增长 20.6%。批发和零售业：2016 年累计入库税款 9824 万元，与去年 7088 万元同比增收 2736 万元，增长 38.6%。主要是烟草行业 2016 年 12 月累计入库税款 4386 万元，与去年 3071 万元同比增加 1315 万元，增长 42.81%，卷烟价格全部上调 6%，卷烟批发消费税税率由 5% 提高至 11%，并按 0.005 元每支加征从量税。金融业：2016 累计入库税款 2367 万元，比 2015 年增加 1131 万元，增长 91.5%。酒、饮料制造业：2016 年累计入库税款 5924 万元，比 2015 年增加 398 万元。增长 7.2%。车辆购置税：2016 年 12 月累计车辆购置税完成税收 1.26 亿元，比去年 1.23 亿元同比增收 352 万元，增长 2.87%。在龙里入户车辆累计 1.92 万辆，较去年 1.44 万辆同比增加 4822 辆。营改增行业：交通运输业本年累计 623 万元，较上年同期增加 324 万元，增长 108.36%。房地产业本年累计 8109 万元，较上年同期增加 7921 万元，增长 4213.3%。建筑业累计 4777 元，较上年同期增加 4766 万元，增长 43327.27%。生活服务业 801 万元，上年同期无税款。减收因素。主要是化学原料及化学制品业，电力、热力、燃气及水生产和供应业，橡胶和塑料制品业，非金属矿物制品业、酒、饮料制造业税收均有不同程度的下降。化学原料及化学制品业：2016 年累计入库税款 1595 万元，与去年 1753 万元同比减少 158 万元，下降 9.01%。电力、热力、燃气及水生产和供应业：2016 年累计入库税款 2062 万元，与去年 2230 万元同比减少 168 万元，下降 7.53%。橡胶和塑料制品业：2016 年累计入库税款 1798 万元，与去年 2796 同比减少 998 万，下降 35.69%。非金属矿物制品业：2016 年累计入库税款 6615 万元，与去年 7553 万元同比减少 938 万元，下降 12.42%。酒、饮料制造业：2016 年 12 月累计入库税款 5010 万元，与去年 6456 万元同比减少 1446 万元，下降 22.4%。主要是华润雪花啤酒（黔南）有限公司 2016 年 12 月累计入库税款 4989 万元，与去年 6446 万元同比减少 1457 万元，下降 22.6%。

分产业完成情况。从三个产业来看第三产业税收占比大幅提高，增幅显著，第一产业税收收入较去年同期有所下降。

2016 年累计产业税收完成情况统计表

单位：万元

产业名称	2016 年 12 月累计				
	本年累计入库总额			本年累计同比增量	
合　计	70930	位次	占比%	位次	同比增减额
第一产业	36	3	0.05%	3	-26
第二产业	34860	2	49.15%	2	2986
第三产业	36034	1	50.8%	1	11854

第一产业完成税收36万元，与去年62万元同比减收26万元，下降41.94%；第二产业完成税收3.49亿元，较去年3.19亿元同比增收2986万元，增长9.37%；增加主要是因素是：建筑业本年增加4777万元。工业增值税累计完成2.21亿元，同比减收1125万元，下降4.9%，全州增速排位第十位。第三产业完成税收3.6亿元，较去年2.42亿元同比增收1.19亿元，增长49.09%。增长因素主要是营改增带来税收增长。

重点税源企业完成情况。龙里县纳入重点税源监控的19户企业，2016年12月累计完成增消所税收收入2.91亿元，占总体税收7.09亿元的41%，同比减收2889万元，下降9.04%。

【征管体制改革】 制定“营改增”改革试点工作实施方案、任务分解表及8个配套子方案，按照总体要求，逐项序时推进。全年全县“营改增”“四大行业”新增管户共计2439户，“营改增”纳税人正常申报户数达2437户，准期申报率达到99.9%，累计入库税款1.63亿元。

“五证合一”和“两证整合”商事制度改革。按照商事制度改革工作要求，在“三证合一、一照一码”和“个体工商户二证合一”登记制度改革的基础上，积极推进工商营业执照、组织机构代码证、税务登记证、社会保险登记证和统计登记证“五证合一”、个体工商户“两证整合”登记制度改革工作。2016年全县单位纳税人实施“统一社会信用代码”的“五证合一”登记户数为912户，已到国税进行税务登记信息补录713户，对因未开始生产经营等原因造成未及时进行登记信息补录的199户，按要求发起《主管税务机关分配预处理清册》由管理部门开展巡查核实工作，督促纳税人办理信息补录。个体工商户“两证整合”登记制度改革，从12月起，按时间节点配合市场监督管理局，主动了解“两证整合”登记办理情况，做好信息交换，及时对已办理个体“两证整合”登记的纳税人办理税务信息补录登记，已办理个体“两证整合”登记18户次。

国、地税合作。认真落实《国地税合作规范3.0》，按照37项基本合作事项和14项创新合作事项内容，深化龙里县国、地税合作工作，打造全功能、前后台整合的办税服务厅，实现“一人一窗一机双系统单pos”的办税模式，按照“1+4+N”工作要求推动国、地税其他合作事项开展，在联合税法宣传、联合纳税人学堂、联合信用等级评价、联合税收分析、信息互动等合作事项上得到落实。

联合实施房地产、建筑行业税收管理。结合州税务部门的要求，在全县范围内推行“1+4+N”深度合作办税模式，推行国、地税的深化合作和“N”个创新合作事项。2016年5月，龙里县国、地税按照组织领导一体、岗责体系一体、管理团队一体、宣传培训一体、跟踪监控一体的“五个一体”，实现房地产、建筑行业税收管理一体化的“自选动作”。至11月，采集取得房地产、建筑行业相关有效信息300多条，同时对建筑工程项目清理报验户150余户次。共组织征收税款7500余万元（其中：房地产行业入库税收5000余万元、建筑行业入库税收2500余万元），征收所得税等各地方税税款1.35亿元。

【信息化建设】 开通自助办税绿色通道。2016年11月11日，龙里县国家税务第一张自助办税终端代开发票在办税服务厅成功开出，实现对办税效率的优化，简化纳税人办理代开发票业务的程序，使代开发票业务效率得到极大提升。此自助办税终端的开通，满足纳税人多元化的纳税需求，节约办理时间成本，提高办税服务效率，杜绝因操作失误导致发票打印错误、跳号等问题发生。至12月，自助办税终端代开发票共163份。

开通“码上”代开绿色通道。方便纳税人办理发票代开业务，节约纳税人排队时间，为发票代开业务提速增效。12月7日，依托“互联网+税务”，开通极速代开系统，用线上操作的方式解决纳税人在柜台代开发票耗时过长的问题。开具发票的时间比传统人工开票方式缩短70%。12月，共扫描开具51张发票，其中增值税专用发票8份。

【税务稽查】 利用现有信息资源，加强对相关行业、相关企业的管理和专项检查，2016年共计查补入库税收820.14万元，其中：税款

528.11 万元，罚款 215.10 万元，滞纳金 76.93 万元。

【依法治税】　严格落实“税源监控、税收分析、税收预测”三位一体管理要求，主动把握“新常态”下组织收入工作规律，确保国税收入运行持续、均衡、可控。加强税源监控分析，突出抓实新增工业企业、重点企业等经济税源的分析监控和跟踪管理，强化企业所得税管理，提高纳税评估质量和稽查打击精准度，为地方抓改革、调结构、稳增长出谋划策，提高税收收入质量和增量。

【纳税服务】　落实税收优惠政策。2016 年，享受减免税 6836 户次，减免税金 1.42 亿元。享受增值税减免各类优惠 4187 户次，减免金额 3412 万元，占总减免额的 24.03%。

小微企业增值税优惠政策。注册登记户为 8207 户，共免征增值税税额达到 4538.15 万元，其中：在册月销售额在 3 万元以下免征增值税 1534.48 万元。

小型微利企业所得税优惠政策。2016 年，全县小型微利企业有 1068 户，盈利企业 145 户，盈利面 13.58%。剔除零申报企业、亏损企业和享受其他优惠政策企业户数，实际符合小微企业所得税优惠条件并带动享受的企业有 145 户，政策受惠面 100%。共计优惠所得税额 116.13 万元，户均减免 0.8 万元。

（杨德辉　杨　富）

地方税务

【概况】　2016 年，龙里县地方税务工作围绕年初工作目标，按照“四个全面”战略布局，牢固树立和贯彻落实创新、协调、绿色、开放、共享发展理念，坚持稳中求进工作总基调，深刻认识、主动适应、积极引领税收新常态，依法组织税收收入，深化国地合作，采取有力措施，狠抓工作落实，以组织收入为中心，为龙里县地方经济发展和社会进步做出贡献。

龙里县地方税务局内设办公室、人事股、征管和科技发展股、政策法规股、计划财务股 5 个股（室）；下设一分局、二分局、三分局 3 个税务分局，为县局的派出机构，县局编制 28 人，在岗人数 28 人。

2016 年“营改增”共计移交管户 1996 户，共新鉴定资源税管户 72 户。

【税收情况分析】　2016 年，组织税收收入共计 9.27 亿元（不含营业税收入 7.15 亿元），不含营业税税收收入同比增收 1.49 亿元，增幅 26.42%，完成州部门下达任务 8.61 亿元的 107.68%；组织两项收入共计 9.48 亿元，完成县任务 8.9 亿元的 106.53%，完成州、县两级组织收入任务。

分税种完成情况。营业税，入库 2.12 亿元，同比减收 1.8 亿元，下降 45.92%。营改增增值税，入库 141 万元。企业所得税，入库 1.09 亿元，同比减收 2583 万元，下降 19.1%。个人所得税，入库 5029 万元，同比增收 2157 万元，增长 75.1%。资源税，入库 1861 万元，同比增收 419 万元，增长 29.06%。城建税，入库 3663 万元，同比减收 116 万元，下降 3.07%。房产税，入库 1241 万元，同比增收 492 万元，增长 65.69%。印花税，入库 1285 万元，同比增收 280 万元，增长 27.86%。土地使用税，入库 4697 万元，同比增收 2559 万元，增长 119.69%。土地增值税，入库 1.59 亿元，同比增收 2672 万元，增长 20.15%。车船税，入库 361 万元，同比增收 47 万元，增长 14.97%。契税，入库 4973 万元，同比减少 3539 万元，下降 41.58%。耕地占用税，入库 2.1 亿元，同比增收 1.24 亿元，增长 144.87%。烟叶税，入库 367 万元，同比减收 7 万元，下降 1.87%。

分产业、分行业完成情况。第一产业完成 158 万元，占收入总额的 0.17%，主要是契税。第二产业完成 3.7 亿元，占收入总额的 39.94%。主要是建筑业税收完成 2.83 亿元，占第二产业完成数的 76.43%；其次是制造业完成 8024 万元，占第二产业完成数的 21.67%。其余：采矿业完成 267 万元，电力、热力、燃气及水的生产和供应业完成436万元。第三产业完成5.55亿元，占收入总额的59.89%。主要是房地产业税收完成3.98亿元，占第三产业完成数的71.64%，其次是水利、环境和公共设施管理业完成2736，占第三产业完成数的4.93%。其余：文化、体育和娱乐业完成2107万元；金融业完成2392万元；批发和零售业完成2527万元；住宿和餐饮业完成82万元；信息传输、软件和信息技术服务业完成178万元；交通运输、仓储及邮政业完成735万元；租赁和商务服务业完成1247万元；科学研究和技术服务业完成146万元；教育业完成57万元；卫生和社会工作完成28万元；公共管理、社会保障和社会组织3121万元；其他行业完成395万元。

分类型完成情况。内资企业完成8.76亿元，占税收完成比重93.91%；个体经营完成2977万元，占税收完成比重3.21%；港澳台投资企业完成7万元；外商投资企业完成2122万元，占税收完成比重2.29%。

【征管体制改革】 “营改增”工作。按照州业务部门《关于做好深化征管体制改革前“营改增”相关工作的通知》要求，对全县建筑业、房地产业、金融业和生活服务业纳税人组织开展自查工作，并结合纳税评估工作，共计对402户企业纳税人发放资料并要求自查，其中：建筑业152户，房地产业86户，金融业40户，生活服务业124户，共计收回自查表362份，自查应补税款共计4727万元；成立龙里县国、地税“营改增”领导小组，强化联席会议制度，统一协作，全年共计移交管户1996户（其中：企业701户，个体1295户），其中：建筑业322户，房地产业136户，金融业40户，生活服务业1498户，完成管户移交工作。同时，与国税部门配合，建立日常联系制度，及时掌握税源变化动态，针对移交企业的行业特点，完善分析方法，做好对相关行业数据的分析，利用国税部门提供的有关涉税信息，秉持“抓大不放小”的理念，继续抓好小税种管理，深挖税源潜力，弥补收入缺口，提高“营改增”后地方税收的监控能力及征管水平。

国地税合作。为确保各项合作事项的实现，按照《“1+4+N”深度合作模式实施方案》的要求，县国、地税共同成立深化国地税合作领导小组及相关工作小组，确立工作机制，明确联席会议制度和合作原则，双方签订《深化合作事项任务书》，细化落实《合作规范3.0版》中的51个合作事项的时间表、路线图，责任部门和责任人员，从组织、人员、制度上为合作工作提供保证，同时认真分析把握节点，有序推进各项合作工作。截至12月31日，联合办理税务登记3112户次，变更登记3997户次，注销605户次，代开发票1901份，联合征收增值税142.3万元。

综合治税。通过推行《龙里县国家税务局、地方税务局推行房地产、建筑行业税收一体化管理工作实施方案》，加强与财政、市场监管、国税、房管、各镇及街道办事处等掌握税源信息的管理部门的协作，成立龙里县房地产、建筑行业税收一体化管理工作领导小组，定期召开税收分析联席会议，对可能产生的税收风险等方面联合分析，实现涉税信息共享，充分发挥信息管税的支撑作用。全年涉及两大行业收入总额为6.81亿元。

“改革创优年”。全州地方税务工作会议确定2016年为全州地税系统“改革创优年”。龙里县地方税务围绕“改革驱动，激发活力，高效治税”的工作主线，以“依法治税，信息强税，人才兴税，绩效促税，服务优税”为工作重点，继续巩固“三严三实”专题教育活动及“转作风、优服务、创一流”主题活动的成果。按“分级抓项目，层层抓落实，人人抓管理”的原则，落实相关的管理要求，细化任务，明确责任，加强监督考核。

资源税改革。2016年，大力推广资源税改革，在全县范围内按照相关文件要求共新鉴定资源税管户72户，资源税改革为从价计征后，资源税月减收约100万元，切实为纳税人减轻负担。

商事制度改革。从“三证合一”到“五证合一、一照一码”，实现工商、税务部门数据信息实时共享，由以前的“外循环”变成工商、税务的“内循环”，减轻纳税人的负担和地税机关办税服务厅的工作量，有效降低税收征收成本。

【信息化建设】 分级管理。县电税中心负责对地方税务局计算机网络运行安全管理、病毒库的升级、软硬件的维护、征管业务系统信息化建设培训等，时刻确保计算机运行正常。系统、网络安全管理。完善计算机管理各项制度，加强干部保密教育，杜绝泄密事件发生。落实数据分析，及时排除各类故障。操作平台维护管理。就省、州局征管业务系统操作平台的问题跟踪维护。设备配置和运维管理。实现人手一机，计算机、打印机等设备硬件配置，为信息化管理提供保障。不断加强“金税三期”等应用系统以及第三方数据的获取整合，强化数据标准化建设和数据分析应用。

【税务检查】 开展审批事项清理，坚决防止和纠正“上取消下不取消”及“明取消暗不取消”等行为。加大税收执法督察力度。推行税收执法权力清单制度。开展纳税信用级别评价，联合国税局举行“纳税信用等级评定A级企业”授匾仪式暨座谈会，现场向全县11户被评为纳税信用等级A级企业颁发牌匾。同时配合州局与省信用体系建设成员单位共同开展企业失信行为联合惩戒工作。继续开展税收规范性文件清理和备案审查，加强行政复议应诉工作，规范税务行政处罚自由裁量权。

【依法治税】 在全县地税系统稳步建立强化权力运行制约和监督体系，推行税收执法权力清单制度。开展地税行政审批事项清理，加大税收执法督察力度，建立和完善减免税政策宣传、备案审批、纳税申报、资料归档等管理机制，规范减免税管理流程，落实减免税日常控管制度。2016年共有11278户次享受各类税费减免，减免税费额达1.53亿元；同时大力推广资源税改革，今年在全县范围内按照相关文件要求共新鉴定资源税管户72户，资源税改革为从价计征后，资源税月减收约100万元。

企业所得税清缴。通过企业所得税专项自查，2016年共自查及已申报企业354户，其中：查账征收338户，核定征收16户。查账征收企业中盈利企业80户，亏损企业户数159户，核定征收企业16户，零申报企业99户。查账征收企业实现营业收入42.27亿元，利润总额5.68亿元，纳税调整后所得3.26亿元，应纳税所得额2.97亿元，减免所得税额886.16万元，应纳税额6541.15万元，本年累计实际已预缴的所得税额4816.84万元，应补企业所得税2191.34万元，应退企业所得税467.02万元。核定征收企业16户，应纳所得税额2984.13万元。

落实各项税收优惠政策。2016年，严格执行各项税收优惠政策，加大税收扶持的力度；对供给侧结构性改革进程中的“营改增”运行情况、资源税改革等做好跟踪调研；认真办理、答复和反馈人大代表建议、政协委员提案及企业来询，做好相关政策解释。

【税收服务】 创办办税服务厅新模式。从在全州率先实现“一人一窗双机双系统”的办税模式上，升级率先实现为“一人一窗一机双系统”办税模式，并在这基础上重新统一规划办税功能区域，纳税服务和管理服务区进行国地税组合，纳税人在一个办税服务厅的任何一个窗口，都能一窗通办、一站办结各项国地税业务，“进一个窗口，办结两家事”。其次是统一一支服务队伍。由政府统一聘请前台窗口工作人员，与国地税干部共建一支服务队伍，统一服务规范、日常管理、绩效考核，统一培训，提升效率。

推进便民办税优服务。开展“便民办税春风行动”，打造“便民办税春风行动”升级版，拓宽办税渠道，优化办税模式，规范税收执法，健全纳税服务办理机制，提升纳税服务水平，实现网上网下服务互补互促，使其成为为纳税人办实事、为基层地税人减负担的“四季清风”，成为龙里地税特色服务品牌。

维护纳税人合法权益。认真执行《纳税服务投诉管理办法》，规范纳税服务投诉处理，规范税收政策解读。以税收宣传月为契机，开展税收宣传活动，推行实体“纳税人学校”，定期开展新办户培训业务辅导培训10余次，累计培训纳税人1000余人次。国地税分别投入4.3万元联合搭建税收宣传平台，利用县电视、广场电子显示屏、集市设点和现有办税服务厅公告栏等开展税收宣传，共同编印发放税法宣传资料5000多份，悬挂宣传标语20幅。同时设立税费政策宣传咨询点，解答税收热点难点问题。共同对办税服务厅人员进行培训和操作演练等，并由相关业务部门通过纳税服务QQ群等方式回答纳税人各类问题。

加强网络办税服务。针对网上申报系统和易税门户网站，及时召开培训会，对纳税人进行多位一体的讲解演示，通过帮助纳税人掌握基本办税流程和操作技能，切实提高纳税人的自主办税能力，拓宽办税渠道。

（冉茂才　顾晨曦）

金　融

政府金融工作

【概况】 2016年末，龙里县共有9家银行业金融机构，5家保险机构，2家小额信贷公司，1家担保公司。存贷款余额分别为128.12亿元、76.57亿元，分别占全州存、贷款余额的8.42%、7.18%，存、贷款同比增速46.88%、33.94%，分别列全州第3位、第10位。全县金融机构存贷比为59.77%，1至12月全县金融运行态势为人民币存款余额、各项贷款余额均实现快速增长，其中4月末全县各项存款余额105.56亿元，首次突破百亿元大关。全县保险公司保费收入余额为1.18亿元，赔付余额为0.2亿元。2家小贷公司贷款余额3679万元，担保公司担保余额7100万元。

【金融监督】 龙里县将小额贷款机构和融资性担保机构监管和规范发展工作列为工作重点，通过严格市场准入、推动改革创新、开展全面风险排查等方式继续保持对两类公司的监管和服务工作。6月中旬对龙里县盛汇小额贷款有限公司、龙里仁盛小额贷款有限责任公司和龙里金诚信用担保有限公司进行年检。县内2家小贷公司和1家融资担保公司经营正常，无违法违规现象。截至12月底，2家小贷公司贷款余额3679万元，金诚担保公司担保余额7100万元。

2016年5月20日，县金融办牵头组织县有关部门、各镇（街道）联动开展防范和处置非法集资宣传活动，让广大群众自觉远离非法集资。同时利用县级电视、网络、报刊、户外广告等媒体专题宣传报道国家有关防范和处置非法集资工作的各项政策措施。

【金融协调】 根据《省政府金融办关于支持政策性融资担保机构县域全覆盖有关工作的通知》要求，于2016年7月帮助龙里金诚信用担保有限公司顺利完成增资工作，金诚信用担保有限公司注册资本金增加至1.15亿元。

【金融服务】 推动企业在新三板等资本市场挂牌上市，2016年12月27日，龙里县人民政府与中泰证券有限公司签订结对帮扶协议，由中泰证券有限公司对县内企业进行挂牌上市工作辅导。出台《龙里县推进企业上市改革实施方案》。

【金融业发展规划执行】 2016年继续加强对小额贷款公司、金诚担保有限公司等非金融机构的日常监管，加大对非法集资等金融犯罪行为的防御体系建设，促进金融机构依法合规经营。通过建设信息对接平台、积极宣传推广等方式，扶持全县小额贷款公司发展。抓金融、融资工作任务的细化分解。在依托银行项目贷款的基础上，主动与省、州金融办、发达地区及兄弟县市对接，学习和借鉴创新“四大产业”发债、PPP模式融资先进经验，不断拓展债券、基金等方式多渠道展开融资工作。以县内重点工程和重大项目为核心，做好融资筹资的计划、协调和服务工作。

2016年，继续加大如贵州银行“银政通”业务、“贵园信贷通”业务向园区内企业的支持力度，夯实农村金融基础设施，做实“三权抵押”贷款和“特惠贷”扶贫信贷产品政策，大力开发优质扶贫产业项目。加强农村担保体系建设，鼓励县金诚担保公司开展涉农担保业务，对符合条件的农村集体经济、小微企业进行融资担保。

开展摸底调研，争取将刺梨等特色产业纳入省州政策性农业保险范畴。积极培植优势企业，整合优质资源，研究制定支持鼓励企业挂牌上市的政策措施。帮助完善企业内部运行机制。对接中泰证券有限公司，帮助企业建立健全法人治理结构，对企业主体资格、财务状况、治理结构和独立性进行分析，做到资产完整，人员、财务、机构、业务独立，逐步缩小与挂牌上市企业的差距。协调财政、税务等部门，支持和参与推进企业挂牌上市工作。对企业挂牌上市实行动态管理，密切跟踪。

（沈垲钦　檀榕静　皮灵霞）

中国人民银行龙里支行

【概况】 2016 年，中国人民银行龙里县支行紧扣人民银行中心工作，结合辖区经济社会发展特点，贯彻落实中央经济工作会议及总分行工作会议精神以及县委县政府工作部署，实施稳健的货币政策，规范内部管理，开展工作创新，推动各项工作稳步前进。2016 年，全县各项存款余额 128.12 亿元，占全州存款 8.42%，同比增长 46.88%，位列全州第 3 位；全县各项贷款余额 76.57 亿元，占全州存款 7.18%，同比增长 33.94%，位列全州第 10 位。

【支持“三农”】 用好货币政策工具，加大对“三农”支持力度。截至 2016 年末，龙里支行发放的支农再贷款余额为 6500 万元，有效解决龙里农商行、国丰村镇银行涉农信贷资金不足。

【民贸民品扶持】 落实民贸民品优惠利率贷款政策，解决龙里县民贸民贸企业资金需求。截至 2016 年末，龙里县已认定民贸民品企业 67 家，民贸民品优惠利率贷款余额 3.61 亿元，较年初减少 1.27 亿元，同比减少 25.96%，其中，受惠企业 34 家，2016 年合计享受贴息 1187 万元，以支持民贸民品企业健康发展。

【金融创新】 全面落实“金融支持工业稳增长调结构增效益”。创新金融产品，解决企业融资难。通过创新贷款业务，2016 年向全县 45 户工业企业发放“贵工贷”“助保贷”“贵园信贷通”等其他创新流动贷款，贷款余额高达 4.6 亿元。全力推进知识产权质押融资，2016 年，龙里县知识产权抵押贷款余额 1.01 亿元。

（朱益男）

中国银行监督委员会
黔南州银监分局龙里办事处

【概况】 2016 年，龙里县银行监管工作按照上级业务部门要求和服务于龙里社会经济发展大局，认真履行职能，在监管金融行业中发挥作用。

一、完成对龙里农商行各分支机构开业初审申报，对 5 名高管进行任前谈话，建立 15 名高管档案。完成 1、2 季度对龙里法人机构风险评估分析报告，重点关注农商行不良贷款和票据业务风险；完成 2015 年度龙里法人机构信用评级并撰写监管报告；完成 2015 年度龙里法人机构案件防控工作评估；开展 2015 年度龙里法人机构的审慎会谈；完成对龙里农商行第一届董事会第 3 次会议综合评价。完成对法人机构每月、季的非现场报表审核。

二、对贵州银行龙里支行 2015 年度来抽样贷款进行现场检查。重点检查信贷业务的合规性、贷款质量的真实性和贵州银监局运用现场检查分析系统（EAST 系统）筛选出有疑点的部分贷款（共 3 笔）进行核查，形成报告 2 个，存在问题共 6 个。协助分局完成龙里农商行的“两加强两遏制”回头看及大额贷款、票据业务的现场检查。

三、开展案防督查，检查机构数 31 个，存在问题共 21 个，提出处理意见 21 条。开展关于银行业网络电信诈骗的专项检查。检查县邮政储蓄便民服务点 9 个。

（银监办）

农业发展银行龙里支行

【概况】 中国农业发展银行龙里县支行（下称农发行）以支持地方经济发展为己任，实现农发行的政策金融优势与政府组织优势相融合、农发行发展与政府新农村建设发展规划相融合、农发行信贷资金与财政支农资金相融合，为“三农”发展做出贡献。2016 年累放各项贷款 3.83 亿元，累收贷款 1.06 亿元，未出现贷款逾期、欠息情况；各项贷款余额较年初增加 2.77 亿元，存款余额较年初增加 1.7 亿元，超额完成年初下达利润计划达 118%。

【服务“三农”】 全年累放省级储备粮贷款 5300 万元。全年累计发放水利建设中长期贷款 1.15 亿元，支持龙里县大竹芒水库工程以及朵花河河道治理工程建设。推进重点建设基金工作，全年累计实现基金投资 4.34 亿元、支持项目 14 个，其中第七批贴息基金项目 3 个，占全州贴息项目个数的四分之三。大力支持涉农棚户区改造、农民集中住房建设、农村人居环境建设，累计发放农民集中住房贷款 1.15 亿元。全面助推脱贫攻坚工作，全年新营销项目 4 个，已获批 2 个，审批金额 6.3 亿元，其中龙里湿地公园项目获批 4 亿元，为全州首笔获批的林业资源开发与保护贷款。正在评审中的项目 2 个，金额 5.6 亿元，分别为龙里县路网改造建设项目 2.8 亿元、贵定县西门河河道治理项目 2.8 亿元。

【内部管理】 制定《农发行龙里县支行贷后管理年活动实施方案》，逐条细化贷后管理活动的各项要求。按照边检查边整改的原则，对需要整改的问题进行逐条登记，建立贷后管理整改台账，明确整改责任人及整改时限。截至 2016 年底，农发行问题数量 28 个，已全部整改。在农发重点建设基金方面，做好基金的投后管理工作，目标公司 7 家，已完成工程变更 6 家，1 家正在办理中。

（郑天慧）

中国农业银行龙里支行

【概况】 2016 年，龙里支行坚持加快发展打造服务三农和实体经济“新亮点”，夯实基础、完善机制，大力组织各项存款，拓展中间业务，抓不良贷款清收，提高经济效益，助推龙里经济社会全面发展。

农业银行内设综合部和客户部，行内从业人员为 37 人。业务涉及：办理人民币存款、贷款；从事银行卡业务；代理收付款项及代理保险业务；办理国内结算；办理中间业务；代理发行、代理兑付、承销政府债券；代理销售业务；经上级行报银行业监督管理机构、人民银行批准的各项业务。

2016 年，各项存款余额 7.75 亿元，各项贷款余额 5.59 亿元。

【信贷运行情况】 截至 2016 年末，各项存款余额 7.75 亿元，较年初上升 2.66 亿元，完成年计划 8240 万元的 322.27%，其中个人存款余额 2.16 亿元，较年初下降 575 万元，完成年计划 3240 万元的 −17.75%，对公存款余额 5.59 亿元，较年初上升 2.71 亿元，完成年计划 5000 万元的 542.6%。各项贷款余额 5.59 亿元，较年初上升 9017 万元，不良贷款余额 85.96 万元，较年初上升 37.99 万元，不良贷款占比 0.15%；实现中间业务收入 430 万元，完成年计划 650 万元的 66.15%；实现拨备前利润 1824 万元，完成年计划 2120 万元的 86.04%。

储蓄存款归集。利用产品优势，拓宽储蓄存款的归集渠道，将私营企业主、第三方存管户、专业市场客户、优质行业、企业和政府机关、事业单位个人客户等作为拓展重点，加大借记卡、信用卡、转账电话、第三方存管、网上银行等渠道类产品营销。

加强账户营销、维护，组织对公存款。加强对财政、社保、林场、中铁、万科、雪花等重点客户和重点账户的维护。高度关注事业单位资金和财政资金动态情况，做好财政集中支付和非税收入代理业务，增加财政性存款。

【服务企业】 2016 年累计发放企业贷款 4.3 亿元，大力支持窄冲水库建设，支持贵州弘康药业有限公司、贵州瑞和制药有限公司、贵州亮丽多涂料有限公司等一批企业的经营实力发展。

【服务“三农”】 发放农村生产经营及农户

小额贷款，解决农户种植业、养殖业、农产品加工的流动资金需求。2016年，累计发放农村生产经营及农户小额贷款3469万元，覆盖全县6个镇（街道）。完成全县6个镇（街道）9户合作商户的惠农通工作。

【不良贷款控制】 贯彻落实上级行不良贷款重点治理和管控工作，加大对不良贷款的清收力度，全年不良贷款余额为85.96万元，不良贷款占比0.15%，不良率控制在上级行要求的范围内。

（罗发军）

中国工商银行龙里支行

【概况】 2016年，中国工商银行龙里支行坚持金融创新工作，支持地方经济发展，加大对县域实体经济的融资支持，拓宽本行业务市场领域，开展内控合规“基础强化年”建设主题活动，按照“四严”要求，认真履行案防主体责任，助推龙里社会经济稳步前进。年末各项存款余额12.59亿元，各项贷款余额为6.94亿元。

中国工商银行龙里支行内设部室3个，物理网点1个，离行式自助银行服务区3个（其中腾龙路自助银行服务区为2016年12月新建），存取款一体机11台、智能终端4台、其他自助设备6台，现有员工23人。是年，被评为黔南州2014至2015年届文明单位，获中国工商银行贵州省分行优质服务十佳网点荣誉称号。

【存贷运行情况】 2016年末，各项存款余额12.59亿元，比年初增加3.66亿元，其中：储蓄存款余额4.72亿元。各项贷款余额为6.94亿元，较年初增加1160万元。年末不良贷款率为零，信贷资产质量良好。全年工行融e联客户注册1.12万户、融E行移动端动户数4330户、工银E缴费交易额21.03万元，线下收单商户拓户数36户，信用卡消费额2.1亿元，互联网金融与电子银行业务发展迅速。

【基础建设】 2016年，提质改造支行营业大厅，5月完成智能银行建设。另在县城腾龙路选址新建自助银行服务区一处，12月投入运营。

【金融创新】 创新金融服务方式，拓展“贵园信贷通”等新融资产品，建立小微企业信贷考核奖励制度，将小微企业金融服务作为信贷人员业绩考核的重要指标，提高员工营销积极性。全年发放“贵园信贷通”贷款1500万元，支持3家小微企业的生产经营。

（黄卫国）

中国建设银行龙里支行

【概况】 2016年，建设银行龙里支行内设部门有综合部和营业室。在岗干部职工共19人，班子人员配置一正一副。年末，支行一般性时点存款10.73亿元，较年初增长2.66亿元。其中：对公存款6.6亿元，较年初新增2.54亿元；个人存款4.13亿，较年初新增0.12亿元。各项贷款时点余额3.58亿元，较年初负增长1.32亿元。其中：对公类贷款1.73亿元，较年初负增长1.32亿元；个人类贷款1.86亿元。

【业务范围】 将实用性强、科技化程度高的大数据产品“七贷一透”（善融贷、税易贷、POS贷、薪金贷、创业贷、善融E贷、信用贷、结算透）、个人快贷、信用卡、信用卡专项分期（汽车分期、装修分期、分期通）、信用卡现金分期、信用卡账单分期、居民健康卡、ETC、网上银行、手机银行、电话银行、微信银行、龙支付、云闪付等建设银行金融产品，推荐给广大客户，以满足小微企业、个体工商户及个人客户不同的服务需求。

【业务管理】 及时传达上级行和相关监管部门的文件制度，利用晨会、职工会、案防例会等方式集中学习《安全预警提示》《案件防控工作动态》等案件防范文件精神，定期组织员工学习“案例分析”、业务流程和规章制度的新变化，就一些违规行为作为案例进行分防意识，对发现的问题及时规范，对风险点进行梳理，加大对重点部位、重点环节、重要岗位和重要时段的检查力度，消除隐患。

（胡光红）

贵州银行龙里支行

【概况】 2016 年，贵州银行龙里支行内设公司业务部、小微金融部、零售业务部3 个部室，工作日柜台全部开放。全行共有员工 14 人，其中行长 1 名、副行长 1 名，行长助理、市场部总经理各 1 人，客户经理 3 人，办公室 2 人，营业部 5 人。

【存贷业务】 2016 年 12 月末，各项存款余额为 8.25 亿元，较年初新增 3.47 亿元，增幅 73%，其中个人存款 1.39 亿元，较年初新增 8300 万元，增幅 147%；单位存款 6.85 亿元，较年初新增 2.65 亿元，增幅 63%。各项贷款余额 7.27 亿元，较年初新增 6.15 亿元，增幅 547%，整体无不良贷款。

【信贷用途】 通过信贷资金投入支持龙里县经济发展，对龙里县公益性项目投入信贷资金 10.4 亿元。推出“养老贷”“薪易贷”“创业贷”以及“流动资金贷款”“固定资产贷款与综合授信”贷款产品。2016 年全年累计发卡近万张，销售理财近 1000 万元，开立个人网银、手机银行等业务数千户，开通个人短信业务近万人。

（申雪涛）

贵阳银行龙里支行

【概况】 贵阳银行成立于 1997 年 4 月，是一家总行设在贵州省贵阳市的区域性股份制商业银行，在省内外设有 26 家管理型营业机构，220 余个营业网点。2015 年末，全行总资产突破 2000 亿元，在《亚洲银行家》杂志发布的“2015 亚洲银行 500 强”榜单中，实力排名居第 32 位，位居中国入选银行第 8 位；在《银行家》杂志发布的“2015 年中国商业银行竞争力评价报告”中，综合竞争力排名居全国同等规模城市商业银行第 2 位。贵阳银行龙里支行于 2016 年 3 月 16 日成立。

2016 年末，贵阳银行龙里支行各项存款余额达 9.5 亿元，市场份额占比 7.8%，在当地同业中位列第四；融资余额 12.4 亿元，其中表内贷款余额 5.4 亿元、表外业务余额 7 亿元，在当地同业中仅次于农商行和农发行，位列第三；储蓄存款 1.45 亿元；理财产品销售合计 2449 万元。发展对公账户数 68 个，个人客户数近 4000 户，借计卡开卡量 3800 余张。

【信贷业务】 2016 年，成功获批政府购买服务授信 24.52 亿元，实现投放 10.5 亿元。组建“龙里贵银精准扶贫基金”5 亿元，实现基金投资 2 亿元。

【营销宣传】 2016 年，支行共办理征拆款代发业务 29 批次，累计发放金额 2.34 亿元。重视 CRM 系统运用，将 VIP 客户分配到客户经理和柜员名下，按周或按月进行电话回访和实地回访，以优质服务赢得客户信任，许多客户将他行存款转入支行，培育一批私人银行级、钻石级、白金级个人客户。以产品为抓手，拓展新客户，提升存量客户忠诚度和依赖度。“爽”系列产品、金债系列理财产品、消费信贷、信用卡等业务均取得突破，尤其是定期储蓄拳头产品“爽得利”，将营销目标定位于征地拆迁客户群体，2016 年末“爽得利”销售合计达 8238 万元。

【支持地方建设】 2016 年，贵阳银行龙里支行为贵州贵龙实业（集团）有限公司提供综合授信 24.52 亿元，并通过表内贷款、委托贷款、投行产品等业务先后为地方教育基础设施、保障房、重大交通等项目提供融资 12.3 亿元。其中：为龙里新高中项目提供融资 2.2 亿元，为贵龙城市经济带王关综合安置区三期项目提供融资 2.6 亿元，为贵龙城市经济带纵三路项目提供融资 2.5 亿元，为龙溪大道市政道路工程建设项目提供融资 5 亿元。

（贵阳银行龙里支行）

龙里农村商业银行

【概况】 2016年3月23日，贵州龙里农村商业银行股份有限公司（简称龙里农商银行）正式挂牌开业。截至2016年末，龙里农商银行下辖25个营业网点，内设10个部室，共有在岗职工233人，其中：研究生5人，占比2.16%；大学本科学历141人，占比60.8%；大专学历71人，占比30.6%；中专及以下15人，占比6.5%；获得职业资格证书59人，占比25.4%；员工平均年龄33.3岁。

2016年末，龙里农商银行资产总额60.8亿元，存贷款规模83.83亿元，其中：各项存款余额顺利突破50亿元大关，达51.19亿元，较年初增加10.53亿元，增幅为25.9%，达全年计划数的129.52%；各项贷款余额32.64亿元，较年初上升8.13亿元，增幅达33.17%，达全年计划数的132.63%。

【服务“三农”】 采取“公司+贫困户”的扶贫模式发放“特惠贷”，让贫困户享受政策红利，增加贫困户收入来源。截至12月末，全行累计发放“特惠贷”8086万元，户数1901户，完成任务数的112.3%。其中发放“公司+贫困户”模式“特惠贷”942笔，金额4710万元。组织本行员工开展对返乡农民工入户走访活动，共计为699户返乡农民工建档评级。截至12月末，全县总农户数为4.19万户，应建档3.19万户，已建档评级3.19万户，信用农户建档评级面达100%，已成功创建4个信用乡镇，信用农户年审面达100%。

【业务发展】 2016年，全行新增信合卡3.2万张，达年计划320.24%；新增网银1933户，网银用户数达6160户；新增手机银行2214户，手机银行用户数量达9451户；新增POS机115台，总量达441台；“信合村村通”自助服务终端达159个，村村通服务覆盖全县所有行政村。全行电子机具替代率为68.26%，较年初上升14.26个百分点，完成全年计划的107%。

创新“金融夜校”，统一制作17个宣传微视频，打破金融知识宣传时间空间的限制；全县“村村通”159台，累计办理业务46万笔，交易金额达2.9亿元，直接为农户节省来往路费460余万元；新购“助农脱贫流动服务站”终端4台，已在各村寨开展流动服务。

全年累计发放各类贷款25.26亿元。其中累计发放涉农贷款21.15亿元，涉农贷款增量6.64亿元，同比增加5.83亿元，增幅为33.81%，实现涉农贷款增幅、增量“两个不低于”目标；小微企业贷款余额17.86亿元，同比增加4.97亿元，实现小微企业贷款“三个不低于”目标。

【宣传与帮扶】 组织创建《龙里农商》内刊和开办微信公众号，对外展示龙里农商行风采，提升自身品牌形象。2016年，《龙里农商》已成功发行4期，印制1600余册，截至12月末，共发送信息126期，被上级媒体采用刊发158次，其中被国家级媒体采用21次，省级媒体采用62次，州级媒体采用75次，多篇信息被多级媒体同时采用。全年帮助群众解决问题120余个，化解矛盾纠纷90余件，累计慰问困难党员和贫困户90余户，全年帮扶慰问资金达45万余元。

（夏华龙）

龙里国丰村镇银行

【概况】 龙里国丰村镇银行是贵州省第一家获批筹建，第二家开业的村镇银行。该银行以“立足地方，服务三农”为办行宗旨，把市场定位为辖内从事特色农产品种养殖、加工、运输、销售的农户、个体工商户、农村合作组织、农业产业化企业；农村旅游产业链中的乡村经营户、住宿餐饮经营者、特色旅游产品制造、加工、销售的商户；辖内其他从事第三产业的各类个体工商户、综合市场内的个体经营者；区域内创业经营者、处于成长期的且具有良好发展前景或已具备一定市场竞争力、管理较为规范、就业带动效应明显地中、小、微型企业。

【存贷款情况】 截至2016年12月31日，

银行各项存款余额12.2亿元，比年初增加9.1亿元，增幅为293.57%。自成立以来累计发放贷款1652笔，金额8.77亿元，累计收回贷款4.81亿元；截至2016年12月31日，实现各项贷款余额3.96亿元，比年初增加1.46亿元，增幅为58.39%。

（杨远荣）

邮政储蓄龙里支行

【概况】　中国邮政储蓄银行龙里县支行，内设营业部、信贷部，开设1个个人业务台席、自助取款机1台；2016年9月开办公司业务，设立一个公司业务台席。全行共8人，其中：支行长1名，信贷主管1名，营业主管1名，信贷员2名，柜员2名，均为大学本科学历从业资格。

【存贷款情况】　2016年底，存款余额为1436.8万元，本年净增41.5万元；理财产品销售日均新增214.5万元；各类贷款结余8432.77万元，本年净增2907.24万元，整体逾期率为0.01%。

【营业收入】　累计营业收入348.36万元，其中：储蓄业务收入47.78万元，零售信贷267.01万元；营业支出280.96万元；利润总额67.4万元。

（吴邦云）

财产保险龙里分公司

【概况】　中国人民财产保险股份有限公司龙里支公司现有员工8人。公司以“人民保险服务人民”为使命，秉承“以人为本、诚信服务、价值至上、永续经营”的经营理念，弘扬“求实、诚信、拼搏、创新”的企业精神，坚持以市场为导向、以客户为中心，积极履行优秀企业公民责任，为促进地方改革、保障经济、稳定社会、造福人民提供强大的保险保障，在实践中，创造和积累市场领先的企业核心竞争优势。

【经营险种】　公司主要经营有车辆保险、人身意外保险、责任保险、农业保险、企业财产保险、家庭财产保险、货物运输保险、建筑和安装工程保险等险种。

【保费收支情况】　2016年保费收入2679.24万元，同比增幅为19.42%；支出978.48万元；盈利841.95万元。2016年，因综合经营能力突出，荣获总公司“全国百家标杆县支公司”荣誉称号。

（中国人民财产保险龙里支公司）

人寿保险龙里分公司

【概况】　中国人寿保险龙里支公司应对激烈市场竞争，努力克服各种困难，全力推动业务发展。2016年，个险业务4月份新增52人，9月份创富体验营新增70人；银保业务新增1人，共有客户经理4人、规划师2人；团险业务有销售人员5人（新增4人）。

【个险业务】　完成首年期交1011.45万元，完成州公司下达目标540万元的185.28%，3个月时间超越2015年全年首年期交任务。

【中介业务】　着力打造以5～9年期和10年期及以上业务为提升重点的首年期交保费增长机制，持续推动业务规模增量调整和业务结构优化升级。

【保费收入】　全年共实现保费收入732.24万元，其中趸交完成661.36万元、期交完成70.88万元，与去年同期相比，业务结构稍加合理，经济效益有所提高；团险业务，共实现保费收入116.27万元（同比增长19.28%），其中：小额信贷6.64万元，学生平安险91.41万元（同比增6.6%），新增员工福利保险11.72万元，其他意外险6.5万元。

（中国人寿保险龙里支公司）

龙里金诚信用担保有限公司

【概况】 2016年龙里金诚信用担保有限公司以服务地方经济，支持地方中小企业发展为宗旨，坚持政策性导向、公司化管理、市场化运作，以服务企业为契机，充分发挥银行与企业之间的桥梁作用，解决企业融资难、贷款难等问题，为企业生产经营排忧解难。

【主要指标完成情况】 累计新增担保项目28个，担保金额7000万元；解除担保项目35个，解除担保金额7410万元。现有在保项目28个，在保金额7100万元。累计追偿到位资金235.7万元，房屋资产6套715.8M2，价值153.79万元，共计389.49万元。未清偿的代偿项目6个，剩余代偿金额817.24万元。累计提取担保赔偿准备金263.07万元，累计提取未到期责任准备金128.02万元，提取准备金共计391.09万元。

【增资扩股】 公司于8月24日顺利完成增资扩股工作，资本金达到1亿元。另由贵州省担保有限责任公司对龙里金诚信用担保有限公司注资参股1500万元，该增资资料已报至省金融办审批。

【省农担公司县级分公司设立】 龙里县依托龙里金诚信用担保有限公司建立省农担公司县级分公司（办事处），为龙里县农业产业化龙头企业、农民专业合作社、供销合作社、种养殖业、小微企业等农业新型经营主体提供融资贷款担保服务。首期625万元参股资金已于10月13日拨付到省农担公司指定账户，相关参股资料已报到省农担公司。

（廖　勇）

中国太平洋财产保险股份有限公司龙里支公司

【概况】 2016年，中国太平洋财产保险股份有限公司龙里支公司（简称“太保产险龙里支公司”）业务涵盖龙里全县城镇及农村，业务范围覆盖非寿险市场的所有领域。主要开展机动车车辆保险、人身意外伤害保险、企业财产保险、家庭财产保险、责任保险、政策性农业保险等，险种多达20余种。位于龙里县冠山街道金龙东路60号113－114。公司分别在洗马镇、谷脚镇、醒狮镇、湾滩河镇下设保险服务站，服务广大农村客户。

【业务发展】 年内实现保费收入1394.42万元，同比增长16.49%；市场份额31.41%；其中：车险保费1234.67万元，同比增长18.93%，市场份额34.75%；非车险保费133.55万元，政策性林险26.20万元。

【承保情况】 车险：机动车辆保险是太保产险龙里支公司的主要经营险种，年内承保机动车辆8191笔，实收保费1234.67万元。非车险：非车险包括人身意外伤害保险、家庭财产保险、企业财产保险、责任保险等，年内承保非车险业务实收保费133.55万元。政策性水稻及森林保险：承保国有林场林业保险，保费规模达26.20万元。

【理赔情况】 2016年，太保产险龙里支公司共计赔款支出726.18万元，赔案件数1179件；其中车险赔款590.16万元，非车险赔款136.02万元。

（太保产险龙里支公司）

城乡建设·城市管理 环境保护

城乡建设

【概况】 2016年，住房和城乡建设局核定编制33名，实有行政人员7名、事业人员25名，其中外借其他单位工作4人、精准扶贫驻村2人、实有在岗职工26人。全县城镇建设开工项目78个，涉及交通、卫生、教育、水利及休闲娱乐等方面，完成投资33.23亿元，完成年度任务的110.7%。完成固定资产投资5.1亿元，完成任务4亿元的127%。全县常住人口24.19万人，按未调整前行政区域统计，城镇人口达12.59万人，城镇化率为52.05%。建筑业产值完成20.45亿元，同比增长221.07%。

【基础设施建设】 加快市政基础设施建设，完善城市路网，提升城市承载能力。完成贵都联络线二期道路扩建、三林路至第三中学道路、纬三线至第四幼儿园道路、贵都联络线（经森林溪畔）至西区道路建设，道路总长5.42公里，完成投资7870万元；为进一步打通城区两高（贵都高速、贵新高速）联络线交通最后一处瓶颈，启动建设龙羊立交桥C、E、F进出城匝道项目，全长680米，总投资约3000万元；启动县城立体智能化停车场建设项目，完成场地平整，设备采购进入招投标程序；在贵都高速路口左侧修建坝上至新场的主干道已通车；完成总长1.3公里、宽32米、总投资4900万元的莲花至坝上城市大道；投资80余万元对县级文物保护单位——广济桥进行维修，桥身长64米，为五孔石拱桥，孔径6.2米。全面完成占地8500平方米、总建筑面积1.34万平方米的公共体育馆项目，总投资6000万元；修建完成占地720亩，建设内容包含人工湖、人行步道、休闲凉亭的“八一”公园，项目总投资1000万元；为莲花生态休闲体验区项目推进工作提供有力保障，完成项目红线内架空的强电线路入地迁改工作，拆除架空电力线路长度共计17.5公里，总投资5000万元；完成贵新收费站站前花池改造项目，投资约30万元。完成青龙路至大十字道路130米提质改造及沿线雨污管道铺设，总投资150万元；完成腾龙路片区背街小巷道路维修及重修雨污管道，总投资50万元；修建完善东门河河滨步道沿线树池、坐凳等设施，总投资50万元；完成体育路、铁龙路龙里中学段人行道新建及改造项目，改造长度850米，总投资约100万元。以县城区为试点，结合“管廊”城市、“海绵”城市等建设理念推动相关工作，制定《龙里县城市地下管线普查方案》，实施地下管线普查及地下管廊项目申报筹备工作，为构建尊重自然、顺应自然的低影响开发模式，城市适应环境变化和应对雨水带来的自然灾害等方面具有良好的“弹性”，增加城市“海绵体”，累计来完成全长约20公里的透水砖铺装和透水混凝土人行道修建工作。

【建筑业管理】 龙里县建筑业企业共有34家，其中2016年新成立本地建筑施工企业6家：施工总承包贰级企业——贵州七建经开建筑工程有限公司，施工总承包叁级企业——贵州志隆管通建设有限公司、贵州华龙建筑工程有限公司、贵州文立建筑工程有限公司和贵州明德交通建设工程有限公司，防水防腐保温工程专业承包二级企业——贵州龙里永蓝防水节能建材有限公司。动员各镇（街道）辖区内建筑能人组建建筑企业及劳务分包企业。2016年，完成招标投标备案项目112个，建筑面积约298万平方米，投资约15.92亿元。其中：已完成开标项目101个，建筑面积约291万平方米，投资约14亿元。完成施工、监理、设计、勘察合同备案共计138个。

在贵州省网上办事大厅和“贵州省建筑市场监管与诚信信息一体化平台”上受理各项在线咨询、业务办理工作。“一体化平台”上受理审核项目69个；施工许可证审核25件、核发施工许可证25件，建筑面积约69万平方米，工程造价约12.5亿元；受理网上安全监督备案登记工程45个，建筑面积约90万平方米；办理质量备案工程28个，建筑面积约59.5万平方米。贵州省投资项目在线审批监管平台受理项目99个。窗口事项办结率、满意率均为100%，投诉率为零。

开展“百千万工程”“企业服务年”等服务企业工作，成立“百千万工程”领导小组，通过走访调研、专题座谈等形式进行“访企业、解难题”活动，抓企业建设前、中、后各个时期的服务工作。根据龙里县政府《关于研究帮助企业办理相关手续问题的会议纪要》，为县内7家需办理项目竣工备案证明的企业进行资料审查备案服务，已为贵州洪齐家具贸易有限公司、贵州黔豫龙工程有限公司、贵州科美瑞博电气科技有限责任公司出具相关竣工备案证明，帮助企业完善办理产权所需手续。

每季度利用建筑工程质量安全生产会议推广新型建筑材料，邀请贵州详务节能建材有限公司、贵州长泰源节能建材有限公司、贵州柯维建材开发有限公司、贵州科之杰新材料有限公司等县内主要生产建筑节能模板、保温墙体、混凝土添加剂建材企业参加产品推介会。2016年6月3日至5日期间，再次推介贵州长泰源节能建材有限公司和贵州详务节能建材有限公司参加《首届中国·贵州国际绿色建筑与装配式建筑技术及产品博览会》。

【建筑施工管理】 制定下发各类质量和安全生产实施方案、检查等文件通知40余份，同全县45个在建项目施工企业及项目部签订质量安全生产责任书，开展各项质量安全生产监督检查，每季度组织召开工程质量安全工作会，做到质量安全监管、检查工作全覆盖。全年共监管项目45个，建筑面积90万平方米，工程造价约14亿元；开展质量安全监督、消防、汛期防汛、起重机械等综合性检查建筑工地180个次，发现隐患793条，下发整改通知书180份，进行工程质量监督160余次，收到各项目质量自查自纠资料200余份，提出质量问题60余条。全年未发生重大安全质量生产事故。

按照《龙里县创建国家卫县城实施方案》要求，成立文明施工专项检查工作小组，开展建筑工地创卫及整脏治乱大检查。共计开展检查56个（次）建筑工地，发现不文明施工问题192条，下发56份建筑工地创卫及整脏治乱整改通知单；要求各建筑工地按规范要求严格施工，施工现场主要场地及车辆出入口全部硬化，设置净胎设施，修建施工围墙进行全封闭施工，张贴公益性广告共计380幅。

【村镇建设】 制定醒狮镇示范小城镇2016年项目清单，将项目进行包装争取资金，完成项目投资2.63亿元。具体完成“8+x”项目3个；将醒狮镇醒狮村列为镇村联动村庄，完成小康路、水、房、通讯、寨建设；醒狮镇新增城镇人口326人，新增城镇就业人口272人，通过实施集中建房示范点项目、易地扶贫搬迁安置点项目、汉湟房地产开发有限公司项目，实现附近农村人口向城镇转移。

通过全省竞争性陈述成为全省整县推进小城镇建设示范县，先后制定《龙里县整县推进小城镇建设实施方案》《龙里县2016~2018年整县推进小城镇建设行动计划》《项目实施年度计划表》《龙里县小城镇建设绩效考评办法》，为全县小城镇建设工作有序推进夯实基础。各镇按照“8+X”项目清单建立年度项目实施明细表，以路网建设为先导，促进镇村联动建设；谋划好项目储备和申报工作，做好项目包装；鼓励各镇政府划转土地等国有资产，成立每个镇的小城镇建设公司，通过多种融资方式，借助县级乃至州级融资平台争取小城镇发展资金支持。

改善农村人居环境示范点建设。通过全省竞争性陈述成为全省改善农村人居环境东南西北四条示范带中东线示范县，涉及龙山镇坝上、王榜，及湾滩河镇孔雀寨、毛栗寨、对门河5个村寨，制定《龙里县改善农村人居环境实施方案》，督促好5个示范点相关项目建设工作。为做好项目推进，派驻工作人员进驻施工现场进行技术指导，建设项目分别涉及进寨道路、污水管网、文化广场、庭院景观、垃圾收集等，完成投6000余万元。

开展农村危房改造及小康房建设工作。通过督促检查，对项目进度及项目补助资金申报工作进行调度，完成年初制定的工作目标。2016年小康房计划任务132户（其中贫困村42户），分布在全县6镇（街道）31个村，计划投资规模528万元，实际建设规模为2970万元，完成小康房132户建设任务。2016年危房改造计划任务1783户，分布在全县6镇（街道）119个村（按村居优化调整前），计划投资规模3922.6万元，完成投资规模5349万元。

根据《龙里县美丽乡村建设扶持乡村旅游发展实施方案》，制定《龙里县传统村落保护开发实施方案》，对全县29个具有一定保护价值的传统村落进行调查走访及资料采集，明确列入龙里县传统村落保护自然村寨，并为申报工作做准备。

【重大项目建设】 贵龙纵线二期项目。贵龙纵线干道二期是贵龙城市经济带重要骨架，全长7.58公里，路基宽度34米，总投资约12亿元，项目起于贵龙大道立交，向南经大沙坡、冲安唐、比孟公社，与龙溪大道交接。工程途中跨贵广高铁中坝隧道、龙南线、沪昆铁路、厦蓉高速，形成跨多线的沙坡大桥长700米，最高的桥墩高达78米、墩柱跨度最大的有57米，沙坡大桥不仅施工系数难度大，因横跨三条铁路和一条高速公路，在协调工作中比较困难。贵龙纵线干道二期工程项目，向北与贵龙纵线顺接后贯穿于整个贵龙城市经济带，向南延伸至水场辐射连接至贵阳孟关，项目建成后将成为贵龙城市经济带连接至孟关工业园的快速通道。中铁八局贵龙纵线干道二期工程项目部，每天投入120台机械设备和200名工人进行作业，已完成50%的工程量。

龙羊立交桥三期项目：项目包括C匝道、E匝道和F匝道3个部分，其中：C匝道长240米、宽13米；E匝道长420米、宽10.7米；F辅道长280米、宽22米。项目计划投资5000万元。

莲花风雨桥项目。莲花风雨桥位于龙山镇莲花村猫猫头组莲花湿地公园境内，距县城约3公里，于9月20日开工建设。项目是对现有桥梁拆除重建，拟建桥梁位置基本与原桥重合，桥梁布置为1米~27米钢筋混凝土板拱桥，桥面宽12.5米，桥长41米，桥面上布置2层仿古建筑风格风雨阁楼，其中一层为人行通道、二层为休闲观光亭廊。项目预计总投资约950万元，由中交二公局垫资建设，计划工期9个月。

高新技术产业园区路网项目。园区在建的主干道有三号路和五号路，在建道路总长2.1公里，另有2.4公里的排洪沟，项目投资总计约7521万元。园区路网建设已达15公里，整个园区建成面积3000多亩，已有90家企业入驻，其中投产78家、在建12家，解决就业3200余人，工业总产值达29.17亿元。

贯城河补水工程项目。作为龙里县2016年十大民生项目之一，全长约3.7公里，工程由泵房、上水管线和输水管线构成。补水以打草河为水源，泵站位于602应急提水工程下游100米处，泵房厂房采用钢筋混凝土框架式结构，厂房内安装3台立式长轴式深井泵，项目总投资2000余万元。工程于2016年5月份动工，年底竣工为县城贯城河补水。

农村垃圾处理项目。农村环境综合整治整县推进项目，总投资3412.73万元，其中：中央农村环境综合整治专项资金2265万元，地方匹配资金1147.73万元。项目包括农村饮用水源地保护、农村生活垃圾污染治理、农村生活污水治理等多个领域。实施周期从2015年10月至2017年7月，项目涉及龙里县53个行政村（社区），通过对23个行政村（社区）开展生活污水处理、垃圾收运、饮用水源地保护，对30个行政村（社区）开展饮用水源地保护治理和生活垃圾收运设备配备。2016年12月5日，举行农村环境综合整治整县推进项目第一标段验收仪式，验收仪式现场为五镇一街道发放价值1100万余元的农村生活垃圾污染处理设备，包括22辆垃圾车、3.46万个垃圾桶、175辆垃圾手推车和295个垃圾箱。

新型建材项目。2016年，龙里县共实施新型建材工业项目22个、总投资8.73亿元（其中改扩建项目14个、总投资5.15亿元），新型建材工业完成固定资产投资7.11亿元（其中改扩建项目完成5.34亿元）。全县绿色新型建材规模以上企业数量达43户，产值占建材工业比重达79.7%。2016年，全县新型建材企业共申请专利12项、占建材企业申请专利数的85.7%，获得专利授权54项、占全县建材企业获得专利授权的100%；新型建材企业专利申请量累计达149项、占全县建材企业申请量的98.7%，累计获得专利授权95项、占全县建材企业获得专利授权的100%。其中的龙里红狮水泥有限公司，就是培育新型业态促转型的企业代表之一。2016年，该公司在龙里延长产业链条，投资1.5亿元建设100万立方米预拌混凝土、200万吨骨料项目通过验收，让产品直接对接一线大中型建材市场。同时把余热发电作为一个重点配套及时跟上，余热发电减少了三分之一的用电量。该公司每年可以消耗100多万吨工业废渣，解决部分因工业废弃物造成的环境污染。

快递物流园项目。2013年底，省政府印发《加快全省快递行业发展责任分工方案》，省邮政管理局提出“到2020年把贵州建成西南地区快递行业中转枢纽”的总体目标后，贵州快递物流园区选址在龙里县谷脚镇贵龙纵线旁，规划面积2200亩，总投资57亿元，分二期建设。一期规划面积1000亩，总投资37亿元，总建筑面积约30万平方米，于2014年3月开建。第一个进驻的申通快递，一期于2014年11月建成投产，日均处理包裹15万件，高峰期30万件。园区已签约入驻申通快递、中通快递、圆通快递、百世汇通、乡飞快递、天天快递、邮政EMS、星程宅配(黔峰物流)、万科物流、一均物流等16户快递物流企业。其中：申通快递、中通快递、百世汇通、天地华宇、天成物流、天天快递6户企业投产运营。园区二期工程正在进行项目施工，建成投产后日吞吐快件将达到200万件，快件吞吐量占全省总量的90%，预计年产值15亿元，年创税1.3亿元以上，解决就业8000人以上，带动第三产业从业2万人以上。

2016年，园区共完成产值21.3亿元，快件总吞吐量达3.24亿票，就业人员已达3900余人。

双龙农副产品集散中心项目。贵州双龙现代服务业聚集区贵州双龙农副产品集散中心，紧邻兰海高速龙里西站，距离龙洞堡国际机场15分钟车程，距离贵阳市中心15公里20分钟车程。项目位于双龙航空港经济区核心区，远低于同类农产品市场距市中心的平均距离，具有得天独厚的交通、区位和产业优势。贵州双龙农副产品集散中心总占地面积约1000亩，分两期开发。一期开发约33万平方米，各类经营商户约1000多户，其中水果经营户约400多个店面、蔬菜约147户，配套停车位970个，市场主要经营进口水果和贵州省内农副产品，水果经营已于2016年12月10日开市。

公园建设。“八一”公园，位于贵都联络线与森林溪畔交汇处，公园两侧紧邻贵都联络线和森林溪畔道路，内沿与董下河河道相接。公园占地约270亩，用地产权属于驻地部队所有，因此得名“八一”公园。公园通过运用现代环境设计理念和各类生态建材，以自然生态条件和原有植物为基础，将公园打造成开放式城市森林公园。公园内人工湖面积约1.5万平方米，铺设有3.8公里的彩色混凝土步道，休闲凉亭3座；入口广场约4500平方米，内设有公厕、管理房等；园中布设生态栏杆、生态座椅、自然生态石雕、廊道及各种花卉、苗木。公园于2016年4月份开工，8月1日开园。

莲花湿地公园，紧邻贵都高速公路出口和猴子沟风景名胜区、龙架山国家森林公园，是以自然风貌、文化底蕴、河流风光为特色，集生态、休闲、文化、旅游、度假为一体的综合型景观风貌区。项目总投资5亿元、占地4300亩，建成后将成为龙里县最大的“花园式”休闲胜地。民房外观改造已完成，河道治理、景观打造、人工湖建设等项目正在有序推进。

【信访维稳】 2016年，住建局负责牵头办理信访维稳案件12件，分别涉及征地补偿、拆迁安置、房开企业延期交房、项目工地施工安全、拖欠工程款及工人工资等方面的群众上访事件，办理完结信访案件11件。同时为有效配合相关单位做好农民工工资保障工作，负责牵头协调处理森林溪畔项目、苗都大酒店项目、中铁生态城片区建筑工程项目拖欠农民工工资化解清欠工作，排查发现拖欠农民工工资共1016万元，涉及473人。通过召开10余次协调会，约谈森林溪畔项目、苗都大酒店项目、中铁生态城太阳谷等项目建设单位、施工单位、劳务分包单位相关项目负责人等方式，为473名农民工追讨发放工资600万元。

表1　　龙里县2016年新建、改建、扩建道路情况统计表

道路名称	道路起点终点	道路长度（公里）	道路宽度（米）	备注
贵都联络线二期扩建	龙羊立交桥—永兴山庄	2.8	16	扩建
青龙路至大十字道路提质改造	大十字—青龙路口	0.13	14.5	改建
三林路至第三中学道路建设	三林路—第三中学	0.23	12	新建
纬三线至第四幼儿园市政道路	纬三线—第四幼儿园	0.32	32	新建
贵龙大道支线		7.14	34	新建
贵龙城市经济带纵二路		1.63	30	新建
贵龙城市经济带纵三路		2.51	30	新建
贵龙城市经济带横六路		1.66	30	新建
贵龙城市经济带贵都高速公路互通及连接线工程		4.79	15.5	新建
贵龙纵线二期三王庙至小箐段工程	三王庙—小箐	6	41	新建
中铁生态城云栖北路		1.8	30	新建
合　计	29.01	—	—	

说明：以上合计投资26.77亿元

表2　　贵龙集团公司2016年实施的城建项目一览表

序号	项目名称	项目地址	项目总投资（万元）	开工时间	完成投资（万元）	设计单位	施工单位	监理单位
1	纵三路B段	龙里县谷脚镇观音山	16524.91	2016.12	11000	贵阳市建筑勘察设计有限公司		湘潭市宏达建设监理有限公司
2	龙溪大道	龙里县龙山镇	220700	2016.6	90000	天津市政工程设计研究院	根据龙溪大道工程建设项目投资协议确定施工单位中建地下空间有限公司	一标段：贵州正航建设有限公司二标段：浙江同舟建设管理有限公司
3	贵龙纵线干道二期	龙里县谷脚镇、龙山镇	107800	2016.6	35272	天津市政工程设计研究院	根据贵龙纵线干道二期工程PPP项目投资协议确定施工单位中国水利水电第八工程局有限公司	一标段四川恒砾工程咨询有限公司二标段贵州建工监理咨询有限公司

表3　**龙里县2016年常住人口城镇化率监测核算数据汇总表**

序号	镇、乡、社区名称	村（居）委会数（个）	年末常住总人口（人）	城镇人口（人）	乡村人口（人）	常住人口城镇化率（%）
1	冠山街道	16	68348	60889	7459	89.09
2	龙山镇	12	33156	10658	22498	32.16
3	醒狮镇	9	23446	7472	15974	31.87
4	谷脚镇	10	32715	23897	8818	73.05
5	洗马镇	15	42435	10632	31803	25.05
6	湾滩河镇	19	41761	12348	29413	29.57
合计	81	241861	125896	115965	52.05	

说明：全县63个行政村，18个社区

表4　**龙里县2016年常住人口城镇化率监测核算数据分项表**

序号	镇、乡、社区名称	村（居）委会名称	年末常住总人口（人）	城乡性质划分	计算城镇人口（人）	常住人口城镇化率（%）
1	冠山街道办事处	光明社区	5213	城镇	5213	
		龙坪社区	5478	城镇	5478	
		城南社区	11213	城镇	11213	
		大冲社区	3694	城镇	3694	
		西城社区	4454	城镇	4454	
		冠山社区	9896	城镇	9896	
		西门社区	8911	城镇	8911	
		水桥社区	3651	城镇	3651	
		三合村委会	2746	城镇	2746	
		高坪村委会	1484			
		平西村委会	2217	城镇	2217	
		五新村委会	3416	城镇	3416	
		鸿运村委会	1332			
		大新村委会	1920			
		播箕村委会	1319			
		凤凰村委会	1404			
合　计		16个村（居）	68348		60889	

续表

序号	镇、乡、社区名称	村（居）委会名称	年末常住总人口（人）	城乡性质划分	计算城镇人口（人）	常住人口城镇化率（%）
2	龙山镇	莲花村委会	2153	城镇	2153	
		龙山社区	2590	城镇	2590	
		平山村委会	1799			
		余下村委会	2869			
		水场社区	3563	城镇	3563	
		比孟村委会	3488			
		中坝村委会	2111			
		金星村委会	3128			
		团结村委会	3011			
		中排村委会	3456			
		水苔村委会	2636			
		草原村委会	2352	城镇	2352	
合　计		12 个村（居）	33156		10658	
3	醒狮镇	大岩村委会	910			
		凉水村委会	2948			
		元宝村委会	3202			
		醒狮村委会	3184	城镇	3184	
		醒狮社区	367	城镇	367	
		平寨村委会	3217			
		谷新村委会	2167			
		谷龙村委会	3921	城镇	3921	
		高吏目村委会	3530			
合　计		9 个村（居）	23446		7472	
4	谷脚镇	观音村委会	3012			
		王关社区	1916	城镇	1916	
		贵龙社区	3532	城镇	3532	
		岩后社区	8048	城镇	8048	
		茶香村委会	1171			
		高堡村委会	1489			
		谷脚社区	5825	城镇	5825	

续表

序号	镇、乡、社区名称	村（居）委会名称	年末常住总人口（人）	城乡性质划分	计算城镇人口（人）	常住人口城镇化率（%）
4	谷脚镇	高新村委会	1691			
		谷冰村委会	1455			
		庆阳社区	4576	城镇	4576	
合　计		10 个村（居）	32715		23897	
5	洗马镇	羊昌村委会	4855	城镇	4855	
		洗马河村委会	2764			
		台上村委会	2918			
		落掌村委会	3278			
		花京村委会	3457			
		龙场村委会	4195			
		猫寨村委会	2616			
		洗马社区	977	城镇	977	
		巴江村委会	2461	城镇	2461	
		乐湾村委会	2630			
		平坡村委会	3644			
		乐宝村委会	1882			
		田箐村委会	1894			
		金溪村委会	2525			
		哪嗙村委会	2339	城镇	2339	
合　计		15 个村（居）	42435	10632		
6	湾滩河镇	新民社区	494	城镇	494	
		走马村委会	2305	城镇	2305	
		羊场村委会	3324	城镇	3324	
		翠微村委会	2640			
		金批村委会	2798			
		岱林村委会	2202			
		云雾山村委会	2571			
		营盘村委会	2948			
		摆省村委会	2006			
		新龙村委会	1709	城镇	1709	

续表

序号	镇、乡、社区名称	村（居）委会名称	年末常住总人口（人）	城乡性质划分	计算城镇人口（人）	常住人口城镇化率（%）
6	湾滩河镇	摆主村委会	2790			
		果里村委会	2417			
		金星村委会	1629			
		渔洞村委会	2551			
		石头村委会	1781			
		六广村委会	1864			
		桂花村委会	1216			
		湾寨村委会	2491	城镇	2491	
		园区村委会	2025	城镇	2025	
合　计		19个村（居）	41761		12348	

（住房和城乡建设局）

城乡规划

【概况】　2016年，龙里县坚持融入贵阳发展理念，抓好总体规划、专项规划、详细规划编制工作，进一步完善城乡规划体系。结合十三五规划和土地利用规划的修改，完善《龙里县县城总体规划》修编，并经州级评审通过。结合行政区划调整，编制完成各乡镇总体规划，完成冠山高新技术产业园、龙山工业园、元宝工业园控制性详细规划，完成县城风貌设计，编制了县城防洪排涝等专项规划，完成重点公路沿线、重点景区周边、龙山镇莲花村和余下村等24个村（社区）的村庄规划编制。组织召开城乡规划委员会6次、专家评审会8次，审查《莲花湿地公园度假酒店》等项目47个，主要包括莲花湿地公园、福鹏喜来登酒店、龙里水乡、龙门镇、莲花村等重点项目。

【规划管理】　加强以《黔南州城镇体系规划》为主要内容的规划宣传、执法检查及业务培训工作。全年组织学习培训93人次。在巩固执法年活动成效的基础上，将规划管理“五项制度”向乡镇延伸。各镇在建项目完成规划公示、规划专项档案的建立。为重点项目搞好服务。中铁生态城城市综合体全面建成，成为2016年全省获批授牌的8个城市综合体项目之一；西南药都生态城城市综合体顺利推进。获批城市综合体省级补助资金195万元。指导完成莲花湿地公园的项目规划设计及园林景观、夜景亮化等施工工作。提升规划审批服务效能。坚持首问责任制，将规划行政审批权下放到政务中心办理，共受理业务916件，超前办结率约70%，其余均按时办结。共完成312份规划许可证发放，其中：《建设项目选址意见书》36份，《建设用地规划许可证》94份，《建设工程规划许可证》109份，《建设工程竣工认可证》73份。办理规划设计条件130份，验收重点项目34个，私人规划验收84个。

【执法查处】　采取网格化管理和日常管理与专项打击相结合的方式，开展违法违章建筑查处拆除工作，全县共拆除违法违规建筑299户，拆除面积7.29万平方米。

（张发琴）

城市管理

【概况】　龙里县城市管理局成立于2014年

12月，为正科级行政机构，单位内设2个机构（办公室、法规科），下属5个事业单位（1. 城市公用事业局〈正科级〉，内设办公室、市政公用设施管理站，下属环境卫生管理站；2. 园林绿化管理局〈副科级〉，内设园林规划科、绿化管理科；3. 城市管理监察大队〈副科级〉，下设综合监察中队、贵龙大道监察中队、谷脚城管监察队〈副科级〉；4. 城乡规划管理执法大队〈副科级〉；5. 市场管理办公室），主要负责市容市貌管理、违法建筑查处、市政设施管理与维护、环境卫生、园林绿化管理工作。

【市容市貌管理】 规范城区重点路段、重点行业秩序管理，针对场天集贸市场、农贸市场、小吃街等薄弱环节进行综合整治。实施城市精细化管理。把群众反映大、整治难、机制不落实、经常反复的问题作为重点整治，共清理主次干道超店面经营1.5万户、流动摊贩占道经营户2.5万户，下达限期整改通知书200余份。实行网格化管理。将所有执法人员安排到经营秩序混乱的区域进行蹲守，确保无占道经营现象发生。整治校园周边环境，为广大师生营造良好的教学环境。对农贸市场和早菜市场实行常态化管理。每天7:30完成环城路早菜市场清理，清理完成后再实行定点值守，同时对冠山农贸市场、凯全农贸市场及供销农贸市场进行定时巡查、管理，共清理农贸市场流动摊贩3万余户、长期超店面经营50余户。对场天市场进行挂证经营，杜绝经营户转摊位现象发生，保障摊主的公平权利。向沿街经营户发放创卫宣传资料和重新粘贴“门前三包”责任书600余份、发放创卫宣传资料2000余份。通过成立渣土巡查组，建立绩效巡查机制。监督建设单位做好工地出入口路面硬化、配置冲洗设备，要求驶出施工现场机动车辆必须冲洗、封闭或覆盖，按照办理的《建筑运输路线牌》上路，对于车辆带泥上路和车辆遗撒建筑垃圾较为严重的工地，严格按法定程序立案查处，共办理《建筑运输线路牌》760块（每月更换一次），查处带泥上路9起，下达整改通知通10份，下达处罚决定14起，处罚未按线路行驶25起、运输车辆未采取覆盖7起。对侵占城市空间、影响市容景观，未经审批设置的户外广告一律依法予以拆除，清除城区视觉污染。

【市政设施管理】 成立市政设施巡查组，专门负责对城区所有市政设施进行日常巡查，发现损坏及时维修。投资近300万元，共修复护栏1106档、井盖150余套、雨水篦子790套、清理雨污井3518个，修缮破损混凝土路面347.42平方米、沥青路面7989.06平方米，修复大十字、环北线、龙铁物流等破损人行道1669.32平方米（其中修复人行道透水砖1130.75平方米、人行道青石砖420.37平方米、路缘石118.2平方米），增补划设标识标线2.1万平方米。未发生因市政设施损坏维修不及时导致的安全事故和群众投诉。成立路灯维修组，专门负责城区所有路灯检查、维修，共修复县域境内路灯200余盏；实施“背街小巷扫盲工程”，投资111万元在流荫洞片区、南门街、大冲黑山、石头寨、圣公上等背街小巷安装路灯521余盏；元旦和春节对金龙西路至龙里北站、贵新高速至厦蓉高速联络线沿路进行街容整治，打造建筑美观、道路整洁、市容精美的城市精品道路，共投入资金45万元安装60盏刺梨花灯、112盏双龙戏珠灯。采取城市道路冷开、冷爆破、混凝土浇筑、碎石铺垫、沥青混凝土铺设等方式，修通龙馨苑门口半幅道路。

【绿化靓化】 抓好城区绿化树木、绿篱、花园、公园日常管护，及时补植补种。投资1000余万元，建成占地约270亩的“八一”公园，位于贵都联络线与森林溪畔交汇处，公园两侧紧邻贵都联络线和森林溪畔道路，内沿与董下河道相接。公园通过运用现代环境设计理念和各类生态建材，以自然生态条件和原有植物为基础，建成开放式的城市公园。公园内人工湖面积约1.5万平方米，铺设有3.8公里的彩色混凝土步道，休闲凉亭3座，入口广场约4500平方米，内设有公厕、管理房等，园中布设生态栏杆、生态座椅、自然生态石雕、廊道及各种花卉、苗木。为广大市民和游客提供休闲娱乐场所。在莲花贵都高速公路收费站对面打造龙泉广场、龙雕塑喷水景观，提升龙里对外形象。龙雕塑制作选用铜质铸造，高16米、宽16米，为优化龙喷水效果，在龙雕塑下方设置假山跌水，以增添跌水效果。同时在龙泉广场两侧安装300盏投光灯对山体两侧进行亮化，在山顶安装1盏高效光束灯全面打亮“龙里”两字及山体周围。在龙山大道安装116盏双戏珠装饰灯，在环北线、金龙西路及支线安装60盏刺梨花装饰灯，在兴龙路、政府大楼周边行道树安装满天星4000串，在龙山大道、环北线、金龙西路等路段灯杆上悬挂660个灯笼，在湿地公园周边安装高杆灯2盏等优化城市夜景。

【环卫管理】 投资800多万元，购置一批环卫作业车和设备，新增的作业车辆分别有高压清洗车、洗扫车、人行道冲洗车、小钩臂车、压缩式垃圾车、摆臂式垃圾车等共13辆，使县城区各类环卫作业车辆增加到41辆。新增贵龙大道、万豪大道、快递物流园等的清扫保洁面积约233万平方米。除部分不能满足机械化洗扫作业车正常通行的背街小巷外，其余道路均正常进行洗扫作业，确保城区各主次干道每天不低于7个小时的有效机械化清扫时间，机械化清扫率达97%。新建生活垃圾转运系统工程。投资460余万元分别在冠山农贸市场、龙架山森林公园、谷脚镇建设3座垃圾转运站（配套建设公厕），为“村收集、镇转运、县处理”的垃圾处理模式提供保障，同时弥补创卫指标中城区公厕数量不足的问题；在城区新增180个垃圾斗、200个果皮箱及96个不锈钢垃圾房，有效改善城区环境卫生状况，改善群众居住环境。投入1100余万元给五镇一街道添置农村生活垃圾污染处理设备，包括22辆垃圾车、3.46万个垃圾桶、175辆垃圾手推车和295个垃圾箱，覆盖53个行政村（社区），通过对23个行政村（社区）开展生活污水处理、垃圾收运、饮用水源地保护，对30个行政村（社区）开展饮用水源地保护治理和生活垃圾收运设备配备，改善了农村生活环境。升级改造、新建公厕。对部分公厕进行改造升级，按照五星级公厕标准，对兴龙广场、工商局旁公厕的内部结构、装饰材料、设施设备进行升级改造，增加智能飘香除臭机、音响、烘干机、装饰画等设施设备，使公厕外观及内部与广场风格相协调；新建小吃街公厕1座，并对公厕周围进行绿化，安排专人负责清扫、管理；整合项目资金，分别在谷脚镇、龙山镇、冠山街道办事处各新建1座公厕。

【河流管理】 自制河道拦污网，有效减少从河道上游漂浮下来的白色垃圾及杂物；利用单位工作经费聘请临时工人的方式增加河道清捞人员，加大对河道漂浮物的清捞力度；协调借用水务局船只，用于清捞贯城河三小流域河道较宽处的河面漂浮物。共清理贯城河河道漂浮物及水草、浮萍等垃圾重量约30余吨。

投入220余万元对贯城河至东门河一带进行亮化改造，完成东门河74盏庭院灯的安装和贯城河沿线、政府大楼前腾龙、叠水造型以及兴龙广场两侧4座风帆等亮化改造。

实施贯城河补水工程。贯城河补水工程作为龙里县2016年十大民生项目之一，全长约3.7公里，工程由泵房、上水管线和输水管线构成。补水以打草河为水源，泵站位于602应急提水工程下游100米处，泵房厂房采用钢筋混凝土框架式结构，厂房内安装3台立式长轴式深井泵，项目总投资2000余万元。工程于2016年5月份动工，年底竣工为县城贯城河补水。

【文明卫生城市创建】 在已创建省级文明卫生城市及先后取得“国家循环经济示范县”“国家现代农业示范区”“中国刺梨之乡”“中国物流实验基地”“国家级养生养老示范基地”“中国最美健康养生旅游名县”“国家级电子商务进农村综合示范县”“贵州省2014年同步小康社会创建达标县”等荣誉称号的基础上，2016年，龙里县申报创建国家级文明卫生城市。制定《龙里县创建国家卫生县城实施方案》，把目标任务细化、量化到各镇（街道）和部门，强化组织督查、舆论督查、群众监督机制和“网格化”管理。同时，调动广大干部群众参与创卫的主动性、积极性，全方位、多层次、多形式宣传发动。8月29日在县城举行“创卫”万人签名誓师大会。

加强市政设施维护管理，投入1783万元重点对城区主次干道、建筑物和中心城区公共场所、贯城河等的硬化、绿化、亮化、常态化管理工程进行改造和建设。加强环境卫生管理，投入800余万元，购置清扫车、清运车、洒水车等特种作业车22台，在城区干道增设垃圾箱35个、果皮箱425个、修建垃圾池34个、垃圾中转站1个。要求各施工企业、施工工地严格实行文明施工管理规范，严禁违规运输建材、物料、渣土扬尘污染环境，严禁施工扰民；城区内修建施工围墙总长3460米，共张贴公益性广告约360幅，广告内容包括“讲文明树新风”“中国梦”“忠孝诚信礼义廉耻”德行龙里“明礼知耻·崇德向善”、国学经典、小康建设等；实施“海绵城市”建设、城市精细化及网格化管理，增强城市环境净化功能，提升城市档次和品位。深入开展“文明在行动·满意在龙里”“多彩贵州文明行动”等主题活动，全力引导提升市民群众的文明素养，消灭陈风陋习，构建文明和谐的城市氛围。

（罗来娜）

供　水

【概况】 2016年，龙里县供排水总公司围绕县委、县政府的中心工作，以保障县城、各乡镇及工业园区的供排水为根本，以发展为主线，服务为龙头，解放思想，创新观念，逐步实现城乡供水一体化，为龙里的社会经济发展发挥职能作用。县供排水总公司内设办公室、财务室、业务科、营业所、水质科、抢修安装队、笋子塘水厂、流云洞水厂、北部水厂贵龙分公司、千家卡分公司、湾滩河分公司、洗马分公司等部门。2016年12月公司有在职干部职工117人。公司领导班子设6人，其中：总经理1人，常务副总经理1人，副总经理4人，纪检组长1人。

【水价调整】 2016年，龙里水价作为调节供求关系、促进节约用水、保护水资源最核心的经济杠杆，对于破解水资源瓶颈制约，提高水资源对经济社会发展的支撑保障能力。龙里县就阶梯水价进行论证并召开听证会，于2017年1月1日起对龙里县县城区及共用同一供水管网区域的用户实行了阶梯水价。阶梯水价的标准为：第一阶梯（0—290立方米）单价2.20元/立方米；第二阶梯（291—390立方米）单价3.30元/立方米；第三阶梯（391立方米以上）单价6.60元/立方米。为保证低收入家庭基本生活用水不因实行阶梯水价受到影响，低收入家庭用水价格在第一级阶梯内，按现行优惠政策执行，即1.80元/立方米，第二、第三阶梯内按照1:1.5:3比价关系执行。

【项目建设】 2016年，龙里县《龙里县供水扩建工程》总投资2.85亿元，建设规模及内容：新建日供水5万吨水厂及输配水管网。新建5000立方米高位水池1座，敷设DN700球磨铸铁输水管5千米；敷设DN1000球磨铸铁输水管道11千米；敷设DN100－DN800PE配水管26千米。工程于2016年12月建成投入使用。

羊场污水处理工程于2016年初开工建设，总投资890万元。新建日处理1000吨污水处理厂1座，新建污水收集管网7074米，其中：DN2001137米、DN3003543米、DN4001131米、加压管DM150363米、排放管DN300900米，新建中途提升泵房一座。工程于2016年12月建成投入使用。《龙里县经开区2万吨污水处理及中水回用工程》截至2016年12月，项目的“施工许可证”《项目选址意见书》“工程规划许可证”“用地规划许可证”《环评批复》《用地预审意见》等所有前期手续全部办理完毕。供排水总公司与投资商龙里县洁地环保科技有限公司采用PPP模式建设。预计2017年10月完成工程建设并投入使用。2016年12月，供排水总公司和投资商贵州兴谛实业发展有限责任公司签订PPP合同，采用PPP模式启动建设谷脚污水处理厂（5000吨/日）及洗马污水处理厂（1000吨/日），工程预计2017年11月完成并投入使用。

城乡供水一体化十字路水厂（1万吨/日），主要服务于谷脚、千家卡、醒狮片区的供水。正在建设厂区道路，2016年底完成工程量的95%。工程预计2017年8月投入使用。经县委、县政府同意，由供排水总公司实施《龙里县县城猴子沟岔河水源水质提升工程》。工程总投资：363.96万元，采用吸附氧化还原＋静态重力分离工艺进行水质提升。工程2016年5月动工修建，于2016年11月完工投入使用。猴子沟水源地环境综合整治工程总投资40.37万元，由供排水总公司实施建设。工程主要清理水源地取水点淤泥

7749 立方米，建设水源点双边钢护网 228 米，设置水源保护区界牌 10 块，安装 DN315PE 管 200 米。工程 2015 年 11 月动工建设，2016 年 6 月完工。

【水质监测】 县供排水总公司 2015 年 3 月设立水质监测中心，2016 年 10 月整个水质监测中心（含化验室）全部建设完成，并调试验收合格投入使用。水质监测中心设有：7 间化验室及 1 间办公室。化验室分别为：理化室 1、理化室 2、仪器室、药品室、培养室、无菌室及原子吸收室。相关的仪器设备及药品配置齐全，仪器有纯水机、电子天平、超净工作台、抽滤机、培养箱、蒸馏水器、蒸汽灭菌器、紫外分光光度仪、火焰原子吸收分光光度仪等。水质中心人员配置为 5 名，中心主任 1 名，驾驶员 1 名，专业化验员 3 名。

水质监测中心可做常规 11 项监测，分别是：细菌总数、总大肠菌群、耐热大肠、二氧化氯、浑浊度、pH 值、色度、氨氮、耗氧量、肉眼可见物、臭和味。中心工作人员每天对县城及乡镇的出厂水、管网水进行监测，并对监测的结果进行记录，在必要的情况下，还增加铁、锰、铝的检测。密切配合县卫生局、县疾控中心，随时掌握水质情况，发现问题立即查明原因，采取有效措施，及时调整处理。每个月按时取样送州水环境、县疾控中心检测。在取样过程中，做到无菌操作，送州检测合格率达 100%，县疾控中心抽检出厂水合格率达 100%，管网水合格率达 99.5% 以上。

【污水处理】 2016 年，公司采取多种形式建设完成“谷远污水处理及中水回用工程”（5000 吨/日）、“双龙物流园区污水处理工程”（1500 吨/日）、“高新园区污水处理工程”（1000 吨/日）“双龙镇污水处理工程”（500 吨/日）“羊场污水处理工程”（1000 吨/日）“醒狮污水处理工程”（1000 吨/日）。正在建设的有“经开区 2 万吨污水处理及中水回用工程”（2 万吨/日）、“谷脚污水处理工程”（5000 吨/日）、“洗马污水处理工程”（1000 吨/日）以及“新高中、塘坊片区污水收集处理工程”“水场至小孟污水收集处理工程”“中铁茵特拉根小镇、碧桂园污水”等污水项目。

污水处理工艺。谷远污水处理及中水回用工程，采用 AAO + 转盘滤布滤池污水处理工艺，处理污水达到一级 A 标排放。羊场污水处理工程，采用 A/O 接触氧化污水处理工艺，处理污水达到一级 A 标排放；醒狮污水、高新园区污水、双龙物流污水、双龙镇污水采用一体化膜技术处理工艺，处理污水达到一级 A 标排放。

（上官垠野）

供　电

【概况】 2016 年龙里供电局认真贯彻落实网省公司及贵阳供电局工作部署，围绕贵州电网公司“建设智能、高效、可靠、绿色的现代化电网，做强做优做大公司业务，有效创新体制机制”重点目标，牢牢把握“树立三种意识，落实三个着力，做到三个勇做”的工作要求，有序落实改革，扎实抓企业创先和规范化建设，各项工作成绩显著，实现“十三五”良好开局。

龙里供电局设有 10 个职能部门：办公室、人力资源部、财务部、计划建设部、市场营销部、生产设备管理部、安全监察部、监察审计部、党群工作部、工会；11 个生产部门：客户服务中心、电力调度中心、物资仓储配送站、输电管理所、变电管理所、龙山供电所、谷脚供电所、洗马供电所、猫场供电所、湾寨供电所、冠山供电所。截至 2016 年 12 月 31 日，全局共有职工 331 人，其中：硕士研究生 3 人，本科 87 人，专科 67 人，中专（中技）53 人，高中及以下 121 人。承担着全县 6 镇 1 街道办的供电任务，供电面积 1521 平方公里。

全年售电量 7.69 亿千瓦时，同比增长 6.8%，电费回收率 100%，综合线损率 3.01%，有损线损率 5.45%，平均售电单价 577.39 元/千千瓦时。客户平均停电时间 27.55 小时/户，综合电压合格率 99.44%。单位可控供电成本 81 元/千千瓦时，完成年度目标。2016 年，组织技能竞赛，获得贵阳局及龙里县团体奖 5 项，个人奖 3 项，建设职工小家 7 个。

【供变电站网】　龙里供电局运行管理220千伏变电站1座，主变压器2台，总容量360兆伏安；110千伏变电站5座，主变压器8台，总容量353兆伏安；35千伏变电站3座，主变压器6台、总容量22.3兆伏安；10千伏开闭所1座，220千伏及以下变电总容量735.3兆伏安；2016年已建有单线单主变变电站一座（110千伏继望变），多进线单主变变电站一座（110千伏平地变），其余变电站均为双电源、双主变。110千伏黑山变1#、2#主变、35千伏洗马变1#主变、35千伏湾寨变1#主变、35千伏猫场变1#主变为无载调压变。

管理35千伏输电线路9条，共135.38公里；10千伏线路62条，其中公用线路46回，总长度为1262.94公里，其中架空线为1226.86公里，电缆为36.08公里，线路绝缘化率为72.4%，电缆化率为1.96%；0.4千伏、0.22千伏线路总长度为1227.43公里。10千伏公用配变1122台，公用配变容量12.33万千伏安。10千伏公用开关柜间隔数为68个（其中断路器68台，负荷开关0台）。10千伏公用柱上开关总数为202台（其中断路器202台，负荷开关0台）。10千伏公用电缆分接箱共26台。箱式变电站52个，台架变压器1070台。10千伏公用线路联络率为76.1%，10千伏公用线路“N－1”通过率为46.51%。10千伏公用线路平均配电变压器容量为7081千伏安，10千伏公用线路平均负载率为67.58%；用户线路为16条，专变1066台，容量70.8万千伏安。

【电力设施建设】　龙里电网在“十二五”期间完成220千伏龙里变电站增容量改造，新增容量180兆伏安，110千伏谷脚变二期扩建工程，新增容量40兆伏安，解决了110千伏谷脚变单变单线的问题；新建110千伏平地变，新增容量50兆伏安，确保龙里高新技术产业园区用电。新建110千伏继望变，新增容量50兆伏安，为谷脚中铁生态城片区提供可靠电力供应（2016年12月31日投运）。龙里配网投入资金1.77亿元，新建及改造10千伏线路609.8公里，改造低压线路262.2公里，新建及改造配变169台，改造配变容量为16.57兆伏安。完成生态城负荷中心区110千伏继望变电站建设投运，主变最终规模为3×50兆伏安，本期工程实施1×50兆伏安。建设龙里县35千伏湾寨第二电源工程，确保35千伏湾寨变满足n－1供电。

【风力发电】　2016年，建成龙里草原、坪子、大坪子、马郎坡、贾拓山、苦蒿坪、上坝（分散式）风电场7处，安装186台风力发电机总装机容量322兆瓦。全年发电51209.9万千瓦时，实现产值2.87亿元，较上年分别增长125.48%、24.3%。

【电力安全】　龙里供电局2016年年度安全周期为365天，未发生人身、电力安全、设备事故，跨年度为1460天，未发生年度安全目标考核的事故和事件，未发生五级以上的人身安全事件及事故；未发生一般误操作和其他行为失误事件；未发生有人员责任的Ⅰ、Ⅱ、Ⅲ级信息安全事件。综合用户平均停电时间27（时/户）、综合电压合格率99.437%、D类电压合格率99.61%、35千伏输电线路可用系数99.85%、变压器可用系数99.997%、断路器可用系数99.9%，紧急缺陷消缺及时率100%、重大缺陷消缺及时率100%。严格落实横向全覆盖、纵向全贯通的安全生产责任体系。强化安全风险体系建设及应用，加强风险动态闭环管控。加强电网风险管控，动态开展电网风险管控，实时修编各变电站失压调度处置方案。加强作业风险管控，分层分级落实管控责任，2016年各类作业风险412项，共开展现场违章纠察和管控170次，现场发现并整改问题96项，组织开展施工单位违章约谈10次。

开展差异化运维和规范化检修，治理输配电线路与电气化铁路交叉跨越7处。强化应急保供电管理，完成全国山地自行车越野赛、同一首歌、“两会”等重要活动及法定节日保供电工作。

【提质增效】　年度内与红狮、三山等17家企业完成电力直接交易签约，抓第三产业和居民用电等基础负荷增长。采取多种方式防控欠费风险，实现电费回收结零目标，完成龙腾公司265万元欠电费的核销。做好成本预算的细化分解，以月度资金预算控制为手段，加强成本费用管控。严格执行“五项费用”预算，“两金”余额341万元，较年初下降122.29%。开展“挖潜增效”专项行动，全年处理问题14宗，追补电量315.8万千瓦时，追补电费152.9万元。

【优质服务】 严控重复停电和延时复电，提高故障抢修响应速度，通过配网调整方式等降低客户平均停电时间。开展业扩报装专项治理，2016年新增用电容量21.55万千伏安。拓展网络缴费渠道，非现金缴费比例达93%，同比提升6.39个百分点。

【创先争优】 强化对县级供电企业综合评价关键指标的过程管控。实现CSGII系统单轨运行，各业务领域数据质量水平均超过98%，达到省公司年度目标要求。推进供电所规范化建设，“站线变户”数据一致性实现“三个100%”。新成立冠山供电所，常态开展供电所和台区规范化建设，湾滩河供电所通过贵州电网公司供电所规范化建设抽查。成立职工创新工作室及职工创客空间，完成职工创新项目2项，申请发明、实用新型专利各两项，软件著作权一项。

【改革成果】 实施市场化交易，落实大用户直购电，全年完成市场化交易电量3.7亿千瓦时。完成14个居民小区和2条专线资产接收工作，接收资产1403万元。按要求开展职工持股企业的股权清退工作。

【队伍建设】 按照干部管理规定选拔调整中层管理人员15人次；选拔调整班长（副班长）18人次。强化人才队伍建设。2016年实施培训754人次，培训计划完成率100%；6人通过专业技术资格评审，其中中级职称1人，初级职称5人；59人获得岗位胜任力证书，其中技能32人，专业技术27人。

（谷彦姝）

供　　气

【概况】 贵州燃气（集团）龙里县燃气有限公司是贵州燃气（集团）有限责任公司于2011年8月在惠水县工商局注册成立的控股子公司，注册资本为1000万元。2013年11月集团公司与重庆鼎发实业股份有限公司签订《合作框架协议》，双方以贵州燃气（集团）龙里县燃气有限公司为平台共同建设、经营龙里县管道天然气项目，增资扩股为6000万元。其中：贵州燃气（集团）有限责任公司出资3600万元，占60%股权；重庆鼎发实业股份有限公司出资2400万元，占40%股权。公司由法人独资变更为合资企业。

2016年10月，取得龙里县城区和工业园区管道燃气、天然气汽车加气特许经营权，是龙里唯一一家专业从事城市燃气工程设计、施工、监理、配套工程及运营管理的燃气企业，公司注册地址：龙里县三林路，法定代表人：吕钢，总经理：石全，公司现有员工64人、班组4个。

公司经营区域覆盖县城区、工业园区等区域，规划项目总投资4.5亿元。计划投资建设天然气综合站、天然气汽车加气站、贵阳—龙里天然气支线、高中压调压站、区域燃气管网、庭院燃气设施等天然气工程。2014年4月，贵阳—龙里城际燃气干线贯通，管道长输天然气正式向龙里供气。

【燃气管网建设】 自2012年以来，燃气城市主管网累计建设80.17公里，完成龙里综合站和中铁临时站建设，燃气管网主要敷设中铁生态城、龙里县贵都联络线、森林溪畔、三林路、西环路、金龙路、北部工业园区、雪花啤酒厂、北环路、环城路、西南药都等县主要干道。全县配套中压、低压燃气管网完成约230公里，已安装工业、商业用户82户，安装居民用户2.04万户，日供气2万立方米。自建以来已累计完成投资2.2亿余元，已基本覆盖龙里县城和中铁生态城。

【瓶装燃气情况】 2016年，龙里县盛达液化石油气有限责任公司和贵州天福化工有限责任公司组织龙里县城区和谷脚片区的瓶装燃气经营户（29户）共同商讨并一致同意，龙里县盛达液化石油气有限责任公司（2000立方的储罐）和贵州天福化工有限责任公司龙里配送中心（贵州天福〈国有企业〉）组成的龙里县城区瓶装燃气联合经营体，共同经营县城区和谷脚片区的瓶装燃气市场。

龙里县盛达液化石油气有限责任公司负责。充装、统一配送到贵州天福化工有限责任公司龙里配送中心。

贵州天福化工有限责任公司龙里配送中心具有市场调控、人事安排，组织协调、安全管理人员2人，配送人员12人，售后服务人员4人，城区和谷脚片区市场和配送管理人员各1人，库管2人，呼叫人员2人，形成一条龙服务。要求配送人员做好配送时的“试漏”，售后人员搞好划定片区的维修安全服务，对存在问题及时维护，搞好用户档案工作。

（罗来娜）

房地产管理

【概况】 2016年，龙里县房地产管理和房屋征收工作以改善城区人居环境、提升城市品位为目标，推进房地产业稳定发展，加大城市棚户区改造房屋征收和拆迁，推进保障性安居工程建设，规范住房保障分配和管理和住宅小区物业管理，充分发挥城市管理功能作用。

龙里县房地产管理局和房屋征收局合署办公，实有在编参公管理人员23名、在编事业人员12名。内设办公室、财务科、住房保障科、房地产管理科、征收科、政策法规科6个科室，下设龙里县物业管中心、派驻机构监察室。2016年12月，成立龙里县城市棚户区改造建设协调指挥部，开展对城区大十字片区、火车站片区、老场坝片区等房屋的征收工作。

2016年，龙里房地产业投资达10.5亿元，基本完成大十字、老公安局、正大街、太平寺等片区城市棚户区改造1330户，改造面积14.16万平方米；基本建成棚户区改造安置、公共租赁住房共372套，完成公共租赁住房（含廉租房）、棚户区改造安置房分配入住1340套；成立业主委员会的小区12个。

【房地产开发】 落实县政府《进一步促进龙里县房地产市场平稳健康发展的实施意见》《龙里县购买存量商品房用于棚户区改造安置住房的实施办法（试行）》等政策措施，争取国家棚户区改造货币化政策扶持，实施棚户区改造货币化安置政策，发挥棚户区改造政策杠杆作用。制定《关于进一步促进房地产业健康发展实施细则》《城镇落户农业转移人口住房保障工作实施细则》，加快农村人口向县城转移；结合棚户区改造货币化安置、易地扶贫搬迁等政策，购买商品房安置拆迁户及移民安置户。2016年，办理商品房预售许可证21件，总面积99.3万平方米，批准预售面积74.51万平方米。其中：住宅3715套，面积47.37万平方米；商业4504套，面积26.67万平方米；车库30套，面积4663.5平方米。办理销售合同备案6134套。县城区商品房销售面积31.53万平方米，同比增长76.4%，交易金额12.17亿元。

【物业管理】 2016年，出台《关于进一步加强物业管理工作的实施意见》，加强对物业服务的监管。健全维修基金监管机制，按照“专户储存、政府监管、规范使用”的原则，加强房屋维修专项基金监管，畅通房屋维修专项基金启用绿色通道，保障住宅共用部位、共用设施设备正常使用。全年住宅小区共使用维修资金10.2万元。组织全县物业服务企业召开物业管理业务培训会及外出学习先进物业管理模式，提升物业管理服务质量。组织全县物业小区开展电梯乘用安全规范培训及“电梯困人突发事故救援演练”活动。全年成立小区业主委员会12个。

【住房建设】 2016年，建成棚户区改造、公共租赁住房共372套，分别是醒狮镇公租房76套、供销社片区旧城棚户区改造项目安置房96套、老公安局片区棚户区改造安置房200套。公共租赁住房（含廉租房）分配入住1340套，主要是北环线公租房（廉租房）小区424套、洗马镇公租房66套、第三中学（龙山中学）133套、2015年度西区棚户区改造货币化安置房717套。在全省2016年保障性安居工程工作考核中，龙里县被评为保障性安居工程建设示范县，并获省级奖励资金1000万元，在全州保障性安居工程奖励资金中排名第一位。

根据《龙里县公共租赁住房运行实施细则（暂行）》相关规定，将城市中低收入家庭、外来务工人员与新就业无房职工纳入公租房保障范围。根据申请对象收入和住房条件，廉租住房、公共租赁住房统一并轨实行差别租金，对符合保障条件的普通家庭按标准收取租金，对城市低收入家庭按公共租赁住房同期标准租金的75%收取，对低保家庭按公共租赁住房同期标准租金的50%收取。实行准入制度，限定供应对象，设置准入条件，对承租对象资格实行年审制度。

【棚户区改造】 2016年，棚户区改造项目主要有太平寺片区、正大街片区、老公安局片区、大十字片区等，涉及征收房屋1300余户，征收房屋面积约14万平方米。采取购买县城区域内存量商品房安置县城西区旧城棚户区房屋被征收户。组织实施利用国家开发银行棚户区改造贷款资金购买县城区域内存量商品房安置县城西区旧城棚户区房屋被征收户，通过竞争性谈判确定由县城区域内18家房开企业提供房源供县城西区旧城棚户区房屋被征收户选择商品房安置，已有430余户拆迁户到房开企业选房并与房开企业签订商品房买卖合同，共计717套、面积7.81万平方米。

启动火车站片区二期房屋征收工作，需征收的房屋184户，面积约2.35万平方米，其中涉及成都铁路局公产部分112户、7494平方米。

为启动2017年度棚户区改造项目计划2270户，龙里县城市棚户区改造建设协调指挥部于2016年12月底对县城老场坝片区开展征收摸底工作。

【住房安全】 2016年，开展全县范围房屋安全隐患排查，全县存在安全隐患的老楼危楼2.58万栋，涉及住户2.54万户，面积277.37万平方米。对县城区存在严重安全隐患的房屋进行整治，对县城区存在严重安全隐患的教师新村一期、老场坝、新场坝、中山路、中医院等老楼危楼相对集中的地块，纳入2017年度城市棚户区改造项目。

【房屋普查】 通过聘请有资质机构采取航拍和全面开展入户调查等方式，在县城总体规划区、双龙航空港经济区龙里区域内，工业园区、农业产业园区及因城市发展需要进行重点控制的区域进行房屋普查工作。完成全县房屋普查入户调查及航拍工作，共普查房屋3万户。

（房产局　房屋征收局）

环境保护

【概况】 2016年，龙里县环境保护工作坚持以“守底线、走新路、奔小康”为总领，以稳定和改善环境质量为核心，以“治水、治气、治渣”三大任务为重点，坚持“建、治、管”三措并举，守住发展和生态两条底线。加强执法监管队伍建设，加大法制宣传和查处环境违法案件力度，加强生态、水源保护，严把环境监测关，严格项目工程环境影响评审，强化节能减排，完成年度指标任务。

【生态示范县创建】 2016年，编制《龙里县生态示范县建设规划》，到2020年力争通过国家级生态示范县创建验收。以饮用水源地保护、生态农业、生态旅游业、生态工业、生态城镇建设为重点，开展生态安全体系建设、污染防治体系建设、生态产业与循环经济体系建设和生态文明体系建设。贯彻资源开发与农业生态环境保护并重的方针，推广科学的生态农业模式，优化配套技术措施，构建绿色生态农业基地，逐步形成有地方特色的竞争力较强的系列农副产品。依托生态农业基地，大力推进农业观光、乡村休闲旅游产业，加强规划统筹，将农业科普、休闲观光、农事体验等乡村旅游业态植入现代高效农业示范园区。深化生态环境教育示范基地、绿色企业、绿色学校、绿色社区、绿色医院、绿色家庭、绿色饭店等“绿色系列”建设，为广大公众提供生动直观、特色鲜明、功能多样的环境宣传教育场所和公众参与平台。

龙里县以生态文明理念引领当地经济社会发展，守住生态和发展两条底线，努力建设生态文明。2016年12月12日，《贵州省环境保护厅关于命名第七批省级生态乡镇和生态村的通知》，龙里县龙山镇坝上村、谷脚镇茶香村、冠山街道三合村获第七批“省级生态村”称号。2016年底，龙里县已被命名5个“省级生态村”（谷脚镇观音村、茶香村，醒狮镇大岩村，龙山镇坝上村，冠山街道三合村），1个“省级生态乡镇”（醒狮镇），为创建国家级生态县奠定基础。

【环境项目资金】 2016年，贵州省财政厅、贵州省环境保护厅下达中央农村节能减排资金1500万元，用于龙里县2016年度农村环境综合整治整县推进项目，拟在2017年对未进行农村环境综合整治的93个村（寨）生活垃圾进行整治。

【环保宣教】 2016年，5月17日晚，县环保局、发改局等10家单位在县城兴龙广场联合举办主题为“生态绿色新龙里，和谐发展助脱贫”的文艺演出活动。6月30日，与县委组织部、人民检察院、司法局联合举办环境保护法律法规知识培训，各镇（街道）、部分县直部门副科级以上领导干部，部分县域企业主或经营管理人员100余人参加培训。在县政府网站上共公开信息357条，在贵州省环境保护厅网站上共公开信息489条，在“贵州环保网站”编报信息中名列全省县（市）级环保局第一名。

环境监测

【环境监测管理】 2016年，龙里县环境监测为：全县集中式饮用水源地水质监测。主要包括县城集中式饮用水源地每月2次监测和乡镇集中式饮用水源地每月1次监测。县境内河流水质现状监测。开展3期县城背景值水环境监测，乡镇主要河流水质监测开展1期，共对6条河流开展水质监测。县内污染源监督性监测。各类环境监测采样、分析工作，共计开展89次有环境监测报告的自行监测工作。环境空气自动监测。主要负责龙里县环境空气自动监测站的运行维护、数据上报工作。

制定2016年质量控制计划，质量监督员每个季度对每个被监督人员进行监督，共开展4次质量监督工作，在2016年9月开展内部评审和管理评审。制定仪器设备检定校准计划表，并于4月和6月对实验室内和涉外仪器进行检定校准，实验室开展实验对比工作，全年做铁、锰、硝酸盐、高锰酸盐指数等共33个监测指标的质控样，全部为合格；与黔南州环境保护监测站开展氨氮、高锰酸盐指数、化学需氧量指标的比对监测，考核均合格；按照贵州省质量技术监督局要求，做水质挥发酚项目的能力验证，考核合格。9月，对实验室紫外分光光度计、原子荧光光谱仪、红外分光测油仪等大型仪器进行期间核查工作。全年共对本站质量体系文件、实验操作技能等的内部培训共12次，组织人员参加2015版《评审准则》宣贯暨检验检测资质认定内审员培训、2016年贵州省环境空气监测联网数据传输与统计评价培训、2016年饮用水水源环境状况评估培训等外部培训。

【环境质量评估及预测预警】 2016年，龙里县主要河流水质总体良好，地表水监测断面中100%达到Ⅲ类及以上水质类别（即主要河流监测断面优良比例为100%），与上年持平。2个出境断面全部达到Ⅲ类及以上水质类别，与上年持平。城市（镇）集中式饮用水水源地水质良好，2个县城集中式饮用水水源地水质达标率为100%；8个镇集中式饮用水水源地水质达标率为100%。全县城市（镇）环境空气质量总体优良。县城按照《环境空气质量标准》（GB3095－2012）开展六指标环境空气质量自动监测，空气质量指数（以下简称AQI）优良天数比例为100%；按环境空气质量指标年平均浓度评价，细颗粒物（PM2.5）达到国家二级标准。全县生态环境质量总体评价为“良”，生态环境质量保持稳定。县城声环境质量保持一般。全县辐射环境质量稳定，仍维持在原有良好水平。

【环境监测系统维护】 2016年，龙里县得到中央水污染防治资金50万元支持，实施《龙里县环境监测能力建设项目》，提高龙里县环境监测站监测能力。龙里县红狮水泥公司、华润雪花啤酒黔南分公司、龙里县污水处理厂三家国控污染源均正常开展环境监测在线自动监测，监测仪器设备运行正常。龙里县环境空气质量自动监测站运行正常，2016年1月起，监测数据实时向贵州省环境保护监测中心站传输上报数据，全年仪器设备运行正常。

【辐射管理】 2016年，县环保局联合县卫计局召集辖区内的10家核技术利用单位开展辐射安全与防护年度评估工作推进会，10家单位均在黔南州环保局办理辐射安全许可证，工作人员均取得岗位证书，持证上岗率100%。符合开展辐射安全与防护年度评估工作的5家单位均按要求在贵州省辐射监管系统提交年度评估报告；存在核设施但暂未使用的5家单位，均按要求进行封存，涉源、涉线单位档案基本完善，各项管理制度基本齐全，防护措施基本符合要求，所有放射源及涉线装置均处于安全生产状态。

水环境质量管理

【实施水污染防治行动计划】 2016年，编制《龙里县2016年水污染防治行动计划年度实施方案》（以下简称《方案》），并将《方案》内的目标任务和工作职责分解，结合环境保护及河长制目标任务，与各镇（街道）、相关单位和企业签订《2016年环境保护目标责任书》《龙里县环境保护河长制目标责任书》。督促贵州神奇药业有限公司龙里分厂、贵州龙缘盛豆业有限公司、华润雪花啤酒（黔南）有限公司等医药、食品、酿造行业对污水处理设施完成提升改造；关闭龙里县摆省乡白水岩煤矿；新建湾滩河矿井废水治理工程并投入运行，有效治理矿井废水。

【污水处理设施建设】 2016年，龙里县推进城镇生活污水处理设施建设，启动新建污水处理厂2座，其中羊场镇污水处理厂建设完成，进行调试运行。截至2016年底，龙里县共建成投运污水处理厂（站）7座，处理规模达1.7万吨/日，已建污水收集管网（主干管）82.29公里。除县城污水处理厂执行一级B标外，其余6个污水处理厂均执行达到一级A标，有极好的再生水利用基础。

【水污染防治】 2016年，实施《龙里县水污染防治行动计划》，投资40.37万元，实施猴子沟水源地环境综合整治工程，投资368.29万元启动猴子沟水源地水质提升工程，猴子沟饮用水源地水质稳定达标；在湾滩河流域投资253万元建设日处理量4800吨的污水处理厂，每年预算约200万元运维费，保障污水处理厂正常运行，湾滩河水体达到水功能区要求；投资1300余万元实施县城贯城河补水工程，通过引水补水、河道清淤、截污、生态治理等方式，贯城河黑臭水得到有效治理。

【水质状况】 2016年，龙里县地表水水质优良（达到或优于III类）比例达100%；地表水丧失使用功能（劣于V类）的断面比例为0；县城以上集中式饮用水源地（猴子沟饮用水源）水质达到或优于III类；地下水水质持续良好。

【饮用水源地保护】 通过龙里县农村环境综合整治整县推进项目的实施，完善全县集中式饮用水水源保护区警示牌、界桩等规范化建设，禁止在饮用水源地保护区内排放污染物。2016年2月，贵州省人民政府对龙里县的8个集中式水源保护区进行批复，确认新增8个集中式饮用水源保护区，全县共计有10个集中式饮用水源地已经被省人民政府批复。完成县城新建备用水源窄冲水库的饮用水源地保护区划分方案编制，按照饮用水源地的要求进行管理；对县城集中式饮用水源地（猴子沟集中式饮用水源地）进行水源地评估，评估结果为优；对全县10个集中式饮用水源地开展每月水质监测，水质达标率为100%。

【固体废物与危险废物处理】 根据《危险废物规范化管理指标体系》相关要求，全县辖区内危险废物全部依法交由有处置资质的公司进行无害化处理，无被追究刑事责任的情况。州环保局对全县辖区内危险废物规范化管理工作进行抽查，抽查合格率为100%。

【污染源普查】 经过组织策划、收集信息、筛选填报、录入审核，2016年环境统计数据上报黔南州减排办和省环保厅总量处进行初审。

环境执法

【建设项目环保审批】 龙里县对于满足环保准入条件的，涉及民生工程、基础设施、生态环境建设等有利于保增长、促民生的重点建设项目，开通“绿色通道”，提前介入，推动项目尽快审批、开工，并对全县的重点建设项目进行跟踪服务。2016年，受理行政许可业务163件，其中：审批环境影响评价文件73件，办理“三同时”验收建设项目11个，办理排污许可证23件，核发建筑施工夜间作业许可证56件。建设项目环境影响登记表和竣工环境保护验收取消行政许可实行备案制后，登记表备案42个，竣工验收备案30个。组织召开《贵龙纵线干道二期工程环境影响报告书》《S315青岩至平伐（龙里县摆省至羊场段）公路改扩建工程环境影响报告书》等项目《报告书》的专家评审会。同时为辖区内的建设项目开展前期选址踏勘工作，2016年共外出选址踏勘126人次，出具同意落地项目88个，否决38个，并为位于贵阳市汪家大井饮用水源保护区内的28个建设项目争取到省环保厅的同意意见，助推项目顺利实施。

【建设项目环境管理】 严格按照《环境保护法》和《建设项目环境管理条例》的规定，对符合国家产业政策进入龙里县的建设项目，严格执行环境影响评价制度和“三同时”制度，严格控制新污染源的产生，加大建设项目环保工程竣工验收。严格落实建设项目“三同时”制度，督促企业严格按照环评报告及审批要求建设污染防治设施，开展对项目环境管理检查，对于未批先建的项目将严肃查处；对在建和已建的项目将检查其环保“三同时”的落实情况，对不落实或是落实不到位的企业将责令其限期整改并报该局备案，真正提高建设项目“三同时”合格率，杜绝刚验收的项目又变成新的污染源。建立建设项目审批总量置换台账，审批的涉及主要污染物总量排放的建设项目都是按照每年的总量指标范围进行审核，无审批无总量排放指标的建设项目。2016年，建设项目环评执行率100%，“三同时”执行率100%。

【城市环境综合整治】 餐饮油烟整治。严格餐饮业环评审批，从源头控制新设餐饮单位的油烟噪声处理，对群众反映的餐饮单位一律严格要求安装油烟净化处理设施，利用专管高空排放。2016年处理油烟扰民案件12件。噪音污染整治。对城市各类噪声污染进行全面整顿。加强对建筑施工噪声污染检查，禁止夜间进行产生环境噪声污染的建筑施工作业；加强对文化娱乐场所噪声污染情况的监督检查，对超过国家噪声排放标准的，依法责令其限期整改；高中考期间，安排环保执法人员采取突击检查、夜查等方式，加大对建筑施工活动的巡查力度，严查违法施工行为。大气污染整治。继续推进冠山高新技术产业园区燃煤锅炉“煤改气”；要求运输煤炭、垃圾、渣土、砂石、土方、灰浆等散装、流体物料的车辆应当采取密闭或者其他措施防止物料遗撒造成扬尘污染，并按照规定路线行驶；装卸物料应当采取密闭或者喷淋等方式防治扬尘污染；严格要求生产经营活动中产生恶臭气体的单位设置合理的防护距离，并安装净化装置或者采取其他措施，防止排放恶臭气体；督促储油储气库、加油加气站和油罐车、气罐车按照国家有关规定安装并正常使用油气回收装置；加强对县城周边砂石场管理，要求正常使用大气污染防治设施，运输砂石车辆必须用篷布遮盖，加大对进出砂石场道路的洒水力度。废水污染整治。严厉查处施工工地向河道、生活污水管网等排放施工废水的行为。督促各施工单位建设沉淀池对施工废水进行处理，严禁未经处理直接向贯城河排放，要求施工工地产生的生活污水须接入城市下水管，进入城市生活污水处理厂进行处理。禁止排污单位将废油、潲水油以及其他含油废物，排入下水道或者随地倾倒。

【环保执法专项行动】 2016年，深化“六个一律”环保“利剑”执法专项行动和环境保护大检查，开展环保执法“风暴”执法专项行动，以“黑废水”“黑烟囱”“黑废渣”“黑废油”“黑数据”“黑名单”为重点，严厉打击环境违法行为，对各类环境违法行为“零容忍”。共出动执法人员800余人次，检查企业400余家次，下达整改通知160份，下达《责令改正违法行为决定书》25份，处罚企业26家，处罚金额97.51万元，责令停产整治1家、关闭1家，取缔违法排污企业3家，查封扣押1家，实施按日计罚1家，移送公安处以行政拘留1家，向公安机关移送涉嫌环境污染犯罪案件1件。环境违法案件查处率100%，结案率100%。征收入库排污费429万元。

生态修复

【城市湿地保护】 2016年，龙里县在原龙里湿地公园的基础上，启动莲花生态湿地休闲体验区建设，对朵花河流域莲花段4.7公里范围内进行生态治理，项目总投资5.7亿元。

【生物多样性保护】 在猴子沟自然保护区、龙架山国家森林公园等处开展生物物种资源调查，建立种质资源库。加强生物多样性保护和生物安全管理工作，减少物种资源的丧失和流失，生物物种以就地保护为重点，加强外来有害物种的侵入防治。

【农村污染源控制】 根据《贵州省农委关于下拨2016年度农业生态环境保护等项目资金的通知》，在龙里县贵州丰盛生态农业有限公司生猪养殖场，开展农业面源污染畜禽养殖废弃物产排污定位监测，项目承担单位是贵州大学化工与环境研究测试中心，协作单位是龙里县农村工作局能源办。截至2016年10月12日，完成前三个季度样品采集工作，共计规范采集各类样品54个，2016年12月31日前完成采样、化验分析、数据统计和报告编制，同时上报农业部。

资源节约与循环经济建设

【概况】 2016年，龙里县立足“一区三园”的发展优势，以创建循环经济产业集聚区为目标，按照“减量化、再利用、资源化”原则，围绕企业循环式生产、园区循环式发展、产业循环式组合，建立以政府为主导、企业为主体、项目为载体、园区为平台的循环经济发展机制，初步形成企业小循环、产业中循环、园区大循环的循环经济发展格局，编制了《龙里县十三五节能专项规划》。2016年，全县全社会用电量73957.17万千瓦时；全县规模以上工业企业综合能源消费量28.78万吨标准煤；累计争取到循环经济（含资源节约和环境保护）项目共36个，项目总投资共计18.87亿元。

【资源节约】 龙里县2016年地区生产总值预计完成79.77亿元，全县预计综合能源消耗量为81.44万吨标准煤；按照能耗指标计算公式，2016年单位地区生产总值能耗同比降低3.25%，完成2016年单位地区生产总值目标任务。

【节能减排】 龙里县规模以上工业企业有效开展节能降耗工作，综合能耗、能源消费区域正常。2016年，全县全社会用电量73957.17万千瓦时，同比增长6.9%；其中：规模以上工业企业用电量50951.60万千瓦时，同比增长43.96%。全县规模以上工业企业综合能源消费量28.78万吨标准煤，同比增加1.9%，其中，雪花啤酒、际华三五三七等公司实施工业锅炉煤改气，使得原煤消费量呈现下降趋势，原煤消费量为30.69万吨，同比下降5.52%。

【循环经济项目】 龙里县累计争取到循环经济（含资源节约和环境保护）项目共36个，项目涉及污水、垃圾、重点流域整治、资源综合利用、节能环保等重点行业，项目总投资共计18.87亿元，争取到上级补助资金1.73亿元，其中：争取到中央预算内资金9130万元，争取到专项建设基金8168万元。2016年实施重点建设项目22个，项目总投资36.81亿元，2016年完成投资15.16亿元。其中：中央预算内及省预算内投资项目7个，项目总投资2.71亿元，中央预算内及省预算内投资资金1530万元，2016年完成投资1.42亿元；专项建设基金项目4个，项目总投资7.23亿元，专项建设基金8168万元，2016年完成投资1.02亿元。

【污染减排】 2016年，通过管理监督、工程治理和结构减排三大措施，全县化学需氧量（COD）、氨氮（NH3－N）、二氧化硫（SO_2）、氮氧化物（NOx）等减排指标均控制在省、州下达指标范围内。完成省级审核龙里红狮水泥有限公司、贵州富华药业有限责任公司清洁生产方案。

【节能转型】 龙里红狮水泥有限公司一、二期生产线脱硝设施已投入使用，该生产线利用余热发电＋低氮燃烧技术，充分利用窑头、窑尾余热进行发电，年发电量在6000万千瓦时，年节约电费3000万元，减少环境污染，降低生产成本。

【节能减排措施】 工程减排。新建污染物治理设施。完成羊场污水处理厂、贵州丰盛生态农业有限公司二期沼气池建设，县城污水处理厂二期正在开展前期工作，贵州省环保厅已对龙里红狮水泥有限公司二期生产线脱硝设施进行现场验收，该生产线利用余热发电＋低氮燃烧技术，充分利用窑头、窑尾余热进行发电，年发电量在6000万千瓦时，年节约电费3000万元。结构减排。进行淘汰落后产能和燃煤锅炉“煤改气”管理。根据《产业结构调整指导目录（2011年本）》（2013年修正），淘汰龙里县兴创维阳光工程建材厂、贵州富强建材有限公司、龙里县天源石灰厂、龙里县播箕大关口石灰厂、龙里县恒誉石灰厂等5家石灰厂的石灰土立窑。开展龙里县高新技术产业园区和华润雪花啤酒（黔南）有限公司锅炉煤改气工作，同时严格建设项目审批，对新建燃煤小锅炉一律不予审批。投入18万元资金对进行“煤改气”工作的企业给予补贴。取缔县城区燃煤锅炉1台、工业企业燃煤锅炉3台，减少工业区内烟尘排放。管理减排。对县城污水处理厂及其他产排污企业的污染物治理设施开展监察，要求企业污染物稳定达标并控制总量排放；对设施运行不正常的贵州龙里县喜多宝食品饮料厂等企业进行处罚，并督促按要求改造。

【机动车尾气排放管理】 根据省环保厅、省公安厅《关于严禁黄标车转入我省的通知》要求，自2016年6月1日起，禁止低于“国一”的汽油车和低于“国三”的柴油车转入龙里县。划定黄标车限行（禁行）路线。龙里县城区黄标车行驶路段及时间规定：①水桥—环北线—东门、厦蓉高速匝道—环北线—东门、贵新高速匝道—环北线—东门3条路段为龙里县黄标车行驶路段。②除上述3条路段的其他路段为黄标车限行（禁行）路段，在7：00—21：00时间段，黄标车禁止通行。对龙里县万通机动车检测有限公司进行监管，严把检测质量关，对不达标车辆不发放机动车环保合格标志，共核发绿标6181个、黄标85个。制定《龙里县2016年黄标车淘汰工作方案》并报县人民政府审定，加大黄标车淘汰力度，黔南州反馈龙里县淘汰黄标车及老旧车475辆。2016年，龙里县获中央建设专项资金2200万元，在全县范围内建设12个充电站，共有250余个充电桩，解决公交车的油改电和新能源汽车的充电问题。该项目已启动实施，预计2017年10月份完工。由交管局和燃气公司对全县115辆出租车中的75辆出租车进行油改气的升级改造，以减少机动车尾气排放。

（杨胜炎　张振平）

农 业

综 述

【概况】 2011年8月29日，《龙里县人民政府办公室关于印发龙里县农村工作局（龙里县扶贫开发局）主要职责内设机构和人员编制规定的通知》，将龙里县农业局、龙里县畜牧兽医局、龙里县农业机械服务中心、龙里县农业办公室农业综合开发以外的工作职责、龙里县乡（镇）企业局（农产品加工）的工作职责整合，组建龙里县农村工作局（龙里县扶贫开发局），龙里县农村工作局（龙里县扶贫开发局）。内设办公室、规划和政策法规科（行政审批服务科）、业务科（农产品质量监管科、新农村建设科、龙里县农业产业化办公室）。内设龙里县种子管理站、龙里县植保植检站、龙里县渔政站、龙里县土肥站、龙里县蔬果办公室、龙里县农业综合执法大队、龙里县农业技术推广站、龙里县农业机械推广管理站、龙里县农机安全监理站、龙里县农村能源环保办公室、龙里县农村经营管理站、龙里县农产品质量安全检测站、龙里县动物疫病预防控制中心、龙里县动物卫生监督所、龙里县畜牧水产业发展中心、龙里县茶叶产业化发展办公室、贵州省农业广播电视学校龙里分校。全局行政编制17个，内设行政科室4个，机关工勤编制2个；事业站股17个，其中，副科级单位5个，其余12个为股级单位。事业编制实行编制动态管理，龙里县动物卫生监督所县编办核定编制为28个，县渔政站核定编制为8个外，其余事业站股根据实有人数编制为123个。

农业经济平稳持续增长。全县农业总产值完成28.35亿元，占全年任务数的102.35%；农业增加值完成17.38亿元，同比增长39.99%，占全年任务数的125.49%；非粮农业增加值占农业增加值比重为99.68%；畜牧业产值占农业总产值比重的48.75%。农村居民人均可支配收入9265元，绝对值县域第一方阵位次第11位，州位次第2位；增速10.9%，县域第一方阵位次第5位，州位次第6位。农产品加工率334.9%，县域第一方阵位次第3位，州位次第1位。畜牧业增加值占农牧渔业增加值比重25.3%，县域第一方阵位次第17位，州位次第7位。

农村深化改革。农村土地承包经营权确权登记颁证工作有序推进。全县基本完成一轮公示，16个村完成二轮公示；加快“三变”改革探索步伐，全面推进农村集体资产股权化改革，力促“三变”改革工作有序推进，力推1－2个镇（街道）作为“三变”改革试点；土地流转工作扎实有效开展。全县农村土地流转面积为16.12万亩，其中耕地流转面积7.07万亩，荒山荒坡流转面积9.05万亩。在农业产业园区土地流转面积3.99万亩，占流转总面积的28.42%。

农业园区建设。强化园区基础设施建设，通过整合各级财政及项目资金7.78亿元用于完善全县五个农业园区基础设施建设；发展壮大主导产业。全县园区蔬菜种植32.21万亩（含复种），刺梨种植14.6万亩，花卉苗木种植0.8万亩，精品水果种植面积3.2万亩；进一步加大品牌创建力度。全县园区拥有“三品一标”认证产品12个，认证无公害产地面积24.1万亩；智慧农业建设有序推进。智能温室大棚、管理用房、农产品溯源一期工程等已建设完成，同时积极跟进与电信公司农业信息APP手机服务平台建设商谈工作。

全县经济种植作物面积48.46万亩，其中：蔬菜种植面积32.21万亩（含复种），果园种植面积7.5万亩，花卉苗木种植面积0.8万亩，中药材种植面积1.5万亩，茶叶种植1.9万亩。粮食种植面积21.39万亩。全年招商引资项目18个，其中签约500万元以上投资项目8个，投资项目为种养殖基地建设、农产品加工、农旅结合等，累计签约资金34亿元，到位资金4.04亿元。

2016年新增农机总动力2.07万千瓦，全县累计达20.5万千瓦。单位耕地面积拥有农机总动力达0.46千瓦/亩。完成机耕面积18万亩，同比增长324%；完成机械化播种面积达1.47万亩。完成农机购置补贴资金35.34万元，补贴各类机具743台（套）。

全年完成县级及以上龙头企业申报10家（其中：省级龙头企业4家、州级龙头企业2家，县级龙头企业4家），目前县级及以上龙头企业共48家；全年新增农民专业合作社91个（其中：新增贫困村合作社52个），新增入社（会）成员642人，成员出资额1.05亿元，辐射带动农户1715户。全县在工商部门注册登记的农民专业合作社已达322个；全年新增家庭农场10家，县级以上家庭农场125家，其中：已经获批的省级“三星”家庭农场1个、州级家庭农场7个，2016年组织申报的5家州级家庭正在开展州级评审，同时，龙里县被列为农业部家庭农场监测县之一，纳入监测范围的有25个家庭农场；完成新型职业农民培育230人次。

农业大数据建设。坚持“黔货出山，弯道取直”的主导思想，建立“完整、准确、健全”的农业大数据信息生态系统为目标。通过政企合作，依托大数据管理平台和“物联网”，进一步推动传统农业与大数据相结合。已建成龙里县农业大数据平台，并正在努力争取国家级专项资金建设“大数据+智慧农业”项目1个，计划投资1亿元。同时与一马科技有限公司合作开发龙里县农业大数据后台管理系统，使龙里县大数据平台能够自主化、长效化使用。完成测土配方施肥手机APP平台项目建设招标采购工作，循环农业节水灌溉工程完成170立方米池子（包含水池、沼液储存池、过滤池、调节池）建设和1000米沼液输送管迁入生产基地工作，与大数据研究院和省农科院等单位对接地理信息系统建设事宜。

【产业扶贫】 推进产业项目实施和申报，全县实施扶贫产业项目110个，投入县级以上资金32.81亿元（含农田、水利建设），覆盖贫困户1.06万户3.53万人。通过包装中央预算内资金和专项建设资金项目15个，总投资9.66亿元；申报村庄整治项目2个，总投资300余万元；同时上报省农委贵州省苗岭山丘夏秋喜凉蔬菜产业带龙里县湾滩河生态农业园区蔬菜种植基地建设项目一个，总投资1.17亿元；大力发展经济作物产业带，建成蔬菜产业带6万亩、刺梨产业带15万亩、茶叶产业带1.9万亩、花卉苗木产业带2万亩、精品水果产业带1万亩及中药材产业带0.5万亩；扶持农业产业化企业，通过整合财政专项扶贫资金96万元为龙缘盛豆业公司建设黄豆基地9600余亩，并为邓氏辣子鸡养鸡基地申请贷款贴息100万元；发展壮大特色产业，全县中药材种植2万余亩、莲藕2580亩、脱毒马铃薯种植9248亩、核桃3.5万亩；绿壳蛋鸡生态养殖10万羽、竹鼠养殖2.22万只，食用菌栽培50万棒；加强培训指导，开展培训135余期，培训农户6050余人次，发放政策宣传明白卡1万余份、技术读本8400余本，张贴技术宣传资料32幅。全年招商引资项目18个，其中签约500万元以上投资项目8个，投资项目为种养殖基地建设、农产品加工、农旅结合等，累计签约资金34亿元，到位资金4.04亿元。

【农业产业结构调整】 坚持按照“优质、高产、高效、生态、安全”的现代农业发展要求，不断推进农业产业结构调整，使全县农业转为粮食作物与经济作物并重发展。粮经比达到30:70，全县粮食种植19.87万亩，粮食总产量达7.05万吨，总产值达1.66亿元。完成经济作物种植52.3万亩，总产值达7.94亿元，其中：蔬菜31万亩、刺梨14.6万亩、水果3万亩、茶叶0.5万亩、花卉1.03万亩。优化畜牧养殖结构，发展现代山地特色畜牧业。全县生猪饲养量22.8万头，同比增长10.5%，其中：生猪出栏11.8万头，同比增长11.7%，存栏11万头，同比增长10.6%；牛、羊、禽饲养量达到5.63万头、8.53万只、183.78万羽，分别同比增长6.15%、11.17%、22.7%；肉类总产1.38万吨，禽蛋产量2350吨，分别增长12%、17.5%。全县有仿生态大鲵繁养殖场5家，现有商品大鲵1966尾；

全县有竹鼠养殖339户，现饲养有竹鼠2.21万只；年出栏2万头生猪养殖企业一家。

【农产品质量安全】 2016年，对农产品生产者开展检查26场次，检查农产品生产者89户次，基地农产品生产中未发现国家明令禁止使用的农业投入品，签订农产品质量安全生产承诺书25份。检查生产基地使用“三品一标”、用药、生产记录等情况，共检查种、养殖基地65个次。加强对农产品上市前的抽检，共抽检样品60个。检查农资市场，共出动执法人员110人次，检查市场34场次，检查农资经营户213户次。未发现县内有禁用农、兽药及假劣农、兽药经营使用，农产品抽检合格率100%。组织合作社、公司等生产单位召开农产品质量安全相关知识培训2场次，培训农产品生产者165人次，结合县内赶集天及3·18等活动时间，开展农产品质量安全知识宣传5次，发放资料1500份。

【农民工返乡就业创业】 通过招商引资，引进丰盛、丰泰、恒利源等规模大、带动力强、效益好的企业共计33个入驻园区，在带动产业发展的同时增加园区就业机会，园区企业每年长期用工700余人，季节性用工7000余人，临时用工1.5万余人，如丰盛公司，长期聘用人员60余人，丰态公司季节性用工1200余人次，临时用工多时每天可以达到80余人。培育专业合作社，2016年发展较好的合作社有翠薇蔬菜种植专业合作社、甲摆种植合作社等共计28个，采取公司+合作社+农户、公司+农户、合作社+农户等多种方式，使园区产业发展模式多样化，带动更多农户发展园区产业，同时多种渠道解决园区农民就业。合作社长期用工达100余人，季节性用工5000余人次，临时性用工2.6万余人次，如翠薇蔬菜种植专业合作社长期用工达10人，带动社员1000余人，解决季节性用工500余人次、临时性用工2200余人次。培育出一批种植大户。通过引进杜宪民，许修亮、李立华等外来种植大户共计50余户，园区主导产业种植规模扩大，并示范带动当地有技术的农民70余户自己发展产业。园区大户每年可以解决季节性用工6000余人次、临时性用工3.7万人次。部分农民可以就近进园区企业、合作社、大户务工，也解决了部分贫困户就业难题。

【农产品加工】 全县2016年新增规模以上农产品加工企业2家，分别为刺梨加工企业贵州恒利源天然生物科技有限公司、辣椒加工企业贵州昌哥食品有限公司，两家企业均已投产运营，其中贵州恒利源天然生物科技有限公司为省内规模最大的刺梨加工企业，该公司和香港冠生堂联合开发的系列刺梨产品已面市。贵州昌哥食品有限公司为以生产辣椒等调味品为主的农产品加工企业，该公司在2016年3月份正式投产，年加工产品200余吨。全县全年农产品加工企业产值达39亿元。

【水稻保险】 2016年全县种植保险继续选择水稻在全县范围内采用“基本保险+补充保险”模式，做到应保尽保：即中央和省级财政保费补贴提供“基本保险”，州、县两级财政保费补贴和农户自交保费提供“补充保险”。龙里县承保水稻种植面积10.27万亩，承保率100%；玉米种植面积1665.10亩，承保率3%，其中精准扶贫户和自缴户基本保额500元/亩，未缴户基本保额425元/亩；保费30元/亩，中央财政补贴12元/亩、省级财政补贴9元/亩、地市财政补贴1.35元/亩、县级补贴3.15元/亩、农户自缴4.5元/亩，保费共计282.67万元。

【高标准农田建设】 2014年度省级财政专项扶贫资金（蔬菜发展资金）——龙里湾滩河园区蔬菜基地建设、配套及生态化栽培技术试验示范推广项目于2016年实际推广示范规模6140亩，完成任务的153.5%。在湾滩河生态农业示范园区实际推广示范规模1293亩，完成任务的129%；带动发展区实际推广示范规模4847亩，完成任务的161%，其中：洗马高效农业综合开发示范园区3019亩，醒狮镇1008亩、谷脚镇500亩、冠山街道办事处320亩。智能化育苗中心已完成全部工程建设，正在调试应用；洗马1200平方米蔬菜交易大棚、600米田间机耕道项目建设、240米输水管道建设全部竣工并投入使用。在湾滩河生态农业示范园区建生态化栽培试验及示范区20亩。农业物联网系统已经完成安装投入使用。通过小气候观测系统、病虫诱控系统、生物监控系统、微生物喷雾系统等物联网传感设备实现远程实时收集、操控预测预警和生产设备的智慧化管理。2016年底，示范区建有物联网的控制中心、小气候观测场、植保田间观测场、智能化育苗中心等，在示范区和带动发展区开展蔬菜新品种、新技术、新模式试验示范24个；在示范区开展生态化栽培试验示范8项，主要有集约化育苗、喷滴灌设施、避雨设施、黄板诱杀、太阳能杀虫灯、生物有机肥、植物源农药、无公害种植等，应用生态栽培技术，减少化学农药的使用。

龙里县湾滩河生态农业园区蔬菜基地及示范项目。湾滩河生态农业示范园区科技园内，完成1000亩沼液型喷（滴）灌设施建设。在项目核心区建新品种、新技术、新模式、新设施、新设备引进试验示范地100亩，引进新品种试验示范10个，新模式2个、新技术5个，引进新设施、新设备5个，开展无公害新型植保机械应用、病虫联防联治、开展测土配方施肥等新技术应用，示范基地无公害技术到位率达100%。完成物联网建设并配合贵州大学大数据研究院达成龙里农业大数据研发合作协议，完成基础数据收集工作，配合完成大数应用平台建设，已投入使用。创建农业社会化服务体系建农资配送中心1个。

【农机安全管理】 2016年，共签订农机使用安全责任书635份，办理各类业务达154件。清理机车档案1117份，做到机车电子档案和文书档案一致底数清楚，并将350台拖拉机统计上报全国道路交通网。全年检查拖拉机及农业机械200余起；排查安全隐患20余起；汛期查看乡村危险路段、事故多发路段10余处。发出《限期恢复原貌通知书》10份；机车复检6台；当场整改机车60余台；出具机车委托书8份；检验农机牌证车辆385余台，年检率达79.2%，审验驾驶证249人。

【实用技术推广】 2016年，开展安全宣传25次；发放安全资料3000余份；向驾驶员发出安全警示短信共计8次1000余人；实地查看危险路段4处。组织驾驶员进行安全学习2次共计400余人。组织开展农机安全知识竞赛1次，向贫困学生和留守儿童发放学习用品和体育用品共计300余元。

种植业

【蔬菜种植】 2016年，全县蔬菜生产目标任务为32万亩（含复种），实际完成蔬菜种植面积32.21万亩（含复种），完成全年蔬菜种植计划的100.65%；累计采收蔬菜55.4万吨，占年度计划的100.72%，累计销售额14.12万元，占年度计划的100.91%。种植种类有辣椒、西红柿、茄子、黄瓜、小青瓜、棒豆、豇豆、豌豆尖、豌豆、大葱、白菜、莴笋、香葱等。全年完成辣椒产业带种植面积2.22万亩。在全县建辣椒标准化种植示范基地6000亩，其中：湾滩河镇5000亩，洗马镇1000亩；加权平均亩产量2133.83公斤，总产量达4737万公斤，按市场综合价1.6元/公斤，总产值达6631万元。产品主要销往广州、贵阳等市场，其中销往广州市场达1000余吨。全年完成豌豆尖产业带种植面积3.02万亩。其中：在龙羊公路龙山镇至湾滩河沿线建标准化豌豆尖种植示范基地5160亩；平均亩产量1600斤，全县豌豆尖总产量达2.4万吨，预计总产值9660万元。

【新技术推广示范】 2016年，在湾滩河镇岱林村（贫困村）兴办一膜两熟（长辣七号辣椒—黔白五号白菜）样板点120亩。在湾滩河镇长萌村（贫困村）蔬菜高效接茬模式栽培（长辣七号辣椒—白玉春萝卜）样板点100亩。在湾滩河镇新营村、园区村兴办青花菜种植示范点200亩。在醒狮镇谷龙村开展白菜种植示范基地200亩，豌豆尖种植示范基地200亩，大蒜种植示范基地100亩。在谷脚镇谷远村、高枧村、洗马镇乐宝、羊昌、落掌、台上、巴江等一线兴办长辣七号辣椒示范基地1000亩。在洗马镇建蔬菜种植示范点746亩，其中：落掌村、巴江村、龙场村等一线建高效栽培试验示范基地架材豌豆200亩；在落掌村发展芥菜试验示范基地300亩，白泥田兴办佛手瓜样板点180亩；在羊昌村兴办大长青莴笋示范点66亩。在冠山街道兴办蔬菜种植示范点面积1770亩。其中：速生蔬菜种植示范基地750亩（采取高效、循环种植模式一年7季），品种主要以菜心、芥蓝、芥菜、小白菜、生菜、红旱菜、瓢儿菜等为主；夏秋反季节蔬菜种植基地900亩（采取幼龄桃园/刺梨套种蔬菜模式，一年3－4季），品种主要以红扁豆、毛豆、豇豆、棒豆、黄瓜、辣椒、莴苣、花菜、青菜、豆苗等为主；钢架大棚蔬菜种植基地100余亩（采取喷、滴控水方式管理，一年6－7季），品种主要以红旱菜、香细菜、木耳菜等精细蔬菜为主。在冠山街道办大新村光坡组建大蒜种植示范基地150亩，平均亩产1210公斤，总产量18.15万公斤，市场价为5元/公斤，亩产值6050元，总产值达90.75万元，贫困户68户均增收1.3万元，从4月开始，种植的大蒜陆上市供应贵阳市场。

【植物保护】 2016年主要农作物病虫害发生面积88.78亩，防治面积90.34亩，挽回损失1.6万吨，实际损失2886.15吨。全年共汇报农作物重大病虫发生防治情况报表78期，灯下虫情13期，稻水象甲疫情报表58期，菜豆象疫情报表56期，编发植保工作简报26期，同时加强田间病虫调查，及时准确预报，针对油菜、小麦、马铃薯、稻飞虱、稻纵卷叶螟、稻水象甲等开展系统监测，及时编发病虫长短期预报11期1200份。

【植物检疫】 2016年共普查4个镇（办）14村（社区）363户农户，检查农贸市场4个38个摊点，检查豆子共计0.32万公斤，查到染疫豆子0.07万公斤，涉及全县4个镇（办）14个村363户农户，为害豆子主要有菜豆、芸豆、豇豆、绿豆等，以菜豆受害最为严重，一般豆粒受害率为21.3%，最高受害率85%。召开防控技术培训会3场次，发放宣传资料500份，张贴挂图320份，集中销毁染疫豆子160公斤，熏蒸染疫豆子545公斤，使菜豆象疫情得到有效预防控制。

在全县范围内开展红火蚁的普查工作，出动车辆35次，参加调查人数153人次，共普查了苗木繁殖场4个、草地20个、公园2个、停车场15个、广场4个、住宅绿化小区28个、垃圾场1个、果园6个、中铁生态城镇（街道办）的花圃1个，累计普查面积1.38万亩，未发现红火蚁为害植物和叮咬人畜的情况发生。

在水稻生长期分别到在龙山镇、冠山街道、湾滩河镇、谷脚镇等乡镇开展水稻细菌性穗枯病菌普查，在玉米生长期普查玉米致死性坏死病，共普查面积2.1万亩次，到醒狮镇、冠山社区的果园普查李痘病，共普查面积0.2万亩次，未发现有检疫性有害生物的生物的发生。

【农药监管】 按时完成2016农药管理年度计划，共编写农药监管工作的信息简报4篇，组织开展农药市场检查16场次，累计出动执法人员48人次，检查经营单位22个次，检查农药品种标签978个次，未查到高毒剧毒农药销售，审核备案农药标签516个次，合格率达92.8%；农药产品标签登记备案19家。

组织开展农药打假行动和高毒高残留农药排查。在全县范围内开展农药打假专项整治和高毒高残留农药排查行动，排查市场上标签不合格农药和违规销售等情况，排查百草枯水剂、甲胺磷等违禁高毒农药以及掺杂高毒农药、禁用化学投入品等销售行为。杜绝假冒伪劣农药坑农害农，保障农药市场的规范性。

加强农产品生产基地和农民专业合作社用药安全监管。在全县各地的蔬菜种植基地、茶叶生产基地及农民专业合作社进行农业投入品的检查工作10次，检查农产品生产基地和农民专业合作社等生产主体的农药使用情况，督促生产经营主体执行农药安全间隔期制度。

2016年，开展农药相关法律法规和农药安全使用知识的培训6期，培训人数560余人，开展场天宣传7场次，结合市场监管及植保植检各项工作的开展共发放知识挂图及病虫害防控技术彩页等宣传资料共计5000余份。

实施农药使用量零增长及农作物病虫无害化防控技术。在农作物重大病虫防控示范区推广高效低毒低残留农药，大力推广病虫绿色防控技术，在水稻、蔬菜、茶叶、水果种植示范区安装太阳能杀虫灯60盏、诱虫色板1万张、复合型害虫诱杀器500套等，推广选用吡虫啉、醚菊酯、稻瘟灵、阿维菌素、井冈蜡芽菌、枯草芽孢杆菌、申嗪霉素、短稳杆菌、氢氧化铜（可杀得）、代森锰锌、乙基多杀菌素、多菌灵、甲维盐、农用链霉素等高效低毒农药和生物农药，有效防治病虫害，减少农药残留。

【特色农业产业基地建设】 鼓励引导农业企业申报省、州、县级龙头企业，在工商登记、贷款贴息、企业用地和税收等方面予以政策倾斜。2016年完成县级及以上龙头企业申报10家，其中：省级龙头企业4家、州级龙头企业2家，县级龙头企业4家。通过开展龙头企业运行监测工作，对不合格的8家县级龙头企业给予撤销。2016年，贵州恒利源天然生物科技有限公司投资2.5亿元的刺梨加工项目一期工程建成运营，使龙里县刺梨鲜果年加工能力提升到5万吨以上。

建设休闲农业和乡村旅游，投入10余亿元实施莲花湿地公园建设项目、湾滩河镇走马村美丽乡村建设项目、龙里茶香“十里刺梨沟”自行车主题公园建设项目等一批乡村旅游基础设施建设项目。龙里孔雀布依风情园获州级“休闲农业与乡村旅游示范点”称号，推送乡村旅馆参加州“星级乡村旅馆”“百佳乡村旅馆”评选获得，有8家获黔南州星级乡村旅馆（三星级5家、二星级3家）。新增休闲农业和乡村旅游经营主体一个，贵州龙丛界山地农业旅游开发有限公司，投资10亿元建设龙里县冠山街道山地生态农业旅游综合开发项目，2016年11月中旬开工建设。

【湾滩河现代高效生态农业示范园区】 园区创建于2012年，是省级重点农业园区。园区以发展“生态农业、高效农业、旅游农业、科技农业”为方向，大力推进布局区域化、管理规范化、生产标准化、经营规模化“四化”建设，加快构建以科技农业为引领、产业化农业为支撑、农产品加工为龙头的现代农业产业体系，促进园区提质、农业增产、农民增收。

2016年，园区发展蔬菜种植面积达5.3万亩，已入驻企业27家，农产品通过无公害产地认证面积4.6万亩。其中，“龙里豌豆尖”于2016年通过国家地理标志保护认证，单季种植面积1.5万亩，成为全国豌豆尖种植面积最大的区域，远销粤港澳市场。园区通过企业带动，培育组建农民专业合作社28家，入社成员7641户，合作社年销售蔬菜总收入达5亿元。

【茶园建设】 2016年，全县完成茶叶种植5000亩。种植地在湾滩河镇云雾山村（沿309省道布局）田坝寨、破塘、上宝山、下宝山、大田、小甲晃、中寨、甲晃街、摆哈以及岱林村坪子上、金批村大金批。

全县现有规模茶叶企业4家（贵州省福茶贸易有限责任公司、龙里卧云谷绿茶有限公司、龙里县湾滩河镇盘脚茶场、贵州云峰茶叶有限公司），合作社5家（龙里云雾明先合作社、龙里县云邑清茗茶叶专业合作社、龙里县鸟田茶叶种植专业合作社、龙里县青禾茶叶专业合作社、谷脚毛青茶专业合作社、龙里县苗岭茶叶种植专业合作社）。规模最大，产量最高的企业为贵州省福茶贸易有限责任公司，该企业是龙里县2015年新引进的一家茶叶种植、加工及销售企业，2015—2016年度计划总投资5000万元，现已经完成投资1000万元，2015年共流转投产茶园4000余亩，2015－2016年度计划新增茶叶种植基地5000亩以上。已完成基地开挖6000余亩，种植茶叶5000亩。已建成投产加工厂房，占地8671平方米，其中生产车间为1500平方米，安装一条绿茶生产设备，一条红茶生产设备，每天可加工精品茶2000公斤（干茶）。

养殖业

【概况】 2016年，龙里县畜牧渔业生产稳步发展。全县生猪出栏18.43万头，存栏12.46万头，同比增长分别是18.56%、11.45%；牛出栏1.018万头，存栏5.115万头，同比增长分别是18.26%、3.89%；羊出栏4.904万只，存栏6.58万只，同比增长分别是20.96%、24.38%；家禽出栏158.63万只，存栏112.62万只，同比增长分别是45.8%、41.62%；水产品养殖面积81公顷，总产量为1708吨。肉类总产量达2.2941万吨，同比增长21.83%；禽蛋产量0.298万吨，同比增长17.32%；畜牧业产值

13.38亿元，同比增长41.45%，占农业总产值的48.16%。通过整合招商引资，产业扶持，社会融资等多方资金，提高畜牧养殖标准，尤其是提高规模养殖场（户）的标准，促进畜牧业标准化、规模化、产业化发展，养殖种类涉及生猪、肉牛、肉羊、禽类、竹鼠、依拉兔、黑毛猪等。至2016年底，全县各类畜禽规模养殖场（户）251个，其他特色养殖规模场（户）20个。其中：猪场68个，2.63万头；牛场29个，1021头；羊场115个，1.73万只；家禽场39个，18.52万羽。其他特色养殖22个，其中竹鼠场8个，2.91万只；兔场4个，6500只；蜜蜂场6个，230桶；鹌鹑场3个，7.1万羽；豪猪场1个，60头。

县级及以上养殖龙头企业6家，其中：省级龙头企业1家，县级龙头企业5家；全县累计注册登记畜禽渔养殖农民专业合作社达103个（其中：州级示范社5家），入社成员总数807人，出资总额达1.14亿元，辐射带动农户4604户；县级以上家庭农场119个，其中：州级示范家庭农场7户。

【草地畜牧业】 饲草饲料工作。及时开展草原返青调查监测工作，开展草原普法宣传月活动，完成2016年度饲料抽检省级抽检工作和养殖环节“瘦肉精”尿样抽样，并按要求上报各类报表、信息等材料。2016年，全县完成种植人工草地0.86万亩，完成任务数的107.75%；完成冬闲田土种植1.84万亩，完成任务数的102.32%；完成秸秆饲料化处理3.43万吨，完成任务数的100.88%；新增秸秆青贮示范点1个，草畜配套示范点1个；完成优质饲料推广0.61万吨，完成任务数的101.7%；养殖环节“瘦肉精”快速检测406头份，完成任务数的101.5%；上报信息简报11期，完成任务数的183.3%。品种改良工作。开展畜禽品种改良和良种推广工作，按时上报季度、半年、年终工作总结和报表。全年改良配种母猪1.28万头，完成任务数的116%；推广杂交猪9.86万头、完成任务数的113%，其中“三元”杂交猪6.6万头，完成任务数的101.2%；全县改良配种母牛518头，完成任务数的103.6%；配种受胎333头，完成任务数的102.46%；本品种选育母牛530头，公牛22头，分别完成任务数的106%和110%；全县改良配种母羊8486只，完成任务数的108.8%，出栏杂交羊5382只，主要推广大耳羊、贵州黑山羊、南江黄羊等品种；上报信息简报12期，完成任务数的100%。

【渔业】 2016年全县水产品养殖面积81公顷，水产品总产量为1708吨，捕捞产量101吨，养殖产量1607吨。其中：池塘养殖产量505吨，水库养殖产量1015吨，河沟养殖产量166吨，稻田养殖产量22吨。鱼种生产总量48吨，鱼种投放总量高达166吨。共落实养殖面积81公顷，其中：池塘养殖面积5公顷，水库养殖面积48公顷，网箱养殖20万平方米，河沟养殖面积28公顷。大鲵养殖总数为6273尾，商品鲵817尾；亲鲵165尾，幼鲵5290尾。冷水鱼养殖面积2500平方米，投放苗种10万尾，产量484吨。

【养殖基地建设】 2016年，龙里县县级及以上养殖龙头企业6家，其中：省级龙头企业1家，县级龙头企业5家；全县累计注册登记畜禽渔养殖农民专业合作社达103个（其中：州级示范社5家），入社成员总数807人，出资总额达1.14亿元，辐射带动农户4604户；县级以上家庭农场119个，其中：州级示范家庭农场7户。引进贵州金龙原生态农业有限责任公司，拟投资10亿元在龙山镇中坝村建设年产黑毛猪仔猪10万头，商品猪3万头的集生态养殖、休闲旅游、健康养老为一体的原生态循环农业链产业园。引进贵州龙丛界山地农业旅游开发有限公司，在冠山街道办鸿运村流转7000亩荒山荒坡种植金银草、金银树发展生态草食畜牧业。与正邦集团商谈“公司+农户（贫困户）”育肥猪养殖合作模式，即公司采取“统一圈舍规划、统一猪苗、统一营养、统一饲喂模式、统一技术服务、生猪保价回收”五统一保管理模式。项目建设工作有序开展。积极开展项目调度，收集项目整理资料，与省、州业务部门对接，完成“龙里县2013年生态畜牧产业化扶贫（绿壳蛋鸡养殖）项目”、龙里县2013年生猪标准化养殖场（小区）建设项目、龙里县2015年家庭牧场建设项目、龙里县

2015生猪养殖标准化示范场创建项目等4个畜牧业项目的验收工作。

（张耕源　何明贤　罗　秀）

林　业

【概况】　龙里县林业局内设机构（2个）：办公室、林业产业科（行政审批科）；下设事业单位（5个）：龙里县造林绿化工程管理中心（龙里县绿化委员会办公室）、龙里县林政资源管理中心、龙里县森林防火指挥部中心、龙里县林业局资金管理中心、龙里县刺梨产业办公室；下设行政机构（1个）：龙里县森林公安局（龙里县公安局森林警察大队）。2016年，龙里县林业工作围绕县委、县政府确定的“三条主线”，坚持“两手抓（一手抓林业业务工作即‘做大资源、管好家底、打造产业、服务发展’，一手抓党的建设和反腐败工作）、两手硬，构建龙里林业大格局”的总体思路，适应和服务经济新常态，为龙里的青山绿水履行职责发挥作用。

2016年，县林业局获由全国绿化委员会、人力资源社会保障部和国家林业局联合授予的“全国绿化先进集体”称号单位。

【林业执法】　2016年，可办理的行政审批事项17项，其中行政许可15项，服务事项2项。行政许可：林木种苗生产许可证核发；林木种子生产经营许可证核发；永久性征占用林地审批；临时占用林地审核审批；陆生野生动物驯养繁殖许可证初审；商品林林木采伐许可证核发；林区木材经营加工许可证审批；省内外木材运输证签发；《植物检疫证书》签发；狩猎非国家重点保护陆生野生动物种类和年度猎捕限额审批；陆生野生动物驯养繁殖许可证；国家重点保护野生动物及其产品出县境运输证明审批；进入省级以下森林和野生动物类型自然保护区从事科学研究、教学实习、参观考察、拍摄影片、登山等活动审批；因科学研究需要，必须进入省级以下森林和野生动物类型自然保护区核心区从事科学研究观测、调查活动的批准；地方级自然保护区的实验开展参观、旅游的审批；采伐、移植古树、名木批准；服务事项：林权证核发；林权变更登记。

【法制宣传】　2016年，开展“综治宣传月”“法制宣传月”等宣传活动，组织专门人员，派出宣传车辆深入乡村进行宣传，结合业务工作，共向群众发放刺梨、桃树、葡萄各种栽培技术资料、贵州省林地管理条例、森林防火、林木林地权属争议处理办法、贵州省义务植树条例等宣传资料8万余份，解答群众咨询300多人次。深入开展法制宣传教育，多次组织召开林业法律法规知识学习会议。

【营造林】　2016年完成5.04万亩营造林建设任务。启动龙里县2016“绿色贵州”建设三年行动计划义务植树活动，6镇（街道）在所设立的分会场同时开展"绿色贵州"建设三年行动计划义务植树活动。完成2016年度“绿色龙里”建设三年行动计划建设亮点打造及“六大工程”建设，其中，完成亮点打造2个（茵特拉根小镇绿化392亩，亮山坪马尾松防护林营造林3500亩）。开展林业科技推广宣传培训4次，培训林农3000人次。开展龙里县第三次石漠化监测工作，监测全县岩溶土地面积14.69万公顷。

【森林资源保护】　2016年办理林木采伐许可证2份，涉及林木蓄积623.3立方米；完成2016年度木材加工许可证清理及年审工作，对20家持证木材经营加工企业不定期进行专项检查，实现“林业生产安全、企业收购加工木材合法”目标。办理林地手续40起，涉及林地面积356.5公顷，收缴森林植被恢复费共计3645.19万元。开展森林资源保护“六个严禁”执法专项行动等行动。林业行政案件73起，查结73起；林业行政罚款共计763.77万元，收缴木材37.34立方米，林业行政处罚73人，行政案件查处率100%；林业刑事案件51起，立案侦查51起，抓捕犯罪嫌疑人39人。“6·23”系列盗伐滥伐林木案件成功侦破，案件抓获犯罪嫌疑人33人，其中抓获网上追逃人员15人，犯罪嫌疑人员全部抓获，无一漏网。完成龙里县第四次森林资源普查外业调查（“二调”）工作，小班区划151780公顷，系统样地调查778个。

【森林防火】 2016年，印发森林防火“村为主”实施方案，明确县级领导包保镇（街道），部门挂帮村（社区），镇（街道）领导直接负责村（社区）的责任机制。在全县18个“村为主”示范村（社区）配置相应的防火物资。落实“包保”，采取“包山头”“包路口”“包镇（街道）”“包宣传”“包督查”的五包措施，遏制森林火灾的发生。实行挂图作战。就龙里县森林资源分布图，将302名生态护林员的管护职责明确到各山头地块。投入防火经费35.5万元，加大森林防火宣传和物资储备等工作，通过广播、电视、短信、发放传单、张贴公告等方式进行宣传2000余次，特别是将黔南州森林防火期禁火令和龙里县森林防火联合公告等发放和张贴到千家万户。11月20日，召开全县森林防火暨刺梨产业发展推进工作会，对今冬明春森林防火工作早动员、早部署，层层签订森林防火责任状。

【有害生物监测和检疫防治】 完成2016年林业有害生物越冬调查并在谷脚镇茶香刺梨种植核心区实施刺梨虫害闪讯监测，及时掌握刺梨虫害发生发展动态。开展林业有害生物防治培训，指导刺梨种植户防治刺梨病虫害面积2万亩，发放农药3000公斤，发放刺梨病虫防治资料300多份。实施木材调运检疫3723立方米，苗木调运检疫1191万株。开展松材线虫病春、秋季监测普查工作，普查面积50.11万亩。开展林木种苗产地检疫面积4050亩，产地检疫各类苗木3517万株，检疫贮木场及加工场（点）木材及制品1125立方米。采购智能太阳能杀虫灯65台、农药6吨、静电喷雾器15台分发及安装在全县刺梨集中种植区域。

【种苗培育】 结合2016年1月国家新种子法颁布之机，组织召开县、乡、村专题宣传工作，严厉打击假、冒种苗，特别是刺梨苗，严格控制“两证一签”，坚决杜绝假、冒种苗外流、流入。做好苗木调查统计，经调查统计，2016年全县新育苗总面积824.5亩，培育有刺梨、马尾松等树种，总产苗量共计1445.5万株。苗木合格率98%以上。

【生态扶贫】 2016年，龙里县林业“四大工程”实施面积9.09万亩，完成总投资2247.89万元，覆盖全县39个贫困村，3738户贫困户，1.2万名贫困人口。完成2016年302名贫困生态护林员的选聘录用工作；完成2015年国家公益林22.27万亩生态效益补偿金兑现，兑现资金212.39万元；完成36万亩地方公益林2014年度和2015年度生态效益补偿金兑现，兑现资金340.42万元。其中涉及贫困户2071户资金；完成92.5万亩天保工程森林资源管护，聘请护林员107名，其中贫困护林员6人；年度内共投资32万元，帮扶洗马镇田箐村养殖蜜蜂、修建村级公路、购买穴耕机及在刺梨连片种植区域安装太阳能杀虫灯。结合林业工程项目，在洗马镇田箐村打造4000亩刺梨种植基地，带动田箐村及周边村组80余户贫困户增加劳务收入100万余元。

【集体林权制度改革】 2016年共办理林权证34宗，涉及林地流转面积987.9亩，遗漏补证67宗，涉及面3743.71亩，林改遗漏增办8宗，涉及面积1823.42亩。及时调纠纷，化解矛盾，2016年接访事件155起，调处县领导包案化解案4件，信访转案3件，政府转案林权纠纷案件3件，协助其他单位办理案件3件，处理日常受理案件4件。

【林产业建设】 2016年，出台《龙里县刺梨种植奖励扶持办法》《龙里县加快推进刺梨产业发展的实施意见》。完成国家第八批农业综合标准化示范项目刺梨综合标准化示范区建设项目验收。新增龙里刺梨加工产业贵州恒利源天然生物科技有限公司，并建成4万吨自动化刺梨生产线。其中有6家刺梨加工企业已建成投产，有3家在扩大生产规模，完成固定资产总投资2.17亿元；2016年生产总值1.31亿元，同比增长174%。发展企业、种植大户68家，花卉苗木种植面积新增3506亩，总面积达到1.52万亩。成立龙里县花卉苗木协会，通过“支部+协会”模式已成功招商入驻花卉企业24个，种植红豆杉、银杏、玉兰、杜鹃等名贵花卉和绿化乔灌木70多个品种。

【林业招商】 招商引资签约48个项目，建成投产项目45个，在建项目2个，待建1个；扩建扩能项目8个，基础设施完善。项目投资快速增长，年产8万立方米纤维板生产线、年产8万立方米刨花板生产线提前达产，为相配套的林板家具产品加工项目生产提供原材料，提前达产项目36个，完成固定资产总投资22.19亿元；2016年生产总值9.24亿元，同比增长19%。组织奇昂生态科技、黔宝食品、建涛木业、金帝木业四家申报贵州省省级林业龙头企业。

刺梨产业

【概况】 2016年，龙里县刺梨产业围绕省、州、县刺梨产业发展规划目标任务，按照“做大资源、管好家底、打造产业、服务发展”的工作理念，通过整合巩固退耕还林成果建设项目、森林植被恢复费项目、中药材（刺梨）产业化扶贫项目等项目资金，利用各种工程项目营造刺梨地方特色种植基地，使刺梨种植面积达14.5万亩（其中2016年新增刺梨种植任务3.22万亩），其中投产面积5万亩，产量7.5万吨，产值3.75亿元。入驻刺梨加工企业6家，新增企业1家（贵州恒利源天然生物科技有限公司，建成4万吨自动化刺梨生产线）；4家已经投产，年加工刺梨鲜果2000万吨。

2016年，完成2015年刺梨种植示范基地的规划设计和建设（含刺梨种植及宣传碑牌的建设）、完成2016年全国自行车锦标赛（刺梨园区内）相关项目的验收工作、完成2014年中央财政现代农业生产发展资金精品果业（刺梨）项目的各项工作、顺利通过国家第八批农业综合标准化示范项目—刺梨综合标准化示范区建设项目验收工作、顺利通过第四批省级农业示范区——龙里县刺梨产业示范区验收工作、成功申报中央扶贫资金2500万元，建设刺梨基地1万亩。在恒力源刺梨生产基地内建有“刺梨文化展示体验馆”，“中国刺梨之乡——龙里县刺梨博物馆”正在建设，龙里县湿地公园和“八一”公园内正在绿化种植刺梨。

【刺梨产业发展机制】 2016年龙里县出台《龙里县刺梨种植奖励扶持办法》和《龙里县加快推进刺梨产业发展的实施意见》；成立龙里县刺梨产业发展领导小组、龙里县刺梨产业联席会议机构（由县督查督办局、县发改局、各镇等18家单位组成），并明确各成员单位相关职责；各镇（街道）也成立有领导小组，组建专班，落实责任。由各镇（街道）党委（党工委）书记任刺梨领导小组组长，政府镇长（办事处主任）任常务副组长，分管领导为刺梨办主任配有办公室人员。

【刺梨基地建设】 2016年龙里县下发《关于下达2016年刺梨种植任务的通知》，督促好全县刺梨种植工作（全县刺梨种植任务数为3.22万亩，其中：林业，2016年市县级森林植被恢复费项目1331亩、2015年新增巩固退耕还林成果建设项目4000亩、新一轮退耕还林工程5000亩；扶贫，2013年中药材产业化扶贫项目2214亩、2014年中药材产业化扶贫项目9663.5亩、2015年中药材产业化扶贫项目1万亩）。2016年完成苗木采购357万株，满足工程造林用苗。

【刺梨种植】 在刺梨种植关键时节，实行“每周二调度”制度（周二下班前、周五下午16:00前），重点调度5镇1街道的地块落实、土地丈量、整地挖坑和植苗造林的进度及存在问题和困难。至2016年11月29日，全县共调苗21.3万株，其中：向谷脚镇调苗10万株、醒狮镇调苗6万株、冠山街道调苗5.3万株（于11月16日在高坪村举行种植启动仪式，示范种植面积30亩），正在种植。龙山、洗马、湾滩河等镇全面铺开地块挖坑待植。

【产业扶持宣传】 根据《关于下达2016年刺梨种植任务的通知》和《龙里县刺梨产业发展联席会第四次会议纪要》，县督查督办局会同县林业局（县刺梨办）、县扶贫局于2016年11月14日—16日对各镇（街道）地块落实、土地丈量、整地挖坑、植苗造林等推进情况进行专项督查。印发宣传资料3000余份，其中用于2016年冬季刺梨种植的宣传册400份（含“致广大种植户的一封信”、2016年县委政府联合下发的刺梨种植任务的通知、刺梨种植栽培技术、刺梨修剪技术等）；张贴的宣传画（尺寸为 50 - 70 厘米）400 份（含龙里县规划目标、刺梨市场前景及企业深加工介绍）；宣传单 1000 份（内容和宣传画一样）；刺梨标准化栽培技术手册 1000 份（含刺梨的生物特性及生态习性、刺梨的良种、刺梨标准化育苗技术、刺梨标准化栽培技术、刺梨主要病虫害防治技术、刺梨采收等）。

（刺梨产业发展办公室）

龙里林场

【概况】 贵州省龙里林场，属贵州省林业厅直属的县处级事业单位。位于贵州省龙里县境内，紧邻贵阳。经营面积 20.4 万亩，其中公益林面积 14.33 万亩，占总面积的 70.3%，全场森林覆盖率为 93.21%，森林蓄积量为 100 万立方米。

贵州龙架山国家森林公园总面积 6079 公顷，由龙架山、响水河和猴子沟景区构成。园内珍稀植物众多，有国家一级保护树种 35 种，二级保护树种 71 种，省级特有保护树种 54 种，内设“贵州省中亚热带珍稀植物园”“贵州高原濒危植物繁育中心”，是中国西南地区少有的物种基因库。

林场下设 13 个科室部门、1 个派出所、1 个珍稀植物研究所、1 个卫生所、2 个分场（其中之一为贵州龙架山国家森林公园）、4 个工区。省编办批准的编制数为 584 人，场现有职工总人数 5 人，其中在职 254 人，离退休职工 313 人。在职员工中有管理人员 32 人，专业技术人员 59 人，其中有高级林业工程师 9 人，高级政工师 1 人、林业工程师 13 人。设 1 个党委，6 个党支部，党员人数 119 人。

2016 年，贵州龙架山国家森林公园荣获第二批“中国森林氧吧”称号。

【国有林场改革】 林场改革实施方案于 2016 年 10 月报送省林业厅；11 月 11 日，省林业厅以黔林呈〔2016〕183 号文报送省国有林场改革领导小组；12 月 8 日，省林业厅、省发改委、省编办、省财政厅、省人社厅以黔林营复〔2016〕203 号联合下文批复此方案，并要求于 2017 年上半年实施落实。

【森林资源培育】 2016 年，在播基分场及和平工区完成新造林 1520.5 亩，在乐雍基地林补植 560 亩。育苗面积 7 亩，总计出合格苗 32.6 万株。组培 6 种植物 2000 余瓶培养基；扦插 20 种植物枝条 5000 余株。全年共完成中幼林抚育 5694 亩次（含珍稀植物园 1200 亩抚育）。完成郁金香花卉种植约 18 亩，完成森林公园花卉养护 1140 亩次（380 亩、*3 次），草坪 200 亩次（50 亩、*4 次）。协作搞好义务植树活动，全年共有 8 家单位到场开展活动。

【木材产业】 2016 年生产销售木材 4628.83 立方米，收入 233.7 万元。

【龙架山公园】 贵州龙架山国家森林公园总面积 6079 公顷，由龙架山、响水河和猴子沟景区构成。园内珍稀植物众多，有国家一级保护树种 35 种，二级保护树种 71 种，省级特有保护树种 54 种，内设“贵州省中亚热带珍稀植物园”“贵州高原濒危植物繁育中心”，是中国西南地区少有的物种基因库。

公园全年实现产值 919.2 万元，完成年度经营目标 1200 万元的 76.6%。与去年同期 1092 万元相比，减少 172.8 万元，下降 15.8%。其中含门票收入 226 万元、餐饮住宿收入 556.6 万元、游乐项目收入 91.4 万元。公园游客量约 50 万人次。完成公园大门售票处下面生态停车场的绿化并投入使用，打草河剩余 2.3 公里旅游公路硬化，对 4 个生态旅游公厕进行改造，新购买旅游观光车 4 台，增加接待用藤椅 200 张，进行餐饮部住宿部外墙更新，逐步完善珍稀植物园景观改造、生态文明教育基地建设，完成人工湖建设，实现森林公园的绿化美化。完善垃圾收集处理系统，新增勾臂式垃圾收集箱 8 个，建成景区旅游标识标牌系统。

【森林防火及保险】 2016 年组织扑救森林火灾 14 次，出动扑救人员 122 人次，其中和平工区养鸡场火灾面积3亩、大谷龙小河坡上过火面积30亩、大土工区幼林地过火面积3亩、播基分场大偏坡30亩；高枧护林站令基坡烂草湾上发生风灾，面积176.7亩，获森林保险赔偿资金20.35万元。新采购防火车2辆，以加强防扑火力量。

【打击林区犯罪】 2016年发生林地侵占24起，主要集中在干冲、高枧等地。年内林木被盗累计约146株，蓄积29.17立方米。全年立林业刑事案件12起（盗伐林木案11起，非法占用农用地案1起），破获8起，移送审查起诉11人；受理林业行政案件25起，查处24起。

【有害生物防治】 2016年管辖林业有害生物监测面积为14.6万亩，占全场有林地面积的100%。林业有害生物发生面积0.2415万亩，发生率为1.65%（危害程度为轻度）。完成省厅下达的“四率”指标，其中：林业有害生物成灾率为0，无公害防治率达100%，测报准确率为98.9%，种子苗木产地检疫率为100%。完成2014—2016年林业有害生物普查工作。

【天然林保护】 2016年完成2015年天保工程完成情况自查，编制完成2016年森林管护实施方案，签订管理合同9份、管护合同54份，制作管护界限图53份，督促记录巡山笔记54本，草拟并上报森林管护社会购买服务试点方案，以及完成天保信息报送及档案管理工作。清理防火线64公里，防火通道45公里。

【森林资源规划调查】 2016年完成场第四次森林资源规划调查设计工作（简称“二调”工作）。外业调查分六个工组，30余名专业技术人员从2015年12月开始到2016年3月17日完成，历时90余天，完成调查面积27.49万亩。11月通过省级验收。在全省的进度通报上，龙里林场第一家完成外业调查，也是第一家上报数据库的单位。

【林地流转】 2016年，完成谷冰风电场项目、龙里新高中、龙架山森林公园森林保护利用设施项目、贵龙纵线二期工程等用地核查、测算，用地手续办理及林地置换等工作。完成公园内林地置换约350亩。收回厦蓉高速公路项目和哨堡补偿款，共计39.87万元。

【项目建设】 2016年，林场公产房项目已基本完工，本年度完成投资619.7万元，累计投资1100万元。国家森林公园保护利用设施项目湿地管理用房工程，项目资金960万，完成投资200万元。在湿地管理用房附近安装一台315千伏安的变压器，经询价议标确定施工建设单位并进行安装，投入25万多元，于10月投入使用。完工龙架山山塘建设治理工程，投资130余万元。完成打草河林区道路改造硬化二期工程，总长度2.037公里，投资121.7万元。实施并完成公园大门前停车场附属工程，投资15万元。完成2015年度中央财政森林抚育补贴项目并通过验收。

【生态文明建设】 2016年3月，“贵州省直属机关职工生态文明教育培训基地”在龙里林场正式授牌，共举办10期培训，培训人员千余人。7月，由中国生态道德教育促进会主办、中共贵州省直属机关工委承办、贵州省直属机关工会和贵州省龙里林场协办的“生态文明·道德先行”主题论坛在贵州龙架山国家森林公园举行；参与中国绿色时报社《自然与人类》杂志发起的“寻找中国森林氧吧”生态公益行动，贵州龙架山国家森林公园荣获第二批“中国森林氧吧”称号。

【科普工作】 2016年，建立贵州省龙里林场的微信公众号，推送科普信息40余条，关注人数300余人；5月和9月举办科技活动周和全国科普日主题活动，全年开展科普解说40余人次；参与由贵州省科学技术协会举办的“我最喜爱的科普教育基地”微信票选活动，并获得票选第二名；及时更新宣传内容，新建更换解说牌70余块，更新宣传栏内容4期，增建100米生态文化道德长廊；采集和制作植物标本50余份，拍摄龙架山森林公园植物开花结果图片并正整理成册。

【视察调研】 2016年5月16日，国家国有林场改革督查组一行赴省龙里林场调研国有林场改革情况，并召开国有林场改革工作座谈会。督查组由国家林业局天保办巡视员叶荣华、银监会调研员单明伟、国家林业局天保办处长徐鹏组成，省林业厅副厅长向守都、营林总站站长张乃春陪同调研。省龙里林场场长涂祥闻，三都县、黎平县、独山县、赤水市林业局分管领导和林场场长参加座谈会。

5月26日，国家林业局天保中心主任孙国吉、国家林业局天保办公室主任韩华在贵州省林业厅副厅长沈晓春、省天保中心主任黄以黔，黔南州副州长闫光锋等一行陪同下到贵州省龙里林场就天保工作进行调研。省龙里林场场长涂祥闻，副场长王春雨、方彦祥，纪委书记冯继荣参加调研会。

6月7日，国家林业局森林公安局政委焦德发率贵州省省森林公安局局长徐宁、副局长单桢厚、政治处处长杨胜果一行到贵州省龙里县公安局龙里林区派出所调研，看望、慰问基层森林公安民警，并与贵州省龙里林场党政班子、派出所全体民警座谈。

6月23日，全国人大常委会委员、民委会委员，省人大常委会原党组书记、副主任龙超云，原副主任唐世礼率全国人大代表及省人大常委会委员等一行10多人到省龙里林场调研珍稀植物保护及繁育情况，并召开贵州省自然保护区建设与管理情况座谈会。省林业厅副厅长黎平，省环保厅自然生态处副调研员夏园、省龙里林场场长涂祥闻等陪同调研。

8月28日，国家林业局场圃总站总工程师、中国林场协会副会长兼秘书长张耀恒一行赴贵州省龙里林场开展调研工作，中国林场协会副会长、贵州省龙里林场场长涂祥闻以及相关人员陪同调研。

11月15日，国家林业局速丰办副主任黄采艺一行赴省龙里林场调研。省林业厅副厅长沈晓春、向首都及营林总站相关人员陪同调研。

（张 崑）

水 务

【概况】 2016年，龙里县着力推进水利民生项目建设，全年共完成固定资产投资3.4亿元。完成《龙里县水利发展“十三五”规划》，9个水源工程纳入省级“三位一体”规划盘子，完成猴子沟、歪寨、叫水冲3座水库前期工作；建成窄冲水库并下闸蓄水，续建龙滩、大竹芒和下把比3座水库工程建设；完成2016年小农水重点县项目、小农水奖励资金项目和维修养护项目等农田水利设施建设，项目覆盖5镇1街道办事处19个行政村，实现发展耕地灌溉面积1.8万亩；完成2016年度饮水安全巩固提升工程，项目覆盖33个行政村，改善约1.8万人农村人口饮水条件；依托朵花河生态治理，投入8100万元，建成龙里莲花片区特色旅游观光度假公园，推动龙里融入贵阳市近郊休闲游、周末假日游持续发酵升温；建成新民河重点山洪沟、五里桥牛关堡、贯城河补水工程等；组织开展约200人的防洪抢险演练工作，全年未出现防汛安全事故。

2016年，龙里县水务局机关党支部被州委授予“先进基层组织”称号；龙里县水务局获全省水利宣传工作先进单位，最严格的水资源管理制度考核全州第一，全省县（市）方阵排名第四。

【水利项目】 水源工程。2016年完成窄冲水库、笋子塘供水一期工程，完成投资约2亿元。1月16日，窄冲水库主体工程完工并下闸蓄水，建成总库容1608万立方米中型水库一座（总投资3.03亿元），结束了县城供水无调蓄保障能力的历史；22日，总投资2.28亿元的龙滩水库工程正式开工建设，水库总库容509万立方米；28日，大竹芒水库工程正式开工建设，水库总库容347万立方米，总投资2.21亿元；7月12日，下把比水库工程正式开工建设，水库总库容181万立方米，总投资1.2亿元。

小康水工程。完成2016年度小农水项目、饮水安全巩固提升项目建设，解决1.8万人农村饮水安全提质增效和1.8亩耕地灌溉问题。

贯城河补水工程。2016年完成县城贯城河补水工程建设，12 月 30 日正式通水。指导莲花湿地公园水下部分工程建设。

气　　象

【概况】　2016 年，龙里县气象工作围绕县委县政府的工作大局，锐意进取，开拓创新，以气象工作化为中心，在新形势、新常态下发挥气象服务地方经济、社会发展和人民生产生活的职能，当好地方政府防灾减灾、造福百姓的参谋。

龙里县气象局内设机构：气象台、办公室、科技服务中心；县直属事业单位（1 个）：龙里县人工影响天气办公室（地方编制）。

【气象服务】　强化设备管理和业务学习。不定期安排人员开展设备巡查和维护，要求业务人员每天对全县所有自动站设备进行监控，保证仪器、设备在汛期中处于良好的工作状态。完成五要素自动站改造的前期基础安装和六要素站点前期的场平和预埋件安装。对季节转换、主要的灾害天气、服务重点、节假日和重要农时季节天气搞好服务。截至 2016 年 12 月，发布各类预警信号 144 份（含解除），制作重要信息专报 4 期、气象信息报告 204 期，气象信息快报 84 期、专题气象服务 115 期，利用短信服务平台向相关部门领导、农业大户、种养殖大户等发送气象服务短信 10 万余人次；开展依托上级指导预报进行本地化订正的每天两次未来 24 小时城镇预报，对县四家班子、科级干部及乡镇领导进行手机短信服务。为全县龙里生态文明贵阳国际论坛、同一首歌主题演唱会等大型活动开展气象保障服务。开展农业“直通式”服务，注重气象服务产品本地化，组织业务技术人员深入田间地头，了解特色农业生产，面对面指导花卉、草莓等种植基地的种植户做好设施农业的科学管理。全年累计开展调查 50 余次，制作服务产品 72 期。完成全县气象信息员培训，与农工局、民政局等签订合作协同服务机制。指导完成全县五镇一街道的《气象灾害应急预案》及 81 个村和社区的《气象灾害应急计划》的制定。成立龙里县农业气象专家咨询委员会，为开展农业气象合作奠定基础。按照《龙里县防汛工作细则》，建立气象灾害防御会商、信息共享、服务与处置等联动机制。通过龙里县应急气象服务微信群及时将降水和降温情况、预报信息等对外发布开展服务。

2016 年 3 月 15 日，按照县委、县政府的安排正式出炮，7 月 15 日撤出高炮外场作业并保养归库。全年开展防雹增雨作业 21 次，用弹量 444 发。组织炮站全体民兵参加州级培训，在州级考核比赛中，分别获 2015 年度人工影响天气工作先进炮站奖、洗马炮站获班协同竞赛一等奖，羊场炮点获班协同竞赛三等奖，民兵个人也分别获第一名和第三名的好成绩。4 月 12 日，成立龙里县突发事件预警信息发布中心并在县气象局挂牌，国家突发预警信息发布系统正常安装和应用；6 月 8 日完成民政局、环保局等部门的预警信息接入国家突发预警信息发布系统的安装和应用培训。投入 20 余万元对洗马、羊场两个炮站进行标准化改造。

【项目建设】　2016 年 4 月 19 日，经贵州省森林生态气象龙里观测站建设项目专家评审会讨论，专家组原则同意通过该项目选址意见及规划方案，同时要求项目实施单位根据评审意见对项目规划方案进行修改完善，并与省龙里林场充分协商后按程序报批。8 月 25 日委托五矿国际招标有限责任公司对龙里气象站综合环境改造项目进行招标，贵州华兴建筑有限公司以 99.01 万元中标。截至 11 月 29 日，完成供电改造，供电局已搭火送电；通讯改造完成路沟开挖，光缆铺设至龙馨院门口；绿化改造已完成小路、绿化、花池等部分的建设。

【气象宣传】　2016 年，在中国气象局网站公开发布报道 2 篇、中国天气网报道 15 篇、贵州气象在线 35 篇，黔南日报 2 篇、龙里县政府网站 9 篇、黔南气象信息 52 篇、办公网黔南信息 107 篇。截至 12 月底共接受电视台专题采访 4 次。

【防雷】　严查防雷安全隐患，开展雷电灾害安全检查和防雷装置的安全性能检测，从源头上扼制雷电灾害的发生。截至 2016 年 11 月完成行政审批设计审核和竣工验收共 17 家，防雷年度检测397套，出具防雷技术评价报告共11份。根据《黔南州气象局全面加强节假日和重要会议活动期间安全风险隐患排查治理防范工作方案》，制定《龙里县气象局关于全面加强节假日和重要会议活动期间安全风险隐患排查治理防范工作方案》，开展安全生产大检查，全面排查治理安全隐患，及时上报检查情况，切实加强节假日和重要会议活动期间安全风险隐患排查治理防范工作。

对在龙里县气象探测环境保护范围内修建建筑影响探测环境的贵州龙里大福房地产开发有限公司、贵州通利达集团电力建设投资有限公司依法开展行政执法工作。

（陆紫薇）

水　文

【概况】　龙里水文站系州直管单位，驻地位于贵州省龙里县龙山镇饶钵山三元河旁，北纬26°27′东经106°57′，该站设立于1979年12月，本站基本断面以上集水面积为221平方公里。该站观测项目有：水位、流量、降雨、蒸发等。

龙里县总国土面积1517.8平方公里，地处长江流域乌江水系和珠江流域红水河水系的支流分水岭地带，降水量丰富。全县共有河流、溪涧102条，其中长江流域92条，珠江流域10条，河流总长度644公里。流域面积20平方公里以上的主要河流23条，其中乌江水系21条，珠江红水河水系2条。主要河流有南明河、三元河、湾滩河。

【河流】　南明河位于龙里县北面，为龙里县与贵阳市乌当区、开阳县的界河，是乌江一级支流清水河的上游，境内河长39.3平方公里，境内流域面积472.6平方公里，多年平均径流量为4.73亿立方米。清水河发源于平坝县林卡乡竹林寨，全长219公里，流域面积6611平方公里，主要支流有头堡河、独木河、鱼梁河。

三元河是清水河一级支流独木河的最大支流，发源于草原乡金谷村，自西南向东北流经坝上、龙山镇、水桥、三元镇，于狮井汇入独木河，三元河主河道河长为61公里方米，龙里县境内流域面积为522.1平方公里，多年平均径流量为3.14亿立方米。

湾滩河发源于贵阳市花溪区高坡乡，自西向东流经摆主、姨妈寨、湾寨、羊场吴兴寨，在贵定县旧司汇入独木河，湾滩河主河道河长为31公里，龙里县境内流域面积为163.8平方公里，多年平均径流量为1.04亿立方米。

龙里县多年平均水资源总量为85499万立方米，其中南明河区25568万立方米；清水河干流区52467万立方米；蒙江区5869万立方米；六硐河区1595万立方米。在可预见期内，河道外可利用水量为26511万立方米，水资源可利用率为30.3%。

【水文监测情况】　2016年最高水位为1079.14米，最低水位为1077.30米；年最大流量为214立方米/秒，最小流量为0.210立方米/秒；年降雨量为1040.9毫米，年蒸发量为702.4毫米。

（陈黔堂）

扶贫开发

扶　　贫

【概况】　2016年，龙里县扶贫工作围绕精准识别、精准帮扶、精准退出三个核心内容，通过对贫困村、贫困户信息管理和财政扶贫资金项目的实施、管理，全面、有序地开展精准扶贫各项工作。按照“把贫困人口找出来、把帮扶措施落实到位，把党的政策送到家”的要求，启动地毯式、拉网式地对原有贫困人口信息重新核查工作。通过核实，2016年初剩余贫困人口7734户2.42万人。同时，对贫困户实行动态管理，对因婚入、新生儿童上户和婚出、死亡等增减人口信息及时进行完善和更新。

2016年底，在贵州省扶贫云系统内，龙里县已有2619户9083人脱贫，还有贫困户5115户1.52万人。

【扶贫项目】　财政扶贫项目。2016年，省下达龙里县财政扶贫项目资金共3542.8万元，批复项目62个，批复财政扶贫资金3060.8万元、资金拨付3060.8万元、资金报账录入1814.55万元，资金报账录入率51.22%，已完工项目27个。经与州扶贫局对接，州对县考核主要以第一、二批到县资金2672.8万元作为考核指标，龙里县第一、二批资金报账1669.1万元，报账率62.44%（州考核目标要求60%以上）。

外资扶贫项目。2016年，争取广州对口帮扶资金150万元，用于改善洗马镇关口村、湾滩河镇甲晃村等5个贫困村的基础设施，完成通组道路5910米，解决168户871人出行难问题。

贷款扶贫项目。共发放“特惠贷”贷款金额7925万元，涉及1852户贫困户。其中，入股七冶贵龙公司1亿元任务已发放742户3710万元。

易地扶贫搬迁。“十三五”时期，龙里县易地扶贫搬迁任务数为搬迁安置6533人（贫困对象5573人，贫困人口占比为85.31%），预计建设易地扶贫搬迁安置住房1700余套（已开工建设1300余套，易地扶贫搬迁安置住房开工率达74.7%。其中，湾滩河镇摆绒安置点和醒狮镇醒北路安置点已基本完工），2016年已实施搬迁149户722人。规划建设县城高新技术产业园区集中安置区、醒狮镇醒北路城镇集中安置区、湾滩河镇摆绒移民新村安置区、洗马镇城镇集中安置区等易地扶贫搬迁安置点，采取以集中安置为主、分散安置为辅的方式，让群众搬得出、稳得住、能致富。

其中：位于龙里县高新技术产业园区的县级集中安置点占地面积170亩，规划总投资2.85亿元，建设安置住房1175套及社区服务中心、老年活动中心、商业街等配套功能，共搬迁安置3920人。整个集中安置点项目场平已完成60%，地勘勘测完成50%，已投入近3000万元。

（谭书平　张桢汶　刘梅蓉）

【脱贫攻坚】　减贫任务分解。根据黔南州扶贫开发领导小组办公室下达龙里县2016年减少贫困人口9000人、出列20个贫困村，将计划分解到各镇（街道），其中湾滩河镇3000人、洗马镇2500人、龙山镇1300人、醒狮镇1000人、冠山街道办事处600人、谷脚镇600人，减贫人口在贵州省精准扶贫系统“扶贫云”上标识。

制定精准扶贫作战图。制作县、局、镇、村四级“六个一批”作战图和贫困村分布图，其中全县产业扶持1.3万人，易地搬迁457人，生态补偿58.27万亩，教育与就业7055人，社会保障8679人，医疗救助3263人。

制作贫困户明白卡并上墙。

建立项目监管平台。根据省统一部署，各镇（街道）按省要求将2014、2015年度项目实施进度和报账情况录入贵州省精准扶贫项目监管平台；各镇（街道）加大项目实施地块“GPS”地理信息采集录入贵州省精准扶贫项目监管平台的力度。

结对帮扶。按照县领导结对帮扶贫困户3户、科级干部结对帮扶贫困户2户、一般干部职工结对帮扶贫困户1户的原则，确定结对帮扶贫困户对象和任务，一包三年。选派122名干部到村担任“第一书记”和驻村干部，县级部门共落实1785名干部职工帮扶2856户贫困户；镇、村帮扶2706户贫困户。实现结对帮扶全覆盖，共结对帮扶5562户，剩余2172户为低保户和五保户。

开展“德行龙里·一路有你”“扶贫牵手·大爱连心”精准扶贫认领活动。围绕基础设施、产业和就业、社会保障、教育、医疗等方面梳理出认领事项58个，并在活动启动仪式上进行认领；结合“千企帮千村”活动，20家企业与20个贫困村结成帮扶对子。

实施雨露计划·圆梦行动。按照精准扶贫建档立卡贫困户应补尽补的原则，资助对象为龙里县被录取普通高校二本及以上且品学兼优的农村贫困学生，每人一次性获得4000元补助。2016年“雨露计划·圆梦行动”全县资助贫困学生167人，共发放资助金66.8万元。

编制《脱贫攻坚信息专报》。通过每周一期专报，及时反映全县各单位开展扶贫攻坚工作的情况，便于各单位相互学习、总结经验，推进脱贫攻坚工作。2016年共编制脱贫攻坚信息专报53期。设置扶贫专线电话，“扶贫专线”（0854—5664580）共接到39条来电信息（含15件转办件），内容主要有咨询农村妇女创业、建档立卡贫困户大学生资助相关情况、政策扶持、反映问题等，专线来电均给予及时的登记和答复，并建立台账；15件来信均在规定时限内给予答复。

开通“龙里微扶贫”公众微信。共发布信息155条。其作用是及时反馈扶贫开发工作情况、加强信息沟通、宣传扶贫政策。

龙里县2016年财政专项扶贫资金项目一览表

序号	项目名称	实施单位	实施地点	财政扶贫（万元）	项目启动实施情况
	合计			3060.8	
1	肉牛养殖项目	冠山街道	凤凰村	100	已完成圈舍修建，肉牛正在进行招投标采购。
2	冠办光坡村蔬菜种植项目	冠山街道	光坡村	50	已种植大蒜154亩，豌豆50亩，青菜50亩，预计下个月底种植马铃薯246亩，目前正在采购马铃薯。
3	黄豆种植项目	冠山街道	平西村、高坪村、大新村	5	已完成
4	麻芝生猪养殖项目	冠山街道	定水村、永合村、乐阳村	20	已完成
5	大新村大新苗至刨木坪至岔河道路基础设施项目	冠山街道	大新村	100	正在组织实施
6	龙山镇肉牛养殖项目	龙山镇	大谷村、羊蓬村、高峰村	200	未实施
7	龙山镇水苔种植	龙山镇	桥尾村	12	目前已经完成130亩面积落实，其中：已经整地40亩、移栽30亩左右

续表

序号	项目名称	实施单位	实施地点	财政扶贫（万元）	项目启动实施情况
8	龙山镇生猪养殖	龙山镇	桥尾村	18	177头仔猪已经全部发放完成。支付了70%的购买仔猪款。
9	黄豆种植项目	龙山镇	红星村、场坝村、三村村	3	已完成
10	核桃管护费	龙山镇		15	已调整为生猪育肥养殖
11	龙山镇（原草原乡）生态农业旅游扶贫项目	龙山镇	草原村	100	未启动
12	龙山镇（原水场乡）脱毒马铃薯种植扶贫项目	龙山镇	鸡场村、场坝村、高沟村、水场村、红岩村、三村村、中坝村	20	已经完成采购并签订了合同，薯种已发放
13	谷脚镇毛保村排洪沟建设项目	谷脚镇	毛保村	10	正在组织实施
14	谷脚镇新坪红米产业	谷脚镇	新坪村	27	已完成，正在组织报账
15	谷脚镇高枧村生猪养殖项目	谷脚镇	高枧村	11.8	已发放完毕，正在组织报账
16	谷脚镇毛保村生猪养殖项目	谷脚镇	毛保村	16.2	已完成
17	谷脚镇新坪村生猪养殖项目	谷脚镇	新坪村	25	已发放完毕，正在组织报账
18	谷脚镇高枧冷凉蔬菜种植	谷脚镇	高枧村	10	已完成
19	谷脚镇新坪种养殖专业合作社色选机项目	谷脚镇	高新村	19.76	已完成
20	毛保村脱毒马铃薯种植项目	谷脚镇	毛保村	5	已签合同，种薯已发放
21	谷脚镇（原哪嗙乡）脱毒马铃薯种植项目	谷脚镇	高枧村、新坪村	10	已签合同，种薯已发放
22	醒狮镇肉牛育肥建设项目	醒狮镇	谷汪村	100	场地平整已完成，正在开展圈舍修建工作。
23	醒狮镇非洲菊种植项目	醒狮镇	谷新村	70	已完成种植9亩，目前花卉已经上市
24	醒狮镇蔬菜基地建设项目	醒狮镇	林安村、大谷龙	100	已完成种植任务，正在建设育苗中心
25	醒狮镇依拉兔养殖项目	醒狮镇	旧寨村	50	圈舍已经修建完成并且进行了验收，种兔已进场

续表

序号	项目名称	实施单位	实施地点	财政扶贫（万元）	项目启动实施情况
26	醒狮镇大岩村根雕产业项目	醒狮镇	大岩村	32	几件大件的根雕已经采买，其余小配件正在抓紧采买。
27	黄豆种植项目	醒狮镇	元宝村、醒狮村、大岩村、高吏目村、凉水村、谷龙村、谷新村、平寨村	20	已完成
28	醒狮镇育肥牛养殖项目	醒狮镇	平寨村、关庄村、葫芦田村、龙滩村	100	正在组织实施
29	醒狮镇育肥猪养殖项目	醒狮镇	狮村、进化村、大坝村、元宝村、顶水村、大岩村、高吏目村、乐榨村、平寨村、葫芦田村、关庄村、龙滩村、大谷龙村、小谷龙村、林安村、谷新村、谷汪村、凉水村、旧寨村、小坝村	28.16	正在组织实施
30	醒狮镇脱毒马铃薯种植项目	醒狮镇	醒狮村、进化村、大坝村、元宝村、顶水村、大岩村、高吏目村、乐榨村、平寨村、葫芦田村、关庄村、龙滩村、大谷龙村、小谷龙村、林安村、谷新村、谷汪村、凉水村、旧寨村、小坝村	21.84	正在组织实施
31	洗马镇肉牛养殖项目	洗马镇	金溪村（原顶溪村）	100	基础设施建设完毕，已入圈养殖 43 头肉牛，待采购下批肉牛。
32	洗马镇天麻种植项目	洗马镇	落掌村（原白泥田村）	50	已完成种植，本周内可以完成报账。
33	洗马镇林下养殖项目	洗马镇	落掌村（原白泥田村）	30	基础设施建设完毕，已养殖鸡苗 8000 羽，本周内完成已实施部分报账
34	洗马镇海花草种植项目	洗马镇	哪嗙村（原关口村）	30	正在对已种植面积进行测量。
35	洗马镇黑毛猪养殖项目	洗马镇	哪嗙村（原关口村）	70	项目实施完成，本周可以完成报账。
36	洗马镇生姜种植项目	洗马镇	平坡村	40	完成 306.82 亩（140 亩合作社代种，166.82 由农户散种）合作社与贫困户已签订利益链接协议
37	洗马镇红蒜种植项目	洗马镇	平坡村、水尾村	60	已完成种植，本周内可以完成报账。

续表

序号	项目名称	实施单位	实施地点	财政扶贫（万元）	项目启动实施情况
38	洗马镇林下养鸡项目	洗马镇	龙场村（原大厂村）	70	圈舍已经修建完成，已经引进鸡苗并发放10000羽。13000羽未实施
39	黄豆种植项目	洗马镇	猫寨村、长沟村、石板滩村、关口村、长芽村、狗场村、平坡村、水尾村、白泥田村、落掌村、上石坎村、大厂村、黄星村、牛场村、台上村、大坪村、白果村、花京村、拐哈村、落锅村、巴江村	30	已完成
40	核桃管护费	洗马镇		10	正在申请调项
41	洗马镇（原哪嗙乡）顶溪、坞泥林下养鸡项目	洗马镇	顶溪村、坞泥村	11	未启动
42	洗马镇（原哪嗙乡）坞泥村文化广场建设项目	洗马镇	坞泥村	10	未启动
43	洗马镇（原哪嗙乡）脱毒马铃薯种植项目	洗马镇	长芽村、狗场村、关口村、石板滩村、顶溪村、坞坭村、田坝村、二箐村、岩底村	29	已完成种子招投标，待到种植季节后组织实施
44	洗马镇脱毒马铃薯种植项目	洗马镇	原巴江、洗马片区	27	正在组织实施
45	洗马镇农民画创作室维修改造项目	洗马镇	平坡村	15	正在组织实施
46	洗马镇红蒜种植项目	洗马镇	黄兴村	23	完成20亩
47	湾滩河镇蔬菜种植项目	湾滩河镇	甲晃村、木马村、营屯村	100	完成食用菌种植1000m^2
48	湾滩河镇林下土鸡养殖项目	湾滩河镇	金星村	100	完成鸡苗、鸡舍发放
49	湾滩河镇依拉兔养殖项目	湾滩河镇	木马村、甲晃村	200	已完成场平、管理库房、圈舍建设，将进行种兔饲养。
50	湾滩河镇蛋鸭养殖项目	湾滩河镇	盘脚村、凯卡村	100	完成鸭苗发放
51	湾滩河镇海花草种植项目	湾滩河镇	营屯村、木马村	20	完成前期种植60亩
52	黄豆种植项目	湾滩河镇	木马村、营屯村	3	已完成
53	湾滩河镇桂花村至走马村泥结石道路建设项目	湾滩河镇	桂花村、走马村	99	完成盘脚村段开挖3000米。

续表

序号	项目名称	实施单位	实施地点	财政扶贫（万元）	项目启动实施情况
54	湾滩河镇桂花村养殖建设项目	湾滩河镇	桂花村	13	完成鸡苗、鸡舍发放，完成鱼苗放养
55	湾滩河镇长萌村育苗中心建设及蔬菜产地交易市场建设项目	湾滩河镇	长萌村	50	未启动
56	湾滩河镇新庄村育苗中心建设项目	湾滩河镇	新庄村	50	未启动
57	湾滩河镇金星村育肥猪养殖	湾滩河镇	金星村	15.49	正在组织实施
58	湾滩河镇木马村育肥猪养殖	湾滩河镇	木马村	17.85	正在组织实施
59	湾滩河镇营屯村育肥猪养殖	湾滩河镇	营屯村	16.66	正在组织实施
60	特惠贷贴息资金	扶贫局	龙里县	200	正在开展，现已为146户贷款贫困户兑付贴息资金29.7462万元。
61	“雨露计划”培训	扶贫局	龙里县	87.04	已完成培训1278人，圆梦行动179人，电商培训195人，农民画及手工培训100人，产业培训804人
62	贫困地区干部培训	扶贫局	龙里县	10	已完成

【帮扶实例】 2016年，县农商行发放“特惠贷”8086万元，有效支持建档立卡贫困户1901户解决了融资难、融资贵的问题。其中向三个对口帮扶村发放贷款2050.3万元，其中“特惠贷”893.5万元，有效支持三个对口帮扶村建档立卡贫困户221户发展生产和自主创业。探索和创新金融扶贫模式。“政府+农商银行+公司+贫困户”扶贫模式即贫困户将贷款资金入股企业进行分红，企业承担“特惠贷”本金偿还责任，县扶贫局给予贴息的方式。2016年，已办理“政府+农商银行+公司+贫困户”模式937笔，金额4685万元。

县发改局协调贵州空港产业园等企业对大新民族小学开展慰问帮扶3次，涉及资金17万元。向上争取资金为大新村争取基础设施建设项目3个，总投资493万元，其中：争取以工代赈资金50万元，通村水泥路（油路）项目资金300万元。

县统战部搭建企业、商会与贫困村及贫困群众的帮扶平台，开展系列扶贫帮困活动，全县社会帮扶资金达1000余万元。完成13家企业与贫困村结对帮扶，累计投入帮扶资金23.4万元。中国泛海控股集团2016年资助龙里县贫困学生80名，每人5000元，合计40万元。

县法制办争取到贵民公司融资交通断头路项目7个，实现大谷冰村通组路硬化全覆盖，串寨路部分覆盖，总长度3961米，项目资金119.53万元，完成2000米道路硬化。

县招商引资局引进贵州蓝海雨林生态农业有限责任公司出资流转醒狮镇小坝1400亩林地，进行蓝莓、车厘、丑柑种植，全区种植采取分区域、分品种种植、进行标准化作业，总投资7000万元。

县交通局争取上级资金380万元建设林安至

小坝6.2公里通村公路，投入40万元硬化大谷龙村寨600米道路。

开展医疗健康扶贫，全县建档立卡贫困人口新农合参合2.42万人，建档立卡贫困人口参合率达100%。建档立卡贫困人口住院补偿1094人次，新农合政策范围内费用770.88万元，保障报销费用708.49万元，政策内补偿比达91.91%。

（梁志刚）

水库和生态移民

【概况】 县水利水电工程移民局于2010年12月组建，负责全县水利水电工程移民工作。2014年12月，县发展和改革局管理的县扶贫生态移民工程领导小组办公室和县水利水电工程移民局合并组建龙里县水库和生态移民局，组建后设办公室、业务科、计划财务科3个内设机构，核定事业编制23名，其中部门领导职数：局长1名，副局长3名；部门其他领导职数：纪检组长1名；内设机构领导职数：主任（科长）3名，监察室主任1名（由纪检组长兼任），监察室副主任1名（正股级）。人员编制纳入财政全额预算管理。

【水库移民】 2016年，龙里县水库移民工作共涉及10个水库，其中：窄冲、鱼洞峡2个中型水库进入扫尾阶段。完成窄冲水库移民43户167人移民安置；完成鱼洞峡水库周围交通路桥复建项目；完成水场堡水库（中型）实物指标调查；大竹芒、龙滩、下把比3个小一型水库完成征地330亩，补偿兑现移民资金1685万元，完成截流阶段移民安置州级验收，落实实施报告编制单位，实施完成龙滩水库淹没区涉及的10千伏供电线路迁改工程；完成猴子沟、歪寨、叫水冲3个小型水库可行性研究阶段建设征地实物调查细则的审查、实物指标调查，完成移民专题规划和社会稳定风险评估报告的审批工作；协商州移民局与项目业主签订枧槽冲水库移民安置协议，县政府于12月8日印发该水库工程建设征收补偿补助标准的文件。

【大中型水库移民】 完成窄冲水库移民43户167人列入后扶人口指标申报工作获批复。完成2017年度后扶项目申报工作，申报6个项目总投资244万元。实施完成2015年7月及12月批复龙里县的11个后期扶持项目总投资241.78万元。编制完成龙里县大中型水库移民后期扶持“十三五”规划。完成贵州省水库移民后期扶持管理信息系统涉及本县的信息录入工作。

【生态移民】 出台以奖代补优惠政策，化解历史遗留问题，消化落实2013、2014年度扶贫生态移民工程搬迁任务指标。重点抓好2016年度易地扶贫搬迁工程，完成2016度项目建设，组织群众搬迁入住。

（罗青青　周　亮　彭永成）

工 业

综 述

【概况】 贵州龙里工业园区《医药工业园控制性详细规划》于2002年11月编制完成，2003年启动核心区建设。2011年，根据地理位置和产业分布特点进行扩区规划，总规划面积为78.78平方公里。2011年12月经省政府批准更名为贵州龙里经济开发区（同时保留贵州龙里工业园区名称），已是省级新型工业化产业示范基地、“511”民营经济（中小企业）示范培育园区。2012年，在巩固和扩大谷脚工业园规模的基础上，投入7.3亿元兴建高新技术产业园（原龙山工业园规划面积16.21平方公里）和龙山工业园（原水场工业园规划面积12.57平方公里），形成了“一区三园”（龙里经济开发区：高新技术产业园、谷脚工业园、龙山工业园）的发展格局。截至2016年底，开发区入驻企业280家，投产221家，在建产业项目59个。2000万以上规模企业127家，完成产业项目投资40个亿，完成税收3.67亿元，实现就业人员12884人，高新技术企业11家。

高新技术产业园（原龙山工业园）。主要产业有民族制药、啤酒、卫生材料、特色食品、机械制造和板材家具等，入驻企业125家。

谷脚工业园。毗邻省会贵阳，距龙洞堡国际机场6公里。结合贵州快递物流园、现代服务业集聚区的产业布局，建设成民族医药产业园及产业研发、金融、商贸物流、加工服务的创意产业园（总部经济区），目前已入驻企业118家。谷脚工业园区大部分区域已纳入双龙临空经济区，由于双龙新区产业结构大调整，原有传统产业已不适宜双龙新区产业新规划，多数企业面临转移。因此，快速重构龙里高新区至三元新工业园区接纳成长性较好的成熟企业转移十分必要。

龙山工业园（原水场工业园）。主要承接贵阳小孟工业园的产业拓展，建设成为以纸制品、新型磨料和机械加工为主导的优势制造业聚集区，入驻企业37家。

（罗时习、佘嘉松）

【工业经济运行】 2016年，龙里县累计完成规模工业产值201.5亿元，同比增长17.9%；完成规模工业增加值51.3亿元，规模工业增加值总量居全州第二位，同比增长13.5%；规模工业增加值累计增速高于全州1.7个百分点，排全州第一，在全省增比进位中位列县域第一方阵第9位；高技术制造业占规模以上工业增加值比重为17.0%、在全省增比进位中排县域第一方阵第2位。主要工业产品中，啤酒产量14.1万千升、增长17.3%，白酒308千升、下降8.2%，硅酸盐水泥332.0万吨、增长35.2%，商品混凝土247.3万立方米、增长37.2%，混凝土电杆5.5万根、下降3.6%，混凝土添加剂19.6万吨、增长13%，混凝土排水管118千米、下降1.7%，中成药1.27万吨、下降3.2%，人造板32.6万立方米、增长1.3%，刨花板11.4万立方米、下降8.2%，复合木地板160.3万平方米、下降2.3%，家具7.65万件、增长0.1%，瓦楞纸箱4.0万吨、增长2.5%，合成洗涤剂6.3万吨、增长5.6%，电力电缆0.75万千米、增长11.2%；工业发电量7.18亿千瓦时、增长10.26%，其中红狮水泥自发电1.47亿千瓦时、增长59.09%。

【工业投资和重大技术改造】 2016年末，龙里县完成500万元口径工业投资35.3亿元，占全年年度目标任务数（35亿元）的100.8%。2016年，全县备案工业技术改造项目6个，总投资2.37亿元。其中年内开始实施原计划在2017年完成的项目5个，计划在2018年完成的项目2个。贵州富华药业有限责任公司为骨松宝技改扩建项目，总投资为3500万元，预计2017年底完成技改建设；贵州天惠再生资源利用有限公司为废旧金属分选、加工项目，总投资3000万元，预计2018年初完成技改；贵州红狮水泥有限公司为协同处置污泥建设项目，总投资5200万元，预计2017年初完成技改；贵州润生制药有限公司为新建GMP综合车间及配套技术改造项目，总投资5000万元，预计2017年第二季度完成技改；贵州东阳纸业有限公司为年产10万吨再生纸（瓦楞原纸）原址技改项目，总投资4980万元，预计2017年第二季度完成技改。

【技术创新及新产品开发】 2016年，贵州实德门窗建筑装饰工程有限公司获得“高新技术企业”称号，公司《一种门窗定位安装夹具的使用方法》《一种门窗附框安装方法》等6项发明专利获得授权。贵州正方实业有限公司组织力量对固定玻璃幕墙德连接结构进行研发，申报发明专利1项、实用新型专利2项，公司异形点支式幕墙玻璃开孔划线器、玻璃幕墙铝合金横梁与立柱连接器产品获授实用新型专利。贵州长通电力线路器材有限公司对电杆产品关键连接部件进行优化，申报并获得《预应力电杆法兰盘组件》等3项实用新型专利。

经济开发区

【概况】 2016年，龙里经济开发区（含高新技术产业、谷脚工业、龙山工业3个园区，总规划面积78.78平方公里）累计入驻企业达286家，其中：投产236家（本年新增35家）、在建50家，2000万元以上规模工业企业126家。完成工业总产值214.93亿元，同比增长9.89%，其中完成规模以上工业总产值200.42亿元，同比增长18.21%，完成州目标任务的102.78%；完成工业投资55.49亿元，完成州目标任务的123.31%，其中：产业项目投资42.77亿元，基础设施项目投资12.72亿元；新增招商引资入园项目39个，签约资金117.03亿元，同比增长25.19%，完成州目标任务的106.39%；新增签约项目实际到位资金53.96亿元，同比增长46.63%，完成州目标任务的154.17%；园区企业实现税收10.32亿元，同比增长22.57%，完成州目标任务的121.41%。现有就业人员1.58万人，其中新增就业2889人。有高新技术企业12家，外资企业3家。

【开发区（园区）规划】 立足地理位置优越、交通条件便利、水资源禀赋较好、生态环境清新、具有发展工业的良好条件，科学谋划产业设计，开展园区规划布局工作，为园区规划建设提供依据。修订龙里经济开发区规划环境影响报告书。对“龙里医药工业区区域环境影响报告书（2003年版）”进行修订，形成2016版“龙里经济开发区规划环境影响报告书”，获省环保厅批复。龙里经济开发区下属园区规划。龙里县冠山工业园（高新技术产业园）控制性详细规划、谷脚工业园—醒狮元宝片区控制性详细规划，委托贵阳市规划设计院编制，已完成初步方案；龙里比孟水场乡规划工业园区控制性详细规划，已由县规划局编制完成。启动龙里经济开发区总体规划。委托贵阳市规划设计院启动龙里经济开发区总体规划设计编制工作。

【基础设施建设】 以提升园区承载力、增强招商引资吸引力为目标，园区核心区基本实现“七通一平”。园区在建基础设施项目14个，项目总投资130.94亿元，完成工业项目投资12.72亿元。园区路网框架基本形成。高新产业园区3号路、5号路（二期）按时序推进，9号路建成投入使用，完成11公里路网的油面铺设、标线划定、路灯安装；完成龙山园区至大冲组道路、昆泰纸业门前应急道路改造建设。场地平整工程。华润雪花啤酒（黔南）60万吨异地搬迁扩能项目场地平整及附属工程建设项目总投资约1.2亿元，已于2016年3月份完成300亩场地平整工程、边坡防护工程、边坡土石方工程、1号路北面弃土石排水涵新建工程按时移交华润雪花啤酒公司并开工建设。盘活土地存量。对供而未建的238亩闲置土地、93亩建而未用的工业厂房积极协调投促局按《投资协议》约定采取倒逼机制，督促企业采取并、转、租、联的方式，确保资源要素得到优化配置和利用。配套设施和平台建设。高新技术产业园综合配套服务暨生态移民安置区项目A1、A2栋墙体砌筑完成，A7栋承台在施工中，A3—A6、B5—B9栋开交房，B1—B4栋、B10—B11栋装修中，B区基础配套设施及附属工程完成95%。园区服务平台（智慧园区）建设项目总投资88.6万元，主要为园区软件程序编制相关工作，正按计划组织实施。龙里高新技术产业园区建成农村信用社银行24小时服务网点、商业生活配套2万平方米；启用园区4G通信网络覆盖、天然气管道供气15公里、石油液化气供应站1个；高新产业园区加油站项目按时序推进。各园区切实加大园区环境卫生投入力度，有专业卫生清扫队定期清扫，建设有垃圾填埋场及配置垃圾清运车、公共环卫设施，有效提升了园区环境卫生。优化园区电力线路。龙里县10KV孟水线花果园支线23#至39#杆迁改项目总投资约62万元，2016年5月11日通过验收合格。扩大标准厂房建设规模。新增标准厂房16.5万平方米，累计建成102.83万平方米，入驻率100%，入驻企业150户，入驻企业就业人数达4270人。

【产业建设】 紧扣“工业强县”战略，牢牢把握稳增长、优结构、提质量3个目标，精心培育和发展新型建筑建材、装备制造、食品医药等三大主导产业，做大产业规模，做优产业结构，提升产业层次。园区在建产业项目90个，总投资308.24亿元，本年完成项目投资42.77亿元。招商项目落地。明确专人全程跟踪服务项目，协调解决项目落地建设中遇到的实际困难和问题，开辟绿色通道，为企业解决发展后顾之忧，确保项目顺利落地开工建设。2016年，开发区招商引资项目39个、项目总投资117.03亿元，新开工项目39个、开工率达100%，完成工业投资34.59亿元，到位资金53.96亿元。重点项目。以“三个一”工业项目调度为抓手，严格倒排工期，细化责任分工，强化项目跟踪服务和调度，促进重点项目快速推进。经济开发区重点项目主要有雪花啤酒、卡布国际、煤改气等项目14个，总投资35.58亿元，完成投资18亿元。投产项目。抢抓“百千万”工程契机，切实开展“一企一策”“一厂一策”精细化“契约式”服务，协调帮助企业解决生产经营中存在的实际困难。年内投产项目35个，达产3个，新增2000万元以上规模企业25户。

【招商引资】 2016年开发区招商引资项目39个、项目总投资117.03亿元，新开工项目39个，开工率达100%，到位资金53.96亿元。多次组织招商业务骨干到广州进行有意向性招商，有效洽谈一批实力较强、投资强度大、发展前景好的项目。跟踪服务项目。坚持县领导责任制，明确牵头单位，细化责任分工，实行招商台账管理和领导领衔招商责任制，一对一紧盯重大项目，强化招商项目跟踪服务，加快大项目、龙头企业落户龙里。提升服务管理。采取县政府向园区、各企业派驻特派员的措施，有效利用县政府政务服务办事大厅服务窗口，为企业办理各项前期手续，提供一站式服务，免去企业办理相关手续的烦琐；协调解决立项、环评、规划以及征地拆迁、基础设施配套等问题。

【专项资金争取】 向省州争取项目专项资金，争取到省、州项目资金达183万元。有效利用“贵园信贷通”政策，解决园区建设资金瓶颈。2016年，企业特派员多次协助空港产业园、荣和酒业等企业到县信用联社、农行等金融机构洽谈融资事宜，为企业解决融资难题。

【劳资纠纷调处】 成立开发区劳资纠纷化解工作领导小组，制定劳资纠纷化解工作方案，明确责任人，细化工作任务及措施，由开发区管委会项目协调部牵头，组织各园区认真摸底排查，2016年排查出存在拖欠农民工工资项目和企业7个。开展相关协调工作，妥善处理完毕7件企业拖欠农民工工资事件。

（经济开发区管理委员会）

2016 年龙里县高新技术产业园区主要企业现状一览表

表 1　　　　　　　　　　　　　　　　　　　　　　　　　　　　单位：万元

序　号	企业名称	主要产品	工业总产值
1	贵州高澄医疗器械有限公司	医疗器械系列	18958. 1
2	贵州弘康药业有限公司	中成药胶囊、酊剂	32620
3	贵州瑞和制药有限公司	肝舒宁注射液	56201. 8
4	贵州恒力源林业科技有限公司	中密度纤维板	40639. 4
5	贵州龙里恒泰钢结构有限公司	H 型钢制品	13273. 3
6	贵州瑞展环保科技有限公司	夹砂玻璃管	16549. 3
7	贵州力德地板有限公司	强化木地板	15878. 6
8	贵州龙里创奇装备制造有限公司	污水处理设备、脱硫塔等	17318. 1
9	贵州龙里中鼎消防设备制造有限公司	消防门	13399. 7
10	贵州龙里华平建材有限公司	钢化玻璃	13947. 5
11	华润雪花啤酒（黔南）有限公司	啤酒	62253. 6
12	贵州龙里力博橡胶制品厂	橡胶制品	53712. 7
13	贵州龙里蓝图新材料有限公司	防渗膜	14744
14	贵州柯维建材开发有限公司	反射隔热涂料	14621. 2
15	贵州同达管业科技有限公司	HDPEDN 龙山工业园 00 波纹管	16732. 6
16	贵州悦和科技有限公司	钢化玻璃	14151. 2
17	贵州龙里华龙建材有限公司	钢化玻璃	14457. 1
18	贵州科美瑞博电气科技有限责任公司	高低压成套电气设备	13864. 8
19	贵州科宁丰建材有限公司	聚氨酸、减水剂	12285. 7
20	贵州美龙辉建材有限公司	钢化玻璃	11040
21	贵州贵鑫达玻璃技术有限公司	钢化玻璃	10403. 2
22	贵州荣浩黔锐科技有限公司	食品机械	11420. 9
23	贵州富仁混凝土构件有限公司	水泥制品	11335. 5
24	贵州省鼎坚建材有限公司	铝合金塑钢制品	11957. 2
25	贵州龙仁科技有限公司	烟道	13103
26	贵州贵鑫建材有限公司	井盖系列制品	11521. 9
27	贵州洪齐家具贸易有限公司	家具制品	11539. 5
28	贵州龙里恒瑞达钢结构有限公司	钢结构	9223. 7
29	贵州龙缘盛豆业有限公司	食用豆制品系列	9856. 7
30	贵州建涛木业科技有限公司	刨花板	10825. 9
31	贵州龙盛科技发展有限公司	装饰材料	8721. 2
32	贵州龙里金帝木业有限公司	装饰板材	7742. 8

续表

序 号	企业名称	主要产品	工业总产值
33	贵州龙里县邓氏食品有限责任公司	辣制品	7157.6
34	贵州详务节能建材有限公司	高分子节能模板	7508.6
35	贵州肾元制药有限公司	肾元胶囊	8653.4
36	贵州嘉致包装材料有限责任公司	烟用内衬纸	12273.5
37	贵州瑞祥科技有限公司	贴面板	12266.1
38	贵州龙里卓程装饰材料有限公司	包装材料系列	11172
39	贵州明亮包装材料有限公司	塑料桶	11843.4
40	强生健康产业（贵州）有限公司	保健食品系列	13071.6
41	贵州万军包装产业园有限公司	包装材料系列	6540.8
42	贵州新江南彩钢有限公司	彩钢板	8042.1
43	贵州占氏消防设备制造有限公司	灭火器系列	7668.2
44	贵州科美瑞家居制品有限公司	定制方柜	6772
45	贵州英吉尔机械制造有限公司	汽车发动机缸盖系列	2538.4
46	贵州益万家门业工贸有限公司	套装门系列	3179.2
47	贵州赣丰农业机械有限公司	稻麦脱粒机	5322.9
48	贵州省巧邦家具制造有限责任公司	家具制品	3191.6
49	贵州省贵源生态食品有限公司	刺梨饮料	3373.6
50	贵州昌哥食品有限公司	辣椒面、食糖等	8410
51	贵州华安堂药业有限公司	中成药系列产品	8231.4
52	贵州富丽华门业有限公司	玻璃品加工	4633.1
53	贵州龙里贵诚道路设施有限公司	树脂产品	4328.1
54	贵州恒力源天然生物科技有限公司	刺梨	3837.8
55	贵州倍特纸业有限公司	纸质品	5311

2016 年龙里县谷脚工业园区主要企业现状一览表

表 2　　　　单位：万元

序号	企业名称	主要产品	工业总产值
1	贵州华辉特种门有限公司	消防门窗	3078.7
2	贵州龙里永蓝防水节能建材有限公司	建筑防水材料	4005.7
3	贵州睿邦建材有限公司	混凝土、砂石	31426.3
4	贵州恒固机电设备有限公司	机电金属构件	16577
5	贵州建业商品混凝土有限公司	混凝土、骨料	16404
6	贵州众佳实业有限公司	铝合金制品	7899.6

续表

序号	企业名称	主要产品	工业总产值
7	贵州精工铝门窗有限公司	铝合金制品	3687.2
8	贵州良济药业有限公司	中成药	25754.7
9	贵州长泰源节能建材有限公司	加气砖	19853.2
10	贵州丰达凯莱实业有限公司	电力产品	23177
11	贵州中材环保建材有限公司	加气砖	21325.2
12	贵州环海澳蕾建材科技有限公司	水泥内加济	23987.9
13	贵州科之杰新材料有限公司	水泥外加剂	41663
14	贵州德铭印务有限公司	印刷制品	13697.1
15	龙里县红狮水泥有限公司	水泥	1678.06.7
16	贵州鹏宇星消防科技有限公司	消防门窗	18268.9
17	贵州富华药业有限责任公司	药品	22318.8
18	贵州顺景实业有限责任公司	焊管制造	18576.5
19	贵州神奇药业有限公司龙里分厂	片剂、胶囊剂、散剂、软膏剂	59450.6
20	金桥药业有限公司	中成药	52171.1
21	贵州长通电力线路器材有限公司	电力产品	32169
22	贵州玉宏实业有限公司	医药包装用品	12087.3
23	贵州新曙光电缆有限公司	电力线揽	36763.5
24	贵州实德门窗建筑装饰工程有限公司	玻璃制品及铝合金门窗	30283.7
25	贵州威力洗涤用品有限公司	洗涤用品	37031.9
26	贵州正方实业有限公司	节能门窗	22621.6
27	贵州新三荣包装印务有限公司	印刷制品	13485.9
28	贵州超亚纳米基材有限公司	微粉材料	9055.5
29	贵州聚财金属制品有限公司	铝合金制品	9624.5
30	贵州锦发金属制品有限公司	铝合金制品	8379.6
31	贵州龙里荣和酒业有限公司	白酒	8951.3
32	贵州神果饮料有限公司	药生奶、果冻	9436.3
33	贵州四力精密机械制造有限公司	工程机械制造	14801.7
34	贵州和润机械制造有限公司	机械零件	14526
35	贵州龙里宏伟铝合金有限责任公司	铝锭	18857.4
36	贵州润生制药有限公司	中成药	11958
37	贵州科新应化工贸有限公司	非金属矿粉	10336.1
38	贵州晟泰铝业有限公司	铝制品	3492.3
39	贵州黔之宝生物开发有限公司	没食子酸	12932.9

续表

序号	企业名称	主要产品	工业总产值
40	龙里红狮混凝土有限公司	混凝土、骨料	15063.8
41	贵州省川汇塑胶有限公司	塑胶管	6578.2
42	贵州得力家具有限公司	家具加工	5425.8
43	贵州裕豪实业有限公司	节能门窗	3655.1
44	龙里恒博电子有限公司	打火机	8269.6
45	贵州博通橡塑制品有限公司	橡塑制品	8709.3
46	贵州龙里逸彩科技有限公司	交通设施	5948.4
47	贵州恒威新材料有限公司	铝合金制品	6246
48	贵州天鸿钢结构有限公司	钢结构	6498.4
49	贵州鸿顶盛泰科技有限公司	PVC 管	6424.2
50	贵州精卓木业有限公司	家具	2440.3

2016 年龙里龙山工业园区主要企业现状一览表

表 3 单位：万元

序号	企业名称	主要产品	工业总产值
1	贵州黔鼎电气科技有限公司	成套电气设备	9073.7
2	贵州兴谛实业发展有限责任公司	PVC 管	8099.2
3	贵州昆泰纸业有限公司	复烤烟箱、彩箱	20536.3
4	贵州金州机械有限公司	传动组件、机械加工	19025.2
5	贵州黔桂拓达黔龙商砼有限公司	商品砼	6491.139
6	贵州三山研磨有限公司	磨料磨具	16574.8
7	贵州东阳纸业有限公司	瓦楞纸	18800.9
8	贵州华佑金属制品有限公司	焊管	10908.9
9	贵州华晨海棉有限公司	海绵生产、加工	6503.8
10	贵州省顺鸿卫生用品有限公司	高档生活用纸	6095.7
11	贵州龙里兴远防火门窗有限责任公司	防火门窗	5078.5
12	贵州恒丰暖通科技有限公司	排烟风机、风口、防火阀	4637.2
13	贵州晨光机械制造有限公司	矿山机械设备	4381.3
14	贵州恒科顶圣混凝土有限公司	混凝土	5101.1
15	贵州肯耐数控工具有限公司	数控设备及刀具	6116.6
16	贵州福斯特磨料磨具有限公司	砂轮	4475.6
17	中广核贵州龙里风力发电有限公司	电力	28702.6

重点企业

【概况】 2016年末，龙里县规模以上企业数达128家（其中新增25家），累计完成产值201.5亿元、同比增长17.9%，累计完成销售产值196.3亿元、同比增长18.0%，产品累计产销率97.4%。

【华润雪花啤酒（黔南）有限公司】 2011年3月成立，位于龙里县冠山街道水桥村，是华润雪花啤酒（中国）有限公司旗下企业，主要生产雪花系列品牌啤酒，现已建成两条生产线，是贵州省规模最大、设备最先进的啤酒生产企业；华润雪花啤酒（中国）有限公司是一家生产、经营啤酒的全国性专业啤酒公司，其股东是华润创业有限公司和全球第二大啤酒集团SABMiller；2016年华润雪花啤酒（黔南）有限公司生产啤酒14.1万千升，实现销售收入5.78亿元、纳税1.0亿元，销售收入、税收分别下降1.0%、9.1%。

【中广核贵州龙里风力发电有限公司】 隶属于中广核发电有限公司贵州分公司，已建成龙里草原、坪子、大坪子、马郎坡、贾拓山、苦蒿坪、上坝（分散式）风电场7处，安装的186台风力发电机总装机容量322兆瓦；2016年，公司发电5.12亿千瓦时、实现产值2.87亿元，较上年分别增长125.48%、24.3%。

【贵州科之杰新材料有限公司】 位于龙里县谷脚工业园区，占地44亩，是福建厦门建研集团（深圳证券交易所上市，股票代码：002398）下属的科技先导型企业，是贵州省生产规模最大、生产设施最先进的混凝土添加剂生产与应用技术集成方案提供商，拥有多化工合成生产线、水剂复配生产线和粉剂复配生产线，可提供聚羧酸、脂肪族、萘系等系列减水剂产品；公司生产过程采用国内最先进的全自动控制系统，同时可根据混凝土工程的实际需要进行技术攻关和定制化生产复配；2016年公司完成销售收入4.2亿元、纳税1223万元，分别较上年增长4.6%、-24.1%。

【龙里铁建建筑材料有限责任公司】 位于龙里县谷脚工业园区，毗邻中铁国际生态城，为中铁五局集团路桥工程有限责任公司控股企业，拥有120商混拌合楼两座；受房地产市场下行影响，2016年公司完成销售收入2.31亿元、纳税19万元，分别较上年增长10.7%、58.9%。

【贵州黔桂拓达黔龙商砼有限公司】 位于龙里县龙山工业园区，是由贵州黔桂拓达商砼有限公司投资建成的子公司，项目总投资近5000万元，项目一期2条拌和能力为180立方米每小时的生产线已建成投产，二期生产线建设在规划中；公司配置有柴油发电机、标准实验室、密封式砂石料场、臂架泵、车载泵、柴油泵、电泵、砼运输车及服务车辆；2016年公司完成产值6491万元、纳税212万元，分别较上年下降2.7%、30.8%。

【贵州睿邦建材有限公司】 是中铁五局属下的子公司，占地面积3.5万平方米，专业生产各强度等级混凝土、特种混凝土、兼营市政工程方砖、道牙、隔离墩、地面砖、建筑用标砖、砂、石，现有三一重工全自动电脑控制180混凝土生产线2条、利勃海尔R944B及卡特320D挖机各1台、福田雷沃956装载机2台、徐工装载机1台、三一重工混凝土运输车20台、52米混凝土泵车2台、矿山载重货车4台，年产商品混凝土80万立方米、砂石300万立方米、建筑标砖年产2000万块；2016年公司完成销售收入3.14亿元、纳税199万元，均较上年增长30.7%、-58.9%。

【贵州宏艺科技有限公司】 原贵州环海澳蕾建材科技有限公司，位于龙里高新技术产业园区，隶属山东宏艺科技股份有限公司，是一家为水泥和混凝土行业提供节能、减排、增效服务的高新技术企业，共有员工30人，产品主要用作水泥外加剂，可有效改善水泥质量、改性水泥使用性能、降低水泥使用数量和使用成本；2016年公司受房地产市场下行影响，完成销售收入2.4亿元、纳税151万元，分别较上年增长-2.0%、53.6%。

【贵州龙里力博橡胶制品厂】 位于龙里县冠山街道永安村，前身为中国人民解放军3537工厂劳动服务公司，企业成立初期主要目的是解决职工家属及子女就业、为3537工厂提供搬运劳务及后勤服务；3537工厂总部搬迁至贵阳后，企业先后成立橡胶成型车间、硫化车间，主要从事布面胶鞋、二硫鞋底生产；2016年企业完成销售收入5.37亿元、纳税379万元，分别较上年增长29.7%、-21.6%。

【贵州恒力源林业科技有限公司】 位于龙里高新技术产业园区，为高新技术企业和资源综合利用企业，系贵州省规模最大的中密度纤维板生产企业，拥有"恒力源"贵州省著名商标，现已形成年产8万立方米中密度纤维板能力；2016年公司生产中、高密度纤维板21.2万立方米，完成销售收入4.06亿元、纳税47万元，销售收入和税收分别增长10.4%、-63.8%。

【贵州威力洗涤用品有限公司】 位于龙里县谷脚工业园区，是贵州最大的洗涤用品生产企业，现已形成年产8万吨洗衣粉、5万吨洗洁精、4万吨洗衣液、1万吨沐浴露、8000吨十二烷基苯磺酸能力，拥有洗涤用品包装瓶、包装桶、包装袋外袋、包装内袋外观专利各1个；2016年公司完成销售收入3.7亿元、纳税111万元，分别较上年增长11.8%、下降17.8%。

（罗时习）

2016年龙里县规模以上工业企业一览表

表4　　　　单位：万元

序　号	企业名称	序　号	企业名称
1	龙里县红狮水泥有限公司	65	贵州黔桂拓达黔龙商砼有限公司
2	贵州瑞和制药有限公司	66	贵州神果饮料有限公司
3	华润雪花啤酒（黔南）有限公司	67	贵州聚财金属制品有限公司
4	金桥药业有限公司	68	贵州荣浩黔锐科技有限公司
5	龙里供电局	69	贵州美龙辉建材有限公司
6	贵州科之杰新材料有限公司	70	贵州肾元制药有限公司
7	贵州龙里力博橡胶制品厂	71	贵州龙里县邓氏食品有限责任公司
8	贵州长通电力线路器材有限公司	72	强生健康产业（贵州）有限公司
9	贵州弘康药业有限公司	73	贵州锦发金属制品有限公司
10	贵州神奇药业有限公司龙里分厂	74	贵州黔鼎电气科技有限公司
11	贵州威力洗涤用品有限公司	75	贵州龙里荣和酒业有限公司
12	贵州恒力源林业科技有限公司	76	贵州华佑金属制品有限公司
13	贵州新曙光电缆有限公司	77	贵州详务节能建材有限公司
14	贵州环海澳蕾建材科技有限公司	78	贵州兴谛实业发展有限责任公司
15	贵州睿邦建材有限公司	79	贵州博通橡塑制品有限公司
16	贵州实德门窗建筑装饰工程有限公司	80	贵州龙缘盛豆业有限公司
17	贵州良济药业有限公司	81	贵州占氏消防设备制造有限公司
18	中广核贵州龙里风力发电有限公司	82	贵州众佳实业有限公司
19	龙里铁建建筑材料有限责任公司	83	贵州昌哥食品有限公司

续表

序　号	企业名称	序　号	企业名称
20	贵州正方实业有限公司	84	贵州瑞祥科技有限公司
21	贵州昆泰纸业有限公司	85	贵州龙里金帝木业有限公司
22	贵州丰达凯莱实业有限公司	86	贵州龙里卓程装饰材料有限公司
23	贵州高澄医疗器械有限公司	87	贵州明亮包装材料有限公司
24	贵州中材环保建材有限公司	88	龙里恒博电子有限公司
25	贵州长泰源节能建材有限公司	89	贵州天鸿钢结构有限公司
26	贵州东阳纸业有限公司	90	贵州恒威新材料有限公司
27	贵州富华药业有限责任公司	91	贵州超亚纳米基材有限公司
28	贵州金州机械有限公司	92	贵州鸿顶盛泰科技有限公司
29	贵州恒固机电设备有限公司	93	贵州省川汇塑胶有限公司
30	贵州同达管业科技有限公司	94	贵州万军包装产业园有限公司
31	贵州瑞展环保科技有限公司	95	贵州恒力源天然生物科技有限公司
32	贵州三山研磨有限公司	96	贵州赣丰农业机械有限公司
33	贵州力德地板有限公司	97	贵州龙里贵诚道路设施有限公司
34	贵州建业商品混凝土有限公司	98	贵州龙里逸彩科技有限公司
35	贵州龙里创奇装备制造有限公司	99	贵州恒丰暖通科技有限公司
36	贵州龙里中鼎消防设备制造有限公司	100	贵州嘉致包装材料有限责任公司
37	龙里红狮混凝土有限公司	101	贵州恒科顶圣混凝土有限公司
38	贵州龙里宏伟铝合金有限责任公司	102	贵州华晨海棉有限公司
39	贵州悦和科技有限公司	103	贵州建涛木业科技有限公司
40	贵州龙里蓝图新材料有限公司	104	贵州倍特纸业有限公司
41	贵州龙仁科技有限公司	105	贵州富丽华门业有限公司
42	贵州龙里华平建材有限公司	106	贵州新江南彩钢有限公司
43	贵州龙里华龙建材有限公司	107	贵州龙盛科技发展有限公司
44	贵州润生制药有限公司	108	贵州科美瑞家居制品有限公司
45	贵州科美瑞博电气科技有限责任公司	109	贵州得力家具有限公司
46	贵州柯维建材开发有限公司	110	贵州福斯特磨料磨具有限公司
47	贵州德铭印务有限公司	111	龙里县洗马镇落掌煤矿
48	贵州黔之宝生物开发有限公司	112	贵州晨光机械制造有限公司
49	贵州新三荣包装印务有限公司	113	贵州精卓木业有限公司
50	贵州四力精密机械制造有限公司	114	贵州龙里兴远防火门窗有限责任公司
51	贵州贵鑫建材有限公司	115	贵州省顺鸿卫生用品有限公司
52	贵州省鼎坚建材有限公司	116	龙里县摆省乡栎木山煤矿

续表

序　号	企业名称	序　号	企业名称
53	贵州龙里恒泰钢结构有限公司	117	贵州龙里永蓝防水节能建材有限公司
54	贵州顺景实业有限责任公司	118	贵州肯耐数控工具有限公司
55	贵州鹏宇星消防科技有限公司	119	贵州晟泰铝业有限公司
56	贵州富仁混凝土构件有限公司	120	贵州益万家门业工贸有限公司
57	贵州科宁丰建材有限公司	121	贵州裕豪实业有限公司
58	贵州龙里恒瑞达钢结构有限公司	122	贵州精工铝门窗有限公司
59	贵州洪齐家具贸易有限公司	123	贵州华辉特种门有限公司
60	贵州科新应化工贸有限公司	124	贵州英吉尔机械制造有限公司
61	贵州玉宏实业有限公司	125	贵州省巧邦家具制造有限责任公司
62	贵州和润机械制造有限公司	126	贵州省贵源生态食品有限公司
63	贵州贵鑫达玻璃技术有限公司	127	贵州龙里建荣电子科技有限公司
64	贵州华安堂药业有限公司	128	贵州基业钢结构有限责任公司

民营经济

【概况】　2016年，龙里县把加快民营经济发展作为新的经济增长点，通过营造良好的舆论环境、高效的政务环境、法制环境、政策环境，拓宽融资渠道，扩大就业，大力推进全民创业。把民营经济发展与促进园区经济、县域经济发展结合起来，放在同等重要地位。进一步开放个体私营经济领域，支持民营经济进入垄断行业、金融服务业、社会事业、文化产业等。把民营经济纳入地方国民经济和社会发展总体规划，列入重要议事日程。

民营经济指标民营经济市场主体。2016年全县工商注册民营经济市场主体13513户，其中：农民专业合作社334户，占比2.47%；个体工商户1.01万户，占比74.99%。企业3046户，占比22.54%；其中2000万元以上规模企业123户，占企业户数的4.0%。工业投资保持增速。全县续建、新建工业投资项目97个。贵诚道路年产1万吨道路设施树脂产品、昌哥食品辣椒制品生产基地、鸿通现代农业装备产业园、昆泰纸业技改扩建工程等28个项目建成投产，全县500万元以上口径产业投资完成70亿元、同比增长12.9%；其中500万元以上工业投资（不含园区基础设施）将完成35亿元，累计增速达到21.4%、高于全州平均数4.8个百分点，增速排名全州第1位。民营经济增加值。民营经济增加值完成55.1亿元，占全县GDP增加值的69.1%，比重较去年提高1.6个百分点；民营企业新增就业0.71万人、较去年增加0.09万人。

【龙里红狮水泥有限公司】　是红狮控股集团的全资子公司，位于龙里县谷脚工业园区，总投资16亿元，建设2条日产4000吨新型干法熟料水泥生产线并配套纯低温余热发电项目，水泥年产能达500万吨，解决本地居民就业700余人；其母公司红狮控股集团（下称红狮集团）是国家重点支持十二家全国性大型水泥企业和浙江省工业行业龙头骨干企业之一，主要从事水泥制造、投资和金融等业务，形成水泥及关联产业、金融两大产业板块，是中国民营500强、中国制造业500强和浙江省百强企业；2016年，龙里红狮水泥有限公司生产水泥332万吨、完成产值16.78亿元、纳税6735万元，分别较上年增长35.2%、增长27.5%、下降2.9%。

【龙里红狮混凝土有限公司】 位于龙里县谷脚工业园区，是红狮集团第一家商品混凝土开工建设项目，占地面积192亩，已建成1条年产200万吨骨料暨100万立方米混凝土生产线；商品混凝土生产采用2条中联重科270立方米每小时设备，骨料生产线主要采用瑞典山特维克立轴式破碎机、破碎能力为每小时500吨砂石；公司采用全程全封闭的干法工艺技术，拥有DCS集散控制系统，实行网络化全程控制，具有安全、环保、低能耗的优点；2016年公司完成产值1.51亿元、纳税144万元，较上年分别增长37.4%、462.9%。

【贵州三山研磨有限公司】 位于龙里县龙山工业园区，主要生产各类高档磨料磨具，磨料磨具产能达6万吨/年，产品远销欧洲、韩国、日本及东南亚地区；公司自主产品“威力熊”系列切割片和角磨片，采用贵州优质磨料配合自动成型等工艺，产品质量稳定一流；2016年公司完成产值1.66亿元、纳税245万元，分别增长30.5%、182.6%。

【贵州龙里蓝图新材料有限公司】 该公司为高新技术企业，主要生产软式透水管、塑料盲沟（管）、渗水片材、土工布工膜、自粘聚合物改性沥青防水卷材、土工格栅、土工格室、止水带条、锚具、伸缩缝等土工合成材料和桥梁专用材料；拥有一流的生产和检测设备，设有独立的产品研发中心，在土工建筑材料领域已获得发明专利3项、实用新型专利13项；公司与四川大学高分子材料工程国家重点实验室、国家复合改性聚合物材料工程技术研究中心、重庆交通大学、贵州师范大学等建立起良好的战略合作关系或科研合作关系；2016年公司完成产值1.47亿元、纳税159万元，分别增长12.8%、-49.7%。

【贵州柯维建材开发有限公司】 位于龙里高新技术产业园区，为高新技术企业，是集节能保温材料、外墙装饰材料、防水涂料等建筑材料的研发、生产、销售、施工为一体的股份制企业；公司与武汉大学合作建立产学研基地，参加编制贵州省工程建设标准《绿色建筑评价标准》、贵州省工程建设地方标准《建筑反射隔热保温系统应用技术规程》。2016年公司完成产值1.46亿元、纳税273.3万元，分别增长7.8%、60.7%。

【贵州正方实业有限公司】 是一家集节能门窗幕墙产品的研发设计、精密制造、安装施工以及建筑节能玻璃产品的加工、销售为一体的专业程度化高、综合实力强的企业，拥有金属门窗专业承包资质、企业安全生产许可证、节能产品认证、玻璃3C认证及4项节能产品发明专利；门窗年设计生产能力50万平方米、幕墙设计生产能力5万平方米、节能安全玻璃复合品年产60万平方米，是西南地区门窗领域综合实力最强、服务体系最完善、最具有竞争优势的专业公司之一；2016年公司完成产值2.26亿元、纳税125万元，分别增长9.3%、-6.7%。

【贵州长泰源节能建材股份有限公司】 由贵州长通集团和贵州宏源集团联手共同投资成立，主要从事加气混凝土制品的研发、生产和销售，年生产能力30万立方米，是贵州省规模较大的加气混凝土制造基地；公司加气混凝土设备具有很高的机械化、自动化水平，采用先进的加气混凝土生产工艺，配备完善的原材料化验、检验仪器，有严格的质量检验制度，先后获贵州省资源综合利用示范企业、贵州省新型墙体材料革新示范企业等称号；2016年公司完成销售收入1.93亿元、纳税303万元，分别增长2.4%、312%。

【贵州中材环保建材有限公司】 位于龙里县谷脚工业园区，占地63亩，拥有面积达3000平方米的现代化生产车间一座，年产蒸压加气混凝土砌块25万立方米；公司旗下拥有3个厂、矿及一个营销中心，形成了从原材料开采到研发生产及销售一条龙的完整的产业链；公司生产设备国内一流，一线员工均经过岗前培训，管理层文化水平均在大专以上学历，中高层管理均在本科以上学历，现有工程技术人员合计20余人、化验室及化验基地3个，能够对进厂原料、出厂产品品质及生产工艺技术流程进行严格把关；2016年公司完成产值2.13亿元、纳税129.3万元，分别增长10.7%、3.1%。

【贵州富仁混凝土构件有限公司】 位于龙

里高新技术产业园区，占地33亩，为中国混凝土与水泥制品协会常务理事单位、贵州省建筑建材产业质量推进联盟成员单位，公司采用径向挤压和芯模振动两种国际、国内最先进的环保型机械自动化生产线，可生产平口、承插口、企口、双插口和钢承口5个品种100多个规格产品，排水管、顶管产能达120多公里每年。

【贵州龙里创奇装备制造有限公司】 位于龙里高新技术产业园区，占地73亩，投资1.5亿元；由于市场变化，企业重点向环保设备和环保产品转型，已研发成功MBR污水一体化处理系统、SF双层储油罐、高效油烟净化器、脉冲除尘器等环保设备，获得专利11项。

【贵州英吉尔机械制造有限公司】 该公司是以汽车配件（气缸盖）为主、液压件铸件为辅。集新产品开发生产、新工艺研制和新技术应用为一体的科、工、贸企业，2006年12月被评为“高新技术企业”，2007至2010年连续3年被成都发动机（集团）有限公司评为“成都发动机集团优秀配套企业”，拥有1项发明专利、13项新型实用专利，产品畅销国内外并出口到东南亚、中东、美洲。

【贵州昆泰纸业有限公司】 位于龙里县龙山工业园区，占地面积27.89亩，主要生产烟类、复烤烟箱包装物，同时也为电子、瓷砖、建材、饮料、酒类、食品等行业提供优质的产品包装印刷一体化解决方案；公司已和贵州中烟、贵州富士康等大企业合作；2016年，公司完成销售收入2.05亿元、纳税67万元，分别增长0.3%、0.1%。

【贵州新曙光电缆有限公司】 位于龙里县谷脚工业园区，占地面积2万多平方米、建筑面积7000多平方米，现有铝大拉机、框绞机、笼绞机、叉绞机、挤塑机等先进的生产设备共20余台（套），直流电桥、分析天平、投影仪、高压试验设备拉力机等各种检测设备18台（套），主要产品为圆线同心绞架空导线（铝绞线和钢芯铝绞线）、35kV及以下电力电缆、10kV及以下架空绝缘电缆及控制电缆、450伏/750伏及以下聚氯乙烯绝缘电线电缆、阻燃电缆等10多个系列，年生产能力为钢芯铝绞线2万吨、电缆1.2万千米、布电线20万千米，所有产品生产均取得相应的工业产品生产许可证或通过强制性产品认证；公司“黔冠”商标为贵州省著名商标，钢筋铝绞线为贵州省名牌产品。

（李　兵）

2016年龙里县民营企业一览表

表5　　单位：万元

序　号	企业名称	序　号	企业名称
1	贵州瑞和制药有限公司龙里药厂	97	贵州超亚纳米基材有限公司
2	贵州弘康药业有限公司	98	贵州科之杰新材料有限公司
3	贵州柏强制药有限公司龙里药厂	99	贵州黔豫龙工程有限公司
4	贵州肾元制药有限公司	100	贵州省珏石屋矿业投资开发有限公司
5	贵州华安堂药业有限公司	101	贵州正方实业有限公司
6	贵州苗氏药业有限公司	102	贵州实德门窗建筑装饰工程有限公司
7	强生健康产业（贵州）有限公司	103	贵州顶呱呱装饰工程有限公司
8	贵州贵龙中药科技有限公司	104	贵州聚财金属制品有限公司
9	贵州高澄医疗器械有限公司	105	贵州思创门窗有限公司
10	贵州龙缘盛豆业有限公司	106	贵州精工铝有限公司
11	贵州龙里县邓氏食品有限责任公司	107	贵州众佳实业有限公司

续表

序　号	企业名称	序　号	企业名称
12	贵州省贵源生态食品有限公司	108	贵州裕豪实业有限公司
13	贵州奇昂生物科技有限公司	109	贵州成昆装饰材料有限公司
14	贵州黔宝食品有限公司	110	龙里县谷脚镇心怡金铝门厂
15	贵州翰林天然饮品有限公司	111	贵州鹏宇星消防科技有限公司
16	贵州恒力源林业科技有限公司	112	贵州华辉特种门有限公司
17	贵州力德地板有限公司	113	贵州星威消防科技有限公司
18	贵州建涛木业科技有限公司	114	贵州神奇药业股份有限公司龙里分厂
19	贵州龙里金帝木业有限公司	115	贵州金桥药业有限公司龙里新资源部
20	贵州瑞祥科技有限公司	116	贵州富华药业有限责任公司
21	贵州龙盛科技发展有限公司	117	贵州润生制药有限公司
22	贵州林美装饰材料有限公司	118	贵州良济药业有限公司
23	贵州恒贵木业有限公司	119	贵州良济医疗器械有限公司
24	贵州福思睿木业有限公司	120	贵州瑞成药业有限公司
25	贵州省巧邦家具制造有限责任公司	121	贵州省川汇塑胶有限公司
26	贵州科美瑞家居制品有限公司	122	贵州鸿顶盛泰科技有限公司
27	贵州洪齐家具贸易有限公司	123	贵州博通橡塑制品有限公司
28	贵州锦豪家具有限公司	124	龙里县聚鑫装饰材料厂
29	贵州纯派家居有限公司	125	贵州龙里宏伟铝合金有限责任公司
30	贵州省鼎坚建材有限公司	126	贵州晟泰铝业有限公司
31	贵州益万家门业工贸有限公司	127	贵州基业钢结构有限责任公司
32	贵州黔鑫门业有限公司	128	贵州邦达耀辉钢结构有限公司
33	贵州龙里立力门业有限公司	129	贵州顺景实业有限责任公司
34	贵州富丽华门业有限公司	130	贵州锦发金属制品有限公司
35	贵州九安门业有限公司（原中鼎消防）	131	贵州隆鸿工贸有限公司
36	贵州悦和科技有限公司	132	龙里长城防护设施有限公司
37	贵州贵鑫达玻璃技术有限公司	133	贵州龙里逸彩科技有限公司
38	贵州龙里华龙建材有限公司	134	贵州四力精密机械制造有限公司
39	贵州龙里华平建材有限公司	135	贵州恒固机电设备有限公司
40	贵州美龙辉建材有限公司	136	贵州和润机械制造有限公司
41	贵州富仁混凝土构件有限公司	137	贵州恒威新材料有限公司
42	贵州同达管业科技有限公司	138	贵州彤鑫机械有限公司
43	贵州瑞展环保科技有限公司	139	贵州西来泰阀门设备制造有限公司
44	贵州龙里贵诚道路设施有限公司	140	贵州长通电力线路器材有限公司

续表

序 号	企业名称	序 号	企业名称
45	贵州贵鑫建材有限公司	141	贵州新曙光电缆有限公司
46	贵州龙仁科技有限公司	142	贵州丰达凯莱实业有限公司
47	贵州柯维建材开发有限公司	143	贵州成丰达电器有限公司
48	贵州涂艺博涂料科技有限公司	144	贵州屹豪电器厂
49	贵州圣诺邦新材料科技有限公司	145	贵州神果饮料有限公司
50	贵州鑫建辉建材有限公司	146	贵州龙里荣和酒业有限公司
51	贵州科宁丰建材有限公司	147	贵州赖世纲酒业有限公司
52	贵州宏艺科技有限公司	148	贵州龙美生态科技发展有限公司
53	昆明苏博特新型建材工业有限公司龙里分公司	149	贵州龙港生态资源开发有限公司
54	贵州百合臣科技有限公司	150	贵州富康龙泉饮水有限责任公司
55	贵州龙里恒泰钢结构有限公司	151	贵州玉宏实业有限公司
56	贵州龙里恒瑞达钢结构有限公司	152	贵州德铭印务有限公司
57	贵州龙里建达钢结构有限公司	153	贵州新三荣包装印务有限公司
58	贵州新江南彩钢有限公司	154	贵州黔春纸品包装有限公司
59	贵州致盛彩钢结构工程有限公司	155	龙里县龙旺板材有限公司
60	贵州英吉尔机械制造有限公司	156	贵州贵珠泡沫塑制品有限公司
61	贵州科美瑞博电气科技有限责任公司	157	贵州东山纸业有限公司
62	贵州金鑫东和科技有限公司	158	贵州得力家具有限公司
63	贵州勤鑫节能科技有限公司	159	贵州金维蒂生物科技有限公司
64	贵州龙里创奇装备制造有限公司	160	贵州威力洗涤用品有限公司
65	贵州瑞安达人防设备有限公司	161	龙里恒博电子有限公司
66	贵州赣丰农业机械有限公司	162	贵州贝奇乐卫生用品有限公司
67	贵州荣浩黔锐科技有限公司	163	贵州龙里新龙乙炔有限公司
68	贵州万军包装产业园有限公司	164	贵州省龙里县霸龙水玻璃加工厂
69	贵州嘉致包装材料有限责任公司	165	贵州华佑金属制品有限公司
70	贵州龙里卓程装饰材料有限公司	166	贵州恒丰暖通科技有限公司
71	贵州明亮包装材料有限公司	167	贵州肯耐数控工具有限公司
72	贵州众鑫泡沫有限公司	168	贵州三山研磨有限公司
73	贵州金马包装材料有限公司龙里分公司	169	贵州福斯特磨料磨具有限公司
74	贵州锦绣家纺有限公司	170	贵州晨光机械制造有限公司
75	贵州省龙里县荣诚织造有限公司	171	贵州金州机械有限公司
76	贵州龙里荣信织造有限公司	172	贵州九龙合金有限公司
77	贵州骄子纸业有限公司	173	贵州黔鼎电器有限公司

续表

序　号	企业名称	序　号	企业名称
78	贵州兴立兴纸品有限公司	174	贵州恒科顶圣混凝土有限公司
79	贵州龙里力博橡胶制品厂	175	贵州金丰科技有限公司
80	龙里县粤盛型材有限公司	176	贵州龙里联创新型建材有限公司
81	贵州鑫路捷道路材料有限公司	177	贵州力鑫建材有限公司
82	贵州龙里蓝图新材料有限公司	178	龙里县鑫龙汇环保页岩砖有限公司
83	贵州占氏消防设备制造有限公司	179	贵州省龙里县高沟鑫泽砂石厂
84	贵州详务节能建材有限公司	180	龙里县孝学矿业有限公司
85	贵州龙里建荣电子科技有限公司	181	贵州龙里三和建材有限公司
86	贵州嘉丰有机多元复合肥有限责任公司	182	贵州兴谛实业发展有限责任公司
87	龙里红狮水泥有限公司	183	贵州昆泰纸业有限公司
88	龙里红狮混凝土有限公司	184	贵州兰昕泡塑包装有限责任公司
89	贵州睿邦建材有限公司	185	贵州华晨海棉有限公司
90	龙里铁建建筑材料有限责任公司	186	贵州省龙里龙珠泉有限责任公司
91	贵州招商港湾建材有限公司	187	中广核贵州龙里风力发电有限公司
92	贵州鸿申天诚混凝土工程有限公司	188	贵州龙里建业新新能源气体有限公司
93	贵州鸿申建材有限公司	189	贵州省顺鸿卫生用品有限公司
94	贵州长泰源节能建材有限公司	190	贵州龙里贵乌泡沫塑料包装有限责任公司
95	贵州中材环保建材有限公司	191	贵州龙里兴远防火门窗有限责任公司
96	贵州科新应化工贸有限公司	192	贵州东阳纸业有限公司

医药企业

【概况】　2016年末，龙里县医药工业企业共17户，制药企业12户，保健品、医疗器械生产企业各2户，中药饮片生产企业1户；注册药品品种178个、保健食品品种13个；其中中成药制剂126个、化学药制剂52个；178个药品品种中，国家级基本药物6个、贵州省基本药物增补品种29个；贵州瑞和制药有限公司“舒肝宁注射液”、贵州润生制药有限公司“儿脾醒颗粒”、贵州弘康药业有限公司“热淋清胶囊”被评为贵州省名牌产品。其中，10户规模以上企业正常生产，中成药产量1.27万吨，实现工业总产值33.44亿元，同比增长15.3%；完成税收11655万元，同比增长10.0%。

【新产品开发】　2016年9月，贵州润生制药有限公司兼并贵州天方药业有限公司颗粒剂、片剂两条生产线，药品品种有富马酸亚铁颗粒、杜仲颗粒、补肾强身片、溶菌霉含片等6个。贵州瑞和制药有限公司与医药院校、科研单位合作，对现有药品品种剂型进行改良、进行治疗范围拓展试验，年度申报发明专利15项。贵州金桥药业有限公司《珊瑚癣净喷雾剂及其制备方法》《复方氯己定达克罗宁乳膏的检测方法》获发明专利授权。贵州弘康药业有限公司联合科研单位对原有花粉祛痒止痛产品进行剂型拓展，申报相关发明专利4项。贵州润生制药有限公司获得《一种儿脾醒颗粒的检测方法》发明专利授权1

项，贵州良济药业有限公司获得《一种中药粉末制备装置》《一种中药粉碎筛分装置》等发明专利授权6项。

贵州华安堂药业有限公司对原有前列舒乐制剂附桂骨痛制剂进行治疗范围拓展，申报相关发明专利6项。

【技术改造项目】 2016年6月，贵州瑞和制药有限公司投资3975.25万元实施的综合固体制剂车间技改项目完成，建成胶囊剂、片剂、散剂、颗粒剂4条生产线，同年7月综合固体制剂车间通过2010年修订药品GMP认证并投产；在技术改造中加强对粉尘收集、原料传送等关键技术的研究，获得4项实用新型专利。贵州弘康药业有限公司中药材处理和提取车间技改项目完成项目用地、规划、建设、消防等手续办理和生产相关设备订购，项目基建工程将于2017年2月启动并在6月竣工。

【贵州瑞和制药有限公司龙里药厂】 位于龙里高新技术产业园区，是专门从事中西药研究、开发、生产、销售一体化的省级高新技术企业；公司拥有发明专利2项、实用新型专利10项，现有药品批准文号7个、国家基本药物品种3个，其中“舒肝宁注射液”“川参通注射液”为全国独家品种；“舒肝宁注射液”获得国家制备工艺和处方双重专利保护，并在全国28个省、市、自治区销售；公司现处于飞速发展期，2013年、2014年、2015年产值先后迈上3.5亿元、4.5亿元、4.53亿元台阶，2016年生产舒肝宁注射液2100万支，实现产值5.62亿元、纳税4513万元。

【贵州神奇药业有限公司龙里分厂】 位于龙里县谷脚工业园区，是贵州神奇药业有限公司主要的医药产品生产基地，设有中药前处理、原料药、颗粒剂、胶囊剂、糖浆剂、煎膏剂、头孢制剂、片剂、喷雾剂、膜剂（激素）、滴丸剂、软胶囊剂等药品生产车间，所有生产线均通过新版药品GMP认证；公司在药品制备检测方面拥有10项发明专利，4种中成药列入国家基本药物目录、24种药品产品列入贵州省基本药物目录增补品种，“枇杷止咳冲剂”“感冒炎咳灵糖浆”“枇杷止咳胶囊”为国家中药保护品种，枇杷止咳胶囊、强力枇杷露、小儿咽扁冲剂、感冒止咳冲剂等4种产品已进入国家医保目录；2016年，企业生产中成药1.14万吨，实现销售收入5.49亿元、纳税1844万元，税收同比下降35.3%。

【贵州金桥药业有限公司龙里新资源部】 隶属贵州神奇集团，是贵州金桥药业有限公司的主要产品生产基地；贵州金桥药业有限公司是贵州神奇集团收购贵阳金桥制药厂并成功改制成立的有限责任公司；新资源部生产8种剂型共27种国药准字号药品，现有9条生产线均已通过国家新版GMP认证，主要产品为丹香葡萄糖滴注液、斑蝥酸钠注射液、珊瑚癣净、洁阴灵洗剂、复方珊瑚姜溶液尿素咪康唑软膏复合制剂等，珊瑚癣净、助消膏、尿素咪康唑软膏、斑蝥酸钠注射液等4种产品已列入贵州省基本药物目录增补品种；2016年，新资源部生产中成药1056吨，完成产值5.22亿元、纳税1459万元，产值、税收分别增长30.3%、16.5%。

【贵州良济药业有限公司】 该公司拥有员工100余名，占地4万多平方米，是一家符合GMP管理规范，以生产中药制剂为主，兼产化学制剂的综合性制药企业；公司现有的硬胶囊剂，软膏剂，颗粒剂，合剂、糖浆剂、喷雾剂生产线均已通过国家新版GMP认证，主要生产“宁心宝胶囊”“乙肝扶正胶囊”“猴耳环消炎胶囊”“罗布麻叶胶囊”“眠安宁颗粒”“利巴韦林颗粒”“生脉饮”“生乳汁”“复方木芙蓉涂鼻膏”“妇肤康喷雾剂”等10种产品；公司罗布麻叶胶囊、妇肤康喷雾剂、复方木芙蓉涂鼻膏等3种产品获得国家发明专利，其中“妇肤康喷雾剂、复方木芙蓉涂鼻膏为全国独家品种（苗药）并获得20年专利保护，生脉饮为国家基本药物品种，妇肤康喷雾剂、复方木芙蓉涂鼻膏列为贵州省基本药物目录增补品种；2016年公司生产中成药53吨，实现销售收入2.58亿元、纳税1393万元，销售收入、税收分别增长8.7%、63.3%。

【贵州富华药业有限责任公司】 为珠海经

济特区富华集团股份有限公司旗下企业，位于龙里县谷脚工业园区，占地面积41200平方米，现拥有颗粒剂、胶囊剂、片剂及丸剂等4个剂型共15种药品生产线；公司拥有4项发明专利、国家基本药物品种1个、贵州省基本药物目录增补品种2个，骨松宝颗粒、骨松宝胶囊属全国独家生产的国家中药保护品种并已进入国家医保目录；2016年公司生产中成药172吨，完成产值2.23亿元、纳税904万元，产值、税收分别增长10.6%、24.4%。

【贵州润生制药有限公司】 是集中成药生产、研发、销售为一体的现代化制药企业，拥有技术先进的片剂、颗粒剂、外用洗剂和外用涂膜剂四种剂型的GMP生产线并全部通过新版GMP认证；公司拥有安神足液、六味消痔片、四季草颗粒、儿脾醒颗粒、金果榄涂膜剂等5个全国独家品种，儿脾醒颗粒、四季草颗粒、金果榄涂膜剂等3种产品列入贵州省基本药物目录增补品种，四季草颗粒进入国家医保目录；2016年公司完成对山西迈迪制药有限公司的控股，实现销售收入1.20亿元、纳税329万元，销售收入、税收分别增长18.5%、-48.1%。

【贵州弘康药业有限公司】 位于龙里高新技术产业园区，2014年8月通过新版GMP认证，公司的"百慈"商标被评为"贵州省著名商标"；公司获得发明专利4项、实用新型专利3项，"哮喘片等26个贵州中药、民族药质量标准研究"获得贵州省科学技术进步奖三等奖，"麦味地黄口服制剂的制备方法"获得黔南州科学技术进步奖三等奖；公司主要生产热淋清胶囊、花粉祛痒止痛酊、痛经宁胶囊、麦味地黄胶囊等4种中成药，其中热淋清胶囊、花粉祛痒止痛酊为贵州省基本药物目录增补品种；2016年公司生产中成药50吨，实现销售收入3.04亿元、纳税614万元，销售收入、税收分别增长9.6%、40.2%。

【贵州华安堂药业有限公司】 前身为贵州关德兴宝芝林药业有限公司，为经贵州省认定的高新技术企业，公司现有颗粒剂、胶囊剂、片剂各2个，6个药品品种均已进入国家医保目录，前列舒乐颗粒、附桂骨痛颗粒为贵州省基本药物目录增补品种，其中前列舒乐颗粒是全国独家剂型。

【贵州肾元制药有限公司】 隶属于河南朝歌集团，位于龙里高新技术产业园区，占地面积121006平方米，现有片剂、胶囊剂两条生产线；拥有肾元胶囊、乙酰螺旋霉素片、复方磺胺甲恶唑片、阿莫西林胶囊、盐酸环丙沙星片、诺氟沙星胶囊、头孢氨苄胶囊、利福平胶囊等8个医药品种，其中肾元胶囊已经获得国家发明专利。

（杨胜炎　罗时习）

商贸服务

综　　述

龙里县按照“大商贸、大物流”的发展思路，牢固树立高标准规划、高标准选商、高标准建设、高标准服务的发展理念，依托双龙农产品集散中心、东方宏基跨境电商产业园、龙铁物流港、西南药都物流园和贵州快递物流园等物流园区，着力将龙里打造成贵州省乃至西南的现代物流基地，被评为“商务部智慧示范物流园区”，成功申报为“贵州快递物流集聚区”，正在申报“省级农商联动示范县”。已引进贵州深国际综合物流港、贵州双龙物流商贸城、东方宏基跨境电商产业园、贵州快递物流园、万豪总部城、西南药都物流园、万科综合物流仓储、龙铁物流、佰分之一摩都商贸城等省、州重点商贸物流项目，20126年总投资达213.01亿元，总占地面积达8760余亩。省政府已同意将“一局两中心（国际邮件互换局、商业快件监管中心和个人物品监管中心）”项目落户龙里，项目建成后将助推县域经济发展，拓展龙里县外向型经济，提升商贸物流产业对外竞争力。

会展业

【概况】2016年，龙里县以产业优势、区位优势为依托，以多种形式的展览、会议及大型赛事等为载体，培育大市场，发展大会战展推进产业化。先后参加广州、北京、贵阳等地黔南州特色商品展，参会企业20家，参展特色商品近百种，突出参展特色商品，特别是刺梨系列产品，展现龙里的民族风情，打造龙里名片。

【广州建州60周年成就展】　2016年1月18日至22日，在广州国际服装展贸中心5号厅举行的黔南州建州60周年成就展上，龙里县恒亦坊系列名酒、卧云谷茶、巴江农民画、印苗刺绣、清水江腊肉、富硒米、豆制品、邓氏辣子鸡和刺梨系列产品参展，工作人员穿上少数民族服装，展现龙里少数民族风情，展会取得圆满成功。

【2016年贵州年货节】　2016年1月17日至2016年1月24日，组织企业和商品参加2016年贵州年货节暨贵州特色商品展示交易会，分别赴北京和贵阳两地，北京展会7天，贵阳展会10天，参展产品来自龙里县新坪种养殖专业合作社、邓氏食品有限责任公司、贵州黔宝食品有限公司和贵州奇昂生物科技有限公司，均是具有龙里代表性的民族特色产品。

【中国山地自行车公开赛（贵州龙里站）特色商品展】　2016年7月16日—7月17日，中国山地自行车公开赛（贵州龙里站）特色商品展在龙里县谷脚镇茶香自行车主题公园举行，龙里县贵州龙缘盛豆业有限公司、贵州龙里县邓氏食品有限责任公司、贵源食品有限公司、黔宝食品有限公司和奇昂生物科技有限公司等家企业参展。

超　　市

【概况】　2016年，龙里县共有大型超市三家，分别是北京华联、世纪华联和纪龙超市，中小型超市若干，商品种类涵盖食品、百货、水果蔬菜、服装和金银饰品等生活必需品，县城超市销售单品2万多个，种类齐全。

【北京华联】　贵州华联综合超市有限公司龙里分公司成立于2015年5月26日，全店营业面积为3000平方米，从业人数近60人。2016年该店全年营业额约为1400万元，商场4个冷库，5个冻库，水箱8个，热柜3个，冷柜2个，制冷展示柜，5个都是用于低温商品的冷藏和冷冻，北京华联超市是目前龙里产品最多，种类最齐全的超市。

【世纪华联购物广场】　该购物广场成立于2010年8月，从业人员80余人，营业面积约3000平方米。2016年营运收入4000万元左右，全商场商品种类包括食品、百货、水果蔬菜、服装和金银饰品等，共有单品2万多个。

【龙城国际购物广场】　该项目商住楼已建成并投入使用，内设有购物中心、餐饮中心、休闲保健中心、影院、娱乐场所等相关设施，能够满足辖区内及周边居民生活消费需求。

物流业

【概况】　龙里县以商贸、物流为龙头，以快递服务、电子商务为依托，大力发展园中园、产业带，将龙里打造成为“全省现代服务业集聚区”。贵龙大道建成，加速龙里县与贵阳的同城化，综合公路交通运输网基本建成；长昆高铁贵州段建成使用，加快龙里与东部发达城市实现无缝连接，促进全县物流业的发展。

【贵州快递物流集聚区】　龙里贵州快递物流园，规划面积2200亩，计划总投资约57亿元，2016年完成投资25亿元。已签约入驻申通快递、中通快递、圆通快递、百世汇通、乡飞快递、天天快递、邮政EMS、黔峰物流（星程宅配）、万科物流、一均物流、新地物流、贵海冷链物流、丰树物流等20余家快递物流企业。中通快递、申通快递、天天快递、百世汇通、圆通快递、黔峰物流、乡飞快递、天地华宇、中铁物流（天成物流）、中国远洋物流、安能物流等11家快递物流企业已建成投入运营，园区日均吞吐快件量已达130万票以上，园区内就业人数达3100人，2016年产值达20亿元以上。唯品会、邮政EMS、一均物流、福耀物流、深国际物流港、新地物流、丰树物流和贵海冷链等10余家快递物流项目，以及园区总部基地、加油站等配套设施正在快速推进建设。

根据《黔南州机构编制委员会办公室关于设立贵州快递物流集聚区管理委员会的批复》，2016年4月设立贵州快递物流集聚区管理委员会，为贵州龙里经济开发区管理委员会管理的正科级公益一类事业单位，设主任（正科级）1名，副主任（副科级）2名。内设3个科室：办公室、城市建设管理科、企业服务科。内设机构领导职数为办公室主任1名、副主任1名，科长2名。2016年在编14人，借出3人，调出1人，在编在岗10人，借入2人，临时聘用4人，在岗人员共计16人。

2016年，根据县委、县政府全面部署和总体安排，贵州快递物流集聚区管委会按照“一个坚持、四个突出”的总体工作思路，突出“三条”主线，坚持“三为”工作导向，坚守“两条底线”，切实推进“四个全面”，积极履职，强化综合管理协调服务，全力抓区域交通道路及公共服务等配套基础设施建设完善，抓区域重大工程项目综合管理服务，助推贵州快递物流集聚区快速开发建设。

园区交通路网建设。到2016年12月底，快递物流集聚区新建成3条交通道路，形成县城、集聚区与贵阳市之间的快速高效链接，并与贵新高速（龙里西）及区域各重大项目及快递物流园内部道路形成有效连接，区域路网进一步联通完善。贵龙大道及纵线路灯照明及监控等附属工程、香樟岩立交工程已实施完成并投入使用，并与新建成的集聚区纵三路及龙里新高中顺接；启动并完成横五路、横六路道路工程建设；加快推进集聚区厦蓉高速郭关互通与贵龙大道连接线工程建设，完成跨贵龙大道盖板桥及辅道主体施工；协助贵龙集团启动并完成集聚区纵三路建设；协助启动贵龙纵线二期工程建设；启动快递物流园一号路西沿线及东环线可研编制，并启动实施完成快递物流园一号路与贵龙纵线丁字交叉工程；配合推进双龙航空港经济区建设大道龙里县段工程建设。

园区配套公用设施建设。2016 年，贵州快递物流集聚区管委会协调多方面全力抓好区域配套基础设施建设。完成王关综合安置区一期及二期配套附属设施建设，并移交拆迁群众入住；协助贵龙集团启动王关安置区三期及配套幼儿园和小学工程建设，预计 2017 年建成投入使用；组织启动实施并完成继望变电站至快递物流集聚区 10 千伏电缆入地工程，投入使用后将有效解决中铁生态城、深高速、万豪总部城、双龙物流商贸城及快递物流园等区域永久用电；协调通讯运营商进一步完善集聚区部分重要板块的移动通信信号覆盖；完成整个集聚区交通路网导视指示牌等设施，确保运行通畅；启动实施快递物流园三期排水工程前期工作；对接协调中铁生态城贵龙港项目单位与县政府签订区域部分教育用地的置换协议，解决了贵龙小学扩建及幼儿园新建所需设用地；委托施工单位完成关于王关污水处理厂大干沟污水处理站污水管网接驳，确保该片区污水处理站正常投行；协助相关部门加快推进龙里新高中项目建设。

园区重点项目建设。2016 年，集聚区商贸物流项目建设快速推进。其中，双龙物流商贸城一期农副产品集散中心水果交易中心及冷链仓储和食宿等均已建成完善，已于 12 月 10 日正式开业运营。万豪总部城一期项目基本建成并拟于 2017 年上半年正式开业运营。快递物流园区已入驻 11 家快递企业和 14 家物流企业，其中申通、中通、圆通、百世、天天、黔峰、东骏快捷、安能等 8 家快递企业和鸿通物流、万科物流、天地华宇、中铁物流、中国远洋物流、郑明冷链物流等 6 家物流企业已建成运营。邮政 EMS、乡飞物流、一均物流、万科物流二期等快递物流企业正在抓紧推进建设。同时，另有深国际西南综合港、新地物流、新加坡淡马锡丰树物流、贵海冷链物流等快递物流企业在今年陆续签约入驻并动工建设。现园区日均快件吞吐量已达 130 万票以上，已解决就业人数 3900 人左右（是龙里县精准扶贫就业示范点）。贵龙港、百分之一摩都 O2O 商业综合体等商贸及电商综合体项目建设正快速推进。深高速西南综合物流港项目启动施工，完成场平工程约 40% 左右。

休闲旅游区域建设。2016 年，贵州快递物流集聚区管委会加快推进经济带区域内中铁国际旅游体育休闲度假中心项目和深高速茵特拉根小镇等主要休闲度假旅游项目建设，以发展旅游体育休闲度假产业集聚人流、物流、信息流和资金流。其中，中铁国际旅游体育休闲度假中心已初步具备精品景区功能，白晶运动休闲及度假宜居板块已初步成型；配套安娜塔拉酒店全面建成并开业运营；悦龙国际城区域 O2O 商业综合体（摩都）及恒丰商业（贵龙港）等电商旅游购物项目正在进行产品及基础施工，碧桂园天麓一号一期项目基本建成；太阳谷养生板块一期养老公寓基本建成，并启动了康养医院建设；云栖谷双龙镇一期已建成并正常运营，二期工程正在快速推进；巫山峡谷公园一期已建成并将于春节前全面开发。深高速茵特拉根小镇旅游度假宜居项目一期工程全面建成并对外开放，二期工程正在进行主体施工。

园区固投及招商引资。截至 2016 年底，贵州快递物流集聚区管委会共有 42 个项目在库，其中亿元项目 32 个，五千万以上亿元以下项目 10 个，本年新增入库项目 18 个，计划总投资 213.15 亿元，2016 年完成投资 61.07 亿元。2016 年快递物流集聚区共引进项目 7 个，分别为深国际・贵州综合物流港、贵州现代设施农业、农机电商产业园（二期）、淡马锡丰树贵州综合物流园项目、新地物流贵州龙里电子商务园建设项目、中通快递贵州分拨中心二期工程项目、贵海冷链仓储物流港建设项目、贵州联进仓储物流项目，计划总投资 15.2 亿元。

（罗　霞）

【贵州双龙物流商贸城】 贵州双龙现代服务业聚集区贵州双龙农副产品集散中心，紧邻兰海高速龙里西站，距离龙洞堡国际机场仅 15 分钟车程，距离贵阳市中心仅 15 公里 20 分钟车程。项目位于双龙航空港经济区核心区，远远低于同类农产品市场距市中心的平均距离，具有得天独厚的交通、区位和产业优势。贵州双龙农副产品集散中心总占地面积约 1000 亩，分两期开发。一期开发约 33 万平方米，各类经营商户约 1000 多户，其中水果经营户约 400 多个店面，蔬菜约

147户，配套停车位970个，市场主要经营进口水果和贵州省内农副产品。项目规划总占地面积约1000亩，总投资约32.7亿元，建筑面积约100万平方米。主要规划建设双龙物流商贸城、信息物流公路港、农副产品集散中心、商务和居住区，即“一城、三区”。2016年12月，一期项目水果交易市场建成并投入运营，共有经营户400多家，经营水果种类150余种，二期蔬菜批发市场正在建设中。

【东方宏基跨境电商产业园】 项目位于贵新高速龙里站出口处，占地403亩，建筑面积36万平方米，项目总投资20亿元，是集展示交易、国际商贸、融资平台、电子商务、信息技术、仓储物流于一体的大型电商产业园，立足于打造西南地区最大最专业的电商交易市场。项目业主单位正在启动跨境电商贸易和“双创”基地建设项目。至2016年底，项目A区建设基本完工，A区和B区沿街铺面已投入试运营，C区正在加紧建设。

【深国际·贵州综合物流港】 项目规划总占地约540亩，总投资13.5亿元，总建筑面积约26万平方米。2016年，4号库基础已完成，2号库地基开挖完成，垫层浇筑完成，3号库基础完成50%，1号库地基开挖，完成雨污水管道工程，实施消防栓建设施工，横五路永久围墙完成60%。

【龙铁物流园项目】 该项目位于龙里县城草原路旁，紧邻龙里火车站，距西南地区最大的铁路枢纽编组站贵阳南站仅25公里，规划占地2000亩，总投资20亿元，设计货运年吞吐量500万吨，获成都铁路局批准为贵州省4个国家级一级物流节点之一。建设内容包括铁路专线、冷链仓储市场、农产品市场、建材市场、增值加工区、机械市场、商品批发市场、电子交易中心等部分。至2016年底完成投资约5.5亿元，办公楼和电子商务中心主体完工。

【万豪总部城】 该项目位于贵龙大道龙里西站出口贵龙纵线王关互通收费站旁，规划占地约1000亩，总投资20亿。该项目是集商贸、物流、仓储、商住、办公、星级酒店等于一体的综合性家居建材总部经济城。截至2016年底，一期主体施工已经完成，外围景观和亮化工程施工基本已完成，正在开展装修工作，预计可于2017年9月开业；二期项目完成主体和封顶施工，进入装修施工阶段。

【佰分之一摩都商贸城】 项目位于贵龙大道与中铁大道交汇处，计划总投资12.3亿元，由商业综合体A栋和B栋、体验中心、商业风情街和星级精品酒店5个部分组成。项目以“科技－艺术－生态”的极简主义哲学为蓝本进行科学规划，建成后建筑规划为生态型购物公园。项目整合互联网技术和资源，为实体经营者、商家和消费者搭建一个开放的O2O电子商务集中购物平台。截至2016年底，完成近3亿元投资，商业体验中心和商业风情街主体已完成，商业综合体和酒店正在施工阶段。

【苗都医药产业园】 苗都现代医药产业园位于县城，占地约200亩，包含12万平方米的中药材仓库、中药材交易中心等现代医药物流产业。目前该项目已经贵州省药监局批准，将建设全省第一个现代医药仓库和冷链物流体系，支撑全省每年数百亿的医药流通交易，成为贵州省现代医药物流龙头。

【万科综合物流仓储项目】 万科综合物流仓储项目位于龙里贵龙城市经济带，由贵阳万科房地产有限公司投资建设，项目投资计划总额为1.5亿元，其中一期计划投资总额3亿元，二期投资总额7.5亿元，项目总占地面积约为500亩，其中一期建设用地200亩，二期建设用地300亩综合地价18万元/亩，一期建设期限为24个月。万科综合物流仓储项目的建设主要是整合万科上下游资源，并联合知名电商、全国物流行业知名企业，打造辐射西南物流仓储中心。

【贵州省快递物流枢纽中心园区】 贵州省快递物流枢纽中心园区是由EMS、韵达快递、圆通快递、中通快递、天天快递、申通快递、星程宅配、乡飞快递等快递公司组成的快递物流园区，主要依托龙里县是“东出三湘南下两广”的要津的交通区位优势，定位为以快件分拣作业、快速转运功能为核心，仓储、配送等增值服务为补充，以停车、食宿等其他生产服务功能为辅助的大型快递枢纽转运中心，同时为当地企业提供速递物流配套服务，承担整个西南区域的速递物流集散功能。该园区占地约560亩，总投资约7.5亿元，项目建成后将是名副其实的贵州省乃至西南地区最大的快递物流枢纽，不仅对龙里县经济发展产生较大影响，带动地区内物流产业的发展，吸引域内外产业集聚，从而带动龙里县的整体发展。更将成为城市经济的重要组成部分。

【电子商务建设】 建成集展示、培训、孵化、配送等功能于一体的县级电子商务运营服务中心1个，建设跨境电商产业园1个。以快递物流园建设为依托，完成仓配一体化项目建设，已有40余种产品入驻；建成县级快递物流配送中心1个，依托阿里巴巴菜鸟物流全县快递物流配送覆盖率达80%，到达65个行政村，阿里巴巴菜鸟物流确保24小时内完成县仓储中心到村级网点配送。2017年第一季度电子商务交易额完成1.65亿元；网络零售额815万余元。开展电商专题培训5期；开展电商实操专题培训250余人次，培训内容主要针对店铺后期运营管理、图文编辑、图像后期处理等，培训带动50余人直接或间接就业。

餐饮业

【概况】 2016年，龙里县餐饮业不断突出自身特色，展示龙里饮食文化。“辣子鸡”于2005年被贵州美食协会授予黔南十大名菜荣誉称号，其原料选用农家天然优质放养三黄鸡，配以辣椒、姜、葱、蒜、味精等调配而成，属纯天然食品，色、香、味俱全，肉质嫩脆、香辣可口；龙里大草原烤全羊选用天然放养的黑山羊，经过腌制、涂以特制香料、炭火慢烤等多道工序的深加工精制而成，具有传统蒙古特色的美食风味；龙里野生菌火锅汤底由筒子骨、老鸡、老鸭等熬制而成，再配以各种野生菌煮在火锅里面吃，还可以根据顾客喜好做成炒菜，汤鲜美清爽而不腻，适合调和清胃之选。

【重要创新活动】 2016年6月，组织县福源农家乐、万寿古寨等餐饮参加黔南布依族苗族自治州第三届美食烹饪技术大赛。

【批发零售和住宿餐饮业】 2016年全县社会消费品零售总额完成16.53亿元，增速14.1%，增长速度在历史上首次位居全省第一位。截至2016年底，我县限额以上批发零售和住宿餐饮规模企业共54家，其中批发零售业有29家，住宿餐饮有25家。

【对外经济贸易】 2015年，全县实现进出口1189万美元，2016年实现233万美元。

（商贸物流局）

副食及特色食品业

【概况】 2016年，龙里县食品行业地域特色明显主要体现在啤酒、白酒、刺梨汁、豆制品、辣椒、矿泉水等方面。2016年全县特色食品规模以上企业完成工业总产值达10.38亿元，较上年同期增长21.20%。新增贵州恒力源天然生物科技有限公司入规模企业，特色食品规模企业达到7家。2016年邓氏食品获授“贵州省著名商标”“贵州省名牌产品”称号；黔宝食品、邓氏食品获黔南十大名优产品称号。

【华润雪花啤酒（黔南）有限公司】 位于黔南州龙里县水桥村。其隶属于华润雪花啤酒贵州区域公司，是华润雪花啤酒（中国）有限公司旗下企业，主要生产雪花系列品牌啤酒。黔南公司于2011年3月成立，投资1.4亿元进行改扩建，现已建成两条生产线，是贵州省规模最大、设备最先进的啤酒生产企业。2016年该厂将搬迁至位于龙里高新技术产业区内，规划用地面积约300亩。该项目按规划年产60万千升啤酒规模分二期进行建设，其中一期计划投资82017万元，生产规模40万千升每年，预计于2017年建成投产。

【贵州龙缘盛豆业有限公司】 成立于2013年1月，注册资金1000万元，占地面积23亩。“芳馨豆园”品牌豆制品是省内规模最大、品种最全、销售网点最多、品牌影响力最强（知名商标）、首家获得QS证的行业领军型豆制品企业。公司是农业产业化和省级扶贫龙头企业、放心豆制品生产基地，与贵州大学“发酵工程和生物制药重点实验室”签订合作协议，建立起放心豆制品产业化研发中心，并与贵州农科院油料研究所建立产研关系，开发黔豆种植基地建设，利用本地地理资源优势，发展黔豆套种，2013年黔豆种植基地面积达到25000亩。公司于2014年08月25日，在上海证券交易所股权托管交易中心成功挂牌（代码：201527）。公司拥有国内一流豆制品生产线6条，目前实际日处理大豆原料10—20吨，生产各种豆制品50余种，已在贵阳市中心城区及黔南地区各农贸市场设经销点70余个，并在“北京华联”“沃尔玛”“星力百货”“永辉超市”等大型连锁超市及“宾隆连锁”“合力连锁”等中小型连锁超市设专柜销售，同时为“老干妈”“刘老四”“黔五福”等大型食品加工企业进行配套生产，为“中烟贵州公司”“监狱系统”等大型食堂提供产品。

【贵州龙里邓氏食品有限责任公司】 成立于2008年3月，注册资金510万元，位于贵州龙里高新技术产业园区，主要经营“龙哩邓氏”特色辣子鸡、调味品、肉制品等产品的加工和销售。经过几年的努力，2016年发展成为拥有占地20亩的生产基地，30亩的生鸡养殖基地并拥有两家“龙哩邓氏”辣子鸡火锅直营店及十多家加盟店，形成以食品、餐饮为主打的综合型发展态势。有企业员工人数120余人，解决返乡农民工40余人，下岗失业人员30余人，待业青年50余人。

【贵州恒力源天然生物科技有限公司】 属贵州恒力源集团旗下全资子公司，该公司刺梨项目建设地址，位于龙里县高新技术产业园，建筑面积30000平方米。公司于2015年开始筹建刺梨项目，2016年5月正式注册，主要业务涉及：刺梨科研、种苗、标准化种植基地建设、生产、销售等。计划投资2.5亿元，引进国内外最先进的“10T/H刺梨榨汁生产线”，并已建成国内最具规模化、标准化的刺梨深加工自动化流水线。同时，还匹配“屋顶盒包装线、易拉罐生产线、PET生产线、铝瓶生产线和口服液生产线”等设备；可生产“刺梨浓缩汁、刺梨原浆、刺梨饮料、功能性饮料、保健品、刺梨茶、刺梨精粉、刺梨含片及刺梨口服液”等系列产品。

【新产品开发】 2016年贵州恒力源天然生物科技有限公司开发的新产品：冠生堂100%刺梨原榨果汁、冠生堂浓缩刺梨汁、维希π刺梨饮料；贵州龙缘盛豆业有限公司开发的新产品：葛根豆腐、火锅豆腐、香辣卤丝、香辣豆干。

【技术改造项目】 2016年技术改造项目有：贵州龙缘盛豆业有限公司“特色休闲豆干系列产品”标准化生产线建设项目；贵州黔宝食品有限公司年产100吨刺梨系列产品生产线扩建项目；华润雪花啤酒（黔南）有限公司年产60万千升啤酒异地搬迁项目。

（李　兵）

【特色商业街建设】 商业步行街。县城正大街、青龙路、腾龙路，经过多年的自由商业模式发展，已初步形成商业步行街，汇集意尔康、花花公子、爱登宝、红蜻蜓、361°、蒙纳丽沙等多个品牌经营店。

小吃一条街。根据县城区发展需求，通过规范整顿后，已初步打造县城铁龙路夜市一条街，汇集几十家小吃商户，口味众多，品类齐全，满足城镇居民夜生活消费需求。

厉家庄农家乐一条街。为游客提供民族特色餐饮，厉家庄农家乐有近20家农家乐，经营各种民族特色餐饮服务，年产值约达400万元。

【农村市场体系建设】 龙里县谷脚镇、湾滩镇、洗马镇、醒狮镇、龙山镇、冠山街道办新建和改造农副产品交易市场，并结合各镇（办）经济发展现状，设立生活日用品购物中心和农资产品直销店，逐步提升农村商贸业态，增强服务功能，提高消费品质。

日用品配送中心。冠山街道办、洗马镇已有日用品配送中心。以县城兴隆综合经营部为代表的日用品经营中心，已和全县各镇（街道）商户建立合作框架模式，长期为各经营店提供日用商品供货服务。

农贸市场。全县各镇（街道）现有农贸市场12个投入运营，新建谷脚农贸市场和洗马农贸市场，为农产品交易拓展销售渠道，满足城镇居民日常生活需求。

农资市场。县全县各镇（街道）设置有近百家农资商品（农药、化肥、种子）销售店。

【商业网点建设】 家电专卖市场。龙里县城区已有马俊家电、荣兴家电、黄箭家电、双龙家电、黄龙家电、三立家电、兄弟家电等具有规模的家电卖场，县家电销售市场日益繁荣，售后服务水平显著提高。

农贸市场建设。县城有3个农贸市场，分别布局于环城路华联农贸市场、教师新村供销农贸市场、药都农贸市场，能够满足县城居民生活消费需求。

购物中心。龙里县有大中型购物中心4家，具体分布于环城路的华联超市、正大街的兴龙超市、火车站的纪龙超市和西关坡处的纪龙购物中心。后有北京华联大型购物中心进驻县龙城国际广场投入运营。

（刘海荣）

烟草专卖

【概况】 2016年，龙里县以“转方式、抢市场、提质量、保规模、增效益”为总体思路，抢抓“两烟”工作，效益稳定增长，经济运行状态良好。全年实现模拟税利1.05亿元，同比增加1477.47万元，增幅达16.39%，实现税收5260.14万元，同比增加479.47万元，增长10%。实现模拟主营业务收入2.76亿元（不含税），同比增加513万元，增长2%；其中烟叶销售收入3602万元（不含税），同比减少414万元、减少10.3%；卷烟销售收入2.4亿元（不含税），同比增加927万元、增长4%。

龙里县烟草专卖局（分公司）有编制人数88人，内设2室5股2组，即综合办公室、烟叶基础设施办公室、专卖管理股、人事监察股、安监股、烟叶股（中心站）、财务股、内管派驻组和卷烟营销组。其中烟叶股（中心站）下设洗马、摆省2条烟叶收购线。

2016年，龙里县烟农专业合作社被中国烟草总公司贵州省公司表彰为全省烟农专业合作社省级示范社；县烟草局被评为贵州烟草商业“精益十佳”2016年度县局（分公司）标兵单位；罗成获2016年“全省打假先进个人”；邬小荷获中国烟草总公司贵州省公司工会“五一巾帼标兵”，获第三届全省专卖管理岗位技能竞赛“优胜选手”。

【烟叶生产】 2016年，全县烤烟种植面积6000亩，其中洗马镇和湾滩河镇各种植3000亩；全年共收购烟叶1.37万担，烟农售烟收入1667万元，户均收入6.44万元，同比增加1.27万元；烟农户均规模23.3亩，同比去年提高5亩，担烟均价1211元，同比提升86元，位列全州第二，高于全省平均水平；上等烟比例51.23%，位列全州第四，同比提升13.45个百分点；等级合格率66.05%，高于全州平均水平。整个烟叶工作实现“一控双稳四提升”和“三个高于”的良好成绩，实现烟农收入和烟叶税收双稳定。

龙里县烟草工作坚持把烟叶生产作为烟草行业持续健康发展的根基，把中央“三农”工作要求作为现代烟草农业的发展方针，不断提升现代烟草农业建设水平。通过“立课题、优流程、勇开拓”，先后创新出“烟株定点计数器”、烘烤“取电卡”“精准手推式匀量施肥车”等烟叶生产技术。同时，以土地流转为切入点，由龙里县烟草专卖局金叶合作社出资2万余元购买豆种，引导烟农利用“烟厢余肥”种植棒豆230余亩，并通过微信、农村淘宝等平台扩大销售渠道，产值达5.75万元，亩均增收250元。

【打假打私】 2016年，通过运用APCD工作方法，转变市场监管模式，精准查找涉烟案件58起，移送市场监管局31起，移送公安部门8

起。查获涉案卷烟227.1万支（其中假冒卷烟7.46万支），涉烟案件金额107.07万元，其中5万元以上案件8起，“双30”案件2起，省局标准网络案件1起，刑事拘留3人，批准逮捕1人。完成全年36万元市场案值考核指标的297.4%，完成全年5万元案件考核指标的300%，成为第一个率先完成全州市场案值及全州假烟考核任务的单位。

【卷烟销售】 2016年全县实现卷烟销售9242.94箱，占计划量的100.14%，较2015年增加89.2箱，增幅为0.97%；单箱均价3.04万元，同比增加881.13元，增幅为2.99%；销售收入2.8亿元，较去年同期增加1000余万元，增幅为3.7%；单箱均价绝对值在全州排名第三，卷烟经营毛利率达27.8%；实现网上订货率100%、网上配货率3%、网上结算率30%的既定目标。

【烟草专卖管理】 2016年，全县共受理零售许可申请82起、准予46起、不予35起、审查中1起，注销54户，恢复营业2户，停业4户，未发生因违反相关规定办理零售许可证的行政复议。

在全省的案卷评查中，龙里案卷评查以98.28分名列全省第一；真品卷烟非法流通专项治理成效明显，累计查获非法流通219.452万支，同比增长365.4%，全年查获数量在全州排名第一，真品卷烟外流0.962万支，流出量在全州排名呈下降趋势。

（宋宜航　王　欢）

盐　业

【概况】 2016年，龙里盐业工作坚持依法行政，对全县辖区的食盐销售检查及访销，推广绿色低钠盐、钙盐、竹盐。开展食盐专项整治，加强市场管理，提高服务质量，随时跟踪检查及与零售户沟通，及时掌握市场动态，优化销售结构，着力整顿和规范食盐市场秩序，确保食盐供应和市场稳定，为龙里县人民群众安全用盐保驾护航。

2016年，购进盐1292吨，其中食盐1142吨，其中食品加工盐247吨，小袋盐895吨，工业盐150吨。总销售盐为1250吨，其中：食用盐1123吨。工业盐129吨，食品加工盐219吨。全年库存500克深井盐78吨，钙盐2吨，食品加工盐28吨，工业盐34吨。

【“新消费、我做主”宣传】 2016年3月13日，龙里支局会同工商、消协、物价、质检等部门，在县城东门集贸市场开展宣传活动，设置咨询台，宣传相关盐业法律、法规及如何鉴别真假食盐，引导“少吃盐、吃好盐”的消费观念，倡导科学用盐新理念，推广绿色健康低钠盐等食盐产品。发放宣传资料200份，接受现场咨询20余次。15日－17日，公司开展“3·15”走进农村活动，对全县乡镇进行访销和宣传，特别针对边远、销量低的摆主、摆省、巴江进行零距离宣传，宣传盐业法律、法规和碘缺乏病防治知识，提高群众食用合格碘盐和抵制私盐和劣质盐危害的意识。

【专项治理行动】 为整顿和规范全县食盐市场秩序，保障食盐安全，开展打击制贩假盐专项治理行动。龙里盐务支局联合县发改局、工信局、市场监管局、公安局等分别对全县辖区内各食盐零售点、各食品加工企业、工业用盐户和餐饮服务业用盐情况进行检查，重在打击用工业盐、非食用盐冒充食用盐的违法行为，禁止无碘盐、劣质盐冲销食盐市场。对饲料添加剂氯化钠经营商埔的检查，了解经营单位注册情况及经营手续。对学校、机关食堂抽查，学校进货由罗甸县金阳农产品配送有限公司龙里分公司配送，机关食堂在食盐货源都是从县盐业公司进货。通过治理，未发现食盐市场上制售私盐、非食用盐、非碘盐和用工业盐、非碘盐、劣质盐假冒小包装食盐的违法行为。

（贵州省盐务管理局龙里支局）

中国石化龙里石油分公司

【概况】 2016年，中石化龙里县石油公司围绕上级公司“争创世界一流能源重化工企业”

的精神，加强内部管理，深入开展“比、学、赶、帮、超”主题活动、优质服务月活动、“争创一流，员工大整顿、大讨论”及“学镇海、学李安喜”活动，做大做强单站销量，加强与地方各行业、部门联系。

【石油销售】 全年计划销售3.67万吨，实际完成3.9万吨（同比增幅27.4%），完成率106.6%。其中：零售计划3.54万吨，实际完成3.83万吨（同比增幅27.7%），完成率101.1%；直销计划1200吨，实际完成676吨，完成率56.3%。

（中石化龙里县石油公司）

粮油购销

【概况】 2010年，龙里县机构改革撤销县粮食局并入县发改局，设立粮食流通管理科，履行粮食行政管理部门职能职责。龙里军粮供应站，负责驻军部队军粮供应。县发改局下属企业龙里县粮油购销有限责任公司，2016年已划并入腾龙集团，成为腾龙集团子公司。

【粮油收购】 2016年，全县收购油菜籽395吨；秋粮收购稻谷1131吨（其中：国有企业685吨）。

【粮油储备】 完成上级下达县级储备粮稻谷3500吨、菜油200吨、大米200吨存储工作。完成省级小麦2.5万吨代储。

【粮油加工】 建立4个应急加工厂，确保突发事件发生时粮食应急供应。

【粮油供应】 龙里县粮油购销公司建立有14个应急供应网点，确保应急时粮油供应；办有“粮油收购许可证”粮油经营户35户（包括国有企业、超市、个体经营者），保证市场粮油正常供应。

【放心食品工程】 全县建立15个放心粮油经销店和1个配送中心，保证市场供应粮油质量放心、安全。

【粮油产业化经营】 与农村合作社签订农业订单种植3.8万亩合同，完成上级下达的指标任务。

【重点粮油企业】 龙里县粮油购销有限责任公司（国有粮食企业）。

（罗　芬）

供销合作

【概况】 2016年，龙里县供销联社制定《关于贯彻落实中央、省深化供销合作社综合改革实施方案》经县政府同意印发，扎实开展深化改革工作并取得成效。贵州省农业经营体制机制改革专题组报道龙里深化供销合作社改革措施的做法，贵州省供销社领导批示并转发全省各县市供销社借鉴。

2016年，龙里县供销社内设综合科（办公室）、电子商务招商科、电子商务规划科、政策法规科、财务审计科五个机构，下属事业单位；社有资产管理办公室为下属事业单位。供销系统有6个基层供销社：冠山街道供销合作社、谷脚镇供销社、醒狮镇供销社、湾滩河镇供销社、洗马镇供销社、龙山镇供销社；社属企业4个：贵州龙里县日杂副食公司、贵州龙里恒丰农资贸易有限责任公司、贵州云起龙驿电子商务有限公司、龙里县供销社资产管理开发有限公司；1个行业协会：龙里县湾滩河镇甲摆蔬菜协会；11个专业合作社：龙里新星果园专业合作社、龙里县兴莲蔬菜专业合作社、龙里县小草帽蔬菜配送专业合作社、龙里县云邑清茗茶叶种植专业合作社、龙里县旭升联益种养殖专业合作社、龙里县恒旭种养殖专业合作社、龙里县绿资果蔬种植专业合作社、龙里县盘脚兴农种养殖专业合作社、龙里县龙滩种养殖专业合作社、龙里县新农人农机专业合作社、龙里县强民生态刺梨专业合作社；2家社区综合服务社：醒狮镇醒狮社区农村综合服务社、冠山街道冠山社区综合服务社；2家庄稼医院：冠山街道冠山社区庄稼医院、醒狮镇元宝村庄稼医院。

【供销业务】 2016年，全县商品销售总额完成8656万元，占年度任务数的124%；利润总额86万元，占年度任务的124%；所有者权益1496万元，占年度任务的104%；农资供应量13510吨，占年度任务的114%；新增庄稼医院2家，农民专业合作社11家，带动农户脱贫89户资产总额7197万元，占年度任务的117%；上缴安全统互助统筹金8000元，占年度任务数的114%；实现基层营业收入2813万元，利润总额30万元，资产总额1626万元，分别占年度任务数的199%、120%、110%. 全年化肥供应1.35万吨，完成任务数1.18万吨的114.49%。

【电子商务及农村网络建设】 2016年拟定《龙里县电子商务三年行动计划》，确定2016—2018年电商办的工作目标。实现农特产品电子商务销售额2083万元，占年度任务数的189%，农村电商占销售总额比重15.8%，占年度任务数的351%。

2016年建成农村电子商务服务中心1个，农村电商服务站点62个，积极与各大电商平台合作，打造“网上供销社”。农村日用消费品现代经营网络。在全县81个村社区建立电子商务便民综合服务站，建成62个，覆盖率76.5%，真正做到“购物不出村，办事不出门”，实现网络交易额1.6亿元，农特产品上行交易额2083万元。培育电商主体。全年共启动电商培训30余期，共培训1万余人次，涌现出一批草根电商创业人员。推进农产品“进城”。梳理开发出农特产品、民俗手工艺品等产品51大类近160种产品，上线销售109种；建立龙里县综合性产品区域公用品牌——“云起龙驿”，将醒狮豆腐、刺梨饮料等8个本地产品纳入“云起龙驿”品牌体系，全年农特产品电子商务销售额2083万余元。强化电商扶贫。将电子商务与精准扶贫有机结合，建立“一个县领导带帮一个电商上行主体；一个部门围绕电商发展解决产品上行存在的困难；一个乡镇定出一个可支撑农产品上行的项目（产品）并给予资金、场地以及其他方面的支持；一个村找出一个以上青年电商创业领头人”的“四个一”电商扶贫机制。2016年帮助贫困户培育网店6家，带动100余户贫困户脱贫。

建成县级快递物流配送中心1个，全县快递物流配送覆盖率达80%，结合菜鸟物流，解决县到乡“最后一公里”送货难问题。与中通达成仓配一体化项目，在全省首创“仓配一体”中心，奠定了“黔货出山”基础。与中通达成“4.5+2”（即首重3公斤以内4.5元/件，超重每公斤加收2元）的物流运费协议，相比贵州其他地区每件至少优惠3元以上。吸引各地的优秀网货入驻“云起龙驿”区域公用品牌产品体系，助推仓配一体化建设，打造集网货仓储、配送、集散于一体的本地特色电子商务发展模式。

【电商宣传】 2016年龙里县成功举办中国（贵州）“黔货出山”系列活动、全州电子商务发展大会暨项目观摩会、中国（贵州）好网货征集大赛等活动，有200余家国内知名媒体宣传报道，其中中央财经频道、综合频道、新闻频道以及贵州新闻联播等主流媒体多次进行主题报道，宣传范围在全国铺开。

【基层供销体系建设】 恢复基层供销合作社2个，新建3个，实现行政区划调整后镇（街道）基层供销合作社全覆盖。组建贵州云起龙驿电子商务公司和龙里县供销社资产管理开发公司，壮大发展社属企业。大力实施“新网工程”和“万村千乡”市场工程，搭建为农服务平台，2016年改造供销社农资供应农家店40多家，新建“万村千乡”农家店50家，完善农村流通服务网络。

【专业合作社和庄稼医院建设】 2016年领办和引办农民专业合作社11个，庄稼医院2个；探索建立社员股金服务社，2016年6月在县工商部门注册成立股金服务社，并于8月份实现开业运营，为社员、专业合作社等提供便捷的融资渠道。大力推进试点建设。按照供销社+专业合作社+社员股金服务社“三位一体”的新型合作社建设要求，2016年建成“龙山镇供销合作社+小草帽种植专业合作社+股金服务社”新型合作社。

（供销社）

物资管理

【概况】　龙里县物资总公司前身为龙里物资管理局。1994年机构改革后，定名为龙里县物资总公司。于2010年10月组建贵州黔南化轻民爆器材有限责任公司龙里分公司，与龙里县物资总公司实行两块牌子一套人马合署办公，是县内唯一具有购销炸材资质的国有企业。2015年12月3日，县物资总公司、县供排水总公司、县粮油贸易公司及县国有资本运营有限责任公司等13家实体或平台公司共同组建成为贵州腾龙实业集团有限公司。县物资总公司是贵州腾龙实业集团有限公司下属的一个子公司。2016年，龙里县物资总公司内设综合部、财务部、业务部、安全生产部及仓储部五个部门。截至2016年12月31日，在岗职工15人，退休职工10人。县物资总公司有经国家级安全评价机构评定合格的库区和库房，安保实施齐全。

【民爆物资购销】　龙里县物资总公司民爆物品销售，是借用贵州黔南化轻民爆器材有限责任公司民爆销售资质。严格按照贵州省经济和信息化委员会民爆处与安全管理处颁发的“民用爆炸物品销售许可证”许可经营范围开展工作，依法依规进行民爆物品工业炸药、工业雷管的销售。2016年购销各类炸药258吨，雷管8.1万发，实现年销售收入228万元，纯利润16.9万元，交纳职工养老保险、失业保险、工伤保险、生育保险、医疗保险和住房公积金即“五险一金”共计21万元。公司严格执行《民用爆炸物品安全管理条例》，严格按照公安部门民用爆炸物品购买证所批准的项目及数量销售。严格执行销售规程。无转让、买卖、出租许可证行为。

【安全管理】　龙里县物资总公司有通过安全评审和设施齐全的炸药库区，库房建设符合国家对民爆物品储存库房的要求。2016年，公司严格执行《中华人民共和国民爆物品管理条例》的相关规定。炸药库设有远程监控1套、防雷设备1套；建立消防水池1个（216立方米），配备干粉灭火器8个、消防水泵2台、消防带400米和消防锹4把；安装电子围栏入侵报警系统1套及巡更系统1套。实施人防、技防、物防和犬防相结合的安保措施。坚持经常性、长期性对消防安保系统的管理和设施维护，确保系统正常运转、设施随时正常使用。年初与相关人员签订各项安全责任书，坚持每周五的安全例会制度，增强从业人员的安全意识，规范安全行为。

（夏熙鸿）

招商引资

【概况】　2016年，龙里县招商引资工作抢抓重大战略机遇，主动适应经济发展新常态，突出重大产业项目招商，创新招商引资推介和服务方式，全力推动县域经济大开放大发展。2016年，龙里县与外商投资企业上海丰树管理有限公司签订投资协议，项目总投资预计为1.7亿元人民币，投资建设新加坡丰树集团（龙里）综合物流产业园项目，全项目总投资约5亿元人民币。全年县代办服务中心共受理109家企业申请代办，代办事项253件，办结253件，办结率100%，接待企业咨询来访191家。

龙里县投资促进局核定事业编制20名，其中工勤人员2名。下属事业单位设置：龙里县招商引资项目代办服务中心人员编制纳入财政全额预算管理。

【投资环境建设】　交通区位。龙里县内5个镇和1个街道办事处都与贵阳市接壤，既是省会贵阳的东大门，也是黔南州的北大门。航空运输方面：县城距贵阳龙洞堡国际机场23公里，仅需20分钟车程。铁路运输方面：龙里县境内有两个火车站，老火车站有湘黔铁路、黔桂铁路、株六复线，新火车站是将正在修建的贵广高铁、贵阳市市域铁路二站合一。贵广高铁全线长800多公里，时速300公里/小时，已于2014年年底正式通车运行。从贵阳出发，龙里是第一站，从龙里到广州仅需3个多小时。贵广高铁已成为西南地区最重要的出海通道。同时，广东的各类产业也可通过贵广高铁以贵阳为节点辐射重庆、成都和昆明等区域。公路运输方面：“四横两纵”有

210国道、贵新高速、厦蓉高速和无障碍城市干道“贵龙城市大道”以及贵龙大道纵线、贵阳小尖高速，各条高速公路在龙里境内都设置有出口。正在建设的龙溪大道和贵龙纵线大道预计2018年通车，届时龙里县交通区位更加明显。

发展平台。龙里拥有优良的生态环境，完善的供水设施，充足的电力资源，畅通的通信网络，便捷的物流通道，为投资者提供强有力的要素保障。

工业发展。县内有龙里高新技术产业园、龙山工业园和谷脚工业园3个工业园区，总规划面积78.78平方公里。先后吸引了贵州神奇制药、华润雪花啤酒、浙江红狮水泥等380余家工业企业入驻。

龙里高新技术产业园。龙里高新技术产业园位于县城北部，紧临贵新高等级公路、贵龙大道、贵广高铁，规划面积16.21平方公里。该园区着力打造成为以新型材料、板材深加工、精密制造、食品及保健品为主的综合性产业发展区。先后吸引了华润雪花啤酒、黔中家具板材产业园、英吉尔发动机精密制造、柏强制药等90多家实力企业入驻。该园区正在积极申报“省级高新技术产业开发区”。

谷脚工业园。位于龙里县谷脚镇，紧靠省会贵阳，规划面积50平方公里。距龙洞堡国际机场6.5公里，仅15分钟车程。谷脚工业园通过近几年的不断努力，已初步形成了医药生产及研发、新型环保建材、机械加工、装备制造等主导产业。有贵州神奇制药、红狮水泥、长通电子设备、科之杰新型材料等90多家企业在此集聚。

龙山工业园。规划面积为12.57平方公里。该园区依托贵阳市小河—孟关工业园区和承接孟关汽贸城的产业发展，逐步将龙山园区建设成为以发展先进装备制造、机械加工业、汽车零配件、印刷包装等为主的产业基地。现有黔桂拓达、建业新能源等30多家企业落户。

农业发展。龙里县在蔬菜和精品水果种植方面有着良好的产业基础。近几年，通过不断调整农业产业结构，创建了“龙里高效生态农业示范区”。即：以刺梨种植及林下经济为主导的茶香农业产业园；以花卉苗木为主导产业的龙架山农业产业园和以发展蔬菜为主导产业的湾滩河农业产业园等“一区三园”。2012年8月，国家质检总局正式批准龙里刺梨成为地理标志保护产品；9月，中国经济林协会正式命名龙里县为“中国刺梨之乡”。

城镇建设。龙里充分利用紧邻贵阳的区位优势，以建设“黔中经济区”“双龙临空经济区”和州委、州政府提出的“一圈两翼”展格局为契机，已规划引领发展，着力推进产城互动，努力实现与贵阳的同城化发展。《龙里县县城总体规划（2009—2030年）》已于2009年经省人民政府批准。规划面积191.6平方公里。

中铁国际生态城。项目由中铁集团投资新建，位于贵龙城市经济带内，距贵阳市市区15公里、距龙洞堡机场6公里，贵龙大道从项目区贯穿而过。项目规划总面积2038公顷，预计总投资600亿元，邀请了美国道林、易兰等国际知名策划机构规划设计。2013年4月，中铁集团与美国罗斯福中国投资基金签署合作协议，联合开发“罗斯福度假庄园及高级主题会所”。通过差异化竞争将该项目区打造成贵州个性化旅游、休闲、体育、度假的旗舰基地。项目一期投资150亿元人民币，着力打造“一城三谷”：悦龙城，占地8895亩，集“旅、居、业”一体的国际生态新城；白金谷，占地1.05万亩，旅游运动商务区；太阳谷占地8295亩，康体休闲养生区；云栖谷占地2865亩，主题公园风情小镇区。

文化旅游。龙里是一个多民族聚居的地方，有汉族、布依族、苗族等30多个民族，民族语言、服饰、习俗、节日等都体现了鲜明的民族文化和浓郁的民族风情，文化旅游资源丰富。有海拔1700米的高山台地——龙里大草原，省级风景区——猴子沟峡谷，国家级森林公园——龙架山公园等著名景点。

人力资源保障。龙里县有着充足的劳动力资源，龙里中等职业学校——省级重点示范职业高级中学。2016年学校有教职工138人，学校在册学生3825人。学校开设有电子技术、机械加工、汽车维修、焊接技术、现代农艺等专业，并可根据企业用工需要开展订单式培训。

优惠政策。多重“给力”的政策优势，国发〔2012〕2号文件从财税、金融、土地、投资、产业、人才等119项突破性政策大力支持贵州加快发展。2013年12月，龙里县被国家发改委确定为全国“国家循环经济”示范创建县（全国共21

个，贵州仅此一个）。

招商服务。龙里县对招商引资项目，由招商引资代办中心”指定专人进行点对点的跟踪代办服务。对重大项目安排政府干部作为企业特派员，常驻项目实施地，全程协调，推进项目建设进度。

【横向经济协作】 依托黔中经济圈核心区、黔南州“一圈两翼”北翼及便捷的交通区位优势，利用各种招商推荐各类节会、论坛活动，面向省内外广泛开展横向经济协作。

【企业服务管理】 为打造“速度最快、效率最高、服务最优、环境最好”的发展环境，为外商投资企业营造“投资放心，办事省心”的全优服务环境，发挥代办服务中心作用。

加强管理。要求代办服务中心工作人员，务必做到“八不让”，即：不让来办事的人员受到冷落；不让工作事项积压；不让差错发生；不让企业机密泄露；不让影响招商工作的言行出现；不让违法违纪的行为发生；不让龙里的形象受到影响；不让客商的权益受侵害。完善制度。完善各项工作制度，对外商企业进行服务分解并责任到位。实行宽严相济、人性化管理，做到“无情管理，有情相处”。业务能力。要主动学习熟悉业务，参加省、州投资促进部门组织的代办服务技能培训，提高代办水平；请教国土、环保、规划、住建等部门业务骨干办事经验。

服务企业。牵头协调各职能部门对项目地块的踏勘选址。项目代办中心按照全县产业导向和规划要求，与投资方和相关职能部门到各产业园区实地踏勘，介绍项目选址地环境指标和优势。扩大宣传，主动对接。就外商企业清单，通过电话的形式同企业法人或者负责人联系，宣传服务政策、服务措施、代办服务事项，按照“统一管理、跟踪服务、限时办结、统一交付”的原则办事。

【项目库建设】 2016 年，围绕新医药大健康、现代物流、高新技术与新型材料、农业观光旅游、养生养老等产业，项目库储备为策划编制招商引资项目 39 个，根据招商项目制作 PPT 共 5 个。

【招商引资项目】 2016 年，龙里县上报新增州外到位资金 219.65 亿元，已超额完成年度 190 亿元目标任务。上报新引进州外项目总投资 240.35 亿元，超额完成本年 210 亿元计划任务数。上报省招商引资信息管理平台新引进省外（境外）3000 万元以上项目共 41 个，其中 40 个已经开工在建，部分项目已投产，项目开工率为 97.56%，超额完成今年新引进项目开工率 80% 以上任务。上报省招商引资项目信息管理平台 2016 年新增省外（境外）3000 万元以上投产项目 30 个，提前超额完成年度目标 13 个任务数。

2016 年以来，全县新引进项目 88 个，总投资额 455.41 亿元。主要为中国・龙里生命科技城项目、贵州龙溪 1 号大健康生态园开发项目、龙从界高效农业园项目、莲花湿地公园商业街项目、刺梨深加工项目、龙里坝上莲花民俗村建设项目、华润雪花年产 60 万千升啤酒搬（拆）迁建设项目、喜来登休闲度假酒店项目、新地物流项目、碧桂园房地产开发等项目。涵盖大数据信息产业、大健康医药产业、现代山地高效农业、民族文化旅游产业、新型建材产业五大产业。

引进国际知名外资企业新加坡丰树集团旗下公司上海丰树管理有限公司投资建设综合物流产业园项目，世界 500 强企业——中国海运（集团）总公司旗下广州海运（集团）有限公司投资海员宾馆项目（已投产运营）。

【招商活动】 龙里县派员赴广州、深圳、北京、天津、江苏等地开展招商推介活动，到安徽、山东等地就建设啤酒产业园主动登门拜访。2016 年，参加黔南州在广州举办的建州 60 周年成就展招商引资暨旅游推介、云上贵州・大数据招商引智（北京）推介、黔南州文化旅游（上海）推介会、黔南州“数博会”招商引资（贵阳）推介暨项目签约洽谈、第三届物流峰会、资本市场助推贵州脱贫攻坚（上海、深圳）招商推介会、2016 中国・贵州内陆开放型经济试验区跨境投资贸易洽谈会等活动，现场签约项目投资额达 40 亿元。与黄埔区对接对口帮扶，拜访华润集团、深国际、软通动力、达华智能、光大集团、华今集团等国内知名企业。

（刘　薇）

交通运输

公路运输

【概况】 2016年，龙里县交通运输局除局机关是行政编制外，下设11个事业单位，即龙里县地方海事处（简称海事处，参公事业单位）、龙里县交通建设工程质量安全监督站（简称质监站）、龙里县农村公路管理局（简称公路局，副科级行政类事业单位）、龙里县道路运输管理局（简称运管局，正科级行政类事业单位）、龙里县公路工程技术室（简称技术室）及五镇一办农村交通运输管理所（正股级公益一类事业单位。根据《关于印发龙里县交通运输局主要职责内设机构和人员编制规定的通知》，明确局内设2个机构，分别是办公室、规划和基本建设管理科；县交通运输局行政编制8名，机关工勤编制2名。2016年，县局已按“三定”规定设立办公室、规划和基本建设管理科，实有行政编制5名、空缺3名。已设局长1名，副局长3名，纪检组长1名，主任2名，监察室主任1名（由纪检组长兼任）。交通运输局下属事业单位11个，核定编制总数为80人（不含编制动态管理单位），在编36人。

截至2016年底，全县境内公路通车里程达1072公里（不含高速公路），其中国省道40公里；县级公路5条113公里；乡级公路8条123公里；村级公路148条590公里；其他（通组或通寨等）公路206公里。2016年足额缴纳高速公路资本金、农发行贷款本息，总金额达1.37亿元。年度内包装交通贷款项目15个（含干线公路的县级配套资金、旅游公路、农村公路安保工程、危桥改造工程等），总投资约33亿元，已经完成工可编制、国土、环评、规划等专题资料及批复。2016年，龙里县交通运输局在全州13个县（市）年度目标任务考核中，名列第一方阵第一名。

（蒲学梅）

【项目建设】 草原（民主）至高坡油路改造项目。公路全长11公里，总投资2033万元，项目采取“先建后补”的方式由施工单位垫资建设。项目于2015年9月7日进场施工，2016年5月8日竣工，顺利通车；2015年提前启动实施剩余的通村公路23条总长198公里，2015年底，完成17条总长120公里的建设，2016年，完成6条总长78公里的通村公路的建设，所有通村水泥路项目于2016年6月底全部竣工。全县共有农村公路断头812公里。2016年启动11条40公里断头路建设，总投资2600万元，已建成通车。

桥梁改造及大修工程建设。三元新桥建设项目，三元新桥全长74米，为预应力空心板桥，计划总投资约500万元，桥梁于2016年3月进场施工，于10月建成通车；董下桥项目：该桥位于龙山镇莲花村，拆除原桥，新建2跨钢筋混凝土梁桥，桥梁全长54米，桥梁全宽9.5米，项目总投资约300万元。该项目于2016年4月28日开工建设，8月20日建成通车；莲花风雨桥项目：该桥位于龙里县龙山镇莲花村猫猫头组莲花湿地公园境内，对现有老桥拆除重建桥梁布置为1－27米钢筋混凝土板拱桥，桥面宽12.5米，桥长41米，桥面以上建设仿古建筑风格风雨茶楼，其中一层为人行通道，二层为休闲观光茶楼，建成莲花湿地公园的标志性建筑。项目估算总投资约950万元。2016年10月进场施工，年底完成主体工程，预计2017年5月完工。

（蒲学梅）

【客货运输】 2016年，龙里县开通各类客运班线27条，其中：农村客运班线15条，县际班线5条，市际班线7条；客运班车100辆，其中：县内班车64辆，市际班车25辆，县际班车11辆，运营线路覆盖全县159个行政村，实现村村通客运工程。2016年购买4台8米长纯电动公交车，更新换代100余辆出租车为油气混合动力型汽车。2016年2月1日开通龙里至中铁生态城专线公交，基本满足贵龙航空经济区公共交通线的需求。出台《龙里县关于新增公交线路经营权出让实施方案》，计划开通包括贵龙城际公交在内的6条公交线路，最终报州政府批复开通运营5条公交线路，分别通达夏蓉高速路口、森林溪畔、龙凤园、北部工业园区等县城周边区域，票价1元，惠及6万多龙里县城及周边乡镇群众。对低票价运营、特殊群体优惠乘车造成的亏损，由县财政给予补贴。对城乡公交运营车辆按照线路长度、客流量等情况，每年每标台给予相应4万元补贴。截至2016年底，全县共有城区内和城乡公交线路5条，由1家公交企业运营，全县共有公交车22辆，公交线路总长度100公里。

2016年，全县客货运行业经济指标运行情况为：客运量1760万人次，客运周转量12.3万人次，同比分别增长25.11%、24.97%；货运量967万吨、货运周转量32.63亿吨/公里，同比分别增长23.84%、24.51%。

（郎江波）

【公路养护】 2016年，龙里县管护农村公路共计955.67公里，县级公路113.09公里，乡级公路123.23公里，村级公路719.36公里。县道沥青（水泥）路PQI中等路率达70%，乡道沥青（水泥）路PQI中等路率达67%，无铺装路面县乡村道好路率达65%。2016年小修保养资金到位503.1万元，到位率为150%，并积极争取其他专项资金218.37万元，全年修复水毁挡墙3800余立方米，清理坍方190余立方米；修复波形护栏400余米；修复沥青路面39831.48平方米；修复水泥混凝土路面3530.94平方米，清理边沟1567.86公里，新建排水三面沟8.5公里。2016年农村公路发生重大安全隐患2处，均已整改。州级重大公路交通安全隐患挂牌督办项目村道定水至五里桥公路五里至光坡段，争取县政府财政资金10万元，安装加强型波形梁钢护栏380米，安全警示标志2块；县级重大安全隐患挂牌督办项目县道贵定至千家卡K35+600左侧和K45+000右侧处临崖路段，增设波形护栏208米，总投资6万元。

（汪世维）

【安全监管】 查处超限超载。县局路政大队坚持每天上路执法，采取定点检查和流动巡查方式，对超限超载车辆进行查处，2016年查处公路一般超限运输481车次，打击制止车货总重49吨以上车辆上路过桥行驶，确保恶性超限运输控制在3.5%以内。规范客运市场秩序。巩固机动三轮车非法载客经营治理成果，组织运政执法人员在城区重点区域实行不定期、不定时、不间断地路巡路查，要求客运企业充分利用车载GPS系统对车辆进行动态监管，加大重大节日期间客运场站管理力度，春运、五一、清明期间共安全运送旅客12.05万余人。道路执法巡查和集中整治。全县交通运输系统全年共检查车辆7000余辆次，查处非法违法道路运输77起（其中查处“黑车”55起，其他非法运输行为22起）。水上交通管理。全年出动海事执法人员14余人，出动巡航艇8艘，巡航里程112公里，检查渡口16道次，清理库区养殖碍航行为10余起。参加应急待命和值班14人次。辖区共运送旅客0.07万人次，投入船舶48艘次，客位1065个。路产路权管理。2016年开展路政巡查219组次，巡查人员853人次，清理公路堆积物120余处，制止不规范公路搭接8处，设置安全标示标牌152块，共检测超限运输车辆400余台次，收取超限费10.66万元，查处公路赔（补）偿案件6件，办理行政许可12件，收取公路赔（补）偿费13.16万元。

（郎江波　汪世维）

水上运输

【概况】 龙里县水域面积约20平方公里，河流、溪涧102条和水库5个，主要有北部的清水江、南明河，中部的三元河，南部的湾滩河和大花、花马冲、五子登科、石板滩、羊鸡冲5个水库。有渡口10道、渡船8艘、船员8名，渡口所属半义渡运行模式，延续民间渡口旧址，均在大花水电站库区和南明河下游，通航里程约18公里，库区水域面积约15平方公里，与贵阳开阳、贵定、福泉三个县市互连互通，形成大花库区共管水域。

2016年，龙里水上交通工作突出“重点水域、重点渡口、重点船舶、重点时段”的安全监管，在“春运”“五一”“安全月”“汛期”“端午”“十一黄金周”等重点时段扎实开展水上交通安全大检查及隐患排查、“打非治违”“安全生产大检查”等活动，发挥海事监管职能作用，强化现场监督管理，落实安全管理责任，全年来水上交通未发生一起安全事故。

【宣传培训】 在涉水村寨、渡口、学校悬挂横幅、张贴宣传标语、发放宣传单、宣传画册等，宣传《内河渡口渡船安全管理规定》《贵州省乡镇自用船舶安全管理办法》《贵州省水路交通管理条例》《贵州省库区安全航行手册》《贵州省大中型水库库区水域安全生产管理办法》等法律法规知识；组织辖区船员进行水上交通安全知识培训。2016年培训船员，镇、村干部30余人，发放安全宣传资料300余份、悬挂横幅25幅，安全宣传画及标语共15条，发送短信200余条。

【水上监管巡查】 利用春节、农村节日、汛期、集会等重点时段，深入渡船、渡口和船舶航行水域检查安全隐患、整顿库区船舶秩序，查处非法违法行为，重点检查船员适任、船舶适航，超员超载，非客渡船载客，水上养殖碍航、设置拦河抬网，救生衣穿戴，超禁航水位航行等行为。全年出动海事车辆48车次，海事巡航艇24次、海事执法人员142人次，检查渡口、渡船80道次。

【客运渡船专项整治】 检查渡口各项安全管理制度执行情况。清理辖区渡口审批程序。对尚未完善审批手续的渡口，按照相关要求对渡口设置和管理的规定向当地政府报告，督促完善渡口审批手续。对于存在非法渡运的冯家渡口进行督促整改。指导乡镇渡口管理人员完善好渡口安全警示牌、渡口碑、渡运安全须知、禁渡水位线、系缆桩、渡口码头、连接便道等设施的维护保养工作。规范管理客渡船舶标示标牌。督促渡工按照客渡船《安全告示牌》《乘客定额》《旅客乘船安全须知》要求，张贴和悬挂船舶标示标牌，督促2艘机动船完善规范船舶标示标牌。渡口渡船清理，更新渡口渡船档案和数据库。按照渡口“六个一”标准，再次梳理辖区内渡口渡船基本情况，及时解决渡工档案未及时更新（因乡镇更换渡工未及时通报我处）等问题。

【安全检查】 对渡口、渡船的安全检查，检查内容涉及渡船的船舶技术性能状况、消防救生设备配备情况、渡船“二证一牌一线”和专用标志设置及渡工持证上岗；对所有渡船渡工进行一次岗前安全教育，要求持证上岗，遵守《中华人民共和国内河交通安全管理条例》《渡口守则》等有关规定，严禁在大雾大风大雨等恶劣天气冒险渡运，严禁超载、无证驾驶和酒后驾驶行为的发生，严禁旅客携带易燃易爆物品登船，对检查不合格的渡船下发《整改通知书》，禁止其投入营运。共全年检查渡口10道、渡船8艘，违章违规不携带带齐救生衣船舶8艘，并限时整改。

【共管水域治理】 经过与周边县市的沟通和联系，2016年1月龙里县牵头，开阳、福泉、贵定三县（市）参与，四县市每季度轮流牵头定期举行一次集中联合执法行动，建立起大花水电站库区共管水域的联合执法的长效机制。以联合执法行动，宣传水上交通有关法律法规知识和安全知识，增强水上交通安全的意识，打击共管水域水上交通违章违法行为，使联合执法工作形成常态化。全年联合执法行动共有海事、渔政、乡镇、村、企业等150余人次参加，巡航里程50余公里，涉及水域15平方公里。

【渡口建设】 2016年落实资金17万元，改造建设完成姜家渡渡口。

（蒲学梅）

和平寨横洞建设洪水冲毁农田的赔付等事宜，贵广铁路所有遗留问题全部解决。

铁路建设

【概况】 2008—2016年，龙里境内铁路建设基本情况主要是：贵广高速铁路全长857公里，设计时速250公里，预留300公里，总投资858亿元。其中在龙里境内18.25公里，途经龙里县龙山镇、谷脚镇、冠山街道办事处涉及6个行政村11个村民组，涉及拆迁龙里县铁厂、龙里化肥厂等8家企业，涉及民房拆迁351户，拆迁总面积达60180.5平方米，集中建设冠山街道水桥社区吴家庄和麻芝社区李家院两个安置小区，该项目于2008年11月动工，2014年12月26日通车。沪昆高速铁路全长1158.09公里，总投资1493.68亿元，其中龙里境内全长21.56公里，设计时速250公里，预留300公里，途经龙里县醒狮、洗马两镇8个行政村，涉及拆迁民房82户，拆迁面积达16000平方米，建设醒狮镇大坝村集中安置小区一个。该项目于2010年9月8日动工，2015年6月通车。贵阳枢纽白云至龙里北联络线（简称：贵阳市域铁路），这条铁路是经国家铁道部批准并由贵阳市人民政府组织实施的贵阳市范围内的客运铁路，全长53.5公里，总投资85亿元，并与贵广高速铁路龙里火车北站并站，设计时速250公里，龙里境内11.5公里，途经龙山镇、谷脚镇、冠山街道办事处，涉及民房拆迁207户，拆迁面积达50061.23平方米，建设谷脚镇泉溢谷安置小区安置拆迁户144户，该项目于2010年9月3日开工建设，2015年8月建成通车。三条铁路虽已建成通车，但铁路建设涉及民生的遗留问题还未得到彻底解决。2016年县铁建办的工作主要是督促铁路建设施工单位解决遗留问题的落实，三条铁路涉及民生的遗留问题已得到解决。

【贵广铁路建设遗留问题处理】 截至2016年11月25日，完成新增水改旱8户涉及14.6亩补偿兑现资金11.87万元；督促施工单位完成贵广铁路建设工程拖欠民工工资的兑现发放工作，兑现人数723人，发放金额1403.25万元，无人上访；完成麻芝特大桥下第二次河道清理、修复

【沪昆铁路建设遗留问题处理】 2016年县铁建办组织对沪昆铁路沿线群众反映的问题进行排查，中铁二十三局三项目部拖欠洗马镇石板滩村群众为修建沪昆铁路供应的砂石料及运费款项29万元左右、谷脚镇高枧村群众材料及工程款12.4万元、醒狮镇醒狮村、旧寨村村干部承包工程及材料款70万元，共计111.4万元。截至2016年12月底，施工单位所拖欠的工程材料款全部兑现到位。截至11月25日，沪昆铁路建设涉及民生的遗留问题得到解决和落实：解决了沪昆铁路建设涉及醒狮镇曾家湾组3户拆迁户（分散安置户）照明用电问题；督促中铁二十三局项目部完成兑现拖欠民工工资2389万元，兑现民工859人；完成醒狮镇大横坡村民组冯明博户2014年因沪昆铁路路基下穿涵工程造成其厕所征用补偿的兑现工作；配合县移民局落实醒狮镇小岩特大桥桥下钢便桥的建设工作；完成醒狮镇大坝村县道改移及框架涵增高、加宽工程的清算工作；完成沪昆铁路集中安置点场平工程竣工验收工作；协调和配合县国土局、县环保局、县水务局等部门对沪昆铁路涉及的所有弃渣场进行初验收；协助沪昆铁路分散安置户完成办理建房相关手续；完成沪昆铁路龙里县境内红线剩余空地的规范测量和移交工作；龙里县旺鑫源采石厂矿产压覆赔偿纠纷案于2016年6月经贵州省高级人民法院二审依法得到最终解决。至此，历经6年的沪昆铁路建设工程与龙里县旺鑫源采石厂矿产压覆赔偿纠纷案终结。

【市域铁路建设遗留问题处理】 2016年3月31日，县铁建办组织谷脚镇政府和谷远村及泉溢谷安置区建房户代表召开泉溢谷安置区移交管理相关事宜协调会，将安置小区移交给谷脚镇政府管理；5月6日，落实泉溢谷安置区供水系统的移交，6月8日，经县人民政府召开专题会议协调，移交安置区排水管网设施。截至6月10日，市域铁路谷脚镇泉溢谷安置区相关工作全面完成；完成泉溢谷安置区二期场平新增部分工程量及工程费用审价，并根据审价结果和历次会议

纪要决定的事项进行清算；完成泉溢谷安置区排水管道因设计变更导致新增的排污工程审价工作；向县审计局提交工程资料，完成安置区屋顶工程（斜板、凉棚）的阶段性审计工作，并落实剩余未完成的屋顶工程（斜板、凉棚）施工问题；配合成都铁路局指定的审价单位——北京中路华丰工程造价咨询有限责任公司成都分公司，完成县境内贵阳枢纽白云至龙里北联络线工程开工建设以来征地拆迁，以及龙里境内征地拆迁资金审价工作。根据业主方安排，县铁建办安排人员赴北京完成贵阳枢纽白云至龙里北联络线工程清理概算审查会，中国铁路总公司工程设计鉴定中心认真审了县铁建办在白龙线项目征地拆迁资金使用情况，对审定的结果给予肯定。

【贵阳至南宁铁路龙里段建设】 2016 年启动贵阳至南宁铁路前期准备工作，预计 2017 年下半年开工建设。为确保贵阳至南宁铁路龙里段建设顺利施工，县铁建办积极配合省、州铁建办和设计院完成龙里境内环水保评估、林业勘查、线路初测、两次地质勘查、社会稳定风险调查等前期基础工作。同时，按照州铁建办的安排和县政府的要求，拟定和修改《新建贵阳至南宁铁路（龙里县境内）房屋征收补偿安置方案》报州审定，经州铁建办召集全州相关县（市）再次讨论，形成《贵阳至南宁铁路客运专线建设项目（黔南段）征地拆迁补偿安置方案（讨论稿三）》并再次征求相关县（市）的意见和建议，按照县政府办的要求，县铁建办于 11 月 25 日完成《贵阳至南宁铁路客运专线建设项目（黔南段）征地拆迁补偿安置方案》的修改稿并报县政府，为贵阳至南宁铁路龙里境内的开工做好前期准备。

（宋兴文）

龙里北站

【概况】 龙里北站在贵州省龙里县境内，位于贵广客专 K45km + 040m 处，隶属于成都铁路局贵阳车站管辖，属贵阳东车间协管。全站有职工 17 人（不含车站管理人员），实行两班倒工作制。龙里北站候车室面积 1180 平方米，站场设有 8 股道（其中 4 条正线和 4 条到发线），分别衔接老罗堡（贵阳普速方向），龙洞堡（贵阳北高铁方向）、贵定县（广州方向）和南宁方向（尚未开通）。

【客运设施】 设有两个站台面（4 个旅客乘降站台），固定售票窗口 3 个，全功能自动售票机 1 台，全功能非现金自动售票机 1 台，自动取票机 1 台。站内设有 4 台扶梯和 2 部直梯供旅客乘降使用。

【图定列车】 龙里北站有图定列车 12，实际开行 12 列。

【发送客量】 全年共发送旅客 82932 人次，运输收入 757 万元。

（汤志寅）

信息产业

综　　述

【概况】　2016年，龙里县抢抓全省大数据发展战略机遇，按照省、州建设“宽带贵州”“光网贵州”“满格贵州”等要求，推进信息基础设施三年会战，县域信息基础设施建设得到不断完善，推动电子政务建设、政府信息公开、企业信息化等全面发展。

2016年，全县通讯基站总数达486个；光缆线路长度达到2850公里，100%的行政村和90%以上的自然村（20户以上）实现通讯覆盖；县行政服务口受理办结业务66.7万件，完成重大项目代办555余件；电子信息产业实现总产值9.36亿元。

【社会公共领域信息化】　2016年，龙里县通讯基站总数达486个，实现“两高”沿线和重要交通路网的信号全覆盖，县城区城区宽带用户20M速率可达率达90%以上，100%以上的城市网络实现光纤到楼，光纤到户覆盖家庭达到2万户以上，重点区域无线带宽达到50M。龙架山森林公园、中铁生态城等重要景区和龙里北站、龙里汽车站、兴龙广场等主要城市公共区域具备WLAN、Wifi热点覆盖能力。是年，龙里县与北京中油瑞飞信息技术有限公司签订共建智慧城市框架协议，编制智慧城市项目可行性研究报告，制定城市运营中心项目执行方案并通过县政策及相关部门审查，初步确定智慧城市项目落地方案。

【农村信息化】　2016年，全县光缆线路长度达到2850公里，100%的行政村和90%以上的自然村（20户以上）实现通讯覆盖，基本实现“乡乡通宽带”和行政村“村村通电话”目标。

【企业信息化】　抢抓全省大数据战略发展机遇，以大数据为引领的电子信息产业发展规模不断扩大。2016年，全县以大数据为引领的电子信息产业实现总产值9.36亿元，超额完成州下达9亿元的年度目标任务。

【社区信息化】　2016年，龙里县智慧社区一体化平台建设围绕“两网三屏两中心”进行打造（两网即管理内网、服务外网，三屏指电视屏、手机屏、触摸屏，两中心指社区呼叫中心、社会管理中心）。其中，管理内网建设实现五化（办公自动化、台账电子化、管理信息化、决策科学化、业务流程化）；触摸屏查询系统汇集社区内从事社区服务的行业与相关职能部门的信息，实现多方面、多层次为居民提供更便捷的服务；社区呼叫中心实现居民足不出户即可享受各种便民服务；社会管理中心实现对社区各类不稳定因素的及时发现和处理。

【政务信息化】　2016年，全县政务服务中心共接待咨询服务22.5万次，窗口受理办结业务66.7万件，完成重大项目代办555余件，为企业争取项目资金1635万元。以“互联网+政务服务”为契机，推动全县“一张网”服务。网上办事大厅共完善项目834件，法律依据条数2519个，申请材料条数4278个。县级部门进驻贵州省网上办事大厅龙里站点单位38家，录入事项617项。全县5镇一街道及78个村居均已在网厅完成部门创建，录入事项487项，逐步实现全县足不出户“网上办事”全覆盖。在2016年全省97个县市部门“互联网+政务服务”第三方评估中，龙里县政务服务中心列第18位，标准化建设列第

14位，综合排名第10名。

（于广超）

【电子商务】 2016年，全县电子商务网络交易额达1.3亿余元，同比增长84%以上，网货产品数量达150多种。农村淘宝村级服务站接入通讯、金融、保险、网路服务等功能，建成3300平方米的县级运营服务中心一个，62个村级服务站，实现村点覆盖率的76.5%，培育电商网店478家。以快递物流园建设为依托，建成县级快递物流配送中心1个，全县快递物流配送覆盖率达80%。完成区域公用品牌“云起龙驿”建设，打造本地农特产品、民族工艺品品牌30余个，培育109种产品上线销售，产品网络交易额累计达200万元。举办中国（贵州）“黔货出山”系列活动暨“云起龙驿”区域公用品牌新闻发布会、全州电子商务发展大会暨项目观摩会、中国（贵州）好网货征集大赛、千县千品项目启动大会、首届中国（贵州）“黔货出山”暨电商扶贫高峰论坛等活动。

（工信局）

邮　　政

【概况】 2016年，邮政龙里分公司围绕邮政金融、包裹快递、报刊征订、电子商务等业务，认真开展“平安邮政”“服务奖考评”“金融网点规范服务达标”“代理金融风险合规检查”等活动，以提升管理水平，促进经营发展。全年收入完成1152.7万元，完成年度计划的103.%，超计划绝对值36.7万元，同比增幅15%，绝对值增加163.3万元，增幅全州排第四位。

【邮政储蓄】 2016年，在全省年初开展的保险抢单竞赛中，龙里县分公司取得全州第一、全省第四的好业绩；在全省代理金融开展争创“三强十佳”劳动竞赛中，环城路储蓄所以84.23分入围；在年末开展的“奋勇争先，誓夺目标”竞赛中，月度余额、保险囤两项均超额完成州分公司计划；在1月1日—7日的保险“抢单”中，各团队积极克服不利因素，成为全州5个完成目标单位之一，完成比例136.5%，排全州第一。

【邮政快递】 贯彻“大干包快，日子不赖”的指导策略，做好队伍建设、渠道建设、协议客户开发等工作。2016年有包裹快递专段5人、专职揽收1人，其中片区承包2个段；有效规模大客户开发3家。400平方米邮件处理中心11月投入使用。在服务地方驻军、武警部队的“军包揽收”中，实现近3.2万元收入；在“双十一”期间，后台人员帮助邮件装卸、粘贴揽收贴，实现邮件高效运转、投递，各项指标均达到要求。全年包裹快递收入提前完成州分公司要求增幅30%的目标。

【报刊征订】 启动2017年度报刊大收订，认真组织安排、抢抓私费市场，大收订流转额完成328万元，提前完成州分公司计划。

【集邮】 在2017年新邮预订线上摇号竞赛活动中，分公司，出台奖励政策，调动广大干部员工积极性，获得2303套套票、1256套年册，超额完成州分公司下达计划，套票及年册总量在全州排第一位。此外，开发县邮政储蓄支行形象年册100册；生肖贺岁项目实现计划的81%，在全州排第五位。

【电子商务】 全州启动车险业务后，分公司认真组织实施，致力对外营销，年度保费额全州排第五位。2016年累计办理7722条警邮非现场业务，绝对值在全州排第六位，处理占比率达16%，较上年度提升近4个百分点。

（中国邮政龙里分公司）

电　　信

【概况】 2016年，电信龙里分公司内设2部1室，下辖5个电信支局，有职工28人，其中技术人员18人。移动网络建设，完成谷脚镇8个3G基站网络优化工程，完成18个4G基站接入开通工程；小康讯，陆续开通龙山本党村、洗马长寨村、醒狮大土村等17个村，圆满完成小康讯计划；大客户建设，完成全县56个大客户光纤接入工程；驻地网建设，完成龙城中央、龙城国际三期、锦绣电梯房等6个驻地网小区接入工程；渠道建设，城区专营店6家、代理点2家、服务便利店3家，农村专营店7家、服务便利点10家；宽带放号，净增1632户，总用户达1.15万户；CDMA放号，净增1712户，总用户达2.28万户。全年完成经营业务收入2682万元，拉动业务收入主要增长点是移动用户及ADSL用户，固网语音业务ARPU值呈下降趋势。

2016年，公司连续4个季度获省公司表彰为“强县公司”；在州公司组织的年度末梢维护技能竞赛、TDM程控交换机退网竞赛中全获一等奖，以及天翼先锋渠道拓展竞赛中获优秀团队。

（李　婵）

移　动

【概况】　2016年，中国移动通信龙里公司以提升服务促发展为目标，不断提高市场占有率、提升网络普及率、提高用户满意度，推动农村信息化建设。全年完成收入7710万元，同比增幅12.86%。在数据业务方面，小区宽带：完成18小区宽带新建，新增覆盖用户规模5900户，总计达到96个宽带小区，覆盖用户总规模为2万户，接入用户共6508户；集团专线：新增集团专线21条，总数达到305条（其中电子政务专线120条），IMS固话1057台。4G工程建设方面，LTE四期：共新建57个宏站及19个室分，全部站点均已在州公司要求的时间内完成开通；宽带乡村：项目一、二、三期共新建151个宏站，已完成127个站点开通工作，其余站点受光缆材料到货影响，进度较慢。4G规模数达到494个，全州排名第4，结合手机用户数做对比，每万名手机用户拥有站点数为33.1个，全州排名第1。站点搬迁、传输迁改方面，完成4个站点搬迁和大量传输迁改。完成“十大民心工程”中的110个行政村通宽带建设。分别从中铁生态城、北部工业园区、水场工业园区等网络建设方面向州、省公司争取资金、政策支持，全年累计完成固定资产投资4650万元。

（李顺鹏）

联　通

【概况】　2016年，中国联通龙里县分公司完成收入976.16万元，同比增长14%。新建渠道7家、清理无效渠道9家，渠道数达10家。全渠道移动宽带用户发展全面转向4G发展，4G用户数达4121户，新入网用户4G占70%。城区乡镇市场村包活动发展21户，新增用户185户，维系老用户1138户（其中终端维系181户、存费送费957户）。实名制专项工作完成2673户。宽带业务，共计发展1204户，月均发展109户，完成总任务的72%，融合套餐（不含B套餐）发展459户。

【移动网络】　2016年新建渠道7家，解决以往用户缴费难、办理业务难等问题。国泰通讯为城区核心渠道新建，月均有效用户发展90多户；新建北部园区晓爱通讯、荷花路鸿信通讯、李兴MINI厅，晓爱通讯月均发展5户、鸿信通讯月均发展15户、李兴MINI厅月均发展25户；新建青龙路智通通讯，将业务发展渗透到学生用品市场，智通通讯月发展20多户；乡镇市场渠道建设为湾滩河片区华晨通讯，帮扶代理商在湾滩河片区开展村包活动21场，发展185户。

全渠道业务发展以流量为主，4G网络用户发展为全渠道统一动作规范，使新增用户4G网络出账占比达70%，老用户4G网络出账达4121户。

老用户维系，自办厅在做好各项维系工作的同时帮扶国泰、乐语和南方这3家渠道完成渠道维系达标并获得相应的达标奖励。维系工作由自办厅营业员引导核心渠道营业员一对一针对合约到期的老用户进行电话回访，引导老用户进行维系换机或存费送费等活动，加大用户在网黏性；自办厅终端维系老用户月均发展大于10户，存费送费等各项维系指标月均大于20户；各核心渠道跟进州公司各期维系政策开展维系老用户活动，老用户换机达181户、名单制用户换卡达265户。

增强新用户在网黏性，将老用户流失率降到最低。各渠道严格执行实名制，对新入网用户严格把关，人证合一；对前期未实名用户一次到多次进行电话回访，引导用户到厅补录实名资料，全年实名2673户，完成率98%。

【固定网络】 2016年，在城区共开展精细化扫楼宣传133场，主要针对城区标准小区、安置小区、经济适用房、廉租房、公租房及移民安置区扫楼宣传，对本县城区异网资源情况了解收集，大致掌握异网及本公司用户资源现状。开展渠道复用及融合业务，11月移网渠道共发展13户。视频业务，主要发展易视腾机顶盒，城区共计发展1946户，主要结合公司老用户续费维系政策上门赠送安装；IPTV从9月底开始主推，共计发展102台，要求代理商新装用户首推融合搭载IPTV机顶盒销售，对FTTH老用户上门安装IPTV体验。全年宽带维系率67%。宽带社会化建设，上报并设计的几个村寨投资比例不符，未能建设，通过的有果里村、播箕村及醒狮平寨村，其中播箕村因本年度已无投资费用暂时搁置，果里村及平寨村由于投资问题还在与代理商洽谈。

【办公场所】 联通龙里县分公司在龙里一直无自有产权的办公用房，2016年公司购买龙里伯爵房开公司开发的位于县城环城路（火车站）的伯爵钻石广场3栋1单元1层16号、17号、20号、21号门面，建筑面积共计152.8平方米，总价530万元。该门面分为上下两层，底层作为营业厅，楼上夹层（136.56平方米）作为办公室，10月1日一楼营业厅正式营业。11月又购买伯爵门面夹层旁一间房屋75.95平方米总价42万元。12月，联通龙里县分公司龙里城区销售中心与集团客户销售中心入住办公。

（中国联通龙里县分公司）

教育·科技·计生·卫生

教　育

【概况】 2016年全县有中小学、幼儿园共119所，其中：普通高中1所，中等职业学校1所，初级中学8所，完全小学25所，教学校点44所，幼儿园40所（公办32所，民办8所）。在职教职工3052人，其中幼儿园718人，小学1209人，初中619人，普高221人，中职校285人。全县共有学生42018人，其中普高学生3286人、中职学生4515人，初中学生7943人，小学学生1.75万人，在园（班）幼儿8818人。

【教育督导】 2016年，龙里县人民政府调整龙里县人民政府教育督导委员会成员，明确县政府主要领导为督导委员会主任。聘任康兴鼎等4人为县人民政府督学顾问，聘任杜丽娟等38人为县人民政府教育督导委员会第二届专兼职督学，聘期三年。印发《龙里县各镇（街道）人民政府有关职能部门教育工作职责》，明确县人民政府、6个镇（街道）人民政府、县政府28个有关职能部门的教育工作职责，重新调整督学责任区和责任督学，实现中小学责任督学挂牌督导全覆盖。

2016年6月28日至29日，州政府教育督导室对龙里县推进义务教育初步均衡发展工作进行过程督导。9月11日，省普及十五年教育及“两项督导考核”过程督导组一行5人（州陪同3人）到龙里县进行过程督导。11月23日至25日，州督导评估组对龙里县“两项督导”、普十五复核，对龙里县义务教育均衡发展进行评估考核。12月5日至17日，省政府督导考核组对龙里县进行基本普及十五年教育工作和县级人民政府暨党政主要领导教育工作进行督导评估考核验收。

【教育经费】 2016年，全县教育经费财政总投入4.76亿元。其中：教育事业费4.1亿元，教育附加费2445万元，其他一般公共预算安排教育经费4101万元，政府性基金预算安排教育经费37万元。

【教育项目】 2016年完成第五小学教学楼、洗马小学教学楼、谷脚小学教学楼、岱林小学学生宿舍、大新幼儿园等14个新续建项目建设并投入使用。开工建设6所学校的校舍，共25栋单体，建筑面积10.23万平方米，预计总投资1.83亿元。开工建设运动场7个，建设面积约3.73万平方米，总投资约467.73万元。其中上级资金386万元，县级资金81.73万元。

2016年，投入801.47万元为各中小学校配备教学设施设备。其中：投入55.38万元为25个中小学校配备图书8.67万册，书架90组；投入95.77万元为各中小学校配备实验仪器；投入286.61万元为25所中小学校配备班班通设备160套；投入245.9万元为26所中小学校新配备计算机网络教室26个，配备学生机551台，教师机77台；投入117.81万元为学校采购音体美器材。

【教育资助】 2016年办理大学生生源地信用助学贷款合同人数1116人，贷款总金额675.31万元；学前教育幼儿资助中央和省级奖补资金42.44万元，受益学生868人；教育扶贫专项资金“两助三免（补）”231.421万元，受益学生798人；普通高中免学费资金37.04万元，受益学生463人；普通高中国家助学金195万元，受益学生975人；中等职业学校国家助学金159.84万元，受益学生999人；中等职业学校免学费资金361万元，受益学生1805人；学生营养改善计划专项资金1508.72万元，春、秋两学期惠及学生3.77万人次。全县以“校校有食堂、人人吃午餐”为基本特征的“贵州特色”模式实施；农村寄宿制学生生活费补助817.8万元，春、秋两学期惠及学生1.37万人次；基金会、慈善机构、社会、企业、团体、爱心人士资助贫困学生289.63万元。

2016年，投入学生营养改善计划专项资金1508.72万元，春、秋两学期惠及学生3.77万人次。全县以“校校有食堂、人人吃午餐”为基本特征的“贵州特色”模式实施。

【教师队伍建设】 2016年增加教师221名，其中，面向社会公开招聘教师90人，招聘特岗教师100人，招聘免费师范生1人，外县引进教师30人，返聘教师16名。优先补充158人到乡镇中小学（含教学点）、幼儿园及村级小学幼儿园；考入城区小学、幼儿园的27名教师安排到农村小学幼儿园锻炼一年。

面向全县教育系统遴选34名教师到城区中小学工作；完成暑期人事调整工作。支教37名（三区支教31名，常规支教6名），上挂学习57名，调动65名，交流学习76名；任免中层以上干部19名。校长、教师交流率达17.17%，校长交流率达20%，均超过省定10%以上的要求。

2016年表彰教育系统年度优秀教育工作者、优秀班主任、优秀教师共计93名。

建立与事业单位聘用制度和岗位管理制度相衔接、符合教师职业特点、统一的中小学教师职称（职务）制度，按结构比例标准重新核定各学校结构比例，深化中小学教师职称制度改革。采取空岗补缺方式竞聘到高一级专业技术职务，农村学校不受结构比例限制，实行“即评即聘”政策。2016年竞聘中、高级专业技术职务教师为276名（其中聘任高级教师七级工35人，一级教师十级共66人，竞聘到五、六、八、九、十一级专业技术职务185名）。完成2016年度通过高级教师评审共18人（其中小学教师4人），一级教师评审共53人，二级教师59人。

【教研教改】 2016年，广州市白云区教育局教师发展中心组织骨干教师分四期先后到龙里中学、龙里民中、龙里三中开展送教支边活动共计62人。邀请深圳市韩方廷教育科研专家工作室一行7人，在龙里县第三中学开展送教支教活动，共计115人参加活动。

2016年7月21日至22日，开展中航国际“蓝粉笔”乡村教师培训，21位来自北京和深圳等地的优秀校长、园长、特级教师、各级学科带头人和骨干专家在龙里对全县1690名中小学幼儿园教师进行培训。

2016年开展城区学校结对帮扶农村薄弱学校，到所帮扶的学校上示范课共计112节。开展2016年高中新课程学科优质课评选活动，语文等10个学科的81名教师参赛，初中语文等10个学科的110名教师参赛，小学语文等6个学科的85名教师参赛，开展幼儿教师技能大赛，参赛教师24人。认真组织、精心推荐60位中小学教师参加州优质课课评选活动，共获一等奖14名、二等奖25名、三等奖21名。组织选送404篇作品参加2016年贵州省教科院、省教育学会开展的优秀教育教学科研论文、教学（活动）设计、教学案例的征集和评选活动，获一等奖29篇、二等奖106篇、三等奖230篇，鼓励奖28篇。组织选送36个课题申报州级课题，24个获立项，组织选送9个课题申报贵州省教育科学规划课题，1个课题获立项。2016年申请结题的省州级课题有17个，邀请专家到龙里开展3次结题评审工作，最后有15个课题顺利通过结题。

【学前教育】 2016年，全县共有幼儿园40所，其中民办幼儿园8所；有幼儿园教师505人，其中公办幼儿园教师315人。在园（班）幼儿8818人（在园7792人、在班1026人），在园（班）幼儿人数比2015年秋季增加7.35%，学前三年毛入园率为85.05%。民办幼儿园8所，其中5所位于县城区，3所位于镇村。位于县城区分别是城南社区的阳光幼儿园和新苗幼儿园、冠山社区的三三幼儿园和新蕾幼儿园、西门社区的恒星幼儿园；位于镇村的分别是永安片区的文明幼儿园、谷脚工业园区的博雅幼儿园、洗马镇东门街的同星幼儿园，开设班级71个（其中托班2个、小班20个、中班22个、大班27个），在园幼儿2372人。

【义务教育】 2016年，共有义务教育阶段学校77所，其中，小学69所，其中完全小学25所，不完全小学44所。共开设468个教学班，在校学生1.75万人，平均班额37.3人，辍学率为0，小学毕业班2557人，毕业率为99.92%。全县共有小学教师1214人，其中专任教师1171人，行政人员32人，教辅人员5人，师生比1∶14.4。开办寄宿制学校17所，寄宿学生3522人，农村小学寄宿率32.55%；初级中学8所，共设教学班163个，在校学生7943人，平均班额48.7人，辍学学生111人，辍学率为1.33%，毕业班2968人，毕业率为100%。共有教职工620人（行政20人、专任教师593人、教辅3人、工勤3人、校医1人），师生比1∶12.8；8所初级中学均为寄宿制，寄宿学生5642人，寄宿率71.03%。

2016年，全县有留守儿童2894人。其中：0—5周岁319人，6—13岁2167人，14—16周岁408人；学龄前未入园23人，在幼儿园就读328人，在小学就读2059人，在初中就读484人。

【高中教育】 龙里县高中学校1所，即贵州省龙里中学为省级示范性高中，开设61个教学班。2016年，有在校学生3286人，教学班57个，教职工217人，专任教师学历合格率100%，其中特级教师3人（原有特级教师洪其强，2016年新增沈安秀、王建平），具有研究生学历教师8人，中高级教师135人，省州级名师、骨干教师、学科带头人54人，获国家、省、州级表彰教师14人。学校采取公开招聘，县内选调借用，特殊引进等方式，共充实学科教师9人。实施“青蓝工程”，落实教师（班主任）传、帮、带责任；确立年轻教师3年立足岗位、5年适应循环教学、8年成为教学能手的培养目标。14人分别到北京、广州、重庆、武汉等文化教育发达地区参加“国培计划”培训，聘请深圳市和谐号教育集团高飞励志演讲团队来校为高三年级全体师生作高考复习备考励志演讲。

2016年高考一本录取170人，二本录取436人，一、二本共计录取606人，首次突破600人大关，录取率名列全州第三，超额完成州县下达目标任务，获州、县高考质量专项奖励。有12人次获国、省、州级科技创新成果竞赛一、二、三等奖；完成省、州、县共14个课题研究并顺利结题。20人次参加省、州级优质课比赛和学科技能大赛，9人次获一等奖，4人次获二等奖，7人次获三等奖。节能减排效果突出，荣获“贵州省节水型学校”荣誉称号。

（黄孝军）

【中职教育】 龙里县有中等职业学校1所，即龙里县中等职业学校，该校位于龙里县城城北桃园（贵新高速公路出口处），是省教育“9+3”计划、“百校大战”50所重点建设的项目学校之一。2016年，学校有学生4515（全日制学生3881人）人，本专科成人学历教育在校学生610人，教职工203人，其中聘请各类技能型兼职教师32人。学校开设机械加工技术、机电技术运用、汽车运用与维修、酒店服务与管理、服装制作与生产管理、物流服务与管理、计算机平面设计、计算机网络服务、客户信息服务9个专业。

2016年州下达中职招生任务1420人，完成招生1637人。是年9月该校被评为“贵州省中等职业教育内涵发展行动计划省级精准扶贫基地”。

学校通过“引企入校、主动融入企业”等模式，与县内贵州英吉尔机械有限公司开展校企深度合作，在建年产质100万元的汽车部件生产线，产品将远销北美、中东和韩国、日本等；广泛开展实践性教学，坚持工学结合、增强教学与实习实训的融合度，大胆探索职业教育社会实践新模式，校内教学与企业并存，教学实践与岗位同在；将每年的两个假期有机结合，安排学生三个月的社会实践活动，学生既得到锻炼，又可为家庭解决一定的经济负担，起到了良好的社会效益，另外在学校大胆尝试开放式的模拟岗位教学活动。

（吴倍初　张永祥）

【招生考试】 2016年招生考试工作从2015年8月底进行2016年高考第一次英语听力考试开始，至2016年9月成人高考报名、自考报名工作结束。报名参加贵州省全国普通高校招生考试的考生有1088人（实考1038人，自主招生提前录取50人），其中应届毕业生881人、往届毕业生207人；少数民族考生有464人。

龙里县中等职业学校参加中职单报高职（含中职推优）的考生共106人，其中少数民族45人。

龙里县2016年初中考生年报数2968人，实际参加考试2498人，龙里中学完成招生人数1073人。参加成人自学考试考生1人，参加成人高考报名考生160人，其中专升本有94人，高升本有7人，高升专有59人，录取133人。

【龙里县民族完全中学】 龙里县民族完全中学前身为龙里二中，成立于1987年，由龙里县城关中学（初中）和龙里县水桥中学（高中）整合而成。1988年开办初中寄宿制“遥边民族班”。1991年跨入黔南州20所大型完中行列。1994年10月经黔南州人民政府正式批准更名为龙里县民族完全中学（简称龙里民中）。1998年上级为整合龙里高中教育资源，拆除龙里民中高中部，纳入龙里中学。2016年有学生1674人，30个教学班。全校教职工118人，教师学历合格率为100%。有专职教师110人，其中高级教师28人，占教师总数的25.45%；一级教师55人，占教师总数的50%；二级教师23人，占教师总数的20%。省级骨干教师2人，州级骨干教师17人，县级骨干教师7人，县级学科带头人6人。

2016年4月12—14日广州白云区骨干教师到龙里民中开展交流和教研研讨交流的两地的送教帮扶活动；4月30日平塘县油岜中学与牙舟中学共50人到龙里民中进行校际管理与教学交流；5月3—7日广州大学教师专家赴龙里民中进行教育教学及学校的发展规划诊断活动。2016年9月26至9月28日金太阳教育研究课改教学管理团队到龙里民中实地指导小组合作模式的课堂教学课改培训。

2016年，龙里民中574人参加中考，其中700分以上5人（占全县700分以上的71.4%），600分以上125人（占全县600分以上的58.7%），一重上线人数119人（一重上线率20.7%），二重上线人数为61人（二重上线率10.6%），高中上线人数398人（高中上线率69.1%），各学科及格率、优分率、平均分均名列前茅，中考总分有16人位于县前20名。2016年5月获黔南州教育局颁发的“黔南州依法治校示范校”荣誉称号，6月，九（7）班获州级“优秀班集体”称号，7月，学校党组织获中共黔南州委颁发的“先进基层党组织”荣誉称号，龙里县首届中小学（幼儿园）文艺会演中龙里民中获“二等奖”。12月，赵小庆同学代表贵州参与由国家教育部主办的全国学生“学宪法讲宪法”演讲比赛获全国初中组特等奖总冠军，曹俊老师获教育部颁发的杰出指导教师奖。

（刘　宇　吴学妍）

【龙里县第三中学】 龙里县第三中学位于县城西城区。2016年开设62个教学班，在校学生3308人，其中住校生2447人。学校占地8.41万平方米，校舍建筑面积3.67万平方米。有教学楼2栋，综合楼1栋，学生宿舍4栋，教师公租房180套。有计算机415台，图书10.35万册，配备“班班通”信息化教学设施77套，200米、250米环形塑胶运动场各一个，共1.78万平方米。

结合学校实际，创新课程开发。开发校本教材《走近足球》《经典朗诵》。开设舞蹈、书法、美术、实验技能、围棋、象棋、足球、篮球、陀螺等20余门选修课程。

开展书香校园创建，打造书香校园。学校开放62个教室“漂流图书角”，7个走廊“诚信悦读书吧”，开设“学生阅读银行存折”。

2016年，学校教师在全州优质课评比、教学设计、技能大赛、论文评选活动中，共荣获一等奖2个、二等奖7个、三等奖6个；在龙里县优质课评比、教师技能大赛中，供荣获一等奖11个、二等奖19个、三等奖13个。

2016年中考，总分600分以上40人，500分以上138人。301人被高中录取。是年，学校被评为全国青少年足球特色学校，获贵州省“四在学校·幸福校园”示范校、贵州省第二届青少年科普知识竞赛“先进学校”、黔南州推进义务教育均衡发展“合格学校”、2016年全州“五四红旗团委”，2016年全州中小学图书馆（室）“先进集体”、2016年贵州省“安全文明校园”、2016

年黔南州基础教育信息化建设与应用“先进学校”；2016 年，获得龙里县义务教育均衡发展“先进学校”“减负增效提质”示范学校、教育系统“两学一做”学习教育“党的教诲记心间”小故事比赛三等奖、优秀奖、县首届教职工“红烛奖”现场书法大赛优秀奖、县优秀家长学校、县“先进基层党组织”“党建工作先进单位”“体育工作先进单位”，县第八届运动会青少年组优秀组织奖、女子篮球第一名，龙里县中小学校园足球联赛（初中组）冠军。

（冯　鋆　刘必元）

【镇（街道）学区办】　2016 年11 月16 日，龙里县撤销各镇（街道）教育管理办公室，设立镇（街道）学区管理委员会办公室，为教育局派驻镇（街道）正股级公益一类事业单位，机构名称统一为“龙里县××镇（街道）学区管理委员会办公室”，各核定事业编制 3 名，所需编制在教育系统编制总量内调剂解决。设主任 1 名、副主任 1 名。

冠山街道学区办。2016 年冠山街道学区办辖区内有各级各类学校 24 所，其中：幼儿园 12 所（公办 6 所，民办 6 所），小学 12 所（公办完小 7 所，教学点 5 个），共有在校学生 1.14 万人，其中：学前教育 4175 人，小学 7260 人。2016 年底，冠山学区有教师 612 人，其中小学 472 人，学前 140 人。一级教师 402 人，二、三级教师 152 人，见习 58 人；县级以上骨干教师 97 人，其中省级骨干教师 1 人。新建龙里县第五小学占地面积 1.83 万平方米，建筑面积 1.01 万平方米，生均建筑面积 12.31 平方米，于 2016 年 8 月 29 日正式开学投入使用，开设 18 个教学班，共有在校学生 824 人（其中一年级招生 398 人，接收转学学生 200 余人），教职工 49 人。完成大新幼儿园的新建投入使用，实现招生 60 余人。

龙山镇学区办。龙山镇位于龙里县西南部，东接冠山街道办事处，西依贵阳市花溪区高坡、黔陶、孟关乡，南临湾滩河镇，北靠谷脚镇。根据龙里县区划调整，2016 年先后撤并老鸦山、堡子、摆谷六、桥尾、红岩、基场、羊蓬教学点。全镇现有完全小学 3 所，小学教学点 10 所，幼儿园 5 所。小学在校学生 2175 人，在园（学前班）幼儿 859 人。全镇小学在编教职员工 182 人（其中：高级教师 1 人，一级教师 149 人，二级教师 10 人，三级教师 11 人，未评级教师 11 人）；小学、幼儿园教师学历达标率 100%。特岗教师 29 人。

谷脚镇学区办。2016 年谷脚镇学区办共有各级各类学校 15 所，其中：幼儿园 4 所（公办 2 所，民办 2 所），小学 11 所（教学点 8 个，完全小学 3 所，含寄宿制学校 1 所）。在校（园）学生（幼儿）3043 人，其中：小学 1995 人，学前幼儿共 1048 人。现有在岗教职工 160 人，其中小学专任教师 138 人，幼儿园专任教师 22 人。完成谷脚小学教学楼、谷脚园区幼儿园、鸡场幼儿园的新建并投入使用。

醒狮镇学区办。2016 年全镇有初级中学 1 所，中心完小 2 所，村级完小 2 所，教学点 2 个。幼儿园 4 所。全镇共有中小学、幼儿园教职工 180 人，其中，小学 94 人，中学 48 人，幼儿园 38 人；县级以上骨干教师 15 人，州级骨干教师 9 人。在职教职工中具有大专文凭及以上 157 人，占教师数的 98.7%，中小学教师学历合格率均为 100%。

2016 年 7 月醒狮中学两支舞龙队正式成立，醒狮镇政府出资近 2 万余元购买道具，9 月舞龙文化正式进入醒狮中学校园。

2016 年醒狮小学被评为贵州省“十佳乡村学校少年宫”、贵州省第四届中小学图书馆（室）先进集体、黔南州第四届中小学图书馆（室）先进集体、县级廉政文化进校园先进学校。

2016 年，完成元宝幼儿园的新建和谷龙幼儿园的改建。

洗马镇学区办。洗马镇位于龙里县北部，距县城 56 公里，辖 14 个行政村和 1 个社区居委会。现有初级中学 2 所，小学 9 所（其中：完全小学 4 所，不完全小学 5 所），公办幼儿园 6 所，民办幼儿园 1 所。在园幼儿 910 人，在校小学生 1554 人，在校初中生 944 人。洗马镇 2016 年有教职工 291 人，其中：义务教育阶段中小学教师 224 人，幼儿教师 64 人；特岗教师 32 人，退休教师 8 人。

卫华民中开展民族文化进校园活动获“贵州省第五批民族民间文化进校园项目学校”荣誉称号，以印苗舞蹈为基础在学校成立多支舞蹈队，苗族舞蹈“水之韵”在2016年6月龙里县首届中小学（幼儿园）文艺会演中荣获一等奖。

拆除原洗马小学教学楼、完成新教学楼建设并投入使用，完成洗马中学教学楼建设并投入使用。新建幼儿园两所，分别为洗马幼儿园和平坡幼儿园并投入使用。新办幼儿园两所，即台上幼儿园、龙场幼儿园，洗马幼儿园于2016年3月1日由原幼儿园整体搬迁至新校区。

湾滩河镇学区办。2016年，全镇共有学校27所，其中：初级中学3所，原乡镇所在地中心小学3所，村级完全小学2所，村级不完全小学4所，村级办学点9所，幼儿园6所，其中，校中园3所。全镇共有初级中学在校学生1458人，小学在校学生3197人，幼儿园在园幼儿1027人，学前班学前儿童309人。2016年共有在册在编教职员工404人，其中：初级中学132人、小学216人，幼儿园56人。2016年，全镇教师参加各级培训达到1191人次，学时共计27844学时。每学期派10名教师到四小跟岗学习一个星期。

完成果里幼儿园、木马幼儿园的新建并于8月底投入使用；由浙江爱心人士杨天崇先生捐赠的摆省小学综合楼于2016年12月9日开工建设；由中国扶贫基金会援助的岱林民族小学学生宿舍于2016年12月16日竣工并交付使用。

（王显钰　张忠国　张爱民　罗时忠
贺永兵　罗天茂　陆义伦
郭义斌　陈　云　吴胜敏）

科　技

【概况】　2016年，龙里县科学技术和知识产权工作坚持“守底线、走新路、奔小康”工作总纲，主动把握发展规律、创新发展理念、破解发展难题，认真谋划全年科技工作思路，围绕科学技术和知识产权目标任务和重点，实施创新驱动发展战略，发挥科技对经济社会发展提供支撑、引领、示范带动作用，为全县经济社会快速发展提供有力的科技支撑。2016年龙里县被评为国家知识产权工作先进集体。

【科技政策】　印发《龙里县专利权质押贷款贴息补助管理办法（试行）》。文件规定：龙里县专利权质押贷款贴息补助资金纳入县财政预算，贴息资金在龙里县本级科技经费中予以列支，每年额度为500万元。年度内企业申请的贴息资金按预算安排，用完即止；年度内结余的可接转下年度继续使用。印发《龙里县开展国家知识产权质押融资试点工作实施方案》。通过政府引导，银行、担保、保险、资产评估、律师事务所等中介服务机构共同参与知识产权质押融资试点工作。争取推出2个以上知识产权金融服务产品，探索引入保险机制，收集40家企业知识质押融资需求，每年推动2～3家企业开展知识产权质押融资工作。

【科技宣传】　2016年，开展“人才工作活动月”暨“3·18”科技活动日活动、科技活动周活动，在县城举行大型科技宣传活动以及各镇办分别于赶集日开展科技活动宣传等，全年组织省、州、县有关部门的专家，逐镇逐村开展科技宣传培训。

【人才队伍建设】　2016年，龙里县实施“人才强县”战略和实施“3223”人才工程，抓科技人才资源开发，全县人才总量、人才布局和人才结构发生变化。全县人才总量达到2.5万人，其中，党政科技人才1114人，企业经营管理人才3802人，专业技术人才9281人，各类技能人才7460人，农村实用人才3298人。

【科技管理】　启动申报省级高新区和申报高新技术企业认证。用招投标方式选择第三方为龙里县拟定级高新区规划及申报材料。制定龙里县高新技术企业认证申报实施方案，拟定认证申报企业名单3家，高新技术企业申报资料已上报省科技厅待审，各类科技项目累计申报25个。科技进步贡献率（综合科技进步水平）指数为85.8，在县域经济强县第一方阵排名第一。科技计划。2016年，申报省农业科技计划项目1个，州级农业科技计划项目一个。申报工业科技项目23个，其中：科技型小巨人成长企业项目6个；贵州华佑金属制品有限公司、贵州龙里创奇装备制造有限公司、贵州晟泰铝业有限公司、贵州龙缘盛豆业有限公司、贵州新三荣包装印务有限公司、贵州黔宝食品有限公司公司。科技型小巨人企业2个；贵州恒力源林业科技有限公司、贵州润生制药有限公司。国家级高新技术企业后补助项目2个；贵州实德门窗装饰有限公司、贵州超压纳米新材料有限公司。知识产权试点企业1个；贵州瑞和制药有限公司。社发科技支撑计划项目1个；贵州瑞和制药有限公司。科技创新体系。龙里县出台《龙里县专利权质押贷款贴息补助管理办法（试行）》《龙里县专利申请资助管理办法》文件。

挂牌成立“龙里县众创基地”（众创空间），在软硬件建设，技术配套、政策、金融资源，落地项目孵化等方面提供了管理和服务。2016年，众创基地入驻并服务创业团队1000支以上，其中超过500支团队成立公司，存活并长期运营的公司超过300家，举办创业培训80期，参与人数3000人以上。

【农业科技】 2016年，为龙里县贵州龙缘盛豆业有限公司、贵州奇昂生物科技有限公司和贵州黔宝食品有限公司3家涉农企业申请基地建设项目一个，项目资金100万元，项目落实在冠山街道办、谷脚镇，建成刺梨基地2000亩。

申报州级中药材种植科技项目一个，项目资金10万元，示范种植头花蓼50亩，辐射带动刺梨及其他中药材种植500亩。

【投资项目行政审批】 龙里县新增贵州省投资项目网上行政审批工作，负责甄别权限内新建、改建、扩建建设工程抗震设防要求的确定。2016年4月起，在贵州省投资项目网上在线审批监管平台上进行项目审批，对权限内新建、改建、扩建建设工程抗震设防要求的确定进行甄别。全年甄别投资项目126个，其中，96个项目甄别为“同意办理”。30个项目无新建或改建内容，无须审批。

【科技下乡】 组织种植大户深入湾滩河镇果里村，了解贫困状况、产业基础、科技需求等，拟定在当地试种中药材——头花蓼。联合县检察院、县公共资源交易中心共商扶贫措施，为湾滩河镇果里村产业项目的开发共同出谋划策。邀请精英天赐药材种植农民专业合作社、聚农中药材种植专业合作社为湾滩河镇果里村，在原来种植面积的基础上连片扩大到150亩，周边零星种植预计达到100亩左右，种子无偿供应。与县市场监督管理局和县发改局等多家单位联合举办“3·15”国际消费者权益保护日宣传活动。发放450余份宣传资料，咨询人员达到30余次。与县科协等单位在兴龙广场集中开展以“科技为民、服务民生”为主题的“3·18”科技活动日宣传、咨询活动。发放《防震减灾常识》《龙里县夏秋反季节无公害蔬菜栽培技术》《山洪灾害防御常识》等资料500余份，现场咨询40人次。4月，在县城设立宣传点，发放“龙里刺梨”地理标志及商标、《贵州省专利条例》《龙里县专利申请资助管理办法》等宣传资料9000余份，接受咨询550余人。5月，到社区、学校开展防震减灾知识宣传活动，到三中、西门社区等地方发放防震减灾知识手册。同月，到湾滩河镇果里村开展“四进四送”活动，就中药材“四季红”种苗移栽技术进行现场培训。与县委宣传部、科协联合举办2016年科技活动周宣传活动。到湾滩河镇开展“六一”节日慰问活动。6月，参加2016年节能宣传周和全国低碳日宣传活动，共发放宣传资料500份，悬挂科普宣传挂图18张。

【工业科技】 高新技术企业认证申报。年初制定2016年龙里县高新技术企业认证申报实施方案，拟定认证申报企业名单。2016年，龙里县贵州创奇机械制造有限公司、贵州黔和物流有限公司、贵州实德门窗装饰有限公司等5家企业申报资料已上报省科技厅。贵州省科技厅认定贵州实德门窗装饰有限公司、贵州超亚纳米科技有限公司为高新技术企业。科技计划项目申报。与贵州生产力促进中心、贵州合创生产力促进有限公司等多家省内科技项目申报中介机构合作，为全县企业申报创新基金、星火计划、火炬计划、知识产权推进、工业攻关、创新券等省级科技项目。2016年，全县共计申报科技项目25个，科技计划项目资金2300余万元。专利申请。请入北京尚德等专利申请服务公司参与申报，鼓励企业申报专利。2016年，全县专利申请505件。

【科技创新】 2016年，就科技进步贡献率（综合科技进步水平指数）各项指标任务，分解到各责任单位，跟踪做好各项指标落实和统计数据的收集工作，随时对接省州数据认定部门。贵州科技厅情报研究所监测数据反馈显示，龙里县科技进步贡献率（综合科技进步水平）指数为85.8，在全省县域经济强县第一方阵排名第一。

【机制创新】 2016年，龙里县开展知识产权质押融资试点工作。龙里县作为贵州省知识产权质押试点县，印发《龙里县开展国家知识产权质押融资试点工作实施方案》。通过开展知识产权质押融资试点工作，推出2个以上知识产权金融服务产品，探索引入保险机制，收集40家企业知识质押融资需求；每年推动2～3家企业开展知识产权质押融资工作。

龙里县出台《龙里县专利权质押贷款贴息补助管理办法（试行）》。把专利权质押贷款贴息补助资金纳入县财政预算，贴息资金在龙里县本级科技经费中予以列支，每年额度为500万元。贴息资金用于补助中小微企业以专利权质押方式向金融机构贷款所支付的利息、专利权质押融资中介机构的评估费、专利权质押融资担保机构的担保费和担保公司对企业专利权质押融资贷款担保的风险补助。专利权质押贷款贴息补助须在企业还本付息后给予补助，贴息计算时间最长不超过两年，贴息比例不高于以金融机构发放贷款实际利率计算的利息总额的50%。年度内单个企业申请贴息资金不得超过20万元。专利权质押融资中介机构评估费补助，依据企业提供的中介机构评估费用支出相关凭证并在金融机构发放贷款之后，给予不高于实际中介评估费用50%的补助，最高不超过3万。专利权质押融资担保机构担保费补助，依据企业提供的融资担保机构担保费用支出凭证，并在金融机构发放贷款之后，补助标准为企业专利权质押实际贷款额度所发生的担保费用的50%进行补助，最高不超过10万元。专利权质押融资贷款担保机构的风险补助，依据担保公司与企业签订的专利权质押融资贷款担保合同，并在金融机构发放贷款之后，补助标准为企业专利权质押担保实际贷款金额的5%进行补助，最高不超过50万元。

2016年，贵州瑞和制药有限公司依靠其发明专利获得专利权质押贷款1.35亿元；贵州弘康药业有限公司以4件发明专利获得县农业银行专利权质押贷款1980万元；贵州黔宝食品有限公司的8件实用新型专利获县农村信用社60万元贷款。

【专利质押贷款】 2016年，贵州瑞和制药有限公司依靠其发明专利获得专利权质押贷款2900万元；贵州弘康药业有限公司以4件发明专利获得县农业银行专利权质押贷款1980万元；贵州黔宝食品有限公司的8件实用新型专利获得县农村信用社60万元贷款。

【科技成果应用】 2016年共申报科技项目23个，科技计划项目资金2980余万元。2016年新增1个省级农业科技园区即贵州龙里茶香农业科技示范园区。贵州东方宏基有限责任公司申报“龙里县众创基地”项目，获得州级授牌。

【高新技术产业科技】 2016年，制定龙里县高新技术企业认证申报实施方案，与企业对接，帮扶企业进行申报资料、财务报表、专利申报等资料进行整理，拟定2016年龙里县高新技术企业认证申报企业名单。全县完成贵州实德门窗装饰有限公司、贵州超压纳米科技有限公司和贵州蓝图新材料有限公司3家企业申报。

【科技成果评审】 2016年，县内30余家企业开展专利申报，共计专利申请505件，授权189件，贵州瑞和制药有限公司依靠其发明专利获得专利权质押贷款800万元，贵州弘康药业有限公司以4件发明专利获得县农业银行专利权质押贷款1980万元，贵州黔宝食品有限公司的8件实用新型专利获得县农村信用社60万元贷款。贵州瑞和制药有限公司开发的《一种治疗肝病的注射液及其生产工艺》发明专利获贵州省专利金奖。

科学普及

【概况】 2016年，按照全民科学素质行动计划纲要工作要求，组织全县个中小学、幼儿园教师、学生参加州、省和国家级科技创新大赛。号召全县镇办、县直各部门在青少年群体中组织开展学科学、用科学活动；充分利用各种纪念日，民俗活动开展科普宣传，在科普教育基地，科技馆，青少年活动中心，气象台，科学实验室等开展青少年科学体验活动。县域内企业与省内外高校和科研机构签订合作协议 5 项。

【科技活动周】 2016 年 5 月 15 日，在县城举办 2016 年科技活动周宣传活动，拉开龙里县 2016 年科技活动周的序幕。活动主题为“创新引领共享发展”，持续 8 天。活动期间，在龙里县人民政府门户网站发出《2016 年科技活动周期间龙架山公园等科普基地免费开放公告》，免费向社会公众开放。同时，协调县电视台滚动播出。

【青少年科技活动】 2016 年 4 月，组织全县青少年和科技辅导员参加第 32 届贵州省青少年科技创新大赛。5 月，开展青少年科技辅导员业务培训工作。组织推选 2 名骨干教师参加在贵阳市举办的全国青少年科学调查体验活动骨干教师培训班。5 月 12 日，县第三中学举办地震应急疏散演练活动。同月，组织龙里县各中小学校、企业、医院、旅游景区等开展应急疏散演练 70 余次，发放宣传资料 7000 余份。

知识产权管理

【概况】 2016 年，龙里县科学技术和知识产权工作围绕科学技术和知识产权目标任务和工作重点，实施创新驱动发展战略，发挥专利对企业经济社会发展提供支撑、引领、示范带动作用，给企业经济社会快速发展提供有力地科技支撑。全县专利申请量 664 件，同比增长 6.6%。其中，发明专利申请 370 件，同比增长 32.9%，超额完成年度目标任务。全年开展 2 次联合执法，共出动执法人员 8 人（次），检查北京华联生活超市等商业单位小家电和玩具等商品近 1500 余件。处理案件 127 起。4 月，开展“建设知识产权强国，支撑创新驱动发展”为主题的知识产权宣传周活动，发放《贵州省专利条例》《专利申请资助办法》、龙里刺梨地理标志及商标等宣传资料 1 万余份，接受咨询 630 余人。

（科技和知识产权局）

卫生和计划生育

【概况】 2016 年，龙里县卫生和计划生育局内设办公室（应急办、行政审批服务科）、政工科、政策法规宣传科、规划和信息科、医政药政科（中医药管理科）、公共卫生科、目标与项目管理科共 7 个行政科室。设立县卫生监督所、县爱国卫生运动委员会办公室、县计划生育执法大队、县新型农村合作医疗管理委员会办公室、县深化医药卫生体制改革办公室、县卫生和计划生育局资金管理中心、县妇幼健康服务办公室、县流动人口服务管理办公室、县家庭发展服务中心。设县属医疗机构：县人民医院、县中医院、县疾病预防控制中心、县妇幼保健院。设乡镇卫生院：冠山街道社区卫生服务中心（内设三元、麻芝卫生院）、龙山镇中心卫生院（内设草原、水场卫生院）、洗马镇中心卫生院（内设巴江、哪嗙卫生院）、湾滩河镇中心卫生院（内设湾寨、摆省卫生院）、谷脚镇中心卫生院、醒狮镇中心卫生院（内设谷龙卫生院）。全县卫生和计生系统共有在岗专业技术职称人员 529 人，其中正高职称 1 人，副高职称 63 人，中级职称 116 人，初级职称 349 人。

2016 年，龙里县乡镇卫生院标准化建设全覆盖；远程医疗会诊全覆盖；新农合大病保险全覆盖；乡镇卫生院执业医师全覆盖；乡村中小学校医全覆盖。

截至 2016 年 12 月底，全县建档立卡贫困人口住院补偿 1094 人次，新农合政策范围内费用 770.88 万元，三重保障报销费用 708.49 万元，政策内补偿比 91.91%。2016 年全县参合人数达 19.12 万人，参合率 99.12%。筹资标准达 510 元，筹资金额达 9750.38 万元。2016 年基金到位 9690.77 万元，基金支出 7636.78 万元，惠及群众达 75.35 万人次。

【医疗机构】 2016年，龙里县有医疗机构184家，全县床位总数达到872张。全县卫生计生系统在编人员762人，其中专业技术人员529人。按照常住人口计算，每千人口现拥有病床3.89张；每千人口拥有卫生技术人员4.7名；每千人口拥有执业医师2.0名；60%以上医生达到大专以上学历。全县共有村卫生室143个，其中：标准化、规范化村卫生室143个，占村卫生室总数的100%，村卫生室覆盖率达100%。

【财政投入】 2016年，全县医疗卫生计生总费用总额达到2.23亿元，其中人口计划生育事业投入2174万元。

【项目建设】 2016年建成龙里县人民医院内科住院综合楼建设项目，建设面积为1.22万平方米，计有350张床位，预计于2017年初正式投入使用。启动县中医院建设项目，建设面积1.71万平方米；县妇幼保健院建设项目将妇幼保健院与计划生育妇幼保健中心建设项目合并后，项目建设面积达8500平方米，总建设投资为2800万元，2016年底完成主体工程，进入房屋装修装饰阶段。

【新型农村合作医疗】 2016年全县参合人数达19.12万人，参合率99.12%，系统录入率100%。应到位资金9750.38元，支出7636.78万元，补偿人次达75.35万人次。

【基本公共卫生服务】 2016年，全县累计建纸质居民健康档案21.71万份，录入电子档案21.71万份；开展常规免疫运转12次，疫苗接种均达国家免疫规划要求大于95%；与2015年同期相比，传染病报告发病率上升9.43/10万。

【医政药政】 2016年，共选派75人参加各级各类培训。在全县14家基层卫生院及1家社区卫生服务中心和143所村卫生室均全面实施国家基本药物制度改革，所有开展诊疗业务的村卫生室实施国家基本药物制度。2016年龙里县2所卫生院（洗马镇中心卫生院、醒狮镇中心卫生院）创建省级“群众满意卫生院”通过达标验收、1所卫生院（谷脚镇中心卫生院）创建国家级“群众满意卫生院”通过达标验收。全年开展两次“无偿献血献爱心”活动，共607人进入献血环节，献血量1.77万毫升。

【爱国卫生】 龙里县创建国家卫生县城于2016年9月顺利通过病媒生物防制验收，10月顺利通过技术评估。省爱卫办对待命名的“国家卫生县城”及“国家卫生乡镇”进行公示，其中待命名的“国家卫生县城”有龙里县，“国家卫生乡镇”有龙里县洗马镇。创建省级卫生乡镇的龙山镇、谷脚镇以及创建的22个省级卫生村通过评估验收。

【卫生监督执法】 2016年，重点监督检查公共场所经营单位182个；监督检查集中式供水单位28户次，中小学校79所，医疗机构115户，共下达卫生监督意见书1251份。受理公共场所卫生许可证申请75个，办理公共场所卫生许可证69个。共立案查办卫生违法立案703件，结案703件，罚款42.39万元。

【县级公立医院改革】 龙里县于2015年10月20日全面启动县级公立医院综合改革，龙里县人民医院、龙里县中医院纳入改革医院。截至2016年12月，县财政划拨县级公立医院综合改革中央、省级、县级补助资金822.23万元，其中拨付县人民医院525.98万元，县中医院276.25万元。三是超前规划谋发展。编制《龙里县“十三五”卫生计生事业发展规划》，县人民医院建成三级综合性医院，改扩建县中医院，力争建成二级甲等中医医院。取消药品加成，改革以药补医。共拨付2016年年度药品零差率销售补助共计102.23万元。调整县级公立医院部分医疗服务价格。改革医保支付制度。县人社局、县合医办实施按病种付费、住院（门诊）限价付费的医保支付方式改革。全面推行岗位聘用制度，实行全员聘任、竞聘上岗。完善医院管理，规范诊疗行为。县人民医院完成100个临床路径模板设计，15个专业63个病种运用于临床，完成临床病例路径病例4326例。

【计生技术服务】 2016年，全县孕优完成2326（1163对）人，完成总任务数的101.13%；完成妇检2.21万人次，发放避孕套4.2万只，完成避孕药具使用人数3558人。为829例符合条件准备再生育人群免费提供取环、复通等计划生育技术服务。

【计生依法行政】 2016年，按法定程序依法申请人民法院强制执行案件2件，结案2件，全县全年共完成社会抚养费征收228.75万元。

【计生利益导向】 2016年，全县共完成计划生育利益导向目标对象确认1.84万人次、兑现资金450.08万元；完成计生“三结合”帮扶任务数800户、帮扶资金80万元。

（陈东昌）

妇幼保健

【概况】 2015年12月，龙里县妇幼保健院与龙里县计划生育服务中心整合为龙里县妇幼保健计划生育服务中心，并加挂龙里县妇女儿童医院、龙里县妇幼保健院牌子，是县内唯一一家集全县妇幼卫生保健、计划生育技术服务，以及临床和教学为一体的综合性妇幼卫生保健与计划生育技术服务机构。

龙里县妇幼保健计划生育服务中心（龙里县妇幼保健院），是龙里县城镇职工社会医疗保险和龙里县新型农村合作医疗定点单位，也是龙里县母婴保健技术服务及婚前医学检查定点单位。同时，是妇幼卫生工作国家项目执行县，2016年实施的项目有“降消”项目、农村孕产妇住院分娩补助项目、“预防艾、梅、乙母婴传播”项目、新生儿疾病筛查、地中海贫血防控项目、补服叶酸预防出生缺陷、地中海贫血防控等项目。

龙里县妇幼保健计划生育服务中心（龙里县妇幼保健院），设有事业编制岗位119个，2016年年底实有工作人员55人，其中管理岗位5人（含离岗待退1人），工勤岗位2人，专业技术人员48人（其中：有副高职称9人、中级职称17人、初级职称22人）。现有高、中、低档病床100张，其中带卫生间、彩电、沙发等家庭式高档病房10间。有B超、心电图、X光机、乳腺诊断仪、电子阴道镜、心电监护仪、胎心监护仪、儿童智力测查工具、儿童体格测量工具、微量元素分析仪、全自动生化分析仪等多种先进设备。现有业务用房1800平方米。开设有妇女保健科、儿童保健科、妇科、产科、儿科及化验、B超等临床辅助科室和财务与行政后勤保障科。可开展各种儿童体检、儿童保健及系统管理，以及儿童常见疾病诊疗；设有孕妇学校、产前检查及孕产妇系统管理、高危孕产妇筛查与管理、妇科病普查普治、无痛人流术、平产接生、剖宫产术，以及卵巢肿瘤、宫外孕、子宫全切或次全切术和计划生育技术服务等相关手术。同时，负责全县范围内“出生医学证明”的发放、管理，以及对全县五镇一办中心卫生院及分院的妇幼卫生、计划生育技术服务等工作人员的培训与相关工作任务的督查、指导、考核、汇总上报等工作。

（陈　华）

疾病预防控制

【概况】 2016年，龙里县疾控中心工作围绕省、州、县疾病预防控制工作各项目标任务，开展全县急性传染病防治、慢性传染病防治、地方病防治、免疫规划、突发公共卫生事件处置、公共卫生服务项目工作技术指导、病媒生物监测、农村环境卫生监测、预防性体检及卫生监测检验业务。全年全县常规免疫接种实种69710剂次，接种率99.81%，扩大国家免疫规划11苗22剂次接种率均达95%以上国家免疫规划指标要求。全州第四轮免疫规划综合评审，龙里县评分获全州第3名。年度法定传染病报告发病729例，报告发病率454.65/10万，报告死亡数2例，报告死亡率1.2472/10万，无甲类传染病报告。

2016年，县疾控中心内设机构设办公室（应急办公室）、财务科、流行病科、免疫规划科、慢性病科、公共卫生宣教科、卫生监测检验中心7个。中心班子实有正副主任各1人，科长（主任）7名。实有在编在岗职工36人，其中，在岗卫生专业技术人员31人（副高职称5人，中级7

人）；管理人员 4 人，工勤人员 1 人。本科学历 17 人，专科学历 11 人。

【免疫规划】 2016 年全县常规免疫疫苗接种应种 6.98 万剂次，实种 6.97 万剂次，接种率 99.81%，扩大国家免疫规划 11 苗 22 剂次接种率均达 95% 以上国家免疫规划指标要求。6 月和 11 月分别对全县 15 个接种单位免疫规划工作开展情况进行半年考核和年综免疫规划综合评审。11 月 11—12 日，州卫计委免疫规划评审组一行 10 人在州疾控中心主任张勋带队到龙里县开展第四轮免疫规划综合评审。评审组通过听取龙里县工作汇报、查阅资料、现场检查县卫计局、县疾控中心、县人民医院、冠山社区服务中心、城关一小、播箕小学、洗马镇中心卫生院、洗马镇中心小学，落掌小学等单位。本次黔南州免疫规划综合评审，龙里县评审得分 95.25 分，排名全州第三。

【二类疫苗接种】 2016 年开展二类疫苗接种，共接种 hib 疫苗 2317 剂次、水痘 1893 人份、轮状病毒疫苗 809 人次、23 价肺炎疫苗 846 剂次、狂犬疫苗 8683 人份。

表 1　2016 年龙里县常规免疫疫苗分剂次接种汇总表

疫苗		本地			流动			合计		
		应种数	实种数	接种率%	应种数	实种数	接种率%	应种数	实种数	接种率%
乙肝疫苗	1（及时）	2342	2336	99.74	0	0	0	2342	2336	99.74
	1	2342	2336	99.74	0	0	0	2342	2336	99.74
	2	3092	3086	99.81	478	478	100	3570	3564	99.83
	3	2705	2701	99.85	652	652	100	3357	3353	99.88
卡介苗		2203	2203	100	241	241	100	2444	2444	100.0
脊灰疫苗	1	2813	2806	99.75	520	520	100	3333	3326	99.79
	2	2412	2401	99.54	485	485	100	2897	2886	99.62
	3	2116	2112	99.81	460	460	100	2576	2572	99.84
	4	3167	3159	99.75	576	576	100	3743	3735	99.79
百白破疫苗	1	2742	2738	99.85	517	517	100	3259	3255	99.88
	2	2671	2667	99.85	553	553	100	3224	3220	99.88
	3	2548	2541	99.73	601	601	100	3149	3142	99.78
	4	2807	2800	99.75	761	761	100	3568	3561	99.8
白破疫苗		3110	3107	99.9	435	435	100	3545	3542	99.92
含麻类疫苗	1	2563	2560	99.88	609	609	100	3172	3169	99.91
	2	2731	2727	99.85	766	766	100	3497	3493	99.89
A 群流脑疫苗	1	2548	2543	99.8	612	612	100	3160	3155	99.84
	2	2426	2424	99.92	522	522	100	2948	2946	99.93
A + C 群流脑疫苗	1	2613	2594	99.27	553	553	100	3166	3147	99.4
	2	2090	2078	99.43	287	287	100	2377	2365	99.5
乙脑疫苗（减毒）	1	2599	2593	99.77	608	608	100	3207	3201	99.81
	2	2896	2887	99.69	805	805	100	3701	3692	99.76
甲肝疫苗	1	2846	2842	99.86	764	764	100	3610	3606	99.89
合计		58040	57905	99.77	11805	11805	100	69845	69710	99.81

【免疫规划针对疾病监测】 2016年，全县健康人群疫苗抗体水平监测：根据龙里县卫生和计划生育局《2016年健康人群疫苗针对性疾病抗体水平监测工作方案》，县疾控中心选取龙里县冠山街道卫生服务中心为监测点，调查8个年龄组（A：小于1岁，B：1～2岁，C：3～4岁，D：5～6岁，E：7～9岁，F：10～14岁，G：15～19岁，H：≥20岁）人群，每个年龄组随机选取30名调查对象，进行麻疹、乙肝疫苗接种史调查并同时采集静脉血标本。本次共调查253人，麻疹lgG检测阳性253人，阳性率100%。乙肝表面抗体检测阳性199人，阳性率78.66%，其中4岁以下检测134人，阳性125人，平均阳性率93%，4岁以上检测119人，阳性74人，平均阳性率62%。认真开展麻疹、流行性脑脊髓膜炎、流行性乙型脑炎、AFP免疫规划针对疾病监测。2016年共报告疑似麻疹病例3例，对报告病例进行个案调、接种率调查，采集标本送州疾控检测，经麻疹实验室检测，排除麻疹病例2例、实验室确诊病例1例，无死亡；报告AFP病例3例，县疾控中心对病例开展个案调查、标本采集送检查、病例随访，AFP病例监测指标完成率100%；县疾病预防控制中心每旬到县医院开展免疫规划针对疾病监测，并及时上报监测报表，各乡镇卫生院也按监测要求每旬开展监测上报工作。2016年无新生儿破伤风、流脑病例报告。

【传染病疫情管理与预警信息查处】 县疾控中心对全县各报告单位报告的传染病每天4次及时进行审核、分析工作，对预警信息及时进行核查处理。开展对14个乡镇卫生院和冠山街道办卫生服务中心疫情报告常规督查，县医院、县中医院等县级医疗单位每月进行督导，对医疗机构的传染病报告卡、疫情网络报告、门诊日志填写、疫情漏报等进行督导检查，共计监测134个单位次，监测覆盖率达100%。查阅各报告单位2016年1月1日至检查当天的门诊日志，对各乡镇的传染病上报情况进行核查，各报告单位均无传染病病例漏报。截至12月31日，共收到传染病自动预警短信59条，预警病例5种，其中疑似麻疹4条、痢疾5条、其他感染性腹泻4条、流行性腮腺炎4条、手足口病42条，县疾控中心对收到的预警均立即电话或到现场开展核实，对接收预警信息及时进判定，排除疑似事件51条，判定为疑似事件8条，及时填报核实信息上报，对需现场调查的信息在规定时间内完成调查在网络报告。

【传染病防控】 加强狂犬病、手足口病、流感、甲肝、伤寒等重点传染病防控。截至2016年12月31日，报告甲肝病例2例、伤寒副伤寒1例。报告手足口病发病821例（含疑似病例），其中重症病例4例、实验室确诊病例40例，聚集性疫情（集体单位或家庭）10起，县疾控中心、乡镇卫生院对报告的重症病例和聚集性疫情开展疫情调查处置。全县共采集81份手足口病病例标本送州疾控中心检测，经州疾控中心实验室检验，检出阳性标本34份，其中CoxA16阳性标本18份、EV71病毒6份、其他肠道病毒10份，县疾控中心收到检验报告后及时对病例进行订正报告。县疾控中心及时将报告的手足口病、甲肝病例转各乡镇卫生院，对病例进行追踪管理和病家消毒。

【卫生应急管理】 2016年，龙里县疾控中心修订《龙里县疾病预防控制中心突发公共卫生事件应急预案》等，组织相关人员参与县应急办牵头的应急演练。2016年下拨卫生应急经费50万元，按程序采购配齐贵州省卫生应急物资储备目录相关应急物资。龙里县创建省级卫生应急示范县2016年7月28日通过省级复评审。2016年处置聚集性手足口病疫情（集体单位或家庭）10起；3起疑似食物中毒、1起毒菌食物中毒，累计发病38人，暴露人数237人，无死亡病例。

【法定报告传染病发病情况】 2016年全年法定报告传染病发病729例，报告发病率454.65/10万，报告死亡数2例，报告死亡率1.2472/10万，报告发病率较2015年同期上升7.05/10万，报告死亡率较2015年同期下降50.0/10万。各类传染病报告发病数、死亡数见附表。

表2　　2016年龙里县法定报告传染病发病率/死亡率按病种排序统计表

类型 位次	发病病种排序			死亡病种排序			病死率（%）	
	病种	发病数	发病率（%）	病种	死亡数	死亡率(%)	病种	病死率
1	手足口病	276	172.1138	艾滋病	1	0.6236	艾滋病	7.6923
2	肺结核	213	132.827	肺结核	1	0.6236	肺结核	0.4695
3	乙　肝	49	30.5564		–	–		–
4	梅　毒	38	23.6968		–	–		–
5	痢　疾	36	22.4496		–	–		–
6	其他感染性腹泻病	27	16.8372		–	–		–
7	流行性腮腺炎	26	16.2136		–	–		–
8	丙　肝	22	13.7192		–	–		–
9	艾滋病	13	8.1068		–	–		–
10	淋　病	7	4.3652		–	–		–
11	流行性感冒	7	4.3652		–	–		–
12	猩红热	6	3.7416		–	–		–
13	急性出血性结膜炎	2	1.2472		–	–		–
14	甲　肝	2	1.2472		–	–		–
15	戊　肝	2	1.2472		–	–		–
16	麻　疹	1	0.6236		–	–		–
17	麻风病	1	0.6236		–	–		–
18	伤寒+副伤寒	1	0.6236		–	–		–
合　计		729	454.605		2	1.2472		–

【艾滋病防治】　2016年，全县完成HIV检测3.43万人，检测率18.93%（34293/181184），完成州12%人口检测比例的任务指标。对HIV检测初筛18例阳性采样送黔南州疾控中心实验室确证，阳性17例。2016年接受抗病毒治疗在治47人，其中2016年新增抗病毒治疗15例。吸毒人群针具交换完成67人次，注射器发放3040支，回收3030支，发放安全套1.26万支。

【结核病防治】　2016年肺结核病人共接受治疗管理156例，其中初治涂阳病人59例，复治涂阳病人3例；初治涂阴87例，重症涂阴初治病人7例；初治涂阳病例完成全年任务的84.29%（59/70），复治涂阳病例完成全年任务的75%（3/4）；初治涂阴病例完成全年任务的87%（87/100），重症涂阴病例完成全年任务的58.33%（7/12）。全年对县人民医院、县中医院、五镇中心卫生院及其分院、冠山街道社区卫生服务中心及其分院日常督导检查共4次，考核2次。

【疟疾防治】　2016年，全县共涂制本地居民发热血片1085张，未发现阳性病例；流动人口发热血片221张，未发现阳性病例。2016年对5镇中心卫生院及其分院、冠山街道社区卫生服务中心日常督导2次，考核2次。

【麻风病防治】 2016年现症病人3例，其中1例为2016年复发，麻风病受累存活者共69例。2016年对线索上报排查47例，现症病人家属及周围人群检查129人，均未发现麻风病例。完成25例1、2级畸残病例发放防护鞋50双、胶布200个、纱布200包、绷带若干卷、凡士林25瓶（500g）、药棉200包、75%酒精16瓶、眼药水50支、眼药膏50支、多功能打磨器25把、防护包25个。

【碘缺乏病防治】 2016年居民碘盐监测：共抽查5个乡镇，每个乡镇4个村，每村15户共20个村300户居民的碘盐。合格碘盐280份，不合格碘盐20份，合格率达93.33%。其中龙山镇监测60份，合格59份；三元监测60份，合格60份；谷脚镇监测60份，合格55份；湾寨监测60份，合格50份；草原监测60份，合格56份。

【重性精神疾病】 2016年对5镇中心卫生院及其分院、冠山街道社区卫生服务中心及其分院上报115例线索进行排查诊断，确诊病例43例。全县累计确诊病例757例，检出率达4.76‰，对已确诊的757例病人进行随访管理，管理率达95.85%，规范管理率达78.71%，686项目指标均以完成。进行家庭护理教育591人、1162人次，免费服药治疗291人，患者治疗率达61.54%。免费化验215人、353人次，免费复诊246人、246人次，对高风险患者管理指导88人，对有危险行为的患者免费应急处置22人，解锁病例1例。

【死因监测】 2016年人口死亡信息登记报告系统中龙里县死亡病例1268例，死亡报告率为6.99‰，比国家下达的任务指标超出0.99‰，其中：男性死亡754人，女性死亡514人。死因顺位：呼吸系统疾病占居首位273人，占死亡人数21.5%；其次是脑血管疾病196人，占死亡人数15.5%；恶性肿瘤187人，占死亡人数14.7%；损伤及中毒167人，占死亡人数13.2%；心脏病110人，占死亡人数的8.7%；消化系统疾病59人，占死亡人数4.6%；内分泌营养代谢疾病38人，占死亡人数3.0%；传染病23人，占死亡人数的1.8%；其他系统疾病47人，占死亡人数3.7%。2016年对全县5镇中心卫生院及其分院、冠山街道社区卫生服务中心及其分院日常督导2次，考核2次。

【基本公共卫生服务项目】 2016年全县居民纸质健康档案建立数3444人，居民电子健康档案建立数3273人，累计电子健康档案建立数21.71万人，累计电子档案建档率120.89%；老年人建档人数642人；高血压患者管理数1.37万人，高血压患者管理率40.01%；糖尿病患者管理数2350人，管理率17.80%。2016年分别对5镇中心卫生院及其分院、冠山街道社区卫生服务中心及其分院的基本公共卫生服务项目疾控部分工作情况进行督导2次，培训、考核2次。

【监测检验】 健康体检：2016年开展对辖区内从业人员健康体检共7042人，合格6640人，合格率94%；职业健康体检共1119人，检出禁忌症80人，疑似职业病39人。饮用水监测检验。县城区市政供水每月日常监测共计72份水样，合格60份，合格率为83%；农村饮水安全工程丰水期、枯水期出厂水、末梢水共采集水样72份监测，合格48份，合格率为67.7%；卫生监督、学校等委托饮用水水质抽检共82份，合格52份，合格率63%。公共场所监测。卫生监督抽检住宿场所、美容美发场所等25家公共场所，共计194份样品，合格190份，合格率97.94%；对商场、歌舞厅、游艺厅、影剧院、候车室、体育馆等17家空气质量监测，共34份样品，30份合格，合格率88.24%。公共场所委托监测。共计167家，采集843份样品，合格811份，合格率96.20%。县人民医院、阳光医院2家医疗机构监测共77份样品，合格73份，合格率94.81%。食品安全风险监测。全县采集食品安全风险监测样品62份送检。餐饮具委托监测共计84家，256份样品，共合格210份，合格率82.03%。农村环境卫生监测。根据贵州省2016年农村环境卫生监测项目技术方案，对全县5个镇20个行政村100户家庭、8所中小学进行环境卫生监测调查，并采集20个监测村的农田土壤送州疾控中心检测土壤蛔虫卵、pH、铅、镉、铬含量，铅检测20份，合格

20份，合格率为100%；镉检测20份，合格14份，合格率为70%，铬检测20份，合格20份，合格率为100%；土壤检测20份，污染蛔虫卵4份，占20%。

【病媒生物监测】 根据贵州省及黔南州及龙里县媒生监测方案，全年在2月、4月、9月、11月对鼠密度各监测1次，完成率为100%；蟑螂密度在2月、4—10月、12月各监测1次，全年共9次，完成率为100%；蝇密度在5~9月各监测1次，全年共5次，完成率为100%；蚊虫密度每月监测1次，全年共12次，完成率为100%。全年对鼠密度、蟑螂密度、蝇密度、蚊虫密度共监测30次，完成率为100%。2016年5—10月在县城公园（广场）等外环境单独开展白纹伊蚊监测。

【培训与科研】 业务培训。龙里县于2016年1月30日，6月4日分别召开展全县2016年基本公共卫生服务（预防接种）项目培训。全县5个中心卫生院及9个分院的院长及冠山街道办卫生服务中心主任、防保组长、临床组长、免疫规划资料员，县医院防保科、县卫计局公共卫生股、县疾控中心相关业务人员共计83人次参加。6月4日，开展卫生应急及急性传染病防控和传染病疫情报告管理工作的培训，全县5个中心卫生院、社区卫生服务中心及9个分院的院长、防保组长、疫情管理员，县医院防保科、局公共卫生科、县疾控中心相关人员共计64人参加。开展年度基本公共卫生服务项目及慢性病防治培训。2016年6月5日，召开龙里县基本公共卫生服务项目培训会。县疾控中心就疟疾防治、地方病防治、死因防治、结核病防治、艾滋病防治、麻风病防治、居民健康档案建立、健康教育、老年人管理、高血压管理、糖尿病管理、死因监测、严重精神障碍治疗管理等内容进行培训。此次参会人员为15个乡镇卫生院（分院）院长、副院长、防保组长、公共卫生资料员等90余人。卫生科研。2015年县疾控中心专业技术人员撰写科研论文在《现代预防医学》《微量元素与健康研究》等核心医学期刊发表3篇。

【健康教育】 2016年龙里县疾控中心利用“麻风病防治日”“3·18”科技活动日、“4·25免疫宣传周”“疟疾防治日”“全民营养周宣传活动日”“全国高血压日”“世界精神卫生日”“12月全国艾滋病防治宣传日”等各种卫生主题宣传日开展宣传活动15次，发放各种宣传资料2万余份，共接受群众咨询1200余人次。6月8日上午，县卫计局组织县疾控中心与龙里县中等职业技术学校联合在职校开展“拒绝烟草危害”为主题的宣讲和“拒吸第一支烟，做不吸烟新一代”的签名活动，现场展示控烟展板8块，向学校师生发放宣传资料、咨询等，参与整个活动的师生1000余人，发放宣传单、宣传小册子、折页资料10多种约800份，参加活动师生在“拒吸第一支烟，做不吸烟新一代”横幅上签名。

（平　波）

龙里县人民医院

【概况】 龙里县人民医院为国家二级甲等综合医院，2016年全院在岗职工443人，医师177人，护士187人，其他人员79人；其中卫计人员364人（占全院职工的82%），硕士研究生3人，本科190人，大专172人，中专61人。有高级职称35人，中级职称50人，初级职称238人。医院编制床位数200张，实际开放床位350张，设有住院部业务科室11个。是全县唯一一所综合性二甲医院，也是龙里县120急救中心和医疗预防保健技术指导中心，城镇职工基本医疗保险、城镇居民基本医疗保险、新型农村合作医疗和交通事故救治定点医院。2016年与贵州省人民医院、浙江舟山医院签订对口帮扶协议，是贵州省人民医院、贵州医科大学第三附属医院、黔南州人民医院的医联体单位，是黔南民族医药高等专科学校教学实习基地。

【医疗服务】 县医院加强服务规范化建设，深化优质护理，不断提升服务水平，继续将优质护理服务在全院各病区拓展。2016年，县医院持续改进医疗服务质量，努力做到“服务好”“质量好”“医德好”“让病人满意”，实现药品“零差率”销售，让利于民，实行“先治疗，后付费”制度。通过床前探视、电话回访等形式，病人对龙里县人民医院服务满意率达95%以上。

【技术设备】 医院总占地面积6.67公顷，房屋建筑面积3.6万平方米，具有中心供氧、中央负压、中央空调、双回路供电、二次供水和污水处理系统。现有1.5T核磁共振、64排CT、DR机、C臂、彩超、全自动血液分析仪、全自动生化分析仪器等大型医疗设备。

【二甲医院建设】 2016年10月医院内科综合大楼启用，新增建筑面积1.2万平方米，医院业务用房增加为3.6平方米，病床增加150张。内科大楼增加血透室、中医康复科，扩大内二科、儿科、重症医学科的病床。县医院全面推进“二甲”复评工作，2016年3月启动复审工作，按照二甲综合医院评审条件，对照标准，边查边改、查缺补漏，改进和完善各项工作。

【医疗队伍建设】 2016年，开展院内业务学习23次，请上级专家讲学6次，外派省内外学习进修15人次，短期外出学习培训99人次，公开招考和引进28名医务人员。

【医保管理】 2016年7月，县医院与贵定县合医办签定《定点医疗机构》服务协议，从2016年8月1日起，实现贵定县新农合参合患者在龙里县医院就诊实行直补。

2016年3月14日，医院对持“龙里县医疗精准扶贫救助明白卡”的患者就医，实行优先救治，简化入院手续，畅通绿色救助通道。

全年医保住院1714余人次，总医疗费665.85万元，报销医保基金523.17万元；新农合住院7262人次，总医疗费2528.14万元，报销新农合基金1531.67万元。

（王　贤）

龙里县中医院

【概况】 龙里县中医院成立于1992年10月，为正股级单位。2008年，县中医院、龙山镇卫生院整合为龙山社区卫生服务中心，并保留县中医院、龙山镇卫生院牌子。2012年，县中医院单独设置，作为县卫食药局管理的正科级事业单位。2013年8月，县中医院整体搬迁至县人民医院原旧址（县城小街园）。2013年12月，县中医院获二级医院执业许可证，批准设床位200张。医院设有行政后勤设有财务科、医务科、护理部、办公室、医保科、院感科、总务科共计7个部门。设有综合病房、推拿科、针灸科、外科门诊、内科门诊、儿科门诊、中医门诊、急诊科、口腔科共9个临床科室和药剂科、检验科、特检科（B超和心电图）、放射科4个医技科室。

2016年，县中医院核定编制数176人，在编在岗57人，空编119人，临时聘用10人，在岗人员共计67人。卫技人员59人（占全院职工的88%）：其中取得资格证40人（医师22人，护理13人，药剂师1人、检验3人、放射技士1人）；副高职称4人（中医副主任医师2人，副主任护师2人），中级职称8人，初级职称28人。在学历结构上：本科42人、大专14人、中专10人、中专以下1人。2016年有正式职工57人，空编119人。医院高级、中级、初级技术人才占全院职工比例分别为6%、12%、51%，中高级人才偏低，高层次优秀人才缺乏；检验、影像等辅助科室专业人才缺乏较为明显，尤其是中医药人才比例严重不足，重点学科优势不明显；全年只开设9个临床科室，4个医技科室，不能满足群众看病就医需求。

2016年，县中医院作为全县“中医药适宜技术推广基地”，先后与黔南州中医院、贵阳中医学院第一附属医院、贵阳中医学院第二附属医院签订医联体协议签订对口帮扶协议，同时加强针灸科专科建设项目。2016年收入333万元，支出317.5万元，收支节余为15.5万元。

【诊疗设备】 现有设备：美国GE公司GE-BrivoCT325双排螺旋CT1台、恩普G71全数字四维彩色多普勒超声机1台、KB500－C型X光机1台、DRYPIX－Smart富士激光相机、心电图机2台、给氧装置10套、心电监护仪4台、华佗牌SDZ－2型电针仪30台、URIT－8030全自动生化分析仪1台、自动洗胃机1台、中药熏蒸机1台，院前急救车1辆等医疗设备。

【项目建设】 2016年新建龙里县中医院综合楼及附属设施，该项目占地1813.11平方米，建筑总面积2.14万平方米，规划建设资金5100万元（含中央预算内投资3100万元和地方投资2000万元），计划2018年投入使用，预设有内科、外科、妇科病房、针推科、手术室、ICU、体检中心、检验中心、治未病科、检验科等十余个临床诊疗科室。

（刘　杰）

民营医疗机构选介

【龙里阳光医院】 龙里县阳光医院于2005年8月成立，是黔南州较早成立的一家私营医院。

2016年，阳光医院设有内科、外科、妇科、儿科、医学检验、影像等科室，核定编制床位60张。医院有职工46名，执业医师10人，其中：副主任医师1人、主治医师6人、执业助理医师1人；执业护士1人，其中：护师2人，护士6人；药士2人；检验士1人；放射科医师1人。

2016年门急诊约6万多人次，门诊人次约5.4万人次，住院人次约2800人次，完成各种手术660余例。

2016年获贵州省艾滋病确定中心检验室艾滋病检测实验室能力验证活动“优秀奖”。

（郑伶俐）

【龙里明惠医院】 明惠医院成立年于2004年，龙里县第一家民营医院，是一家综合医院，位于龙里县民政局旁。2006年成为城镇职工、居民基本医疗保险定点医疗机构，2009年成为新农村合作医疗定点医疗机构。2014年加入民政一站式医疗救助医疗机构。2016年院内设内科、外科、妇科、儿科、中医科、急诊科、医学影像科、医学检验科、全院职工共计29人，执业医生共7人，执业护士共10人，医院不断引进人才，开展新技术。

（李　萍）

【龙里民生医院】 龙里民生医院是一家集临床、预防、保健为一体的现代化综合医院。医院秉承“医泽天下、以人为本”的理念，以“疗效第一、服务至上”为宗旨，致力于不断提高龙里的医疗技术水平，以优质的服务满足大众的健康需求。

该院汇聚国内各地具有丰富临床经验的知名教授、主任医师，精心打造高素质的医疗护理队伍，让龙里县人民可以享受“县级的收费价格、省级的技术服务”。医院开设内科、外科、妇科、中医科、结石科等专业科室，拥有现代化的病房和手术室。引进全自动生化分析仪、全自动血液分析仪、电子数码阴道镜、彩色多普勒超声诊断系统、Leep刀，以及国内最新第五代体外超声碎石机等近百套现代化诊疗设备。此外，与贵州大学第三附属医院建立长期的医疗合作和学术交流，不断提高医疗技术和服务全县人民健康需求。

（卓宁力）

文化·体育·广播电视·旅游

文　　化

【概况】　龙里县文化和旅游局（简称文旅局）位于龙里县环北路公共体育场内。设2个内设机构：办公室（行政审批科）、政策法规科。纪检监察机构：设置县纪委派驻龙里县文化和旅游局纪检组、县监察局派驻龙里县文化和旅游局监察室。机关党组织设置：设中共龙里县文化和旅游局党总支部委员会，下设中共龙里县文化和旅游局机关支部，中共龙里县文化和旅游局离退休支部。下属8个事业单位：文化馆、图书馆、旅游产业管理办公室、文化旅游综合执法大队、体育中心、文物管理所、文化管理服务中心、广播电影电视管理服务中心。局行政编制11名。其中，部门领导职数：局长1名，副局长3名；部门其他领导。领导职数：纪检组长1名；内设机构领导职数：科长（主任）2名，监察室主任1名（由纪检组长兼任），监察室副主任1名（正股级）。机关工勤编制2名。人员编制纳入财政全额预算管理。全局干部职工共有68人，实有在职在编人员53人。

2016年，局党总支被县委表彰为先进基层党组织，局机关被县委、县政府表彰为先进单位。

【行政审批】　2016年，受理行政许可业务咨询40余件，前来申请办理22件，办结17件。其中新设立网吧经营场所5家，网吧经营场所地址变更1家，网吧经营场所法定代表人变更1家，新设立歌舞娱乐场所2家，办理一次性内资核准印证7件，举办营业（临时）性演出许可1件。

【执法检查】　2016年，开展4次联合生产大检查，对重点监管企业的龙架山森林公园、龙里大草原景区安全生产规范化建设，对德铭包装印刷厂、万军包装彩印厂监督指导完成安全生产工作责任“五到位五落实”管理体系建设。每月安全生产检查率100%，文化旅游市场安全生产实现“零”事故。

2016年全面启动全国文化市场13个执法数据监管平台工作。

【“扫黄打非”】　2016年，就重大节庆、重大会议活动期间和春秋季开学期间、高考期间以及旅发大会期间，对新闻出版市场开展专项整治行动。收缴低俗盗版暴力光碟1万余张，盗版书刊200余册。未出现反动政治性刊物销售流通。取缔黑网吧经营单位2家，收缴设施设备15台，取缔黑游戏机3个点，收缴游戏设施9台。开展3.15、4.26非法出版物、伪劣产品集中销毁活动2次。

【监督队伍建设】　2016年对全县“五老”网吧义务监督员20人、龙里县“文化市场”义务监督员23人和龙里文化娱乐业协会巡查人员35人进行培训，并全部颁发证书。

【上岗培训】　组织全县47家重点监管企业，开展安全生产管理网上直报系统业务培训，培训人员50余人次。组织执法人员出省培训5人次，参加省级举办的业务培训6人次，参加州级以上业务培训10人次，参加网络业务学习培训30人次，考试合格，持证上岗，持证率100%。组织协会从业人员培训，店长以上管理人员服务礼仪训期两期，每期2天以上，参训人员100余人次。分别组织龙架山森林公园全体员工开展为期15天的礼仪服务人员培训，参训人员400余人次。组织双龙风情小镇镇所有商户开展为期2天的培训班，参训人员共400余人次。

【文化产业统计】 2016年，全县文化产业统计：用视听设备5271家，零售34家、事业1家、旅游方面5家、体育行业1家、文化行业41家、新闻出版行业27家。完成行政执法证年检6人的换证工作和完成文化市场娱乐场所、新闻出版行业经营单位104家企业的行政许可证年检换证。完成部门行政权力责任清单216条，完成10项权力下放试点乡镇（醒狮镇）及培训工作。办理举报案件10件，有效举报3件，查处3件，旅游投诉10件，有效调解完成10件。

【图书馆】 2016年，龙里县图书馆书刊外借1.99万人次，总流通人次2.68万人次，外借图书2.62万册次。

【读者服务】 2016年1月，开展迎新春“亲子·青少年”剪纸比赛、经典故事片放映和“阅读·成长”讲故事读书活动。

2月，举办“同筑中国梦，共度书香年”主题活动楹联文化展。

4月，举办第二十一个“4·23世界读书日”活动，组织留守儿童20余人参观图书馆。在兴龙广场开展“点燃读书激情，共建书香龙城”为主题的读书宣传活动。

5月，图书馆与龙城国际幼儿园联合举办以“阅读启迪童心·书香浸润心田”为主题的亲子阅读活动。27日图书馆联合龙里县论语堂国学书院开展主题为“书香龙里——阅读引领未来，让读书成为习惯”阅读交流茶话会。

6月，开展读者问卷调查，首次介绍触摸屏歌德电子借阅机；携手龙里县第三幼儿园在县图书馆举行“亲子阅读·书香伴我成长”绘本故事会；开展第21个文化遗产日宣传活动；携手金宝贝幼儿园在图书馆开展“手工制作”亲子活动。

7月，图书馆举办首届中学生现场硬笔书法比赛，来自全县的30余名硬笔书法爱好者参加比赛。

10月，图书馆与龙城国际幼儿园联合举办“万圣节亲子百变大咖秀”狂欢派对，30余对亲子身穿五颜六色的化妆服，戴上千奇百怪的面具，欢聚感受西方文化传统节日的欢乐。

11月，图书馆联合龙城国际幼儿园举办“大手拉小手·阅读共成长”亲子阅读活动；与团县委联合举办“纪念12·9运动81周年”“读史·鉴今·思远”读书活动。

【图书下乡】 2016年1月，县图书馆到洗马镇落掌村、龙山镇余下村、湾滩河镇小猫寨、醒狮镇谷龙街上、冠山街道办光坡寨开展送书、送春联活动。

3月，在开展“绿韵双龙”旅游推介暨2016年义务植树活动期间，县图书馆用流动图书车在云栖谷·双龙镇峡谷公园开展“阅读推广及送书”活动。

4月，县图书馆送论语堂国学书院300余册国学经典图书；开展“送图书进部队”活动，送200余册书籍给龙里县武警支队；用流动图书车到龙里县第三中学开展“流动图书进校园”阅读推广活动，提供1000余册图书供学生阅读。

5月，在云栖谷·双龙镇峡谷公园开展“阅读推广及送书”活动，赠送杂志200余册。

6月，用流动图书车到龙里县78409部队，开展“爱悦读·爱生活”延伸服务进军营活动。

8月，利用流动图书车到冠山街道水桥社区，开展“四型社区·幸福家园”送书活动。

9月，用流动图书车到麻芝敬老院，开展“情暖中秋·关爱老人”送书活动，送去各类图书100余册、报纸期刊50余种。

10月，送麻芝敬老院新书100册。

11月，送龙腾网吧300余册图书建立图书角。

【文化馆】 2016年，县文化馆调整时间，每天向群众免费多开放3小时，每周开放时间达到77小时，平均日接待到馆群众50人以上。4月，举办一期55人的乡镇文化专干及馆办文艺团体业务人员培训班，邀请省、州专家授课，学员完成16课时学习。5月，召开全国地方戏曲剧种普查工作及培训会，是年，完成龙里县戏曲剧种普查工作。

【德行龙里颁奖】 2016年1月22日，在县行政办公大楼三楼大会议室隆重举行龙里县“德行龙里 2015 十大年度人物”颁奖盛典。表彰 2015 年度全县上下各行各业涌现出的“诚之星、爱之星、礼之星、孝之星、仁之星”典型模范人物。

省文明办副主任黄浩，县委书记刘华龙，县委副书记、县长陈曦，县人大常委会主任王永坤，县政协主席莫涛等县四家班子领导出席颁奖晚会，并为“十大年度人物”颁奖。

当选龙里县 2015 年度“德行龙里·十大年度人物”：把有限时间投入到为人民服务之中的“诚之星”陈安平和罗登福；心系困难群众、无私付出献爱心的“爱之星”逐点爱心团队和颜正南；讲文明、讲礼仪，热心公益事业的“礼之星”李建文和王邦全；始终坚守着孝老爱亲、自立自强的“孝之星”周永富和卢凤云；心怀感恩、无偿奉献的“仁之星”朱光成、罗木。

【州庆系列活动】 2016 年开展“龙跃黔中”暨庆祝建州 60 周年广场文体系列活动 32 场。6 月，龙里县 102 名合唱队员到都匀参加建州六十周年系列活动—“牢记党的宗旨·讴歌幸福黔南”州庆系列活动中，以 97.22 分获第三名。从龙里中学筛选 120 名学生、各单位抽调人员 70 人、招募文化志愿者 10 名，共计 200 人，组建龙里县踩街活动表演队参加建州六十周年庆典踩街表演。

【文化下乡】 2016 年在全县六个镇（街道）开展“送文化下乡”活动 30 场。采取“竞争选团”的方式，在 26 支馆办文艺团队和农村文艺骨干中选出 4 支队伍，每支队伍表演 6—8 个文艺节目，确保“送文化下乡”活动节目的演出质量。

【文艺创作】 2016 年参加贵州省主题歌曲创作活动，龙里县选送的《一路走到龙里来》《巫山神山》《神奇龙里·养生的家》《梦原》4 首歌曲入围。4 月 3 日，组织全县民族山歌选手赴都匀参加“热爱黔南·建设家乡”黔南州 2016 年“雨花湖”杯寻找黔南山歌王民族山歌大赛。男队获一等奖，并获“黔南山歌王”称号，女对获二等奖。在贵州省摄影家协会在都匀格多苗寨举行的 2015 年会上举办的格多苗寨现场抓拍摄影比赛中，马成刚作品《织春》获入选奖。中共中央纪委监察部网站《纪检人－镜头》高原秋韵刊发马成刚作品《刺梨丰收》。在中国山地自行车公开赛（贵州龙里站）专题摄影比赛中，马成刚系列摄影作品中《翻越》荣获二等奖，《陡峭的赛道》获优秀奖，《冠军的感言》获优秀奖。

【大型演唱会】 2016 年 11 月 18 日，《精准扶贫不忘初心——同一首歌“情满龙里”》大型演唱会在龙里县体育场上演。演唱会有臧天朔、邓玉华、王宏伟、李光曦等明星轮番献唱；由龙里县文化馆编排指导的苗族舞蹈《大山之子》登台当晚《同一首歌》舞台。

【文物保护】 2016 年，县文物管理所与县国土、规划等部门深入 15 个文物保护单位，划定保护范围、设立文物保护标示标牌 15 块。投入资金 100 万元对县级文保单位广济桥进行维修。争取资金 4 万元，对文物“三普”录入点羊场火神庙壁画进行异地保护。观音山战斗遗址等 5 处革命遗址申报为省级文物保护单位，把羊场剿匪战斗遗址等 8 处遗址申报为国家文物争取经费保护。完成全县 39 个传统村落调查。完成文物、旅游地名普查工作。完成龙里县全国第一次可移动文物普查工作。龙里冠山申报为黔南十大古建筑。编印《文物保护法制宣传资料》2000 册。

【非物质文化遗产保护】 2016 年完成《龙里记忆》（文化遗产篇）征求意见稿的编纂，全书 14 万字，图片 100 余幅，已修订。

县政府公布核定肉饼鸡等 8 个第三批县级非物质文化遗产为保护名录。

初步完成省级名录《苗族跳洞——数岜》《龙里苗族服饰》的数字化资源基础数据采集工作，进入非遗数字化建设审核阶段。

4 月，组织包括县级非物质文化遗产保护专家组、代表性传承人等在内的非物质文化遗产数字化工作队伍就《苗族跳洞——数岜》《龙里苗族服饰》两项省级非遗保护名录实地开展数字化信息采集工作。利用“文化遗产日”、春节等节日开展非物质文化遗产传承和宣传活动。

6—8 月，完成龙里县全国地方戏曲剧种普查工作。主要是对县内的余下村、草原村、谷鲊、孔雀等村寨的花灯戏普查。

表 1 龙里县第三批县级非物质文化遗产保护名录

民间文学	《龙里布依族土歌》	湾滩河镇，冠山街道三元等地。
传统医药	《苗氏刮痧》	全县苗族聚居区地。
	《苗氏火疗》	
传统手工技艺	《布依印染》	湾滩河镇。
	《肉饼鸡烹制技艺》	全县。
	《骨泡酸汤制作技艺》	冠山街道大新，湾滩河镇岱林、湾寨。
民间舞蹈	《给坝朗》（牛角舞）	龙山镇中排一带。
民间音乐	《龙里苗族芦笙调》	全县苗族聚居区地。
传统杂技与竞技	《醒狮舞龙舞狮》	醒狮镇。

说明：县人民政府关于公布第三批县级非物质文化遗产保护名录的通知，2016 年 1 月 26 日公布

体　育

【体育馆建设】 2016 年，龙里县体育馆建成并于 2 月投入营运，体育馆总投资 6800 万元，建筑面积 1.34 万平方米。设有篮球、羽毛球、网球、乒乓球、健身房等体育运动场馆。采取委托第三方在体现场馆公益性的前提下（6 点—9 点免费开放，9 点—12 点低收费开放），实行市场化运营。

【农体工程】 2016 年建成农体工程乡镇级 1 个、村级 5 个、健身路径 2 条。购买 4 条健身路径投入县城使用。

【组队参加“省运战略”】 龙里县在参加“省运战略”黔南州 2016 年度田径调赛并获一块金牌 5 块银牌。

【八届县运动会】 2016 年 12 月，以“全民参与，全民健身，全民健康”为主题的龙里县第八届运动会暨全民健身系列活动在县全民健身活动中心举行。县四家班子领导及其他在职副县级领导出席开幕式。县委副书记屈芳主持开幕式，县委副书记、县长陈曦致辞，黔南州体育局副局长李玉龙为开幕致贺词。县委书记刘华龙宣布龙里县第八届运动会暨全民健身系列活动开幕。运动会表演项目涉及有太极拳、健身操、广播体操等节目。本届运动会共有自全县各镇（街道）、单位部门、社会组织等 24 支代表队 1018 运动员参加。运动会分有田径、篮球、乒乓球、围棋、拔河等 12 个比赛项目和全民参与的健身项目。运动员们角逐 70 余个奖项。

田径比赛。男子甲组。龙里中学李培森获 100 米第一名，龙里民中罗烽获 200 米和 400 米冠军。龙里县第三中学陈洋获得 800 米第一名。龙里中学瞿源和罗威威分获 1500 米和 5000 米第一名。4×100 米第一名龙里中学，第二名龙里民中，第三名洗马中学。龙里中学李培森获跳高第一名，贺蔡良获跳远第一名。

女子甲组。龙里三中王雨获 100 米冠军。龙里民中汪玲玲获 200 米第一名。龙里三中冯子琴获 400 米冠军。龙里中学易敏获 800 米第一名。洗马中学候桥水获 1500 米冠军，龙里中学罗文浩获 3000 米第一名。4×100 米分别由第三中学、龙里中学和龙里民中代表队获一二三名。龙里中学王浩获得跳高第一名，龙里三中郑远玲获得跳远冠军。

男子乙组。第三中学肖黔春获 100 米和 400 米第一名，文伦丰获 200 米第一名。龙里民中汪

维和获800米冠军，洗马中学罗文红获1500第一名，潘世富获3000米第一名。4×100米第一名第三中学，第二名龙里民中，第三名洗马中学。醒狮中学陈鹏跳高第一名，龙里民中李俊阳跳远第一名。

女子乙组。洗马中学刘欣雨获100米和200米第一名，龙里三中何倩倩获400米盒800米第一名。醒狮中学杨正菲获1500米冠军，洗马中学杨正群获3000米冠军。4×100米第一名第三中学，第二名洗马中学，第三名龙里民中。龙里三中刘静获跳高第一名，郑远玲获跳远第一名。

【“双龙镇杯”山地自行车赛】 2016年1月，全省200多名自行车爱好者参赛。比赛设男子精英组、大师组、女子组、大学生组和经销商组5个组别。经过角逐，耿飞、杨廷周、陈德新获精英组前三名。业海宁、黎泽超、陈仕均分获大师组前三名。梁艳、吴单单、胡利利获女子组前三名。耿飞、刘磊、杨勇获大学生组一二三名。龙碧成、潘昌玻、黄涛获前三名。

【全州老年人柔力球赛】 2016年4月，黔南州老年人柔力球交流活动在龙里县体育馆开幕。全州的9支队伍进行集体规定套路、集体自选套路、双人自选套路、单人自选套路四个比赛，龙里队获优秀组织奖。

【全省老年人柔力球赛】 2016年5月，省内各州市的14支队伍近200人参加交流活动。比赛分为规定套路、自选套路及单双人表演，规定套路有第三、第七、第八、第九套的规定套路。经过比赛，铜仁市沿河县等8支代表队获团体奖，贵阳市等6支代表队获优秀奖。

【中国山地自行车中国公开赛—贵州·龙里站赛事】 2016年7月16日—17日，中国山地自行车公开赛贵州·龙里站比赛在“中国刺梨之乡”龙里县谷脚镇茶香刺梨沟的自行车主题公园举办。来自全国11个省（市、自治区）近1000名运动员参赛，包含20余支国内专业的自行车队，赛事共2天，实现承办国家级赛事“零突破”。赛事期间，吸引CCTV5、人民日报、中国体育报、新华网等百余家国内媒体参与报道。比赛间隙穿插表演龙里县多姿多彩的民族歌舞节目。本次比赛以“亲近自然·骑向未来”为主题，中国山地自行车公开赛秘书长刘卫卫；贵州省体育局副局长肖俊；黔南州人民政府副州长吴俊；州政协副主席黎燕萍；州体育局局长刘远卓等以及龙里县四家班子领导出席开幕式并为获奖运动员颁奖。

经过竞争，女子越野专业组由甘肃队姚变娃、安徽队马彩霞、江苏队任成远分获第一、二、三名。何冲、邓湖平、朱维获女子公开组前三名。男子专业组由安徽队的袁尚国、别扎尔别克·别肯和甘肃队张成元获一、二、三名。男子越野淘汰赛计时排位赛前三名分别由艾维中国车队的普学金、贵州路虎车队的陆正虎、朱俊成获得。男子越野淘汰赛第一名是普学金，第二名和第三名由凯路仕烈风车队的封宽杰和余光伟获得。男子健身组山地越野赛安道中国车队的胡维获第一名，广西喜德盛MAX车队的黄世腾、谭晓东分获二、三名。男子公开组山地越野赛则由森地客鑫元鸿车队车手魏魁、胡浩、郭鑫伟获团体第一名。中

国道卡斯车队、广东山地车手联队获二、三名。男子公开组山地越野赛个人则由普学金、魏魁、胡浩分获前三名。

【2016年贵州省网球锦标赛】 2016年7月28日—31日，由贵州省体育局主办，黔南州体育局、龙里县人民政府承办的“2016年贵州省网球锦标赛”在龙里县成功举办，比赛分为青少年男子甲组、女子甲组、男子乙组、女子乙组，成人男子组和女子组6个组别，共有来自全省各市州的近200名运动员参赛。

经比赛，青少年甲组男子单打令狐荣畅、刘粟源、肖枭获一二三名。青少年组男子双打王予欣/曹云浩获冠军，刘栗源/肖枭获第二，田凯文/赖思治获第三名。青少年甲组女子单打第一名陈澜之，第二名王婧怡，第三名夏瑞雪。青少年乙组男子单打第一名黄天宸，第二名蔡佳骏，第三名周子颀。男子双打第一名何梓铭/蔡佳骏，第二名黄天宸/崔峻铭，第三名李叁峻/夏伟翔。女子单打第一名郗亦雯丹，第二名曹冰倩，第三

名张凯雯。成人组男子单打第一名余刚，第二名吴雷，第三名王志伟。男子双打第一名彭俊/黄启雄，第二名沈易/汪云宇，第三名吕光强/陈春生。女子单打第一名韩旭华，第二名吴春花，第三名郑林义。女子双打第一名韩旭华/莫芳，第二名崔琼/郑林义，第三名安娜/杨秀英。

【“双拥杯”篮球邀请赛】 2016 年 8 月 17 日—21 日，在龙里县全民健身活动中心篮球馆举办龙里县“双拥杯”篮球邀请赛。共有来自全县 8 支代表队参赛，其中 4 支为县相关部门及企业代表队，4 支为军、警代表队。

【贵州省首届“茅台王子杯”广场身操舞大赛龙里赛区选拔赛】 2016 年 11 月 14 日，龙里县举办贵州省首届“茅台王子杯”广场身操舞大赛龙里赛区选拔赛，来自全县的 7 支代表队参加了自选和规定两个项目的比赛。兴龙健身队获冠军，并代表龙里县参加全州的选拔赛。

【中国中西部青少年篮球锦标赛总决赛】 2016 年 11 月 24 日—28 日，中国中西部青少年篮球锦标赛（女子 U17）年度总决赛在龙里全民健身活动中心篮球馆举行，来自全国 7 个省的 8 支篮球队进入本次女篮总决赛。总决赛比赛采用单循环一天双赛制，在 4 天内分 28 场展开角逐。总决赛的每一场比赛都通过搜狐等大型网络平台进行直播。来自新疆乌鲁木齐 101 中学、湖南邵东中学、海南澄迈中学的篮球队分获冠亚季军。

【体育交流】 2016 年组队参加中国南海国际武术大赛、代表黔南州参加省农运会、全省冬泳比赛、全州田径调赛，全州职工气排球比赛等各级各类体育赛事活动。

【武术龙狮运动基地创建】 2016 年，龙里县武术龙狮训练基地建成，其坐落在冠山街道办事处五新村田坝脑，基地占地 3000 平方米，总投资 310 万元，总建筑面积 1420 平方米，建有办公楼、室内训练厅、展示厅、室外表演场、看台、学员食堂、学员宿舍、武术龙狮用品制作室、停车场等。该基地已被黔南州民宗局和贵州省民宗委分布列为州级和省级少数民族传统体育训练基地。龙里县被评为“贵州省龙狮运动基地”。

（杨玉玺）

广播电视电影

【概况】 2016 年，完成多彩贵州“广电云”村村通工程，铺设 114 个行政村的光缆干线 574 公里；配套建设 18 个乡村级机房，新增农村数字电视用户 5244 户，工程建设投资 1809.1 万元。送电影下乡 1848 场，完成年度计划的 100%。完成高山无线发射台站基础设施（防雷、监控系统）项目建设，并通过验收。

龙里县广播电视台（新闻中心）于 2012 年 9 月由原来龙里县电视台、龙里县新闻中心合并组建。挂靠龙里县文化和旅游局，归口龙里县委宣传部管理，主要领导由县委宣传部副部长兼任，领导职数设一正三副。2016 年，内设机构有办公室、新闻部、总编室、平面与新媒体部、技术维护部、专题部文艺部、广告部、广播电台 8 个内设机构。

贵州省广播电视信息网络股份有限公司龙里县分公司，一共有 5 个乡镇服务站和一个城区服务站。公司现有正式聘用职工 21 人。龙里县境内共涉及国干光缆 50 公里、三干光缆 236 公里、四干光缆 554 公里；共设置有 25 个传输机房，其中 13 个为乡镇级机房，11 个村级机房，中心机房位于龙里县环城北路群众工作中心 12 楼。现服务城乡有线数字电视用户约 2 万余户，其中城区用户 1.68 万户，乡镇用户 3364 户。

2016 年，县广电网络分公司完成权责收入 1247 万元，完成任务的 102%；现金收入 1232 万元，完成任务的 100.9%；一次性收入 198 万元；电视机销售收入 176 万元；宽带用户 2049 户，新增 1180 户；高清用户新增 2986 户。

【广播电视网络建设】 2016 年，县公司进行网络维护 5240 户（次），新建小区网络 26 个，覆盖用户 4680 户；对县城区网络优化补点 48 个；网络干线整改 7 处，10.3 千米；配合创建国家卫生县城暨“多彩贵州文明行动”，整改县城区网络线路38处。

【广播】 2016年，开设有《新闻早班车》《直播龙里》《直通982》《三农新闻》《Dear 岐儿音乐》《98.2朋友圈》《书香龙城》等11个栏目，自办节目每天播出时长达180分钟。

6月，由中央资金补助建设的广播直播间建成，在11月成功实现广播、电视对党代会开幕式的直播。广播外宣在省级媒体播出30条，州级媒体播出81条。

【电视】 2016年，龙里县广播电视台（新闻中心）播发电视新闻1860余条，播出《龙里新闻》264期。在《龙里新闻》中相继开设《学党章党规学系列讲话做合格党员》《决战脱贫攻坚决胜全面小康》《精准扶贫精准脱贫第一书记在基层》《争创国家卫生县城》《全面提升科学素质》《扶残助残同奔小康》《不文明行为曝光台》《喜迎党代会，共筑小康梦》等共计10多个专栏。增设《媒体看龙里》专栏，关注省内外电视、网络、报刊等重要媒体报道龙里的新闻，共播发60余条。完成《跨越发展奋力前行》《文明龙里幸福家园》《电商潮涌黔货出山天地广》等28部专题片制作，完成《扶贫牵手·大爱连心》《留守儿童公益片》等7部公益广告片。完成十二次党代会的开幕式现场直播，“八一”晚会直播等6场直播活动。

2016年，央级媒体用稿共计15条，其中，专题新闻3部，与去年相比增加6条，增长60%；省级媒体用稿共计64条，与去年相比增加4条，增长6%；州级媒体用稿共计266条，与去年相比增加60余条，增长30%。

【平面与新媒体】 2016年，《新龙里》周报出刊52期、龙里县人民政府网站刊登新闻2200多条，新媒体微信公众号《今日龙里》刊登700多条。

平面与新媒体部开设有《新龙里》周报、政府网站新闻，新媒体微信公众号《今日龙里》、新浪微博《龙里之声》《新龙里》手机APP五个发布平台。2016年在《新华每日电讯》《经济日报》等央级平面媒体发稿共计8条；《贵州日报》《当代贵州》《农民日报》《工人日报》等省部级平面媒体发稿共计124条，其中《贵州日报》72条，同比增长18.1%；《黔南日报》《贵州商报》《贵阳晚报》《西部开发报》《黔中早报》等州级地级平面媒体发稿490条，同比增长16.3%。

【多彩贵州“广电云”村村通工程】 多彩贵州“广电云”村村通工程是2016年省政府工作报告明确的重要工作任务和十件民生实事之一。2016年3月22日，龙里县召开多彩贵州“广电云”村村通工程建设工作部署会。

多彩贵州“广电云”村村通工程于5月7日开工建设，10月29日工程竣工，完成全县6个镇（办）114个行政村光缆建设554公里、18个乡村新建机房的工程建设任务。11月17日，通过县级验收。12月1日，通过州级验收。

【农村公益电影放映】 2016年全县放映电影故事片1848场、禁毒宣传，以及运管安全运输和科普科教片200余场、观众人数达54398人次。

旅　　游

【概况】 2016年，全县旅游总收入为22.4亿元，在全省第一方阵中排第19位，旅游总收入增幅66.4%，在全省第一方阵中排第三位，旅游接待人数250.73万人次，同比增长51.5%。双龙镇巫山峡谷景区完成第一期项目建设并对外开放，商铺入住率达60%，该景区已通过国家4A级景区评定。启动各镇（街道）3A级景区创建，龙里大草原景区被评定为国家3A级旅游景区。打造星级酒店7家，其中伯爵钻石酒店申报成4星级酒店。

【旅游项目】 2016年，龙里县引进14个旅游项目，总投资91.5亿元，到位资金16.93亿元。

投资1亿元建成中铁国际生态城太阳谷老年康复护理医院及其配套设施，大力开发康复理疗、养老服务等旅游产品。

引进龙门镇项目、莲花民俗村项目和福朋喜来登休闲度假酒店进驻莲花生态湿地休闲体验区。

引进总投资50亿元的龙里水乡旅游生态城项目和总投资10亿元的油画大草原观光索道项目。

6月，海员精品酒店（壹街叁号）、彩歌堂精品客栈建成对外营业。安纳塔拉超五星级度假酒店建设基本完工。

在县城区、主要公路、景区建成旅游标识牌55块，完成双龙镇自驾汽车营地2000平方米停车场和汽车影院配套设施建设。完成新建和改建旅游公厕18个。

完成巫山峡谷景区、八一公园等10公里的生态旅游步道建设和贵都联络线、莲花湿地公园等10公里的旅游生态慢行道建设。

建设打造乡村旅游点14个，完成投资5707.81万元；申报龙山镇坝上村为“省级乡村旅游扶贫示范村”。

【旅游资源普查】 2016年全县完成调查比例100%，累计发现旅游资源单体391个，新发现旅游资源单体250个，其中优级资源（四星）5个。全年开展旅游联合检查6次，共出动执法人员200余人次，检查涉旅企业60余家次，共发放整改回执20余份，整改率为100%。全年组织文化旅游市场经营业主召开部署动员会4次，全县近100家文化和旅游企业填写工作日志台账；组织开展文明礼仪服务培训9期，参加培训人员800余人次。推荐诚信旅游企业1家、农家乐3家、旅游餐馆8家、旅游购物1家、民宿旅社1家、特色酒店2家、先进单位1家、好导游1人、优秀讲解员1人送州参旅发大会参选；组织80余家文化和旅游企业100余人参加文明行动启动会。

【创新“旅游+”活动】 2016年开展“旅游+体育”：在谷脚茶香十里刺梨沟景区承办中国山地自行车公开赛。与相关单位融合培育“旅游+农业”“旅游+水利”“旅游+林业”“旅游+园区”“旅游+生态移民”“旅游+大健康”“旅游+文化”等多形式，拓展旅游内涵。

【旅游文化服务】 2016年2月，辅导湾滩河镇湾寨村编排排舞16人参加的《舞动中国》，在2016年湾滩河镇春节文化活动广场舞比赛中获一等奖；10月招募“三区”人才支持计划文化志愿者15人、开展培训工作2期。完成2013—2015“三区人才”支持计划资料汇编工作；11月，辅导龙里县兴龙健身队（16人）在参加贵州省首届“茅台王子杯”广场健身操舞大赛中获优秀奖；12月，完成龙里县湾滩河镇园区村、洗马镇关口村、龙山镇莲花村、醒狮镇大岩村文化活动室项目价值两万元的设备配送工作。

（李万彤）

新闻出版

【概况】 2016年，龙里开展“秋风、固本、清源、净网、护苗”“扫黄打非”五大专项行动，对新闻出版市场进行专项整治行动，收缴低俗盗版暴力光碟10000余张，盗版书刊200余册；取缔黑网吧经营单位2家，收缴设施设备15台，取缔黑游戏机3个点，收缴游戏设施9台；开展文化旅游法制宣传活动12次，印发各种宣传资料上万份；对非法出版物、伪劣厂品集中销毁活动2次。全县共有新闻出版行业27家。

社会生活

居民生活

【人口主体指标】 2016年全县累计出生2866人，其中常住人口出生2718人，常住人口出生率为11.4‰，常住人口自然增长率为5.09‰，符合政策生育率为90.88%，政策外多孩率为2.02%，现孕妇女比为61.32%，完成二孩及以上实名制长效避孕措施手术1831，完成州下达年度任务数的105.59%。

【出生人口性别比治理】 2016年，全县开展“关爱女孩”宣传活动10余次，开展打击非医学需要的胎儿性别鉴定、非医学需要的人工终止妊娠专项查处行动4次，“两非”案件立案5件，结案5件。全县出生人口性别为106.31，控制在103—107的正常值范围。

【流动人口服务管理】 2016年，开展流动人口基本公共卫生计生均等化服务，建立流动人口统一规范健康档案16964份，建档率达88.27%；0—6岁流入儿童接受国家免疫规划疫苗预防接种1663人，接种率达97%。推进流动人口婚育证明电子化，实现流动人口婚育证明异地查询异地办理，全年办理流动人口生育服务登记3人。

民族事务

【概况】 2016年，龙里县民族事务工作认真贯彻执行党和国家的各项民族政策，推进民贸民品企业优惠政策落实，推进民族团结进步繁荣发展示范县建设，依法管理民族事务。2016年，龙里县荣获“全省民族团结进步创建示范县”称号，湾滩河镇走马村孔雀寨被命名为贵州省“第一批少数民族特色村寨”；共协调34家民贸民品企业获得优惠政策贷款，贷款金额为5.51亿元；共获少数民族发展资金151万元，安排项目15个，项目内容涉及民族地区基础设施、产业发展、特色村寨建设等方面（其中：中央少数民族发展资金129万元，安排项目12个；省级少数民族发展资金14万元，安排项目2个；州级少数民族发展资金8万元，安排项目1个）。

【民族团结进步先进评选表彰】 根据《黔南州第五次民团结进步模范集体和模范个人评选表彰工作方案》精神，2016年在全县范围内组织开展评选和公示，获批模范集体2个即龙里县农村商业银行（原龙里县农村信用联社）、贵州瑞和制药有限公司，模范个人4人即哪嗙卫华民族初级中学团委书记齐庆友、冠山街道冠山社区党委书记程娟、洗马镇金溪村村委会主任罗忠廷、龙山镇中坝村乡村医生岑敏。

【民族节庆】 2016年支持少数民族群众开展“四月八”“六月六”、春节等节庆活动，补助活动经费1.8万元。同时，与县残联、妇联、文联共同在兴龙广场举办以“扶贫助残同小康·民族团结构和谐”为主题的文艺晚会，投入经费2万元。

【落实民贸民品企业优惠政策】 2016年，全县共有民贸企业66家、民品企业1家，共协调34家民贸民品企业办理优惠政策贷款5.51亿元，占州下达任务的137.8%，累计获贷企业达59家，贷款余额为16.81亿元；可争取中央财政贴息资金4855.68万元，已到账贴息资金3000余万元。政策覆盖率达88.1%。

（民族宗教事务局）

宗教事务

【概况】 龙里县境内有佛教、道教、天主教、基督教4大宗教，有6个宗教活动场所和2个民间信仰点，分布在全县3镇1街道，信教群众2000余人。佛教。县境内共有佛教活动场所6处，其中冠山街道1处（大冲村石头寨龙岭禅寺），谷脚镇4处（谷脚老街龙云寺、倪儿关天龙洞寺、羊场司村佛光寺和观音洞寺），湾滩河镇1处（翠微村翠微寺）。佛教活动场所占地面积共1.2万平方米，建筑面积共7.29万平方米，有教职人员8人。道教。道教信徒主要分布在醒狮镇，且存在时间较长，醒狮镇原活动场所建有玉皇殿，“文化大革命”期间被拆毁，之后信教群众筹资在该镇小河口建有1道观，占地约1000平方米，有全真派道士1人、信教群众100余人，主要活动是农历每年的二月十九、六月十九和九月十九3天举办慈航会。天主教。县城有天主教堂一所，位于青龙路中段，因长年失修不能使用；有天主教信徒100人左右，主要分布在县城、龙山镇、醒狮镇、洗马镇和湾滩河镇。县内无天主教专职教职人员，天主教日常事务由天主教教管小组负责。天主教活动是在星期天进行早、晚功课和祈祷等，一般5至8人左右参加，以家庭聚会为主。基督教。基督教信徒主要居住在湾滩河镇和醒狮镇，有基督教信徒30余人。基督教主要节日有复活节和圣诞节，活动形式以诵经祷告为主。县内基督教主要活动是在星期天学习《圣经》，人数一般在10人以下，以家庭聚会为主，县境内无基督教教堂和基督教教职人员。

2016年，对辖区内乱建佛、道教寺观，乱塑佛、道教大型露天造像及佛、道教活动场所商业化情况进行摸底排查，规范管理。根据《州民宗委关于做好民间信仰示范工作的实施意见》，制定《龙里县关于做好民间信仰示范工作的实施方案》，成立由县政府分管领导为组长、相关职能部门为成员的民间信仰工作领导小组，进行前期摸底登记了解，将醒狮镇小河口道教纳入民间信仰管理活动场所。筹备成立“龙里县佛教协会”，并于2016年8月5日召开龙里县佛协第一次会员代表大会，选举产生县佛教协会理事、常务理事和会长、副会长、秘书长。对具备条件的宗教活动场所，逐步推行开立单位银行结算账户管理，全县6个宗教活动场所单位都办理单位银行结算账户。

（民族宗教事务局）

人力资源与社会保障

【概况】 2016年，龙里县人力资源和社会保障工作主动适应经济发展新常态，全力保障和改善民生，劳动就业、人事人才、社会保险、劳动保障等各项工作，为县域经济持续发展和社会和谐稳定发挥职能作用。全年全县医疗保险参保3.07万人，失业保险参保9493人，工伤保险参保1.29万人，生育保险参保7683人，城乡居民养老保险参保人数10.52万人；引进人才18名，招聘事业人员207名，公务员招考录用24人；新增就业完成6852人；完成职业技能培训2137人；公益性岗位安置368人。

龙里县人力资源和社会保障局（以下简称人社局）编制92人，其中行政编制10人，机关工勤编制3人，事业编制67人，参公编制55人，现在岗人员80人。单位内设：办公室（政策法规科）、人事管理科（县军转安置和工勤技能管理办公室，副科级）、行政审批服务科三个机构。下设社会保险事业局、就业局、考试培训中心，劳动保障监察大队、人才交流服务中心、档案室、信息系统管理办公室。

2016年，获龙里县第三届全民科学素质大赛三等奖。

【人才促发展】 伴随着龙里县近3年来经济社会的跨越发展，“3223”人才发展意见与《关于构建人才生态体系推进人才兴县战略的实施意见》的承前启后，龙里县人才队伍建设初见成效。2016年全县体制内高层次和急需紧缺人才方面，有博士研究生2名、在读1名，硕士研究生60余名，副高及以上职称专业技术人才300余名，“985”“211”高校毕业的大数据、金融类、经济类、工程类等急需紧缺专业人才100余名；有党政人才、企业经营管理人才、专业技术人才、技能人才、农村实用人才约2.55万人。在2016年“人才发展综合指数”测评增比进位工作中，龙里县在全省排位靠前，实现人才与经济社会发展同频共振的工作目标。

2016年，共举办主体班、业务班、专题讲座等多种班次40余期，培训干部4550人（次）；在业务培训、常规培训、重点培训、专题讲座、干部网络在线学习等5个方面培训干部1.8万人（次）。以开展人才资源统计为契机，动态摸清掌握全县人才家底；创新人才交流平台，搭建“龙里县人才之家”QQ群、微信群；落实人才发展优惠政策，鼓励和引导各类人才不断优化自身知识结构，提升学历和水平。

开展高层次和急需紧缺人才申报认定工作，在全县机关、事业单位内具有高学历、高技术职称的人才予以高层次人才认定，对从“985”“211”等重点院校毕业的紧缺专业人才予以急需紧缺人才认定，从身份上给予人才高度认可。实行“人才服务绿卡”制度，落实各项服务政策，持“服务绿卡”的人才可在本县享受岗位补贴、住房保障、子女入学、医疗服务、文体旅游等全方位服务。2016年，龙里县兑现学历提升、住房保障、高层次人才岗位补贴等各类补助220余万元。

（何　超　周　蓟）

【人才引进】 2016年全县引进急需紧缺人才18名；通过面向社会公开招聘事业单位工作人员207名；政府部门及人民警察通过公务员招考录用24人。

【人事制度改革】 2016年全面完成全县中小学教师职称制度改革工作，完成53人的中级职称评审初审工作。

【机关事业单位人事人才管理】 2016年出台《龙里县卫计系统人才招聘引进、培养、职称评聘暂行办法》《关于构建人才生态体系推进人才兴县战略的实施意见》加强人才的管理。

全年考核机关事业单位工作人员共计5848人，其中：优秀等次1007人；称职（合格）等次4587人；基本称职（基本合格）2人；不称职（不合格）8人；未定等次244人（其中试用期人员230人，受处分未定等次14人）。全年办理工作调动手续共205人。年内县外调入本县36人；本县调到外县22人；县内调动81人，遴选调动66人。

全年完成中级职称评审9人、高级29人（其中7人为基层认定，教育系统18人，农业2人，工程2人）、正高4人的相关材料送省、州人社部门进行评审；初级职称县级评审149人（含特岗54人）。共办理具备高、中、初级专业技术任职资格手续110人（其中正高级1人，高级53人，中级52人，初级4人）；办理专业技术职称聘任手续184人（正高级1人，高级53人，中级81人，初级49人）；办理管理岗位九级职员任职手续8人。

全年全县77个党、政、群机关和参照公务员法管理事业单位有412名公务员职级晋升。

2016年审核全县62家党政机关和参照公务员法管理事业，涉及车改人员1335人。二是司勤安置，在职在编司勤人员88人，编外聘用司勤人员92人。

【人才统计】 根据贵州省人才工作领导小组《关于开展2015年度全省人才资源统计的通知》要求，2016年按规定在贵州省人才资源监测网络直报平台对龙里县人才资源进行报送：党政人才100名，参公人才19人，事业单位人才4476名，公有制企业人才534名。

【人才交流】 2016年接收357卷个人人事档案托管，转出124卷个人人事档案，办理档案查阅16人次，出具流动人员档案托管证明13人次，开具调档函19人次。办理外单位查阅干部档案335人次，借阅44人次；局内查阅干部档案251人次，借阅25人次。完成干部人事档案专项审核档案322卷，全部完成初审、复审及材料催收工作。派遣50名大学生到30家用人单位进行见习。

【军转安置和工勤技能管理】 2016年2月安置武装部随军家属1人，9月安置军队转业士官士兵6人，接收自主择业军转干部2人。发放退休企业军转干部慰问金共计6500元；发放困难企业退休军转干部职务补贴和生活困难补贴共计21.17万元。7月至8月同组织部完成教育系统公共科目培训工作，共开设培训班5期10个班次，涉及教育系统专业技术人员和管理人员2309人次。审批全县17个单位27人符合职务与职级并行工作，晋升正科级6人，晋升副科级21人。每月25日至次月5日前进行车补审核工作。

【工资审核调整】 2016年全县机关事业单位在职人员6162人，其中机关工作人员1636人，参公人员287人，事业单位人员4512人。

公务员及参公单位人员职级分布。县处级正职及相当职务8人，县处级副职及相当职务83人，乡科级正职及相当职务430人，乡科级副职及相当职务659人，科员290人，办事员4人，工人105人，见习期公务员47人，其他人员10人，四级高级法官、检察官7人，一级高级法官、检察官7人，二级高级法官、检察官12人，三级高级法官、检察官7人，四级高级法官、检察官7人。

专业技术人员及管理人员分布。管理七级及相当职务20人，管理八级及相当职务140人，管理九级548人，管理十级56人，见习期人员80人，专业技术四级1人，专业技术五级11人，专业技术六级41人，专业技术七级298人，专业技术八级307人，专业技术九级404人，专业技术十级1069人，专业技术十一级338人，专业技术十二级651人，专业技术十三级202人，见习期专业技术人员240人。

工勤人员分布。技工二级2人，技术工三级46人，技术工四级32人，技术工五级16人，普通工3人，学徒期、熟练期工人7人。

调整基本工资。根据《国务院办公厅转发人力资源和社会保障部财政部关于调整机关事业单位工作人员基本工资和增加机关事业单位离退休人员离退休费三个实施方案的通知》文件，对全县机关事业单位工作人员和离休人员工资进行调整，共有6233人机关事业单位工作人员，月增人均增资额162元，补发时间从2016年7月1日执行，6个月共补发602.9万元；对离休人员13人进行工资调整，补发时间从2016年7月1日开始执行，6个月共补发40100元。

津贴调整。艰苦边远地区津贴调整。根据黔南州人力资源和社会保障局、黔南州财政局（黔南人社通〔2016〕138号）文件，2016年9月对艰边进行调整，一类区由原人均140元/月标准调整至人均170元/月，从2015年1月1日起执行。警衔工资调整。根据黔人社厅通〔2016〕148号文件，对公安系统、检察院、法院、林业公安等部门人民警察衔级标准进行调整审核，并从2015年1月1日起进行补发，调整后的衔级标准由原人均206元/月标准提高至942元/月。（3）乡镇工作补贴审批。根据州人社局、州财政局批复（黔南人社复〔2016〕42号），同意龙里县《龙里县乡镇机关事业单位工作人员工作补贴实施方案》，组织部、编办、人社局、财政局四部门联合审核乡镇工作津贴业务涉及乡镇工作人员800余人，月人均发放乡镇津贴水平251元。（4）浮动转固定工资审批。乡镇机关事业单位工作人员浮动转固定业务审核工作，对从2011年7月至2016年7月累计在乡镇工作满五年浮动工资转为固定工资，浮动转固定业务共涉及乡镇工作人员1800余人。

机关、事业单位退休审批和死亡一次性抚恤金审批。2016年度全县机关、事业单位干部职工退休81人，审批47人死亡一次性抚恤金。

年度考核结果晋升工资。两年晋档1604人，月增资额14.48万元，五年晋升级别765人，月增资额4.44万元，一年一薪4498人，月增资额45.88万元。

（岳院卉）

就业再就业

【新增就业】 2016年全县新增就业完成6852人，完成州下达任务数6000人的114.2%、县下达任务数6700人的102.3%，与去年同期相比增长9.2%；失业人员实现再就业876人，为州目标任务数的109.5%；就业困难人员实现就业687人，为州目标任务数的114.5%；转移农村劳动力7312人，为州下达任务数6400人的114.25%、县下达任务数7200人的101.56%。新增龙坪社区为充分就业社区。

【职业培训】 完成职业技能培训2137人，完成全年培训目标任务的118.7%。其中：技能培训1672人，创业培训465人。组织中式烹饪师培训923人，SYB创业培训465人、农艺工300人、家禽饲养工240人。通过培训实现就业1672人，成功扶持创办农家乐22家，提升原有农家乐厨师技能30家。

【高校毕业生登记和就业】 2016年应届高校毕业生共登记167名，实现就业148人，其中事业单位65人，非国有企业62人，灵活就业17人，自主创业4人。继续求学深造9人，其中国内8人，留学国外1人。未就业10人。

【公益性岗位安置】 公益性岗位安置368人，其中：退伍军人22人，残疾人15人，建档立卡贫困22人，就业困难高校毕业生62人，就业困难人员247人。到期清退及退休15人，新增15人。

【落实灵活就业社会保险补贴金】 对2014年度符合条件的67人落实灵活就业社会保险补贴金22.11万元。

（岳院卉）

劳动保障

【劳动保障监察案件查处】 2016年收到拖欠劳动者工资投诉案件456起，涉及劳动者5600余人（次），追索到位拖欠的务工人员工资2000余万元。

将8件涉嫌构成拒不支付劳动报酬犯罪案件移交公安机关，并配合调查取证等工作，为600余名劳动者追讨到劳动报酬884余万元。

由各责任单位自行化解拖欠农民工工资问题的项目35个，为6000余人追讨到位工资1.31亿元；共有104户施工企业存储务工人员工资支付。

【规范劳动用工】 全年主动监察用人单位230余户（次），涉及劳动者3000人（次）。对240户用人单位进行了劳动用工备案，涉及劳动者9000余人，合同签订率为98%。

【劳动人事争议仲裁】 2016年共接到劳动争议仲裁申请80件，依法不予受理4件，依法决定受理、立案65件，案外调解11件。立案受理的65件案件，仲裁裁决30件，仲裁调解33件，调解成功撤回申请2件。立案受理的65件及案外调解的11件共76件均在法定时限内结案，结案率为100%，调解率为61%，涉案金额为325.42万元。2016年未接到人事争议仲裁申请。

（岳院卉）

社会保障

【社保征缴】 2016年全县企业职工、自由职业者基本养老保险参保1.38万人，基金征缴1.4亿元；医疗保险参保3.07万人，占任务数3.01万人的101.83%，基金征缴6044万元，占任务数5051万元的119.66%；失业保险参保9493人，占任务数9490人的100.03%，基金征缴648万元，占任务数488万元的132.79%；工伤保险参保1.29万人，占任务数1.29万人的100.08%，基金征缴517万元，占任务数455万元的113.63%；生育保险参保7683人，占任务数7670人的100.17%，基金征缴270万元，占任务数189万元的142.86%。城乡居民养老保险参保人数10.52万人，占任务数10.35万人的101.69%，基金征缴857.93万元，占任务数740万元的115.94%。

2016年，全县有7家建安企业，32个工程项目参加工伤保险，缴纳工伤保险费33万元，为2824名建筑劳务人员戴上“安全护身符”。

【社保发放】 2016年按时发放4577名离退休人员离退休金9701万元，社会化发放率为100%；支付遗属生活困难补助费137人计125万元；支付死亡退休人员 53 人一次性抚恤丧葬费近 138 万余元。

【社保提标】 2016 年，全县共有 5679 名退休人员参与调待，其中企业 4154 人，机关事业单位 1525 人。企业人均调整 156 元，调整后每月增发养老金 64.79 万元，机关事业单位人均调整 285 元，调整后每月增发养老金 43.4 万元。

【社保支付】 2016 年共支付养老保险待遇 1 亿元，失业保险待遇 550 万元，医疗保险待遇 3564 万元，工伤保险待遇 532 万元，生育保险待遇 161 万元。

【社保稽核】 2016 年对 13 个单位、企业进行实地稽核，稽核人数 3972 人。

【社保协议签订】 2016 年，与各定点医疗机构签订医疗保险服务协议，协议签订率达 100%。全县共有 12 家定点医疗机构、41 家定点零售药店。

【失业保险】 根据 2015 年 5 月黔人社厅发〔2015〕15 号出台有关调整失业保险费率问题的通知，从 2015 年 3 月起失业保险单位费率由 2% 下调至 1.5%，个人部分由 1% 下调至 0.5%。由于社会保险缴费系统是 2015 年 7 月调整，故 2015 年 3 月至 6 月多收取单位及个人部分，龙里县于 2016 年的 3 月份进行退费，退费金额 75 万元。

2016 年 7 月，黔人社厅发〔2016〕10 号文下发有关调整失业保险费率问题的通知，龙里县失业保险单位费率由 1.5% 下降至 1%。

【工伤保险】 黔人社厅发〔2015〕36 号文下发有关调整工伤保险费率问题的通知，从 2015 年 10 月 1 日起，将原来的 3 类费率调整划分为 8 类，分别为该行业用人单位职工工资总额的 0.4%、0.5%、0.9%、1.0%、1.1%、1.6%、2.2%、3%。

【生育保险】 黔人社厅〔2015〕20 号文下达调整生育保险费率的通知，生育保险费率自 2016 年 1 月 1 日起由原来的 0.6% 下浮至 0.5%（职工个人不缴费）。

【养老保险】 黔人社厅发〔2016〕10 号文下发有关调整养老保险费率问题的通知，从 2016 年 5 月起养老保险单位费率由 20% 下调至 19%，个人部分仍是 8%。龙里县严格按照省州文件的规定，对调整的社会保险费率进行调整，职工社会保险费率的下降，不会影响参保人员的养老、医疗和失业、生育、工伤保险的各项待遇。

【养老金提标】 2016 年 9 月，龙里县根据省人力资源和社会保障厅、省财政厅联合下发《关于 2016 年调整退休人员基本养老金的通知》文件，对全县 2015 年 12 月 31 日前办理退休的机关事业单位、企业退休人员调整养老金。本次提标是 2005 年以来，龙里县连续 12 年提高企业退休人员基本养老金，也是机关事业单位养老保险启动实施以来首次由社保部门调整机关事业单位退休人员养老金，是龙里县历年来调整人数最多、调整难度最大的一次。全县共有 5679 名退休人员参与提标，其中企业 4154 人，机关事业单位 1525 人。企业人均调增 156 元，调整后每月增发养老金 64.79 万元；机关事业单位人均调增 285 元，调整后每月增发养老金 43.4 万元，已全部发放到位。

【城镇职工基本医疗保险】 2016 年 12 月，龙里县城镇基本医疗保险参保人数 3.07 万人，其中职工医保 1.56 万人，居民医保 1.5 万人。

认真按照《黔南州人力资源和社会保障局、黔南州财政局关于对基本医疗保险政策进行调整的通知》规定，城镇职工基本医疗保险统筹基金年度最高支付限额为 9 万元；城镇居民基本医疗保险统筹基金年度最高支付限额为 7 万元。职工基本医疗保险参保人员超过基本医疗保险统筹基金最高支付限额（9 万元）以上的医疗费，在参照《黔南州城镇职工基本医疗保险办法》第二十四条扣除自付费用后，由高额医疗保险金按 95% 支付，最高支付限额由 30 万元提高到 33 万元。

按照《黔南州人民政府关于印发黔南州城镇

居民大病保险实施办法的通知》文件规定，参加城镇居民基本医疗保险的人员发生的住院费用，按照相关规定报销后，个人自付的合规医疗费用超过大病保险起付线以上的费用，由商业保险机构负责支付商业大病医疗保险。大病保险起付线为上一年度黔南州城镇居民人均可支配收入的50%，不设封顶线。享受大病保险待遇患者治疗终结时，社会保险经办机构在结算基本医疗保险费用的同时即时结算大病保险费用。

（岳院卉）

民政事务

【概况】 2016 年，龙里县民政工作本着践行“以民为本、为民解困、为民服务”工作宗旨，把保障和改善民生作为出发点和立足点，努力改善困难群众基本生活，发挥民政工作职能作用，助推龙里社会经济发展。

龙里县民政局内设办公室、双拥优抚安置科、行政审批服务科（婚姻登记科）、基层政权和社区建设科（区划地名科）4 个机构，有下属事业单位 6 个，有在编干部 36 人。

2016 年，龙里县冠山社区获 2015 年“全国综合减灾示范社区”称号。县民政局在社区建设、复退军人创业、孝道新规、殡葬改革四项工作获 2015 年度州业务部门授予创新奖。

【社会组织管理】 2016 年全县在册登记社会组织 80 个，其中社会团体 72 个，民办非企业 8 个，2016 年新增社会团体 2 个，民办非企业 3 个。对 2015 年社会组织进行年检，应检社会组织 63 个，参与年检 43 个，不合格 16 个，撤销 4 个，年检率 68.3%，年检合格率 100%。开展行业协会商会与行政机关脱钩第一批试点工作，第一批脱钩试点的行业协会商会 5 家，顺利完成第一批试点脱钩工作，其中有 1 名公务员退出行业协会商会工作队伍，完成率 100%。

【地名管理】 2016 年开展第二次全国地名普查。采取政府购买服务方式开展工作，完成外业信息采集和实地勘测等；召开县级专家组评审会、少数民族音译地名研讨会，组织专家评审，修改完善各类信息并填写入库；编撰龙里县地名故事、形成龙里县地名普查初步成果表、成果图，完成第二次全国地名普查 11 大类 2563 条地名信息。承办“黔南州加强地名文化保护清理整治不规范地名暨地名普查工作会议”，召开全县不规范地名清理整治启动会（整治不规范地名普查的情况）；启动《中华人民共和国标准地名词典》（龙里县域部分）编撰工作。

【行政区划变更】 2016 年实施“村改居”。全县由 81 个村（居）调整为 78 个村（居），其中龙山镇草原村改为草原社区、醒狮镇醒狮村和醒狮社区合并改为醒狮社区、谷龙村改为谷龙社区、湾滩河镇新龙村改为新龙社区、湾寨村改为湾寨社区、羊场村和新民社区合并改为羊场社区、洗马镇巴江村改为巴江社区、哪嗙村改为哪嗙社区、洗马社区和洗马河村合并改为洗马社区、冠山街道鸿运村改为鸿运社区、三合村改为三合社区。

【社区建设】 2016 年下发“明礼知耻．崇德向善在社区”工作实施方案，指导社区有序开展活动。开展智慧社区建设调研，编制《龙里县智慧社区建设方案》。开展“四型社区．幸福家园”建设，在冠山街道冠山社区、城南社区、龙坪社区、大冲社区、西门社区、光明社区、水桥社区、西城社区；龙山镇龙山社区、莲花村、余下村、比孟村、中坝村、水场社区；谷脚镇谷脚社区；醒狮镇醒狮村、醒狮社区、大岩村、谷龙村；洗马镇洗马社区、哪嗙村、巴江村、洗马河村、羊昌村；湾滩河镇翠微村、羊场村、新民社区、湾寨村、新龙村开展“四型社区．幸福家园”建设工作。在冠山街道西门社区、水桥社区、冠山社区、城南社区、西城社区；醒狮镇醒狮社区、谷龙社区；龙山镇龙山社区、余下村；谷脚镇谷脚社区、观音村；洗马镇洗马社区；湾滩河镇羊场社区等13个社区开展城乡社区协商工作。在龙山镇龙山社区；洗马镇羊昌村；醒狮镇大岩村；冠山街道水桥社区；谷脚镇谷脚社区；湾滩河镇走马村开展村（居）民自治对比试点工作。

【村委会建设】 2016年开展第十届村（居）民委员会换届选举工作。全县有78个村（居），其中村委会52个，居委会26个。2016年第十届村（居）民委员会换届选举实行海选的村49个，海选率达94.23%；实行直选的社区23个，直选率达88.46%。选举产生村（居）委会主任77人（果里村未选出主任），其中女性主任3人，年龄小于35岁的16人、36—45岁的39人、46—54岁的22人，初中及以下的42人、高中及中专25人、大专及以上10人。委员380人，女性委员118名，年龄35岁以下的127人、36—45岁的156人、46—54岁的88人、55岁以上的9人，学历高中及以上的336人、大专及以上的44人。选举产生村（居）务监督委员会主任78人，委员212人。

（唐生涛）

社会福利

【社会福利彩票发行】 2016年福利彩票销售任务数1229万元，全年销量1416.85万元，任务完成率115.28%。

【孤儿救助】 2016年提高孤儿救助标准，集中和分散供养标准分别从2015年每人每月1000元和600元提高到2016年的1050元、630元，全县有孤儿72人，全年发放孤儿基本生活费60.8万元、一次性生活补贴1.7万元、棉衣85件、棉被85床，发放五保、孤儿燃煤补助50.4万元。

【五保供养】 2016年提高五保供养标准，集中和分散供养每人每年标准从2015年的3500元、2200元分别提高到4800元、2400元，提高了37.1%。全县五保供养对象有309户370人，其中集中供养150户186人，分散供养159户184人，全年发放五保供养金132.1万元。

【慈善募捐和资助】 2016年开展“慈善情暖万家”“一张纸献爱心行动”“邀你一起，扶贫济困，奉献爱心”扶贫开发和慈善工作暨“慈善一日捐”现场捐赠等活动，募捐到善款36.86万元；收到其他各项指定捐款47.2万元，上年结余113.4万元，拨付指定捐款88.2万元。接收并下拨金利来集团捐赠的2000件衬衣到各镇街道。组织县、乡两级开展“慈善法”宣传活动。

（唐生涛）

双拥优抚

【双拥工作】 “两节”慰问。春节及“八一”对5个驻县军警部队、2个预备役部队进行慰问，2016年发放慰问金19万元；慰问在乡老复员军人、三属、参战退役人员等计1496人次，发放慰问金30.44万元。优抚资金发放。2016年发放优抚对象抚恤补助金524.66万元，其中：三属17.76万元、烈士子女0.37万元、参战人员206.8万元、在乡老复员军人93.73万元、带病回乡军人25.56万元、伤残军人91.9万元、年满60周岁以上农村籍退役士兵88.54万元。2016年发放139户义务兵家属、烈属、牺牲病故军人家属优待金93.62万元，优抚对象临时救助金0.42万元。退伍军人帮扶。补助5.6万元对28名退伍士兵开展职业技能驾驶培训，投入16.5万元对566名重点优抚对象进行体检。祭扫活动。组织开展清明节、烈士纪念日祭扫活动，发放烈士家属慰问金0.6万元。

【退役安置】 2016年接收退役士兵50人，其中退役复员士官5人，退役士兵45人，符合安置政策5人，自主就业退役士兵45人，发放自主就业退役士兵一次性经济补助金共45.72万元，发放符合安置条件的退役士兵待安置期间生活补助金2.4万元。安置5名退役士兵工作，安置率100%。

（唐生涛）

救灾救济

【救灾工作】 冬春救助。发放2015年—2016年冬春救助资金275.57万元。其中粮食51.11万公斤折款255.57万元，共救助3826户1.12万人；发放取暖费20万元，救助482户1092人；发放棉被、棉衣等御寒物资2571床（件）。对冬春期间临时发生困难的群众发放救济粮8.5万公斤，发放440名五保、三无人员单衣、棉被440套（床）。开展走访慰问活动，为492户困难群众送去大米1550公斤、食用油303桶、棉被492床、棉衣259件、保暖衣27套、军大衣47件。组织开展2016—2017年冬春救助摸底、核查统计工作，全县因灾需救助困难群众3220户8298人，需粮食取暖救助资金200.71万元。其中：因灾需口粮救助困难群众3220户8298人，因灾需救助粮323.39吨，需口粮救助资金161.69万元；因灾需取暖救助858户1992人，需取暖经费39.02万元；因灾需衣被救助941户1335人，需棉衣1067件，棉被395床。农房灾害保险。2016年全县统保37269户，增加投保11539户，自愿增加投保率31%，全年有52户农房受灾，理赔35户，理赔金额12.52万元。防灾救灾。2016开展全县救灾救济工作，受到风雹、低温洪涝等灾害9次，累计受灾人口20243人次，农作物受灾45650亩，直接经济损失达2518.09万元，发放115.59万元和救济粮61.60万公斤救济困难群众，惠及受灾困难群众9637户3.48万余人。投入资金16.1万元为17户受灾困难群众进行房屋恢复重建。

【社会救助】 城乡低保救助。2016年农村低保标准由2015年2580元/年・人提高到3060元/年・人，增幅18.6%，城镇低保由2015年440元/月・人提高到484元/月・人，增幅10%。严格应保尽保。2016年取消不符合条件农低保546户1236人，新增加农低保840户1875人；取消不符合条件城低保77户226人，新增加城低保76户152人。按时发放低保金，12月有城市低保对象546户896人、农村低保对象3977户8228人，累计发放城市低保金459.48万元、农低保金2106.58万元。城乡医疗救助。全年救助1613人，发放救助金529.51万元。

【流浪乞讨人员救助】 2016年救助流浪乞讨人员1751人次，支出救助资金134.94万元，其中：生活无着的流浪乞讨人员主动救助14.87万元、生活救助11.91万元、医疗救治92.91万元、返乡救助3.25万元、临时安置支出0.97万元；未成年人社会保护救助11.03万元。全年急难救助困难群众324人次，发放救助金387.65万元。2016年救助生活困难的留守儿童2221人次，发放救助金66.25万元；救助生活困难空巢老人6974人次，发放救助金271.3万元；救助贫困留守妇女2106人次，发放救助金128.17万元。

（唐生涛）

婚姻家庭

【婚姻登记】 2016年共办理结婚登记2967对，离婚登记668对，补发结婚登记399对，补发离婚登记31件。

（唐生涛）

殡葬管理

【概况】 殡葬管理工作机构设置在龙里县民政局，系民政局下属事业单位，名称为龙里县殡葬管理中心，主要职责是拟定殡葬管理政策、规章，指导农村公益性公墓建设和管理工作，负责殡葬改革政策法规宣传工作，负责烈士纪念建筑物建设，维护与环境美化、烈士骨灰保存，殡葬职业教育，殡葬岗位培训，丧事、公墓和丧葬用品市场管理2016年，出台《龙里县2016年殡葬改革工方案》，从2016年11月1日零时起，火化区域新扩大至33个村3个社区。1－12月累计火化处置遗体638具，集中治丧区域内集中治丧率100%，火化率100%。完成29个农村公益性墓地建设并投入使用，农村公益性公墓建设覆盖80%村（社区）。全年减免殡葬基本服务费66.07万元，减轻困难群众丧葬经济负担。对洗马镇田箐村违规建墓地进行拆除。举办贵州龙凤园“和园”第三届生态节地葬公益活动，共有14户丧户参加生态节葬。

【龙凤园简介】 贵州龙凤园陵园有限公司于2013年7月建成试运营，2013年8月通过贵州省民政厅验收正式运营，服务范围为贵阳市和龙里县，是聚集中治丧、火化及安葬一体化服务功能，是贵州省最大的殡葬一体化服务单位，殡殓服务能力达到4000具/年。

龙凤园位于龙里县冠山街道办事处老虎冲，距县城2公里，距省会贵阳16公里，距离龙洞堡国际机场9公里；龙凤园第一期规划总用地面积1400亩，计划投资6.81亿元，现已投资5.15亿元；其中土地投资1.92亿元，固定资产投资3.84亿元，铺底流动资金700万元。

龙凤园建设分为殡葬服务区、生态墓区和配套健康休闲旅游区三大核心功能区域建设。殡葬服务区占地400亩，总建筑面积：37340平方米，现已建成：普通悼念厅3套（280平方米/套），中等悼念厅6套（750平方米/套），高级悼念厅4套（1320平方米/套），后期规划建设豪华悼念厅6套（1800平方米/套），多功能悼念厅2套（2500平方米/套）；接待及运输车辆20辆。墓区包含100亩的公益性公墓墓区和900亩的经营性公墓墓区，可以提供20万个墓穴（格）位，墓穴占地平均面积1平方米，绿化率达到42%。生态人文休闲旅游区，建成龙里县爱国主义教育基地和英烈纪念碑。

【农村公益性公墓建设】 2016年新建成农村公益性公墓27个。谷脚镇（3个）：茶香村公墓、高堡村公墓、观音村公墓。冠山街道（3个）：鸿运村公墓、平西村公墓、五星村公墓。龙山镇（9个）：草原村公墓、金星村公墓、平山村公墓、中排村公墓、水苔村公墓、团结村公墓、中坝村公墓、水场社区公墓、比孟村公墓。洗马镇（4个）：巴江村公墓、哪旁村公墓、田箐村公墓、羊昌村公墓。醒狮镇（2个）：高吏目村公墓、凉水村公墓、谷龙村公墓、元宝村公墓。湾滩河镇（6个）：岱林村公墓、六广村公墓、营盘村公墓、云雾山村公墓、桂花村公墓、石头村公墓。

【火化区域扩展】 2016年，龙里县火葬区域：冠山街道：并入西城社区原大竹村、并入平西村的原西联村；五新村（原五里村、新民村组成）、鸿运村（原龙云村、富洪村组成）。

洗马镇：并入羊昌村的原新庄村；乐宝村、田箐村（原田箐村、田坝村组成）、哪嗙村（原狗头村、长芽村、关口村、石板滩村组成）、花京村（原白果村、花京村组成）、龙场村（原大厂村、黄星村、牛场村组成）、猫寨村（原长沟村、猫寨村组成）台上村（原大坪村、台上村组成）、巴江村（原大路坪村、巴江村组成）、乐湾村（原落锅村、烂田湾村组成）。

龙山镇：并入余下村的原朵花村、并入莲花村的纸厂村；比孟村（原场坝村、三村村、鸡场村组成）、中坝村、中排村（原高峰村、幸福村、羊篷村组成）、团结村（原城兴村、塘兴村组成）、草原村（原朝阳村、草原村组成）、金星村（原金谷村、红星村组成）、水苔村（原大谷村、前进村组成）、平山村（原新水村、桥尾村、摆谷六村组成）、水场社区（原水场村、高沟村、红岩村组成）。

湾滩河镇：并入湾寨村的原摆勺村；园区村（原甲摆村、毛栗村组成）、桂花村（原盘脚村、凯卡村组成）、六广村（原新华村、长萌村组成）、石头村（原石头村、上坝村组成）、云雾山村（原联合村、甲晃村组成）、岱林村（原长寨村、岱林村组成）、营盘村（原木马村、营屯村组成）。

谷脚镇：并入谷脚社区的原哨堡村、并入岩后社区的原三宝村沙冲组、三宝组、关口组、坪寨组）、高堡村（画眉寨、大坡上、小水库、云台山、贵子岩、沿山）]。庆阳社区（原小箐村 7 个组、羊场司村 4 个组、鸡场村 7 个组组成）、观音村、高堡村（原高堡村、毛堡村、谷定村组成）、茶香村（原茶香村、鸡场村 4 个组、三宝村 1 个组组成）。

醒狮镇：元宝村（原元宝村、顶水村组成）、高吏目村（原高吏目村、乐榨村组成）、凉水村（原凉水村、旧寨村、小坝村组成）、谷龙村（原小谷龙村、大谷龙村、林安村组成）、醒狮社区（原醒狮社区组成）。

（唐生涛）

老龄工作

【概况】 2016 年为全县 1080 名老年人办理《贵州省老年人优待证》，对百岁老人进行核查统计，全县有百岁老人 6 人。开展评选表彰“德行龙里·孝亲敬老”活动，对 8 个家庭进行表彰，发放奖金 2400 元。投入资金 30 万元完成农村幸福院、老年协会、居家养老服务站计 10 个项目建设。

【高龄补贴发放】 2016 年全县有 80 周岁以上非财政供养老年人 2862 名，高龄补贴发放标准为 80－89 每人每月 30 元，90—94 每人每月 50 元、95—99 每人每月 100 元，百岁以上老人为每人每月 200 元，共发放高龄补贴 100.74 万元；为全县 80 岁以上老年人交纳 2016 年、2017 年农合医个人缴费部分共 58.96 万元。

【敬老月活动】 通过走访慰问，爱老敬老宣传、志愿服务，举办重阳节文艺晚会和书画展等开展“敬老月”活动。2016 年走访慰问特困老人、失能老人、空巢老人、百岁老人共 60 人，慰问麻芝敬老院、醒狮敬老院入住老人共 32 人，发放慰问金 3.96 万元。发放爱老敬老和《老年人权益保障法》宣传资料 3000 份，发放宣传册 300 本。城市社区居家养老服务共有志愿者 108 人，以无偿服务的方式为 228 名老年人进行上门服务；农村居家养老服务共有志愿者 308 人，以无偿服务的方式为 2321 名老年人进行上门服务。与县老年大学、县委离退休干部局、县老年书画研究会共同在兴龙广场隆重举行“和谐新龙里·情满夕阳红”重阳节文艺晚会和书画展。

（唐先涛）

公积金管理部

【概况】 2016 年，县公积金管理部牢固树立大局意识、为民意识、责任意识，严格实行首问责任制、一次性告知制、限时办结制、和过错责任追究制，使住房公积金管理和服务水平不断提高，助推龙里经济社会发展。龙里县住房公积金管理部属黔南州住房公积金管理中心派出机构，在黔南州住房公积金管理中心授权范围内负责龙里县住房公积金管理工作。全州住房公积金管理机构实行“统一制度，统一管理，统一核算，统一决策”。龙里县公积金管理部现有职工 6 人，其中聘用人员 2 名。

【公积金收缴】 加强和县财政的沟通，确保财政供养人员住房公积金的按月拨付。同时，与业务承办银行协作，开展住房公积金“进园区，进楼盘，进社区，进企业”宣传服务活动，利用业务承办银行的资源优势协助管理部开展建制扩面工作，普及住房公积金知识。同时，开展全民“五险一金”登记行动，拓展住房公积金缴存覆盖面，以《探索进城务工人员建立住房公积金制度》课题调研为抓手，加强住房公积金政策宣传、强化资金归集，提升住房公积金管理与服务的质量和水平。2016年，实现住房公积金归集1.37亿元，完成年度目标任务1.13亿元的121.53%，同比增长24.82%；新增缴存单位13个，新增缴存职工1004人。

【公积金贷款】 严格执行贷款三级审批制度，贷前深入各家房开实地调研，认真核实房企备案资料，认真核实职工个人贷款资料的真实性、有效性和完整性，定期抽查公积金贷款抵押物落实情况，防止骗贷行为的发生。采取电话催收、短信催收、上门催收等多种形式加强贷后管理，贷款逾期率为零，确保个人住房公积金贷款资金安全。同时，结合县房交会、房开楼盘开盘，进驻开盘现场和房交会现场。向购房职工宣传黔南州住房公积金政策，在购房职工中树立“办理住房贷款，首选住房公积金”的理念。2016年，发放个人住房公积金贷款430户1.08亿元，完成年度目标任务8300万元的130.27%，支持职工购房建筑面积4.91万平方米。

【公积金增值收益】 提前预测住房公积金资金运行情况，及时做好资金的筹集和使用预案，开拓融资渠道，充分发挥住房公积金使用效率，满足职工住房公积金提取和贷款的需求，解资金紧缺矛盾，防范流动性风险，确保住房公积金的保值、增值和县住房公积金健康运行。2016年，实现增值收益217.15万元。

（杨　治）

街道和镇概况

冠山街道

【概况】 冠山街道地处龙里县城，是全县政治、经济、文化中心，国土面积235平方公里，村居调整优化后辖10个社区居委会、6个行政村，总人口5.55万人，其中流动人口3580人。耕地面积2.18万亩。街道办事处领导班子成员14名（其中女性2名），党工委委员13名，班子平均年龄35岁。街道采取集团承包管理模式，所辖集团包括党建集团、国土安全村镇管理集团、纪检监察集团、项目集团、财税集团、综治集团、社会保障集团、农林水综合服务中心、计生集团、麻芝服务中心、三元服务中心等11个集团，由班子成员分别负责承包分管集团。

2016年，街道完成工业总产值76.38亿元，财政税收完成1.86亿元；完成固定资产投资24.58亿元；招商引资引进项目6个、总投资11.44亿元，项目实际到位资金8.53亿元；城镇居民人均可支配收入增加到2.52万元，年均增长18%；农民人均纯收入增加到8756元，年均增长13.7%。农村合作医疗参合人数3.2万人，征收基金264.29万元。

【工业经济】 2016年龙里高新技术产业园区入驻企业达91家，其中：投产78家，在建13家；规模以上企业57家；新增2000万元以上规模企业11户。完成工业产值76.38亿元。园区已形成刺梨加工、装备制造、婴童用品、雪花啤酒等产业集群，重点建设项目33个，待建5个。街道办事处分项明确专人协调帮助园区内盛达液化气、泰聚华、贵诚市政设施、恒力源等重点项目及华安堂药业、强生健康、弘康制药等优质项目快速投产，定期督促加快雪花啤酒异地扩能搬迁项目、卡布国际婴童用品等项目早日建成。下派企业特派员，帮助组建基层党组织5个，理顺管理机制1241条次，代办事项2672件。为园区内符合民贸企业条件的企业申请8000余万元贴息贷款，为不符合民贸企业标准企业申请贷款。2016年招商引资引进项目6个，总投资11.44亿元，项目实际到位资金8.53亿元（含上年续建项目）。

【扶贫攻坚】 精准识别。对摸底确定664户2039名贫困对象进行数据精准核查，分门别类建立台账。按要求以原行政村为单位、以户为单元建立21个村和8个社区台账和664册（户）台账，建立“一户一档”，在村级台账中将每一户的档案按照一般贫困户、低保贫困户、低保户三个类别分别建档，分类管理，做到村村有台账、户户有档案、人人有信息。对核对的数据进行系统录入工作，做到“两系统三卡一台账”吻合。

项目建设。实施财政“一事一议”奖补项目，2016年完成10余条共35公里通村通组道路硬化；打造大新、五里、三合等5个“美丽乡村·四在农家”示范村寨，实施农田水利灌溉、机耕道修建、人畜饮水、广州对口帮扶、以工代赈等工程，改善农村生产生活条件；争取各类产业项目资金1000余万元，实施中药材续断、刺梨、大蒜、脆红李、蔬菜等种植项目以及竹鼠、冷水鱼、林下土鸡及生猪养殖等养殖产业项目25个；针对2016年县下达的项目，凤凰村肉牛养殖项目完成厂房建设，牛种引进洽谈中，完成光坡生猪养殖项目实施；光坡蔬菜种植项目稳步推进，完成黄豆种植实施；采取合作社、协会、能人、党支部等领办方式发展壮大村级集体经济，完成13个“空壳村”脱壳目标任务，村集体经济收入均达到5万元以上，带动118户486人精准扶贫户脱贫。2016年，街道通过实施产业扶贫项目2个（凤凰肉牛项目、光坡蔬菜项目）、实施减贫摘帽项目1个（麻芝片区生猪养殖）、项目扶持2个（脆红李、黄豆）、自行发展产业2个（街道生猪养殖）、帮扶单位自办产业2个（生猪养殖）、发放产业扶贫项目基金12笔及争取“特惠贷”156笔共投入资金1010.7万元，覆盖贫困对象662户2026人，实现190户755人脱贫。

移民搬迁。完成一期101户443人生态移民户抽房工作。开展意向性易地扶贫搬迁128户498人。按照县委、县政府2017年、2018年易地扶贫搬迁工作安排，街道作为业主方，在推进龙里县易地扶贫搬迁（2017～2018年度）县级集中安置点项目建设。

“脱贫伴侣”平台。创新打造涵盖4大板块11个子栏目集3大精准功能为一体的综合性准脱贫信息化大数据平台——“脱贫伴侣”，实现街道脱贫工作精准落实。通过平台比对，原有贫困户830户2752人，建议脱贫177户533人、删除187户723人、新增162户530人，实有贫困户668户2026人，净减少15户193人，实现贫困户的识别精准。系统指挥中心定期将关于脱贫攻坚的文件和相关政策通过上传至“脱贫伴侣”平台的“通知公告”板块和“政策解读”栏目。系统指挥中心已上传扶贫相关政策80余篇次，干部职工上传工作实绩1150余人次。同时，街道实施的100万元合安竹鼠养殖、60万元光坡中药材续断种植等10个精准扶贫项目上传到“脱贫伴侣”的“扶贫项目”栏目。

【换届选举】 2016年，在完成村级党组织换届的基础上，继续抓县级党代表选举、县级人大代表选举、街道村（居）委会换届选举等各项工作。制定《冠山街道出席中国共产党龙里县第十二次代表大会代表候选人推选工作方案》，成立由党工委书记任组长的工作领导小组，召开党工委专题会，严格按程序推选出席县级党代会代表28名。

人大代表选举。通过召开培训会、入户走访、张贴发放《致全体选民的公开信》、悬挂横幅、张贴宣传标语、手机短信、QQ群、语音播放等形式进行宣传发动，提高选民知情权和参与权。全街道共设投票站点124个，2016年有选民3.59万人，各村（社区）选举产生出席县人大代表38名。

村（居）委会换届。召开动员部署会，成立工作指导组，明确党政领导班子通过走访、慰问等方式，把矛盾化解在村（社区），把问题解决在一线。建立24小时信访受理制度，公开换届专用举报电话，专门负责受理涉及换届相关问题的信访咨询和举报，确保信访渠道畅通。加大对村（居）委会换届选举工作的检查监督力度，确保换届选举工作在公开、公平、公正的前提下进行。

【创卫工作】 2016年制定《冠山街道创建国家卫生县城工作方案》和《冠山街道创建国家卫生县城工作计划》。成立工作领导小组，召开动员部署会、培训会、工作推进会等40余次，落实约240万元的工作经费，签订“责任状”60余份，制作宣传标语49条，制作创卫宣传教育试卷600份，发放宣传资料1986份。联合拆除乱搭乱建物料9处，拆除违法违章建筑87户1.12万平方米；清理乱堆乱放物品85处（次）、86车次，治理乱扔乱倒、垃圾不入池168处（次）。在垃圾箱（斗）张贴温馨提示语、提示牌共67张（次），清理乱贴乱画、野广告等1642处（张）。投入180万元，对背街小巷实施公厕“旱改水”3个，“三不管地段”坑洼地面进行硬化覆盖5平方公里，排污沟加盖30余条，露天垃圾池升级改造20个，更新吊臂式垃圾箱25个。9月，街道通过省爱卫办关于创建全国卫生县城验收。

【殡葬改革】 制定《冠山街道扩大火化区域宣传工作方案》，调整和充实殡葬改革工作领导小组，并深入街道西城社区原大竹村、平西村，原西联村、五新村、鸿运社区等新增火化区域，通过发放宣传资料、张贴公告、悬挂标语，与农户签订承诺书等方式营造舆论氛围。同时，在4个新扩大火化区域的村（居）建设农村公益性墓地，平西村已修建完成墓穴93个；鸿运社区修建完成墓穴30个；西城社区与五新村合建的五新村公墓已修建完成墓穴108个。

【计划生育】 2016年冠山街道平均常住人口6.53万人，新生831人（其中计划外出生71人），死亡426人，人口出生率12.73‰，人口自然增长率6.2‰，符合政策生育率91.46%；现孕妇女统计321人，占前三年平均出生人数的58.77‰；完成二孩以上长效避孕措施术378例，其中大手术151例、二孩以上上环227例；采取补救措施共10例，完成全年手术任务的149.64%。完成社会抚养费征收10.55万元。

【社会管理】 阳光信访。按照龙里县创建实施“12349”县域信访管理新模式要求，建立网上信访综合业务系统，连通至县直各部门，将群众走访、来信、来电、网上投诉等全部纳入网上信访综合业务系统办理。2016年通过阳光信访平台受理案件17件，其中：办结15件，协办1件，在办2件；共办理“12345”民心热线电话访19件。

维稳工作。对县级交办和街道自行排查的88个重点案件均落实“七个一”工作部署，明确至少一名党政班子成员任组长牵头负责，涉及的部门、村（社区）负责人为成员。按照“属地原则”和“谁主管、谁负责”的原则，把维稳责任落实到具体的责任人，对梳理出的重点人员，按照稳控对象和稳控责任人“双实名”责任制，做好包保稳控工作，盯住看牢。

设立服务平台。建立包含法律咨询、法律援助、纠纷调解、法制宣传、社区矫正、律师公证等司法行政职能的综合性公共法律服务平台，在街道设立公共法律服务工作站1个，在社区服务中心设立公共法律服务工作站2个，在村（社区）设立公共法律服务工作室16个，在组设立公共法律服务基层联络点282个。共计接待法律咨询50余人次，开展非诉法律援助5起，受理人民调解案件180起、调解成功率达到100%，协助群众办理司法确认1件。

打造四型社区。按照《黔南州“四型社区·幸福家园”建设标准》启动“四型社区·幸福家园”建设，全力打造“5531”工程及社区建设的“升级版”。街道社区综合服务中心打造以“民情一点通”和便民利民服务为主，冠山社区思源小区打造以“和美型社区”为主，鸿运村打造以“平安型社区”为主，全力构建“四型社区”。

【安全生产】 安全教育落实。在企业开展安全生产巡查和整改工作，利用赶场天、入户宣传等多种方式，全年发放企业安全生产、农村消防安全及道路交通安全等宣传资料3000余份，同企业签订《企业安全生产承诺书》《夏季消防安全责任书》，并联合企业开展一次安全生产应急演练。地质灾害防御。开展地质灾害巡查、整改及打非治违工作，制定《冠山街道办事处地质灾害应急预案》和《防治方案》，同各村（社区）签订《地质灾害防治责任书》16份，发放地质灾害避险明白卡109张，汛期对辖区内村（社区）地质灾害隐患点、废弃矿井、弃土场等存在安全隐患的地方开展14次汛前大排查、32次常规巡查。三危房排查。抓好房屋普查及老楼危楼排查工作，外援普查全部完成共计4840户，并建立房屋普查台账和完成电子版录入，完成老楼危楼整改上报898户，“一户一档”资料按要求送县房管局备案。森林防火。在全街道村（社区）实行“村为主”，建立健全森林防火责任制，将森林防火责任落实到村、到户、到人、到地块、到林权所有者。同时，从街道财政预算经费9万余元用于森林防火专款。

【电子商务】 2016年制定《冠山街道“三进共荣”电子商务推行工作方案》，实施“三进共荣”工程，按照“农村资源进社区、进企业，社区商品进农村、进企业，企业产品进农村、进社区”三向流通的工作思路，实现黔货出山。依托阿里巴巴网上商城、工商银行融易购等平台，上传龙里特色产品，通过线上订购、支付，线下物流送达；投入10万元打造冠山街道同城易购电子商务实体展示中心，将刺梨系列产品、熏制农特产品、绿色生态系列产品等220余种特产品上传至该平台，实现销售4852单，销售金额46万元；投入10万元开发同城易购手机客户端，将刺梨系列产品、熏制农特产品、绿色生态系列产品等430多种农特产品上传至该平台，实现销售4.12万单，销售金额550多万元；打造实体店面，采取1+9实体站点布局，在县城打造面积100多平方米以上的实体店，集结全县各种特色商品进行展示，实现现场体验和销售。在大新、平地、高坪等9个村打造村级实体站点，分别收集片区农特产品、企业产品、社区商品进行展示，提供现场订购“一日送达”服务。

（冠山街道办事处）

洗马镇

【概况】 洗马镇位于龙里县北端，东临贵定县、西面与醒狮镇相连、南接谷脚镇、北面与开阳县毗邻，镇所在地距贵阳市60公里、距龙里县城58公里，全镇土地总面积为320.5平方公里、总人口4.87万人。有耕地总面积4.8万亩，其中常用耕地面积4.32万亩。常用耕地面积中，水田占1.58万亩、旱地占2.74万亩，人均占有耕地0.99亩。森林覆盖率约为58.6%。全镇总体地势南高北低，全镇平均海拔高度约为1100米。旱地多为黄沙泥土，适宜烤烟生长，利于发展经济作物，种植果木林。土壤类型主要有黄壤土、黄色石灰土等，土质肥力属中上等。属亚热带季风湿润气候，具有农业丰产型的气候特点，气候温和，雨量充沛，无霜期长，冬无严寒，夏无酷暑，多云寡照，湿度较大，适宜农作物和林木、果蔬的生长。灾害性天气主要有干旱，冰雹，低温、多雨等。农作物以水稻、玉米、小麦、油菜、烤烟为主，农民经济收入主要来源于种植烤烟和玉米。农作物年产量达6.46万吨，其中粮食总产量达到2.3万吨。

2014年3月，区划调整，撤销洗马镇、哪嗙乡、巴江乡，合并设置洗马镇。2016年，村民（社区）委员会优化调整后，全镇辖14个村（社区）、374个村民小组、280个自然村寨，全镇总人口为4.87万人，其中非农业人口7832人、农业人口4.08万人，村民以汉族为主，布依族、苗族等少数民族有1.19万人，占全镇总人口的24.43%。全镇有初级中学2所，在校中学生总数1032人，教职工总数102人；全镇有小学10所（其中完小1所），在校小学生总数1523人，教职员工总数137人；全镇有幼儿园及学前班共4所（含民办1所），在校幼儿学生总数592人，教职员工总数24人。全镇有镇级卫生院1所，医护人员45人；村级卫生室19所，医护人员19人。全镇14个村（社区）实现村村通水、通电、通公路。

2016年，实现地区生产总值6.3亿元，其中：农业总产值3.2亿元，乡镇企业总产值968.5万元，第三产业2.13亿元。完成固定资产投资3.19亿元，完成任务数的132.92%，同比增长87.65%；招商引资到位资金2.14亿元，完成任务数的107%；完成财政总收入579万元，财政总支出2401万元、同比增长24%；农民人均纯收入达9500元。

【产业结构】 农业。种植业：抢抓现代烟草农业发展新机遇，种植烤烟3000亩，收购烟叶34.25万公斤，创税178万元，烟农创收807万元；积极引导农户种植杂交水稻、杂交玉米、脱毒马铃薯等，全镇粮食产量稳步提升；累计种植刺梨面积达5.4万亩，产鲜果200多万斤，获得鲜果收入500多万元，外销优质刺梨苗木400余万株，销售收入300多万元。畜牧养殖业。全镇年存栏肉牛226头、出栏204头；存栏生猪1.75万头、出栏2396头；存栏家禽3.2万羽、出栏2万羽。

工业。镇内有丰富的煤、硫铁矿、重晶石等矿产资源，有落掌、永鑫、金涌等5家煤矿（全部停产）；有牛场、新庄、三岔河、龙井冲等砂场4个（只有新庄正常营业）。

商业：有个体工商户690余家，均属小商品零售业、餐饮服务业，或农产品经营加工业。旅游业：资源来于清水江、巴江古城墙、惜字塔和水尾古驿道、平坡农民画。石板滩村创办龙里县“苗之印”手工艺品合作社，并注册“苗之印”商标，开发和创作印苗民族服装及民族饰品。投入1000余万元，启动哪嗙高寨AAA级景区的建设；依托金溪村谷仗寨古村落、原生态的民族文化资源，投入20余万元举办首届主题为“醉美变形谷，别样四月八”的爱心公益扶贫暨布依族苗族民俗体验活动，旅游综合收入近100万元。服务业：投资48万元创建农村淘宝村级服务站点12个、网店28家，2家企业店铺入驻电商平台，共挖掘培育上行农特产品30余种，上行交易额213万元，下行交易额1184万元，网络交易额达

1397 万元。

【基础设施建设】 水利建设。下把比水库、洗马片区人畜饮水巩固提升工程一期项目开工建设，项目投资 1.2 亿元；投资 1330 万元，新增灌溉面积 420 亩，改善灌溉面积 4530 亩，新增机耕面积 3310 亩，排涝面积 610 亩的农业综合开发高标准农田建设项目全面开工。交通建设。投资 4690 万元，完成茶场至田坝、哪嗙至坞坭、大山闹至黄星、官庄至落双等 11 条共 62.8 公里通村公路建设，全镇 14 个村（社区）全部通了沥青路或水泥路；完成“一事一议”项目 19 个，完成投资 375.21 万元，修建通组硬化水泥路 17.5 公里。镇村规划建设。编制完成《洗马镇镇区控制性详细规划》《洗马镇镇区修建性详细规划》及《洗马镇村庄整治规划》等一批控制性详细规划和专项规划。建成各类公租房 114 套，建设面积 4000 平方米，总投资 503 万元，已分配入住；修建垃圾池 18 座、垃圾焚烧炉 2 座，增配钩臂式垃圾箱 75 个，大、小型垃圾车 7 辆；完成农村危房改造 586 户。

【扶贫攻坚】 全镇有建档立卡贫困户 1738 户 5093 人，其中：一般贫困户 627 户 2114 人；五保户 157 户 230 人；低保户 645 户 1595 人。2016 年，全镇 309 户贫困户 1154 人如期脱贫。2016 年，全镇共实施 1100 余万元财政专项扶贫项目，发展刺梨、红蒜、生姜、黄豆、辣椒、续断等种植和肉牛、黑毛猪、土鸡等养殖产业，为贫困户脱贫增收提供了保障。完成 2013 年度生态移民工程 64 户 240 人，2014 年度生态移民 81 户 372 人；启动实施“十三五”期间易地扶贫搬迁 446 户 1727 人工作（其中：整组整寨搬迁 76 户 269 人，零星搬迁 370 户 1458 人），洗马镇集中安置点已开工建设，计划安置 256 户 997 人。生态扶贫。生态扶贫各项补助全额兑付，全镇聘用贫困户生态护林员 67 名，每名贫困户生态护林员按月领到 800 元的工资。全镇 274 户贫困户办理“特惠贷”，发放贷款 1135 万元。对于建档立卡的低保、五保户，全镇实现 100% 社会保障全面兜底。对大病、长期慢性病贫困农户进行医疗救助，农村医疗救助覆盖率达 100%。为 100 余名大学录取新生办理各项教育资助手续。

【社会事业】 2016 年完成城镇居民养老保险 2.56 万人，征收基金 142.97 万元，城镇低保参保 67 户 78 人；发放救济粮 8.6 万公斤，发放棉衣、棉被等物资各 390 件（套）。投入 40 余万元建成上石坎、牛场、巴江、哪嗙、羊昌等村（社区）公益性墓地，火化区火化率达 100%。“两免一补”和“营养餐”政策全面落实，“金秋助学”等资助活动持续开展；“二孩”政策全面实施，符合政策生育率 90.3%，出生率 10.4‰，自然增长率 3.4‰，出生人口综合性别比 111.9%；全镇新农保参保 4.01 万人，征收合医款 417.33 万元，新农合参合率达 95.88%，贫困户参合率达 100%。武装征兵累计送检 156 人，体检、政审合格 54 人，定兵 46 人。创建平安村（社区）14 个、平安家庭 1.25 万户、平安单位 18 个、平安校园 11 个、平安医院 3 个、平安和谐林区 3 个，社会和谐稳定大局进一步巩固；全面落实安全生产责任制，深化“打非治违”专项行动，安全生产形势稳定。

（王荣华）

湾滩河镇

【概况】 湾滩河镇是龙里县南部农业大镇，与贵定县云雾镇、巩固乡和惠水县岗度乡毗邻，距县城 67 公里。2014 年 3 月由原羊场镇、湾寨乡、摆省乡撤并而来，原辖 34 个行政村 1 个社区，2015 年 11 月村居撤并为 18 个村 1 个社区，2016 年 10 月村居优化为 15 个村 3 个社区〔羊场社区（原羊场村、新民社区），湾寨社区（原摆勺村、场坝村），新龙社区（原新龙村、打夯村），走马村，金批村，翠微村，岱林村，营盘村，云雾山村，石头村，新华村，桂花村，园区村，摆主村，果里村，金星村，渔洞村，摆省村〕。撤乡并镇、村居优化调整后的湾滩河镇国土面积 244 平方公里，耕地面积 4.74 万亩，总人口 4.44 万人，其中农户 0.9 万户、农业人口 4 万人。湾滩河镇地势平坦，土地肥沃，素有“龙里粮仓”“万亩大坝”“玉米之乡”的美称；气候温和，雨量充沛，四季分明，无霜期长，具有明显的亚热带季风湿润气候特征，年平均气温19℃，无霜期271天，年降雨量1069.5毫米；平均海拔1280米，地貌以山地、丘陵为主，地形坡状起伏，适宜于发展立体观光农业和多种经营，植物品种繁多，林、牧、草和名贵中药材资源丰富；林灌覆盖率达40%，生态环境优美，旅游资源开发潜力大，有10公里湾滩河，沿河两岸杨柳、翠竹相映成趣，古老神秘的果里洞棺葬，苗族古歌“果乐”，苗族传统活动“跳洞”，营盘山及上百年的古苍松苍柏，翠微石林、晨钟宝刹的翠微寺，田间河畔的布依山歌，丰富多彩的民风民俗等。

2016年，湾滩河镇努力实施“农业立镇、园区兴镇、生态靓镇”战略，实现财政总收入2065.85万元，年均增长13%；累计实现招商引资到位资金8.36亿元；农民年人均纯收入达8800元。

【基础设施建设】 2016年投资5000万元完成羊场至联合至木马甘未、果里至扁街、金星至团结等50公里通村油路（硬化）建设，全部实现村村通油路（硬化路）的目标，开通农村客运线路8条。完成长萌村谷港水库提灌站建设，建成联合、刺昌冲、营屯等小型山塘3个，完成摆兰水库、察尔岩水库、摆绒水库等重点水库加固除险工程，完成摆绒水库引水工程。完成村居优化前的新龙、园区、岱林等18个村51处人畜饮水工程。率先在场坝、摆勺、甲摆、毛栗、新营、翠微、走马、金批、和平等9个村组建湾滩河红岩灌区和枧槽冲灌区用水户协会。2016年列入贵州山区现代水利示范区。投入5000多万元实施中央第六批小型农田水利2014年度和2015年度项目。全面完成防汛、水土保持生态清洁型小流域项目。重点整合和捆绑扶贫开发、村庄整治和财政“一事一议”等项目资金，推进全镇“四在农家·美丽乡村”创建工作，全镇争取村级公益事业建设“一事一议”财政奖补奖励项目35个、示范村寨项目3个，项目奖补总资金908万元，完成通组公路12.65公里，建设活动场所6个、面积约5700平方米。投资526万元重点打造孔雀寨、甲摆同、卜郎寨3个小康寨示范点。

【易地扶贫搬迁】 2016年湾滩河镇易地扶贫搬迁安置点项目总投资3922.4万元，项目占地面积86.79亩，主要建设内容为94栋95户安置房，人畜饮水、供电、道路、广场、河道治理等，总建筑面积1.28万平方米，共设计6个户型，最小面积29.56平方米，最大面积147.46平方米。村民于2016年底入住。

【社会事务】 2016年全镇农村新型合作医疗和养老保险的参与率均在96%以上。完成羊场、湾寨、摆省卫生院标准化建设任务。全面落实计生“四项制度”惠民政策惠及4000余户，发放帮扶及惠民资金近400万元，符合政策生育率控制在90%以上，达到县级目标要求。建成体育健身路径5条和村级体育活动场所50个，举办各种民风民俗活动和民族斗牛活动。投入370万元建成湾滩河矿井水治理工程。启动摆省片区抵制“高彩礼”行动，建立龙里、惠水、花溪三镇（区）抵制高彩礼联动协调机制；在全镇和各村分别成立制止违规滥办酒席综合督察队，取缔31起违规操办酒席事件。在走马、湾寨等村试点开展殡葬改革工作，建成公益性墓地2个。

开展安全生产“打非治违”行动，全镇未发生重大安全生产事故。完成摆主、摆岑、甲摆等村地质灾害应急预案编制工作，摆主小学、甲摆村甲摆赏等重点区域地质灾害治理，全镇农村消防应急预案编制，实现消防安全网格化构建。选拔34名“村警”，成立60余人的反恐防恐工作队伍，充实农村警力；完成羊场、湾寨、园区等重点区域、路口电子摄像头安装工作。

【扶贫攻坚】 全面开展“遍访贫困村”“空壳村脱壳”等工作，抓精准识别建档立卡，争取项目资金支撑，实施产业扶贫政策、“雨露计划”培训。蔬菜产业覆盖贫困户1120余户，产生效益1500余万元；烤烟产业种植4000余亩，种植农户147户，收入约900万元（其中精准贫困户11户55人，面积215亩产值约64.5万元）。中药材产业刺梨项目7500亩，覆盖贫困户100余户，实现每亩收入3000余元；中药材产业海花草项目300亩，覆盖20余户，实现每亩收入3000余元。土鸡养殖产业覆盖贫困户918户4131人，养殖土鸡4.8万余只，收益逾165万元；蛋鸭养殖产业覆盖贫困户334户1503人，养殖蛋鸭3.8万余只，收益逾300万元；依拉兔养殖项目覆盖贫困户50余户，实现每户每年分红1000余元；竹鼠养殖项目覆盖贫困户50余户，实现每户每年分红1000余元。新修、硬化道路5条，总投资金额261万元，惠及贫困户372户。易地移民搬迁（项目占地86.79亩，总投资3922.4万元，主要建设内容为94栋95户安置房，人畜饮水、供电、道路、广场、河道治理等，总建筑面积1.28万平方米，共设计6个户型，最小面积29.56平方米，最大面积147.46平方米）覆盖农户95户543人（其中：贫困户38户224人）；危房改造覆盖贫困户531户，资金逾450万元。生态补偿覆盖3014户，资金83.59万元（其中贫困户1320户，资金30余万元），提供生态方面就业岗位70余个，招聘生态护林队员70名，每年补助资金11.2万元。教育帮扶申报完成582户，资金211.2万元（其中："雨露计划"大学新生补助54名、资助资金116.4万元，中职以上学生300名、资助资金60万元，高中生174名、资助资金34.8万元）。搭建劳动力就业务工平台，提供就业岗位5000余个，共覆盖和带动贫困户550余户、3300多人次，实现务工收入500余万元。建立培训实践基地6个，共举办贫困户技能技术培训50余期、1500余人次。扶贫云建档立卡长期社会保障兜底803户2084人，补助资金360余万元。全镇因病致贫315人，得到救助69人。享受新型农村合作医疗和大病保险政策的医疗救助1842人次（其中贫困户占5%），报销资金48.6万元。实施"特惠贷"项目1000名，资金5000万元。县直挂帮部门精准帮扶项目、慰问资金、物资等合计198.6万元，惠及1000余户贫困户。非政府组织爱心援助慰问资金、物资等合计33.08万元，惠及200余户贫困户。

【农业示范园区】 湾滩河现代高效生态农业示范园区创建于2012年，是省级重点农业园区。园区以发展"生态农业、高效农业、旅游农业、科技农业"为方向，大力推进布局区域化、管理规范化、生产标准化、经营规模化"四化"建设，加快构建以科技农业为引领、产业化农业为支撑、农产品加工为龙头的现代农业产业体系，促进园区提质、农业增产、农民增收。2016年园区发展蔬菜种植面积达5.3万亩，已入驻企业27家，农产品通过无公害产地认证面积4.6万亩。其中"龙里豌豆尖"通过国家地理标志保护认证，单季种植面积1.5万亩，成为全国豌豆尖种植面积最大的区域，远销粤港澳市场。园区通过企业带动，培育组建农民专业合作社28家，入社成员7641户，合作社年销售蔬菜总收入达5亿元。2016年园区农民人均纯收入9726元，其中来自产业结构调整的人均纯收入占68%。通过土地流转引进企业、种植大户，园区每年吸收本地就地务工2600余人，年务工收入1250万元。

【孔雀寨景区】 湾滩河镇走马村孔雀寨，2013年入选国家农业部"美丽乡村"创建试点村后，陆续实施一些改造工程。2016年投入1621.62万元按照3A景区标准打造湾滩河镇走马村孔雀寨，这也是湾滩河镇"四在农家·美丽乡村"建设和人居环境改善的重要内容之一，建设内容包括孔雀寨大门、村庄道路、风雨桥、绿化带、休闲长廊、供排水、污水处理、垃圾治理、体育健身及广场、餐饮服务等，已基本完工。

（阅　芳）

龙山镇

【概况】 龙山镇位于龙里县西南部，东与冠山街道相接，南与湾滩河镇毗邻，西与贵阳市接壤，北接谷脚镇。镇政府驻地坝上（龙山社区）距县城2.5公里，西进省城贵阳21公里，厦蓉高速公路、湘黔铁路、贵阳市域铁路穿境而过。镇内地势大多呈丘陵过渡的斜坡地带，南高北低，全镇最高海拔1680米、最低海拔970米、平均海拔1200米，属北亚热带季风性湿润气候，年平均气温12.7℃，夏季凉爽，空气清新，辖区内草原素有"天然氧吧"之称。境内自然资源丰富，有储量丰富的煤、铝土、硅石和白云石等矿产资源，是县内湾滩河、猴子沟水源和朵花河的重要发源地。全镇总面积319.5平方公里，村居调整优化后辖12个行政村（社区）（即：龙山社区、水场社区、草原社区、水苔村、团结村、中排村、金星村、比孟村、莲花村、余下村、平山村、中坝村），共162个村民小组、181个自然村寨，居住7455户、总人口3.08万人，其中苗族、布依族等少数民族人口1.41万人；总耕地面积3.02万亩，人均耕地面积0.98亩。

2016年，全镇生产总值万元，其中：农业总产值万元，工业总产值万元，第三产业总产值万元；完成税收4617.6万元，完成任务数的150.95%。

【工业生产】 龙山工业园区，规划面积12.57平方公里，已入驻企业39家，其中产值500万元以上规模企业2家，产值2000万元以上规模企业17家，新增规模以上企业2家。2016年完成工业总产值18亿元，完成固定资产投资9亿元（其中完成工业固定资产投资3亿元），招商引资实际到位资金3.1亿元。

【农业生产】 2016年，龙山镇粮经比调整示范建设点8个，共种植粮食作物3.2万余亩，种植各类经济作物9.8万余亩，粮经比保持在30：70，完成粮经比调整任务。完成石漠化治理500亩刺梨种植和2700亩巩固退耕还林刺梨种植；在原朝阳村、草原村完成7600亩植被恢复马尾松种植和原朝阳村、金谷村完成2500亩天保工程马尾松种植。2016年全镇国家重点公益林为16.96万亩，占全县国家重点公益林的76.19%。完成全镇1934户公益林管护同的签订，完成全镇集体公益林管护情况及资金使用情况检查，及时兑现全镇国家重点公益林管护、补助资金。全镇有存栏生猪2784头、牛2212头、羊2926只、禽类7.85万羽（其中鹌鹑6万羽）；共有各类养殖场51户，其中涉及优质黑山羊养殖30余户、特色兔养殖4户、竹鼠养殖3户、娃娃鱼养殖2户、鹌鹑养殖4户、家畜养殖4户（猪、牛各2户）、家禽养殖4户等，遍布全镇各村。

【扶贫攻坚】 2016年投入40万元开展“一增双脱”工作，即通过对村（居）干部实行月考核增加村（居）干部工资待遇，让村干部完全脱产，集中精力带领贫困户脱贫攻坚。整合部门、镇、村三级资源，将工作半径由原16个贫困村扩大至27个村（村居调整优化前的村居数），实现脱贫工作区域全覆盖，完善925户贫困户“一户一档”工作。采取“农家乐协会＋农家乐业主＋贫困户”模式开展帮扶，即由农家乐协会根据基金数额，拟定对贫困户的帮扶金额和帮扶事项，并在协会中公布，同时贫困户根据公布内容向协会提出相关帮扶申请，实施帮扶。全年爱心箱收到募捐资金3.15万元，已根据94户贫困户需求为其购买发展种养殖所需相关鸡苗、火鸭苗和刺梨等，同时还对部分孤寡老人和困难大学生进行资金帮扶，动员30户贫困户到龙山工业园区工作，实现“1人就业全家脱贫”。

【重大项目建设】 2016年6月12日，起于莲花连接贵都高速公路联络线，终于贵阳市花溪区孟关大道，全长21.9公里、总投资22亿元的龙溪大道开工建设；7月21日，莲花湿地公园人行天桥项目开工。占地750亩，总投资5亿元的莲花生态湿地休闲体验区项目整体完成率达80%；大草原索道建设项目建成索道基座12个，完成率达80%；马郎坡驱动站建设完成率达70%；完成水孟大道前期规划设计、园区大道B段建设、金贵星至大冲组道路建设、昆泰纸业门前应急道路改造、贵都高速公路联络线至县城扩建工程、园区至孟关道路建设。

【基础设施建设】 2016年，龙山镇“一事一议”财政奖补项目10个，其中通组道路硬化项目9个，太阳能路灯安装项目1个，项目总投资302.21万元，其中群众投工投劳3540个、投劳折资17.7万元，申请财政奖补资金284.51万元。

【社会事业】 2016年，龙山镇出生374人，比上年度增加48人，人口出生率10.16‰，同比下降2.52‰；人口自然增长率3.39‰，同比下降2.1‰。发放救济粮7.5万公斤、救灾资金5.67万元、棉衣91件、绒衣89套、鞋93双、单衣裤套装28套，发放农村义务兵优待金5.26万元；有584户1328人享受低保；发放80周岁以上老年人高龄补贴423人15.22万元；为35名学子发放助学金3.9万元。11月1日起，扩大火化区域，全镇100%实行火化及集中进入村公益性墓地安葬，完成扩大火化区域9个村（居）公益性墓地建设，火化率达100%。开展道路交通、企业生产等各类安全检查20余次，排查整改各类安全隐患50余处，打击查处安全领域违法行为60余起；组织开展2016年“安全生产月”活动，活动期间发放宣传资料100余份，悬挂横幅5条。

根据11个“空壳村”特点，成立各种技术专业合作社。在原城兴村、塘兴村、幸福村和羊蓬村开展特种野兔养殖，在场坝村开展生态竹鼠养殖，在新水村开展黑色特种种养殖。采取“1+1+N”多元化“抱团捆绑”模式发展，即由龙山工业园区管委会出资20万元，11个“空壳村”各出资5万元，成立“贵州翼龙汽车服务有限责任公司”，公司注册资金75万元，自购车辆3辆，接收社会私人挂靠车辆11辆。2016年，龙山镇11个“空壳村”独立特色发展收益资金加贵州翼龙汽车服务有限责任公司各项业务收益资金总计达76.5万元，完成“脱壳”任务数的139.09%。

【基层组织】 2016年举办“两学一做”学习教育专题培训暨支部示范学习观摩会，将机关支部党员分在5个集团组成5个党小组，每组13人~16人，将每周一到周五的夜间“微课堂”融入党小组学习中；有非公党组织19家，党员47人。全年吸收预备党员33名，转正党员27名，完成11个党总支、4个党支部921名党员的摸底排查工作。新一届村（社区）“两委”成员人数为122名（村级党组织59名，村、居委会63名），新一届村（社区）“两委”班子成员平均年龄40.36岁，有19名女性进入村两委班子，实现每个村（社区）“两委”班子中至少有一名女同志。新一届村（社区）“两委”成员中党员87名、占比71.3%，高中或中专以上学历31名、占比25.4%，大专以上学历8名、占比6.5%。组建3支“爱心妈妈巾帼志愿者服务队”，全镇“爱心妈妈”共结对帮扶留守儿童40余名，送价值5000余元物资。对316名农村妇女进行实用技能培训6场次，发放妇女儿童维权知识宣传资料1000余份。

（胡蓉、刘深林）

谷脚镇

【概况】 谷脚镇东接冠山街道、南接龙山镇、西与贵阳市毗邻、北与醒狮镇和洗马镇相连，距龙里县城17公里，离省城贵阳16公里。位于双龙航空港经济区、贵龙城市经济带、快递物流集聚区的核心区，拥有“铁路、公路、机场”三位一体交通网络。全镇总面积224平方公里，村居调整后，由19个行政村1个居委会优化为5个行政村5个居委会176个村民组，总人口7260户3.4万人。2016年3月，谷脚镇岩后社区、庆阳社区、贵龙社区整体协议委托贵州双龙航空港经济区管理，委托区域达52平方公里，由谷脚双龙办事处履行1年过渡期的管理。

谷脚镇核定行政事业编制数为192人（其中行政编制58人、事业编制134人），实有在编在岗行政事业编制102人，临聘人员21人。2016年，全镇招商引资到位资金3亿元，固定资产投资入库19亿元，工业总产值完成80亿元，农业生产总值达2.76亿元，财税收入完成9309万元、占任务数的75%；农民人均纯收入达1.04万元。

【工业园区】 2016年，谷脚工业园区面积拓展至50平方公里，入驻企业达到116家。园区内垃圾清运和环境治理建立长效机制。建立完善定向包保和特派员制度，领导班子成员分包企业进行专项帮扶，主要领导亲自督办。争取上级政策倾斜，做大增量土地、盘活存量土地，开展闲置土地清理工作，完善企业退出机制，拒绝多家环境评估不合格、税收贡献率低的企业，良济药业、润生制药、盛峰包装获新技术企业认证。红狮水泥获“贵州省名牌产品”称号。

【重大项目】 2016年良济二期、润生二期、红狮二期、红狮商混、空港产业园一期等一批重大项目投产达产；龙行制造一期、空港产业园A区二期及B区、双龙镇、深高速创意产业园、茵特拉根小镇、贵州双龙农产品集散中心、万豪商贸城、龙里双龙快递物流集聚区等项目加速建设；完成纵三线B段、快易建、丰树、新地、黔南物流联盟、中央物资仓库、龙山佛国等项目用地征收工作，完成音乐小镇项目区域内的房屋编号、实物固定。

【基础设施】 2016年完成210国道谷脚园区段改造和快递物流园2号路支线辅道建设；投入近400万元，完成谷脚新街人行道改造、富源路“白改黑”；提前修通十字路至谷冰、高堡至革苏、火石坳至把场等偏远贫困村通村公路；购置垃圾车、垃圾箱、洒水车，修建垃圾转运站；争取到480余万元，完成老年人日间照料中心建设；投入20余万元，示范打造镇社区综合服务中心和谷脚社区、观音村服务站。

【农业基础】 2016年整合农业、扶贫、水利、财政等项目资金，建成村级主干道112公里、机耕道75公里、生产便道138公里；“一事一议”财政奖补等通组道路建设项目覆盖毛保、谷冰等14个村34个村民组，受益群众达1891户8216人；打造完成观音村、茶香村“四在农家、美丽乡村”示范村寨；全镇土地流转1.61万亩，建成高枧、谷定冷凉型反季节蔬菜种植基地和鸡场、三宝、羊场司、毛保等特色果蔬示范点，粮经比达29:71；先期投入50余万元，完成高新村“五彩粮仓”规划设计，并启动该项目建设；茶香刺梨产业园区列入贵州省高效农业产业示范园区，投资900万元完成茶香园区核心区自行车主题公园建设，成功参与承办全国山地自行车公开赛。全镇10个村（社区）中，村级集体经济达到1000万元~3000万元的社区4个，100万元~500万元的村（社区）2个，10万元~50万元的村4个。

【扶贫攻坚】 2016年建立脱贫攻坚工作组+镇、村、组四级联动机制，按照“321”模式（班子成员包3户，中层干部包2户，一般干部包1户），全镇121名干部与498户贫困户结对帮扶；开发《谷脚掌中宝》手机APP软件，随时跟踪督查包保责任人帮扶动态、措施及进度。制定贫困户帮扶计划891项，已实施565项，正在实施326项；落实扶贫项目4个，争取资金129.64万元，覆盖12个村贫困户577户；先期发放39户建档立卡贫困户“特惠贷”资金173万元；全镇以“一户一人”就业脱贫模式引领扶贫工作，申通、天天、EMS等6家快递企业与高堡、高新、谷冰等3个村结成帮扶对子，解决贫困户就业243人；聘用建档立卡贫困户参与村级公路养护、保洁、护林83人，每人每月增收1000元~1500元。已脱贫1268户2909人，其中：完成产业扶持321户1166人，就业和教育扶贫459户543人，易地移民搬迁115户395人，生态补偿15户75人，社会保障兜低187户307人，医疗救助171户423人。

【社会事业】 2016年全镇发放各类涉农补贴资金763.43万元；完成危房改造402户。贵龙新苑安置区、王关安置区入驻失地农民3051户5375人。解决小学、幼儿园维修建设资金20余万元，发放高考奖励3万多元。岩后社区、谷脚社区等9个村（社区）“农民体育场所”建成投入使用。完成中心卫生院标准化建设，实现村村有卫生室。提供计生优质服务，妇检率达100%，人口自然增长率保持在5.8‰以内，建成大坡、观音、高新3个“计生文化大院”。完善综治信访维稳工作中心建设和村级综治工作站建设。启动农村集中建房规划、选址和基础设施建设等工作，严格建房审批制度，强拆违章建筑30户面积达2.04万平方米。岩后社区、谷脚社区、庆阳社区、高堡村、观音村、茶香村等公益性公墓相继建成并投入使用，殡葬改革区域除高新村、谷冰村外，其余8个村（社区）全部推行。推行安全生产攻坚除患挂图作战模式，实现安全生产领域的有效监管。

【双龙小镇】 中铁生态城云栖谷双龙小镇，位于贵新高速与中铁大道交叉口西北侧，北临巫山大峡谷，南临贵新高速公路，东至悦龙大道，西至中铁大道，规划有民族风情旅游小镇、中国式山地院落住宅区、跑马场、露天影院、山地湖泊景观区、山地花海景观区等功能板块，主要打造中铁国际旅游度假区内唯一的中国民族风情旅游小镇，是贵州重点建设的20个旅游小镇之一。

小镇规划发展业态主要有精品客栈、特色餐饮、时尚酒吧、旅游购物、民族演艺等，已签约入驻山东鲁菜根、俄罗斯风情园、彩歌堂等百余家商户。小镇正以国家4A级旅游景区标准进行打造，将囊括民俗歌舞表演、主题客栈、国内外名优餐饮、特色酒吧等上百种旅游休闲业态，同时结合贵州本土民族特色，力求打造“贵州的丽江，贵阳的束河”，成为贵州省的旅游名片。小镇全部建成后可同时接待1200人住宿、3000余人就餐，每年可接待游客150万人次以上，直接解决2000余人就业，创造旅游总收入2亿元左右，建成集休闲、康体、养生、娱乐、滋养、餐饮、客栈等多元业态为有机整体的国际休闲度假中心。

（陈朝鼎）

醒狮镇

【概况】　醒狮镇位于龙里县西北部，紧邻贵阳市乌当区偏坡乡和南明区永乐乡，国土面积178平方公里，村居调整优化后辖6个行政村（元宝村、凉水村、高吏目村、平寨村、谷新村、大岩村）和2个社区居委会（醒狮社区、谷龙社区），2016年全镇有7175户2.63万人。醒狮镇距龙里县城43公里，距省会贵阳市中心24公里，距贵阳龙洞堡国际机场15公里，境内有千洗、把醒、醒偏、醒永、乌偏、谷洗等公路贯通，小尖高速穿境而过。醒狮镇海拔高度在1150米~1300米之间，地貌以高原丘陵洼地为主，属亚热带季风湿润气候，平均气温13.9摄氏度，大于10℃年有效积温4845摄氏度，无霜期270天~280天，多年平均日照时数为1115小时~1226小时，多年平均降水量为1088毫米。

2016年，醒狮镇项目签约资金10.2亿元，实际到位资金2.2亿元；全镇规模以下工业总产值3616万元，固定资产投资3.42亿元，税收206.6万（其中国税97万元，地税109.6万元），增长144.82%。

【农业生产】　2016年，全面深化农业产业化建设，加快推进农业转型升级，以高吏目、谷龙为核心的农业园区建设正式启动，争取农发项目130万元完善园区设施，引进总投资7000万元的贵州蓝海雨林生态农业项目；及时谋划农业园区规划，完成7000余亩现代山地特色高效康体养生休闲农业示范园区项目的前期筹备工作；加大农业规模化种植，发展中药材刺梨种植5321亩、精品脆红李5587亩和樱桃1600亩。2016年全镇实施扶贫项目17个，项目总投资8337万元，包括2000亩的黄豆种植项目、1200亩蔬菜种植项目、1000亩续断种植项目、5321亩的刺梨种植项目、5587亩脆红李种植项目已实施结束。在醒狮村、大岩村、高吏目村、谷龙村一线发展蔬菜产业。引进蔬菜种植大户2家，发展蔬菜大棚示范点种植100余亩；引进辣椒加工企业1家，投入资金300万元；打造万亩精品蔬菜强化辐射带动，全镇建立蔬菜示范点13个，主要以辣椒、大蒜、莲花白、西红柿、白菜、豌豆尖、小青瓜为主，示范点核心面积1000余亩，示范点辐射周边面积2万余亩，带动周边农户4000余户；春耕完成29个蔬菜种植示范点，辐射带动群众种植1万余亩蔬菜；成立镇种养殖专业合作社47家。2016年，醒狮镇粮食作物种植面积（含复种）2.88万亩（其中：水稻0.8万亩、玉米1.1万亩、其他粮食作物0.98万亩），经济作物种植面积（含复种）6.18万亩（其中蔬菜4.019万亩、经济林2.76万亩、其他经济作物0.407万亩），粮经比为32∶68。着力推进农村土地确权和颁证工作，完成第一轮勘界工作。加大森林防火监管力度，选配40名森林防火生态护林员，以“村为主”抓森林防火和管护工作。抓实第三次全国农业普查工作，为加快农业产业化发展奠定基础。

【工业生产】　启动元宝工业园区规划编制工作，创新招商方式、拓宽招商渠道，形成以网络招商、以商招商等方式相结合的招商引资新格局，百兴燃气、黔城燃气、福顺达建材等项目已竣工建成。2016年项目签约资金10.2亿元，实际到位资金2.2亿元，工业总产值完成3616万元。

【城镇建设】　2016年投资5000万元，启动集中建房点、山体公园及风貌建设、绿化工程、“四在农家·美丽乡村”及土地整治等5个“8+X”项目，营造绿色、文明、生态的小镇风貌。完成公共停车场项目场地硬化，醒狮社区马鞍山小康寨720米步道建设，以及1520米道路硬化等基础设施的建设工作；投资1000万元，启动大岩村大寨组、醒狮社区马鞍山组“四在农家·美丽乡村”项目。开展城乡规划执法巡查52次，拆除违法违章建筑6000余平方米。

【基础设施】 2016年争取项目修建乡镇农民体育健身工程项目1个、村级农民体育健身工程2个；投资1500余万元，完成林安至小坝、醒狮社区至凉水通村公路建设14.5公里；投入资金256.7万元建成醒狮社区大坝组通组路等“一事一议”项目20个。实施小康房项目，农村危房改造283户，小康房建设15户。

【旅游景点】 围绕醒狮镇区位优势，依托列为“贵州省100个示范小城镇”优势，结合“四在农家·美丽乡村”建设，大力发展乡村旅游。重点打造大岩村美丽休闲乡村旅游示范点、农家乐示范点；推进现代山地特色高效康体休闲产业园项目建设；创新现代高效农业发展新模式，着力形成大岩—高吏目—谷龙现代农业观光、康体养生旅游产业带，继续推进天然林保护、中低产林改造、退耕还林、公益林项目建设，创建国家级生态镇。按照创建方案和标准，推进大岩村3A级景区建设。就大岩村景区，加大对涉及水源点整治及防护、通组路（串户路改造）、房屋外立面民族风情改造、污水处理、公厕建设、民族文化长廊、民族风情寨门、根雕文化广场、民众健身场、生态停车场、灯光篮球场、风情凉亭及太阳能路灯安装等项目实施。2016年完成32栋房屋民族风情立面改造、投资约360万元，其他项目有序、紧张施工中；投入资金200万元规划建设占地面积约10亩的醒狮镇大岩村根雕加工展销园区、接待服务区，园区建筑采用仿古建筑设计；申报扶贫项目资金32万元，采购加工根雕、佛珠、民族木偶、文玩用品所需的设备、工具；大岩村还整合村、组资金100万元及村民筹资38万元打造观光农业旅游区。全村从事根雕加工的农户53户，根雕销售额达110余万元；开展农家乐5户，实现旅游收入15万元。

【扶贫攻坚】 完成全镇1122户贫困户走访和识别工作，发放困难户慰问物资30万元。争取专项扶贫资金项目6个、专项扶贫资金372万元，建成非洲菊、蔬菜、肉牛等种养殖基地5个，带动贫困户410户增收。落实“特惠贷”政策，投放“特惠贷”304户304笔1181.7万元。创新电商扶贫模式，开设8个农村淘宝服务站点，实现交易总额达300万余元。完成脱贫308户1000人，原旧寨村、原林安村、原谷新村、原谷汪村等4个贫困村率先整体脱贫，其中易地扶贫搬迁集中安置15户50人和分散安置39户129人。醒狮镇代表龙里县迎接州2016年脱贫攻坚半年考核排名全州乡镇第一，并在省委书记陈敏尔暗访调研脱贫攻坚工作中获充分肯定。

【民生保障】 2016年全镇农村合作医疗参合人数达2.27万人、参合率为96.7%，养老保险完成1.34万人、收缴基金63万元；全面落实“二孩”政策，计生优质服务工作进一步提升；落实社会保障，共发放低保金165.19万元。成立镇民生监督组，民生项目备案8个，涉及危房改造、最低生活保障、种粮直补等项目，备案资金达453.9万元。对民生项目立案6起、查结6起。

【社会事业】 坚持文明创建，推动文教卫等事业发展。春节期间举办“幸福新醒狮，盛世小康行”为主题的文体活动；开展“扶贫牵手，大爱连心”为主题的扶贫书画义卖活动；在县城兴龙广场主办“月圆家国兴，幸福新醒狮”的中秋专场晚会。修建醒狮中学200米塑胶跑道，新建元宝幼儿园，争取资金15万元美化亮化醒狮中学，争取项目修建乡镇农民体育健身工程项目1个、村级农民体育健身工程2个；召开“教师节表彰大会”表彰35名优秀教师；醒狮小学被评为省级“图书管理先进单位”和“十佳乡村少年宫”。计生工作各项指标基本完成，其中常住人口出生率13.17‰，符合政策生育率90.78%，上环完成105.6%，长效避孕措施落实率常住人口和所有人口分别为89.64%，85.97%；已婚育龄妇女应术未术率常住人口0.25%、户籍人口0.33%；参加免费孕前优生健康检查130对，完成任务数的100%。发放宣传资料1万多份，张贴宣传画50多份，书写各类宣传标语60多条，组织宣传车到集市、村宣传20多次；化解各类矛盾信访165件；排查出各类矛盾涉及重要、重点人员36人，其中特殊群体12人、重点人员24人。

（醒狮镇）

附　录

《龙里县国民经济和社会发展第十三个五年规划纲要》

（2016 年 1 月 16 日县十六届人大五次会议第四次会议通过）

《龙里县国民经济和社会发展第十三个五年规划纲要》（以下简称《纲要》），是根据《中共龙里县委关于制定龙里县国民经济和社会发展第十三个五年规划的建议》进行编制的，《纲要》主要阐明“十三五”期间全县国民经济和社会发展的奋斗目标、任务和发展重点，集中体现了中央、省、州要求和县委、县政府的发展思路和施政方针，是县属各单位、各部门依法履行职责、编制实施各类规划、计划及制定有关政策措施的重要依据，是今后五年龙里县加速发展、加快转型、推动跨越的宏伟蓝图，是全县人民共同奋斗的行动纲领。

第一章　发展基础与发展环境

“十二五”时期，县委、县政府团结带领全县人民群众解放思想、真抓实干，顺利完成了“十二五”规划目标任务，为十三五国民经济和社会发展奠定坚实基础。“十三五”时期的新形势、新常态为我县发展提供了新机遇。我们将顺势而为，把握机遇，有效应对各种风险和挑战，让“十三五”成为我县大力实施城市经济带动战略，着力解决各类结构性和体制性矛盾，实现经济社会发展历史性跨越的战略机遇期。

第一节　发展基础

“十二五”时期，是我县发展速度最快、取得成绩最为突出的时期。县委、县政府认真贯彻执行党中央、国务院及省、州各项决策部署，积极面对国内外复杂环境和一系列重大风险挑战，团结带领全县人民，攻坚克难，砥砺奋进，统筹推进稳增长、促改革、调结构、惠民生等各项工作，促进了国民经济和社会事业持续健康发展。经过全县人民的共同努力，我县“十二五”经济社会发展取得了重大进步，贵龙城市经济带建设取得重大突破，大健康、商贸物流等产业发展迅速，实现了扩张经济总量、转变发展方式、强化基础建设、改善生态环境、提升城市功能、增强发展能力的目标，发展基础得到进一步充实，民生事业得到充分保障，提前并超额完成了“十二五”规划的主要目标和任务。

经济社会发展提速，综合实力显著增强。“十二五”期间，全县生产总值年均增长 17.17%，较“十一五”平均增速高 4.52 个百分点。到 2015 年底，全县生产总值达 71.49 亿元，是 2010 年的 2.34 倍，人均生产总值达到 44658 元，远高于全州平均水平。固定资产投资大幅度增长，2015 年固定资产投资达 136.05 亿元，五年累计完成 419.06 亿元，年均增长 62.81%，是“十一五”的 11.93 倍。规模以上工业总产值年均增长 30.72%，五年累计完成 549.85 亿元，是“十一五”的 3.36 倍。公共财政预算收入累计完成 27.33 亿元，年均增长 32.49%，是“十一五”的 4.41 倍，2015 年人均一般公共预算收入达 5162 元。在全省 31 个经济强县增比进位综合考评中，2015 年龙里位列第 6 位，居全州经济强县之首。

结构调整转型加快，“四化同步”迈上新台阶。“十二五”期间，我县积极推进经济结构调整，加快推进转型发展，三次产业结构由2010年的10.8∶69.2∶20.0调整为2015年的12.04∶62.77∶25.19。农业经济稳步发展。农业示范园区基本形成“一区五园”格局，龙里县荣获“国家现代农业示范区”称号。农业产业化深入推进，县级以上龙头企业达47家，较2010年增加22家。农产品加工产值16亿元，较2010年提高6亿元。全县粮食年产量稳定在7万吨左右。土地流转面积由2010年的2.28万亩增加到16万亩。刺梨、花卉苗木、中药材等经济作物面积大幅增加，刺梨种植基地面积达14.5万亩，花卉苗木种植面积达1.66万亩，蔬菜、烤烟温室种植面积达2万亩。全县粮经比稳定在30∶70。2015年全县畜牧业总产值达8.98亿元，占农业总产值的46.9%。工业经济优化发展。“十二五”期间，龙里经济开发区“一区三园”初具规模，入驻企业达396家，其中500万元以上规模工业企业达139家，2000万元以上规模工业企业达105家，2015年全部工业增加值36.17亿元，同比增长14.8%，增速居全州第一、全省第八。贵州长泰源实现新三板上市，瑞和制药、恒力源、红狮水泥等15家企业成功申报“两化”示范项目。第三产业加快发展。“十二五”期间，全县接待游客总数累计700万人（次），年均增长23%，全县旅游综合收入累计35亿元，年均增长30.8%。双龙现代服务业集聚区初具规模。贵州双龙现代农副产品集散中心（一期）建成并投入营运。金融服务“村村通”实现行政村全覆盖。贵州省快递物流园示范工程、龙里国际商贸物流城、中铁国际旅游体育休闲度假区、龙架山休闲度假区建设进展顺利。城镇化提速发展。完成乡镇行政区划调整。“一带两城”“一区三园”建设初见成效。南北中部片区发展各具特色，逐步形成北部以农产品加工，南部以高效农业、旅游观光，中部以城镇化、工业化为主的发展格局。我县城镇村体系日趋合理，以产业带动为核心的新型城镇化快速发展，2015年全县城镇化率达到50.97%。建成厉家庄、格老湾“四在农家·美丽乡村”示范点。

基础设施建设力度加大，发展后劲明显增强。交通路网进一步完善。厦蓉高速公路的建成增强了我县与都匀、贵阳，乃至沿海地区的联系；贵广高铁的开通，让我县迈入高铁时代；贵龙大道、贵龙纵线等路网工程的建设，为我县与贵阳的同城化发展奠定了坚实的基础。综合公路交通运输网基本建成，累计建设县乡公路121公里、村村通油（水泥）路578.3公里，通车里程达1072公里，行政村通畅率达到100%，基本实现村村通客运目标。水、电、气等资源能源供应保障和信息基础支撑能力显著提升。建成窄冲水库、石龙沟水库、笋子塘供水工程（一期）等项目，新增蓄水能力1547.5万立方米，新增灌溉面积3.29万亩，累计解决9.38万人的饮水安全问题；新建110千伏变电站3座，新增变电容量150兆伏安；大力实施燃气管道工程，县城、贵龙城市经济带沿线、工业园区实现集中供气，建成管道燃气储气站2座，县城管网总长85公里，居民用户11268户，开通使用3619户。积极协调与贵阳同城化的通信工作，努力推进贵阳通信工作向龙里延伸，基本实现全县自然村通信全覆盖，园区企业通信覆盖率达100%。

社会事业全面发展，人民幸福指数显著提升。教育工作取得新突破。合理推进全县学校布局调整，实现原14个乡镇公办学前教育全覆盖；促进城乡义务教育均衡发展；扩大普通高中办学规模，大力发展职业教育；累计建设校舍19万平方米、校园运动场10.9万平方米；基本实现乡镇以上中小学“班班通”全覆盖。全县教育教学质量逐年上升。文体事业取得新进展。“十二五”期间，累计完成广播电视“村村通”工程3.95万套；全县电视、广播综合覆盖率分别为88%、99%。县文化馆、县图书馆达国家二级馆标准。新增省级文物保护单位2个、州级3个，“非遗”保护项目增加至省级3个、州级5个。建成县体育场、县体育馆并投入使用，建成90余个农村运动场（篮球场）；建成原14个乡镇综合文化站和167个农家书屋。社会保障进入新阶段。基本社会保险覆盖率达90%。五年累计城镇新增就业2.14万人，转移农村劳动力达4.49万人。城镇登记失业率控制在省州目标范围内。新建敬老院6所，覆盖率达100%，每千名老年人床位达30张。城乡救助体系逐步完善，实现城乡低保标准年均增长10%以上，农村五保供养提标20%以上，农村五保集中供养率达47%以上。累计完成保障性住房7316套，易地扶贫搬迁380户。卫生计生事业取得新成效。加快推进基本医疗卫生制度建设，健全以基本医疗保障为主体的多层次医疗保障体系。全县每千人床位达3.88张，拥有卫生技术人员达4.45人，千人拥有执业医师1.57人；新农合参合率达96.11%。全县人口出生率控制在12.98‰以内，人口自然增长率控制在5.56‰以内。扶贫攻坚取得新业绩。深入实施产业化和精准扶贫，不断创新扶贫工作机制，原麻芝乡、水场乡、湾寨乡、摆省乡、草原乡、哪嗙乡6个贫困乡实现“减贫摘帽”，减少农村贫困人口26750人。同步小康创建顺利验收。通过深入推进“小康行动六项计划”，改善农村基础设施，人民群众获得感、安全感和幸福感大幅提升。2015年，同步小康创建率先通过省级达标验收，42项指标实现程度达100%，总体实现程度达97.3%，居全省第11位、全州第1位。科技创新取得新成果。良济药业、润生制药、盛峰包装3家企业获高新技术企业认证，高新技术企业共达10家。自主知识产权数量较快增长，新增专利申请248件。红狮水泥荣获“贵州省名牌产品”称号。湾滩河生态农业示范园区被列为省级农业科技园区。全县综合科技进步水平指数达86.1%。

环境保护扎实推进，“生态龙里”建设取得新成效。生态文明建设取得可喜成绩。相继实施天然林保护、巩固退耕还林成果、退耕还林配套荒山造林、石漠化综合治理、森林植被恢复建设等生态环境建设工程。完成人工造林7.58万亩、封山育林6.61万亩、绿化美化面积1万亩。完成58.27万亩生态公益林区划界定和93万亩天保工程森林管护，森林蓄积量达328万立方米以上，全县森林覆盖率达55.29%。累计治理石漠化面积57.74平方公里。环境保护与污染治理协调推进。加强对猴子沟饮用水源保护区的管理和三元河、湾滩河流域的环境综合整治，同时加大对重点行业的水污染整治力度，重点污染企业的废水排放达标率达80%以上。推行排污许可制度，工业固废综合利用率达80%以上，主要污染物排放基本达到控制要求。城乡环境综合整治统筹兼顾，重点对县城区、龙山镇、谷脚镇的大气环境进行综合整治；全县城镇污水处理率达98.1%，城乡生活垃圾无害化处理率达64.4%；加强农村环境综合治理，大力推广无公害绿色有机农业。

改革开放持续深入，发展活力显著增强。经济社会发展各项改革稳步推进。加快政府职能转变，完成新一轮政府机构改革。实行“镇园合一”与大部门制。完成水务一体化管理体制改革。推进行政审批事项清理及政务信息公开。创新政务服务“一模多印”、手机“民情一点通”和快递干部“固定代办”的模式，畅通服务群众“最后一公里”。深化改革国库集中支付，预算单位的财政资金纳入国库单一账户管理，资金支付以国库集中支付为主要形式的财政国库管理制度。预算单位的实有资金纳入财政归集户管理。推进“先照后证”改革，工商企业登记注册资本实行认缴登记。启动医疗救助“一站式”管理服务试点，农村土地承包经营权、集体土地使用权和宅基地确权颁证试点工作。开放合作不断深化。与贵阳市南明区签订战略合作框架协议，与广州市黄埔区建立对口帮扶机制。配合推进双龙航空港经济区建设。招商引资成效显著。加大小分队招商和驻点招商力度，赴长三角、珠三角、成渝等地开展招商，五年实现招商引资到位资金达520亿元。

“十二五”时期我县经济社会发展取得的突出成就，为“十三五”时期的发展奠定了坚实基础。面向未来，我县发展已经站在一个新的起点。

专栏1

龙里县“十二五”规划主要指标完成情况

指标	2010年	“十二五”规划		2011年－2014年指标完成情况				年均增长（%）
		2015年计划	年均增长	2011年	2012年	2013年	2014年	
一、约束性指标（8项）								
1. 高中阶段毛入学率（%）	45.43	63		57.1	65.6	81.52	84.14	

续表

指标	2010 年	“十二五”规划		2011 年－2014 年指标完成情况				年均增长（%）
		2015 年计划	年均增长	2011 年	2012 年	2013 年	2014 年	
2. 耕地保有量（万公顷）	3.1	3.03		3.0923	3.0854	2.964	2.9513	
3. 单位生产总值能耗（%）	－4.5	－4.5		－3.43	－3.43	－3.43	－3.43	
4. 单位生产总值二氧化碳排放降低（%）		控制在国家下达指标内		–	–			
5. 主要污染物排放总量减少（%）		控制在国家下达指标内		控制在指标范围内	控制在指标范围内	控制在指标范围内	控制在指标范围内	
①二氧化硫排放总量（万吨）	0.2898	0.25		0.32	0.29	0.28	0.27	
②化学需氧量排放总量（万吨）	0.15	0.14		0.12	0.15	0.16	0.14	
③氨氮排放总量（万吨）	0.02	0.02		0.02	0.02	0.02	0.02	
④氮氧化物排放总量（万吨）	0.1	0.06		0.26	0.29	0.37	0.26	
6. 森林蓄积量（万立方米）	224	250		238.6	258.2	279.8	307.9	
7. 人口自然增长率（‰）	8.38	7 以内		5.26	3.34	1.97	3.67	
8. 城乡三项基本医疗保险参保率（%）		90						
①城镇职工基本医疗保险参保率（%）	65	90		70	75	80	85	
②城镇居民基本医疗保险参保率（%）	65	90		70	75	80	85	
③新型农村合作医疗参保率（%）	96.62	96 以上		97.04	96	96.07	96.11	
二、预期性指标（31 项）								
（一）经济增长指标（6 项）								
1. 生产总值（亿元）	30.58	112	18 以上	37.35	46.64	53.91	64.33	17.17

续表

指标	2010 年	“十二五”规划		2011 年－2014 年指标完成情况				年均增长（%）
		2015 年计划	年均增长	2011 年	2012 年	2013 年	2014 年	
①第一产业（亿元）	3.31	5.6	6 以上	3.59	5.13	5.95	8.46	6.1
②第二产业（亿元）	21.18	67.2	16 以上	26.36	31.94	35.47	40.32	17.8
③第三产业（亿元）	6.09	39.2	30 以上	7.4	9.57	12.5	15.54	18.1
2. 人均生产总值（万元）	1.39	3.5 以上		2.07	2.6	3.17	4.02	20.9
3. 财政总收入（亿元）	3.65	9.1	20 以上	4.52	6.71	10.29	14.03	35.32
①一般预算收入（亿元）	2.02	5.03	20 以上	2.72	4.28	5.37	6.17	31.39
4. 全社会固定资产投资（亿元）	35.45	[536]	35 以上	50	75.02	108	137.17	36.83
5. 社会消费品零售总额（亿元）	4.58	19.08	33 以上	5.48	6.37	7.33	8.35	15.3
6. 招商引资到位资金（亿元）	10.81	140	66 以上	60.1	67.12	105	129.4	71.42
（二）结构调整指标（5 项）								
1. 三次产业结构	11:29:60	5:60:35		10:70:20	11:69:20	11:66:23	13:63:24	
2. 转移农村劳动力（万人）		[2.5]		0.69	0.87	1.2	0.93	
3. 城镇化率（%）	34	45 以上		38.17	41.7	43.93	48.95	
4. 非公有制经济比重（%）	35.06	70 以上		65.87	68.56	71.53	73.42	
5. 粮食总产量（万吨）	8.19	10 以上	0.88	5.94	7.2	6.97	7.04	－2.95
（三）基础设施指标（5 项）								
1. 公路通车里程（公里）	798.8	1068		897.1	959	1031	1072	
①等级公路里程（公里）	301	430		362.9	414.3	524.1	638.4	

续表

指标	2010年	"十二五"规划		2011年－2014年指标完成情况				年均增长（%）
		2015年计划	年均增长	2011年	2012年	2013年	2014年	
2. 乡镇通油路（水泥路）率（公里）	100	100		100	100	100	100	
3. 行政村通油路（水泥路）率（%）	33	70以上		43	50	65	77	
4. 农村人口人均有效灌溉面积（亩）		0.5以上		0.56	0.61	0.67	0.81	
5. 农村人口人均基本口粮田（亩）	0.3	0.5		0.53	0.52	0.52	0.52	
（四）科技指标（3项）								
1. 科技进步贡献率（%）		50左右		12	21	34.7	51.11	
2. 全社会科技研发投入占生产总值比重（%）		1.1		0.3	0.7	0.9	1.1	
3. 人才资源总量（万人）	0.87	2.25		1.6	1.7	1.79	1.9	
（五）环境指标（2项）								
1. 治理石漠化面积（万亩）		[5]		2.7	1.8	2.1	2.05	
2. 森林覆盖率（%）	48.42	55.6		51.94	53.57	54.97	55.57	
（六）人民生活指标（5项）								
1. 农民人均纯收入（元）	3933	8260	16	4783	5631	6408	7513	16.91
2. 城镇居民人均可支配收入（元）			10	—	—	20008	21860	10.3
3. 城镇登记失业率（%）	3.5	4以内		3.08	3.53	3.32	3.38	
4. 新增城镇就业人数（万人）	0.12	[5以上]						
5. 农村贫困人口减少（万人）	0.1505	0.75						

续表

指标	2010 年	“十二五”规划		2011 年－2014 年指标完成情况				年均增长（%）
		2015 年计划	年均增长	2011 年	2012 年	2013 年	2014 年	
（七）人口社会指标（5 项）								
1. 年末常住人口总数（万人）	19.5	23.4						
2. 人均预期寿命（岁）	69	71						
3. 千人卫生床位数（张/千人）	1.9	3.3						
4. 城镇保障性住房建设（套）	689	[1320]						
5. 亿元生产总值生产安全事故死亡率（人）		0.31		0.35	0.4	0.22	0.18	

注：带 [ ] 的为五年累计数。城乡三项基本医疗保险参保率是指城镇职工基本医疗保险、城镇居民基本医疗保险、新型农村合作医疗；主要污染物排放总量包括二氧化硫排放总量（万吨）、化学需氧量排放总量（万吨）、氨氮排放总量（万吨）和氮氧化物排放总量（万吨）4 项指标。

第二节　发展环境

“十三五”时期是我县深化改革开放、加快转变经济发展方式的关键期，也是加快建设贵阳都市圈副中心城市，实现与省城同城化的攻坚期。综合分析国内外形势，“十三五”时期，是我县大有作为的战略机遇期，既面临难得的历史机遇，也面对诸多风险挑战，总体上机遇大于挑战。

我国正处于加快调整经济结构、转变经济发展方式时期，宏观环境总体趋好，经济长期向好态势没有根本改变。“十三五”时期国家把西部大开发放在全国区域协调发展总体战略的优先地位，加大对西部地区投入和政策支持力度，黔中经济区正在被打造成重要的国家级战略经济区，特别是国家支持“三州”民族地区跨越发展，为我县进一步加强基础设施建设、发展特色优势产业，加快融入贵阳中心城市发展和承接产业转移提供了强大的政策支撑。龙里县是贵阳的东大门，是东出三湘南下两广的要津。省委、省政府实施了推进双龙航空港经济区的战略、黔南州“一圈两翼”战略，龙里县作为黔中经济区和黔南州“一圈两翼”战略建设的节点城市，坚持“融入贵阳、联接都匀”“东优西扩，南北齐飞”战略，将发挥重要的桥梁纽带作用，区位优势非常明显。“十二五”以来，我县交通、水利等基础设施建设取得突破性进展，产业基础不断增强，经济实力不断提升，发展后劲明显增强，已成功申报“国家循环经济示范县”创建县、获得“国家现代农业示范区”“中国刺梨之乡”“中国物流实验基地”“国家级养生养老示范基地”“中国最美健康养生旅游名县”“全国电子商务进农村综合示范县”“全国科技进步县”“国家科技富民强县”等“国字号”名片。为“十三五”的跨越发展奠定了坚实的基础。

但我们必须清醒地看到，我县在加快发展过程中将面临新的挑战和不利因素，主要是：各地竞相加快发展，区域竞争更加激烈，外部竞争压力增大；经济社会发展基础依然薄弱，仍然处于积累阶段；社会经济发展不够协调，经济结构不够合理，新型工业化发展较慢，现代服务业占比偏小；经济社会发展水平差距较大，城乡二元结构突出；社会事业发展总体滞后，基本公共服务供给不足，交通基础设施有待完善；加快发展与生态建设矛盾突出等。

综合分析“十三五”发展趋势，我县具备了创优争先、赶超进位的发展基础和有利条件。因此，我们要准确把握战略机遇期，有效应对各种风险和挑战，不断开拓发展新境界，努力推进全县经济社会发展取得新突破。

第二章　总体要求与发展目标

第一节　指导思想和战略定位

以邓小平理论、“三个代表”重要思想和科学发展观为指导，全面贯彻党的十八大和十八届三中、四中、五中全会精神，深入学习贯彻习近平总书记系列重要讲话精神，协调推进“四个全面”战略布局，紧扣省“两加一推”主基调和州委“工业强州、城镇化带动、‘一圈两翼’”发展主战略，坚持守底线、走新路、奔小康的工作总要求，牢固树立“创新、协调、绿色、开放、共享”的发展理念，以“小康提质、六化同步”为目标，全面实施“工业强县、四轮驱动、区域协调、城乡统筹”战略，着力建设“一城五区一高地”（即贵阳都市圈副中心城市、全国循环经济示范县创新区、西南现代服务业集聚区、贵州山地生态特色经济示范区、贵州航空港基地示范区、贵州城乡统筹发展示范区，黔南创新开放合作新高地），推动经济社会持续健康发展，奋力开启龙里基本现代化事业新征程，努力建成更高水平的小康社会。

专栏2“一城五区一高地”战略定位

一城：

贵阳都市圈副中心城市，即龙里作为黔中经济区核心区的节点城市，将坚持以建成贵阳副中心城市为目标，大力实施“融筑联匀”战略，加快城市化步伐，实现与贵阳市同城化发展，建成贵阳都市圈副中心城市。

五区：

全国循环经济示范创新区。抢抓全省首个“全国循环经济示范县”创建契机，提高资源产出效率，推进生产、流通、消费各环节循环发展，构建循环经济产业体系，完善再生资源回收利用，推进可持续发展。

西南现代服务业集聚区。以商贸物流、数据应用、山地旅游等为重点，推进现代服务业特色化、集聚化、高端化发展，扩大服务业集聚区的辐射范围，打造西南地区重要的现代服务业节点。

贵州山地生态特色经济示范区。依托“一区三园多点”的工业体系和“一区五园”的农业体系，改造提质园区环境，夯实产业承接基础，盘活园区产业存量。大力发展山地生态度假养生旅游产业，利用“中国最美健康养生旅游名县”的名片效应，积极打造生态旅游综合开发示范区。结合“绿色黔南”三年行动计划，加强林地管理、森林资源保护和污染治理，实现生态龙里建设。

贵州航空港基地示范区。发挥毗邻贵阳龙洞堡国际机场区位优势，借力双龙航空港经济区，积极融入贵阳，构建一体化交通、能源、信息等基础设施，实现产业布局、城市建设、生态保护同城化发展。以临空经济助力现代产业体系构建，打造以空港物流，临空商贸、高端商住为核心的临空经济增长极。

贵州城乡统筹发展示范区。以城镇化促进城乡一体化发展，以工促农，以城带乡，推进基本公共服务均等化。发挥贵龙城市经济带、县城等城市建成区辐射带动作用，促进医疗、教育等优质公共服务辐射到广大农村，推动城乡共享发展。大力发展山地特色农业、生态旅游产业，推动“四在农家·美丽乡村”建设。

一高地：

黔南创新开放合作新高地。充分利用和发挥我县位于黔南北大门、贵阳东大门的区位优势，实施更加积极主动的对外开放政策，加强区域经济合作，积极融入“一带一路”、长江经济带、珠江－西江经济带等国家战略，主动承接产业转移，构建内外联动、互利共赢、紧密合作的开放型经济体系，提升经济发展水平。

第二节　发展要求

坚持深化改革，创新发展。高擎改革火炬，将发展理念转化为发展实践，以经济体制改革为重点，形成引领经济发展新常态的体制机制和发展方式。在改革中破除体制积弊、激发创新活力，形成大众创业、万众创新的生动局面，不断开辟龙里县域经济社会发展新境界。

坚持错位联动，协调发展。坚持抱团发展与错位发展的理念，处理好龙里与周边县（市）、县城与镇（街道）、镇（街道）与镇（街道）之间错位与联动的发展关系。注重区域协调，加强与周边县、市在产业、交通、通讯、信息等领域的衔接和配套，实现一体化发展格局；注重城乡协调，增加农民收入，统筹城乡发展；注重产业协调，提高服务业在GDP中的比重。

坚持保护生态，绿色发展。将生态文明深刻融入发展主基调，加强县域“三生”空间开发管控，筑牢生态安全屏障，推进资源节约利用、加快循环低碳发展、加大治污减排力度、强化生态环境执法，建设资源节约型和环境友好型新龙里。

坚持优化环境，开放发展。坚决摒弃狭隘的地域观念，以海纳百川、兼收并蓄的广阔胸怀和更加开放的政策举措，吸纳各类人才、吸收各地成功经验、引进各种先进文化，努力形成公平正义、诚信友爱的人文氛围，全力塑造开明开放的龙里新形象。

坚持以人为本，共享发展。坚持民生优先，始终把改善民生作为发展的出发点和落脚点，全面打响扶贫开发攻坚战，提前实现整体脱贫目标。全面加快社会事业发展，积极推进基本公共服务均等化，使人民群众在共建共享中有更多的获得感、安全感、幸福感。

第三节　发展目标

按照“一城五区一高地”的战略定位，坚持创新发展、协调发展、绿色发展、开放发展、共享发展，建成经济繁荣昌盛、社会和谐稳定，生活富裕美好、生态持续改善的新龙里。

生产绿色化，经济可持续发展能力增强。“十三五”期间，以创新驱动、科技引领、优化升级为产业发展方向，实现经济发展新跨越。至2020年，全县地区生产总值突破150亿元，年均增长15.5%以上；固定资产投资达467亿元以上；工业增加值达80亿元以上；公共财政预算收入达16.59亿元以上；社会消费品零售总额达23.89亿元以上。

优化产业结构，加快构建产业体系，全力发展以山地生态高效农业为核心的现代农业；以生物制药、特色轻工、新型建材为龙头的现代工业；以商贸物流、数据应用、山地旅游为特色的现代服务业，促进现代服务业发展成为全县绿色GDP新引擎。三次产业结构比重优化调整为7∶62∶31。优化城镇化布局与形态，常住人口城镇化率达60%以上。

积极发展绿色循环低碳经济，将产业绿色化作为维持经济可持续发展的唯一实践手段，主动构建以节能降耗、资源综合利用、清洁生产为核心的现代产业生产方式，实现经济发展和生态文明相辅相成、相得益彰。“十三五”期间，大幅度提高工、农业水资源利用效率，实施资源综合利用系统工程，促进循环经济发展，至2020年，工业固体废弃物综合利用率达85%，主要再生资源回收利用率和农作物秸秆综合利用率均达90%。

生活美好化，城乡统筹协调发展。积极推进城镇化发展，形成结构科学、层次分明、职能合理的县域城镇发展格局，依靠新型城镇化和新农村建设双驱动，全面推进城乡一体化协调发展。至2020年，全县常住人口控制在22.8万人以内，城镇化率达60%以上。

加快以交通、水利为重点的基础设施建设，完善能源供应基础设施，加大信息基础设施投入，提高对经济社会发展的保障支撑能力。至2020年，实现公路通车里程2025公里，其中，高速公路通车里程达120公里。新增水库蓄水量3000万立方米。

不断夯实社会事业发展基础，科教文卫取得全面进步，加快推进以改善民生为重点的社会建设任务。至2020年，科技进步贡献率提高至65%。教育现代化取得重要进展，九年义务教育巩固率达95%。医疗卫生服务质量显著提高，平均每千人拥有医院床位数不低于6张，千人拥有执业医师人数提高至2.5人。城镇新增就业人数累计达到3万人，累计建成城镇保障性住房3000套以上。

生态稳定化，环境质量进一步提高。坚持环境保护底线思维，坚守生态红线，实施天然林保护、退耕还林、石漠化治理、野生动植物及自然保护区保护等重点工程，构建生态安全战略格局，积极推进生态文明建设，生态文明水平与全面小康社会相适应。至2020年，森林覆盖率提高至63.26%。全县绿色生态空间不断扩大，其中，城镇建成区绿化率达40%以上，治理石漠化土地面积56.67平方公里。

全面开展大气、水、土壤与声环境整治，有效预防环境风险，推动全县环境质量持续改善，不断满足人民群众对环境质量的期盼与要求。至2020年，环保基础设施基本覆盖；初步建立污染防控体系，主要污染物排放量逐年下降，完成州下达的减排任务，城市（县城）空气质量达标率为85%以上；湾滩河、三元河、清水江水质得到进一步改善，集中式饮用水源地水质达标率为100%；县城污水处理率、城镇污水处理率和黑臭水体减少率分别达90%、50%、30%；城乡生活垃圾无害化处理率达85%以上。

专栏3 龙里县“十三五”纲要主要预期指标体系表

类 别	指标名称		指标值			属性
			2015年预计	2020年	年均增长（%）	
经济增长	1	地区生产总值（亿元）	71.49	150	15.5	预期性
		#第一产业（亿元）	8.61	11	6	
		#第二产业（亿元）	44.87	93	15	
		#第三产业（亿元）	18.01	46	20	
	2	人均生产总值（元）	44658	100000	17	预期性
	3	固定资产投资（亿元）	136.05	467	28	预期性
	4	公共财政预算收入（亿元）	8.25	16.59	15	预期性
	5	招商引资到位资金（亿元）	95.72	236	20	预期性
	6	社会消费品零售总额（亿元）	14.49	23.89	10	预期性
	7	工业增加值（亿元）	36.17	80	14	预期性
	8	旅游总收入（亿元）	11.06	33.5	25	预期性
结构调整	9	三次产业结构比重	12:63:25	7:62:31	—	预期性
	10	就业水平指数（%）	100	100		预期性
	11	转移农村劳动力（人）	7000	7700	1.92	预期性
	12	城镇化率（%）	50.97	60	[9.03]	预期性
	13	粮食总产量（万吨）	7.03	7.5	[0.47]	预期性
基础设施	14	公路通车里程（公里）	1072	2025	[953]	预期性
	15	高速公路通车里程（公里）		120		预期性
	16	新增水库蓄水量（万立方米）	1547.5	3000	[1452.5]	预期性

续表

类别	指标名称		指标值			属性
			2015年预计	2020年	年均增长（%）	
科技教育	17	九年义务教育巩固率（%）	88.49	95	[6.51]	约束性
	18	高等教育毛入学率（%）	30	40	[10]	预期性
	19	公共教育经费占GDP比重（%）		4		预期性
	20	高新技术产业产值占工业产值比重（%）	10	15	[5]	预期性
	21	科技进步贡献率（%）	51.11	65	[13.89]	预期性
	22	每万人人才资源总量（人）	1190	1590	[400]	预期性
社会发展	23	人口自然增长率（‰）	4.27	≤7		约束性
	24	年末常住人口总数（万人）	17.5	22.8	[5.3]	预期性
	25	平均预期寿命（岁）	71	73.5	[2.5]	预期性
	26	千人床位数（个）	3.88	6	[2.12]	预期性
	27	千人拥有执业医师人数（人）	1.57	2.5	[0.93]	预期性
	28	城乡三项基本医疗保险参保率（%）	90	95	[5]	约束性
		#城镇职工基本医疗保险参保率（%）	90	95	[5]	
		#城镇居民基本医疗保险参保率（%）	90	95	[5]	
		#新型农村合作医疗参保率（%）	96	96		
	29	基本社会保险覆盖率（%）	90	95	[5]	预期性
	30	城镇基本养老保险参保率（%）	90	95	5	预期性
资源利用	31	耕地保有量（公顷）	30761.67	30304	[-457.67]	约束性
	32	用水总量（万吨）	12700	≤13700	[≤1000]	约束性
	33	单位生产总值能耗降低（%）	3.45	控制在省、州下达指标范围内		约束性
	34	工业固体废弃物综合利用率（%）	80	85	1.25	预期性
	35	主要再生资源回收利用率（%）		90		预期性
环境保护	36	森林覆盖率（%）	55.29	63.26	1.59	约束性
	37	森林蓄积量（万立方米）	280.19	330	10	约束性
	38	城镇建成区绿化率（%）	23.43	40	3.3	预期性
	39	石漠化土地治理面积（平方公里）	[57.74]	[56.67]	-0.37	预期性

续表

类别	指标名称		指标值			属性
			2015年预计	2020年	年均增长（%）	
环境保护	40	主要污染物排放减少（%）		控制在省、州下达指标范围内		约束性
		#二氧化硫排放总量（万吨）	0.25			
		#化学需氧量排放总量（万吨）	0.14			
		#氨氮排放总量（万吨）	0.02			
		#氮氧化物排放总量（万吨）	0.09			
	41	集中式饮用水源地水质达标率（%）	100	100		约束性
	42	城市（县城）环境空气质量达标率（%）	100	85	-3.00	预期性
	43	地表水水质达标比例（%）	100	90		约束性
	44	生态环境状况指数变化幅度ΔEI	61.42	≤56.42	-1.63	预期性
	45	国、省控废气污染源达标排放率（%）	95	95		约束性
	46	国、省控废水污染源达标排放率（%）	95	接近100		约束性
	47	农村生活污水治理行政村覆盖率（%）	2.6	30	[27.4]	预期性
	48	城镇污水处理厂达标排放率（%）	95	接近100	[接近5]	约束性
	49	污水处理				约束性
		#县城污水处理率（%）	80	90	2.50	
		#城镇污水处理率（%）	30	50	13.33	
		#黑臭水体减少率（%）		30		
	50	城乡生活垃圾无害化处理率（%）	64.4	85	6.40	约束性
	51	农村生活垃圾无害化处理行政村覆盖率（%）	3.2	90	[86.8]	约束性
人民生活	52	农民人均纯收入（元）	8392	15017	12以上	预期性
	53	城镇居民人均可支配收入（元）	24177	38355	9以上	预期性
	54	城镇新增就业人数（人）	4879	[30000]	1.03	预期性
	55	城镇登记失业率（%）	3.21	≤4	4.92	预期性
	56	转移农村富余劳动人（人）	7000	35000	0.80	预期性
	57	减少农村贫困人口（人）	[26750]	[23900]	[-23900]	约束性

续表

类 别	指标名称		指标值			属性
			2015 年预计	2020 年	年均增长（%）	
人民生活	58	建成城镇保障性住房（套）	[7316]	[3000]	[3000]	预期性
	59	实施易地扶贫搬迁人数（人）	380	[10330]	[10330]	预期性

注：带 [ ] 为累计数

第三章 深入实施工业强县战略，构建特色现代工业体系

坚定不移地实施工业强县战略，立足龙里县区位优势和资源禀赋条件，贯彻落实大数据战略行动，以创建全省首个“国家循环经济示范县”为契机，以优势产业为支撑，以产业园区为载体，完善工业基础配套，优化工业发展空间布局，提升支柱产业，加快发展新兴产业，着力构建具有龙里特色及核心竞争优势的现代工业体系。“十三五”期间，使全县工业经济发展速度高于全州、全省平均水平，努力走出一条科技含量高、经济效益好、资源消耗低、环境污染少、人力资源优势得到充分发挥的新型工业化路子。

第一节 优化工业发展空间布局，提升工业经济总量

充分发挥毗邻小河—孟关千亿级龙头园区的区位优势和资源优势，依托高速公路和主要交通干线，加快各类发展要素和创新要素集聚，继续加强龙里经济开发区“一区三园多点”建设，着力打造“一区三园多点”的产业空间格局。以“一区三园多点”产业集聚平台为支撑，壮大支柱产业、培育主导产业、发展新兴产业，构建具有龙里特色及核心竞争优势的现代工业体系，打造“龙里制造”品牌，加快推动工业发展模式向质量效益型转变，努力将龙里建设成为全国工业转型升级示范区、黔中新型工业化产业集聚区、黔南州工业发展新的增长极和具有一定影响力的特色产业基地。到 2020 年，力争全县工业总产值年均增长 15%，实现工业总产值 340 亿元以上；工业增加值年均增长 14% 以上，实现工业增加值 80 亿元以上，工业增加值占 GDP 的比重达到 50%；龙里经济开发区产值达 330 亿元以上，其中龙里高新技术产业园产值达 160 亿元以上，龙山工业园产值 50 亿元以上，谷脚－醒狮工业园区产值达 120 亿元以上。

专栏 4 现代工业“一区三园多点”产业空间格局

“一区”：

以龙里经济开发区建设为主体，依托经济开发区的政策支持、要素保障等优势，积极融入黔中经济核心区、双龙航空港经济区，把开发区建设成为龙里经济发展的重要引擎和黔南融入黔中核心圈的桥头堡。

“三园”：

龙里高新技术产业园：依托园区资源优势和产业基础，重点发展生物制药、高端制造、特色轻工（主要是啤酒）等产业，形成全县工业经济发展的核心区。以瑞和制药为龙头，大力推动中药材种植、加工和化学药、民族药研制，做大生物制药产业规模，做精先进医疗设备、高质医用耗材制造业。围绕华润雪花啤酒年产 60 万吨生产线建设，大力发展以啤酒制造、特色食品、刺梨深加工为主的特色轻工业。以英吉尔机械制造为龙头，加快引进一批科技含量高、资源消耗少、产品附加值高、节能环保的高端制造产业。

续表

专栏4　现代工业"一区三园多点"产业空间格局
龙山工业园：依托紧邻贵阳的良好交通区位优势，结合龙山工业园现有产业基础，改造提升现有产业，重点布局机械加工、模具磨料、新能源汽车配件等产业。以三山磨料、金洲机械、晨光机械等企业为主，提升发展机械加工、模具磨料产业。抢抓国家新能源汽车发展机遇，着力发展电动汽车及零部件研究、动力电池、刹车制动装置等为主的汽车关键零部件产业。 谷脚－－醒狮产业园：将谷脚工业园区沿千洗公路往岩后村—鸡场村—三宝村一带以及紧邻的醒狮镇部分区域作为谷脚工业园的拓展区，并形成新的谷脚－醒狮产业园，重点布局生物医药、新型建材（主要是水泥及制品）、生产性服务业、临空经济等产业，与双龙航空港经济区形成产业配套。在谷脚镇区域，依托红狮水泥、神奇药业、良剂药业、润生制药以及双龙现代服务业集聚区，重点发展新型建材、生物医药和生产性服务业；在醒狮镇区域重点发展航空机械加工及航空维修、电子信息技术、新一代信息技术等产业。将谷脚－－醒狮产业园打造成贵州航空港经济示范区。 **"多点"：** 以湾滩河高效生态农业示范园区、茶香刺梨园区、龙里大草原风景名胜区为支撑，大力发展农特产品粗加工、精深加工以及民族工艺品，规划建设农产品加工园。依托双龙航空港经济区建设，以贵广铁路、贵龙大道等主要交通干线构建产业拓展轴、"两高"经济带等产业聚集区，承接东部沿海地区产业转移。加强与航空港经济区的产业对接，在贵龙城市经济带周边拓展区域合理布局产业园，重点发展总部经济、临空经济、高新技术以及现代物流产业，打造以临空经济为依托的高新产业基地。

第二节　完善工业园区基础配套，提升园区专业化水平

将园区作为工业发展的主要载体，按照专业化、特色化的要求优化园区产业布局，突出园区主业，注重产业集聚，延伸产业链条，把"一区三园"建设成为规模效应明显、核心竞争力突出、特色鲜明的专业化园区。按照建设新型工业园区的要求，积极争取上级项目经费扶持，用好用足PPP等模式，多渠道增加投入，加大对工业园区建设的资金支持。高起点建设园区道路、供水、供电、供气、垃圾污水处理和管理服务等基础设施及配套设施，着力形成交通完善、环境优美、设施齐全、管理现代、服务配套、产业繁荣的"精品园区"。加强园区基础平台和服务平台建设，积极引进和引导金融、商务、物流、咨询等生产性服务业向园区配套，增强工业园区的产业集聚和综合服务能力。完善镇园合一模式，以优化服务、提高效率为重点，进一步理顺园区管理体制、创新运行机制，激发园区发展活力。

专栏5　工业园区基础设施建设
龙里高新技术产业园：完成高新区二期总长8.6千米道路建设油化和附属设施安装运行，加密县城至园区公交班次；建成地下综合管廊29.93千米，电力、通信、供水、供气等管网实现"四线下地"；建成投运石龙沟水库至北部园区水厂主输水管道改造，加强污水处理设备、设施管护，推进园区污水处理回收利用；园区企业全部接通互联网、有限电视网，实现4G信号无盲区；加快燃气管网建设，园区企业在用锅炉全部实现"煤改气"。 **谷脚—醒狮工业园：**规划建设沪昆二线至双龙大道联络线，三条主干道形成"工"字形；完成S103贵阳至万山省道公路提级等改造；建成谷脚—醒狮工业园区新拓展区主次干道5条，共30千米；建成歪寨水库，完成暗山水库至千家卡水厂、花马冲水库至谷脚水厂主输水管道改造，切实解决园区企业用水紧张的问题；配套建设供排水、电力、通讯、燃气管道和污水处理等基础设施，建设地下综合管廊26.45千米，为承接东部及贵阳周边产业转移创造良好条件。 **龙山工业园：**新建水场至孟关市政干道3.1千米，完成水孟大道、贵龙纵线三期工程建设；建成509万立方龙滩水库和日供水能力1000吨水厂，铺设供水管网10千米；铺设污水输送管道5千米，利用周边污水处理设施实现园区污水处理；建成110千伏马郎变至水场输电线路20千米，满足园区企业生产生活用电需求。

第三节 发展三大工业集群化基地，壮大支柱产业

利用工业园区专业化水平高、企业聚集效益显著优势，重点引进培育同类企业，发展生物制药、特色轻工、新型建材三大工业集群基地。

生物制药产业基地。依托龙里工业园省级新型工业化示范基地（食品医药）产业集聚效益，重点引进国内外极具实力的食品医药企业及医药包装、医疗器械、中药饮片提取、医药研发等项目，逐步完善食品医药产业链，促进食品医药企业转型、重组，实现企业改造、升级。突出特色，做大规模效应和品牌效应，培育食品医药旗舰级企业集团，充分发挥重点骨干企业的拉动和辐射作用，重点扶持神奇、瑞和、良济、柏强、润生等骨干企业做大做强。围绕血液制品、创新药、疫苗、专利药、抢仿药、原料药、诊断试剂、生物关键技术及恶性肿瘤、心脑血管病、糖尿病等重大疾病药，建设培育科研平台，突出中西医结合，培育发展生物制药和化学药。充分发挥我县新医药基础，围绕先进医疗设备、高质医用耗材、智慧医疗等，提升发展医疗器械及医用材料。建设重点镇（街道）中药材规范种植及良种繁育基地，大力开发续断、何首乌、钩藤等特色中药材深加工，推进企业中药材加工。整合医药产业资源，以“医药”优势资源为依托，推进“大健康”及相关产业集聚发展。至2020年，培育3个本地医药企业上市，将生物医药产业打造成为龙里工业经济的重要增长极。

特色轻工产业基地。依托龙里特色优势农产品资源，加强特色农产品基地建设与农副产品深加工的联动发展。大力发展农副产品初加工，推动农副产品深加工及精加工。积极引进、开发现代农产品深加工技术和生产工艺。加快推进华润雪花啤酒年产60万吨啤酒生产线、贵州卡布国际婴童用品产业园等项目建设。积极推进邓氏食品、龙缘盛豆、黔宝食品等县内一批成长性较好的企业加快发展，做大规模。以龙里“中国刺梨之乡”品牌为依托，加大刺梨产业的产品研发及精深加工投入力度。至2020年，培育2－5家5亿元级的刺梨加工企业，力争将龙里打造成为中国刺梨种植、生产、加工及区域公共品牌第一县。

新型建材产业基地。推广先进节能技术，实施低温余热发电、节能粉磨、烟气脱硝等节能改造。推行清洁生产，重点推进窑炉烟气二氧化硫、氮氧化物源头消减，削减大气污染物排放总量。重点发展42.5级以上水泥、C40及以上预拌混凝土、高性能专用混凝土，培育发展预拌砂浆、工程预制件、大型塔式起重机装配式混凝土等水泥制品。依托红狮水泥品牌，以红狮水泥、长通、中材环保等骨干企业为龙头，重点发展混凝土输水管、压力管、电杆、桩、砖、瓦等水泥制品，积极发展水泥配套产业，至2020年，力争达到水泥产量达600万吨/年，实现水泥及制品产值25亿元以上。加快发展新型建筑建材业，重点发展新型复合墙体材料、生态环境功能建材、混凝土添加剂、节能建筑玻璃及新型节能门窗、混凝土用超细微粉添加剂、PVC建筑材料、塑钢制品等新型绿色建材，规划建设一个新型建筑建材产业园。至2020年，实现新型建筑建材产业产值80亿元以上，将新型建材产业打造成为龙里工业经济的重要增长极。

第四节 加快工业转型升级，促进传统产业提质发展

加快推进互联网+、物联网等新一代信息技术与传统产业的融合发展，实施工业发展“四大工程”，改造提升医药、新型建材、特色食品、机械制造等传统产业，通过整合产业资源、延长产业链条、调整产业结构，积极推进企业科技创新和品牌打造，推动传统支柱产业由传统型向现代型、粗放型向集约型、污染型向高效绿色型转变，向中高端型迈进，促进工业经济转型升级。

实施“创新驱动”工程，提升工业经济发展质量和效益。围绕实施“工业强县”战略，加快以企业为主体的技术创新体系建设步伐，推动实施一批关联度大、带动作用强、技术水平高、市场前景好的重点科技创新和技术改造示范项目，着力提升企业技术创新能力，努力增强核心竞争力，提高企业生产技术水平和新产品开发能力。积极面对以信息网络技术创新为引领的智能制造

新趋势，大力推进“两化”深度融合，提升“龙里制造”企业整体竞争力。加快运用先进适用技术和高新技术改造提升传统产业步伐，提升传统产业在工艺、质量、品牌、管理等方面的基础能力，推动传统产业发展方式实现从规模速度型粗放增长向质量效率型集约增长转变，实现绿色化、品牌化、集约化发展。实行节能改造，推行清洁生产，推进资源综合利用，淘汰落后生产能力，加快发展绿色产业，形成经济社会发展新的增长点。深化互联网与产业的融合发展，积极搭建面向中小企业的信息化服务平台，推动中小企业利用电子商务手段开拓国际市场，推进现代信息技术对传统商贸方式的改造。到2020年，规模以上企业建立研发机构的比例达到5%，各级企业工程（技术）中心总数达到5家，建成省级以上孵育孵化平台1家以上，科技服务业迅速发展，各类科技创新创业服务机构达到3家，建立创新创业“众创空间”1—2家，推动企业科技创新能力整体提升；全县规模以上高新技术产业增加值占规模以上工业增加值的比重达到15%，高新技术企业累计达到20家以上，力争打造20家省级“两化融合”示范企业，实施企业“两化融合”示范项目30个。

实施“提质升级”工程，推动产业结构优化调整。贯彻落实《中国制造2025》，引导制造业向分工细化、协作紧密方向发展，打造一批高端化、智能化的产品，加快对传统产业的信息化、服务化、绿色化改造，实现产业结构优化升级。围绕提升医药、食品等品牌价值，加快推进龙里特色轻工业的规模化发展，重点发展啤酒、特色食品、刺梨、旅游工艺品、印刷包装、木材及家具加工等产业，打造国内最大的刺梨生产加工基地，推进特色轻工业规模化、绿色化、品牌化发展。加快建材产业转型升级，培育发展新型建材产业，加快建设新型建材产业示范基地，以科之杰、长泰源、中材环保等企业为龙头，开发新型墙体材料、新型防水密封材料、新型保温隔热材料、新型装饰装修材料。至2020年，全县工业民营经济占国内生产总值比重年均提高1个以上百分点，确保达到70%，培育年销售收入过亿元企业150户，培育年销售收入过5000万元的中小型骨干企业100户。

实施“品牌引领”工程，提升工业企业整体竞争力。大力推进名牌带动战略，引导企业制定品牌管理体系，走品牌兴企的发展道路。围绕研发创新、生产制造、质量管理和营销服务全过程，提升内在素质，夯实品牌发展基础。借助长通集团“黔冠”、邓氏食品“龙哩邓氏”、弘康药业“百慈”、良剂制药“良剂”、黔宝食品“御酥坊”等企业的品牌效应，通过品牌创新和带动作用，提升龙里企业的品牌竞争实力、知名度。至2020年授权专利总量达到700件，其中发明专利授权量达到50件；全社会研发从业人数达到800人，企业基本建立起稳定高效的创新管理机制。

实施“腾笼换鸟”工程，实现产业转型升级。以节地增效为目标，进一步拓展园区用地空间，破解土地要素瓶颈制约问题，整合园区土地资源，建立园区企业退出机制，加大闲置土地清理力度，为培育发展潜力大、带动能力强、产业优势明显、科技含量高的投资项目预留发展空间，实现工业产业转型升级。提高园区经营管理水平，创新园区投融资方式，盘活园区标准厂房、基础设施等存量资源，促进产业园区持续健康发展，提高投资效率和产出水平。深入实施工业“百千万”工程，扎实开展服务企业、服务项目“双服务”行动，大力扶持龙头企业、骨干企业、大型企业、上市企业加快发展，努力形成大企业“顶天立地”、小企业“铺天盖地”、大中小企业“成龙配套”的发展格局。至2020年，园区基本形成产业结构合理、科技含量高、行业前景好、高效节能环保的现代产业集聚平台。

第五节 培育发展新兴产业，寻找经济增长新引擎

积极争取国家产业投资引导资金支持，发挥产业政策导向和促进竞争功能，培育一批新兴产业。将新兴产业培育成为我县后发赶超、弯道取直的先导产业和支柱产业，成为促增长的着力点，调结构的主战场。重点发展新医药大健康、新一代信息技术、新能源新材料、节能环保产业、电子信息产业、高端装备制造产业等新兴产业。

新医药大健康产业。紧抓国家发展大健康产业的战略机遇，充分发挥龙里生态环境优越、气候条件良好、药品品种多样等优势，围绕大健康医药产业，大力实施中医药产学研究开发，在做优民族医药、生物制药产业的基础上，大力发展医药大健康产业。以中铁生态城太阳谷等项目为支撑，加快发展以大健康为目标的生物医药、医药养生产业，打造独具特色的医药养生基地。积极促进健康医药与健康养生产业融合发展，在种植、制造、物流、医疗、健康管理的产业链上培育新业态，构建特色鲜明、结构优化、竞争力强的健康医药产业体系。围绕先进医疗设备、高质医用耗材、智慧医疗等，提升发展医疗器械及医用材料。整合医药产业资源，以“医药”优势资源为依托，推进“大健康”及相关产业集聚发展，建成全省大健康医药产业示范区。到2020年，力争医药大健康产业实现总产值50亿元以上。

新一代信息技术产业。加快发展以大数据为引领的电子信息产业，实施大数据战略和“互联网+”行动计划，促进数据资源开放共享。大力发展大数据核心业态，培育和引进一批大数据关联企业，加快发展大数据存储、加工、交易和应用服务业，不断延伸产业链，促进产业集聚。培育发展大数据衍生产业，推动大数据、“互联网+”同各行业紧密融合，创新服务模式和商业模式，释放大数据应用市场需求，促进智慧旅游、智慧医疗、智慧物流等产业蓬勃发展。加快建设信息网络基础设施，统筹推进宽带接入、新一代移动通信、下一代互联网、农村数字电视网络建设。发挥互联网信息集聚优势，发展互联网物流服务，建设货运车联网平台，推进平台与货主、货车、物流园区、配送网点等信息互联，促进人员、货源、车源等信息高效匹配，有效降低货车空驶率，提高配送效率。引进国内外龙头企业，支持企业以信息系统集成、软件测试、信息化咨询、软件培训等，培育信息技术服务业。以动漫、游戏、电子竞技、数字档案、数字音乐、数字发行、文化创意等为重点发展数字新媒体。

新能源新材料产业。抢抓我国加快发展清洁能源和可再生能源的有利时机，围绕新能源产业的核心竞争优势，依托区域内龙头骨干企业和重大项目的带动作用，重点加快发展风力发电、生物质能，着力培育太阳能、垃圾焚烧发电，推动我县新能源产业快速发展。推进风能发电，加快龙里大草原风能发电产业基地建设步伐，促进龙里走上新能源发展之路。着力发展生物质能，推动生物质能利用从单一原料和产品模式转向原料多元化、产品多样化的循环经济梯级综合利用模式，使生物质资源利用获得更好的综合效益。积极推进垃圾焚烧发电与太阳能利用，依托我县资源开发优势，加快推进垃圾焚烧发电项目建设。以绿色、环保为核心，积极发展防火、环保、保温、防水、降噪等新型建筑材料，推广绿色建筑和建材，促进建筑业与建材业融合发展。以科之杰、柯维、宏艺等企业为依托，坚持创新驱动，加快转型升级，把新材料及化学制品制造产业加快培育形成新的经济增长点。以发展新材料及其产品的研发和引进有研发生产能力的企业、科研机构作为重点，加快研究开发新金属合金材料、有机和无机新材料、复合材料、纳米材料、精细化材料和相关产品，培育和发展新型化工材料、新型金属材料。

高端装备制造产业。依托区位优势和工业基础，顺应装备制造业发展的高端化趋势，注重发展以高端装备制造为核心的装备制造业，为传统产业的转型升级和战略新兴产业的发展提供强有力的支撑。以双龙航空港经济区为依托，大力发展航空辅助装备、智能装备等高端装备制造业。大力引进先进装备制造、机械及汽车零配件加工、航空材料生产等高端产业项目，实现装备制造业的智能化、绿色化、集约化发展。积极推动英吉尔、金洲机械、创奇装备制造、晨光机械等一批装备制造企业向智能制造、绿色制造和服务型制造发展，支持贵州三山研磨有限公司、贵州英吉尔机械制造有限公司生产线技改，引导企业向产业价值链高端延伸，增加产品附加值；加强关键部件的自主研发，提高核心部件的自供能力。至2020年，培育1个10亿级产值的高端装备制造企业上市，将谷脚－醒狮工业园打造成国家级“中国制造2025”示范产业园。

第四章　加快发展现代山地特色高效农业，推进农业现代化

坚持走高效、安全、生态的现代农业发展新路，加快推动农业转型升级，促进农业集约化、规模化、专业化、标准化、产业化发展，探索一、二、三产联动的创新发展道路，以“全国高效特色农业示范园集聚区”“山地特色农业产业化发展示范区”“黔中高效、生态、休闲农业示范展示区”三位一体的农业发展定位，奋力推进农业现代化建设。

第一节　紧抓国家现代农业示范区建设机遇，提升园区发展水平

以科技为动力，以市场为导向，紧抓国家现代农业示范区建设机遇，着力推动农业“一区六园”建设。以加快基础设施建设为重点，将现代农业产业园建设成为现代农业示范园、高效农业特色园、农业“接二连三”产业园、循环农业示范园、高科技农业推广园、现代农民创业园；形成集农产品生产、农业“三新”（新品种、新技术、新模式）展示、科技研发创新、市场营销管理和新农村建设示范五大功能于一体的现代农业园区。大力发展优质蔬菜、精品水果、花卉苗木、优质稻米、生态畜禽养殖、农业休闲观光、农产品加工及物流配送等产业示范基地，形成一园多基地的总体布局。到2020年，农业总产值达20亿元以上，新创建省级以上农业产业化龙头企业2家，新增州级龙头企业8家，农产品加工业销售收入占农产品销售收入的7.9%以上。

专栏6　现代农业“一区六园”格局
一区：国家现代农业示范区。 **六园：**湾滩河生态农业示范园区、龙架山花卉苗木及生态旅游观光示范园区、茶香刺梨产业示范园区、洗马镇高效农业综合开发示范园区、醒狮镇现代观光农业和农产品加工产业园区、龙山镇农业工业园。

第二节　发展山地生态高效特色产业，推进农业产业化

按照专业化和标准化发展思路，提高农业综合生产能力。依托龙头企业，发展优质、高产、高效、生态、安全农业，加快推进高效农业规模化、生产化、标准化、品牌化建设；综合运用现代科技、物质装备和管理技术改造农业，提升农业内涵式发展水平，提高农业综合生产能力。

保障粮食生产基础地位，促进种植业长足发展。不断夯实粮食基础，大力发展以蔬菜、刺梨、花卉苗木为重点的特色优质种植业。大力培育推进山地生态高效特色农业产业带建设，重点打造龙山至湾滩河“万亩豌豆尖产业带”、谷脚至洗马“百里刺梨”和“万亩辣椒”绿色农业经济带，把龙里县建成全省无公害、绿色、有机农产品供应基地。到2020年，粮食作物种植面积稳定在22万亩以上，粮食总产量达7.28万吨以上，力争蔬菜播种面积达35万亩（含复种），刺梨种植面积达20万亩，水果种植达15万亩以上，中药材种植面积达15万亩以上，粮经比稳定在30:70。

积极发展草地畜牧业，促进生态养殖业健康发展。以扶持养殖大户、养殖大镇（街道）为突破口，紧紧抓住良种改良繁育体系、动物防疫体系、饲草饲料体系建设等关键环节，积极发展草地生态畜牧业，重点加快发展以生猪、肉羊、蛋禽为重点的特色养殖业，力争把我县建设成为以优质肉猪、优质肉羊、优质禽为重点的生态畜牧业生产基地。到2020年，全县生猪饲养量达到35万头，肉羊饲养量4万只，肉类总产量达到1.5万吨。畜牧业产值达到10亿元，占农业总产值的比重达到52%。

跨界发展特色农产品加工业和休闲观光农业，提高农业发展综合效益。加快推进贸工农、产加销一体化发展，着力提高农产品商品率和市场竞争力。重点以果蔬、刺梨、畜禽、辣椒、中药材等农产品为主导，积极引进和培育大型食品、药品等加工龙头企业，发展特色农产品精深加工，建设谷脚－醒狮现代农产品加工集聚区，着力打造区域特色农产品品牌。至2020年，力争

省级农业产业化龙头企业达5户，培育一批省级名牌农产品及地方名特优产品。基地产品商品率达到87.7%以上，外销达80%以上；以农业旅游资源为基础，融合现代农业发展，突出农产品地域特色，积极寻找“四在农家·美丽乡村”、社会主义新农村建设与乡村旅游的契合点，推动休闲观光农业产业发展，重点打造以刺梨、蔬菜、花卉苗木为主，集观光休闲、体验参与、旅游餐饮、商务会客、娱乐拓展、农副产品销售为一体的主题农业生态旅游观光园。

第三节　培植专业合作组织，打造新型互联网农业经营体系

积极发展农民专业化合作组织。继续实施“农民专业合作组织示范工程”，大力引导现有农民专业合作社、家庭农场、专业大户、农业企业等新型经营主体通过体制创新和技术创新，探索龙头企业、专业合作社、农民利益联结机制，大幅度提升特色优势产业覆盖率和农民生产组织化程度，促进农业增效和农民收入的快速增长。鼓励龙头企业、专业大户依托产业组建产销一体化的农民专业合作社，推行“行业协会＋龙头企业＋专业合作社＋农户（基地）”的组织模式，创新“农工商”“产加销”等组织模式，促进农民专业合作组织健康发展，全面提高农业产业化水平。以农村美化为引领，以民族文化为内涵，以科技为支撑，力争创建全国休闲农业与乡村旅游示范县。

打造智慧农业生产经营体系。以互联网信息技术应用为重点，以专业化、信息化、网络化为标准，实施“三一一”工程，积极完善农业物联网体系建设；全面推进“5大行动计划”，提高农业全产业链信息化水平；进一步落实“15项工作任务”，建立涵盖土壤墒情、地理信息、育种、播种、施肥、植保、收储、农产品加工、销售、质量监管等各环节的农业大数据信息库，构建宏观的农业大数据分析体系。实现“土地作物配”“销售碰碰车”“手机村支书”等现代新技术远程控制、科学决策与管理物联网体系，传统农业向新型互联网农业跨越发展。

专栏7　构建新型互联网农业生产经营体系重点工作
“三一一”工程：建设“县－镇－基地”三级综合性农产品物流集散中心，创建一家县级农产品物流协会，打造一条全景式的现代化农产品物流产业链。 **5大行动计划：**互联网＋农业生产、互联网＋经营、互联网＋管理、互联网＋服务、互联网＋创业。 **15项工作任务：**完善农业物联网公共服务体系、示范工程，智能农机建设工程、电子商务、涉农企业智能化提升工程、农产品产地市场信息化建设、农业信息服务平台建设、信息进村入户工程、农业技术推广服务、农业政务系统建设、农产品质量监管、农业可持续发展、农业创业培训、农业产业“接二连三”、农业创业园等

第四节　完善农业基础设施，破解制约农业发展瓶颈

坚持以骨干水源工程、防洪减灾工程、灌区渠系续建配套改造和新建一批蓄水工程建设为重点，注重防洪抗旱减灾和水资源保护，提升水利对农业发展的支撑能力，解决城乡和农业灌溉工程性缺水问题。进一步开展土地综合治理，以中低改造为重点，建设高标准农田，加强农业科技服务体系建设，加强绿肥种植示范建设，提高土壤有机质含量，改善耕地质量，改善生产和防疫条件，逐步建立适应现代特色农业发展要求的植保防灾体系，全面提高对重大病虫的预警和控制能力。加快应用现代信息技术改造提升传统农业，大力推广应用信息化管理系统、着力打造智慧农业示范推广基地，提高防治自然灾害和保障农业生产的能力。完成农村土地承包经营权登记颁证工作，建立农村土地流转交易中心，积极推进农村“三变”改革工作。

第五节　强化农业服务体系，保障现代农业健康发展

紧紧围绕农业科技支撑、农产品质量安全、农业机械化服务、农民培训、农业信息化、环境

保护与生态农业等体系建设开展工作，建成层次分明、布局合理、分工明确、结构优化、运行高效的农业技术推广体系，探索区域性农技推广机构的设立运行。推动科技创新与生产应用紧密结合，大力提高农业科技转化与应用水平，创新农科教、产学研紧密衔接的机制，加快形成推进农业科技进步的强大合力。完善农业信息化基础设施建设，利用智慧农业、精准农业的发展，推进农业信息化、数字化和精准化，实现农业科技贡献率达到80%以上，主要农产品耕种收综合机械化水平达到80%，有效灌溉面积达到21.69万亩，基地农产品质量认证率达到100%，农产品质量抽检合格率达到98%以上。力争创建国家农产品质量安全示范县。

第五章　加快发展现代服务业，建设服务业集聚区

坚持以工业化和城镇化全面带动提升现代服务业，把发展服务业作为推进工业化和产业升级的重要支撑。提升龙里现代服务业发展质量和规模，努力实现商贸流通、物流业、大数据应用、山地旅游业、传统服务业五大业态齐头并进的良好格局。

第一节　完善商贸流通体系，提升商贸服务功能

以加快流通安全保障体系建设为重点，培育流通市场主体，推动商贸流通产业跨越发展。按照双龙核心商圈、县域商业中心和镇（街道）商贸集散点的分级模式，构建县域范围内“两核、多点”的商业布局体系。推动商贸服务业转型升级，打造百亿商圈，初步形成以双龙现代服务业集聚区和县城为中心辐射全县的商贸流通发展格局。发展壮大龙城国际城市商贸综合体。以双龙现代农副产品集散中心、中铁佰分之一摩都、万豪商贸总部为核心，在双龙现代服务业集聚区建设农特产品、农业生产资料、机电产品、建筑建材、家居装饰、汽车销售等大型专业市场，逐步推进小商品市场商场化；加大对外经贸发展力度，全面提升龙里开放型经济发展水平。力争建设和培育100亿元市场2个，50亿元市场3个，10亿元市场5个，功能齐备、特色鲜明、集散能力强的国家级标准化专业市场2－3个。

专栏8　商贸流通体系建设
商贸流通发展布局：两核、多点。即双龙核心商圈、县域商业中心和镇（街道）商贸集散点的商贸流通发展格局。 **100亿元市场：**双龙现代农产品集散中心、中铁佰分之一摩都。 **50亿元市场：**万豪商贸总部城、东方宏基。 **10亿元市场：**西南药都城市综合体、龙城国际城市综合体、双龙镇、电商产业园、创力商业广场。

第二节　着力发展现代物流业，建设现代服务业集聚区

采用“政府＋DT企业”的物流信息服务模式，构建物流网络和物流公共信息平台。整合培育三方物流主体，大力建设并逐步完善统一开放、公平竞争、规范有序的第三方物流市场体系。推进物流体系的标准化建设，发展大宗商品和特种物流。依托双龙航空港经济区临空产业积极推进“互联网＋”应用示范，建成集电子商务、商贸物流、货物存储、金融和信息服务为一体的智慧物流园区。重点建设龙里双龙快递物流园区、龙铁国际物流园等物流项目，在各镇（街道）设立若干个物流服务站，力争形成“两园区、若干服务站”的物流发展布局。

专栏9　现代物流业建设
物流发展布局：两园区，若干服务站。即龙里双龙快递物流园区，龙铁国际物流园和各镇（街道）设立若干个物流服务站。 **重点项目：**贵州龙铁国际物流园、贵州双龙物流信息港服务平台、贵州一均物流园、农产品冷链物流中心、万科综合物流仓储、普洛斯现代物流园、深国际·贵州综合物流港等建设项目。

第三节 加快发展电子商务，强化大数据应用与服务

以“互联网＋”为抓手，大力发展电子商务。依托全国电子商务进农村综合示范县优势，加快电商服务平台和电商园区建设，建成电子商务进农村县级运营平台、绿金在线中药材电商交易平台、电子商务产业园，做优做强特色产品电商平台。以龙里双龙快递物流园区为载体，大力实施仓配一体化项目，建设全国智慧物流示范园区，推进物流体系标准化建设。加强电商培训，大力推广电商进企业，将电商创业和相关企业扶持政策有机融合，着力将龙里县打造成贵州省的电商总部基地及“黔货出山”的网货集散中心。

围绕大数据核心业态、关联业态、衍生业态引进项目，促进大数据信息产业规模不断壮大，以龙里大数据应用中心建设为依托，充分利用科技企业孵化器、高校、科研单位、创业投资机构等现有资源，推动各类要素资源集聚、开放和共享。力争建成“互联网＋现代商贸业”“互联网＋现代物流业”“互联网＋现代农业”“互联网＋新医药大健康”等大数据应用示范工程。到2020年，电子信息产业规模达100亿元以上，电子商务占社会消费品零售总额比重达30%以上，电子商务交易额达80亿元以上。

专栏10 电子商务与大数据应用
重点项目：肉、菜、中药材追溯体系，贵州现代设施农业，农机电商产业园，电商创业示范基地，龙里县信息化网络和电子商务平台，龙里县大数据产业园。

第四节 大力发展山地旅游，催生旅游新兴业态

按照“全域旅游、全民旅游、全天候旅游”的发展方向，围绕“康体养生度假游、生态田园休闲游和自然原乡回归游”三大主线，全面深化“旅游＋城镇”“旅游＋农业”“旅游＋文化”“旅游＋体育”“旅游＋康养”的融合发展，创新发展“乡愁旅游”。优化区域旅游布局，加快旅游基础设施建设，强化目的地市场营销，将龙里打造为黔中康体休闲度假首选地和近郊休闲体验游目的地。至2020年，实现接待游客突破490万人次，年均增长20%；实现旅游年综合收入33.5亿元以上，年均增长25%。

优化区域旅游布局。积极构建“一心、两核、三区、多点”的旅游区域新格局。强化“一心”。依托龙里县城公共资源和交通区位优势，提升城市景观与文化内涵，完善城市旅游功能设施，丰富休闲业态，完善集散功能，构建黔中旅游集散地、自驾游服务枢纽和县城旅游综合服务中心。做实“两核”。结合双龙航空港经济区建设，以中铁生态城项目建设为带动，大力发展文化旅游、会务会展、康体养生等，打造贵阳城市旅游新区、双龙旅游消费核；以龙架山为中心联动周边，争创龙架山国家级旅游度假区，承接贵州旅游集散枢纽下的生态休闲服务，打造县城旅游吸引核，实现南北片区联动发展。提升“三区”。全面升级湾滩河田园度假区，依托田园、茶园、村落构筑的原生态田园及多民族文化风情，打造以养生农业、生态度假、民俗体验为核心功能的贵阳近郊特色乡村旅游度假功能片区；优化龙里大草原－猴子沟生态游乐区，充分发挥龙里大草原、猴子沟的资源特质，对接休闲运动市场需求，重点构建生态休闲、主题运动、娱乐消费、生态度假四大主题产品；创新发展云台山文化体验区，依托云台山、三元片区的历史资源，宗教文化资源，乡村民俗资源，以休闲文化为突破，嫁接文化创意与旅游，延伸形成文化体验旅游功能板块。推进“多点”。以“四在农家·美丽乡村”建设为抓手，打造湾滩河镇孔雀寨、龙山镇厉家庄、谷脚镇塘坊、醒狮镇大岩、洗马镇平坡、冠山街道格老湾等特色乡村旅游点，以点连线，形成辐射，拓展旅游发展空间。

加快旅游基础设施建设。加快县内交通路网建设，提升县内南北两条交通主干道的公路等级，升级改造通往主要景区道路、通村公路，进一步完善旅游交通标识标牌，为游客提供便捷、舒适、安全的出行条件，打造“快旅慢游”旅游

交通体系。利用航空、高铁、高速公路的交通优势和紧邻贵阳的区位优势，建设集吃、住、行、游、购、娱于一体，兼具旅游体验展示、旅游咨询、交通转换等功能，面向黔中城市群和贵州东线、南线旅游服务的旅游集散中心。培育本土美食品牌，挖掘龙里本土特色菜品及烹饪工艺。依托龙里西南药都和医药企业资源，加强医药与养生保健、餐饮的结合，开发医药养生保健产品和中药滋补系列餐饮等产品。加大对辣子鸡、肉饼鸡、野生菌等特色餐饮扶持力度，引进省内外知名餐饮企业（餐饮店），提升餐饮特色街区规格，重点培育双龙镇、龙城国际美食城、山林路等特色餐饮街区和塘坊、厉家庄农家乐聚集区。扩容提质住宿业，引进一批高端酒店、商务快捷酒店和精品客栈，发展乡村旅舍、家庭旅馆。至2020年，力争全县各类旅游住宿设施床位数达1万个，旅游业提供直接就业岗位4000个以上，带动社会就业机会2万个以上，游客平均停留时间提高到1.5天以上。

大力发展特色旅游商品。开发提质平坡苗族农民画、大岩根雕、苗族服饰及挑花刺绣等民族民间工艺品，刺梨系列产品和辣子鸡、谷脚富硒红粳米等农特产品，扶持特色菜肴、药膳汤包等特色养生食品与保健品，打造龙里特色旅游商品和龙里礼品。到2020年，力争打造出国内、省内知名旅游商品（农特产品）龙头企业2至3家，国内知名旅游商品（农特产品）3至5个，各类旅游商品（农特产品）达80种以上，实现旅游购物收入占旅游总收入的比重达15%以上。

加强客源市场开发。依托“多彩贵州”“爽爽的贵阳”两大旅游品牌和贵阳建设大西南交通枢纽等有利条件，充分利用“中国最美健康养生旅游名县”名片，构建“原乡龙里、康养胜地”品牌形象，打造“双龙都市休闲游、龙架山生态休闲游、龙里大草原-猴子沟游乐休闲游、湾滩河田园休闲游、云台山文化休闲游”五大主题产品。创新举办十里刺梨沟赏花节、孔雀布依情歌节、龙里大草原露营大会、龙里户外嘉年华、户外生态休闲音乐节等主要节庆活动，以形象宣传和专业营销为抓手，巩固贵阳主要客源市场，扩展周边省份、泛珠三角地区等新客源市场，提升龙里知名度、美誉度。

专栏11　山地旅游产业布局

一心：县城服务中心。

两核：双龙旅游消费核、龙架山旅游吸引核。

三区：湾滩河田园度假区、龙里大草原—猴子沟生态游乐区、云台山文化体验区。

多点：以“四在农家·美丽乡村”建设为抓手，打造湾滩河镇孔雀寨、龙山镇厉家庄、谷脚镇塘坊、醒狮镇大岩、洗马镇平坡、冠山街道格老湾等特色乡村旅游点，以点连线，形成辐射，拓展旅游发展空间。

重点项目：中铁国际体育休闲度假中心、巫山大峡谷旅游风景区、龙架山国家森林公园南大门生态停车场、醒狮安全农业公园、湾滩河现代农业休闲旅游观光景区、旅游集散中心、龙架山生态观光休闲旅游区建设、云台山文化体验区、大草原生态游乐区、观音山红色文化休闲度假区、龙行神州旅游服务综合体、龙架山森林公园-大草原风景区-猴子沟风景区基础设施、龙山镇湿地生态观光旅游小城镇基础设施、旅游主干道（巴江至下坝、龙里至湾滩河镇、龙丛至冒沙井）等项目建设。

第五节　优化发展其他服务业，实现第三产业多元发展

加速发展金融服务业，打造各类新型金融机构、金融业繁荣发展的产业高地。发展专业服务业，着力推动普惠金融、绿色金融发展；优化金融生态环境建设，加快引进和培育各类专业服务品牌机构，形成规模化、高层次专业服务体系。大力发展总部经济，提高总部经济贡献度；优先发展商业地产，推动房地产业稳步健康发展；深化发展服务外包，建设高端服务外包示范地；着力发展移动互联产业，打造移动互联产业集群；培育发展新兴服务业，形成服务业新的增长点。

第六章　加快推进新型城镇化，打造贵阳都市圈副中心城市

发挥区位优势、生态优势、产业优势，坚持

产城景融合发展，加速贵阳都市圈副中心城市建设步伐。优化中心城区“一城一带一区”的空间格局，打造特色小城镇，建设美丽乡村，加强城镇基础设施投入力度，形成“一城三镇多节点”的新型城镇体系，推进新型城镇化建设。

第一节　优化区域布局，构建新型城镇体系

积极“融入贵阳、联接都匀”，坚持“东优西扩，南北齐飞”战略，突出加快城镇化发展原则，以高速公路、高速铁路、城市干道、国省道为主轴，加快形成核心突出、等级分明、结构合理、功能互补的“一城三镇多节点”新型城镇体系，推进城乡一体化发展。力争到“十三五”末，全县城镇化率达60%。

专栏12　“一城三镇多节点”新型城镇体系
一城：指龙里中心城区，即涵盖冠山街道、龙山镇、谷脚镇的县城规划区。 **三镇：**指醒狮镇、洗马镇、湾滩河镇等区域中心城镇。 **多节点：**指草原、巴江、湾寨、三元、哪嗙、谷龙等特色集镇。

在省委、省政府实施推进双龙航空港经济区战略、黔南州“一圈两翼”战略的引领下，充分发挥桥梁纽带作用，在融入贵阳的同时，联动都匀、贵定，辐射周边，完善与开阳、惠水等周边县市的经济合作伙伴关系。以建设贵阳都市圈副中心城市为目标，坚持东优西扩和核心集聚、轴线带动的发展战略，突出“一城一带一区”，双向提速贵龙城市经济带和双龙航空港经济区建设，重点推动龙里东、西两城区协同发展，打造宜居宜业宜游的县域中心城区。

合理规划东、西两城区功能定位、空间布局、产业方向，推动东、西两城区共同协调发展。坚持内外统筹、产城互动，做大做强县城，协调好镇（街道）与县城、园区与县城、景区与县城、贵阳与县城的关系，将东片区打造成为以老城区为依托的“莲花－老城区－冠山高新技术园区”城市发展带，形成政治、经济、文化中心。将西片区打造成为以中铁生态城为依托的“中铁－谷脚－醒狮”城市发展带，形成全县重要的城市增长极。推动贵龙城市经济带发展，重点将中铁生态城－观音山－龙架山打造成为贵州有名的康体养生旅游带，将贵龙大道打造成为贵阳南下东进的重要旅游线。推动双龙航空经济区（龙里片区）核心区、协调区、辐射区共同发展，形成中铁临空会议休闲综合区、“醒狮－谷脚”高端制造业集聚区发展格局。充分利用自身资源、地缘优势，谷脚临空会议休闲综合区重点发展生态休闲、会议度假、康体养生和创意研发等产业；醒狮临空高端制造业集聚区重点发展电子信息、生物医药、航空食品、精密仪器、飞机零部件制造、快时尚服装、新材料等产业；完善城镇服务功能，注重规划、生态、业态、交通、新旧城区、文化六大统筹，提高城市建设品质和质量。到2020年，力争将龙里中心城区建设成为贵阳都市圈副中心城市。

专栏13　城镇化空间布局
一城一带一区：一城指县城老城区；一带指贵龙城市经济带；一区指双龙航空港经济区（龙里片区）。

第二节　坚持因地制宜，发展特色小城镇

以中心城区为依托，依据区位条件和资源优势，合理进行功能定位，打造商贸集散型醒狮镇、交通商贸型洗马镇、绿色产业型湾滩河镇的特色小城镇。

专栏14　打造特色小城镇
试点镇建设：龙山镇、醒狮镇、谷脚镇、湾滩河镇、洗马镇。 **重大项目：**醒狮镇100个示范小城镇建设、龙山镇全国城镇发展改革试点示范小城镇建设项目等。

完善镇区路网、供水供电、垃圾处理设施、客运站、卫生院、中小学等公共服务设施，创建集优势产业、生态旅游、农业观光、民俗风情、休闲度假、养生养老于一体的特色小城镇。抢抓全省“100个”示范小城镇建设、全国文明镇建设和整县推进小城镇建设示范县建设发展机遇，将醒狮镇建设成为以有机特色食品加工、商贸集散及特色文化旅游为依托的商贸集散型特色示范小城镇，努力建设成为贵阳市后花园。利用国家现代农业示范区创建机遇，推进湾滩河镇集生态旅游、农业观光、民俗风情、休闲度假、养生养老于一体的绿色产业型小城镇建设。依托交通区位条件，将洗马镇打造成以刺梨、蔬菜等农产品加工及建材为主的交通商贸型城镇。

第三节 强化城镇基础设施建设，提升城镇综合承载能力

强化城镇产业支撑，坚持以产兴城、以城促产、产城景一体，推进工业园区与城镇建设互动融合，引导聚焦效应强的产业加快发展，提高城镇人口吸纳能力。完善城镇公共服务体系，推进基本公共服务，实现城镇常住人口全覆盖。建立尊重自然，顺应自然的低影响海绵城市开发模式，开发利用地下空间，新建城市主干道路、城市新区、各类园区实施城市地下综合管廊，统筹电力、通信、给排水、供热、燃气等地下管网管理。合理布局建设公益性菜市场、农产品批发市场。积极推进城市综合体建设。统筹推进城镇路网和绿地系统建设，重点推进贵龙纵线延伸工程、龙溪大道、龙山镇莲花坝上至余下道路建设，加快形成“四横四纵”快速路新构架。推进城市清洁能源供应设施建设，完善燃气输配、储备和供应保障系统，加强城镇污水处理及再生利用设施建设，推进雨污分流改造，提高城镇生活垃圾无害化处理能力。合理布局建设城市停车场和立体车库。在加油站、停车场等场所建设充电设施，探索组建新能源汽车动力保障体系。统筹布局建设学校、医疗卫生机构、文化设施、体育场所等公共服务设施，加强就业服务、社保经办和便民利民服务设施建设。根据小城镇、产业园区、旅游及服务业发展等规划，以PPP等新型投资模式为载体，抓好城镇基础和公共服务设施、保障性住房、产业园区基础设施、产业发展、旅游及服务业、“四在农家·美丽乡村”建设、小康六项行动计划、小城镇“8+X”等项目建设，本着轻重缓急，循序渐进的实施原则，不断提升城镇吸纳承载能力。到2020年，城镇自来水普及率达到90%以上，农村生活污水治理行政村覆盖率达30%以上，城区建成区绿地率达到40%以上，县城燃气普及率达到50%以上。

专栏15 城镇基础设施建设项目
路网：新建中铁纵线延长线、贵龙纵线南段、公园大道、谷脚纵线等项目。加快形成“四横四纵”快速路新构架（四横：双龙大道、建设大道、贵龙大道、龙溪大道；四纵：贵龙纵线、中铁纵线、公园大道、谷脚纵线）。 **管网：**县城城市地下综合管廊、主输水管道改造、水厂管网提质改造、笋子塘供水二期等项目建设。 **其他：**龙里县城镇供水一体化、创力商业广场、贵州快递物流集聚区停车场等项目建设。

第四节 统筹城乡建设，推进城乡一体化发展

有序推进农业转移人口市民化

按照尊重意愿、自主选择的原则，以农业转移人口为重点，兼顾工业园区就业人员、城镇间异地就业人员和城区、城郊农业人口，逐步将进城农民转化为城镇居民，努力提高户籍人口城镇化率。逐步推进户籍制度改革，使转移人口享有城镇基本公共服务，使更多转移人口在城镇扎根落户。加强对农业转移人口就业创业培训和服务，切实解决好住房、社保、医疗卫生、子女教育等问题，促进进城农民安居乐业。到2020年，实现新增和转移农业人口4万左右。

改善农村生产生活条件。加快推进乡村基础设施建设，继续实施“四在农家·美丽乡村”“小康六项行动计划”，建立和完善农村饮水安全保障体系、水利灌溉工程网；着力实施农村电网改造升级工程，建成智能、高效、可靠的绿色农村电网，解决农村居民生活、生产用电问题。提

高乡村通信基础设施配套水平，提升乡村通信网络覆盖质量。着力实施邮政乡乡设所、深化村邮、邮政网点改造、快递下乡四大工程和农村邮政普遍服务网点运营保障工程，不断完善邮政普遍服务体系建设，优化农村用邮环境。加快构建以教育、医疗卫生、就业等保障性服务为基础，以文化、体育、行政管理与社区服务、民生型商业服务为主要内容的公共服务体系，实现基本公共服务城乡全覆盖，切实改善和保障农村居民的生产生活条件。

大力改善农村人居环境。引导和帮助农民建设美观、实用、建筑形式多样化、具有地方民族特色的住房；在实施农村危房改造的基础上，结合村庄整治、小康房建设、易地扶贫搬迁、地质灾害搬迁工程，逐步实现农村住宅向安全适用、功能配套、布局合理、特色鲜明、节能环保方向发展，提升居住质量。开发利用低丘缓坡，推行农村集中建房。加强农村消防配套设施建设。加大村庄垃圾和污水无害化处理力度，在自然村寨建设与人口规模相适应的垃圾收运站（点）和适宜的污水收集处理系统，继续实施乡村太阳能照明工程，努力实现自然村寨照明设施全覆盖。加大民族村寨、传统村落保护力度，传承好传统文化。完善和创新村民自治机制，探索村民自治有效实现形式。至2020年，建成“四在农家·美丽乡村”示范村寨50个，每镇打造2－3个镇村联动示范点。

专栏16　城乡统筹发展重点工程
基础设施：一事一议美丽乡村小康寨、农村饮水安全提质改造、乡镇级基层就业和社会保障服务设施、行政村无线数字电视延伸覆盖及信息基础设施建设等建设工程。
产业发展：乡村旅游扶贫重点村综合开发、乡村旅游和休闲观光旅游综合开发、民族文化与乡村旅游发展研究基地、农产品集贸市场体系等项目建设。
公共服务：社区日间照料中心、农村敬老院、光荣院、老年人协会、留守儿童之家、学前教育、中小学改建、乡镇卫生院标准化建设、村卫生室标准化建设、远程医疗系统、广播电视网络建设及基础设施设备技术改造及维护、村级院线数字电影放映室、全民健身中心、农民体育健身、社区多功能运动场、公益性公墓等工程建设。

第七章　实施大扶贫战略，打赢扶贫攻坚战

全面贯彻落实贵州省“33668”扶贫攻坚行动计划、“1＋10”和黔南州“1＋9”扶贫攻坚配套文件精神，强力实施县“1＋12”扶贫攻坚实施细则，坚决打赢科学治贫、精准扶贫、有效脱贫攻坚战。到2018年底，减少农村扶贫对象2.4244万人（长期低保对象0.4万人以政策性民政救助兜底），剩余54个贫困村出列。

第一节　实施产业扶贫，培育贫困群众增收支撑点

以有劳动能力的农村贫困人口为扶贫对象，根据扶贫对象的主观意愿和客观实际，统筹规划，分类指导、分类施策，实行产业扶贫规划到村、项目到户、增收到人。围绕扶贫“十大产业”，把扶贫资金全部用在贫困村、贫困户。建立健全龙头企业、专业合作社与贫困农户的利益联结机制，把一家一户特色小产业的建设与区域性主导产业的发展紧密结合起来，完善产业项目支撑体系，实现产业发展扶持扶贫。

按照“三化兴三农”的思路，积极推进农业产业“接二连三”。狠抓湾滩河现代高效农业示范园区、茶香刺梨产业园、龙架山花卉苗木及生态旅游观光示范园区、现代观光农业和农产品加工产业园区、高效农业综合开发示范园区，通过园区发展有效吸纳农民就近转移就业解决一批。深入推进农旅、林旅结合，扶持贫困村、贫困户发展休闲观光农业、度假村、农家乐、农家客栈等，实现自主创业解决一批。

通过继续实施天然林、公益林、退耕还林、石漠化治理保护等生态工程，新增指标向贫困村、贫困农户倾斜，让更多有劳动能力的贫困人口就地转移成护林员等生态保护人员，拓宽贫困人口就业和增收渠道。

第二节 实施易地扶贫搬迁，守住发展和生态两条底线

充分利用扶持政策，紧扣“扶贫”和“生态”两大要求，瞄准深山区、石山区、生存条件恶劣地区的贫困户，推进实施7878人易地扶贫搬迁工程。重点推进贫困村、地质灾害区整村、整组（自然寨）搬迁。

改革创新安置方式和就业模式，重点选择在基础设施完善、交通便捷、有创业就业空间的县城、中心小城镇、产业园区、旅游景区等规划建设安置点。鼓励和引导在外务工并有稳定收入的贫困户进城、进园区转移安置，对有到城区、园区购买商品房、保障性住房进行安置诉求的贫困户，可采取集中申报、分散安置的模式，用移民建房款补贴购房。积极发展进城家政务工型、园区就业型、农家乐自主创业型等安置方式，促进更多的贫困人口由传统农业产业向二产三产转移就业。充分尊重贫困户意愿，对转移就业适应能力弱、年迈、留恋故土的贫困家庭，选择在交通便利的中心村规划安置或通过危房改造等相关措施，切实改善生产生活条件，帮助其就近就地安置脱贫。

第三节 实施教育和就业扶贫，落实摆脱贫困的治本之策

抓好教育资助扶贫。扶持农村幼儿园和民办学前教育发展，到2017年前，实现贫困村村级幼儿园全覆盖。落实学前教育幼儿资助政策，对家庭经济困难儿童、孤儿和残疾儿童入园给予资助；积极推动县城优质学校与农村薄弱学校对口帮扶，继续为义务教育阶段家庭经济困难寄宿学生提供生活补助，继续实施好贵州特色农村义务教育学生营养餐计划，确保实现全覆盖；落实普通高中、中等职业教育家庭经济困难学生“两助三免（补）”资助政策；实施好生源地信用助学贷款等优惠政策。

抓关爱扶贫。保障农村留守儿童、进城务工人员随迁子女、残疾学生受教育的权益。加快标准化学校留守儿童之家和村级留守儿童之家建设，到2020年实现校校建有留守儿童之家目标；广泛开展“四在学校·幸福校园”关爱活动；构建动态监测体系，建立健全留守儿童、困境儿童工作档案。

抓技术扶贫。加快有就业保障的中职教育发展，鼓励支持龙里中等职业学校申报国家级骨干示范性中等职业学校；推动技术教育进农村、进学校、进园区和进工厂，积极开展校企“招工+培训+就业”三位一体服务；为家庭经济困难、县城流动人口中未升学的学生提供免费职业技能培训，推进实施农村贫困家庭1户1人转移就业或自主创业，实现“培训一人、就业一个、脱贫一家”的目标。

第四节 实施医疗和卫生扶贫，解决贫困群众因病致贫问题

多举措解决贫困村“看病难”问题。确保每个贫困村卫生室都有乡村医生或有卫生院医生定期在村卫生室坐诊，消除行政村“空壳”卫生室，实现一般疾病不出镇，小病不出村。多措并举，有效改善贫困地区居民就医环境，遏制“因病致贫、因病返贫”，形成分级诊疗、层层保障的常态化工作机制，切实解决贫困村“看病难”问题。

提高农村贫困人口医疗救助保障水平。确保贫困救助保障对象参合率达100%，住院医药费用经新农合基本医疗和大病保险报销后，由民政、残联、扶贫等部门进行补助，实现政策范围内报销比例达90%以上。建档立卡贫困人口中的重大疾病患者、特困供养人员、最低生活保障对象中的长期保障户、80岁以上老年人。通过整合基本医疗，大病保险、民政医疗救助、扶贫办贫困救济等，实现政策范围内医疗费用保障水平达100%。

第五节 实施社会保障兜底扶贫，织牢社会保障网底

加强扶贫与农村低保制度衔接，有效保障农村困难群众基本生活。持续提高农村低保标准，稳步提升兜底保障水平，逐步推进农村低保与扶贫两个标准“两线合一”，到2020年，农村低保与扶贫两个标准实现统一，两无贫困人员（无业

可扶、无力脱贫人口）和暂时不能脱贫人口全部脱贫。建立农村低保与扶贫开发信息共享平台，加强农村贫困户和低保申请家庭经济状况核查工作，对符合条件的贫困家庭做到应保尽保。完善以最低生活保障、特困人员供养、受灾人员救助、医疗救助、住房救助和临时救助等救助制度，加强对特困供养人员、残障人群、低收入人群等特殊群体的关护救助，提高救助标准，提升救助精准度。全面开展“救急难”工作，有效保障遭遇急难问题、陷入生存困境家庭的基本生活。

第六节　实施美丽乡村建设扶贫，夯实贫困乡村发展基础

大力实施“六个小康建设工程”，通过5年努力，实现农村路净、水清、寨美；建设基础设施全覆盖、长效管理上水平的美丽乡村。夯实贫困乡村发展基础，改善贫困户生存环境。把“互联网+”新经济形态引入农村，全面推进电子商务在农村的发展，通过电子商务，增加贫困户收入，实现脱贫目标。充分发挥涉农金融机构支持“三农”主力军作用，继续深化建立财政扶贫资金有偿使用、滚动发展机制。建立农业产业化发展基金，实行项目资金有偿使用，利润分成。以信用约束为基础，实施精准扶贫小额信贷工程，为贫困户提供小额贴息信贷，支持建立贫困户贷款风险补偿基金。对精准扶贫小额信贷、贫困户危房改造贷款、生态移民贷款、小微企业贷款、贫困家庭本科和高职（专科）学生生源地信用助学贷款的损失给予补贴，并建立风险补偿长效补充机制。

第七节　实施社会帮扶，构建全民参与的大扶贫工作格局

坚持以党建带扶贫、以扶贫促党建，深入推进同步小康驻村工作，实现党组织和党的工作对贫困村的有效覆盖。大力发展村级集体经济，到2017年，全面消灭“空壳村”。引导各行各业、国有企业、商会、各民营企业、个体工商户、社会团体等各类组织积极参与扶贫开发事业。大力开展调研和结对帮扶；强化对口帮扶工作，引导广大社会爱心人士，通过爱心捐赠、志愿服务、结对帮扶等多种形式进行扶贫，激发各方参与扶贫开发的正能量，积极构建政府、市场、社会协同推进的“大扶贫”格局。

第八章　完善基础设施建设，提升基础设施保障能力

坚持规划先行、适度超前，完善基础设施体系建设。积极争取国家、省、州支持，继续加大交通、水利、能源、信息等基础设施投入，统筹抓好基础设施配套与衔接，显著增强基础设施的载体功能、服务功能和综合保障功能。

第一节　完善交通基础设施建设，构建现代综合交通体系

围绕航空运输、高速铁路、普速铁路及轻轨交通运输，公路运输的无缝衔接和换乘转运，建设对外成链、对内成网、内外衔接的现代综合交通运输体系。以高速铁路、干线铁路为支撑，修建补充完善支线铁路、城际铁路和轻轨交通网络；配套完善黔桂线大土站、龙里站的改扩建；加快龙里火车站、龙里北站等铁路站点的建设，推进贵阳经龙里至南宁铁路客运专线建设。

按国家二级客运枢纽站标准建设龙里县综合客运枢纽，完成龙里县综合客运枢纽及龙里县双龙信息物流公路港建设。完善以高速公路和城市快速通道为干线的公路交通网络，打通龙里连接贵阳及周边重点城市的快速通道，建设一批连接主要产业园区、旅游景区、交通枢纽的快速联络线，完成道路骨架网络建设。加强龙里县北面及南面交通路网的平衡发展，重点推进“一横一纵一环”高速公路建设。实现县、乡道路通畅，提等改造“三横一纵”省道。拓宽改造通村公路139.2公里，完成农村公路路网连通工程75.6公里，基本实现县镇（街道）油路“网络化”。不断完善农村公路与国道、省道的干支相连，进一步优化道路交通网络结构，提等改造省道153.9公里。实现农村公路养护管理制度化、规范化和常态化，完成油路大修110.6公里。加快建设全县统一的客货运信息服务系统，强化出行信息、货运交易信息等综合运输信息服务。

专栏 17　建设现代综合交通运输体系重点工程

重要枢纽节点：大土站、龙里火车站、龙里北站、龙里汽车客运总站、龙里县综合客运枢纽及龙里县双龙信息物流公路港。

高速公路（一横一环）：“一横”：沪昆二线（贵新高速公路北移龙里段：永乐－醒狮镇－哪嗙关口村－贵定洛北河－贵定县城）；“一纵”贵瓮高速与都匀－香格里拉高速龙里联络线；“一环”，龙里西环高速公路（醒狮－哪嗙－三元－贵定沿山－湾滩河）

省道（三横一纵）：“三横”：S103 贵阳至万山公路（永乐－醒狮－把关－哪嗙－洗马－巴江－贵定新巴）、S315 沿山至德卧（G321 国道－摆省金星－摆省－湾寨－羊场－贵定沿山）、S421 洗马至清镇（下坝－谷龙谷汪村－大谷龙－羊昌）；“一纵”：S422 龙里至西凉（龙里－草原－湾寨－羊场－石厂）。

县乡道：龙里至十字路、龙里至水场、高坡至民主、洗马至大厂、马场河至龙丛。

第二节　加强水利基础设施建设，构筑现代水利保障体系

加强水资源开发和利用，力争开工建设三岔河水库、铁厂水库两座中型水库和叫水冲、五子登科两座小（一）型水库及歪寨小（二）型水库；建成龙滩水库、大竹水库、下把比水库、枧槽冲水库 4 座小（一）型水库。充分发挥水库对资源调蓄能力强的优势，实施长距离管道输水工程，提高区域水资源综合调配能力。实施农村饮水巩固提升工程，提质改造全县 8 万人饮水。继续实施病险水库除险加固及山塘扩容增效建设。大力实施水土流失综合治理。继续推进小型农田水利建设重点县建设和省级山区现代水利示范园区建设。建立城镇水文监测系统，积极开展中小河流、重点山洪沟、农村河道综合治理，使有防洪任务的城镇基本达到相应的设防标准，人口密集的镇（街道）村与集中连片的农田防洪能力得到提高。新建一批水系连通和抗旱引调提水工程，提高抗旱减灾能力。以黔南作为“全国第二批水生态文明城市建设试点”为契机，积极推进水生态文明试点和贵州山区现代水利示范区建设。加强水源地综合治理与保护，在重要水源涵养区建设生态功能保护区，加强水源涵养区的保护与管理；进一步提升全县污水处理能力，推进节能减排，改善环境质量，促进人与自然和谐发展，重点建设谷脚工业园区污水处理及再生水回用工程、龙里县城污水处理三期工程、县城污水收集管网提质工程等项目。实行最严格水资源管理制度，建立和落实用水总量控制、用水效率控制和限制纳污控制“三条红线”控制制度。全面推进水利投融资体制、水利工程运行管理体制、农村水利、水价形成机制、水权水市场等水利体制改革。完善水资源管理与节约保护、水生态保护、水利工程建设与管理等方面的法律法规；健全水行政执法体系，全面提升水行政执法能力。加大水利人才建设经费投入，大力引进、培养水利人才，打造高素质水利人才队伍。大力推进水利信息化建设，加快完善防汛抗旱减灾体系，实现防汛抗旱预警与应急响应、决策与调度支持等信息化管理。

第三节　增强能源基础设施建设，提升能源供应保障能力

规划完善城际输气支线和天然气供应站，加强天然气储备设施建设，增强调峰储备能力，进一步保障天然气供应，完成民用天然气管网项目，建成城市燃气综合站、谷脚高中压调压站、水场高中压调压站。大力支持电力基础设施建设，合理规划预留电力线路通道，续建龙里县 110 千伏输变电工程，改造 10 千伏及以下配电线路 366 公里。优化电网结构，提高供电能力和可靠性，降低损耗，建设智能、高效、可靠、的绿色电网。扩大农村户用太阳能热水器使用范围，加快培育生物能源产业，大力加强重大应用示范和配套产业，实现“猪－沼－菜”水肥一体化发展，建设农村大中型沼气工程，加强农村户用沼气资源利用能力。

第四节　强化信息基础设施建设，推进“智慧龙里”发展

按照贵州省信息基础设施建设三年会战“一

年补短板、两年不落后、三年要领先”的总体要求，全面推进信息基础设施建设，为大数据、信息产业发展奠定坚实基础。聚焦发展大数据硬件设备等电子信息产业，着力发展应用软件、服务外包、呼叫中心、电子元器件制造和信息技术服务业，形成与贵安新区、贵阳市错位发展、补位发展的态势。实施“信息基础完善”工程。到2020年，新建光缆线路4500公里，光缆线路总长达15000公里；新增3G/LTE基站600个，3G/LTE基站总数达到1000个；新建光纤到户覆盖家庭4.7万户，光纤到户家庭合计达10万户，实现城区宽带接入能力达20兆以上，城区及城市建成区光纤全覆盖。加强有限广播电视网络光纤双向化改造，开展下一代无线广播电视建设，实现“村村通光纤、村村通光电、户户能上网”。

实施“信息网络覆盖”工程。以提高人民满意度为目标，开展城市建成区移动网络盲点、盲区和弱覆盖消除行动，实现工业园区、产业集聚区移动网络全覆盖，实现境内高速公路、高速铁路、重要交通道路沿线移动网络全覆盖。

实施“宽带乡村”工程。抢抓全国电子商务进农村示范县建设机遇，加大农村信息基础设施建设力度，通过加大最后一公里投入，对信号弱覆盖区域进行站点增补，提升农村宽带接入速率，为电子商务进农村提供信息通讯保障。到2020年，农村实现4兆以上宽带接入能力、宽带覆盖率达100%，实现“村村通宽带、户户能上网”目标。

推进“智慧龙里”建设。智慧龙里以服务民众和企业为目标，通过构建城市信息基础支撑体系和应用服务支撑体系来实现。全面实行重要单位信息安全等级保护制度，建立重要数据容灾应对措施，掌握信息安全主动权，为智慧龙里建设提供可靠的信息安全保障。加强网络安全知识普及和网络安全保护，构建全民参与的网络安全维护和沟通平台，提高和完善互联网应用环境。建设智慧城市公共基础数据库系统、城市公共信息服务平台。通过政策标准保障体系和制度安全保障体系创新，保障智慧龙里建设顺利进行，促进城市基础设施智能化、城市建设信息化、社会管理精细化、公共服务便捷化和产业发展现代化。

专栏18　智慧龙里建设重点工程
保障与支持体系建设工程：基础城域网，智慧城市公共基础数据库、智慧城市公共信息服务平台等建设工程。 **政务发展工程：**政务中心大数据应用、数字档案馆、经济运行监控平台等建设工程。 **民生保障提升工程：**智慧交通、智慧水利、智慧医疗、中小学信息化及教师信息中心、智慧环保、智慧文化、智慧城管、智慧社区等建设工程。 **产业发展与提升工程：**大数据产业园、智慧农业、智慧旅游、互联网+电商产业园、互联网+中小企业云服务平台、综合技术检测中心、安全生产监管智能化网络和专业化装备等建设工程。

第九章　加快社会事业发展，切实改善和保障民生

加大教育、科技、卫生计生、文化体育、社会保障等社会事业领域的投入力度，努力实现基本公共服务均等化，形成覆盖城乡、设施完善、适应经济社会发展的公共服务体系，让人民群众共享改革发展成果。

第一节　优先发展教育事业，促进教育现代化建设

始终把教育摆在优先发展的战略位置，守住教育普及、师资保障、条件改善和提升质量四条底线，保证公共资源优先满足教育需要。造就高素质专业化教师队伍，引导和鼓励全社会关心支持教育改革创新，动员社会力量兴办教育，形成推动教育改革和发展的强大合力，努力办好人民满意的教育，更好地满足人民群众的新期待。

促进各类教育全面协调发展。加快发展学前教育、推进义务教育均衡发展、基本普及高中教育，重视民族教育和特殊教育，推进“三计划”，奋力普“十五”，实现新“两基”。加快普及学前教育，公办幼儿园向村级延伸，积极扶持普惠性民办幼儿园，积极推进学前教育多元发展和集团化办园。推进义务教育学校标准化建设，统筹规

划城乡义务教育学校合理布局，实现县域内义务教育基本均衡。加快高中教育突破发展，加强普通高中教育资源建设，满足人民群众对优质教育资源的需求。职业教育快速发展，推进职业教育多元办学，围绕园区需要和市场需求，优化专业结构，鼓励和支持中职校申报国家级骨干示范性中等职业学校。力争引进1－2所高等院校（高职）。加快老年大学校舍（老年教育基地）建设步伐，逐步向规范化、标准化办学方向迈进。至2020年，全县各阶段教育指标显著提高，学前三年毛入园率达90%以上，九年义务教育巩固率达95%以上，高中阶段毛入学率达90%以上，高等教育毛入学率达40%以上。

加强教育基础设施建设。实施二期学前教育行动计划，新建幼儿园25所以上。科学推进中小学布局结构调整，实施“全面改薄计划”和“4＋2”工程，加快农村中小学寄宿制学校建设，继续推进义务教育优美教室工程和教师周转房建设，打破城乡、校际教育资源壁垒，确保校舍、教学设备、图书等各项资源均衡配置，逐步实现义务教育设施设备标准化、师资配备均衡化、教育质量一体化。切实抓好普通高中教育，实施民族地区教育基础薄弱县普通高中项目，建成龙里新高中，扩大普通高中优质资源。中职教育突破发展，继续加强中等职业学校基础设施建设，完善中等职业学校内部教学设施设备，继续推行3年免费中等职业教育。加强专业建设，推进实训基地建设，强化校企合作，提升职业教育基础能力。

建设教育高素质人才队伍。实施城乡统一的中小学教职工编制标准，推进实施“特岗计划”，按照结构需求，招聘农村中小学教师；按照专业需求补充普通高中教师和中职教师；根据学前教育发展需求补充幼儿教师。以“四有”“三者”好老师为引领，建立健全师德长效机制，加强师德师风建设，严格实施师德考核和评价制度，加强教师入职培训和岗后培训，实行五年一周期不少于360学时的教师全员培训制度，推行教师培训学分制度。完善名校长、名教师和学科带头人、骨干教师的培养、评选和管理考核制度，充分发挥优秀教师的示范辐射作用。推行中小学人事制度改革，严格教师准入制度，引进优秀教师及教育管理人才。

推动新课程改革纵深发展。将社会主义核心价值观融入中小学各学科课程教学、考试评价中，构建学校、家庭、社会三结合的德育工作网络，促进德育工作整体水平提升。以新课程改革助推学校内涵式发展，大力调动教师投身教学改革的积极性，鼓励开展多样化的课堂教学，积极开展课题研究，提高教育教学质量。深入推进中小学学科教学渗透法制教育，普及法治常识，增强学生法治意识。积极推进阳光体育运动。加强艺术、传统文化、综合实践、健康教育、生态文明教育课程教学，开展丰富多彩的体艺活动，全面实施素质教育，促进学生个性发展。

加快提高教育现代化水平。深入推进“三通两平台建设”，全面建成教育信息化公共服务体系，促进信息技术与教育教学的深度融合。实现全县教学点数字教育资源全覆盖，加强教育信息资源开发与利用，建设教学资源中心，有效链接贵州教育资源库。继续推进农村中小学现代教育信息技术，促进优质教育资源普及共享。提高教师信息技术应用水平，鼓励学生利用信息技术手段自主学习。至2020年，实现国家教育信息化标准达标率达80%以上。

专栏19 学校布局调整

学前教育：新建幼儿园25所以上，推进集团化办园。

义务教育：新建第五、六小学，改扩建28所中小学，其中：改扩建现龙里中学、龙里县民族完全中学、龙里第三中学3所县城寄宿制学校，完善洗马中学、羊场中学、摆省中学、醒狮中学4所学校办学条件。

高中教育：建成龙里新高中（102个班，5100人规模，全寄宿制学校）。完善中等职业学校办学条件，鼓励和支持中职校申报国家级骨干示范性中等职业学校。

第二节　大力发展卫生计生事业，促进健康龙里建设

以满足人们日益增长的医疗卫生计生服务需求为宗旨，以经济社会发展为基础，以改革促发展，按照保基本、强基层、建机制的基本原则，建立健全覆盖城乡居民的基本医疗保障制度，统筹推进基本公共卫生服务均等化，不断提高医疗服务质量和水平，进一步提高人口素质、改善人口性别比、缓解人口老龄化，创建国家卫生县城，着力改善人民群众健康水平。

全面提高医疗服务水平。加快推进县级公立医院综合改革，深化县镇村三级医疗服务、医疗保障、药品供应、医疗卫生监管等体制改革，不断提升医疗卫生服务水平。探索以县人民医院为龙头、各镇（街道）卫生院为骨干、村卫生室为基础的三级卫生体系，到2020年，县人民医院达到三级乙等综合医院水平、县中医院达到二级甲等中医院水平；每个镇（街道）建成1所标准化卫生院（社区卫生服务中心），每个行政村建成1所以上标准化卫生室。积极鼓励社会办医，加快形成多元化办医格局，争在贵龙城市经济带引进一家三级综合医疗机构，到2020年，全县每千人口拥有病床达到6张。加强医疗质量全程监管，保障医疗安全。建立以国家基本药物制度为基础的药品供应保障体系，保障人民群众基本用药和安全用药。全县医疗卫生服务持续改善，使城乡群众普遍享有安全、有效、方便、廉价的现代医疗卫生服务。

推进卫计人才队伍建设。建立科学合理的人才引进、成长机制，落实政策待遇，培养和造就一支结构合理、德才兼备的卫计人才队伍。推进学科带头人培养机制建设，提高诊疗技术和医学科研能力。至2020年，达到每千人口拥有卫技人员5.4名。每千人口拥有执业（助理）医师2.5人、注册护士3.14人、公共卫生人员0.83人、乡村医生0.6人，医护比达到1:1.25。

巩固公共卫生体系建设。完善公共卫生体系基础设施建设，进一步强化城乡居民公共卫生服务体系。大力实施基本和重大公共卫生服务项目。建立突发公共卫生事件的应急处理机制和长效处理机制，落实疾病预防控制措施，根据经济发展适时增加公共卫生服务内容，尤其针对严重威胁群众健康的传染病、地方病、慢性病等重大疾病，加强监测与防控力度。增加健康教育宣传力度，提高人民群众疾病防治知识知晓率和健康生活行为方式形成率。到2020年，居民平均期望寿命达到73.5岁，法定传染病年发病率控制在400/10万以内，预防接种率达95%以上，孕产妇死亡率控制在20/10万以内，婴儿死亡率控制在10‰以内，5岁以下儿童死亡率控制在12‰以内。广泛开展爱国卫生运动，普及农村无害化卫生厕所，创建国家卫生县城。

完善基本医疗保障制度。加快建立和完善以基本医疗保障为主体，以医疗补助和商业医疗保险等其他多种形式为补充，建立健全基本医疗保险，大病保险、医疗救助“三重医疗保障”，覆盖城乡群众的多层次医疗保障体系。继续扩大新农合受益面，参合率稳定在96%以上；建立动态增长的新农合筹资机制，补助标准逐年提高；全面推广门诊统筹，实现新农合门诊统筹覆盖所有县、镇（街道）、村的医疗机构；提高新农合基本医疗保障水平，实现新农合政策范围内住院费用报销比例达75%以上；积极探索多举措控费方式，开展单病种限额付费、住院总额预付包干制、按床日付费等多种形式的支付方式改革。进一步扩大重大疾病保障和纳入报销的慢性病病种范围，巩固完善大病保险运行机制，提高保障标准，有效缓解农民因病致贫。

促进人口健康均衡发展。传播科学、文明、进步的婚育观念。严厉打击非医学需要胎儿性别鉴定和选择性别人工终止妊娠，促进出生人口性别比逐步趋于平衡。加强新生儿缺陷干预，确保出生人口素质，实施“全面放开二孩”政策后，升级完善妇幼保健服务能力。推进流动人口基本公共卫生计生服务均等化。按照常住人口配置服务资源，将流动人口纳入城镇基本公共卫生和计划生育服务范围。加大对计划生育家庭扶助力度，切实保障计划生育家庭合法权益。科学应对人口老龄化。到2020年，人口自然增长率控制在7‰以内。坚持控制人口数量与提高人口素质、调整人口结构并重，努力提高人口与计划生育整体工作水平。

大力推进卫计信息化建设。在整合利用现有信息化资源基础上，不断巩固完善新农合、HIS系统和居民电子健康档案管理系统服务功能；健全县镇村三级卫生计生管理、医疗管理、妇幼保健、疾病监测、疫情报告、卫生计生监督、120应急指挥、社区服务、居民健康档案、远程会诊、网络教育、医保互通、电子政务等多功能为一体的高效、便捷、畅通、安全、兼容全面的卫生计生信息应用体系平台，实现全县范围内卫生计生信息互联互通和资源共享，逐步实现“智慧医疗”。

专栏20　医疗卫生事业发展规划目标
县级：改扩建县人民医院，达到三级乙等综合水平；新建县中医院、新建县妇幼保健和计划生育服务中心，达到二级甲等专科医院水平。新建贵龙城市经济带综合医院、县妇女儿童医院；新建职业病医院、骨科医院、精神病院、疗养中心。新建县健康体检服务中心、残疾康复训练中心。新建县消毒供应中心及医疗废物处置周转点。
镇（街道）：新建冠山街道卫生服务中心。改扩建5个中心卫生院，建成标准化卫生院。新建高新技术产业园区、谷脚工业园区、水场工业园区医院。新建5个中心卫生院及1个社区卫生服务中心。
村级：改扩建143所村卫生计生室，建成标准化卫生计生室。
信息化建设系统：新建镇级公立医疗机构远程医疗系统（15个）。新建县120急救指挥信息系统。新建县传染病及突发公共卫生事件应急指挥系统。新建卫生计生管理信息化系统。
医疗服务能力提升工程：新建县中医药传承与创新基地；新建县中医药“治未病”中心，将县中医院治未病科打造为省级重点专科。镇（街道）卫生院建成中医综合诊疗区，90%以上的社区卫生服务站、70%以上的村卫生室具备中医药服务能力。
爱国卫生建设工程：创建国家卫生县城、国家卫生乡镇3个、省级卫生乡镇2个、省级卫生村25个以上。

第三节　加快发展文化体育事业，促进文体旅融合发展

加强文化体育事业建设，保障人民群众的基本文化体育权益。加快推进文化创意和设计服务与旅游、健康运动、现代高效农业、新型建筑建材、大数据信息等产业融合发展，壮大文化产业。

发展壮大文化产业。进一步创新体制，优化产业发展环境，整合资源，突出特色，加大政策扶持力度，加快文化产业发展，到2020年，全县文化产业增加值占同期GDP比重达6%以上。加快中铁国际生态城项目建设，形成文化旅游龙头；加大文化产业招商引资力度，规划建设一批文化产业发展基地（园区）；促进文化要素和相关文化企业集聚，形成特色文化产业集群；培育特色文化企业，鼓励民间资本参与发展“专、精、特、新、强”中小文化企业；拓展文化消费市场，培育文化消费新热点，创新文化经营和消费新模式，扩大文化服务性消费；培养、引进一批文化产业经营管理人才。

提升居民文明程度。大力培育和提炼以社会主义核心价值体系为灵魂、以龙里优秀历史文化和民族文化为底蕴、以现代文明素质为特征的新时期龙里人文精神。全面推进全国文明城市创建，广泛开展系列教育实践活动，实施社会文化环境净化工程。深入开展农村精神文明创建活动，继续推进“德行龙里”主题实践活动，遏制农村陈规陋习，构建良好村风、民风。加强廉政文化建设，提升干部职工思想道德水平。推进文化志愿服务活动，倡导绿色环保生产生活方式。继续推进和实施“龙跃黔中”广场文化系列活动以及“文化惠民工程”“全民阅读工程”“艺术教育培训工程”，全面实施“国民艺术素质教育推进工程”，提高全民文艺素质。大力发展和繁荣农村文化、社区文化、企业文化、校园文化、军营文化、广场文化，建设文明和谐龙里。

壮大文化品牌效应。建立健全重大文化产品和文艺精品创作生产的策划、论证、筛选及奖励扶持机制，启动民族民间工艺能人、村级文化志愿者认证，大力推进文艺精品创作生产，推出一批具有较高艺术水准、反映时代精神、凸显龙里特色、深受群众欢迎的文艺作品。大力扶持文化创意设计等现代文化产业项目，整合各类文化资

源，开展富有地方特色的文化旅游节庆活动，充分利用各类现代媒体，利用文化三下乡、旅游节庆、招商引资等机会，整合各类文化资源，宣传推介龙里本土优秀文艺作品，形成文化品牌效应，提升文化自信，扩大文化艺术事业影响力。

优化文化生态环境。大力推进自然文化遗产地、重点历史文化遗址、历史文化名村、传统村落、古民居等文化遗产的保护、管理和利用工作，加快推进民族民间传统文化保护工程。完善龙里县文化遗产保护名录，制定文化遗产保护实施方案，设立文化遗产保护传承专项基金，健全传承人发掘、培养、传导机制，壮大民间文化传承队伍。重点推出“平坡农民画”“哪嗙苗绣”“龙山草纸制作工艺”“端午游百病”“草原跳月”“筛子舞”“长鼓舞”“砍典例”“跳洞”等优秀传统文化艺术。推进“巫山岩画”“果里洞葬”等非遗升级保护工作，建设“冠山文化主题公园”，全面修缮一批古建筑文物，新建一批民族特色文化保护基地。做好非物质文化遗产的数字化录入工作。

强化文化服务体系。全面完善县、镇（街道）、村（社区）三级公共文化设施网络，形成覆盖城乡的文化设施网络。在县城重点规划建设文化“六馆”。新建镇（街道）综合文化站，和综合文化广场；按照“五个有”标准建设村（社区）文化设施，推进文化信息资源共享、广播电视村村通、农家书屋整合利用和图书补充建设工程。

健全现代传播体系。构建传输快捷、覆盖广泛、影响力强的现代传播体系。加强推进电信网、互联网与广播电视网“三网融合”。到2020年，基本实现县级广播电视节目数字化、网络化。建设一批具有一定影响力的新闻门户网站、微信公众号、新闻客户端等媒体平台；通过组织策划文艺演出、学术研讨等形式，推动文化交流。加强与县内外文化部门和有关文化机构的合作，组建以中职校、企业、民间艺术团体为主体的文艺创作、人才培训、文化交流研究基地。

体旅深度融合发展。着力健全全民健身体系，加强人才队伍建设，抓好项目包装、申报和建设。推进全民健身活动中心、城市游泳馆、十里刺梨沟山地自行车主题公园、龙家坡山地运动体育公园、滑翔伞基地、汽车露营基地及中心城区和村级全民健身运动场馆等体育设施的建设，夯实群众体育基础，大力推进全民健身工程；以县运会为抓手，全面落实《中国足球中长期发展规划（2016－2050）》，积极促进民族特色体育、群众体育、竞技体育健康发展；以“户外嘉年华”为载体，打造体育品牌赛事，助推山地户外体育运动与旅游融合发展，打造大健康和康体生态体育旅游品牌。

专栏21　公共文化体育服务体系建设
文化服务建设：“六馆”（一级图书馆、一级文化馆、美术馆、博物馆、民俗馆、大剧院）、民族民间文化生产性保护基地、镇（街道）综合文化站等项目建设。 **体育服务建设：**龙家坡山地运动体育公园、城市游泳馆、镇（街道）足球场、中铁国际生态城·PPPG体育休闲运动中心、全民健身中心、农民体育健身工程、社区多功能运动场、大草原户外体育运动公园、滑翔伞基地、汽车露营基地等项目建设。

第四节　大力营造全民创业氛围，促进就业创业

以提高就业率、提升幸福感为目标，建立健全各项就业机制，着力投资发展吸纳就业人数较多的产业和企业，不断开发就业新领域，扩大就业渠道和规模。大力培养知识型劳动力，提高劳动者就业竞争力。加快实施有利于发挥劳动力比较优势的技术进步和产业升级战略，优化产业结构和就业环境。

建立完善创业指导服务和援助机制体系，提高就业率。积极鼓励有条件、有能力的个人和企业大胆创业、大胆创新，并对满足条件的个人和企业实行相应的财政保障政策、税收优惠政策、金融支持政策、对外贸易政策。实行更加有利于打造全民创业环境优、气氛好的服务环境。建立创业指导服务中心，开展政策宣传与咨询、项目开发与指导、优惠政策认定等一条龙服务。邀请

经济领域专家为创业者实现战略性发展提供咨询服务。完善县、镇（街道）就业服务平台建设，强化就业和社会服务功能，依托工业园区，力争建设1个返乡农民工创业园和1个创业孵化园。

积极引导失业者根据市场所需合理择业。至2020年，力争全县新增城镇就业累计达3万人以上；新增农村劳动力转移就业累计达3.5万人以上，城乡统筹培训达到5000人次以上；城镇登记失业率控制在4%以内；实现下岗失业人员再就业600人以上。基本实现“零就业”家庭登记出现一户、消除一户的目标。

第五节 建立健全社会保障体系，促进幸福龙里建设

加快完善社会保险、社会救助、社会福利、慈善事业相衔接的社会保障体系，实施社会保障城乡兜底工程，促进社会保障在不同区域、不同人群、不同就业状态下制度间的转移接续和并轨统一，切实提高社会保障水平。

构建完善的社会保障体系。构建社会保险政策咨询平台，加大社会保险政策的宣传力度，普及社保知识，不定期向居民提供社保知识讲解和培训。完善基本保险制度，充分发挥保险作用。扩大基本养老保险覆盖面，启动建设县级社会养老和保障服务中心平台。加快推进城乡居民大病保险，提高基本医疗保险参保率，解决居民看病难、看病贵的问题。强化失业保险和工伤保险的保障功能。以巩固制度为核心，认真贯彻落实省级、州级方针和政策，强化措施，逐步扩大失业和工伤保险覆盖面，提升保证民生能力。积极发展商业保险和各种补充保险，加强各类商业保险的管理监督。鼓励有条件的居民积极参保其他商业保险，完善商业保险监督体系，加强对各类商业保险的监督管理力度，规范商业保险市场，全力保障参保人员的合法权益。

建立多元化的社会救助体系。全力推进医疗体系改革与创新，实现医疗救助“一站式”结算服务全覆盖。整合各项救助制度，提高基本医疗救助保障水平，基本住院救助年度限额到3万元以上，实现“应救尽救、按标施救”，加强救助监督管理力度。确保城乡低保标准、保障范围与全面小康社会建设、扶贫攻坚进程相适应。根据经济增长指标，提高并改善低保对象生活水平和质量，合理提高城乡低保标准，实现“应保尽保、分类施保”，城乡低保标准年均增长10%以上。到2020年，农村低保标准与扶贫标准实现“两线合一”，达到6200元。五保对象全部纳入供养，农村五保供养提标20%－30%以上。

全力拓展社会福利保障范围。建设农村公益性公墓和骨灰安放设施，推行殡葬改革工作，全县火化率达100%。积极创建全国3A级婚姻登记机关，完成镇（街道）地名标志设置及门、楼牌号的编制。加强村级基层政权建设，实现村村有办公场所。全面推进养老服务、大力发展社区照料服务，加快养老服务机构建设，实现每千名老年人拥有养老床位35张以上。积极发展以扶老、助残、救孤、济困为重点的社会福利事业，建立健全农村留守儿童、妇女和老人关爱服务体系。从残疾人社会保障、康复服务、托养服务、辅助器具适配等方面保障和改善残疾人民生，加大服务残疾人力度，推动全县残疾人小康进程与全面建成小康社会相协调、相适应。争创国家级“双拥模范县”。

构建政府为主的住房保障机制。建设一批易地扶贫搬迁住房。加大保障性住房和危房改造的财政资金支持，坚持公平、合理原则进行住房分配，严格审核分配名单，加强监督危房改造工程的监督力度，确保资金规范运作。

专栏22 社会保障体系建设

康体养生养老服务体系建设：推进龙里县省级大健康医药产业发展示范区建设、中铁国际旅游度假区、太阳谷康养项目、醒狮镇现代山地特色高效康体养生休闲农业示范园区、贵州颐豪养老服务中心、贵州冠山惠馨夕阳养生养老服务中心、贵州双龙养老服务中心、草原养生养老服务中心、“阳明公社”养老康复基地、洗马镇康体养生养老综合体示范、幸福院（光荣院）、居家养老服务站、社区日间照料中心、农村敬老院等项目建设。

殡葬公共服务体系建设：殡仪馆改扩、殡仪设施设备更新等项目建设。

社会福利服务体系建设：儿童福利院、流浪未成年人救助保护中心等项目建设。

防灾减灾体系建设：抗灾减灾指挥中心、防灾减灾实训基地等项目建设。

第六节　建立健全公共安全保障体系，促进平安龙里建设

完善社会治安防控体系。全面提升公众参与社会治理和监督的主动性。利用互联网技术，构建多平台、多渠道社会治安防控体系，推动社会综合治理信息化、智能化、大众化。运用法治思维和法治方式深化改革、推动发展、化解矛盾、维护稳定，实现社会平安和谐，人民安居乐业。继续打造犯罪实时控制机制“升级版”，全面优化城乡立体化治安防控体系，增强社会治安管控能力。坚持防恐反恐，强化应急处突，建立反恐工作联动机制，全面提升反恐防暴工作能力。推进户籍制度改革，深化推进“一村一警”工作。继续完善“天网工程”建设，加大联网整合力度，优化实战平台。提升社会治安智能化和网格化水平。

完善安全生产防控体系。“坚持安全第一，预防为主，综合治理”的方针，大力推广安全生产宣传，完善安全生产防控体系，强化忧患意识，制定多样化的紧急预案，提高处置突发事件能力。推进安全生产分类分级监管和监督检查标准化信息化建设。严格贯彻落实安全生产责任制。完善监督体系，加强交通等重点行业的安全生产监管，有效遏制重特大安全事故。到2020年，亿元GDP生产安全事故死亡人数控制在上级下达的指标内。

推进实施质量兴县战略。围绕提高经济社会发展质量和效益，做大做强传统产业、巩固提升优势产业、培育发展新兴产业。坚持政府引导、市场主导，强化企业质量主体责任，激发质量创新活力；坚持以质取胜、创新驱动，推动质量技术进步，提高行业质量整体素质，增强质量发展内生动力；坚持质量监管、社会共治，调动社会各方力量参与质量发展，构建质量社会共治体系；坚持以人为本、质量惠民，始终把不断满足人民群众日益增长的质量需求作为质量发展的出发点和落脚点，充分发挥质量在经济社会发展中的战略性、基础性和支撑性作用，全面提升产品、工程、服务、生态及环境等行业领域质量发展水平，促进我县经济社会发展提质增效。

强化处理突发灾害能力。加强防灾减灾救灾工作，完善“政府领导、部门联动、社会参与”的减灾防灾工作机制，建立健全防灾减灾应急体系，提高地质、气象等自然灾害的监测、预警、评估及信息发布能力，完善防灾减灾应急方案，加强自然灾害防灾减灾知识普及，增强群众防灾减灾意识，提高群众处理突发灾害能力。加强气象防灾减灾和应对气候变化，重点实施综合气象观测站网、公共气象服务体系、现代农业发展气象保障、专业专项气象保障、人工影响天气作业体系、“一流气象站台”建设等。加强市政消火栓和消防站点建设，力争新建12座消防站，保留老城消防站1座。

完善公共事件应急体系。完善公共应急基础设施，采用先进的监测、预警、预报、决策等技术装备，大力宣传应急知识，提高群众应急能力。健全突发事件应急体系和保障体系，各部门各司其职、通力合作，最大限度预防各类突发事件，减少损失，全力确保人民群众生命财产安全。

第十章　推进生态文明建设，构建绿色新龙里

守住发展与生态两条底线，牢固树立尊重自然、顺应自然、保护自然的理念，强化生态“底线”思维，实施生态工程建设，加强环境保护与污染治理，把发展绿色经济和循环经济作为龙里未来发展的战略方向，努力把龙里建设成为更加繁荣、文明、和谐、宜居的生态县。

第一节　强化生态“底线”思维，实施生态工程建设

推进生态文明建设，强化生态“底线”思维，结合“绿色黔南”建设三年行动计划，围绕“六大绿色工程”，努力建成“天蓝、地绿、山青、水净”的美好家园。

划定“生态红线”。划定生态控制线，确立不开发、不干扰的导向，对禁止开发区划定生态红线，对限制开发区划定生态黄线，深入推进森林保护“六个严禁”执法专项行动，继续实施天然林保护、防护林建设、植被恢复建设、石漠化

综合治理、水土流失治理、通道绿化、生态移民等生态修复工程，到2020年，全县森林面积达129万亩，森林覆盖率达63.26%，城镇建成区绿化率达40%以上，累计完成石漠化治理面积56.67平方公里。不断提高森林资源质量，加强对森林分类经营的指导和监督，推进林业产业转型升级，大力发展生态林业、民生林业和观光林业。

强化顶层设计。实行生态文明建设工作首长负责制和目标责任制，引进绿色GDP考核体系，推进决策机制生态化转型。按照“禁就要养、限就要补”的原则，加快制定辖区内重点生态功能区生态补偿机制和转移支付办法。将生态功能保护区保护经费纳入地方财政预算，明确保护资金财政拨款渠道，确保重要生态功能区保护、环境监测、生态观察与科研的资金需要。树立文明理念，建设生态文化，加大宣传力度，提高全社会生态保护意识，扩大公众参与面。到2020年，实现中小学生态环保教育实践开课比例和党政干部参加生态文明培训比例均达90%以上。

第二节 强化环境保护与污染治理，保障群众环境权益

以保护环境、优化发展、维护权益为主线，以减少污染物排放、改善环境质量、防范环境风险为重点，以推进区域开发格局和资源环境空间均衡为导向，以体制机制创新为动力，着力解决影响人民群众健康和影响可持续发展的突出环境问题，严格查处各类环境违法犯罪行为，持续改善城乡生态环境质量，全力保障生态环境安全，积极推进生态文明建设，创建国家级生态示范县。

抓好节能减排工作。围绕把龙里建设成“国家循环经济示范县”和黔中经济区重要城市的战略目标，坚持降低能源消耗强度、减少主要污染物的排放总量、合理控制能源消耗总量相结合，形成加快转变经济发展方式的倒逼机制。坚持强化责任、健全法制、完善政策、加强监管相结合，建立健全激励和约束机制。坚持优化结构、推动技术进步、强化工程措施、加强管理引导相结合，大力提高能源利用效率，显著减少污染物排放。进一步形成以政府为主导、企业为主体、市场有效驱动、全社会共同参与节能减排工作格局，确保实现“十三五”节能减排约束性目标。到2020年，GDP能耗降低0.705吨标准煤/万元，降低率为15%。

加强区域水资源保护。加快推进城镇污水处理厂和管网建设，建立点源达标排放的长效管理机制，强化跨县界断面水质达标管理；加强湾滩河流域污染治理，实施严格的饮用水源地保护制度，开展集中式饮用水源地风险评估，推进镇（街道）集中式饮用水源地环境综合整治，到2020年，实现集中式饮用水源地水质达标率为100%。

推进区域大气污染防治。认真贯彻落实《贵州省大气污染防治行动计划》，完成燃煤锅炉煤改气工程，进一步强化汽车尾气治理，严格车辆年检标准；控制建设施工、道路及物料堆场作业扬尘，加强车站等地装卸作业扬尘防治；加大天然气、液化石油气、风电能等清洁能源的供应和推广力度，逐步提高城市清洁能源使用比重；加快区域大气监测网络建设，建立健全区域大气污染联防联控机制。到2020年，城市（县城）空气质量指数达到优良天数占比达85%以上。

加强土壤、重金属和固体废弃物污染防治。强化土壤污染治理，提升土壤环境质量监测能力，加强土壤环境质量监管；实施重金属污染防治工程，严格重金属污染物总量控制制度；强化固体废物污染防治，严格按照工业渣场污染控制标准，抓好工业废渣整治，着力提升行业标准；积极推进生活垃圾分类收集，鼓励采用综合处理方式处理生活垃圾，改扩建和新建一批符合规范要求的生活垃圾处理处置设施，到2020年，城镇生活垃圾无害化处理率达90%以上。

推进城乡环境保护一体化进程。在不断加强城市环保基础设施建设的同时，加大农村环保基础设施建设力度，有效治理农村生活污水、生活垃圾、人畜粪便，改善农村卫生条件。减少农用化肥、农药的使用量，加大农村环境综合治理力度。

专栏 23　环境保护与节能减排重大项目建设

环境保护：农村环境综合整治、污水处理、猴子沟饮用水源地生态修复、县城污水收集管网提质、生活垃圾收运系统、垃圾资源化处置中心等项目建设。

节能减排：经济开发区综合工业锅炉煤改气、卡布国际光伏发电、醒狮垃圾发电循环处置、三山集团年产 6 万吨磨具磨料生产线带 8 兆瓦余热发电等项目建设。

第三节　强化循环经济示范带动，促进发展方式转变

以创建循环经济示范县为依托，以提高资源产出效率为中心，积极推进生产、流通、消费各环节循环经济发展，大力发展循环型工业、循环型农业、循环型服务业体系，加快构建覆盖全社会的资源循环利用体系，促进经济社会转型跨越发展，把龙里县建成生态环境保护和经济、社会协调发展的循环化示范典范，实现生产清洁化、生活环保化和生态良性化。

完善循环型工业体系。坚持绿色循环工业发展理念，围绕生物制药、特色轻工、新型建材三大支柱工业完善循环型工业体系。推进新医药大健康、信息技术、新能源新材料、高端装备制造四大新型产业发展循环经济。打造国家循环工业示范园，实施园区循环化改造，全面推行循环型生产方式，实施清洁生产，促进源头减量，实现能源梯级利用、水资源循环利用、废物交换利用、土地节约集约利用，推进企业间、行业间、产业间共生耦合，最大限度实现资源综合利用。推进具有循环型工业特点的示范园区建设，为全县循环经济发展提供资源、能源保障和环境支持。

完善循环型农业生产体系。以循环农业示范区为依托，大力发展高效生态农业。加快发展安全优质农产品，有效控制农业面源污染，减少化肥农药用量。提高农业废弃物综合利用率，实现农业废弃物综合利用的资源化、商品化和社会化。重点发展“猪－沼－菜”“猪－沼－果”“猪－鱼－菜”等符合生态农业发展的循环经济模式，探索“农业－工业”“农业—观光旅游业”等新型循环模式。以现代生态农业规模化养殖企业建设为重点，加快大、中型沼气池建设，探索农村沼气集中供给机制，提高农村清洁能源利用程度。

加快循环型服务业发展。力争开展绿色商贸流通试点，推行绿色供应链管理，引导政府企业绿色采购；合理规划建设物流基础设施，控制物流活动中的污染发生源，培育壮大一批绿色物流企业。加快物流网络构建，构筑企业网络、电子政务、电子商务、数字城市等信息平台，增强循环型信息资源对于物质资源的替代功能。大力发展绿色旅游，推广景区节能照明、新能源交通工具使用，开展绿色酒店评定，引导游客低碳出行、绿色消费。

大力推进循环型社会建设。以政府主导、市场推动为原则，构建推进循环型社会建设的组织管理体系与运行机制。建立废弃物回收利用的组织管理体系，引导一批大规模的、技术先进的资源回收、处理、加工、循环利用的骨干企业，培育循环产业成为新的经济增长点。建立健全促进循环经济发展的政策法规体系，规范不同的利益主体与政府管理部门之间的关系。培养理性、文明、节约、绿色、低碳的消费理念，形成与循环型社会相一致的健康的生活方式和可持续的消费方式。

专栏 24　循环经济和节能减排主要体系建设

循环型工业体系：废弃酒糟年产 1 万吨优质牛羊饲料、水泥窑协同处置生活垃圾、利用废玻璃年加工 5 万吨再生玻璃、建筑垃圾集中处理及再生利用等项目建设。

循环型农业体系：烟草原料废弃物综合利用、刺梨加工果渣年产 1 万吨饲料、洗马镇“猪－沼－菜”循环农业、农业循环经济生态园、生物废弃物生产加工有机肥等项目建设。

循环型服务业体系：餐厨垃圾回收及再利用、垃圾集中处理及再生利用、垃圾焚烧发电、经济开发区 2 万吨污水处理及中水回用、谷脚工业园区污水处理及再生水回用、循环经济统计监测体系、环卫设施循环化改造等项目建设。

第十一章 深入推进改革创新，打造黔南开放合作新高地

把改革贯穿经济社会发展各个领域，进一步深化体制机制改革。大力推动以科技创新为核心，制度创新为保障的创新体系建设。实施更加积极主动的全方位开放战略，构建立体开放的通道体系。加强区域合作共赢，着力拓展开放合作新空间。积极引进优质的要素资源，加大开放型经济体系建设力度，为经济社会发展提供动力活力。

第一节 深化体制机制改革，强化经济发展制度保障

深化行政管理体制改革。围绕提升政府治理能力，深化行政管理体制改革，正确处理政府和市场的关系，切实转变政府职能，推动政府职能向创造良好发展环境、提供优质公共服务、维护社会公平正义转变。深化行政审批制度改革，进一步简政放权、放管结合、优化服务，创新行政审批管理体制，建立健全联合审批制度，推进政府管理职能由事前审批向事中事后监管转化。创新政府治理方式，大力实施“互联网＋政务服务”，管好公共权力、公共资源、公共资金、公职人员，为群众提供全覆盖、全联通、全方位、全天候、全过程服务。

加快完善现代市场体系。建立统一开放、竞争有序的市场体系，加快各类要素市场建设，提高资源配置效率和公平性。全面深化价格改革，完善重点领域价格形成机制，健全政府定价制度和价格调控机制，加快推进能源价格市场化，推进水、电、气等价格改革，积极稳妥推进医疗服务价格和药品价格改革，深化教育、养老、殡葬、旅游等关系城乡居民生产生活相关领域的价格改革。加强市场价格监管，改进市场价格调控体系。深化资源配置体制机制改革，加快建立规则统一、公正透明、监管规范的公共资源交易平台，引导资源合理合法有序流转。

深化财政体制改革。深化财政预算管理制度改革，建立和完善全面规范、公开透明的现代预算制度。完善政府预算体系，改进年度预算方式。健全人大监督下的预算编制和执行管理制度，提高预算透明度和民主化程度。深化财政支出领域改革，充分发挥政府投资的杠杆作用和民间投资的主体作用，推广政府和社会资本合作（PPP）模式，拓展非公有制经济发展的市场空间，支持引导民间资本进入基础产业、基础设施、公用事业、社会事业等领域，加快形成市场主导的投资内生增长机制。优化政府投资项目审批流程，通过“公众参与、专家论证、合法性审查、集体决策”的程序，提高重大项目投资决策科学化、民主化水平。按照国家税制改革统一部署，全面完成“营改增”改革。按照财权与事权相匹配的原则，理顺县、镇（街道）财政分配关系，进一步完善财政转移支付制度。

第二节 实施创新驱动战略，激发经济发展新动力

强化创新平台建设。加强龙头型创新企业培育，构建公共创新服务平台体系和国家级科技示范园区，全面提升区域科技创新实力。充分发挥企业技术创新主体作用，通过资金支持和政策扶持，支持企业研发体系建设，提升企业核心竞争力和产品科技含量。培育1－2家科技创新型领军企业。全面发挥科技创新型领军企业对中小企业的创新辐射作用，培育科技型企业成长梯队。通过产业技术研发创新、科技文献服务、知识产权服务、孵育孵化等平台建设，完善公共创新平台支撑体系。到2020年，建立创新创业的“众创空间”1－2家。规模以上企业建立研发机构的比例达5%，各级企业（工程）技术中心总数达到5家，提升全县企业科技创新能力。加强与高校院所、企业工程（技术）中心等进行科研合作，实现产、学、研一体化建设，推进科技成果向现实生产力转化。积极打造特色区域性创新载体，建设国家农业科技示范园。

推进高新技术产业发展。发挥科技创新在产业转型中的主导功能，加快生物制药、新材料、装备制造、大数据应用、电子商务、现代物流、高效农业等优势产业转型升级步伐。加快节能环保和清洁生产技术研发，着力发展符合循环经济要求、资源利用效率高、污染排放量少的技术、

工艺和产品。加大对神奇、雪花、科之杰等企业创新活动的支持力度。加强高新技术企业培育，重点支持生物制药、新材料、装备制造等高新技术产业发展。着力培育科技型企业，提升企业创新投入意识、创新管理能力和创新产出能力。到2020年，力争高新技术产业累计达到20家。

促进大众创业万众创新。支持和鼓励发展众创、众包、众扶、众筹空间，培育一批中小微创新型企业和创客。培育1个以上省级科技企业孵化器，探索设立孵化器发展基金和新兴产业孵化基金。积极实施大学生和职业教育学生创业培训计划，加强大学生和职业教育学生创业教育和引导。实施促进农民工返乡创业就业行动计划，围绕茶叶、果蔬、中药、乡村旅游等领域，吸引农民工返乡创业。大力发展农民合作社、家庭农场等新型农业经营主体，积极创建省级农民创业园和农民创业示范基地。大力推进“农村致富带头人培育工程”“春晖行动”计划等，促进社会创业就业。

第三节　拓展区域合作空间，实现多边共赢发展加快融入重点区域战略

抢抓国家实施“一带一路”、长江经济带、珠江—西江经济带的有利契机，充分发挥龙里县“东出三湘，南下两广”桥头堡的区位优势，全方位融入国家、省重点区域战略。依托贵广高铁、高速公路，加强与广西、广东“两高”沿线城市及西南重点城市的开放合作力度，推动落实广州黄埔区对口帮扶龙里的框架协议，进一步深化园区共建、承接产业转移、农产品直供和通关口岸合作。充分发挥紧靠贵阳的地缘优势，突破行政区划障碍，加快双龙航空港经济区建设，在黔中经济区规划引领下，积极参与重要城市之间的合作与交流、发展与共进，全面融入黔中经济区发展。

积极参与高铁经济带建设。在省、州领导下，积极推动贵广高铁经济带上升为国家战略。加快以高铁为引领的综合交通网络建设，着力完善高铁站台基础设施，引导和推进高铁与城市公共交通实现零距离换乘，并与航空、高速公路等实现良好衔接。紧紧围绕高铁站，规划建设高铁新城，完善旅客集散、商贸物流、商务服务等功能，实现“一站带新城”“一城促发展”。大力发展高铁旅游经济，促进“快旅慢游”“一线多游”等多样化旅游，打造一流的高铁旅游休闲度假避暑胜地。

加强跨区域协作发展。积极推进与沿海城市的产业合作，重点在能源、现代农业、大健康医药、大数据等领域谋划合作项目，扩大特色食品的区域影响力。积极探索产学研合作新机制，引进科研成果。支持企业开展产品展销、贸易洽谈活动，设立销售中心，促进产品营销。加强教育合作，通过联合办学、委托培养等形式，实现优质教育资源共享。扩大区域间在市场建设、生态环境保护、旅游开发、现代物流业、生态农业等重点领域加深合作，促进优势互补，实现共同发展。

第四节　加快发展开放型经济，提升招商引资质量

提高利用外资水平。大力改善投资环境，创新利用外资方式，优化利用外资结构，进一步扩大利用外资规模，提高外资利用水平。承接好外商投资审批权限下放，进一步提升外资审批效率和水平，减轻企业负担。拓宽外商投资领域，多元化吸收外资，探索多种利用外资模式发展。鼓励我县优势领域和有条件的企业参与国际经济技术合作与竞争。

统筹“引进来”与“走出去”。深化与四川、重庆、浙江、广东等地区的交流合作，完善开放性园区建设，引进一批技术含量高、带动能力强的企业，集中力量打造主业突出、开放示范效果好的特色园区。鼓励外来投资更多投向资源开发、高新技术、节能环保、文化旅游、商贸物流、现代农业以及城镇基础设施等领域，更好地发挥外资在促进技术创新、产业升级和提高产业附加值等方面的积极作用。积极引导更多的生产企业进行对外贸易，引导更多的招商引资企业和本地企业开拓国际市场。鼓励有实力的企业“走出去”开展境外投资、工程承包、劳务输出。

创新招商引资、引智、引技模式。转变招商引资方式，加强区域经济合作，全方位开展招商

引资工作，积极开展园区招商、产业招商、大项目带动招商，运用现代网络技术招商，广泛组织招商推介活动，降低招商成本，努力引入更多资本、技术参与建设，培育发展新兴产业，提高经济增长质量和效益。重点围绕技术含量、资源消耗、环境影响、新增就业、税收贡献等指标，引入产业带动性强、成长性好的项目。建立符合我县生态发展、可持续发展的招商引资考核评价体系，增强招商的针对性和实效性，提升招商引资质量。吸引境内外大型企业在龙里县设立总部、区域总部、研发中心、采购中心、结算中心等功能性机构，强化境外高端智库、研究机构和高新技术的引进、消化、吸收和再创新。到2020年，招商引资到位资金达292亿元以上。

第十二章　创新人才发展机制，加强人才队伍建设

落实人才优先发展战略，完善人才服务保障体系，优化人才发展环境，实施人才队伍建设“五大计划”和“四大工程”，统筹推进以高层次创新人才为重点的各类人才队伍建设。到2020年，全县人才资源总量达到2.5万人。

第一节　创新人才发展机制，激发人才队伍活力

坚持以用好用活人才为核心，紧紧围绕重点领域和关键环节推进改革创新，破除人才队伍建设体制机制障碍。

推进人才体制机制和政策创新。建立健全政府宏观管理、市场有效配置、单位自主用人、人才自主择业的人才管理体制。通过积极引进、选送学习、自主培养等方式，创新人才培养开发机制。发挥用人单位评价的主体作用，发展专业化、社会化的人才评价组织，建立以品德、能力、业绩、素质为导向的社会化人才评价发现机制。改革人才选拔任用方式，促进人岗相适、用当其时、人尽其才，形成有利于各类人才脱颖而出、充分施展才能的人才选拔使用机制。完善分配、激励、保障制度，建立健全与工作业绩紧密联系、充分体现人才价值、鼓励人才创新创造和维护人才合法权益的激励保障机制。

建立健全人才公共服务体系。着力打造有利于人才作用发挥的政策环境、工作环境、社会环境、文化环境和生活环境，完善激励保障机制，最大限度激发人才的创造活力，为各类人才创新创业、实现价值提供保障。

第二节　加强人才队伍建设，提升人才队伍能力

坚持把人才资源作为推动科学发展的第一资源，积极实施省“百千万人才引进计划”、黔南州“千才集聚”和龙里县“骨干人才”工程等各类人才引进和培养计划，统筹推进各类人才队伍建设，形成各层次人才衔接有序、梯次结构合理的人才队伍。

加强党政人才队伍建设。按照加强党的执政能力建设和先进性建设的要求，以提高领导水平和执政能力为核心，以党政人才为重点，建设一支政治坚定、勇于创新、勤政廉洁、求真务实、奋发有为、善于推动科学发展、促进社会和谐的高素质党政人才队伍。

加强专业技术人才队伍建设。以提高专业水平和创新能力为核心，以高层次人才和急需紧缺人才为重点，建设一支素质优良、结构合理的专业技术人才队伍。至2020年，全县专业技术人才总量达到8500人以上，高、中、初级比例为1:4:5，实现比例基本合理。

加强技能人才队伍建设。以提升职业素质和职业技能为核心，以培养技师和高级技师为重点，完善政府推动和社会支持相结合的技能人才培养培训体系，大力实施职业教育攻坚计划，优化整合全县职教资源，健全技能人才评价标准，形成有利于高技能人才成长的社会氛围，建设一支数量充足、结构合理、技艺较高的技能人才队伍。

加强农村实用人才队伍建设。以培养农业科研人才为重点，大力培养农业科研人才。以充实一线、强化服务为重点，突出培养农业技术推广人才。以村组干部、农民专业合作组织负责人、大学生村官为重点，着力培养农村实用人才带头人。以中青年农民、返乡创业者和农村女性劳动者为重点，全面培养农村生产型人才。以农村经

纪人、农民专业合作组织负责人和农业产业化龙头企业经营者为重点，积极培养农村经营型人才。以提高职业技能为重点，加快培养各类农村技能服务型人才。

加强企业经营管理人才队伍建设。加快培育和建设一批掌握现代经营管理知识，适应龙里经济社会发展要求的职业化、现代化的优秀企业家和高素质企业经营管理人才队伍。着力提高企业管理者的市场竞争能力、推动企业创新能力，鼓励企业经营管理人员参加在职学习，提高学历层次，加大MBA、EMBA等高级经营管理人才的引进和培养力度。培养职业企业家，保持企业经营者队伍的相对稳定，储备企业家后备人才。

第十三章　深入推进民主法治建设，着力构建和谐龙里

坚持党的领导、人民当家作主、依法治国有机统一，全面落实依法治国基本方略，加快社会主义法治建设，为经济社会发展营造良好的社会环境。

第一节　大力推进社会主义民主政治，加快民主社会建设

健全民主制度。推进社会主义民主政治制度化、规范化、程序化。坚持政府对人大负责、受人大监督、重大决策出台前向人大报告制度，加强与政协民主协商和自觉接受民主监督，切实尊重少数民族权益，发挥人民团体的桥梁纽带作用，切实做好宗教和侨务工作。进一步健全民主制度，丰富民主形式，扩大公民有序的政治参与，保证人民依法实行民主选举、民主决策、民主管理和民主监督，尊重和保障人权。

发展基层民主。巩固和完善村民自治和社区民主建设，广泛推进政务公开、厂务公开和村务公开，保证人民群众依法行使选举权、知情权、参与权、监督权。完善城市居民自治，积极建设新型社区，把城乡社区建设成为管理有序、服务完善、文明祥和的社会生活共同体。

第二节　深入推进依法行政，加快法治政府建设

创新执法体制，完善执法程序，推进综合执法，严格执法责任，建立权责统一、权威高效的依法行政体制，加快建设职能科学、权责法定、执法严明、公开公正、廉洁高效、守法诚信的法治政府。

依法全面履行政府职能。完善行政组织和行政程序法规制度，推进机构、职能、权限、程序、责任法定化，优化政府部门内部设置，加快形成权界清晰、分工合理、权责一致、运转高效、法治保障的机构职能体系。强化政府执行职责。推行政府权力清单制度，坚决消除权力设租寻租空间。

健全依法决策机制。依法科学界定政府及其部门的行政决策权。把公众参与、专家论证、风险评估、合法性审查、集体讨论决定确定为重大行政决策法定程序，建立行政机关内部重大决策合法性审查机制，建立重大决策终身责任追究制度及责任倒查机制，积极推行政府法律顾问制度。

坚持严格规范公正文明执法。完善政府行政执法管理，健全行政执法和刑事司法衔接机制，实现行政处罚和刑事处罚无缝对接，依法惩处各类违法行为。加大关系群众切身利益的重点领域执法力度。完善执法程序，建立执法全过程记录制度。建立健全行政裁量权基准制度。全面落实行政执法责任制，严格确定不同部门及机构、岗位执法人员执法责任和责任追究机制。依法化解行政争议，充分发挥行政复议依法化解行政争议主渠道作用。

强化对行政权力的制约与监督。加强对权力集中部门和岗位的制约，防止权力滥用。完善政府内部层级监督和专门监督，建立常态化监督制度。完善纠错问责机制。完善审计制度，保障依法独立行使审计监督权。加强互联网政务信息数据服务平台和便民服务平台建设，努力形成科学有效的权力运行制约和监督体系，增强监督合力和实效。

第三节 增强法治观念，加快法治社会建设

增强法治观念，弘扬社会主义法治精神，建设社会主义法治文化，增强全社会厉行法治的积极性和主动性，营造良好的法治氛围。

推动全社会树立法治意识。大力开展宪法学习宣传活动，大力宣传有关经济、政治、文化、社会发展以及与人民群众生产生活密切相关的法律法规，加强公民意识和社会主义意识教育。健全媒体公益普法制度。充分发挥村规民约、镇（街道）民约、行业规章、社团章程等社会规范在社会治理中的积极作用，完善守法诚信褒奖机制和违法失信行为惩戒机制，使遵法守法成为全体公民的自觉行为。

加快公共法律服务体系建设。建立以龙里县法律服务中心为龙头，各镇（街道）法律服务工作站为重点，村（社区）法律服务工作室和村民组（居民小区）法律服务联络点为触角，法律服务综合信息平台为纽带，广大法律服务工作者为主体的城乡一体公共法律服务体系。畅通“12348”专线平台，实现“接受咨询零距离、受理案件零等待、援助对象零遗漏、服务质量零投诉”的“四个零”目标。开展公益性法律顾问、法律咨询、辩护、代理、公证等法律服务，促进城乡人民群众共享均衡法律服务。

保证公正司法。着力推进司法体制改革，完善司法管理体制，优化司法职权运行机制，规范司法行为，树立司法权威，确保审判权和检察权依法独立行使，推进严格司法，构建开放、动态、透明、便民的阳光司法机制，加强人权司法保障，强化对司法活动的监督，建立和完善法律援助、司法救助体系。

第十四章 强化实施保障，努力实现规划目标任务

本规划经过县十六届人大五次会议审议批准，由县人民政府组织实施，具有法律效力。强化规划对经济社会发展的引领作用，通过履行政府职能，完善规划实施和评估监督机制，保障规划任务顺利完成。

第一节 完善规划实施机制，保障规划顺利实施加强相关规划的有机衔接

按照下级规划服从上级规划、区域规划和专项规划服从总体规划的要求，规划之间协调一致。加强经济社会发展规划、城市规划、土地利用规划之间的衔接配合和“多规融合”，确保在总体要求上指向一致，在空间配置上相互协调，在时序安排上科学有序，不断提高规划的管理水平和实施成效。

建立和实行规划目标责任制。明确政府职责，加强规划实施的组织落实。分解规划目标和任务，明确各部门工作责任，并纳入各级、各部门经济社会发展综合评价和绩效考核体系。强化部门和干部的绩效考核工作，按照目标、业绩、过错“三位一体”考核标准，围绕政府中心工作开展组织协调、督促检查、考核奖惩。

第二节 强化项目支撑及要素保障，确保战略目标实现

强化项目建设与实施。充分发挥投资对经济增长的拉动作用，深化投融资改革，加大招商引资力度，围绕基础设施、产业、民生等领域，着力谋划和启动实施一批带动作用强、示范效应好、关联度大的重大项目和示范性工程，不断完善“十三五”规划项目库建设。按照“续建项目抓投产、在建项目抓进度、开工项目抓保障、前期项目抓落地”的要求，建立和完善项目咨询评估、审议决策制度，对项目的施工进度，建设质量，项目验收及安全情况等进行监督管理，确保重大项目顺利实施。

强化项目前期工作和要素保障。简化项目审批程序，增强服务意识，提高服务效率。全面提高行政服务效能，实行简单便捷的审批制度，严格控制审批时限。建立重点项目建设绿色通道，对于重大项目实行连审连批及领导分包机制，在土地供应、环评手续、资金保障等方面给予支持，加快项目审批落地、投产达效。

第三节 健全评估监督机制，强化规划约束力

自觉接受县人大、县政协和社会各界对纲要

实施的监督检查。扎实做好规划纲要实施的中期评估、五年总结评估和年度计划，及时反映纲要实施进展情况。对规划执行中出现的新情况、新问题，及时采取相应对策措施，提出调整和修改意见。经中期评估需要修订本规划时，由规划编制主管部门提出调整方案的议案，报县政府同意后，提请县人大常委会审议批准实施。进一步完善规划实施的公众参与和民主监督机制，及时、客观地公开规划实施的相关信息，接受全社会监督。

对于重大项目实行连审连批及领导分包机制，在土地供应、环评手续、资金保障等方面给予支持，加快项目审批落地、投产达效。

荣　誉

国部级表彰

5月　龙里县普法依法治县领导小组办公室被中共中央宣传部、中华人民共和国司法部评为“2011～2015年全国法治宣传教育先进普法办公室”。

7月　龙里县疾控中心被中国营养学会表彰为全民营养周先进单位。

8月　龙里县林业局被全国绿化委员会、人力资源社会保障部、国家林业局评为全国绿化先进集体。

省级表彰

中共贵州省委

一、优秀共产党员

沈夕华　龙里县红狮水泥有限公司副总经理、党支部组织委员

韩彩云（女）　龙里县检察院检察委员会委员、控告申诉科科长

二、优秀党务工作者

程　娟（女）　龙里县冠山街道冠山社区党委书记

三、先进基层党组织

龙里县发展和改革局机关党支部

省直部门

1月　龙里县土肥站被贵州省农业委员会表彰为测土配方施肥项目绩效考评优秀等次。

2月　龙里厉家庄被贵州省食品药品监督管理局授予省级餐饮服务食品安全示范街称号。

龙里县公安局图侦大队副大队长徐灵波获“全省优秀人民警察”记二等功。

3月　龙里县科学技术和知识产权局荣获2015年度贵州省科技文献服务体系先进基层服务站称号。

龙里县蔬果办公室的韩庆波被贵州省总工会授予“五一巾帼标兵”称号。

4月　龙里县人民法院获得“第二批全省法院文化建设示范单位”荣誉。

5月　龙里供电局被贵州电网公司表彰为2014～2015年度贵州电网“五四红旗团支部”。

龙里县疾控中心被贵州省疾控中心表彰为传染病网络直报管理先进单位。

龙里县疾控中心的沈岚被贵州省疾控中心表彰为传染病网络直报管理先进个人。

龙里县疾控中心被贵州省疾控中心表彰为2015年度严重精神障碍管理治疗先进单位。

龙里县人民医院的刘艳被贵州省卫生和计划生育委员会表彰为2016年贵州省护士岗位技能竞赛急诊急救护理专业组优秀奖。

龙里县烟草专卖局的邬小荷荣获中国烟草总公司贵州省公司工会“五一巾帼标兵”。

6月　龙里县疾控中心被贵州省疾控中心表彰为2015年度严重精神障碍管理治疗先进单位。

8月　龙里县疾控中心的王永秀被贵州省疾控中心表彰为《贵州省疾病控制工作年鉴》编纂工作2011～2015年度先进个人。

9月　冠山派出所副所长孙彪获“生态文明贵阳国际论坛2016年年会筹办工作突出个人”荣誉。

10月　龙里县人民检察院被省检察院评为“全省第三批基层检察院建设‘4＋1’工程先进院”。

龙里县疾控中心的温同安、王永秀、朱德江被贵州省疾控中心表彰为廉政摄影大赛优秀奖。

龙里县公安局警务保障室获全省公安机关“210”工程建设成绩突出集体荣誉。

11 月 贵州省体育局命名龙里县为“自然之子青少年户外活动营地和风之原青少年户外体育活动营地为” “2016 年贵州省户外体育活动营地”；命名龙里县凌云体育青少年俱乐部为 2016 年贵州省青少年体育俱乐部。

县科协组队参加贵州省全民科学素质知识大赛获二等奖。

12 月 龙里县公安局冠山派出所所长唐军获全省“十佳派出所长”，记个人二等功。

龙里县公安局冠山派出所付清梦获全省优秀“社区民警”，记个人三等功。

龙里县烟草专卖局被中国烟草总公司贵州省公司表彰为全省烟农专业合作社省级示范社。

龙里县烟草专卖局的邬小荷荣获第三届全省专卖管理岗位技能竞赛“优胜选手”。

龙里县文体广电局被中国山地自行车公开赛组委会评为“2016 年中国山地自行车公开赛优秀赛事组织单位”。

贵州日报社表彰龙里县委宣传部为 2016 年宣传工作“先进集体”，王立信、潘希来为先进个人；王立信、龙毅获年度优秀作品奖。

2017 年 1 月 龙里县茶香自行车赛道被中国山地自行车公开赛组委会评为“2016 年中国山地自行车公开赛最美赛道”。

龙里县烟草专卖局的罗成荣获 2016 年“全省打假先进个人”。

县交通运输局的秦秋云、罗浩然被省公路局表彰为先进个人，郎江波被省交通厅表彰为“村村通客运民生实事和运输服务信息化工作”优秀个人。

2 月 贵州腾龙实业集团有限公司下属的龙里县粮油购销有限责任公司，被省粮食局表彰为“2016 年度省级储备粮管理工作新增代储企业先进单位第一名”。

州级表彰

中共黔南州委

一、优秀共产党员

沈夕华　龙里县红狮水泥有限公司副总经理、党支部组织委员

韩彩云（女）　龙里县检察院检察委员会委员、控告申诉科科长

王慧琼(女，布依族)　龙里县第二小学副校长

宋　云（女）　龙里县林业局检疫站工程师

二、优秀党务工作者

程　娟（女）　龙里县冠山街道冠山社区党委书记

李建文　龙里县醒狮镇谷新村党总支书记

唐定梅(女，布依族)　龙里县市场监督管理局机关党委副书记

伍　航　龙里县龙山镇党委书记、龙山工业园区管委会主任、龙溪指挥部副指挥长

三、先进基层党组织

龙里县发展和改革局机关党支部

龙里县水务局党支部

龙里县信访局党支部

龙里县民族完全中学党委

龙里县第一小学党支部

龙里县龙山镇龙山社区党总支

龙里县谷脚镇高堡党总支

州直部门

1 月 龙里县公安局冠山派出所吴栋勇获全州十佳警务助理荣誉。

龙里县发改局被州商务和粮食局授予“2015 年度黔南州粮食目标管理先进单位”称号，并获得一等奖（已连续 4 年得到此荣誉），同时，龙里县粮油购销有限公司荣获“粮食经营先进单位”称号。

龙里县审计局被黔南州审计局表彰为 2015 年度县（市）审计局绩效目标考核先进单位一等奖第一名。

龙里在黔南州第九届中小学现代远程教育优秀论文、优质课及优秀课件评选活动中喜获好成绩。龙里县 62 件作品均全部获得名次，获奖率 100%。其中，优秀论文：一等奖 3 人，二等奖 9 人，三等奖 8 人；优质课：一等奖 5 人，二等奖 17 人；优秀课件（含微课）：一等奖 5 人，二等

奖10人，三等奖5人。龙里县教育局荣获团体一等奖（全州仅一名）。

2月 龙里供电局被贵阳供电局表彰为职工之家建设展评活动二等奖。

3月 龙里县民政局被黔南州民政局表彰为2015年度民政工作绩效目标管理考核优秀单位，社区建设、复退军人创业、孝道新规、殡葬改革四项工作获年度工作创新奖项目。

4月 龙里县市场监督管理局被黔南州食品安全办公室、州食品药品监督局考评为黔南州食品药品安全工作第二名。

龙里县人民医院的刘艳被黔南州卫生和计划生育委员会表彰为2016年护士岗位技能竞赛中急诊急救护理专业组第三名。

县卫生和计划生育局团支部荣获共青团黔南州委授予的“全州五四红旗团支部”称号。

龙里县人民医院的陈堰被黔南州卫生和计划生育委员会表彰为州护士技能大赛优秀奖。

龙里县人民医院的黄连萍被黔南州卫生和计划生育委员会、文明办、黔南日报社表彰为全州“健康黔南、美丽护士”。

6月 龙里县水务局骨干水源工程管理处副处长何阳海荣获黔南州第三届优秀青年人才奖。

龙里供电局被贵阳供电局表彰为“两学一做保安全”教育培训活动三等奖、“两学一做保安全”教育培训活动三等奖、庆祝建党95周年“唱响我们的价值观”歌唱大赛最佳组织奖。

7月 在都匀市举行的全州中小学“生态之州欢迎你·我是文明小导游”风采大赛中，龙里县4名选手参加比赛，冯雅琪同学在全州50名选手中脱颖而出，获得小学组桂冠；赵小庆同学荣获中学组第二名。

龙里县动物疫病预防控制中心的郭光容、罗敏被黔南州农业委员会分别表彰为黔南州第二届兽医实验室技能比武活动先进个人一等奖和二等奖。

龙里县工商联组队参加黔南州“同心跟党走，共筑中国梦”主题演讲比赛（决赛），推选贵州恒力源集团职工赵婷代表参加比赛，题为《我怎能不爱这片土地》的演讲荣获个人三等奖，龙里荣获优秀组织奖。

9月 龙里供电局被贵阳供电局表彰为识别A类违章实操竞赛二等奖、扩报装岗位技能竞赛三等奖。

10月 县烟草专卖局被黔南州精神文明建设指导委员会授予黔南州2014—2015年届文明单位。

龙里县司法局被黔南州精神文明建设委员会认定为“黔南州2014－2015年届文明单位”，认定龙里县司法局冠山司法所被为“黔南州2014－2015年届文明窗口”。

龙里县审计局被黔南州精神文明建设指导委员会评为州级文明单位。

龙里供电局被黔南州供电局表彰为“2014~2015年度文明单位”。

龙里县气象局被黔南州气象局表彰为2014—2015年度“文明单位”。

龙里县市场监督管理局被黔南州人民政府考评为黔南州2015年度质量工作A等。

人力资源和社会保障局的马换撰写的《如瓶》荣获“黔南州保密征文三等奖”，宁冬、何显燕、张婕参与“黔南州人社系统庆祝中国共产党成立95周年暨黔南州建州60周年“两学一做”知识竞赛活动获三等奖”。

龙里县烟草专卖局被黔南州精神文明建设指导委员会授予黔南州2014—2015年届文明单位。

县科协组队参加黔南州科学素质大赛获一等奖。

12月 龙里县妇联被黔南州妇联考评为黔南州妇联年度目标考核优秀奖。

龙里县动物卫生监督所的袁双全被黔南州农业委员会表彰为黔南州动物卫生监督执法标兵。

黔南电视台授予龙里电视台（新闻中心）为2016全州电视新闻最佳上片质量奖。

2017年1月 龙里县市场监督管理局的邹刚、汪燕被黔南州工商局分别授予“全州市场监管系统办案能手”称号和“全州市场监管系统服务标兵”称号。

龙里县农广校被黔南州农业广播电视学校表彰为2016年度农广校绩效目标考核三等奖。

龙里县水库和生态移民局获得2016年度全州移民系统年度目标考核一等奖。

2月 贵州腾龙实业集团有限公司下属的龙里县粮油购销有限责任公司，被黔南州商务和粮食局表彰为“2016 年度商务和粮食工作先进单位”。

3月　龙里县文体广电局被黔南州体育局授予“2016 年度黔南州体育工作突出贡献奖”；获得州委、州政府颁发的踩街“先进集体”荣誉；县文化馆的刘雷、李丹丹、曾红梅获州庆踩街活动“先进个人”；兰开军被黔南州委、州人民政府评为促进民族团结先进个人。

县级表彰

中共龙里县委

一、优秀共产党员（排名不分先后）（34 人）

吴云梦（贵州龙里创奇装备制造有限公司设计部部长）
韦吉雄（贵州艺合民族工艺发展有限公司行政总监）吴永会（龙山镇草原小学教师）
王荣华（县广播电视台新闻部主任、洗马镇关口村“第一书记”小康驻村干部）
邓姣艳（县公安局治安管理大队基层基础指导中队指导员）
张光林（冠山街道播箕村党支部书记）
罗明珠（龙山镇中坝村党支部书记）
唐　帅（龙山镇团结村村委会主任）
王　斌（龙山镇农村淘宝合伙人）
刘乃云（龙山镇党委副书记）
王佩国（谷脚镇谷脚社区党委书记）
杨瑞海（醒狮镇醒狮村党总支副书记）
高传荣（醒狮镇经济发展办公室主任）
李定红（洗马镇乐湾村党总支书记）
罗登海（共青团洗马镇委员会负责人）
宋永林（洗马镇马河村党总支书记）
杨国平（洗马镇猫寨村党支部书记）
夏丹凤（洗马镇花京村党总支书记）
陈正福（湾滩河镇营盘村党员）
罗应祥（湾滩河镇果里村党员）
彭　飞（湾滩河综合执法局负责人）
张育梯（县财政局湾滩河分局局长）
蒋叶鹏（县公安交警大队冠山中队中队长）
罗颖嫦（县委办公室九级职员）
韦　涛（县公安局摆省中心警务室副主任）
杨　诚（县政府办公室八级职员）
黄发芝（县信访局工作员）
何　杰（县卫计局办公室主任）
严光云（腾龙实业集团综合部工作员）
刘贤辉（县农工局农业技术推广站农艺师）
王俊秀（龙里中学教师）
龚　璇（龙里完全民族中学教师）
陆义伦（洗马镇洗马中学办公室主任）

二、优秀党务工作者（排名不分先后）（31 人）

罗幼明（县文旅局副主任科员〈贵州恒力源集团林业科技有限公司特派员〉）
郎江波（县道路运输管理局党支部宣传委员、组织委员）
国红英（冠山街道西城社区党委书记）
彭　瑜（冠山街道西门社区党支部书记）
田文松（冠山街道党工委副书记）
汪祖燊（冠山街道三合村党委书记）
谢凤琴（冠山街道水桥社区党支部书记）
徐方林（龙山镇余下村党总支书记）
宋聚涛（龙里红狮水泥有限公司综合科工作员）
周训国（谷脚高堡村党总支书记）
周晓波（醒狮镇高吏目村党总支书记）
宋　靖（醒狮镇谷龙村党总支书记）
陈世文（醒狮镇大岩村党支部书记）
陈　凯（县委党建办副主任）
李仁宏（洗马镇羊昌村党总支书记）
陈登伟（洗马镇金溪村党总支书记）
申成祥（湾滩河镇党委委员、纪委书记）
罗秋林（湾滩河镇营盘村党总支书记）
宋　鑫（冠山派出所党支部组织委员）
戴洪文（县公安局特巡警党支部青年委员）
舒　潇（谷脚派出所党支部青年委员）
吴瑟其（县水务局机关党支部宣传委员）
陈洪波（县政府政务中心党组副书记、常务副主任）
刘　雷（县文旅局党组成员、县文化馆馆长）
陈加明（县教工委工作员）
张海丽（县委组织部信息科副科长）
陆亚莉（县财政局机关党委专职副书记）
李成松（醒狮镇教育办公室工作员）
江常华（洗马镇洗马小学党支部书记）

三、先进基层党组织（排名不分先后）（30 个）

龙里县花卉苗木协会党支部

冠山街道西门社区党支部

冠山街道三合村党委

冠山街道党工委

龙山镇余下村党总支

龙里县新坪种养殖专业合作社党支部

谷脚岩后社区党委

谷脚茶香村党支部

醒狮镇谷新村党总支

醒狮镇大岩村党支部

洗马镇羊昌村党总支

洗马镇金溪村党总支

洗马镇落掌村党总支

湾滩河镇离退休老干党支部

湾滩河镇果里村烤烟产业党支部

湾滩河镇园区村党支部

冠山派出所党支部

县公安局特巡警党支部

县公安局侦查党支部

县城管局党支部

县司法局党支部

县政协机关党支部

县医院临床一党支部

县文旅局党总支

县审计局党支部

龙里县第三中学党委

龙里县第四小学党支部

龙里县龙山镇董下教育党支部

龙里县谷脚小学党支部

洗马镇巴江小学党支部

四、追授程万礼同志（生前为洗马镇金溪村党总支副书记）为“优秀共产党员”

中共龙里县委龙里县人民政府联合

2015 年度全县经济社会建设成绩突出集体

一、镇（街道）年终目标管理考核

第一名冠山街道（奖金 120 万元，奖牌一块）

第二名龙山镇（奖金 110 万元，奖牌一块）

第二名醒狮镇（奖金 100 万元，奖牌一块）

达标奖

第四名谷脚镇（奖金 90 万元，奖牌一块）

第五名洗马镇（奖金 80 万元，奖牌一块）

第六名湾滩河镇（奖金 70 万元，奖牌一块）

二、县直机关（含县属机关）年终目标管理考核

（一）先进单位奖（27 个）

县群众工作中心（信访局）、县机关事务局、县直机关工委、县编委办、县总工会、县财政局、县发改局（含县重大工程和重点项目建设办公室、县循环经济发展办公室）、县林业局、县水务局、县环保局、县投促局、县市场监管局（含县规范服务行业办公室）、县统计局、县安监局（含县煤炭安全监督管理局）、县民政局（含县老龄委）、县公安局、县教育局、县文旅局（含县旅游产业管理办公室）、县卫计局（含县疾控中心、县爱卫办、县卫生监督所、县妇幼保健院、县医改办、县合医办、县计生协会、县计生生殖保健中心）、县国税局、县地税局、县公安消防大队、县气象局、龙里住房公积金管理部、龙里信用联社、龙里供电局、县烟草局（以上单位按 8000 元/人标准奖励，并颁发奖牌各一块）

一类部门（县四家班子办公室、县委常委所在部门及法检两院、县督察督办局 13 个）参照先进单位标准进行奖励。

（二）达标奖励

1. 除先进单位外，考核得分 950 分（含 950 分）以上，按 7000 元/人标准奖励的单位（45 个）。

县妇联、团县委、县老年大学、县委离退休干部局、县残联、县文联、县科协、县委党校、县红十字会、县工商联、县审计局、县住建局（含县规划局）、县工信局（含县商贸物流业发展局、县信息化推进中心）、县交通局（含地方海事处、县道路运输管理局）、县国土局、县房管局（县房屋征收局）、龙里双龙现代服务业集聚区管委会、县农工局（含县茶叶产业化发展办公室）、县国有资本营运公司、龙里经济开发区管委会、县公共资源交易中心、县供排水总公司、贵龙投资开发公司、贵州龙里经济开发区建设开发有限公司、县铁建办、县“两烟”办、龙里金诚担保公司、县供销社、县政府金融办、县物资公司、县城管局（含县城市公用事业局）、县人社局、县司法局、县扶贫局、县民宗局、县政务中心、县科技局（含县防震减灾局）、县档案局、县移民局、省广电网络公司龙里分公司、龙里电信公司、人民银行龙里支行、龙里国丰村镇银行、龙里移动公司、建设银行龙里县支行。

2. 考核得分900—950分（不含950分）之间，按6000元/人标准奖励的单位（9个）

龙里县银鉴办事处、龙里邮政公司、龙里人寿保险公司、龙里财产保险公司、龙里太平洋财产保险公司、农发行龙里支行、农业银行龙里县支行、龙里联通公司、工商银行龙里县支行。

3. 龙里石油公司考核分数为899.021分，低于900分，建议其上级单位对其进行问责。

4. 由县财政给予县公安消防大队、县气象局奖励各50000元。

“德行龙里”2015十大年度人物

诚之星（2名）

陈安平　黔南州水务局派驻龙里县龙山镇摆谷六村驻村干部、第一书记

罗登福　谷脚镇大谷冰村退休教师

爱之星（2名）

逐点爱心团　冠山街道逐点装饰公司

颜正南　龙山镇新场小学教师

礼之星（2名）

李建文　醒狮镇谷新村党支部书记

王邦全　冠山街道西门社区居民

孝之星（2名）

周永富　谷脚镇茶香村村民

卢凤云　县法院审监审判单元书记员

仁之星（2名）

朱光成　冠山街道麻芝社区敬老院爱心人士

罗　木　湾滩河镇翠微村村医

十大杰出青年（10名）

蒋叶鹏　龙里县公安局交通警察大队冠山中队中队长

李小琴　龙里县世纪华联超市总经理

李　萍　龙里县科学技术和知识产权局办公室主任

罗小峰　贵州科之杰新材料有限公司办公室主任

陈　堰　龙里县人民医院内二科护士长

陈恩熙　龙里县洗马镇哪嗙小学校长

杨胜炎　龙里县发展和改革局循环经济发展办公室副主任

冯小勇　龙里县冯小勇盲人按摩店负责人

周倩倩　龙里县洗马镇洗马河村“农村淘宝”服务站站长

刘和祥　龙里县谷脚镇高新村新坪种养殖专业合作社理事

富民兴龙标兵（10名）

王剑平　贵州省龙里中学教师

陈　平　贵州贵龙实业（集团）有限公司副总经理

陈为光　贵州丰盛生态农业有限公司董事长

陆裕珍　龙里县农村工作局土肥站站长

林　建　贵州恒力源集团公司副总经理

罗玉梅　龙里县人民医院急诊科主任

李　川　贵州龙里创奇装备制造有限公司总经理

刘　海　龙里县环境保护局环境检测站站长

周晓波　龙里县醒狮镇高吏目村党总支书记

岑　敏　龙里县龙山镇中坝党支部副书记、村卫生室医生

优秀教育工作者（22人）

李　明（龙里中学）

罗春兰（龙里中学）

罗丽莉（龙里中学）

吴顺敏（龙里中等职业学校）

徐正元（龙里县第三中学）

杨爱民（龙里县第三中学）

陈友芳（龙里县第一小学）

陈　英（龙里县第四小学）

黄道美（龙里县第五小学）

陈　娟（龙里县实验幼儿园）

徐先军（龙里县第三幼儿园）

陈宗银（龙里县醒狮教育办公室）

陈光豪（龙里县羊场初级中学）

唐正秀（龙里县羊场小学）

王恩国（龙里县摆省小学）

陈和平（龙里县谷脚镇教育办公室）

黄大新（龙里县龙山镇教育办公室）

莫　军（龙里县民族完全中学）

兰顺国（龙里县洗马镇教育办公室）

罗成银（龙里县卫华民族初级中学）
孙强江（龙里县教育局）
曹凯（龙里县教育局）
优秀班主任（26人）
胡　剑（龙里中学）
陈　碧（龙里中学）
舒婷婷（龙里中学）
王应坤（龙里中学）
何光祥（龙里县中等职业学校）
廖秀贞（龙里县中等职业学校）
莫伯香（龙里县民族完全中学）
曹　俊（龙里县民族完全中学）
陈定莲（龙里县第三中学）
曹国萍（龙里县第三中学）
翦桂莲（龙里县第三中学）
岑纺全（龙里县第一小学）
周夜莺（龙里县第二小学）
邝秀荣（龙里县第四小学）
罗达梅（龙里县第四小学）
袁光菊（龙里县醒狮初级中学）
汤仁玲（龙里县醒狮小学）
罗　林（龙里县湾寨民族初级中学）
徐永福（龙里县羊场初级中学）
吴光贤（龙里县摆省民族初级中学）
朱流凤（龙里县谷远小学）
高洪英（龙里县凉水井小学）
宋安英（龙里县草原小学）
李毓敏（龙里县水场小学）
朱　梅（龙里县洗马中学）
杨松林（龙里县洗马中学）
优秀教师（45人）
钱天粤（龙里中学）
洪其强（龙里中学）
郑新强（龙里中学）
金国健（龙里中学）
秦正莲（龙里中学）
伍　位（龙里中学）
李宜勇（龙里中学）
吴华书（龙里县中等职业学校）
黎　敏（龙里县中等职业学校）
张秋桂（龙里县民族完全中学）
冯佩青（龙里县民族完全中学）
朱跃飞（龙里县第三中学）
王双姣（龙里县第三中学）
王利莉（龙里县第三中学）
唐卓文（龙里县第三中学）
周　群（龙里县第一小学）
肖发艳（龙里县第二小学）
邹兴艳（龙里县第三小学）
罗林群（龙里县第四小学）
刘　月（龙里县实验幼儿园）
廖红梅（龙里县第二幼儿园）
黄　雁（龙里县第三幼儿园）
厉登艳（龙里县第三幼儿园）
罗廷琴（龙里县新场小学）
张清平（龙里县董下小学）
蒋正英（龙里县中排小学）
王登勇（龙里县比孟小学）
周云素（龙里县神奇小学）
严　军（龙里县观音小学）
刘占敏（龙里县谷脚小学）
刘　燕（龙里县摆主小学）
王大秀（龙里县羊场初级中学）
代　鑫（龙里县湾寨小学）
梁显永（龙里县摆省小学）
岑德春（龙里县麻芝小学）
胡正平（龙里县湾滩河镇教育办公室）
郭兴莉（龙里县醒狮幼儿园）
唐　艳（龙里县醒狮初级中学）
宋玉琼（龙里县谷龙小学）
宋庆平（龙里县平寨小学）
邓林丽（龙里县洗马小学）
方礼毅（龙里县洗马中学）
徐治惠（龙里县哪嗙幼儿园）
刘加忠（龙里县哪嗙小学）
陈献芳（龙里县洗马中学）

中共龙里县委龙里县人民政府龙里县武装部联合

拥军优属先进单位（10个）
县委办　　县发改局
县民政局　　县人社局

县住建局　　县卫计局
县工商联　　冠山街道办事处
洗马镇人民政府

贵州恒力源林业科技有限公司
各颁发奖牌 1 块奖金 2000 元。

拥政爱民先进单位（6 个）

县人武部政工科
武警龙里中队
龙里公安消防大队
冠山街道 100 迫击炮连
78409 部队 60 分队
预备役谷脚镇 85 加农炮连
各颁发奖牌 1 块奖金 2000 元。

拥军优属先进个人（10 名）

罗含燕（县委办）
王　林（县发改局）
陈友芳（县教育局）
李　琴（县工信局）
王梦宁（县民政局）
陈浩源（县住建局）
徐茂国（县卫计局）
王健全（洗马镇）
柏川兰（湾滩河镇）
何友林（龙里湖南商会）
各颁发荣誉证书 1 本　奖金 1000 元。

拥政爱民先进个人（6 名）

胡连勇（县人武部）
龚文进（武警龙里中队）
刘彩洪（78409 部队）
邱　毅（冠山街道 100 迫击炮连）
陈光许（预备役谷脚镇 85 加农炮连）
李　建（龙里县公安消防大队）
各颁发荣誉证书 1 本　奖金 1000 元。

复员退伍军人创业明星（10 名）

贺朝忠（冠山街道）
余福新（冠山街道）
唐诗平（龙山镇）
陈恩林（谷脚镇）
李明安（谷脚镇）
李　兵（洗马镇）
黎　海（洗马镇）
田庆丰（湾滩河镇）
徐大宽（湾滩河镇）
姜　勇（龙里论语堂国学书院）
各颁发荣誉证书 1 本　奖金 1000 元。

索 引

说 明

一、本索引采用主题分析法编制。索引范围为全书各部类条目。各部门的“概况”条目未做索引。

二、本索引按主题词首字汉语拼音音序（同音字按音调）排列，若首字拼音相同则按第二字音序排序，以此类推。

三、索引款目由主题词加修饰词或说明词组成，并采取主题词在前，修饰词、说明词是对主题词内容的限定，以逗号或括号与主题词相区别，索引款目后的阿拉伯数字表示该主题内容在本书中的页码。

四、同一主题词的不同内容采取“附见”或“参见”的形式标示。在主题词下退一字各占一行分别排列的款目为“附见”；索引款目后标有两个以上页码的为该主题词的“参见”。

五、部类、栏目名称未作索引。

A

B

C

D

H

J

M

N

P

非音序